Dicionário de Semiótica

Conselho Acadêmico
Ataliba Teixeira de Castilho
Carlos Eduardo Lins da Silva
Carlos Fico
Jaime Cordeiro
José Luiz Fiorin
Tania Regina de Luca

Proibida a reprodução total ou parcial em qualquer mídia
sem a autorização escrita da editora.
Os infratores estão sujeitos às penas da lei.

Consulte nosso catálogo completo e últimos lançamentos em **www.editoracontexto.com.br**.

A. J. Greimas
J. Courtés

Dicionário de Semiótica

Prefácio de José Luiz Fiorin

Tradução de Alceu Dias Lima, Diana Luz Pessoa de Barros,
Eduardo Peñuela Cañizal, Edward Lopes, Ignacio Assis da Silva,
Maria José Castagnetti Sombra, Tieko Yamaguchi Miyazaki

Copyright © Hachette Livre 1993
Sémiotique, dictionnaire raisonné de la théorie
du langage – Octobre 2006 édition 07

Todos os direitos desta edição reservados à
Editora Contexto (Editora Pinsky Ltda.)

Foto de capa
Jaime Pinsky

Montagem de capa
Gustavo S. Vilas Boas

Diagramação
Gapp design

Revisão
Daniela Marini Iwamoto

Dados Internacionais de Catalogação na Publicação (CIP)
(Câmara Brasileira do Livro, SP, Brasil)

Greimas, A. J.
Dicionário de semiótica / A. J. Greimas e J. Courtés. –
2. ed., 3ª reimpressão. – São Paulo : Contexto, 2021.

Título original: Sémiotique, dictionnaire raisonné de la théorie
du langage.
Vários tradutores.
ISBN 978-85-7244-316-6

1. Semiótica - Dicionários   I. Courtés, J.   II. Título.

08-07651   CDD-410.03

Índice para catálogo sistemático:
1. Semiótica : Dicionários : Linguística 410.03

2021

EDITORA CONTEXTO
Diretor editorial: *Jaime Pinsky*

Rua Dr. José Elias, 520 – Alto da Lapa
05083-030 – São Paulo – SP
PABX: (11) 3832 5838
contato@editoracontexto.com.br
www.editoracontexto.com.br

Sumário

Prefácio 7

Prólogo 11

Verbetes 17

Lista de verbetes 539

Prefácio

> "Um dicionário deve ser um ser vivo, uma súmula de vida, mais um objeto de aprendizagem que um objeto de luxo."
>
> José Lins do Rego. *Poesia e vida: um dicionário.*

Depois de muitos anos fora do mercado, vem à luz, agora pela Editora Contexto, uma nova edição do livro *Dicionário de semiótica*, de Algirdas Julien Greimas e Joseph Courtés. Este dicionário não é como os outros dicionários de linguística. No seu título em francês, há um termo que indica isso: *raisonné*. Essa palavra corresponde, em português, ao adjetivo *razoado*, que é um vocábulo desconhecido e desusado e, por isso, não foi utilizado no título da edição brasileira.

Evidentemente, um dicionário *raisonné* tem como referência a célebre *Enciclopédia ou Dictionnaire raisonné des sciences, des arts et des métiers*, publicada de 1751 a 1772, sob a direção de Diderot e D'Alembert. Essa obra pretendia-se uma síntese de todos os conhecimentos produzidos até então e, ao mesmo tempo, uma reflexão sobre eles. Um dicionário razoado da ciência da linguagem, assim como de qualquer outro domínio do conhecimento, não é como os outros, pois não é uma lista heterogênea de entradas, recenseando todos os termos criados e utilizados pela ciência da linguagem ao longo da História, cada um remetendo a uma vizinhança conceptual diferente e a fundamentos teóricos divergentes. Um dicionário razoado não é eclético. Ao contrário, ele faz uma reflexão sobre os conceitos, inscreve-os no contexto teórico próprio, examina sua comparabilidade com outros e analisa a possibilidade de uma homologação entre eles. Ele tem uma direção teórica. Seu objetivo não é apresentar todo o conhecimento adquirido, mas enunciar problemas e circunscrever um campo de saber e de investigação. Faz uma síntese interpretativa do conhecimento em função da teoria que esposa.

O *Dicionário de semiótica*, de Greimas e Courtés, é um esforço de balanço do estabelecimento da semiótica como campo do conhecimento. Saussure já propusera a elaboração de uma teoria geral do signo, que seria chamada *semiologia*.

É, no entanto, Greimas quem lidera o projeto coletivo que transforma em realidade o desiderato saussuriano, não mais concebido como teoria geral dos signos, mas como teoria geral da significação, que se debruça sobre os textos, considerados como manifestação, que se apresenta em qualquer substância da expressão (verbal, pictórica, gestual, etc.), de um discurso. Neste dicionário, estão, sob a forma de verbetes, todos os conceitos maiores da teoria semiótica, os princípios gerais que constituem sua base, os elementos que formam sua substância. Ao mesmo tempo, aparecem conceitos de outras origens teóricas, mas sempre pensados a partir das possibilidades de comparação e de homologação com as noções da semiótica. Essa obra é um inventário dos termos utilizados pela semiótica no momento em que ela foi redigida. Por isso, disse-se acima que se trata de um balanço. No entanto, cabe lembrar, como mostrava Barthes ao estudar as pranchas da *Enciclopédia*, que um inventário "não é uma ideia neutra, recensear não é somente constatar, como parece à primeira vista, mas é também apropriar-se". A apropriação é uma forma de "fragmentar o mundo, dividi-lo em objetos finitos, submetidos ao homem na proporção mesma de sua descontinuidade, porque não se pode separar sem nomear e classificar" (Barthes, Roland. *Nouveaux essais critiques*. Paris, Seuil, 1972; *Novos ensaios críticos*. São Paulo: Cultrix, 1974, p. 27-41). Com efeito, há um ponto de vista teórico a presidir à seleção dos termos e à elaboração dos verbetes, que contém sempre uma síntese interpretativa do conceito em questão.

Uma teoria pode ser apresentada de modo contínuo, como uma exposição, ou de maneira descontínua, como um dicionário. A primeira é a forma habitual de expor uma doutrina. No entanto, como lembram Greimas e Courtés, isso exige que todos os seus pontos tenham o mesmo nível de elaboração teórica. Já a apresentação descontínua permite pôr lado a lado segmentos metalinguísticos cujo grau de elaboração e de formulação é muito desigual. Evidentemente, ela tem o grave inconveniente de que o corpo dos conceitos é exposto de maneira dispersa, porque eles são organizados alfabeticamente. Para evitar isso, o dicionário apresenta um duplo sistema de remissões: a) a termos colocados no final do verbete; b) a vocábulos marcados com asterisco. Assim, o dicionário permite três percursos de leitura: 1) a leitura alfabética, que é utilizada para consultar o significado de um termo em semiótica ou a maneira como ela vê uma noção de outra teoria; 2) a leitura do verbete e daqueles que têm como entrada os termos indicados ao final, que formam um conjunto de imbricações conceituais e são, assim, verdadeiros artigos (por exemplo: enunciação: ato de linguagem, debreagem, competência, intencionalidade, enunciado); 3) a leitura do verbete e daqueles que se referem a vocábulos indicados com asterisco, que permite situar o termo no interior de um componente da teoria, dando a ele um lugar epistemológico. Essas leituras cruzadas constituem caminhos ou rotas de viagem, que remetem à ordem enciclopédica, à organização razoada. São caminhos sugeridos. São indicações de passeios. Cabe ao leitor percorrer o dicionário como quiser, porque ele autoriza numerosos percursos. É um verdadeiro hipertexto.

Além disso, a apresentação da teoria em ordem alfabética, que admite, com mais facilidade, exclusões, alterações, acréscimos, indica, como dizem Greimas e Courtés, uma ideologia do saber. Um projeto científico, para eles, só têm sentido se for um objeto de busca coletiva. Por outro lado, deixa-se claro que a ciência não está nunca acabada, que ela não apresenta jamais formulações definitivas, que ela não é feita de certezas, mas que comporta determinadas permanências de objetivos.

Um dicionário, diz José Lins do Rego, é um ser vivo. Um dicionário científico, como todo e qualquer discurso, deixa ver seu direito e seu avesso: o que afirma e o que recusa. Assim, estão presentes na obra de Greimas e Courtés as grandes polêmicas científicas do século XX. Dele podemos extrair mil histórias (afinal, a narratividade é um dos componentes do percurso gerativo de sentido de todo e qualquer texto): as da criação de um campo do saber, com seus impasses, suas conquistas, suas derrotas; as da sua filiação teórica; as das exclusões e as das recuperações; as da constituição de um espaço discursivo e de um campo discursivo... Estão aí os gestos teóricos primeiros, com suas delimitações e cortes bem precisos, mas, ao mesmo tempo, subjaz a ele o desejo da totalidade. Este dicionário é uma história da semiótica da época em que foi escrito (estão de fora desenvolvimentos posteriores como a semiótica tensiva, a semiótica das paixões, a problemática da presença, etc.), mas é, ao mesmo tempo, um instrumento ainda não superado de compreensão das aquisições da semiótica e também de apresentação de possibilidades e perspectivas de trabalho. Portanto, ele está, ao mesmo tempo, voltado para o passado e orientado para o futuro. É um mapa que nos permite navegar pelo universo da significação, perdendo-nos, encontrando-nos, desconstruindo, reconstruindo, hesitando, duvidando, tendo certezas, provisórias é verdade, mas certezas. Este dicionário não fecha, abre rotas, sendeiros, caminhos... Ele desafia a imaginação dos pesquisadores, incita-os ao trabalho acadêmico. Pelo seu rigor, é exigente; pela amplitude de horizontes, é instigante. Ele não fala só ao pensamento; ele propõe-se, principalmente, a despertar a paixão do conhecimento rigoroso, mas elegante.

É preciso demorar-se sobre ele, com a paciência do conceito, é necessário saboreá-lo para não dizer inverdades e difundir preconceitos sobre a semiótica. Ela não é uma fôrma em que se enfiam todos os textos. Só quem não sabe semiótica é capaz de dizer isso ou apresentar análises escolares que dão a entender isso. Ela não recusa a História, mas, segundo lição de Hjelmslev, recupera-a a partir de um princípio de imanência. A semiótica, com seu modelo teórico, que leva em conta acima de tudo a previsibilidade, é uma ciência absolutamente necessária em nossa época, em que novos objetos textuais, nos quais os sentidos se manifestam por meios de diferentes planos de expressão, ganham um relevo muito grande por causa da rede mundial de computadores. Afinal, ao se pretender uma teoria geral da significação, ela levava em conta todos os tipos de texto, entre os quais, os sincréticos. É para a aventura do conhecimento de nosso mundo, com suas novas maneiras de textualizar, que este dicionário nos convida, nos desafia, nos aparelha.

São Paulo, inverno de 2008.

José Luiz Fiorin

PRÓLOGO

1. Uma retomada atualizada

O dicionário que apresentamos pretende retomar, atualizando-as, certas reflexões sobre a problemática da linguagem e sintetizar, pelo menos parcialmente, certos esforços que têm por objetivo dar a esse campo do saber a forma de uma teoria coerente. É sabido que o projeto semiótico ensejou, nos útimos anos, desdobramentos diversos, orientados, parece, em todas as direções; talvez tenha chegado o momento de compatibilizá-los, homologá-los, avaliá-los. Contudo, por inovador que ele possa ter parecido, esse projeto procurou sempre definir-se em cotejo com a linguística, situando-se no seu interior, ao lado ou acima dela. Ora, a linguística que se tinha enriquecido com uma tradição mais do que secular havia enveredado ao mesmo tempo pelo caminho de um rigor lógico-matemático em que a elaboração de procedimentos cada vez mais refinados criava certezas à custa, frequentemente, da reflexão teórica, da indagação inovadora. Não era nada fácil introduzir um discurso convincente entre um laxismo epistemológico e uma tecnicidade metodológica que se ignoravam mutuamente.

Uma nova situação estava se criando com o esgotamento, previsível, das correntes semióticas de inspiração metafísica ou ideológica e, sobretudo, com os desdobramentos – promissores – das pesquisas que incidiam (explícita ou implicitamente) sobre problemas da significação, tais como a semântica gerativa, a lógica anglo-saxônica ou a pragmática americana, pesquisas que respondem como um eco às nossas próprias preocupações obstinadas, a despeito de terem elas um pano de fundo epistemológico bastante diferente. Esse pareceu-nos ser o momento propício para tentar mais um esforço não de unificação, mas, antes, de homogeneização, para instaurar, ainda que com certo partidarismo, um lugar de aproximação, de comparação e de avaliação. Expressão provisória disso é o presente dicionário.

2. Por que um dicionário

Isso não explica ainda a escolha da forma do dicionário. Com efeito, se há dois modos possíveis, o sintagmático e o paradigmático, para a apresentação de uma teoria, o discurso teórico parece ser, à primeira vista, a sua forma habitual mais apropriada. Ele requereria, contudo, um esforço de estratégia discursiva desproporcional em relação ao objetivo visado. Mais eficaz, a longo prazo, semelhante apresentação dificilmente poderia lidar com as pesquisas em desenvolvimento. Convencidos de que uma investigação científica só tem sentido se se torna objeto de uma pesquisa conjunta, dispusemo-nos a sacrificar a ela uma certa parcela da ambição de rigor e de coerência.

A forma do dicionário reúne as vantagens e as desvantagens da abordagem paradigmática e da apresentação descontínua. As vantagens são evidentes: permite o acesso imediato ao conjunto da terminologia em uso, torna mais fácil a ulterior introdução dos suplementos de informação que os progressos das pesquisas não deixarão de carrear e, sobretudo, legitima a colocação lado a lado de segmentos metalinguísticos cujo grau de elaboração e de formulação é bastante desigual, justapondo definições rigorosas, exposições incompletas e indicações de domínios problemáticos, ainda inexplorados. O maior inconveniente está na dispersão alfabética do corpo dos conceitos, coisa que torna difícil controlar a coerência taxionômica que se supõe subjacente a eles. Esperamos, entretanto, que o duplo sistema de remissões que aqui se adota (cf. infra 6) acabe por manifestar, em filigrana, aquela que é nossa maior preocupação: contribuir – mediante uma terminologia que alguns reputarão exageradamente sofisticada e até mesmo repulsiva – para a elaboração de uma metalinguagem conceitual rigorosa, condição necessária a qualquer teoria da linguagem para o seu ingresso na categoria de linguagem formal.

3. Um dicionário analítico

Essa busca de coerência opõe-se, contudo, inevitavelmente à concepção corrente de léxico especializado, considerado como uma lista heterogênea de entradas, cada uma das quais remete, quando muito, a um contexto conceitual diferente e, em última instância, a fundamentos teóricos divergentes. A opção que fizemos, de evitar esse gênero de ecletismo, estriba inicialmente na convicção de que não existem, em ciências humanas e sociais, dicionários "objetivos" e neutros; desejem-na ou não os redatores, sua presença imprime-se neles, já através da seleção dos termos incorporados e dos excluídos, já pelo modo como são eles acolhidos e tratados. Sendo assim, mais vale optar pela clareza, explicitando as preferências e comentando as escolhas que fizemos.

Essa opção pelo analítico, pela reflexão sobre os conceitos – que os inscreve, primeiramente, a cada um, em seu contexto teórico próprio, que se interroga, a seguir, acerca do seu grau de comparabilidade e acerca da possibilidade de uma eventual homologação sua – implica riscos: entre outros, o de obnubilar a originalidade das contribuições teóricas particulares em benefício de uma certa "estrada mestra" feita de constantes – senão de soluções propostas, pelo menos de problemáticas suscitadas – que a teoria da linguagem vem trilhando já há uns 150 anos. Ao visar a um duplo objetivo – o de espertar o leitor mostrando-lhe que não há ciência acabada, feita de certezas, e o de tranquilizá-lo, ao mesmo tempo, localizando a permanência de determinados alvos –, tivemos o propósito de servir, a nosso modo, a uma certa ideologia do saber.

4. Bricolagem lexicográfica

Este dicionário, tal como se apresenta, presta-se a ser julgado tanto naquilo que ele contém quanto naquilo que ele silencia, do mesmo modo que, quantitativamente, nos seus arrojos e nas suas insuficiências. No que tange à parte semiótica, em sentido estrito, parece justificar-se uma certa desproporção: uma pesquisa em andamento submete-se a uma estratégia própria que favorece, em dado instante do percurso, este ou aquele domínio, tal ou qual abordagem, em prejuízo de outros. A preferência hoje manifesta pela análise das organizações discursivas e dos textos individuais em detrimento das coerências taxionômicas e dos *corpus* coletivos dá um bom exemplo disso: não admira que ela se reflita ao nível da metalinguagem e desequilibre a economia da obra. Não é mais do que um efeito das oscilações paradigmáticas que segmentam a história de qualquer disciplina e estas são, ao mesmo tempo, legítimas e enriquecedoras.

Já não é, contudo, a mesma coisa quando se trata de fenômenos da moda, das modas filosóficas que muitas vezes tocam apenas na superfície epistemológica, sem repercutirem na própria atividade científica, e, igualmente, das modas científicas (se assim se pode dizer), que se exprimem, por exemplo, nas preferências concedidas a determinados procedimentos de formalização ou a determinados sistemas de representação. Juiz e parte no caso, é-nos difícil convencermo-nos da solidez de nossos critérios de seleção.

O da operatividade é um deles, o que nos levou, aqui e ali, a insistir em hipóteses ainda não inteiramente elaboradas ou em modelos de caráter local que pareciam estar já testados, instituindo esta ou aquela prática semiótica iterativa ou generalizável. Aí também, o julgamento repousa muitas vezes na intuição, e o olhar mais penetrante não consegue ver senão aquilo que ele deseja ver.

As exclusões baseiam-se em critérios um tanto diferentes: o dicionário descartou certos conceitos e campos conceituais de interesse e valor indiscutíveis, mas cuja integração pareceu difícil, senão impossível, no corpo teórico. A lista aberta, que esperamos seja provisória, está feita de zonas de sombra a denotar tanto a imaturidade, o não amadurecimento de certos conceitos, quanto as numerosas falhas da nossa competência. O leitor há de convir que é difícil, muitas vezes, optar entre o empobrecimento e a incoerência.

5. Lacunas

Algumas dessas lacunas, mais aparentes do que reais, merecem ser destacadas. É o caso, por exemplo, do lugar que se concede à lógica anglo-saxônica. Se ele parece insuficiente é porque, de um lado, a problemática dos atos de fala foi homologada pela teoria da enunciação, formulada, como se sabe, sob os influxos das ideias de J. L. Austin, por E. Benveniste, e desenvolvida, a seguir, como parte integrante da semiótica geral; mas, sobretudo, é também porque, por outro lado, os seus aportes propriamente lógicos só poderiam ser introduzidos no quadro de uma apresentação mais completa das linguagens lógicas, coisa que, legítima embora, teria perturbado a economia geral da obra.

Algo mais ou menos parecido aconteceu com a pragmática norte-americana cujo campo de preocupações corresponde, em parte, à teoria da competência modal que nós desenvolvemos. As razões de nossas reticências são evidentes: ou sua problemática é parte integrante da teoria da linguagem, caso em que a tradução de suas contribuições em uma forma semiótica é ponto pacífico, ou, então, a pragmática não é, por sua própria definição, mais do que um apêndice não semiótico da semiótica, que se utiliza de categorias heterogêneas – de ordem psicológica ou sociológica, por exemplo – e, nesse caso, não pode ela reivindicar um lugar em um dicionário de semiótica.

Omissão porventura mais grave é a da retórica. Atendo-nos apenas às teorias da linguagem diretamente relacionadas com a prática linguística de vocação científica, foi-nos impossível levar em consideração as teorias retóricas e poéticas anteriores, viciadas que estavam, em boa parte, pelo etnocentrismo ocidental. Trata-se de uma confissão de impotência, em primeiro lugar, nossa: não conseguindo converter as noções fundamentais da retórica em conceitos semióticos, não pudemos, tampouco, demarcar-lhes um lugar no dispositivo teórico geral. Mas trata-se, também, de uma incapacidade da semiótica atual, visto que, a despeito de trabalhos valiosos – que, no entanto, estão longe de serem convergentes (notadamente os de G. Genette, do Grupo de Liège, da linguística textual) – a semiótica discursiva de caráter figurativo parece estar aguardando, ainda, a sua organização.

Haverá quem lamente, enfim, o pequeno espaço reservado às semióticas particulares, locais que se têm dedicado corajosamente à tarefa de desbastar os novos campos de pesquisa, e de elaborar novas disciplinas no domínio das ciências do homem. O grau de desenvolvimento muito desigual que se observa de uma para outra área, as tendências centrífugas, muitas vezes, metaforizantes, que se encontram nas terminologias especializadas, aconselharam-nos a prudência: desse modo, em vez de registrar e de consagrar o que talvez acabe por se demonstrar efêmero, parece-nos preferível tentar estimular um esforço de conceitualização mais homogênea, ainda que sob o risco de restringi-lo um pouco mais.

Fazemos votos que este dicionário possa ser, de fato, um lugar em que se registrem os progressos da semiótica, e que o inventário provisório dos conceitos que ele constitui seja tomado como aberto a novas e melhores formulações.

6. Modo de usar

A fim de manter certo equilíbrio entre a dispersão alfabética e a organização taxionômica que lhe é subjacente, para fazer deste dicionário um instrumento de consulta imediatamente acessível, capaz de servir, ao mesmo tempo, de introdução mais geral à teoria da linguagem, vimo-nos na obrigação de estabelecer um sistema de remissões em vários níveis:

- sob pena de incorrer em repetições, incluímos habitualmente, em cada entrada, uma breve definição, dada em posição de antônimo ou de hipônimo, de um conceito mais minuciosamente examinado; o leitor que quiser obter uma breve informação sobre um dado ponto evitará, assim, a perda do tempo que demanda a consulta do sentido de uma remissão para outra;

- pretende-se que as remissões inscritas no final de cada artigo reúnam as principais convergências conceituais aptas a fornecerem o contexto semântico do termo consultado;

- os asteriscos tinham, num primeiro momento, a finalidade de assinalar, no interior de cada artigo, os termos definidos em outra parte do volume, de modo a satisfazer uma preocupação de interdefinição e permitir, assim, testar uma desejável coerência da reflexão teórica. Percebeu-se logo o caráter pleonástico desse projeto, pois exceto as palavras-ferramenta e alguns verbos, quase todos os termos de nosso texto tinham um asterisco. Restringiu-se, assim, o emprego desse signo, que passou a ser utilizado só para remeter aos campos conceituais mais vastos que permitem melhor situar os termos definidos (ou um de seus elementos constitutivos), quer no interior de um componente autônomo da teoria, quer relacionando-o com um lugar epistemológico circunscrito.

Inscrevendo cada termo do léxico em três configurações concêntricas, o dispositivo possibilita, em consequência, uma tríplice leitura do dicionário, a partir de qualquer entrada.

7. Agradecimentos

Elaborado a partir de despojamentos sistemáticos e exaustivos de textos de um pequeno número de semioticistas e linguistas cujos nomes, insistentemente citados, constituem um último sistema de referências, este dicionário quer ser, não obstante, o testemunho e a expressão de uma pesquisa coletiva e anônima: aqueles cujas intuições e trabalhos foram aqui aproveitados recebam o reconhecimento da dívida contraída por seus porta-vozes.

Os historiadores da lexicografia sabem que os dicionários são feitos a partir de outros dicionários: tal foi, também, o que fizemos: socorremo-nos, e muito, de obras afins à nossa, buscando nelas um ponto de partida, uma confirmação, ou simplesmente a oportunidade para firmar a nossa própria posição, por oposição a elas. Nossos agradecimentos se dirigem muito especialmente a Ph. Hamon, autor de um primeiro léxico de semiótica, que nos convenceu da necessidade de dar uma forma "analítica" [*raisonnée*] ao nosso empreendimento. A D. Patte e M. Rengstorf devemos a fixação dos equivalentes ingleses dos termos contemplados.

Somos antecipadamente gratos a todos os que tiverem a bondade de, com suas observações, críticas e complementos de informação, confirmar a utilidade da presente "retomada atualizada".

ABERTURA s. f.
FR. OUVERTURE; INGL. OPENING

Correlativo do conceito de fechamento, **abertura** (entendida em sentido sempre relativo) caracteriza todo sistema semiótico articulado, em que o número de possibilidades, oferecidas pela combinatória*, ultrapassa de longe o das combinações* efetivamente realizadas: pode-se dizer, assim, que o esquema* de um universo* semântico é aberto, enquanto seu uso* corresponde a seu fechamento.

→ Fechamento.

ABSTRATO adj.
FR. ABSTRAIT; INGL. ABSTRACT

Diz-se que um termo qualquer, pertencente à língua natural ou a uma metalinguagem, é **abstrato** quando a sua densidade* sêmica é fraca (opõe-se, então, a concreto*), ou quando não comporta semas exteroceptivos* na sua composição sêmica* (opõe-se, neste caso, a figurativo*): no nível da semântica discursiva, distinguir-se-ão, assim, componente abstrato (ou temático) e componente figurativo.

→ Interoceptividade, Tematização.

ACABADO adj.
FR. ACCOMPLI; INGL. ACCOMPLISHED

Acabado/não acabado é outra denominação da categoria* sêmica aspectual *perfectividade/imperfectividade*.

→ Perfectividade, Aspectualização.

AÇÃO s. f.

FR. ACTION; INGL. ACTION

1. **Ação** pode ser definida como uma organização sintagmática* de atos*, sem que tenhamos de nos pronunciar antecipadamente acerca da natureza dessa organização: sequência ordenada, estereotipada ou programada por um sujeito competente.

2. Em semiótica sintagmática, a ação pode ser considerada o resultado da conversão*, em um dado momento do percurso gerativo*, de um programa* narrativo (simples ou complexo). No caso de um programa complexo, os diferentes programas narrativos de uso que o compõem correspondem aos atos que constituem a ação. Isso equivale a dizer que uma ação é um programa narrativo "vestido", em que o sujeito é representado por um ator* e o fazer é convertido em um processo*.

3. A semiótica narrativa não estuda as ações propriamente ditas; estuda "ações de papel", ou seja, descrições de ações. É a análise das ações narradas que lhe permite reconhecer os estereótipos das atividades humanas e construir modelos tipológicos e sintagmáticos que as descrevem. A extrapolação desses procedimentos e modelos pode permitir, então, a elaboração de uma **semiótica da ação**.

→ Ato, Narrativo (percurso ~), *Performance*.

ACEITABILIDADE s. f.

FR. ACCEPTABILITÉ; INGL. ACCEPTABILITY

1. A **aceitabilidade** é um dos conceitos não definidos da gramática gerativa*. Ao que parece, baseia-se, entre outras coisas, na noção de intenção*, noção discutível e confusa, na medida em que implicaria, por exemplo, a consciência – coisa que excluiria, pelo menos, o discurso onírico. Como tal, é frequentemente associada à comunicação*: a intenção do falante pressupõe não só a competência* do enunciador*, mas também a do enunciatário que é capaz de aceitar ou de rejeitar os enunciados propostos. Deste ponto de vista, a aceitabilidade deveria permitir essencialmente definir a competência linguística.

2. Conceito que fundamenta uma competência ideal, postulada como igual para todos – o que é, evidentemente, inverificável –, a aceitabilidade define, ao mesmo tempo, a *performance** linguística que pode ser entendida, deste ponto de vista, como a geração* e/ou o reconhecimento* efetivo dos enunciados aceitáveis, as coerções* de ordem externa ou interna que limitam o exercício da competência do sujeito falante.

3. Na medida em que se tenta tornar esse conceito operatório*, é preciso assinalar que ele se inscreve essencialmente na *performance* do enunciatário: a aceitabilidade aparece, então, como um julgamento relativo e não categórico: as frases (ou os discursos) não são *aceitáveis/inaceitáveis,* mas mais ou menos aceitáveis. As causas de tais limitações parciais ou totais da *performance* são ao mesmo tempo múltiplas e extralinguísticas; são, por exemplo, de ordem psicológica (o caráter finito da memória, incapaz de reter um número elevado de graus de inserção*, ou o grau variável de atenção) ou fisiológica (o ruído* no processo da comunicação, ou a condição física do receptor*, etc.). Em tudo isso se nota uma direção de pesquisa não pertinente ao domínio semiótico.

4. Na medida em que a aceitabilidade é localizada na instância do enunciatário, onde ela se apresenta como um julgamento epistêmico* estribado na modalidade do *poder-fazer* (é "aceitável" o "que se pode aceitar"), os critérios que permitem o exercício desse julgamento devem ser buscados ao nível dos enunciados realizados, como critérios de gramaticalidade* e de semanticidade*.

→ Competência, *Performance*, Gramaticalidade, Semanticidade, Interpretação, Norma.

ACRONIA s. f.

FR. ACHRONIE; INGL. ACHRONY

O termo **acronia** opõe-se aos dois conceitos de sincronia e de diacronia* que para F. de Saussure designavam duas dimensões, por assim dizer, autônomas das pesquisas em linguística: usa-se acronia para afirmar o caráter atemporal das estruturas lógico-semânticas ao mesmo tempo que a não pertinência da dicotomia saussuriana. Com efeito, por um lado, tudo é temporal em semiótica, a começar do ato de fala, mas a duração não desempenha aí nenhum papel: a metáfora "espontânea" e individual requer, para produzir-se, apenas um instante, ao passo que a mesma metáfora, inscrita "na língua" (testa "vaso" → tête "cabeça" por exemplo), leva vários séculos para impor-se. Por outro lado, o cálculo lógico desenvolve-se, sem dúvida, no tempo, mas este não desempenha nenhum papel nas operações de substituição que no cálculo se efetuam. Pode-se considerar, em consequência, que, do ponto de vista da teoria semiótica, as estruturas* semióticas profundas* são acrônicas, ao passo que as estruturas discursivas, mais superficiais, requerem a temporalização*.

→ Sincronia.

ACTANCIAL adj. (PAPEL, ESTATUTO)

FR. ACTANTIEL; INGL. ACTANTIAL

1. À medida que perfaz seu percurso narrativo*, o actante pode conjungir-se com um certo número de estados narrativos ou **papéis actanciais**: estes se definem ao mesmo tempo em função da posição do actante no interior do percurso narrativo* e do investimento modal* particular que ele assume. Desse modo, o actante sujeito, por exemplo, será sucessivamente dotado de modalidades tais como as do *querer-fazer,* do *saber-fazer* ou do *poder-fazer:* nesse caso, o sujeito assume os papéis actanciais de sujeito do querer, sujeito do saber, sujeito do poder-fazer, os quais assinalam outras tantas etapas na aquisição da sua competência* modal (preliminar à sua *performance**). Do ponto de vista paradigmático, os papéis actanciais devem ser considerados como uma categoria* (no sentido hjelmsleviano): constituem, de fato, um paradigma cujos elementos se definem pela posição que podem ocupar no percurso narrativo.

2. Enquanto o **estatuto actancial** é o que define o actante em um dado momento do percurso narrativo, considerando a totalidade do seu percurso anterior (manifestado ou simplesmente pressuposto), o papel actancial é apenas o acréscimo que, em certo ponto do percurso, se junta ao que já constitui o actante em decorrência da progressão sintagmática do discurso.

3. Assim definidos morfologicamente (pelo seu conteúdo modal) e sintaticamente (pela posição do actante), os papéis actanciais pertencem à sintaxe* narrativa de superfície. Associados a um ou a vários papéis temáticos* (que estruturam o componente semântico do discurso), eles possibilitam, com estes últimos, a constituição de atores* (como lugares de convergência e de investimento das estruturas narrativas e discursivas).

➜ **Actante, Narrativo (percurso ~), Papel, Psicossemiótica.**

ACTANTE s. m.

FR. ACTANT; INGL. ACTANT

1. O **actante** pode ser concebido como aquele que realiza ou que sofre o ato*, independentemente de qualquer outra determinação. Assim, para citar L. Tesnière, a quem se deve o termo, "actantes são os seres ou as coisas que, a um título qualquer e de um modo qualquer, ainda a título de meros figurantes e da maneira mais passiva possível, participam do processo". Nessa perspectiva, actante designará um tipo

de unidade* sintática, de caráter propriamente formal, anteriormente a qualquer investimento* semântico e/ou ideológico.

2. O termo actante remete a uma determinada concepção da sintaxe* que articula o enunciado* elementar em funções* (tais como sujeito, objeto, predicado), independentemente de sua realização nas unidades sintagmáticas (exemplos: sintagmas nominal e verbal), e que considera o predicado* como o núcleo do enunciado. Isto quer dizer que os actantes devem ser considerados como os termos terminais da relação que é a função. O conceito de actante deve, igualmente, ser interpretado no âmbito da gramática dos casos (Fillmore) em que cada caso pode se considerar como a representação de uma posição actancial. Sob esse prisma, a **gramática actancial**, de tipo semiótico, apresenta-se como uma formulação mais abstrata da gramática dos casos: localizada em um nível mais profundo*, não submetida a uma forma linguística frasal, ela é capaz de explicar a organização dos discursos narrativos (no nível da sintaxe* narrativa dita de superfície) graças às categorias* sintáticas funcionais (sujeito, objeto, predicado, etc.) que ela explicita para construir-se: deste ponto de vista, ela se diferencia das gramáticas categoriais (que jogam com as classes morfológicas) ou das gramáticas sintagmáticas (que se baseiam nas classes distribucionais).

3. O conceito de actante substitui com vantagem, mormente na semiótica literária, o termo personagem*, e também *"dramatis persona"* (V. Propp), visto que cobre não só seres humanos, mas também animais, objetos e conceitos. Além disso, o termo personagem é ambíguo pelo fato de corresponder, também, em parte, ao conceito de ator* (em que se pode realizar um sincretismo* de actantes) definido como a figura e/ou o lugar vazio onde se investem tanto as formas sintáticas como as formas semânticas.

4. No interior do discurso enunciado distinguir-se-ão, tipologicamente: a) **actantes da comunicação** (ou da enunciação*), que são o narrador* e o narratário, mas também o interlocutor* e o interlocutário (que participam da estrutura da interlocução de segundo grau que é o diálogo*); b) **actantes da narração** (ou do enunciado*): sujeito/objeto, destinador/destinatário; do ponto de vista gramatical, oporemos aqui **actantes sintáticos** (inscritos em um programa* narrativo dado), tais como sujeito de estado* e sujeito do fazer*, e **actantes funcionais** (ou sintagmáticos), que subsumem os papéis actanciais* de um determinado percurso narrativo*; no que tange às duas dimensões* discerníveis nos discursos, distinguiremos, por exemplo, sujeitos pragmáticos* e sujeitos cognitivos* (estes últimos surgindo quer em sincretismo com os sujeitos pragmáticos, quer como atores autônomos, no caso do informante*, por exemplo, quer reconhecíveis pelo menos como posições implícitas, com o actante observador*). Levando-se em conta o papel que ele desempenha, ao nível da semântica discursiva, graças ao procedimento da figurativização*, diremos que o actante é **individual**, **dual** ou **coletivo**.

5. Qualquer actante pode ser projetado sobre o quadrado* semiótico, articulando-se, desse modo, em pelo menos quatro posições actanciais (actante, antiactante, negactante, neganti-actante). Assim articulado, diz-se que o actante é um **protoactante*** e se transforma em uma **categoria*** **actancial**.

6. Na progressão do discurso narrativo, o actante pode assumir um certo número de papéis actanciais*, definidos simultaneamente pela posição do actante no encadeamento lógico da narração (sua definição sintática) e por seu investimento modal* (sua definição morfológica). Assim, o herói só o é em certas posições da narrativa: não era herói antes, pode não ser herói depois.

→ **Função, Enunciado, Narrativo (percurso ~), Sintaxe narrativa de superfície, Actancial, Ator.**

ACTORIALIZAÇÃO s. f.

FR. ACTORIALISATION; INGL. ACTORIALIZATION

1. Com a temporalização* e a espacialização*, a **actorialização** é um dos componentes da discursivização* que está fundada, como aquelas outras duas, sobre a ativação das operações de debreagem* e de embreagem*. O que caracteriza o procedimento da actorialização é o fato de visar instituir os atores* do discurso pela reunião dos diferentes elementos dos componentes semântico e sintático. Esses dois componentes, sintático e semântico, podem ser analisados separadamente e, como desenvolvem, no plano discursivo, seus percursos (actancial e temático) de modo autônomo, a reunião termo a termo de pelo menos um papel actancial* com pelo menos um papel temático* constitui os atores, que se dotam, desse modo e ao mesmo tempo, de um *modus operandi* e de um *modus essendi*.

2. Os valores* pragmáticos* podem ser ou objetivos* ou subjetivos* e, em decorrência disso, podem se manifestar quer como propriedades intrínsecas dos sujeitos, quer como objetos tematizados independentes (por exemplo, "ser poderoso" ou "possuir um exército"); do mesmo modo, determinado papel actancial pode ser ou interiorizado, apresentando-se então em sincretismo* com o sujeito, ou autonomizado e surgir, nesse caso, como atores separados (o adjuvante* ou o oponente, por exemplo, funcionando como representantes das estruturas modais da competência dos sujeitos; o informante* ou o observador* encarnando, por sua vez, sujeitos cognitivos*/autônomos). Em decorrência de tudo isso, cada discurso narrativo apresenta uma **distribuição actorial** que lhe é peculiar. Desse ponto de

vista, a instância do percurso gerativo*, caracterizada, entre outras coisas, pela ativação de uma estrutura de atores, pode suscitar uma **tipologia actorial** dos discursos narrativos cujos dois polos apresentariam, o primeiro, uma distribuição actancial e temática variada, situada, porém, no interior de um único ator, ao passo que o segundo se caracterizaria, ao contrário, por uma organização de atores diferentes e autônomos: semelhante tipologia estaria, consequentemente, localizada entre uma distribuição psicologizante e uma distribuição sociologizante dos atores.

→ Ator, Discursivização, Sintaxe discursiva.

ADEQUAÇÃO s. f.

FR. ADÉQUATION; INGL. ADEQUATION

1. Entende-se por **adequação** a conformidade que se pode reconhecer entre duas grandezas* semióticas. A adequação será diferentemente concebida conforme o modo pelo qual se encare a relação entre essas grandezas.

2. Falar-se-á de **adequação vertical** ao se postular ou exigir conformidade entre dois diferentes níveis de linguagem: entre a semiótica-objeto e sua metalinguagem* de descrição*, entre a teoria* conceitualizada e a linguagem formal* que a axiomatiza, entre as estruturas profundas* e as estruturas de superfície* (o termo equivalência* é mais apropriado neste caso).

3. Reservar-se-á o nome **adequação horizontal** à conformidade a ser estabelecida entre o projeto e a sua realização, ou seja, entre a teoria e sua aplicação. Com efeito, sendo qualquer teoria arbitrária* (não dependendo ela dos dados da experiência), a exigência da adequação só se coloca para ela no momento da aplicação. Por outro lado, a construção de uma teoria só pode visar a sua aplicação: deve submeter-se, em consequência, a certos postulados (o princípio do empirismo*, para L. Hjelmslev) que garantam antecipadamente as condições de sua adequação.

→ Teoria, Verificação, Validação.

ADJUVANTE s. m.

FR. ADJUVANT; INGL. HELPER

Adjuvante designa o auxiliar positivo quando esse papel é assumido por um ator* diferente do sujeito do fazer: corresponde a um poder-fazer individualizado que, sob a forma de ator, contribui com o seu auxílio para a realização do programa* narrativo do sujeito*; opõe-se, paradigmaticamente, a oponente* (que é o auxiliar negativo).

→ **Auxiliar.**

AFIRMAÇÃO s. f.

FR. **AFFIRMATION**; INGL. **AFFIRMATION**

1. A gramática tradicional distingue, geralmente, quatro classes de proposições*: afirmativas, negativas, interrogativas e imperativas. Enquanto as duas últimas se dirigem para o interlocutor, com a finalidade de provocar o seu fazer verbal* e/ou somático* as proposições afirmativas e negativas são apenas declarações de existência, dirigidas ao interlocutor, cuja intervenção não se solicita. Estas últimas são geralmente englobadas na denominação proposições declarativas. (As primeiras gramáticas gerativas* engendravam apenas frases declarativas afirmativas, considerando a afirmação como propriedade das frases de base.) Preferimos considerá-las como enunciados informativos* (ou não modalizados), uma vez que a produção delas sustenta, implicitamente, um "eu digo", e nada mais.

2. Na tradição de Port-Royal, diz-se que a declaração de existência que esse gênero de enunciado comporta manifesta-se no fato da predicação, constituindo a cópula portuguesa ser* um instrumento por excelência da afirmação. É mais ou menos com o mesmo espírito que distinguimos de um lado os **enunciados*** de estado*, portadores dessa declaração de existência semiótica e caracterizados pela relação de junção entre um sujeito* e um objeto* (quer dizer, a "afirmação" no sentido tênue de declaração), e, de outro lado, os enunciados do fazer* (cuja asserção* e negação* constituem os dois termos contraditórios*). O termo afirmação, ambíguo, parece-nos que deve ser evitado.

→ **Asserção, Junção.**

AFORIA s. f.

FR. **APHORIE**; INGL. **APHORIA** (NEOL.)

Aforia é o termo neutro* da categoria* tímica que se articula em *euforia/disforia*.

→ **Tímica (categoria ~).**

AGRAMATICALIDADE s. f.

FR. AGRAMMATICALITÉ; INGL. AGRAMMATICALITY

Diferentemente da linguística gerativa* e transformacional, que se baseia na competência* do enunciatário para distinguir o que é e o que não é gramatical, entenderemos por **agramaticalidade** a impossibilidade de dois elementos do plano sintático se fazerem presentes* conjuntamente em uma unidade hierarquicamente superior; lidamos aqui, portanto, com uma das formas possíveis da incompatibilidade.

→ Gramaticalidade, Incompatibilidade.

AGRESSOR s. m.

FR. AGRESSEUR; INGL. AGGRESSOR

Na terminologia de V. Propp, **agressor** é um dos sete personagens do conto maravilhoso, aquele cuja "esfera de ação" compreende "o delito, o combate e as outras formas de luta contra o herói". Desse ponto de vista, pode-se ver nele o antidoador: contrariamente ao doador, que assume o papel de adjuvante* e fornece ao herói* a competência* de que ele necessita para a sua *performance**, o agressor – homologável ao oponente – tem a função essencial de instituir a carência, engrenando, por meio dela, o que Propp chama de "movimento" da narrativa: o fato de uma transformação negativa requerer, para equilíbrio, uma transformação positiva.

→ Carência, Oponente, Doador.

ALÉTICAS (MODALIDADES ∼) adj.

FR. ALÉTHIQUES (MODALITÉS ∼); INGL. ALETHIOLOGICAL MODALITIES

Do ponto de vista semiótico, a estrutura modal chamada **alética** é produzida quando o enunciado modal que tem por predicado o dever* sobredetermina e rege o enunciado de estado* (que possui "ser" como predicado). A projeção binarizante dessa estrutura no quadrado* semiótico permite a formulação da categoria modal alética:

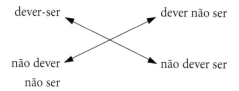

Cada um dos termos do quadrado pode receber uma denominação substantiva:

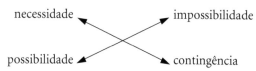

Vê-se que cada termo modal pode, pois, ser tratado quer como uma estrutura* modal (sua definição sintática), quer como um valor* modal (sua definição taxionômica). Se a lógica modal utiliza exclusivamente valores modais (ou denominações), a semiótica modal vincula a cada denominação sua definição sintática.

→ Dever, Modalidade.

Alfabeto s. m.

FR. Alphabet; INGL. Alphabet

Na metassemiótica* científica, **alfabeto** designa o inventário finito de símbolos escolhidos para a descrição* de um objeto semiótico, os quais permitem construir as expressões*. Emprega-se, às vezes, nesse sentido, mas impropriamente, o termo estrutura. A principal crítica que se pode formular contra semelhante conceito de metalinguagem* e a de não cobrir suficientemente o aspecto paradigmático de qualquer linguagem, representando o alfabeto apenas como um simples inventário não estruturado.

→ Símbolo, Expressão.

Algoritmo s. m.

FR. Algorithme; INGL. Algorithm

1. Por **algoritmo** entende-se a prescrição de uma ordem* determinada na execução de um conjunto de instruções explícitas* para a solução de um certo tipo

de problema dado. Na metassemiótica* científica, a que se atribui a tarefa de representar o funcionamento de uma semiótica sob a forma de um sistema de regras*, o algoritmo corresponde a um saber*-fazer sintagmático*, suscetível de programar, na forma de instruções, a aplicação das regras apropriadas. Esse saber-fazer que se encontra, nos discursos narrativos de qualquer espécie, sob a forma de um fazer* programático (que varia conforme o tipo de competência dos sujeitos operadores e que pode culminar em um êxito ou em um fracasso) acha-se "neutralizado" pela explicitação de todas as regras e pela instauração de um sujeito operador qualquer, denominado autômato*: dispor e utilizar corretamente esse operador neutro é uma das condições da cientificidade*.

2. É evidente que a apresentação algorítmica das sequências de regras só pode ser feita progressivamente: a organização algorítmica só pode ser dada, em primeiro lugar, a determinados procedimentos de análise. Assim, em semiótica narrativa, os programas* narrativos complexos, por exemplo, já são suscetíveis de receber uma formulação algorítmica. Foi nessa perspectiva que fizemos a proposta de considerar como **algoritmo de transformação*** uma sequência ordenada de operações que permitem passar do estado inicial ao estado final de uma narrativa* fechada. Quando um algoritmo comporta instruções que preveem a passagem, no quadrado* semiótico, de um termo primitivo (s_1) ao seu contraditório ($\bar{s}_1$), e deste, por implicação*, ao contrário do primeiro (s_2), podemos chamá-lo de **dialético**.

3. Designa-se às vezes com o nome de **linguística algorítmica** um ramo da linguística que se interessa em particular pela automatização dos procedimentos de análises linguísticas em virtude de seu tratamento automático, ou, de modo mais geral, pelas linguagens de documentação e de programação.

→ Regra.

ALTERIDADE s. f.

FR. ALTÉRITÉ; INGL. ALTERITY

Alteridade é um conceito* não definível que se opõe a um outro, do mesmo gênero, identidade: esse par pode pelo menos ser interdefinido pela relação de pressuposição* recíproca. Assim como a identificação permite estabelecer a identidade de dois ou mais objetos, a distinção* é a operação pela qual se reconhece a alteridade deles.

→ Identidade, Diferença.

AMBIGUIDADE s. f.

FR. AMBIGUITÉ; INGL. AMBIGUITY

1. **Ambiguidade** é a propriedade dos enunciados* que apresentam, simultaneamente, várias leituras* ou interpretações* possíveis (sem predominância de uma sobre a outra).

2. A ambiguidade pode ser de tipo **lexical**, com os fenômenos de homofonia ou de homografia: ela é então provocada pelo caráter plurissêmico dos lexemas*.

3. A ambiguidade **sintática** se manifesta quando a uma estrutura sintática de superfície* correspondem duas ou mais representações semânticas.

→ **Desambiguização, Homonímia, Univocidade.**

ANÁFORA s. f.

FR. ANAPHORE; INGL. ANAPHORA

1. **Anáfora** é uma relação de identidade parcial que se estabelece no discurso, no eixo sintagmático*, entre dois termos*, servindo para vincular dois enunciados, dois parágrafos, etc.

2. A anáfora é chamada de **gramatical** quando utiliza para a identificação as categorias* semânticas que fazem parte do arcabouço explícito da gramática de uma língua natural qualquer (exemplo: os pronomes, o verbo fazer, etc.).

3. Há anáfora **semântica** (no senso estrito) quando um termo condensado (ou denominação*) retoma uma expansão sintagmática anterior. Do ponto de vista terminológico, poder-se-á distinguir o **anaforizado** (termo primeiro no enunciado, e em expansão) do **anaforizante**, que o retoma sob forma condensada. Essa mesma relação será denominada **catáfora** quando o termo retomado (o cataforizante) precede, no discurso, o termo em expansão (o cataforizado).

4. A identidade, mobilizada pelo reconhecimento* ou a identificação, é uma relação anafórica formal entre dois termos, um dos quais está presente ou atual, estando o outro ausente, em outro local, ou sendo passado: nesse sentido, poder-se-á falar de anáfora **cognitiva**.

5. A **anaforização** é um dos principais procedimentos que permitem ao enunciador* estabelecer e manter a isotopia* discursiva (as relações **interfrasais**).

→ **Referência, Referente, Identidade, correferência.**

ANÁLISE s. f.

FR. ANALYSE; INGL. ANALYSIS

Além dos diversos empregos que provêm da língua corrente, o termo **análise** designa, em semiótica, desde Hjelmslev, o conjunto de procedimentos utilizados na descrição* de um objeto* semiótico, os quais se particularizam por considerar, em seu ponto de partida, o objeto em questão como um todo de significação*, com o objetivo de estabelecer, por um lado, as relações entre as partes desse objeto e, por outro, entre as partes e o todo que ele constitui, e assim por diante, até esgotar o objeto, ou seja, até que se registrem suas unidades mínimas indecomponíveis. Semelhante descrição é por vezes chamada de descendente, em oposição à síntese*, chamada ascendente. Diferentes tipos de análise são possíveis, conforme o nível de pertinência selecionado; ter-se-á, por exemplo, no plano sintático, a análise distribucional* e a sintagmática*, e, no plano semântico, a análise sêmica* ou componencial.

→ **Procedimento, Conteúdo.**

ANALOGIA s. f.

FR. ANALOGIE; INGL. ANALOGY

1. Em sentido preciso, **analogia** é a identidade* da relação que reúne dois ou mais pares de termos*, um par por vez. Analogia é, assim, sinônimo de proporção matemática. Se, em vez de registrar tais relações, pretendemos estabelecê-las, o conhecimento dos três termos de uma proporção com dois pares permite que se determine seu quarto termo. Semelhante operação cognitiva chama-se muitas vezes **raciocínio por analogia**. Desde os neogramáticos, a tradição linguística atribui papel importante à atividade analógica no funcionamento das línguas naturais: a observância ou a imitação dos modelos analógicos — correspondentes ao raciocínio implícito – se manifestam tanto na prática individual ("fazerei" em lugar de "farei") quanto nas transformações diacrônicas das línguas. Como o termo analogia se generalizou e perdeu seu sentido preciso, foi necessário substituí-lo por homologia, já que homologação serve para designar a atividade analógica.

2. Em sentido vago e corrente, analogia designa uma semelhança mais ou menos longínqua entre duas ou mais grandezas* para as quais se admite,

implicitamente, uma diferença essencial. Empregado em semiótica como conceito não definido, o termo analogia pode prestar serviços na medida em que a declaração de analogia se faça acompanhar de uma tentativa de determinar a sua estrutura.

3. Assim, fala-se muito em analogia a propósito das relações que um sistema ou um processo semiótico podem entreter com seu referente* externo, ou seja, com o mundo* natural: problema limitado ao estatuto das onomatopeias (cf. motivação*) quando se trata das línguas naturais, a analogia surge no centro dos debates no que diz semióticas visuais, em que a iconicidade* é considerada, por alguns, uma característica desse gênero de semiótica.

4. A analogia serve igualmente como ponto de partida para explicar a constituição e o desenvolvimento das isotopias* metafóricas que parecem suscetíveis de homologações entre si.

➔ Homologação, Iconicidade.

ANCORAGEM s. f.

FR. ANCRAGE; INGL. ANCHORING

1. Por **ancoragem histórica** compreende-se a disposição, no momento da instância de figurativização* do discurso, de um conjunto de índices espaço-temporais e, mais particularmente, de topônimos* e de cronônimos* que visam a constituir o simulacro de um referente* externo e a produzir o efeito* de sentido "realidade".

2. Designa-se também, às vezes, com o nome de **ancoragem**, o ato de pôr em relação grandezas semióticas pertencentes quer a duas semióticas* diferentes (a imagem publicitária e a legenda; o quadro e seu nome), quer a duas instâncias discursivas distintas (texto e título): a ancoragem produz o efeito de transformar uma das grandezas em referência contextual, permitindo, assim, desambiguizar a outra.

➔ História.

ANTERIORIDADE s. f.

FR. ANTÉRIORITÉ; INGL. ANTERIORITY

1. **Anterioridade** é um dos dois termos da categoria* lógico-temporal *anterioridade/posterioridade,* que permite construir um quadro de localização temporal dos programas* narrativos a partir de um ponto temporal zero, identificado com o tempo **então** ou o tempo **agora** em consequência da debreagem* temporal.

2. Compreende-se por **anterioridade lógica** a característica de uma grandeza* semiótica pressuposta, em relação com uma grandeza* semiótica pressuponente.

→ **Localização espaçotemporal, Pressuposição.**

ANTIDESTINADOR s. m.

FR. ANTI-DESTINATEUR; INGL. ANTI-ADDRESSER

Projetado no quadrado* semiótico, o destinador – então considerado como protoactante* – enseja pelo menos quatro posições actanciais (destinador, antidestinador, não destinador, não antidestinador); o par mais utilizado – destinador/**antidestinador**, correlativo ao de sujeito/antissujeito, está evidentemente ligado à estrutura polêmica dos discursos narrativos.

→ **Destinador, Protoactante, Polêmico.**

ANTIDOADOR s. m.

FR. ANTI-DONATEUR; INGL. ANTI-DONOR

Paradigmaticamente oposto ao doador no quadro da estrutura polêmica dos discursos, o **antidoador** pode ser homologado ao oponente.

→ **Oponente, Doador, Polêmico.**

ANTÍFRASE s. f.

FR. ANTIPHRASE; INGL. ANTIPHRASIS

Antiga figura* de retórica, suscetível de receber uma definição semiótica rigorosa, a **antífrase** corresponde à substituição*, no quadro de uma unidade sintagmática dada, de dois signos* que possuam ao menos dois semas* contraditórios*.

→ Antítese, Relação, Metáfora.

ANTÍTESE s. f.

FR. ANTITHÈSE; INGL. ANTITHESIS

Antítese é uma antiga figura* de retórica, suscetível de ser definida, de maneira mais precisa, em semiótica, como a manifestação*, no eixo sintagmático*, da antífrase*, apresentando assim em combinação dois signos* que possuam pelo menos dois semas* contraditórios* (às vezes, contrários*).

→ Antífrase, Relação.

ANTONÍMIA s. f.

FR. ANTONYMIE; INGL. ANTONYMY

1. Na lexicologia, as relações de **antonímia** opõem-se tradicionalmente às relações de sinonímia*; estas são reconhecíveis entre dois ou mais lexemas*, ao passo que aquelas permitem agrupar termos apesar (e por causa) de suas diferenças. Dois lexemas pertencentes à mesma classe* morfológica ("quente"/ "frio"; "subir"/ "descer") serão assim aproximados pelo fato de possuírem certo número de semas* comuns e de se distinguirem por outros semas que se opõem entre si.

2. Vê-se que o problema da antonímia não é de ordem lexical ou, antes, que o plano lexemático não faz mais do que manifestar oposições sêmicas subjacentes: pois, uma vez reconhecida a existência de um eixo* semântico unindo os dois lexemas, resta saber em que consistem as oposições sêmicas que os distinguem e se é possível constituir uma tipologia de ordem lógica dessas relações opositivas. O problema da antonímia lexical* só pode ser resolvido no quadro da reflexão sobre a natureza das estruturas* elementares da significação.

3. As definições e as classificações de antônimos variam de uma lexicologia para outra. Distinguir-se-ão, por exemplo, os **antônimos polares**, categóricos,

que não admitem termos intermediários ("marido"/"mulher"), dos **antônimos escalares** que admitem gradação e estão muitas vezes ligados aos procedimentos de comparação ("grande"/"médio"/"pequeno"; "quente"/"morno"/"frio"). Conforme o tipo de relação lógica reconhecida entre eles, falaremos de **antônimos contraditórios*** ("celibatário"/"casado"), **contrários** ("subir"/"descer"), **recíprocos** ("comprar"/"vender"), etc.

→ **Estrutura.**

Antropomorfa (sintaxe ~) adj.

FR. Anthropomorphe (syntaxe ~);
INGL. Anthropomorphic syntax

Por oposição à sintaxe fundamental, concebida sob forma de operações lógicas que são efetuadas no quadro de um microuniverso estabelecido, a sintaxe narrativa de superfície é chamada **antropomorfa** porque, uma vez feita a conversão*, ela substitui as operações lógicas por operações do fazer*, e define os sujeitos de estado* pela junção deles com os objetos suscetíveis de serem investidos de valores que os determinam. Do mesmo modo, os conceitos de competência* modal e de *performance* que ela mobiliza só têm sentido quando se referem a sujeitos humanos. Assim, aplicada à sintaxe narrativa, o qualificativo antropomorfo não tem relação com o antropomorfismo que caracteriza certos discursos narrativos – sobretudo etnoliterários – atribuindo frequentemente o estatuto de sujeito de fazer a coisas ou a seres não humanos.

→ **Sintaxe narrativa de superfície, Personificação.**

Antropônimo s. m.

FR. Anthroponyme; INGL. Anthroponym

Na qualidade de denominações de atores* por nomes próprios, os antropônimos participam do subcomponente onomástico da figurativização. Associados aos topônimos* e aos cronônimos*, permitem uma ancoragem* histórica que visa a constituir o simulacro de um referente externo e a produzir o efeito de sentido "realidade".

→ **Onomástica, Figurativização, Referente.**

Apagamento s. m.

FR. EFFACEMENT; INGL. ERASING

Termo da gramática gerativa*, o **apagamento** designa uma transformação* comparável à elipse (aplicada no domínio da sintaxe frasal).

➔ **Elipse.**

Apropriação s. f.

FR. APPROPRIATION; INGL. APPROPRIATION

Situada no nível figurativo*, a **apropiação** caracteriza a posição do sujeito de um enunciado de estado* após adquirir o objeto*-valor por sua própria ação. Corresponde, então, à realização* reflexiva* do objeto-valor, efetuada num momento qualquer do percurso narrativo*. Com a atribuição*, a apropriação é uma das duas formas de aquisição que podem entrar como subcomponentes da prova*, a título de consequência*.

➔ **Aquisição, Realização.**

Aquisição s. f.

FR. ACQUISITION; INGL. ACQUISITION

Situada no nível figurativo*, a **aquisição** – que se opõe, paradigmaticamente à privação* – representa a transformação* que estabelece a conjunção* entre sujeito* e objeto*; correspondendo à realização, ocorre em um modo ou transitivo (atribuição*), ou reflexivo (apropriação*). Inscrita no esquema narrativo*, a aquisição é a forma positiva da consequência* e releva, pois, dessa figura discursiva que é a prova.

➔ **Realização, Comunicação, Consequência, Prova.**

Arbitrariedade s. f.

FR. ARBITRAIRE; INGL. ARBITRARINESS

1. O termo **arbitrariedade** (do signo*) é bastante impreciso na teoria saussuriana, em que designa o caráter não fundamentado, imotivado (isto é, que não se

pode interpretar em termos de causalidade), da relação* que reúne o significante* o e o significado*, constitutiva do signo linguístico. Tal concepção desempenhou um papel historicamente importante, que permitiu, entre outras coisas, a F. de Saussure estabelecer a autonomia da língua*considerada como forma*.

Se não existe nenhuma relação causal ou "natural" entre o significado "mesa" e o significante [me'za], é impossível, do ponto de vista do funcionamento da língua (ou de qualquer semiótica), não reconhecer a existência de uma relação **necessária** (E. Benveniste) – ou de pressuposição* recíproca (L. Hjelmslev) – entre o significante e o significado. Essa relação, que L. Hjelmslev chama de função* semiótica, está subjacente à semiose que define em primeiro lugar o ato* de linguagem. Logicamente necessária, essa relação é igualmente necessária do ponto de vista social: os signos de uma língua natural, sendo **convencionais** (outro termo proposto por Saussure), não são arbitrários, pois que os sujeitos falantes não podem efetuar por si mesmos substituições* de significantes ou de significados.

2. O caráter arbitrário ou mais ou menos motivado dos signos não lhes advém de sua natureza de signo, mas de sua interpretação, ou seja, do sentimento ou da atitude que uma comunidade linguística ou um indivíduo mantém em face dos signos que utiliza. Trata-se, pois, no caso, de fatos metassemióticos, e não semióticos.

3. Uma outra confusão pode ser evitada situando-se a problemática da arbitrariedade do signo unicamente no quadro das semióticas biplanas*, com exclusão das semióticas monoplanas*, cujas unidades de manifestação mínimas não são signos, mas sinais* (L. Hjelmslev).

4. A problemática da arbitrariedade do signo, que trata das relações internas aos sistemas semióticos, vincula-se à questão, bem diferente, das relações externas entre uma dada semiótica e a "realidade" do mundo exterior, ou das relações entre duas semióticas* diferentes (o problema do "nomeável", por exemplo, na semiótica pictórica). No primeiro caso, trata-se de problemas concernentes ao estatuto do referente*; no segundo, da particularidade das línguas* naturais.

5. Paralelamente, L. Hjelmslev introduz a dicotomia **arbitrário/adequado***. O termo arbitrário lhe serve para designar a teoria – e, mais cspccialmente, a teoria semiótica – na medida em que, pura construção coerente, não depende dos dados da experiência; ao contrário, quando uma teoria (ou certas premissas suas) é aplicável aos dados da experiência, dir-se-á que ela é adequada (ou conforme os objetivos a que ela se propôs).

6. A questão acerca da arbitrariedade do signo reaparece, enfim, quando se lida com o problema da construção da metalinguagem* (ou da metassemiótica): as unidades reconhecidas e definidas por ocasião de uma descrição* semiótica são puras redes de relações, e as denominações que podemos conferir-lhes são

arbitrárias. Contudo, se uma metalinguagem é aplicada a uma semiótica*-objeto, as denominações escolhidas deverão ser adequadas e comportar o maior número de subsídios possíveis acerca da manifestação*.

→ Motivação, Denominação.

ARCABOUÇO s. m.
FR. ARMATURE; INGL. ARMATURE

Empregado de maneira metafórica por C. Lévi-Strauss, o termo **arcabouço** serve-lhe para designar um conjunto não determinado de propriedades formais de ordem sintática* e/ou semântica* que permanecem invariantes* em dois ou mais mitos. Utilizado em outros domínios, esse termo é muitas vezes sinônimo de estrutura* (no sentido lato).

ARQUILEXEMA s. m.
FR. ARCHILEXÈME; INGL. ARCHI-LEXEME

O **arquilexema** é um lexema* da língua* natural em estudo, que serve para designar, subsumindo-o, um microssistema taxionômico. No bem conhecido exemplo de B. Pottier, "assento" é o arquilexema que subsume os lexemas "cadeira", "sofá", "poltrona", etc. Útil embora, esse termo não é inteiramente satisfatório: de um lado, sendo a taxionomia uma hierarquia*, um arquilexema pode possuir um arquilexema de nível superior (por exemplo, "móvel" para "assento"); de outro lado, há "arquilexemas" que não participam da língua natural, mas da metalinguagem que se emprega para estudá-la (por exemplo, *objeto fabricado* para "móvel"): um termo paralelo deveria ser proposto para denominar esses "arquilexemas construídos".

→ Taxionomia.

ARTICULAÇÃO s. f.
FR. ARTICULATION; INGL. ARTICULATION

1. Em fonética*, compreende-se por **articulação** em primeiro lugar o funcionamento fisiológico dos "órgãos da fala" e, depois, a capacidade desse aparelho

fonador de produzir uma combinatória de "sons da linguagem" necessários para a constituição do plano de expressão*. De acordo com a instância* em que se captam os fatos fônicos, distinguem-se a fonética **articulatória** (no nível da emissão), a fonética **acústica** (no nível da transmissão), e a fonética **auditiva** (no plano da recepção).

2. Por extensão, articulação designa, de modo geral, qualquer atividade semiótica* do enunciador* ou – considerando o resultado dessa atividade – qualquer forma de organização semiótica, criadora de unidades* que são ao mesmo tempo distintas e combináveis. Empregado nesta acepção, o termo articulação parece concomitantemente bastante genérico e neutro, ou seja, menos comprometido com as diferentes teorias linguísticas.

3. L. Hjelmslev dá à articulação um sentido mais restrito, designando com esse termo a análise* de um sistema*, por oposição à divisão*, que denomina a análise de um processo*.

4. Por **dupla articulação**, A. Martinet define a especificidade das línguas* naturais perante os demais "meios de comunicação": a primeira articulação situa-se no nível dos signos-morfemas*; a segunda, no nível dos fonemas* que constituem os formantes* dos morfemas. Aplicação do princípio da combinatória*, semelhante interpretação não é inadequada, mas parece hoje insuficiente: ela corresponde, de fato, ao estado da linguística anteriormente aos desenvolvimentos recentes das investigações sintáticas e semânticas.

ÁRVORE s. f. OU GRAFO ARBORESCENTE s. m.
FR. ARBRE OU GRAPHE ARBORESCENTE; INGL. TREE

1. A **árvore** é uma representação* gráfica dos resultados da análise* (ou da descrição* estrutural) de um objeto semiótico do qual ela visualiza sobretudo as relações* hierárquicas e os níveis de articulação (ou de derivação*). O ponto de bifurcação, em cada um dos níveis representados, é chamado nódulo* e rotulado por uma etiqueta* (símbolo* ou denominação*). Mesmo evidenciando, pela contiguidade horizontal dos nódulos, a existência das relações que se julga existirem entre eles dentro de cada nível, a representação arborescente não fornece nenhuma informação acerca da natureza dessas relações: isso explica a grande diversidade de tipos de árvores e as dificuldades da interpretação* delas. Desse modo, é importante que as regras* de formação das árvores sejam sempre explicitadas.

A representação por meio de árvore descreve, de modo geral, a atividade **taxionômica*** que caracteriza, em boa parte, o discurso dotado de vocação científica.

De acordo com os dois eixos fundamentais da linguagem e os dois tipos de redes relacionais que neles se reconhecem podem-se distinguir árvores paradigmáticas e árvores sintagmáticas.

2. As **árvores paradigmáticas** são utilizáveis na análise sêmica* (ou componencial) e na elaboração de diversas etnotaxionomias. Representam essencialmente hierarquias caracterizadas por relações hiponímicas* e visualizam superposições resultantes dos cruzamentos dos critérios de partição.

3. As **árvores sintagmáticas** são empregadas sobretudo para fazer a representação das descrições sintáticas*. As mais conhecidas dentre elas – o estema, de L. Tesnière, e o indicador* sintagmático da gramática gerativa* – manifestam algumas das possibilidades de utilização dos grafos arborescentes.

4. No sentido estrito que é atualmente o mais frequente, o termo "árvore" é aplicado, em linguística, à representação da análise em constituintes* imediatos, servindo a análise de ponto de partida para a gramática transformacional que a considera a descrição estrutural da frase* por excelência. Sendo só uma representação, o valor da árvore reflete o da teoria* sobre a qual se apoia a descrição: no caso em tela, a árvore evidencia os principais pressupostos, discutíveis, da teoria subjacente, que são, entre outros, o princípio da linearidade* da frase e o postulado da binaridade* das relações estruturais.

5. A árvore deve ser considerada uma das formas possíveis da representação de um mesmo objeto semiótico, e deve ser avaliada como tal em função do seu rendimento e da sua simplicidade*. Assim, uma mesma frase, por exemplo, pode ser representada, de maneira equivalente, por meio de uma árvore, de parênteses* rotulados ou por uma matriz*. Do mesmo modo, a representação das regras de reescrita* (emprego da flecha, significação atribuída à orientação da esquerda para a direita, justaposição emparelhada dos símbolos) é homologável à representação por árvore.

O grafo arborescente é um auxiliar preciso e precioso que não se deve confundir com qualquer outro esquema ou desenho.

→ Gerativa (gramática ~), Representação, Classificação.

ASSEMANTICIDADE s. f.

FR. ASÉMANTICITÉ; INGL. ASEMANTICITY (NEOL.)

Diferentemente da linguística gerativa e transformacional, para a qual uma frase se diz assemântica quando não pode receber nenhuma interpretação* semântica, definiremos a **assemanticidade** – de um ponto de vista operacional* – como a impossibilidade de dois elementos do nível semântico (como dois semas* ou dois sememas*) estarem presentes*, juntos, em uma unidade hierarquicamente superior: trata-se, portanto, de uma das formas possíveis da incompatibilidade.

→ **Semanticidade, Incompatibilidade.**

ASPECTUALIZAÇÃO s. f.

FR. ASPECTUALISATION; INGL. ASPECTUALIZATION

1. No quadro do percurso gerativo*, compreender-se-á por **aspectualização** a disposição, no momento da discursivização, de um dispositivo de categorias* aspectuais mediante as quais se revela a presença implícita de um actante observador*. Esse procedimento parece ser geral e caracterizar os três componentes, que são a actorialização*, a espacializacão* e a temporalizacão*, constitutivos dos mecanismos de debreagem* (*débrayage).* Apenas a aspectualização da temporalidade, no entanto, permitiu, até o momento, elaborações conceituais que merecem ser consideradas, interpretadas e completadas.

2. Qualquer discurso temporalizado comporta duas espécies de novos investimentos produtores desses dois efeitos de sentido que são a temporalidade e a **aspectualidade.** O efeito de temporalidade se liga à colocação de um conjunto de categorias temporais que, dependendo da instância da enunciação*, projeta no enunciado uma organização temporal de ordem topológica, ao passo que o efeito da aspectualidade resulta dos investimentos das categorias aspectuais que convertem as funções* (ou predicados) dos enunciados* narrativos em processo*; a aspectualidade aparece, assim, como relativamente independente da instância de enunciação.

3. Historicamente, o **aspecto** é introduzido na linguística como "ponto de vista sobre a ação", suscetível de se manifestar sob a forma de morfemas* gramaticais autônomos. Tentando explicitar a estrutura* actancial subjacente à manifestação dos diferentes "aspectos", fomos levados a introduzir nessa configuração* discursiva um actante **observador** para quem a ação realizada por um sujeito instalado no discurso aparece como um processo, ou seja, como uma "marcha", um "desenvolvimento". Sob esse ponto de vista, a aspectualização de um enunciado (frase, sequência ou discurso) corresponde a uma dupla debreagem*: o enunciador* que se delega no discurso, por um lado, num actante sujeito do fazer e, por outro, num sujeito cognitivo* que observa e decompõe esse fazer, transformando-o em processo

[caracterizado então pelos semas durativistade* ou puntualidade*, perfectividade* ou imperfectividade* (acabado/inacabado), incoatividade* ou terminatividade*].

4. A utilização de tal estrutura actancial cobre as diferentes articulações* do processo (ou de seus aspectos), mas nada diz acerca da natureza do processo em si. Localizando-o no tempo, dir-se-á que a aspectualização é uma sobredeterminação da temporalidade e que o processo, mesmo sendo temporal, só se torna inteligível graças às suas articulações aspectuais.

5. A conversibilidade dos enunciados narrativos (de natureza lógica) em enunciados processuais (de caráter temporal) permite-nos compreender, de modo geral, a relação que existe entre as transformações diacrônicas* e suas manifestações temporais (ou históricas): a transformação é categórica (passa-se, por exemplo, da declinação com dois casos no antigo francês à sua ausência), enquanto sua manifestação temporal se apresenta como um processo (que comporta os aspectos incoativo, durativo e terminativo). Essa interpretação facilita sobremaneira, na análise textual, o reconhecimento das organizações narrativas, subjacentes às formulações processuais.

6. A teoria dos aspectos está longe de achar-se elaborada: é, portanto, inútil propor, presentemente, um "sistema aspectual" desprovido de alcance geral.

7. Compreender-se-á por **configuração aspectual** um dispositivo de semas aspectuais utilizados para o fim de se compreender um processo. Desse modo, por exemplo, a inscrição, no enunciado-discurso, de uma sucessão de semas aspectuais tais como *incoatividade* → *durativistade* → *terminatividade,* mesmo temporalizando um enunciado de estado* ou do fazer*, representa-o, ou nos permite percebê-lo, como um processo. É evidente que uma configuração aspectual pode se manifestar no interior de uma frase, de uma sequência ou de um discurso, e que somente certos semas de tal configuração poderão, talvez, ser explicitados. Ao sistema aspectual, que se deverá elaborar como uma taxionomia de aspectos, correspondem configurações aspectuais que são as suas organizações sintagmáticas.

→ **Temporalização, Processo, Observador.**

ASSERÇÃO s. f.

FR. ASSERTION; INGL. ASSERTION

1. A **asserção** é, com a negação*, um dos dois termos da categoria* de transformação*. Esta última, por sua vez, pode ser considerada como a formulação abstrata da modalidade factitiva* (tal como ela se manifesta no "fazer-ser" ou no "fazer-fazer").

2. Deve-se distinguir a asserção da afirmação: esta é uma mera declaração de existência* semiótica, de ordem informativa, que pode ser representada, no interior dos enunciados de estado*, pela relação de junção* (conjunção ou disjunção). A transformação – isto é, a asserção e/ou a negação – e, ao contrário, a função* dos enunciados de fazer*, que regem, sobredeterminando-os, os enunciados de estado (ou, no caso da manipulação*, estruturas modais do tipo "fazer-ser"). Essa distinção explica o fato de que só se possa asseverar ou negar conteúdos já anteriormente colocados. Assim, ela permite também postular eventualmente sujeitos distintos para a asserção e a afirmação (o fazer de S_1 podendo afetar o ser de S_2).

3. Paradigmaticamente, a asserção se define como o contraditório* da negação. No entanto, no nível da sintaxe* fundamental (ou das operações elementares efetuadas sobre o quadrado* semiótico), a asserção ocupa uma posição sintagmática definida e aparece como uma operação orientada*:

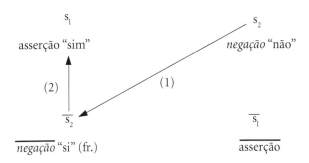

Em seguida à operação de negação que transforma s_2 em $\overline{s_2}$, a asserção se apresenta como a implicação do termo $\overline{s_2}$ que, em vez de **reconverter** $\overline{s_2}$ em s_2, provoca, ao contrário, o aparecimento do termo s_1. A asserção sintagmática tem, pois, como efeito atualizar a relação de implicação (em francês: se "si", então "oui"), sob a condição de que s_1 seja o termo pressuposto e $\overline{s_2}$ o termo que pressupõe. A asserção simples (da lógica clássica) deve, portanto, ser distinguida da asserção sintagmática (que também se poderia chamar denegação*), a qual estabelece a relação de complementaridade* entre os dois termos. A diferença entre os dois tipos de asserção, que repousa apenas na formulação, enquanto se tratar de categorias de contraditórios, torna-se evidente quando se considera a categoria constituída pelo eixo dos contrários (onde, por exemplo, a complementaridade dos termos *não morte + vida* põe em jogo diferentes conteúdos).

→ Afirmação, Negação, Quadrado semiótico, Sintaxe fundamental.

Ato s. m.

FR. ACTE; INGL. ACT

1. Na tradição filosófica que remonta à escolástica, entende-se por **ato** "o que faz ser": o agir identifica-se, assim, ao "fazer-ser" e corresponde à passagem da potencialidade à existência. Tal definição, cujo caráter intuitivo se percebe, possui uma grande generalidade: não só todos os "acontecimentos" que constituem a trama dos discursos narrativos se deixam interpretar como atos cognitivos. Em consequência, é indispensável dispor-se de um modelo de representação* do ato, que possa ser utilizado na análise semiótica e possa, eventualmente, servir de ponto de partida para uma semiótica da ação*.

2. A definição intuitiva do agir como um "fazer-ser"mostra que ele comporta dois predicados em relação hipotáxica*: sua representação sintática terá, pois, a forma de dois enunciados* – de um enunciado do fazer* e de um enunciado de estado* –, o primeiro regendo o segundo que está na posição de objeto do fazer. A representação canônica do ato pode ser formulada como uma estrutura* modal, ou do tipo:

$$F [S_1 \rightarrow O_1 (S_2 \cup O_2)]$$

ou do tipo:

$$F [S_1 \rightarrow O_1(S_2 \cap O_2)]$$

que se reconhece no nível da gramática narrativa de superfície.

3. A interpretação dessa fórmula é simples: o agir pressupõe a existência de um sujeito e se identifica com a modalidade do "fazer" produzindo um estado (ou uma mudança de estado) formulado como a junção* de um objeto com o sujeito (que pode estar ou não em sincretismo* com o sujeito do fazer). O agir corresponde, portanto, parcialmente à *performance** e pressupõe uma competência* modal, considerada como a potencialidade do fazer. Por esse motivo, o ato se definirá como a passagem da competência à *performance,* sendo essa "passagem" sintaticamente interpretada como a modalidade* do fazer (que é a conversão, no nível da sintaxe antropomorfa*, do conceito de transformação*).

➔ Fazer, Ato de fala.

ATO DE LINGUAGEM

FR. ACTE DE LANGAGE; INGL. LANGUAGE ACT

1. A definição geral de ato* aplica-se ao **ato de linguagem** (também chamado **ato de fala**). Considerado o "ato de tomar a palavra", descrito e localizado na dimensão pragmática do discurso, ou examinado no quadro "pragmático" da comunicação, o ato de linguagem deve ser antes de tudo considerado um fazer gestual significante, suscetível de ser inscrito no paradigma de outros gestos sonoros comparáveis (cantar, assobiar, arrotar, balbuciar...), de fazer parte, na qualidade de um de seus termos, de uma categoria semântica apropriada ("falar"/"calar"), por exemplo), podendo ocupar diferentes posições sintagmáticas na estratégia da comunicação ("tomar a palavra", "dar a palavra", "cassar a palavra", etc.), sem que seja necessário fazer intervir, em nenhum momento, o conteúdo próprio do mencionado ato. É a essa atividade somática* significante que se deveria reservar a denominação de **ato de fala**. Ela poderia ser estudada no quadro da categorização* do mundo pelas línguas naturais, ensejando o estabelecimento de etnotaxionomias comparativas da fala: enquanto atividade somática, insere-se na dimensão pragmática* dos discursos e deve-se tratar no quadro mais geral da gramática narrativa.

2. Considerado um fazer* específico, o ato de linguagem aparece primeiramente como um "fazer-saber", ou seja, como um fazer que produz a conjunção* do sujeito-enunciatário* com um objeto* do saber. Nessa perspectiva, para ser eficaz ou simplesmente possível, ele pressupõe um conjunto de condições semióticas que asseguram a transmissão do objeto do saber. Em outras palavras, se qualquer ato de linguagem ocorrencial, realizado no *hic et nunc,* pode ser encarado como uma *performance** particular, ele pressupõe, subjacente à denominação geral de competência*, a existência de uma semiótica de que participam, total ou parcialmente, o enunciador* e o enunciatário, semiótica que é, simultaneamente, sistema* e processo* (ou discursivização") e que implica a assunção tanto da forma* (ou do esquema*) quanto da substância* semiótica. O ato de linguagem não é uma criação *ex nihilo,* que se devesse situar no princípio de qualquer reflexão semiótica, mas um acontecimento particular que se inscreve em um sistema de múltiplas coerções*.

3. Por outro lado, o ato de linguagem, enquanto fazer, apresenta-se como um "fazer-ser": o que ele chama à existência é a significação*. Ele se identifica, então, no seu aspecto pragmático, com a semiose*, reunindo, nos dois polos da enunciação, o significante* e o significado*. Do prisma de seu aspecto cognitivo, ele é significação, isto é, produção e apreensão das diferenças significativas.

4. Finalmente, o ato de linguagem pode ser considerado um "fazer-fazer", ou seja, uma manipulação*, através da fala, de um sujeito por outro sujeito. Não se trata, aqui, evidentemente, do velho problema com que sempre lidaram os linguistas, do imperativo e do vocativo, mas, sim, das propriedades gerais da organização discursiva reunidas sob o nome de modalização do discurso e reconhecíveis não só como formas particulares de programação discursiva (como a do fazer persuasivo* ou a do fazer interpretativo*), mas, também, como formas implícitas e pressupostas, constitutivas da competência modal dos sujeitos na instância da comunicação contratual e/ou polêmica. Basta postular que os sujeitos que participam da comunicação – pouco importa que eles estejam inscritos em discursos figurativos e sejam analisáveis como "sujeitos de papel" ou que sejam "sujeitos reais" a produzir discursos – estão dotados de uma competência modal para que os atos de linguagem que eles produzem como *performances* possam ser interpretados como *performances* modais de ordem cognitiva, capazes de constituir o objeto de uma semiótica da manipulação. É nesse quadro determinado que inscrevemos as análises ainda parciais da filosofia da linguagem (Austin, Searle e, em certa medida, O. Ducrot).

5. A problemática levantada pelo exame do ato de linguagem coincide em parte com a da enunciação.

➔ **Enunciação, Pragmática, Comunicação.**

Ator s. m.

fr. Acteur; ingl. Actor

1. Historicamente, o termo **ator** foi substituindo progressivamente personagem (ou *dramatis persona*) devido a uma maior preocupação com a precisão e a generalização (um tapete voador ou uma sociedade comercial, por exemplo, são atores), de modo a possibilitar o seu emprego fora do domínio exclusivamente literário.

2. Obtido pelos procedimentos de debreagem* *(débrayage)* e de embreagem* – que remetem diretamente à instância de enunciação* –, o ator é uma unidade lexical, de tipo nominal, que, inscrita no discurso, pode receber, no momento de sua manifestação, investimentos* de sintaxe* narrativa de superfície e de semântica* discursiva. Seu conteúdo semântico próprio parece consistir essencialmente na presença do sema individualização* que o faz aparecer como uma figura* autônoma do universo semiótico. O ator pode ser **individual** (Pedro) ou **coletivo** (a multidão), **figurativo*** (antropomorfo ou zoomorfo) ou **não figurativo** (o destino). A

individualidade de um ator marca-se frequentemente pela atribuição de um nome próprio, sem que tal coisa constitua, em si mesma, a condição *sine qua non* da sua existência (um papel temático* qualquer, "o pai", por exemplo, muitas vezes serve de denominação do ator); a onomástica*, que se inscreve na semântica discursiva, é, desse modo, complementar à actorialização* (um dos procedimentos da sintaxe* discursiva).

3. Em um primeiro momento, ator foi aproximado de actante* (e oposto a ele). De um ponto de vista comparativo, quando se dispõe de um *corpus* de contos variantes, percebe-se que um único actante sujeito, por exemplo, pode se manifestar através de diversos atores ocorrenciais. Contudo, a análise distribucional*, assim utilizada, evidencia sobretudo o caráter invariante* do actante sem com isso nos instruir acerca da natureza do ator. Pois é preciso, ao mesmo tempo, levar em consideração o fato de que o ator ultrapassa os limites da frase e se perpetua, com o auxílio de anáforas*, ao longo do discurso (ou, pelo menos, de uma sequência discursiva), conforme o princípio de identidade*. A partir daí, ele deixa de ser a variável* de um único actante invariante*, para assumir sucessivamente diversos papéis actanciais*; do mesmo modo, sendo o discurso o desenvolvimento de valores semânticos, o ator pode receber um ou vários papéis temáticos* diferentes.

4. Chega-se, assim, a uma definição mais precisa de ator: é o lugar de convergência e de investimento dos dois componentes, sintático e semântico. Para ser chamado de ator um lexema deve ser portador de pelo menos um papel actancial e de no mínimo um papel temático. Acrescentemos que o ator não é somente lugar de investimento desses papéis, mas, também, de suas transformações, consistindo o discurso, essencialmente, em um jogo de aquisições e de perdas sucessivas de valores*.

5. Vê-se, portanto, aparecer, na superfície do texto, uma **estrutura* actorial** que não é, no fundo, senão uma estrutura topológica, já que os diferentes atores do discurso são constituídos como uma rede de lugares que, vazios por natureza, são lugares de manifestação das estruturas narrativas e discursivas.

6. Do ponto de vista da produção* do discurso, pode-se distinguir o sujeito da enunciação*, que é um actante implícito logicamente pressuposto pelo enunciado*, do **ator da enunciação**: neste último caso, o ator será, digamos, "Baudelaire", enquanto se define pela totalidade de seus discursos.

➔ Individuação, Identidade, Actorialização.

Atribuição s. f.

FR. Attribution; INGL. Attribution

Situada no nível figurativo*, a **atribuição** corresponde à posição do sujeito de um enunciado de estado* no momento em que ele adquire um objeto* – valor graças a outro sujeito do fazer*. A atribuição representa, pois, a realização* transitiva* do objeto, efetuada num momento qualquer do percurso narrativo*. Com a apropriação*, a atribuição é uma das formas possíveis da aquisição, formas estas que podem ser consideradas, a título de consequência*, como subcomponentes da prova.

➔ Aquisição.

Atualização s. f.

FR. Actualisation; INGL. Actualization

1. Do ponto de vista dos modos de existência semiótica, e na perspectiva linguística, **atualização** corresponde à passagem do sistema* ao processo*: assim, a língua* é um sistema virtual* que se atualiza na fala*, no discurso; do mesmo modo, diremos, que um lexema*, caracterizado como simples virtualidade, atualiza-se graças ao contexto no qual ele se localiza sob a forma de semema*. Empregada no quadro da categoria* *virtual/atual*, a atualização é uma operação pela qual uma unidade da língua se faz presente* em um dado contexto linguístico: a existência atual ("*in praesentia*") que assim se obtém é própria do eixo sintagmático* da linguagem.

2. A semiótica narrativa foi levada a substituir o par tradicional *virtual/atual,* pela articulação ternária *virtual/atual/realizado,* de modo a poder explicar melhor as organizações narrativas. Assim é que sujeitos* e objetos*, anteriormente à sua junção*, estão em posição virtual; sua atualização e sua realização* se efetuam tendo em vista os dois tipos característicos da função*: a disjunção* atualiza sujeitos e objetos, a conjunção* os realiza.

3. Nessa perspectiva, a atualização, como operação, pode corresponder – na medida em que se efetua a partir de uma realização anterior – a uma transformação* que opera a disjunção entre sujeito e objeto; equivalerá então, no plano figurativo, à privação*: se, no nível actorial, o sujeito do fazer for diferente do sujeito desprovido, ter-se-á uma atualização transitiva* (figurativizada pela desapropriação*); se não for diferente, ter-se-á uma atualização reflexiva*

(a renúncia*). Denominaremos **valor atualizado** qualquer valor* investido no objeto no momento (ou na posição sintática) em que este se encontra em relação disjuntiva com o sujeito.

→ Existência semiótica, Valor.

Ausência s. f.

FR. ABSENCE; INGL. ABSENCE

A **ausência** é um dos termos da categoria* *presença/ausência* que articula o modo de existência semiótica dos objetos do saber. A existência "*in absentia*", que caracteriza o eixo paradigmático* da linguagem, se chama existência virtual.

→ Presença, Existência semiótica.

Autômato s. m.

FR. AUTOMATE; INGL. AUTOMATON

Em metassemiótica* científica, dá-se o nome de **autômato** a qualquer sujeito operador (ou "neutro") que disponha de um conjunto de regras* explícitas e de uma ordem* que o force a aplicar tais regras (ou a executar instruções). O autômato é, pois, uma instância semiótica construída como um simulacro do fazer programático e pode servir de modelo quer para o sujeito humano que exerça uma atividade científica reproduzível, quer para a construção de uma máquina. O conceito de autômato possui uma evidente utilidade, quando mais não seja para orientar a atitude do pesquisador, convidando-o a explicitar o máximo possível o conjunto dos procedimentos da sua análise.

→ Algoritmo, Procedimento, Cientificidade.

Autonomia s. f.

FR. AUTONOMIE; INGL. AUTONOMY

1. Em paradigmática*, compreende-se por **autonomia** a relação* que mantém duas ou mais categorias* semânticas (ou dois ou mais microssistemas sêmicos)

quando não se estabelece entre elas nenhuma pressuposição*. A relação entre duas categorias ou dois sistemas autônomos é, em consequência, de simples oposição*, do tipo "ou... ou...".

2. Em sintagmática*, diz-se que dois níveis de linguagem são autônomos, relativamente um ao outro, se cada um deles possui uma organização estrutural que lhe é peculiar: continuando a ser isótopos*, eles não são isomorfos*.

AUXILIAR s. m.

FR. AUXILIANT; INGL. AUXILIANT (NEOL.)

O **auxiliar**, que remete à competência* modal do sujeito, equivale à modalidade* do *poder fazer* ou do *não poder fazer,* seja ela manifestada pelo mesmo ator* que é o sujeito, seja por um ator diferente: neste último caso, o ator individualizado será denominado, no seu estatuto de auxiliar, e conforme a dêixis* positiva ou negativa que venha a ocupar, ora adjuvante*, ora oponente*.

➔ Poder.

AXIOLOGIA s. f.

FR. AXIOLOGIE; INGL. AXIOLOGY

1. Compreende-se geralmente por **axiologia** a teoria e/ou a descrição dos sistemas de valores (morais, lógicos, estéticos).

2. Em semiótica, designa-se pelo nome **axiologia** o modo de existência paradigmática* dos valores* por oposição à ideologia que toma a forma do arranjo sintagmático* e actancial deles. Pode-se considerar que qualquer categoria* semântica, representada no quadrado* semiótico (vida/morte, por exemplo), é suscetível de ser axiologizada, mercê do investimento das dêixis* positiva e negativa pela categoria tímica* *euforia/disforia.* Tais axiologias (ou microssistemas de valores) podem ser abstratas* (vida/morte) ou figurativas* (os quatro elementos da natureza, por exemplo): na medida em que se lida aqui com categorias gerais – que, a título de hipótese* de trabalho, se podem considerar como universais* semânticos –, articuláveis sobre o quadrado semiótico, podem-se reconhecer **estruturas axiológicas elementares** (de caráter abstrato) e **estruturas axiológicas figurativas.**

➔ Ideologia, Estrutura.

AxioMÁTICA s. f.

FR. Axiomatique; INGL. Axiomatics

Chama-se **axiomática** um corpo de conceitos não definíveis e/ou um conjunto de proposições não demonatráveis que declaramos, por decisão arbitrária, como interdefiníveis e como demonstradas. Contrariamente à prática científica tradicional, que partia de um conjunto de hipóteses* procurando verificá-las pela confrontação com os dados da experiência, tal como a axiomática permite a construção da teoria por um encaminhamento dedutivo*.

➜ **Teoria, Formal, Metalinguagem.**

Base s. f.
FR. Base; INGL. Base

1. Em gramática gerativa, a (componente de) **base**, que gera as estruturas profundas*, compreende:

a) um (sub)componente categorial* que inclui ao mesmo tempo as classes* sintagmáticas e morfológicas mobilizadas pela gramática (ou pelo modelo) sintagmática, e o conjunto das regras* que a ele se referem;

b) o léxico*, no sentido gerativista, que fornece indicações sobre os traços sintáticos, semânticos e fonológicos dos signos-morfemas*.

2. A **frase de base** (ou **forma de base**) é a que é gerada pela gramática sintagmática e sobre a qual se poderão efetuar as transformações* (que culminam na definição das estruturas de superfície*).

➔ Gerativa (gramática ~).

Binaridade s. f.
FR. Binarité; INGL. Binarity

1. Uma estrutura* se diz **binária** quando se define como uma relação* entre dois termos*.

2. Um conjunto de fatores históricos e pragmáticos fez com que se concedesse às estruturas binárias um lugar privilegiado na metodologia linguística: uma prática – vitoriosa – de acoplamento binário de oposições fonológicas, levada a efeito pela Escola de Praga; a importância que adquiriu o sistema aritmético binário (0/1) no cálculo automático; a simplicidade operatória da análise binária por referência a estruturas mais complexas; o fato de que qualquer estrutura complexa pode ser formalmente representada sob a forma de uma hierarquia* de estruturas binárias, etc. A **binarização**, como prática linguística, deve ser distinguida do **binarismo**,

que é um postulado epistemológico segundo o qual a articulação* ou a apreensão binária dos fenômenos é uma das características do espírito humano: a este postulado se ligou, com ou sem razão, o nome de R. Jakobson, que deu uma formulação binária às categorias fêmicas* por ele erigidas em universais* fonológicos das línguas naturais.

3. A formulação binária continua válida quando não se pretende definir o tipo de relação* que une os termos; no entanto, o próprio Jakobson reconheceu a existência de dois tipos de oposição binária (que nós interpretamos como contradição* e contrariedade*). Foi essa tipologia de relações que nos permitiu postular a existência de uma estrutura* elementar da significação mais complexa, ultrapassando o quadro da binaridade.

4. A binaridade caracteriza um único tipo de estrutura: só podem ser consideradas *categorias binárias* aquelas cuja relação constitutiva é a contradição* (por exemplo: *asserção/negação*; *conjunção/disjunção*).

→ **Quadrado semiótico, Categoria.**

BIPLANA (SEMIÓTICA ~) adj.
FR. BIPLANE (SÉMIOTIQUE ~); INGL. BI-PLANAR SEMIOTICS

As semióticas **biplanas** – ou semióticas propriamente ditas, consoante L. Hjelmslev – são as que comportam dois planos (de linguagem*), cujas articulações* paradigmáticas e/ou divisões* sintagmáticas são diferentes: é ocaso das línguas* naturais.

→ **Semiótica, Conformidade, Univocidade.**

BUSCA s. f.
FR. QUÊTE; INGL. QUEST

Termo figurativo*, que designa ao mesmo tempo a tensão entre o sujeito* e o objeto-valor visado, e o deslocamento daquele para este, a **busca** é uma representação espacial, sob forma de "movimento" e num modo durativo*, da atualização (que corresponde a uma relação de disjunção* entre sujeito e objeto), e, mais particularmente, da modalidade do querer*; o aspecto terminativo* da busca corresponderá à realização* (ou conjunção* entre sujeito e objeto).

→ **Objeto, Atualização.**

Cadeia s. f.

FR. Chaîne; INGL. String

Cadeia ou **cadeia da fala** é o termo tradicional corrente para designar o eixo sintagmático da linguagem*; o termo possui a vantagem de evocar o encadeamento – e não a mera linearidade* – que preside à organização desse eixo.

→ Sintagmático, Eixo.

Campo semântico

FR. Champ sémantique; INGL. Semantic field

Chama-se **campo semântico** (ou **nocional**, ou **conceitual**, segundo os autores), em semântica* lexical, um conjunto de unidades lexicais que se considera, a título de hipótese de trabalho, como dotado de uma organização estrutural subjacente. Essa noção de "Begriffsfeld", tomada a J. Trier, pode, no melhor dos casos, ser utilizada como um conceito operatório*: ela nos permite constituir intuitivamente, e como ponto de partida, um *corpus** lexemático, cuja estruturação* semântica tentaremos isolar mediante a análise sêmica*: pode-se chegar a descrever um microuniverso* semântico utilizando o artifício de lhe acrescentar novos lexemas*, eliminando outros.

→ Semântica.

Camuflagem s. f.

FR. Camouflage; INGL. Camouflage

A **camuflagem** é uma figura* discursiva, situada na dimensão cognitiva*, que corresponde a uma operação* lógica de negação* no eixo dos contraditórios*

parecer/não parecer do quadrado* semiótico das modalidades veridictórias. A negação – partindo-se do verdadeiro* (definido como a conjunção do *ser* e do *parecer)* – do termo *parecer* produz o estado de secreto*: é a essa operação, efetuada por um sujeito dado, que se chama camuflagem. Ela é, portanto, diametralmente oposta à decepção* que, partindo do falso* (= *não ser + não parecer)* e negando o *não parecer,* estabelece o estado de mentiroso*. Em um e outro casos, trata-se de uma operação de negação, efetuada sobre o esquema* da manifestação*.

→ Veridictórias (modalidades ~), Simulada (prova ~).

Canal s. m.

FR. CANAL; INGL. CHANNEL

1. Tomado à teoria da informação*, o termo **canal** designa o suporte material ou sensorial que serve para a transmissão das mensagens*. Na terminologia de L. Hjelmslev, poderia corresponder em parte, na linguística, à substância* de expressão*, não obstante esse termo esteja de fato limitado às semióticas que privilegiam a estrutura da comunicação*.

2. A classificação mais corrente das semióticas é operada a partir dos **canais de comunicação** ou, o que vem a dar no mesmo, a partir das ordens sensoriais em que se funda o significante* (semiótica textual, semiótica do espaço, da imagem, etc.). Essa distribuição está longe de ser satisfatória: conjuntos significantes tão vastos quanto o cinema, o teatro, o espaço urbano constituem, de fato, lugares de imbricação de várias linguagens* de manifestação, estreitamente unidos em função da produção de significações globais.

→ Sincretismo.

Carga semântica

FR. CHARGE SÉMANTIQUE; INGL. SEMANTIC CHARGE

Convém entender por **carga semântica** o conjunto dos investimentos semânticos suscetíveis de serem distribuídos, quando da realização* em uma língua natural, sobre os diferentes elementos constitutivos do enunciado* linguístico. Pode-se, desse modo, considerar que em frases como "a costureira trabalha", "Ana Maria está cosendo", "Ana Maria costura", etc., a carga semântica, mesmo se deslocando, permanece constante. Essa colocação entre parênteses do fenômeno da lexicalização* autoriza a gramática* semiótica (ou narrativa) a separar os componentes* sintático e semântico e a reunir, no interior do enunciado narrativo, o conjunto dos investimentos semânticos, sob a forma de valores*, somente no actante objeto do enunciado de estado*. Tal fato nos permite igualmente compreender as diferentes possibilidades de semantização do discurso, concentrando as cargas semânticas, conforme a seleção do enunciador*, ora no sujeito, ora na função em expansão.

→ **Investimento semântico.**

CATÁFORA s. f.

FR. CATAPHORE; INGL. CATAPHORA (NEOL.)

Ao contrário da anáfora, mas traduzindo como ela a mesma relação de identidade* parcial entre dois termos inscritos no eixo sintagmático do discurso, a **catáfora** se caracteriza pelo fato de o termo retomado preceder o termo em expansão.

→ **Anáfora.**

CATALISAR verbo

FR. ENCATALYSER; INGL. TO ENCATALYZE

Catalisar é tornar explícitos, através de procedimentos apropriados, os elementos* de uma frase ou os segmentos de uma sequência discursiva que estavam implícitos.

→ **Catálise, Elipse, Explícito.**

CATÁLISE s. f.

FR. CATALYSE; INGL. CATALYSIS

Catálise é a explicitação* dos elementos elípticos ausentes na estrutura de superfície*. É um procedimento que se realiza com o auxílio dos elementos contextuais* manifestados e mediante as relações de pressuposição* que entretêm com os elementos implícitos. Desse modo, retomando o exemplo de L. Hjelmslev, que propôs o termo, a preposição latina *sine* pressupõe um ablativo, e não inversamente: trata-se da "interpolação de uma causa a partir da sua consequência", o que se tornou possível "em virtude do princípio de generalização". O mesmo procedimento da catálise pode ser aplicado à análise do discurso narrativo (em que a manifestação da consequência* da prova* permite explicitar a prova no seu conjunto) e à análise semântica do discurso.

→ **Elipse, Implícita.**

CATEGORIA s. f.

FR. CATÉGORIE; INGL. CATEGORY

1. O termo **categoria** aparece na linguística como uma das heranças mais perigosas de uma longa tradição de mesclar considerações filosóficas, lógicas e gramaticais. Dado que se compreendem por categorias os conceitos* fundamentais de qualquer gramática* ou de qualquer teoria semiótica*, a escolha daquilo que se considera fundamental determina necessariamente a forma da teoria que se quer elaborar.

2. Simplificando bastante, podem-se distinguir primeiramente, sob o termo categoria, objetos gramaticais que se designam também como **classes***, de ordem paradigmática (obtidas por substituição*, na cadeia sintagmática, de unidades de tipo escolhido). Ter-se-á, desse modo:

a) classes "**morfológicas**" ou "partes do discurso" (substantivo, adjetivo, verbo, etc.);

b) classes "**sintáticas**" ou funcionais* (sujeito, objeto, predicado, adjunto, etc.);

c) classes "**sintagmáticas**" ou sintagmas (nominal, verbal).

O sentido do termo categoria dependerá, então, da escolha das classes tomadas em consideração para a construção da gramática. Dessa forma, quando a gramática gerativa* fala do **componente categorial** como participante da base* do componente sintático, entende por categorias – que entram na sua composição – essencialmente as "classes sintagmáticas" (no interior das quais ela introduz "classes morfológicas" sem se importar demasiado com a heterogeneidade* desses dois tipos de categorias). As **gramáticas categoriais** de inspiração lógica (Adjukiewicz, Bar-Hillel) operam, ao contrário, com categorias que correspondem às "classes morfológicas". A gramática actancial*, que preconizamos, privilegia, por sua vez, as "classes funcionais".

3. Na sua preocupação de síntese, L. Hjelmslev definiu a categoria como um paradigma* cujos elementos só se podem introduzir em certas posições* da cadeia sintagmática*, com exclusão de outras; trata-se, por conseguinte, de um paradigma dotado

de uma função determinada. Assim, a categoria, grandeza "morfológica", recebe ao mesmo tempo uma definição "sintática". A vogal, por exemplo, é uma categoria:

a) é o paradigma constituído pelos fonemas *a, e, i, u,* etc.;

b) é definida por sua posição central na sílaba.

É da mesma maneira, como um paradigma de valores modais* e por sua posição determinada no percurso narrativo*, que nos definimos o papel actancial*, que é uma categoria no sentido hjelmsleviano do termo.

4. Na gramática tradicional, o termo **categorias gramaticais** recobre as grandezas do significado*, reconhecíveis no interior dos morfemas* flexionais (as categorias do gênero, do número, da pessoa, do caso, etc.): trata-se, como se vê, de categorias semânticas que assumem funções gramaticais. Os recentes desdobramentos das diferentes teorias linguísticas – convergindo neste ponto – permitiram reconhecer a natureza semântica de todas as grandezas gramaticais e, ao mesmo tempo, generalizar o conceito de categoria.

5. A aplicação rigorosa da atitude estrutural herdada de F. de Saussure, segundo a qual – em oposição ao atomismo – qualquer linguagem possui uma natureza relacional, e não substancial, obriga-nos a utilizar o termo categoria apenas para designar relações* (ou seja, eixos semânticos), e não os elementos resultantes dessas relações. A partir daí, é possível falar-se da categoria do gênero, por exemplo, como articulando-se em *masculino/feminino*, mas não da categoria do *feminino*. De modo análogo, não é o substantivo que é uma categoria, mas a oposição *substantivo/verbo*, por exemplo.

6. Sendo qualquer semiótica uma rede relacional, as estruturas* elementares que organizam tais relações podem ser consideradas **categorias semânticas**: conforme o plano da linguagem que ajudam a constituir, elas serão chamadas ora **categorias sêmicas***, ora **categorias fêmicas***, podendo ambas ser utilizadas como categorias gramaticais (a entonação* ou a ordem das palavras, por exemplo, são categorias fêmicas ou funções gramaticais).

→ Classe.

Categorização s. f.

FR. Catégorisation; INGL. Categorization

1. A expressão **categorização do mundo** foi introduzida por E. Benveniste para designar a aplicação de uma língua* natural sobre o mundo* (tal como é ele percebido pelo conjunto de nossos sentidos). Do ponto de vista ontogênico, de fato,

a parte desempenhada pelas línguas naturais – e provavelmente pelo conjunto das semióticas – na construção pela criança do mundo do senso comum é sem dúvida considerável, mesmo não podendo ela ser determinada com precisão. É a esse papel "enformador" do mundo, assumido pelas línguas naturais, que nos referimos quando dizemos, por exemplo, que a "visão do mundo" é determinada por um dado contexto cultural: os estudos de etnotaxionomias dão a prova tangível disso. C. Lévi-Strauss emprega, no mesmo sentido, a expressão **recorte conceitual** do mundo: dessa expressão se faz frequente referência na linguística como, de resto, se faz da hipótese de Sapir-Whorf. Para nós, o mundo do senso comum, semioticamente enformado, corresponde à semiótica natural*.

2. Num domínio diferente, servimo-nos do termo **categorização** para designar a projeção, sobre o quadrado* semiótico, de uma grandeza* determinada, considerada como eixo* semântico: articulando a grandeza, essa projeção faz dela uma categoria.

→ **Recorte, Referente, Mundo natural, Etnossemiótica.**

CERTEZA s. f.
FR. CERTITUDE; INGL. CERTAINTY

Certeza é a denominação do termo* positivo da categoria modal epistêmica, cuja definição sintática seria o *crer-ser*. Diferentemente da evidência*, a certeza pressupõe o exercício do fazer interpretativo*, do qual ela é uma das consequências possíveis.

→ **Epistêmicas (modalidades ~).**

CIENTÍFICA (SEMIÓTICA ~) adj.
FR. SCIENTIFIQUE (SÉMIOTIQUE ~); INGL. SCIENTIFIC SEMIOTICS

Para L. Hjelmslev, é **científica** qualquer semiótica que seja uma operação (ou descrição*) conforme ao princípio de empirismo: em decorrência desse critério, ele distingue semióticas científicas e semióticas não científicas.

→ **Semiótica, Empirismo.**

CIENTIFICIDADE s. f.

FR. SCIENTIFICITÉ; INGL. SCIENTIFICNESS

1. A investigação científica é uma forma particular de atividade cognitiva*, caracterizada por um certo número de precauções deônticas* – a que se chama condições de **cientificidade** – de que se cerca o sujeito cognoscente para exercer e, mais especialmente, para realizar o programa que se fixou. A atitude científica deve ser considerada, por conseguinte, como uma ideologia*, ou seja, como uma busca* do saber seguida da doação* desse objeto* – valor, ou melhor, da renúncia* a esse objeto em benefício do Destinador social. O sujeito dessa busca – como o de qualquer busca ideológica – é dotado da modalidade* do *querer-fazer* e da modalidade do *dever-fazer*, sendo que esta última toma a forma de uma deontologia* científica. O que distingue a pesquisa científica das outras atividades cognitivas não é tanto a submissão a uma deôntica, mas o conteúdo específico do *dever-fazer*.

2. A investigação científica exprime-se sob a forma de discurso científico, pouco importa que seja um discurso "interior" ou manifestado (oralmente ou por escrito). Enquanto tal, pode ele ser submetido à análise semiótica que procurará reconhecer a sua especificidade. Notar-se-á, então, que se, enquanto fazer cognitivo*, ele se define como um processo produtor de saber, enquanto fazer-saber ele estará submetido a um eventual enunciatário* e mudará, por isso, de estatuto para apresentar-se como discurso referencial* (que, após avaliação epistêmica*, poderá servir de suporte a um novo discurso cognitivo, e assim adiante). O sujeito individual da pesquisa insere-se dessa forma no encadeamento sintagmático que o transcende e que se apresenta como o discurso científico social. Em contrapartida, esse último não se define como um percurso histórico (que seria sua interpretação genética), mas como um algoritmo* finalizado *a posteriori,* já que o referencial coletivo é a reconstrução de um encaminhamento ideal.

3. A prática científica, que acabamos de esboçar muito sumariamente, comporta um ponto fraco: é o momento e o lugar em que o discurso individual procura inscrever-se no discurso social, o momento em que ele é submetido a uma apreciação epistêmica antes de ser sancionado e declarado como *dignus intrari*: análises, ainda muito parciais, do discurso biológico mostram já que o essencial da intercomunicação entre sábios que trabalham em programas parciais consiste em se interrogarem quanto ao grau de probabilidade* ou de certeza* dos resultados obtidos. É esse lugar de incertezas que é coberto pela reflexão teórica sobre as condições da cientificidade.

4. Uma dessas condições consiste em dar ao discurso científico uma forma tal que o sujeito científico, instalado no discurso-enunciado, possa funcionar como um sujeito qualquer (o qual, como actante*, cobre uma classe indefinida de atores* substituíveis), suscetível, em último caso, de ser substituído por um autômato*. Para isso, esse sujeito deve pôr em jogo uma linguagem "limpa" (ou seja, uma metalinguagem*) cujos termos estejam definidos* e sejam unívocos*; além disso, ele deve ser dotado de um saber-fazer formulado em termos de procedimentos e/ou regras* suscetíveis de serem ordenadas em sequências algorítmicas*.

5. Todas essas precauções são, supõe-se, capazes de garantir o bom funcionamento do discurso científico: seu exame e sua organização constituem uma das tarefas da epistemologia* geral das ciências e das teorias próprias de cada domínio de pesquisa. Elas não abrangem senão certos aspectos da cientificidade: enquanto condições que devem satisfazer à coerência* do discurso, elas estão longe, por exemplo, de resolver os problemas relativos à adequação* dos métodos empregados em relação ao objeto a ser conhecido (preocupação expressa por L. Hjelmslev em seu princípio do empirismo*). Elas deixam sobretudo aberta a questão das relações entre o discurso da descoberta* e o da investigação, entre as hipóteses* de natureza amplamente intuitiva* e sua verificação*.

→ **Teoria, Metalinguagem, Empirismo.**

Classe s. f.

FR. Classe; INGL. Class

1. Define-se geralmente **classe** como um conjunto de grandezas* que possuem em comum um ou mais traços distintivos*.

2. Em linguística, entende-se mais precisamente por classe um conjunto de grandezas substituíveis entre si em uma posição sintagmática e em um dado contexto. Classe é, nesse sentido, sinônimo de paradigma.

3. Em gramática, o termo classe aparece concorrendo parcialmente com o termo categoria. Distinguem-se, assim, classes (ou categorias) "morfológicas" (as partes do discurso), "sintáticas" ou funcionais (sujeito, objeto, predicado, etc.) e "sintagmáticas" (sintagmas nominal, verbal, etc.).

→ **Paradigma, Categoria, Unidade.**

Classema s. m.

FR. Classème; INGL. Classeme

1. Na terminologia proposta por B. Pottier, entende-se por **classema** o subconjunto de semas* genéricos que, com o semantema* (subconjunto de semas específicos) e o virtuema* (subconjunto de semas conotativos), constitui o semema*.

2. A. J. Greimas utiliza esse termo em sentido um pouco diferente, designando como classemas os semas contextuais*, isto é, aqueles que são repetidos no discurso e lhe garantem a isotopia*. Recorrentes e localizáveis como feixes de categorias* sêmicas, os classemas, a despeito de constituírem dispositivos sintagmáticos, são do domínio de uma paradigmática e podem ser ordenados em classes taxionômicas: daí a motivação parcial da sua denominação.

É difícil, no presente momento, delimitar o domínio semântico recoberto pelos classemas. A título indicativo, podemos apenas fazer algumas sugestões:

a) Sendo semas recorrentes, os classemas devem constituir, em princípio, categorias de uma grande generalidade: é no seu inventário que se deveriam encontrar sobretudo os conceitos* não definíveis da teoria semiótica* (como "relação", "termo", etc.), assim como os semas ditos gramaticais (que servem para constituir as categorias ou as classes gramaticais). O problema dos universais* da linguagem está ligado ao inventário classemático.

b) O inventário dos classemas comporta, por outro lado, os "semas genéricos" que servem de moldura para a categorização* do mundo pela linguagem e constituem classes de seres ou de coisas (por exemplo: animado/inanimado, animal/vegetal, etc.) cujas articulações são variáveis de uma para outra cultura.

c) Se os semas gramaticais garantem a permanência da comunicação quando se trata da linguagem comum, os sistemas secundários que se desenvolvem no interior das línguas naturais (como o discurso poético) são suscetíveis de constituírem categorias classemáticas que lhes são próprias, liberando desse modo – ao menos parcialmente – a fala de suas coerções sintáticas.

➔ **Sema, Isotopia, Indicador.**

Classificação s. f.

FR. Classification; INGL. Classification

1. Compreende-se geralmente por **classificação** a divisão de um dado conjunto de elementos* em um certo número de subconjuntos coordenados ou subordinados.

A representação* (de acordo com o sistema de notação escolhido) dos resultados dessa operação será chamada taxionomia.

2. Como ocorre frequentemente em semiótica, a questão teórica de saber se se deve dar prioridade aos elementos ou às relações* surge do mesmo modo a propósito das classificações: muitas vezes se observa, por exemplo, que a decomposição de um conjunto e sua representação por árvore* obrigam-nos a prever, em diferentes níveis, nódulos* que só se denominam num segundo momento e que, por conseguinte, não são "elementos" primeiros que possam ser divididos. Nessa perspectiva, a classificação se apresenta como uma atividade cognitiva taxionômica, como um procedimento que consiste em aplicar, a um objeto sob análise, uma sequência de categorias discriminatórias* que têm em vista evidenciar os elementos de que se compõe o conjunto e construir desse modo a definição do objeto considerado.

→ **Taxionomia, Elemento, Relação.**

CODIFICAÇÃO s. f.

FR. ENCODAGE; INGL. ENCODING

1. Na teoria da informação*, **codificação** designa o conjunto de operações que permitem construir uma mensagem*, através de um dado código.

2. Emprega-se às vezes esse termo em semiótica para denominar, sem precisá-las, as operações efetuadas na instância da emissão, mas cuja complexidade aparece com os conceitos de ato* de linguagem e de enunciação*.

→ **Código.**

CÓDIGO s. m.

FR. CODE; INGL. CODE

1. O termo **código** foi primeiramente empregado na teoria da informação, no qual designa um inventário de símbolos* arbitrariamente escolhidos, acompanhado de um conjunto de regras* de composição das "palavras" codificadas, e foi frequentemente posto em paralelo com um dicionário* (ou um léxico) da língua natural (cf. o morse). Trata-se aí, na sua forma simples, de uma linguagem* artificial derivada. Nesse sentido, o alfabeto (com suas regras de ortografia) pode ser considerado um código.

2. No tratamento automático da informação, o código se desdobra em um conjunto de símbolos que contém instruções e é suscetível de ser apreendido pela máquina (cf. a linguagem-máquina), e o código automático propriamente dito, que é de natureza binária (corrente/ausência de corrente) e que permite registrar os dados na memória, tratá-los e fornecer as informações pedidas.

3. A aplicação ingênua do conceito de código aos problemas da comunicação (o chinês, segundo o dito célebre de Wiener, não é mais do que o "americano" codificado em chinês) e os êxitos efêmeros das investigações no domínio da tradução automática generalizaram o uso desse termo na linguística.

4. A teoria da comunicação linguística procurou explorar a oposição código/mensagem* (R. Jakobson): o que não é mais do que uma nova formulação da dicotomia saussuriana língua/fala*. Compreende-se, então, por código, não somente um conjunto limitado de signos ou unidades (do domínio de uma morfologia*), mas, também, os procedimentos de seu arranjo (sua organização sintática), sendo que a articulação desses dois componentes permite a produção de mensagens*.

5. Se se considera a língua uma combinatória* de traços pertinentes mínimos (semas e/ou femas), pode-se reconhecer que o inventário das categorias* sêmicas, por exemplo, constitui – com as regras de construções semêmicas* e de projeção de isotopias* discursivas – um **código semântico** cujo dicionário lexemático será a manifestação no nível dos signos* linguísticos. Em certos casos, falar-se-á mesmo de **código parcial** para designar um sistema sêmico particular, espécie de subcódigo cujos elementos constitutivos entram na composição de sememas diferentes.

6. Enfim, certos semioticistas reúnem sob a denominação de código um conjunto indefinido de unidades dotadas entre si de um frágil vínculo, fundado na associação, dispensando qualquer recurso a uma organização lógico-taxionômica subjacente (cf. R. Barthes in *S/Z*).

→ Comunicação, Informação.

COERÇÃO s. f.

FR. CONTRAINTE; INGL. CONSTRAINT

1. De maneira geral, entende-se por **coerção** qualquer obstáculo à liberdade que um indivíduo sofre por sua participação na vida social. Num sentido mais restrito, pode-se tentar definir as **coerções semióticas** como um conjunto de obrigações,

voluntárias ou involuntárias, conscientes ou inconscientes, contraídas pelo indivíduo em decorrência de sua participação nessa ou naquela prática* semiótica. Numa perspectiva individualista e voluntária, a coerção é metaforicamente assimilável à aceitação das "regras do jogo": a abordagem sociológica da linguagem, na tradição europeia que remonta a Durkheim, a define litoticamente como "fato social".

2. Se é verdade que a participação contratual do indivíduo nos exercícios das semióticas construídas (tais como as linguagens documentárias ou os jogos coletivos) não parece – ao que consta – causar problema, o mesmo não ocorre quando se trata de precisar suas relações com as semióticas naturais*: sem levantar a questão do caráter inato ou adquirido das estruturas semióticas de base – o que não interessa diretamente à semiótica –, forçoso é reconhecer que o homem "entra na língua" e aí se encontra inscrito sem poder sair (uma vez que todas as contestações libertadoras que ele pode imaginar se desenvolvem necessariamente no quadro dessas coerções). Pode-se dizer, pois, que, do ponto de vista modal*, as coerções semióticas não dependem nem do *querer-fazer* nem do *dever-fazer* do sujeito, mas sim de um *querer-dever-ser*.

3. Na perspectiva semiótica, convém talvez distinguir dois aspectos nessa noção de coerção: o próprio compromisso que caracteriza a participação do sujeito em uma semiótica e aquilo com que ele se compromete ao exercê-la. O compromisso constitui de fato o pressuposto fundamental da estrutura da comunicação* interindividual: a dificuldade que se encontra em denominá-la (função fática* para Jakobson, "caridade" ou "benevolência" para certos lógicos, "simpatia" para filósofos, etc.) mostra bem que se está em presença de um conceito talvez indefinível. Nós o consideramos como **contrato*** **implícito**, quando pensamos que uma tipologia das relações intersubjetivas – que vão das estruturas* contratuais "benevolentes" às estruturas polêmicas* – deveria introduzir, progressivamente, a1guma clareza na compreensão dessa relação "de homem a homem".

4. Aquilo com que o sujeito se compromete quando exerce a "caridade" semiótica é a prática de uma espécie de código de boa conduta, qualquer que seja o seu nome; ele deve procurar produzir e reconhecer diferenças*, postular e aprender compatibilidades* e incompatibilidades. As coerções semióticas assim entendidas identificam-se com as condições mínimas, necessárias à produção e à apreensão da significação*.

→ **Norma, Contrato.**

COERÊNCIA s. f.

FR. COHÉRENCE; INGL. COHERENCE

1. Na linguagem corrente, utiliza-se o termo **coerência** para caracterizar uma doutrina, um sistema de pensamento ou uma teoria em que todas as partes estão solidamente vinculadas entre si.

2. Pode-se tentar definir coerência negativamente, como submissão ao princípio de não contradição, e positivamente, como postulado que serve de base para a metalógica e encontra-se subjacente a todas as semióticas e a todas as lógicas construídas. L. Hjelmslev considera a coerência um dos três critérios fundamentais da cientificidade de uma teoria.

3. Para a teoria semiótica*, não se trata unicamente de reivindicar coerência, mas também, e sobretudo, de poder testá-la nas descrições* e nos modelos*. O meio mais seguro parece consistir na transcrição da própria teoria em uma linguagem formal*: o grau de avanço ainda insuficiente da teoria semiótica não se presta senão parcialmente a tal procedimento. No mais das vezes, teremos de nos contentar com a verificação da coerência de uma teoria no nível de sua formulação conceitual, mormente através da análise semântica comparativa das definições dos conceitos envolvidos: o estabelecimento da rede dos conceitos exaustivamente interdefinidos garante, em grande parte, a sua coerência.

➔ **Cientificidade, Teoria.**

COGNITIVO adj.

FR. COGNITIF; INGL. COGNITIVE

1. O adjetivo **cognitivo** serve de termo especificador em semiótica, remetendo a diversas formas de articulação – produção, manipulação, organização, recepção, assunção, etc. – do saber*.

2. Hierarquicamente superior à dimensão pragmática* que lhe serve de referente* interno, a **dimensão cognitiva** do discurso se desenvolve paralelamente ao aumento do saber (como atividade cognitiva) atribuído aos sujeitos* instalados no discurso*. Se a dimensão pragmática – com os encadeamentos de ações* programadas que lhe são peculiares – não implica, necessariamente, a dimensão cognitiva, a recíproca não é verdadeira: a dimensão cognitiva, definível como a assunção das ações pragmáticas pelo saber, as pressupõe. Num dado discurso, a

dimensão pragmática pode não passar, sequer, de um pretexto para atividades cognitivas, como ocorre muitas vezes em certas correntes da literatura moderna. A proliferação – sobre os eixos do ser* e do fazer* – dos "que é que eu sei?", "que é que eu sou?", "que é que fiz?", "no que é que tive êxito?", etc. caminha a par com a atrofia do "o que acontece" do componente pragmático. A expansão nos discursos narrativos da dimensão cognitiva serve então de transição entre o figurativo* e o abstrato* (entre os quais nenhuma solução de continuidade existe): chega-se assim a discursos aparentemente menos figurativos (ou caracterizados por outro tipo de figuratividade), a saber, a **discursos cognitivos** (cf. infra 6).

3. A autonomia da dimensão cognitiva se torna ainda mais manifesta por desenvolver seu próprio nível de atividades cognitivas.

a) O **fazer*** **cognitivo** corresponde a uma transformação* que modifica a relação de um sujeito com um objeto-saber, aí estabelecendo seja uma disjunção*, seja uma conjunção*. Os estados* cognitivos – ou **posições cognitivas** – obtidos então graças ao jogo do ser* e do parecer*, articulam-se conforme o quadrado* semiótico das modalidades veredictórias*, em verdadeiro/falso/secreto/mentiroso. Quanto à transmissão em si do objeto de saber, ela pode ser qualificada de simples, pelo menos numa primeira abordagem: tratar-se-á, nesse caso, do fazer **informativo***, que, levando em conta o esquema da comunicação*, aparecerá seja como fazer **emissivo***, seja como fazer **receptivo***. Frequentemente, para não dizer sempre, a transferência do saber é modalizada do ponto de vista veredictório: tendo em vista o eixo destinador/destinatário, ter-se-á respectivamente o fazer **persuasivo*** e o fazer **interpretativo*** que colocam em jogo uma relação fiduciária* intersubjetiva. Dada a estrutura simultaneamente contratual* e polêmica* dos discursos narrativos, a introdução de um fazer persuasivo pede um fazer interpretativo correspondente: na medida em que a narração faz intervirem dois sujeitos com seus dois fazeres alternados, persuasivo e interpretativo, poderá mobilizar, por exemplo, a estrutura bem conhecida que põe em cena o vigarista e o otário (*swindler tales*), em que as duas posições actanciais são intercambiáveis e a narrativa nunca termina. É lógico que os dois fazeres – persuasivo e interpretativo – podem ser atribuídos, por sincretismo*, a um único e mesmo ator* (o sujeito da enunciação, por exemplo) que acumula, então, os papéis actanciais de enunciador* e de enunciatário.

b) Chama-se **sujeito*** **cognitivo** aquele que é dotado pelo enunciador de um saber (parcial ou total) e instalado por ele no discurso. Tal actante* permite-nos mediatizar a comunicação do saber entre o enunciador e o enunciatário sob formas muito variáveis (conforme se suponha que ele sabe ou ignora muita ou pouca coisa). No nível actorial, o papel de sujeito cognitivo pode se manifestar em sincretismo com o do sujeito pragmático*; inversamente, o sujeito cognitivo pode ser diferente do sujeito pragmático, possibilitando o aparecimento de um ator autônomo como informador*; em certos casos, finalmente, ele será simplesmente reconhecível, como posição ao menos implícita, sob a forma de observador*.

c) No quadro do esquema narrativo*, poder-se-á opor, de certo modo, o percurso do Destinador, que se desenvolve na dimensão cognitiva, ao percurso do Destinatário-sujeito, que se efetua sobretudo na dimensão pragmática. O Destinador, com efeito, manifesta-se como aquele que, no início da narrativa, comunica o programa a realizar sob a forma de um contrato*; incumbe-lhe, no fim, exercer a **sanção* cognitiva**, pelo reconhecimento* do herói* e a punição do vilão*. Quanto ao Destinatário-sujeito, a despeito de caracterizar-se sobretudo pelo fazer pragmático, inscreve-se, ele também, por ricochete, tendo em vista o seu vínculo com o Destinador, na dimensão cognitiva: a prova glorificante* que ele leva a cabo graças a seu poder-fazer persuasivo (figurado pela marca*) pode ser considerada uma *performance** **cognitiva** (o que demanda, evidentemente, uma correspondente **competência* cognitiva**).

4. A partir da definição do espaço* como lugar da manifestação do conjunto das qualidades sensíveis do mundo, pode-se explicar o conceito de **espaço cognitivo**. Com efeito, as relações cognitivas entre os sujeitos – e também entre os sujeitos e os objetos – são relações situadas no espaço (cf. o ver, o tocar, o ouvir, etc.). Tomando em consideração o percurso gerativo* do discurso, pode-se dizer, do mesmo modo, que tais relações cognitivas se acham, num dado momento, espacializadas, que elas constituem entre os diferentes sujeitos espaços proxêmicos* que não são mais do que representações espaciais de espaços cognitivos. No quadro da semiótica discursiva, falar-se-á, portanto, de **espaço cognitivo global**, que se institui, sob a forma de um contrato implícito, entre o enunciador e o enunciatário, e é caracterizado por um saber generalizado sobre as ações descritas. Esse espaço pode ser **absoluto**, quando os dois protagonistas do discurso compartilham da mesma onisciência acerca das relações relatadas, ou **relativo**, quando o enunciatário só adquire o saber progressivamente. Poder-se-á igualmente falar de **espaços cognitivos parciais**, quando o enunciador projeta a estrutura da enunciação* e a instala no discurso ou quando delega seu saber a um sujeito cognitivo.

5. A **debreagem* cognitiva** se realiza de dois modos:

a) A debreagem cognitiva **enunciva** é a operação pela qual o enunciador estabelece um desvio entre o seu próprio saber e o que ele atribui aos sujeitos instalados no discurso: essa delegação* do saber opera-se, então, em benefício dos sujeitos cognitivos.

b) A debreagem cognitiva **enunciativa** intervém, por exemplo, quando o narrador* instalado no discurso não compartilha o mesmo saber que o enunciador que o delega. Em um e outro caso, a posição cognitiva do enunciador, caracterizada pelas modalidades veridictórias que são o verdadeiro, o falso, o secreto e o mentiroso, difere da dos actantes da narração ou da do narrador.

6. Levando em consideração a atividade cognitiva do enunciador (especificada, entre outras coisas, pelo fazer persuasivo) e a do enunciatário (com seu fazer interpretativo), pode-se tentar o esboço de uma **tipologia* dos discursos cognitivos**, distinguindo:

a) os discursos interpretativos, como a crítica literária, a história enquanto interpretação das séries de acontecimentos, a exegese, a crítica de artes (pintura, música, arquitetura, etc.);

b) os discursos persuasivos, como os da pedagogia, da política ou da publicidade;

c) os discursos científicos* que jogam simultaneamente com o persuasivo (com todo o jogo da demonstração) e o interpretativo (explorando os discursos anteriores considerados, então, como discursos referenciais), com o saber-verdadeiro como projeto e objeto* de valor visado.

➔ Saber.

Coletivo adj.

FR. **Collectif**; INGL. **Collective**

1. Diz-se que o universo* semântico é **coletivo** quando se articula fundamentalmente pela categoria* semântica *natureza/cultura;* opõe-se, desse modo, ao universo individual*, fundado no par *vida/morte.*

2. Diz-se que um actante é coletivo quando, a partir de uma coleção de atores* individuais, acha-se dotado de uma competência* modal comum e/ou de um fazer* comum a todos os atores que subsume.

3. Diferentemente do actante individual, o actante coletivo é, necessariamente, ou de tipo sintagmático, ou de natureza paradigmática. **Actante coletivo sintagmático** é aquele em que as unidades-atores, totalizadas à maneira dos números ordinais, revezam-se – por substituição – na execução de um único programa (assim, a sucessão das diferentes corporações profissionais na construção de uma casa). **Actante coletivo paradigmático** (como uma classe de primeiro ano numa escola, um grupo

social numa sociedade), por sua vez, não é uma mera adição de cardinais, mas constitui, isso sim, uma totalidade intermediária entre uma coleção de unidades e a totalidade que a transcende. De fato, ele se origina de uma partição classificatória de uma coleção mais vasta e hierarquicamente superior (escola, comunidade nacional), partição operada à base de critérios-determinações que os atores possuem em comum (seu campo funcional ou suas específicas qualificações).

➜ **Actante, Psicossemiótica, Sociossemiótica.**

COMBINAÇÃO s. f.

FR. COMBINAISON; INGL. COMBINATION

1. **Combinação** é a formação constituída pela presença de vários elementos* a partir da combinatória de elementos simples. Pode-se considerar que combinações de dimensões variadas formam o eixo* sintagmático da linguagem. A partir disso, designaremos com o nome de combinação o conjunto das relações* constitutivas de uma sintagmática (relações do tipo "e... e", segundo L. Hjelmslev), por oposição às relações de seleção ou de oposição que caracterizam o eixo paradigmático*.

2. O termo combinação foi introduzido por L. Hjelmslev para designar a ausência de pressuposição entre dois termos. A presença de dois termos em uma unidade* semiótica constitui, segundo ele, uma relação sem pressuposição entre esses termos.

➜ **Combinatória, Pressuposição.**

COMBINATÓRIA s. f.

FR. COMBINATOIRE; INGL. COMBINATORY PRINCIPLE

1. Derivada da "*ars combinatoria*" da Idade Média, a **combinatória** se apresenta como uma disciplina ou, antes, um cálculo matemático que permite formar, a partir de um pequeno número de elementos* simples, um número elevado de combinações* de elementos. Aplicada por Leibniz ao cálculo dos conceitos e considerada, por isso, no seu modo de ver, como a parte sintética da lógica, a combinatória não poderia deixar de interessar à linguística do século XX, cujos vínculos epistemológicos com a filosofia do século XVIII são bastante conhecidos.

2. O conceito de combinatória está de certo modo aparentado com o de geração*, pelo fato de designar um procedimento de engendramento de unidades complexas a

partir de unidades simples. O produto obtido se apresenta como uma hierarquia* que corresponde teoricamente à organização paradigmática* de um sistema semiótico: é nesse sentido que se pode dizer que a combinatória de uma vintena de categorias* sêmicas pode produzir um número muito elevado (da ordem de vários milhões) de sememas*, certamente suficiente para explicar a articulação de qualquer universo* semântico coextensivo a uma dada língua* natural.

3. A introdução, no procedimento da combinatória, de uma regra de ordem* segundo a qual as unidades derivadas se definem não somente pela copresença dos elementos simples, mas também pela ordem linear de sua disposição aumenta ainda mais o número das combinações possíveis. Vê-se, todavia, que o recurso, no cálculo, ao princípio de ordem (que organiza as unidades derivadas) corresponde já, em semiótica, ao aparecimento do eixo sintagmático* da linguagem.

4. É essa capacidade que os elementos do plano da expressão*, tanto quanto os elementos do plano de conteúdo, possuem de se combinar entre si para formar unidades sintagmáticas cada vez mais complexas, que muitas vezes se designa como **função combinatória** da linguagem, por oposição à função distintiva* (função de oposição* ou de seleção*) que caracteriza o eixo paradigmático. Assim compreendida, a função combinatória refere-se ao procedimento de descrição* "ascendente", que vai das unidades mínimas às unidades complexas e que se opõe ao procedimento "descendente", ao de L. Hjelmslev, por exemplo, que parte de um "todo de significação" e o decompõe, mediante sucessivas segmentações, até a obtenção de elementos mínimos.

5. O princípio de ordem – que põe em jogo a linearidade* – não é o único princípio de organização das unidades sintagmáticas (na presença de unidades disjuntas tais como "ne... pas", pode-se mesmo questionar a sua universalidade): em semiótica, deve-se levar em consideração, do mesmo modo, a compatibilidade* e a incompatibilidade* de certos elementos, unidades ou classes, de se combinarem entre si. Considerando-se a combinatória não mais como um procedimento de produção de unidades semióticas, mas como o estado resultante desse procedimento, designar-se-á com o nome de **combinatória sintática** e/ou de **combinatória semântica** a rede de relações constitutivas de unidades sintagmáticas, fundamentada no princípio de compatibilidade.

6. A definição da **variante* combinatória**, termo da análise distribucional* que designa uma variante compatível com um dado contexto, está em conformidade com as observações anteriores.

COMENTÁRIO s. m.

FR. COMMENTAIRE; INGL. COMMENTARY

1. Termo da linguagem corrente, **comentário** serve para designar um certo tipo de discurso interpretativo sem visada científica.

2. Enquanto unidade discursiva de caráter interpretativo* e temático*, o comentário é obtido por meio de uma debreagem* enunciva ou enunciativa.

➔ Unidade (discursiva).

COMPARADA (MITOLOGIA ~) adj.

FR. COMPARÉE (MYTHOLOGIE ~); INGL. COMPARATIVE MYTHOLOGY

1. Entendida como estudo dos mitos, a mitologia* passou, como a linguística, de uma abordagem genética ao comparatismo*. A exemplo da linguística comparativa* que, pretendendo ser inicialmente histórica, erigiu-se depois em uma metodologia formal, a mitologia parece que só poderá constituir-se como uma disciplina com vocação científica renunciando em parte a uma sistemática histórico-genética (que certas correntes de pesquisa consideram, entretanto, como a única fecunda).

2. Entre a perspectiva de S. Frazer, que sonha com uma mitologia universal, e a perspectiva de certos investigadores, aferrada ao caráter peculiar de cada mito, um meio-termo se introduziu graças aos trabalhos de G. Dumézil e de C. Lévi-Strauss: com eles, a abordagem comparativa se exerce no interior de um universo sociocultural determinado do qual ela tenta examinar todo o conteúdo ideológico, sem ter de se pronunciar sobre o que é propriamente mítico e o que não o é. Desse modo Dumézil renovou inteiramente as pesquisas em mitologia indo-europeia, passando especialmente de um comparatismo fonético (situado no nível do significante*), que conduzia a um impasse, para um comparatismo semântico (que se apoia no significado*): foi assim, por exemplo, que as comparações das divindades deixaram de se efetuar unicamente no nível das denominações para abarcar também o nível dos traços de conteúdo* que as definem, prioritariamente, como pontos de intersecção de redes semânticas. Tal inovação metodológica permitiu, entre outras coisas, que Dumézil fundamentasse solidamente sua articulação da ideologia dos povos indo-europeus em três funções*.

3. Paralelamente, Lévi-Strauss, efetuando pesquisas no domínio ameríndio, realizou um estudo comparativo análogo, ainda que ele se apresente de manei-

ra mais formal ou mais abstrata. Trabalhando também no nível do conteúdo, empenhou-se em isolar a organização do discurso mítico* para demonstrar, em particular, a possibilidade de traduzir um mito em outro (ou um fragmento de mito em outro fragmento), graças ao jogo das transformações* ou das mudanças de códigos semânticos possíveis: uma estrutura lógica subjacente, fundamentada num sistema de oposições*, e então isolada para, englobando e ultrapassando sem dúvida os limites dos *corpora* estudados, remeter à natureza e ao funcionamento do "espírito humano".

4. Retomando, no essencial, a metodologia de Lévi-Strauss para a análise dos mitos gregos, M. Détienne amplia o conceito de mitologia até as dimensões da cultura e inscreve-se igualmente na perspectiva comparativa, abrindo caminho para pesquisas particularmente promissoras nesse domínio.

5. Essas diferentes explorações na mitologia comparada – e, mais particularmente, as de Lévi-Strauss, cujo alicerce metodológico é mais explicitado – estão, em grande parte, na própria origem da semiótica francesa, que não cessa de enriquecer-se ao seu contato.

→ Mitologia, Comparatismo, Transformação.

COMPARATISMO s. m.

FR. COMPARATISME; INGL. COMPARATIVISM

1. O **comparatismo** é um conjunto de procedimentos cognitivos que visam estabelecer correlações formais entre dois ou mais objetos semióticos e, em última instância, construir um modelo tipológico* em relação ao qual os objetos considerados seriam apenas variáveis. Se o **fazer comparativo**, característico de certos discursos com vocação científica, pode ser considerado integrante do fazer de ordem taxionômica* no sentido lato, ele se situa, todavia, em um nível hierarquicamente superior, visto pressupor, em grande parte, os objetos já construídos pelo fazer taxionômico.

2. Enquanto metodologia, o comparatismo foi elaborado, aplicado ao plano de expressão* da linguagem, pela **linguística comparativa*** (também chamada gramática comparada) do século XIX. Seu uso se estendeu para o plano do conteúdo*, na mitologia comparada*, graças aos trabalhos de G. Dumézil e de C. Lévi-Strauss. Espera-se, ainda, sua aplicação à **literatura comparada**: não é, todavia, impossível que a noção de intertextualidade*, elaborada de maneira mais rigorosa, possa introduzir o comparatismo na semiótica literária.

3. Para ilustrar, de maneira um tanto simplista, o método comparativo, pode-se tomar como exemplo o que o século XIX considerava como uma "lei fonética". Uma dessas leis, no domínio românico, era formulada como segue: "a vogal latina *a*, acentuada e livre, torna-se *e* em francês", fenômeno que se escrevia: lat. *a* > fr. *e*. Semelhante formulação resume e subsume um conjunto complexo de procedimentos comparativos:

a) pressupõe uma descrição homogênea dos sistemas fonológicos do latim e do francês, tornando possível a identificação dos dois fonemas enquanto unidades sintagmáticas;

b) repousa no reconhecimento das vizinhanças contextuais consideradas como condições necessárias para o estabelecimento da correlação, sendo concernente, por um lado, à posição do fonema *a* no interior da unidade de expressão maior que é a sílaba (a correlação intervém só se a vogal for "livre", quer dizer, se ela não for seguida, no interior da sílaba, por uma consoante) e, por outro lado, à posição do fonema latino no interior de uma unidade morfossintática do domínio do plano dos signos – a palavra* –, definida e demarcada em latim pelo acento (unicamente as vogais *a* acentuadas do latim dão em francês a vogal *e*).

4. O exemplo proposto evidencia bem o caráter, ao mesmo tempo formal e acrônico* da correlação estabelecida: a despeito de se ter considerado essa lei uma lei "histórica", nada na sua formulação faz intervir qualquer historicidade. Ao contrário, tal correlação pode ser comparada, com proveito, à que se pode formular entre dois sistemas linguísticos tomados em simultaneidade, entre a língua *d'oc* e a língua *d'oil*, por exemplo, enunciável como a correlação entre a vogal do antigo ocitânico *a* (acentuada e livre) e a vogal *e* do antigo francês. Se designarmos tais correlações como transformações*, dir-se-á apenas que, no primeiro caso, a transformação é orientada (já que as regras de passagem do francês para o latim não estão explicitadas), ao passo que, no segundo, ela é neutra (ou não orientada). A distinção entre os dois tipos de transformações nada diz de antemão acerca da sua localização espacial ou temporal, as quais se situam no domínio de uma sistemática diferente.

➔ Tipologia, Comparativa (linguística~), Comparativa (mitologia~), Intertextualidade, Transformação.

COMPARATIVA OU COMPARADA (LINGUÍSTICA ~) adj.
FR. COMPARATIVE OU COMPARÉE (LINGUISTIQUE ~); INGL. COMPARATIVE LINGUISTICS

1. Com esse nome designa-se a linguística do século XIX (antigamente chamada **gramática comparada** e/ou **histórica**), tal como foi fundada, no início do século

anterior, por Franz Bopp e Rasmus Rask, e continuada, na segunda metade do século, por August Schleicher e os neo gramáticos. Recebeu, nos últimos anos do século XIX, sua formulação mais acabada por F. de Saussure, e sua avaliação teórica, nos anos de 1940, por L. Hjelmslev.

2. Do ponto de vista da história das ciências, o aparecimento da **linguística comparativa** marca o acesso ao estatuto científico da primeira das ciências humanas influenciada pela episteme ambiente da época, que desejava explorar qualquer objeto de conhecimento na sua dimensão temporal, também a linguística pretendeu ser histórica: origem das línguas, seu parentesco, sua organização em famílias permaneceram durante muito tempo palavras de ordem ostensiva de suas pesquisas. E, no entanto, sob essa aparência teórica cujas debilidades não cessam de nos surpreender, foi progressivamente elaborada uma metodologia comparativa rigorosa: a tentativa de tipo arqueológico que visava reconstruir uma língua indo-europeia "original" transmudou-se, na formulação que lhe deu Saussure, na construção de um modelo tipológico* que fez com que o indo-europeu surgisse – no nível do plano da expressão – já não mais como uma árvore genealógica, mas como uma rede de correlações formais a articular os diferentes sistemas fonológicos das línguas particulares. A interpretação hjelmsleviana desse modelo, que o vê como o resultado da elaboração de uma tipologia genética diferente da tipologia estrutural graças ao fato das restrições introduzidas pela consideração de *corpus** formado de morfemas* (ou palavras) de cada língua – critério formal que vai substituir a historicidade da avaliação –, confere à linguística comparativa, com a especificidade da sua abordagem, um estatuto científico bem caracterizado.

3. A linguística comparativa não é, pois, unicamente, como alguns supõem, um período histórico ultrapassado a marcar uma das etapas do desenvolvimento da linguística, mas uma teoria e uma prática eficazes que exploram novas áreas linguísticas e que são suscetíveis de extrapolação para outros domínios semióticos.

→ Comparatismo, Tipologia.

COMPATIBILIDADE s. f.

FR. COMPATIBILITÉ; INGL. COMPATIBILITY

1. As numerosas combinações*, produzidas pela combinatória a partir de um pequeno número de elementos, podem ser consideradas, do ponto de vista semiótico, como unidades de dimensões variadas, quer pertençam ao plano da expressão, quer ao plano do conteúdo. Sua organização se estriba no princípio da **compatibilidade**,

segundo o qual certos elementos só podem combinar-se com tais ou quais outros, com exclusão de outras combinações julgadas incompatíveis, o que restringe outro tanto a combinatória teórica.

2. As razões da incompatibilidade são difíceis de isolar. A **incompatibilidade fonológica** parece ser a mais bem estudada: distinguem-se aí causas extrínsecas (afastamento dos pontos de articulação, por exemplo) ou intrínsecas (fenômenos de contiguidade que produzem a assimilação ou a dissimilação, por exemplo). A teorização dos dados fonológicos poderia talvez permitir a construção de modelos* que, aplicados por extrapolação ao plano de conteúdo, poderiam explicar as condições de **incompatibilidade sintática** – conceito bastante próximo da agramaticalidade* (que é uma noção intuitiva) – e de **incompatibilidades semânticas,** que correspondem à inaceitabilidade (na gramática gerativa).

3. Do ponto de vista operatório, é suficiente compreender por compatibilidade a possibilidade que tem dois elementos semióticos de contrair uma relação* (de estarem conjuntamente presentes numa unidade hierarquicamente superior ou em posição de contiguidade no eixo sintagmático).

→ **Combinatória, Gramaticalidade, Aceitabilidade, Semanticidade, Interpretação.**

COMPETÊNCIA s. f.

FR. COMPÉTENCE; INGL. COMPETENCE

1. O conceito de **competência**, introduzido na linguística por N. Chomsky, remonta, epistemologicamente, à psicologia das "faculdades" do século XVII, ao passo que o de língua* (ao qual o conceito de competência pretende substituir tomando-lhe emprestados alguns de seus parâmetros essenciais), elaborado por F. de Saussure, remete à reflexão que o século XVIII produziu acerca dos "sistemas" e dos "mecanismos". Língua e competência são consideradas dotadas de uma existência virtual*, opondo-se (e sendo logicamente anteriores) uma à fala*, outra à *performance**, concebidas como atualizações* de potencialidades prévias. Assim como a língua saussuriana constitui o único objeto da linguística, a competência descrita pelo linguista é a gramática dessa língua. A diferença de ponto de vista aparece quando se quer precisar o "conteúdo" dessa instância virtual: enquanto para Saussure a língua é essencialmente um sistema de natureza paradigmática*, Chomsky insiste, ao contrário, na sua formulação da competência, na aptidão para produzir e compreender um número infinito de enunciados, vale dizer, no aspecto

propriamente sintático*. Semelhante polarização é, todavia, um tanto artificial, visto que muitos linguistas de obediência saussuriana (Hjelmslev ou Benveniste, para citar apenas os mais conhecidos) já haviam reintegrado o processo sintagmático* na esfera da "língua". A insistência de Chomsky no fato de que a competência consiste em produzir "um número infinito de enunciados" parece-nos excessiva: a combinatória* é uma história mais velha do que o adágio segundo o qual "não há ciência que não seja do geral"; podemos, por isso, perguntar-nos se não é também inteiramente razoável limitar as ambições da sintaxe a uma combinatória de classes*, com o inconveniente de, em seguida, considerar outros componentes suscetíveis de, num dado momento, revezá-la, em vez de postular, como faz a gramática gera-tiva*, um imperialismo sintático que as complexidades semânticas a todo instante ameaçam pôr em causa. A inovadora contribuição de Chomsky parece-nos ser a "dinamização" do conceito de língua que permaneceu demasiado estático com Saussure e seus herdeiros: conceber a língua como um processo produtor – e não mais como estado –, cuja competência seria uma das instâncias orientadas, constitui certamente uma nova abordagem de que as possibilidades teóricas estão ainda longe de serem exploradas, em sua totalidade.

2. Vê-se, entretanto, que o exame do "conteúdo" da **competência linguística** não esgota o conceito de competência. Em relação à *performance* que é um fazer* produtor de enunciados, a competência é um saber-fazer, é esse "algo" que torna possível o fazer. Mais ainda, esse saber-fazer, enquanto "ato em potência", é separável do fazer sobre o qual ele incide: se existe um saber-fazer manipulador das regras da gramática, existe um outro fazer que manipula, por exemplo, as regras da polidez. Dito de outro modo, a competência linguística não é uma coisa em si, mas um caso particular de um fenômeno muito mais vasto que, sob a denominação genérica de competência, faz parte da problemática da ação humana e constitui o sujeito como actante* (qualquer que seja o domínio em que ela se exerça). Por outro lado, a competência, tal como definida pelos chomskyanos, é um saber, ou seja, um conhe-cimento implícito que o sujeito tem da sua língua (e que fundamenta o conceito de gramaticalidade*): notar-se-á, todavia, que esse saber não diz respeito ao saber-fazer, mas incide sobre um *dever-ser,* quer dizer, sobre o "conteúdo" da competência, considerado um sistema de coerções (conjunto de prescrições e de interdições).

3. A distinção entre o que é a competência e aquilo sobre o qual ela incide (quer dizer, seu objeto que, no caso da competência linguística, identifica-se, uma vez descrito, com a gramática) permite considerar a competência uma estrutura* modal. Aqui se reencontra, é evidente, toda a problemática do ato*: se o ato é um "fazer-ser", a competência é *"aquilo* que faz ser", vale dizer, todas as preliminares e

os pressupostos que tornam a ação possível. Daí que, se transpusermos o problema da competência do domínio (vasto, não obstante limitado) linguístico para o da semiótica, podemos dizer que qualquer comportamento "analítico" ou qualquer sequência de comportamento pressupõe, por um lado, um programa* narrativo virtual e, por outro, uma competência particular que torna possível a sua execução. Assim concebida, a competência é uma **competência modal** que pode ser descrita como uma organização hierárquica de modalidades* (ela será fundamentada, por exemplo, num querer-fazer ou num dever-fazer que rege um poder-fazer ou um saber-fazer). Devemos distingui-la da **competência semântica** (no sentido mais lato da palavra semântica, o que se dá, por exemplo, quando dizemos que a estrutura profunda de uma língua e de natureza lógico-semântica), cuja forma mais simples é o programa narrativo virtual. Uma vez que as reunamos, essas duas formas de competência constituem o que se pode chamar **competência do sujeito**.

4. As consequências que extrairemos de tal definição dizem respeito à teoria semiótica no seu todo. A análise dos discursos narrativos faz com que nos deparemos, a todo instante, nas suas dimensões pragmática* e cognitiva*, com "sujeitos performantes" (quer dizer, realizando sequências de comportamentos programados) que, para agir, precisam possuir ou adquirir antes a competência necessária: o percurso narrativo* do sujeito se constitui, desse modo, de dois sintagmas que têm os nomes de competência e de *performance*. A semiótica é levada assim a construir modelos de competência modal que, baseados na análise dos discursos narrativos, são aplicáveis às semióticas não linguísticas do mundo* natural (no plano da "realidade psicossocial") e devem servir de premissas para uma semiótica da ação*. A tipologia das competências semânticas pode ser considerada, por sua vez, uma das definições possíveis do universo* semântico, coletivo ou individual.

5. Vê-se, por outro lado, como nessa perspectiva o conceito de **competência de comunicação**, elaborado por Dell Hymes, pode ser confirmado e consolidado: o que ele entende por conhecimento implícito ou explícito das regras psicológicas, culturais e sociais, pressupostas pela comunicação*, não é mais do que a confrontação – contratual* ou polêmica* – de dois **sujeitos competentes**: sua competência desigual, positiva ou negativa e, por um lado, modal (dando lugar a operações de manipulação), e, por outro lado, semântica (explicando a comunicação recíproca do saber e de seus mal-entendidos e ambiguidades).

6. Se se quer inscrever a competência no processo geral da significação*, deve-se concebê-la como uma instância situada a montante da enunciação* O sujeito da enunciação modaliza as estruturas* semióticas e narrativas, dando-lhes o estatuto

do *dever-ser* (quer dizer, de um sistema de coerções), e as assume como um *saber-fazer,* como processo virtual. Dito de outro modo, a competência modal manipula a competência semântica, dando-lhe, de algum modo, o estatuto de "competência", transformando uma gramática dada como uma descrição num sistema normativo e num processo operatório. Quanto à competência semântica em si mesma, considerada como "conteúdo", como o objeto modalizável e modalizado, suas articulações se confundem finalmente com os níveis* e os componentes* que a teoria semiótica foi levada a isolar ao pretender fornecer uma representação coerente do percurso gerativo*: nada impede então distinguir-se uma competência semionarrativa, de que se encarrega a enunciação, e uma competência discursiva e textual, que definem a própria enunciação como uma instância de mediação que possibilita a *performance,* ou seja, a realização do discurso-enunciado.

→ **Língua, Ato, Modalidade, Narrativo (percurso ~),**
Sintaxe narrativa de superfície, Gerativo (percurso ~),
Discurso, Narratividade.

COMPLEMENTARIDADE s. f.

FR. COMPLÉMENTARITÉ; INGL. COMPLEMENTARITY

1. **Complementaridade** é uma das relações* constitutivas da categoria* semântica, contraída entre o subcontrário* e o contrário*, que pertencem à mesma dêixis*, positiva $(s_1 + \overline{s}_2)$ ou negativa $(s_2 + \overline{s}_1)$, no quadrado semiótico. A complementaridade se apresenta como um caso particular da relação orientada*, que vai do termo pressuponente ao termo pressuposto. Para ser complementar, tal relação deve ser isótopa* da categoria de que ela faz parte: em outras palavras, a implicação*, asseverando o subcontrário (o "se"), deve localizar o contrário (o "então") como termo pressuposto da mesma categoria. Dir-se-á que a relação de complementaridade subsume dois **termos complementares**. A própria relação pode, todavia, a um nível hierarquicamente superior, servir de termo para constituir uma nova categoria: a própria relação será, nesse caso, dita **metatermo*** complementar.

2. Certos linguistas (J. Lyons, por exemplo) definem a complementaridade de dois termos pelo fato de que a negação de um deles implica a afirmação, ao menos implícita, do outro. O exemplo escolhido por Lyons (casado/celibatário) demonstra que a complementaridade corresponde aqui ao que é para nós a contradição*.

3. Na análise distribucional*, a distribuição se diz **complementar** quando duas unidades linguísticas não aparecem em nenhum contexto* comum. O conceito de

complementaridade corresponde, nesse caso, em parte à definição de Lyons, tendo em vista que as duas unidades se excluem mutuamente, mas também, desde que as duas unidades pertençam ao mesmo nível de derivação*, o conceito corresponde à nossa própria definição: as duas classes* em que elas se inscrevem podem, com efeito, manter entre si uma relação de implicação.

→ Quadrado semiótico, Pressuposição, Implicação.

COMPLEXO (TERMO ~) adj.
FR. COMPLEXE (terme ~); INGL. COMPLEX TERM

Derivado da estrutura* elementar da significação, o termo **complexo** se define pela relação "e... e" que contraem, em consequência de prévias operações sintáticas, os termos s_1 e s_2 do eixo dos contrários* no quadrado semiótico. O termo complexo pode ser **positivo** ou **negativo,** conforme a dominância de um dos dois termos contrários que entram na sua composição. A "coexistência dos contrários" é um problema árduo, herdado de uma longa tradição filosófica e religiosa. V. Brøndal introduziu-a na linguística, reconhecendo a existência de termos complexos na articulação das categorias gramaticais de certas línguas naturais. O problema da geração de tais termos não teve até agora solução satisfatória.

→ Quadrado semiótico, Termo.

COMPONENCIAL (ANÁLISE ~) adj.
FR. COMPONENTIELLE (ANALYSE ~); INGL. COMPONENTIAL ANALYSIS

De origem norte-americana, a **análise componencial** está ligada, por seus procedimentos taxionômicos, à análise sêmica, ainda que dela se distinga sob outros aspectos, tanto no nível da terminologia quanto no dos seus objetivos e dos seus campos de aplicação.

→ Sêmica (análise ~).

COMPONENTE s. m.
FR. COMPOSANTE; INGL. COMPONENT

O termo **componente**, quer tomado em conotação organicista quer em conotação mecanicista, provém de disciplinas científicas diferentes e designa indiferentemente um objeto semiótico construído – ou em vias de sê-lo – de que não busca precisar a organização interna, mas sublinhar a autonomia no interior de um conjunto mais vasto em que se inscreve. Essas denominações se aplicam, o mais das vezes, ao que se chamavam outrora diferentes disciplinas de uma ciência, as quais são agora consideradas como componentes de uma teoria* (por exemplo, componente semântico, fonológico, etc.).

COMPREENSÃO s. f.
FR. COMPRÉHENSION; INGL. COMPREHENSION

1. Em lógica, entende-se por **compreensão** o conjunto das características (propriedades, atribuições, determinações, etc.) que pertencem a um conceito* e/ou o definem. Enquanto organização das qualidades subjacentes ao conceito, a compreensão se opõe à extensão, que visa quantitativamente ao conjunto dos objetos que aquele cobre.

2. Em semiótica e na linguística de inspiração saussuriana, em que a extensão é considerada como não pertinente para análise, a compreensão pode ser identificada à definição* do conceito, ele próprio assimilado a denominação*. Nesse caso, é legítimo partir da compreensão de um semema* precisando, todavia, que ele pode compreender também semas negativos (= propriedades ausentes), já que a significação reside na apreensão das diferenças, o que, de acordo com a tradição, o conceito não admite na sua compreensão.

→ Extensão.

COMUNICAÇÃO s. f.
FR. COMMUNICATION; INGL. COMMUNICATION

1. Paralelamente à teoria da informação* e estreitamente vinculado a ela, foi desenvolvido um **esquema da comunicação** linguística que continua ligado a uma

perspectiva demasiado mecanicista, ainda que, de seu próprio ponto de vista, ele proclame respeitar as trocas verbais intersubjetivas. De acordo com o psicólogo Bühler, a atividade linguística pode ser definida pelas funções* da expressão* (do ponto de vista do destinador*), do apelo (do ponto de vista do destinatário) e da representação (que remete ao referente* ou ao contexto*). Esse esquema triádico foi retomado com novas denominações e completado por R. Jakobson. Para este, a comunicação verbal repousa sobre seis fatores: destinador e destinatário, a mensagem* transmitida de um para outro, o contexto (ou referente) – verbal ou verbalizável – sobre o qual incide a mensagem, o código* (mais ou menos comum aos actantes da comunicação) graças ao qual a mensagem é comunicada, e, enfim, o contato que repousa, ao mesmo tempo, sobre um canal* físico e uma conexão psicológica; a cada um desses diferentes elementos corresponde uma função linguística particular, respectivamente: emotiva (ou expressiva*), conativa*, poética*, referencial*, metalinguística*, fática*.

2. É evidente que as funções jakobsonianas da linguagem* não esgotam o seu objeto, e que tal articulação, por sugestiva que seja, não fundamenta uma metodologia para a análise dos discursos: esse esquema das seis funções é ao mesmo tempo demasiado genérico para permitir uma taxionomia e uma sintaxe apropriadas, e demasiado particular pelo fato de contemplar apenas a comunicação verbal (da qual, de resto, não explica o aspecto sincrético*), com exclusão de todos os outros sistemas semióticos. Assim, por exemplo, esse esquema parece concernente tão somente ao fazer informativo*, articulável, com base no vínculo destinador/destinatário, em fazer emissivo*/fazer receptivo*; ora, há outras maneiras de conceber a transmissão do saber, particularmente quando ela vem modalizada: é o caso do fazer persuasivo* e do fazer interpretativo*, que são mais do domínio da manipulação* do que do da "comunicação".

3. É claro, por outro lado, que se a linguagem é comunicação, é também produção de sentido*, de significação*. Não se reduz à mera transmissão de um saber sobre o eixo "eu/tu", como poderia afirmar certo funcionalismo; complementarmente, ela se desenvolve, por assim dizer, para si mesma, para aquilo que ela é, possuindo uma organização interna própria que não parece poder ser explicada unicamente pela teoria da comunicação, que toma, de algum modo, um ponto de vista externo.

4. Embora independente de Bühler, de Jakobson ou de Martinet e de toda a corrente funcionalista, a filosofia da linguagem anglo-saxônica – com J. L. Austin – codivide com eles, para lá de uma terminologia e de preocupações diferentes, um mesmo cuidado, o de explicar a linguagem como operação intersubjetiva,

esforçando-se, porém, para integrá-la no domínio maior da atividade humana. O ato* de fala ("*speech act*", conforme J. R. Searle), que foi progressivamente elaborado, e, além disso, a pragmática* (no sentido americano) ultrapassam o limite da mera "comunicação" interessando-se por suas condições de exercício, trazendo – malgrado uma terminologia, por vezes, pouco coerente, devido a um amálgama filosófico-linguístico – uma contribuição, que não se pode negligenciar, ao estudo da atividade da linguagem.

5. Para escapar a uma concepção demasiado mecanicista (que retoma o modelo da informação) ou demasiado restritiva (que está presa a parâmetros "extralinguísticos") da comunicação, é indispensável situar essa noção-chave em um contexto mais amplo. As atividades humanas, no seu conjunto, são geralmente vistas como ocorrendo em dois eixos principais: o da ação sobre as coisas, pela qual o homem transforma a natureza – e o eixo da produção* –, e o da ação sobre os outros homens, criadora das relações intersubjetivas, fundadoras da sociedade – é o eixo da comunicação. O conceito de troca*, que, na tradição antropológica francesa (mormente depois de M. Mauss), recobre essa segunda esfera de atividades, pode ser interpretado de duas diferentes maneiras, ou como transferência* de objetos*-valor, ou como comunicação entre sujeitos. As transferências de objetos que se apresentam sob a forma de aquisições* e de privações* afetam apenas os sujeitos e constituem, na medida em que se revestem de formas canônicas, sistemas de relações inter-humanas, que regulamentam os desejos e os deveres dos homens. Lévi-Strauss propôs distinguir três dimensões fundamentais dessas transferências-comunicações: às trocas de mulheres, consideradas como processos, correspondem as estruturas de parentesco que têm a forma de sistemas; às trocas de bens e de serviços correspondem as estruturas econômicas; às trocas de mensagens, as estruturas linguísticas. Esse esquema bem geral pode, evidentemente, ser modificado ou aprimorado: no lugar das estruturas linguísticas, sobretudo, seria conveniente inscrever organizações semióticas mais vastas. Do conceito de troca, por outro lado, deveríamos subtrair as conotações* eufóricas que aludem à "benevolência" universal dos homens no seu mútuo relacionamento, já que é difícil, senão impossível, estabelecer a fronteira entre as estruturas contratuais* e as estruturas polêmicas* que presidem a comunicação. Nem por isso semelhante concepção da comunicação deixa de permitir uma abordagem propriamente semiótica do problema, muito diferente da das teorias econômicas, de um lado, e da teoria da comunicação, de outro.

6. Na medida em que a comunicação se situa entre sujeitos e na medida em que os valores* investidos nos objetos postos em circulação (valores pragmáticos*

ou cognitivos*, descritivos* ou modais*) são considerados constitutivos do ser do sujeito (o qual se acha constantemente submetido ao aumento ou à diminuição de seu ser), é evidente que o destinador e o destinatário já não podem mais ser tratados como abstrações, como posições vazias de emissor* e de receptor* que são, mas, ao contrário, como sujeitos competentes*, pinçados num momento de seu devir, inscritos cada qual no seu próprio discurso. Assim se compreende por que um diálogo que aparece no interior do discurso narrativo nos parece fornecer uma representação mais correta do processo da comunicação do que um artefato construído a partir da "estrutura da comunicação" extralinguística, porque, do mesmo modo, nós nos propomos a interpretar uma "troca de mensagens", no plano semântico pelo menos, como um discurso a duas (ou mais) vozes.

7. Essa "humanização" da comunicação, que é uma das preocupações da maioria das teorias recentes nesse domínio, não deixa de levantar novos problemas para os quais não se veem ainda soluções definitivas. Notemos, em primeiro lugar, o problema da **comunicação participativa**: contrariamente ao que ocorre por ocasião da comunicação ordinária, em que a atribuição* de um objeto-valor é concomitante a uma renúncia*, os discursos etnoliterários, filosóficos, jurídicos (cf. o direito constitucional) ostentam estruturas de comunicação em que o Destinador transcendente (absoluto, soberano, original, último, etc.) proporciona valores* tanto modais (o poder, por exemplo) quanto descritivos (os bens materiais), sem a eles renunciar verdadeiramente, sem que, por isso, seu ser venha a sofrer diminuição. Esse caso do Destinador transcendente deve ser distinguido, evidentemente, do caso do fornecedor do saber que, por ocasião da comunicação, transmite um objeto cognitivo sem que seu próprio saber diminua: tal particularidade explica-se, então, pelo fato de que o sujeito da enunciação é um ator sincrético* que subsume os dois actantes, que são o enunciador* e o enunciatário, ou, em outras palavras, que ele é seu próprio enunciatário e retoma, desse modo, aquilo que ele mesmo forneceu como enunciador.

8. Outra questão, ainda sem resposta, é a que surge com a distinção – bastante fácil de ser reconhecida, mas difícil de ser explicada – entre comunicação recebida e comunicação assumida*. O discurso psicanalítico já evidenciou o desvio existente entre os mecanismos que garantem a apreensão da significação e os procedimentos, pouco conhecidos, que presidem à sua apropriação, à sua integração na axiologia já existente. Tudo se passa como se o sujeito receptor não pudesse entrar em plena posse do sentido, a não ser dispondo de antemão de um querer e de um poder-aceitar – ou, em outros termos, a não ser que ele possa ser definido por um certo tipo de competência receptiva que constituiria, por sua vez, a primeira e a última

visada do discurso do enunciador. Se assumir a fala do outro é nela acreditar de uma certa maneira, então, fazê-la assumir equivale a falar para ser acreditado. Assim considerada, a comunicação é mais um fazer-crer e um fazer-fazer do que um fazer-saber, como se imagina um pouco apressadamente.

9. Mais um problema – entre tantos outros possíveis – é o da concomitância (e da confusão dela resultante) frequente entre o fazer produtor (formulável como um fazer* narrativo) e o **fazer comunicativo.** Um ritual é um fazer programado que visa à sua própria significação: a instalação de um observador (do público, por exemplo) perverte-o não só por transformá-lo em espetáculo, mas também porque o comportamento do observado se torna equívoco e se desdobra. A conversação entre duas pessoas deixa de ser o que ela é se os participantes dela sabem que estão sendo escutados. Trata-se, aí, não só da problemática da semiótica teatral*, mas, mais amplamente, da dimensão espetacular das nossas culturas e de nossos signos, ainda mal conhecida e mal visada.

→ Informação, Factitividade, Persuasivo (fazer ~),
Interpretativo (fazer ~), Contrato, Discurso, Implícito,
Sociossemiótico.

Comutação s. f.
FR. Commutation; INGL. Commutation

1. A **comutação** não é mais do que a explicitação da relação de solidariedade* (da pressuposição* recíproca) entre o plano da expressão* e o plano do conteúdo* de uma semiótica*, segundo a qual a qualquer alteração da expressão deve corresponder uma alteração do conteúdo, e vice-versa. Assim, para empregar a terminologia de L. Hjelmslev, se existe uma correlação* (ou seja, uma relação "ou... ou") entre duas grandezas* da expressão – por exemplo "rat" (rato) e "rit" (ri) –, deve-se registrar igualmente uma correlação entre as duas grandezas do conteúdo "rat" (animal) e "rit" (manifesta alegria): há, portanto, uma relação (do tipo "e... e") entre as duas correlações situadas num e noutro dos dois planos da linguagem.

2. A comutação pode se tomar, então, um procedimento de reconhecimento* de unidades* discretas de um ou de outro plano da linguagem. Foi graças a ela que a Escola de Praga pôde elaborar os conceitos de fonema* e de traço distintivo* (ou de fema*). Se a substituição de um fonema por outro em um contexto determinado acarreta uma diferença de conteúdo ("rat"/"rit"), o mesmo não ocorre quando da troca de uma

variante* de fonema por uma outra (*a* anterior/*a* posterior, por exemplo): o fonema é uma invariante, uma unidade fonológica, em relação às variáveis que são as diferentes possibilidades de ocorrências fonéticas. Observar-se-á, por outro lado, que o que estabelece a correlação ("ou... ou") no plano de expressão entre "pas" (passo) e "bas" (baixo) não é a diferença entre os fonemas, mas entre os traços distintivos (ou, mais precisamente, entre os dois termos da categoria* fêmica vozeado/não vozeado).

3. O mesmo procedimento da comutação, aplicado ao plano do conteúdo, contribui para a elaboração dos conceitos de sema* e de semema*.

➔ **Permutação, Substituição, Invariante, Variável.**

Conativa (função ~) adj.

FR. Conative (fonction ~); INGL. Conative function

No esquema triádico da comunicação verbal proposto pelo psicológico K. Bühler (retomado e aumentado por R. Jakobson), função **conativa** (apelo) é aquela que concerne ao destinatário*, por oposição à função expressiva (centrada no destinador*) e à referencial* (relativa aquilo de que se fala): tem sua expressão gramatical no vocativo e no imperativo, por exemplo.

➔ **Função, Comunicação.**

Conceito s. m.

FR. Concept; INGL. Concept

1. Como termo de filosofia é, **conceito** comporta numerosas e variadas definições, todas porém referindo-se mais ou menos a grandezas* do significado* (= ideias), suscetíveis de organizarem os dados da experiência.

2. F. de Saussure serviu-se desse termo para designar – numa primeira aproximação – significado*, que tem como única determinação servir para a constituição do signo* (já que o conceito "árvore" e a imagem acústica **árvore** constituem o signo *árvore*); a seguir, ele eliminou essa noção em benefício da de forma* significante.

3. Para a teoria semiótica, o termo conceito pode ser mantido no sentido de denominação* (cuja significação é explicitada pela definição*). A explicitação dos conceitos por definições sucessivas torna-se então a principal preocupação de qualquer construção metalinguística* do teórico. Percebe-se com efeito que as teorias linguísticas ou semióticas comportam bom número de **conceitos não definidos:** tomados por

empréstimos às línguas naturais e, mais particularmente, às doutrinas filosóficas muitas vezes implícitas, estes são frequentemente muito sugestivos, suscetíveis de cobrir problemáticas cruciais, mas nem por isso se integram na teoria de conjunto. A construção de uma teoria* deve, portanto, comportar uma **fase conceitual** em que se exige que os conceitos sejam substituídos por definições e interdefinições, cujos elementos constituintes são mais abstratos e mais gerais do que os conceitos de partida. Só no topo de uma tal hierarquia conceitual é que se poderão encontrar **conceitos não definíveis** (tais como "relação", "objeto", "descrição", etc.) constitutivos de um inventário que servirá para estabelecer uma axiomática*.

4. Vê-se que numa tal concepção de inspiração hjelmsleviana, o termo conceito, elemento da metalinguagem*, serve para denominar tanto as classes de objeto (as unidades semióticas) quanto os procedimentos* e os modelos*. É nesse sentido que se distinguirão, no interior de uma teoria, conceitos "reais", isto é, integrados na metassemiótica* científica e conceitos operatórios* (no sentido de instrumentais) que servem de fundamento a procedimentos ou modelos que parecem eficazes*, mas que, não sendo integrados, não podem ser considerados a não ser provisórios.

→ Teoria.

Concomitância s. f.

FR. Concomitance; INGL. Concomitance

Chama-se **concomitância** à copresença de duas ou mais grandezas* registradas, seja no interior de um estado* dado, seja como decorrência de uma transformação* de um estado em outro (cf., por exemplo, as variações concomitantes). A relação de concomitância (do tipo "e... e") explica em semiótica narrativa a copresença de dois ou mais programas* narrativos; ao nível da "discursivização", ela é temporalizada e/ou espacializada graças aos procedimentos de localização e de encaixe.

→ Encaixe, Localização espaçotemporal.

Concreto adj.

FR. Concret; INGL. Concrete

Um termo qualquer será chamado **concreto**, em oposição a abstrato, se sua densidade sêmica é relativamente elevada.

→ Densidade sêmica, Abstrato.

CONDENSAÇÃO s. f.

FR. CONDENSATION; INGL. CONDENSATION

A elasticidade do discurso manifesta-se ao mesmo tempo pela **condensação** e pela expansão: o reconhecimento* de uma equivalência semântica entre unidades discursivas de dimensões diferentes (por exemplo, o fato de que o lexema "discussão" resume, por vezes, a unidade discursiva denominada "diálogo") torna, por um lado, qualquer análise do "texto" – considerado como dado bruto – totalmente impossível; obriga, por outro lado, a semiótica discursiva a elaborar uma hierarquia* ideal de formas discursivas, constituída de níveis* de análise de complexidade desigual, e a considerar o texto manifestado como um "por deitado" mais ou menos confuso de formas heteroplanas.

➔ **Elasticidade do discurso, Expansão.**

CONDIÇÃO s. f.

FR. CONDITION; INGL. CONDITION

Conceito*, segundo Hjelmslev, não definido, mas necessário para definir a relação de pressuposição*, o termo **condição** pode ser considerado como denominação de "se" na relação "se... então". O conceito de condição representa um papel determinante na formulação das coerções* semióticas.

CONECTOR DE ISOTOPIAS

FR. CONNECTEUR D'ISOTOPIES; INGL. ISOTOPIC CONNECTOR

1. Chama-se **conector de isotopias** à unidade do nível discursivo que introduz uma ou várias leituras* diferentes: o que corresponde, por exemplo, à "codificação retórica" que C. Lévi-Strauss aponta em mitos que jogam ao mesmo tempo com o "sentido próprio" e com o "sentido figurado". No caso da pluri-isotopia*, é o caráter polissêmico* da unidade discursiva com papel de conector que torna possível a superposição de isotopias diferentes.

2. Do ponto de vista tipológico, poder-se-ão distinguir, entre outros, **conectores metafóricos**, que garantem a passagem de uma isotopia abstrata* (ou temática*) a uma isotopia figurativa*, já que a relação que os une é orientada (o que se diz na segunda

isotopia é interpretável na primeira, e não vice-versa), **conectores antifrásticos**, que manifestam, numa segunda isotopia, termos contrários* aos que se esperavam na primeira e assim por diante. De acordo com a sua posição na linearidade* do texto, opor-se-ão **conectores antecedentes**, que indicam explicitamente estar começando uma nova leitura, a conectores subsequentes, que implicam a necessidade de uma retroleitura*: assim, por exemplo, quando os dois amigos (Maupassant) são fuzilados pelos prussianos, seus corpos caem um em cima do outro formando a figura da "cruz": a partir daí, uma outra isotopia figurativa – relativa às representações cristãs – pode ser reconhecida: não somente a morte (como "golfadas de sangue") e o silêncio prévio dos dois amigos são comparáveis aos últimos momentos de Jesus, mas toda a primeira parte da narrativa (com os papéis de "pescadores" e a figura dos "peixes") pode ser aproximada, por retroleitura, da comunidade dos discípulos do Cristo.

➔ **Isotopia, Pluri-isotopia, Retroleitura, Metáfora.**

CONFIGURAÇÃO s. f.

FR. CONFIGURATION; INGL. CONFIGURATION

1. Numa primeira aproximação, as **configurações discursivas** aparecem como espécies de micronarrativas que têm uma organização sintático-semântica autônoma e são suscetíveis de se integrarem em unidades discursivas mais amplas, adquirindo então significações funcionais correspondentes ao dispositivo de conjunto.

2. A problemática dessas configurações está ligada à dos motivos*, tal como ela se constituiu no interior da tradição metodológica do século XIX, nos domínios do folclore (cf. J. Bédier, por exemplo), da história da arte (cf. Panofsky, entre outros), etc.: encarados no quadro da "teoria das influências", os motivos apareceram como formas narrativas e/ou figurativas autônomas e móveis, suscetíveis de passarem de uma cultura a outra, de se integrarem em conjuntos mais vastos, perdendo parcial ou totalmente suas significações antigas em benefício de investimentos semânticos desviados ou novos, sendo que os percursos assim realizados constituem uma história geral das formas. Os "fabliaux" da Idade Média francesa, por exemplo, seriam, dessa forma, uma coleção bastante heteróclita de formas que teriam vindo aí aglomerar-se por vias diversas, a partir de um núcleo criador original que bem se poderia identificar com a Índia antiga.

3. O ponto de vista histórico, predominante na época, levava o pesquisador a se interessar, em primeiro lugar, pela proveniência das formas reconhecidas, negligenciando as estruturas de recepção (discurso, obras), nas quais as formas "tomadas de

empréstimo" vinham tomar lugar. Ora, a mudança de perspectiva que se efetuou a partir de então leva-nos a reconhecer primeiro a existência das formas de recepção – sintáticas e semânticas – suscetíveis de receber, em quadros invariáveis, novas formas, consideradas como variáveis. Forçoso será, por conseguinte, distinguir, por um lado, estruturas discursivas englobantes e, por outro lado, microestruturas chamadas motivos, que podem ser assumidas por um tecido discursivo mais vasto.

4. Nenhuma necessidade de aqui voltarmos à crítica da "teoria das influências", há muito tempo condenada: no domínio semiótico, a metodologia comparativa*, que se utiliza dos procedimentos de transformações* orientadas, pode substituí-la. Nem por isso a mobilidade dos motivos, mesmo no âmbito de um universo de discurso dado (o discurso etnoliterário francês, por exemplo), deixa de ser um fato reconhecido: os motivos tais como "casamento" ou "justa partilha" são encontrados tanto no começo quanto no meio ou no fim de um conto, permitindo, dessa forma, manter-se a distinção entre as estruturas de recepção e as estruturas recebidas.

5. Por estranho que pareça à primeira vista, esse fenômeno não deixa de ser análogo aos fatos gramaticais que a linguística frasal encontra num outro nível. Estamos pensando aqui nas dificuldades que a não concomitância das classes* morfológicas e sintagmáticas suscitam num grande número de línguas naturais. Se, de um ponto de vista ideal, se pode construir uma gramática categorial que opere apenas com as classes morfológicas*, ou, pelo contrário, uma gramática sintagmática pura, que só manipulasse classes sintagmáticas, na prática de uma língua como o francês é muito frequente encontrarem-se, ao lado de fatos de concomitância (verbo e predicado no caso de "craindre" ["temer"]), situações de divergência gramatical ("avoir peur" ["ter medo"]) ou de "desvio" semântico (em "roupa esporte", "esporte" perde sua substantividade). Tudo se passa como se, guardadas as proporções, uma gramática narrativa de tipo sintagmático devesse comportar anexo um subcomponente "morfológico" que explicitasse a organização e os procedimentos de integração das configurações discursivas. É assim que a lógica narrativa, tal como concebida por C. Bremond, por exemplo, nos parece, em suas intenções profundas, mais próxima de uma semiótica "configurativa" do que de uma semiótica narrativa propriamente dita.

6. O estudo das configurações discursivas está por ser feito: chega mesmo a constituir uma das tarefas urgentes da semiótica discursiva. Duas espécies de problemas se levantam a propósito delas, uns relativos à sua organização interna, outros à sua integração em contextos discursivos mais vastos.

7. As configurações discursivas aparecem, dizíamos, como micronarrativas. Quer isso dizer que uma configuração não é dependente de seu contexto, mas pode ser dele extraída e manifestada sob a forma de um discurso autossuficiente. A análise de uma

configuração é, pois, tida como capaz de nela reconhecer todos os níveis e todos os componentes de um discurso examinado através das diferentes instâncias de seu percurso gerativo*. Distinguir-se-ão assim facilmente não apenas **configurações temáticas**, mas também **configurações figurativas** (às quais se ligam os motivos). Da mesma forma, sua manifestação discursiva pressupõe já uma organização narrativa subjacente: nada, pois, de extraordinário em que as configurações discursivas possam ser inventariadas como estereótipos que representam estruturas modais canônicas de que se poderia fazer a tipologia (cf. as estruturas contratuais e modais da manipulação*).

8. A integração de uma configuração no discurso em via de produção poderia ser formulada, no seu procedimento mais simples, como aplicação, no momento da enunciação*, de um de seus percursos possíveis no percurso narrativo* (ou um de seus programas* narrativos constituintes) do discurso de recepção, de sorte que a identificação de um papel actancial* do discurso narrativo com um papel temático* (ou figurativo), escolhido no interior da configuração, desencadeia a distribuição dos **papéis configurativos** pelo dispositivo actancial do discurso, dando lugar, dessa forma, ao aparecimento de isotopias* locais ou generalizadas. Tal intervenção pressupõe, vê-se, um sujeito da enunciacão dotado não somente da competência narrativa, mas também de um estoque de configurações discursivas acompanhado, por assim dizer, de seu "modo de usar".

→ Motivo, Semântica discursiva.

CONFORMIDADE s. f.
FR. CONFORMITÉ; INGL. CONFORMITY

1. No sentido estrito dessa palavra, entende-se por **conformidade** a correspondência termo a termo entre as unidades, quer de dois objetos semióticos comparáveis, quer de dois planos* ou de dois níveis* de linguagem, de modo que, feita a verificação, as unidades de qualquer ordem possam ser identificadas ao mesmo tempo como isomorfas e isotópicas. Tal definição permite decidir se se trata ou não de uma semiótica monoplana* (ou de um sistema de símbolos*, na terminologia de L. Hjelmslev); a não conformidade caracteriza, ao contrário, as semióticas biplanas* (ou semióticas propriamente ditas, segundo Hjelmslev).

2. No sentido mais amplo, o conceito de conformidade aproxima-se do de equivalência*: certos critérios de conformidade, mas não todos, são então conservados.

→ Adequação.

Conjunção s. f.

FR. Conjonction; INGL. Conjunction

1. Em gramática tradicional, **conjunção** designa uma classe de morfemas* que serve para estabelecer a relação de "conjunção" entre diferentes unidades no plano sintagmático. Distinguem-se duas subclasses: conjunções de **coordenação** e conjunções de **subordinação**. Pode-se dizer que as conjunções de subordinação instauram relações hipotáxicas* entre enunciados; a gramática gerativa* e transformacional explica o assunto por meio de regras de imbrincamento*. As conjunções de coordenação, por seu lado, assinalam, muitas vezes enfaticamente, as relações de combinação* entre as unidades sintagmáticas de mesmo nível*.

2. Quando se procura definir o conceito de estrutura* elementar como sendo a relação entre dois termos, percebe-se que esta aparece ao mesmo tempo como conjunção e como disjunção: por outras palavras, ela é a um só tempo uma relação de combinação (do tipo "e... e") e uma relação de oposição* (do tipo "ou... ou") e reúne, assim, em seu seio as propriedades relacionais que definem separadamente os dois eixos, o sintagmático e o paradigmático, da linguagem. A categoria *identidade/alteridade*, que é mais abstrata, parece-nos mais indicada para denotar o caráter universal da relação (o emprego dos termos conjunção e disjunção, nessa acepção, parece então supérfluo).

3. Em semiótica narrativa, convém reservar o nome de conjunção para designar, paradigmaticamente, um dos dois termos (juntamente com a disjunção*) da categoria da **junção**, que se apresenta, no plano sintagmático, como função* (= relação entre o sujeito e o objeto) constitutiva dos enunciados de estado*. Se, paradigmaticamente falando, conjunção e disjunção são contraditórios*, o mesmo não acontece no plano sintagmático, em que, de acordo com a distribuição do quadrado semiótico,

a não disjunção ("conservar alguma coisa") entre um sujeito e um objeto*-valor deve ser distinguida da conjunção ("ter alguma coisa").

→ Junção.

Conjunto s. m.

FR. Ensemble; INGL. Set

1. Na terminologia matemática, **conjunto** é uma coleção de elementos* (em número finito ou não) capazes de manter relações lógicas entre si ou com elementos de outros conjuntos.

2. Em semiótica, somente o seu emprego no sentido impreciso de universo* ou de microuniverso* parece justificar-se, pois a acepção matemática desse termo, por dar prioridade aos elementos (ou unidades discretas) em detrimento das relações*, parece contraditória em relação à abordagem estrutural, que nunca antepõe os termos às relações que os definem, e para a qual somente estas são significantes: em nome da coerência*, será geralmente preferível deixar de lado o conceito de conjunto.

3. Entretanto, pode ser útil, às vezes, introduzir a noção bastante vaga de **conjunto significante** para designar a reunião do significante* com o significado*.

→ **Linguagem, Semiótica.**

Conotação s. f.

FR. Connotation; INGL. Connotation

1. Um termo será chamado **conotativo** se, ao ser denominado um dos atributos do conceito considerado do ponto de vista de sua compreensão*, ele remete ao conceito tomado na sua totalidade (cf. J. S. Mill). O (ou os) atributo(s) tomado(s) em consideração depende(m) quer de uma escolha subjetiva, quer de uma convenção de tipo social, daí ser a **conotação** um procedimento difícil de ser circunscrito: isso explica a diversidade de definições que ela provocou e as confusões a que sua utilização deu lugar.

2. Do ponto de vista semântico, a conotação poderia ser interpretada como o estabelecimento de uma relação entre um ou mais semas* situados num nível de superfície* e o semema* de que eles fazem parte e que deve ser lido em nível mais profundo*. Sendo assim, a conotação parece-se com a figura retórica bem conhecida, a metonímia*, e a relação que ela institui poderia ser ora hipotáxica*, ora hiponímica*. Tratar-se-ia, então, de um fenômeno que se tentou precisar alhures sob o nome de definição* oblíqua.

3. Em sua tipologia das semióticas, Hjelmslev previu uma classe particular de **semióticas* conotativas**. O único ponto comum entre a conotação de conceitos

(situada no nível lexemático) e as linguagens de conotação (que sobredeterminam os discursos) reside no reconhecimento, mais do que outra coisa, intuitivo, de um desvio ou de uma relação oblíqua que existiria entre um significado* primeiro, "denotativo", e um significado segundo, "conotativo". Entretanto, para postular a existência de um plano do conteúdo* conotativo, tem-se necessidade de fazer intervir a função semiótica (ou semiose*) que o ligaria a um plano de expressão*. Esse não pode ser identificado com o plano de expressão correlato ao significado denotativo porque resultaria daí um único plano do conteúdo. Sendo assim, Hjelmslev postula um plano de expressão que já é uma semiótica (uma língua natural, por exemplo). A semiótica conotativa seria então uma espécie de metassemiótica de um gênero particular.

4. As dificuldades surgem quando se quer abordar a análise dessa semiótica conotativa. Para reconhecer as unidades do significante conotativo, é necessário proceder inicialmente à descrição da semiótica-objeto considerada "denotativa": somente as unidades que aí forem registradas poderão, eventualmente, ser bivalentes e pertencer às duas semióticas ao mesmo tempo. É preciso levar em conta a seguir o fato de que o papel dos significantes conotativos pode ser preenchido tanto pelos signos* da semiótica-objeto quanto pelas figuras* de seus planos de expressão e/ou de conteúdo, bem como, aliás, pelas duas substâncias* que lhes constituem a forma* (o sotaque da Borgonha, por exemplo, será reconhecido graças às particularidades fonéticas, e não fonológicas). Todas as unidades desses diferentes planos estão longe, por outro lado, de possuir propriedades conotativas. Vem daí que o inventário dos conotadores-significantes só pode ser realizado por extração*, procedimento que para Hjelmslev não é científico. Por isso ele classifica as semióticas conotativas entre as semióticas não científicas*.

5. A existência das semióticas conotativas é, não obstante, indiscutível, e sua importância, graças aos trabalhos de R. Barthes (para quem "a ideologia seria, em última instância, a forma dos significados de conotação, ao passo que a retórica seria a forma dos conotadores"), foi suficientemente posta em evidência. Isso só aumenta a urgência de uma teoria das semióticas conotativas.

6. Enquanto, da perspectiva hjelmsleviana, a descrição de uma semiótica conotativa deve começar pela exploração de seu plano de expressão (exploração que, graças ao princípio de comutação*, é tida como capaz de permitir a depreensão gradativa da forma do conteúdo conotativo), é de se perguntar se o esforço teórico não deve dirigir-se, em primeiro lugar, para a substância desse conteúdo: isso permitiria reconhecer inicialmente as principais dimensões tópicas em que se exerce a atividade conotativa. Uma abordagem sociossemiótica* (cf. a "linguística

externa" de Saussure), que elaborasse modelos de expectativa como lugares possíveis das manifestações de conotação, ajudaria a distinguir melhor o fenômeno conotativo e a articular já, em parte, as **conotações sociais**: ela encontraria no caminho, para integrá-los, os problemas da categorização* do mundo (hipótese de Humboldt-Sapir-Whorf), das funções* da linguagem jakobsonianas, da tipologia dos gêneros*, etc. Paralelamente, a psicossemiótica* deveria tratar, de acordo com a própria sugestão de Hjelmslev, das **conotações individuais**. Só numa etapa ulterior o procedimento inverso, o da explicitação das formas conotativas, poderia ser empreendido.

→ **Denotação, Semiótica, Semiologia, Psicossemiótica, Sociossemiótica.**

Consequência s. f.

FR. Conséquence; INGL. Consequence

Em semiótica narrativa, chama-se **consequência** o último dos três enunciados constitutivos da prova. Situada, no eixo das consecuções, após a defrontação* e a dominação*, a consequência – que as pressupõe – pode ser quer negativa (no caso da privação*, a qual, conforme seja reflexiva ou transitiva, se exprimirá na renúncia* ou na despossessão*), quer positiva (com a aquisição* sob suas duas formas possíveis: atribuição* e apropriação*).

→ **Prova.**

Constante s. f.

FR. Constante; INGL. Constant

O termo **constante**, sinônimo de invariante*, é empregado em semiotica para designar uma grandeza* cuja presença* é condição necessária da de uma outra grandeza, à qual está ligada por uma relação*. A constante é, por conseguinte, o termo pressuposto de uma estrutura binária, enquanto a variável é o termo que a pressupõe.

→ **Variável, Pressuposição.**

Constitucional (modelo ~) adj.

FR. Constitutionnel (modèle ~); INGL. Constitutive model

A estrutura* elementar da significação pode ser considerada como **modelo constitucional** na medida em que representa a instância *a quo* do percurso gerativo* global.

→ **Estrutura, Modelo, Quadrado semiótico.**

Constituinte s. m.

FR. Constituant; INGL. Constituant

1. Por **constituinte** entende-se, em linguística, toda unidade* – do morfema* ao sintágma* – que entre numa construção mais ampla.

2. **Constituintes imediatos** (análises em ~). Em sua preocupação em elaborarem a parte taxionômica* da linguística, os linguistas americanos, na esteira de Bloomfield, procederam à segmentação* das frases em unidades segundo a ordem hierárquica dos elementos: o recorte do tipo binário* parte do nível mais alto (podendo o sintagma nominal e o sintagma verbal, por exemplo, serem os constituintes imediatos da ordem mais elevada) para ir no sentido descendente, em cuja base serão separadas essas últimas unidades que são os morfemas (exemplo: "professor" comportará dois constituintes imediatos: "profess-" e "-or"). Essa forma de segmentação recorre a procedimentos de substituição* e de redução* e pressupõe toda a contribuição do método distribucional*. A análise em constituintes imediatos leva assim à descrição* estrutural do enunciado*, que pode ser representada sob forma de árvore* sintagmática, ou por meio de parênteses*. Fundamentada, como a abordagem distribucional, no princípio de linearidade* (conforme testemunha sua própria denominação), a análise em constituintes imediatos esbarra no princípio da linearidade* (conforme o testemunha sua própria denominação), a análise em constituintes imediatos esbarra no problema dos **constituintes descontínuos** (exemplo: a expressão da negação em francês: "ne... pas"). Ela é igualmente incapaz de esclarecer fenômenos de ambiguidade*. Vivamente criticada, serviu, não obstante, de ponto de partida à gramática gerativa* e transformacional que considera, talvez um pouco apressadamente, que a etapa taxionômica da linguística está superada.

Construção s. f.

FR. CONSTRUCTION; INGL. CONSTRUCTION

1. Como sinônimo de artificial, **construído** opõe-se a natural, com referência à ação do homem que transforma a natureza*.

2. Numa acepção mais restrita, o termo **construção** designa uma atividade semiótica programada, situada no nível teórico e capaz de satisfazer às condições da cientificidade*. Dessa forma, para estar em condições de descrever uma semiótica-objeto, é-se obrigado a construir uma metalinguagem* apropriada (que comporte modelos, procedimentos, etc.).

3. No plano epistemológico, opõe-se, frequentemente, construção e estrutura*: consideradas como imanentes, as estruturas solicitam procedimentos de reconhecimento* e de descrição*, ao passo que a construção é considerada como o fazer soberano e arbitrário do sujeito científico. Na realidade, tal polarização peca por excesso, já que os dois termos são aproximáveis um do outro, pelo fato de que se trata unicamente de focalizações* diferentes: no caso da construção, o fazer científico é considerado da perspectiva do enunciador*; no da descrição, do ponto de vista do enunciatário*. Uma problemática gnoseológica está aqui implicada, a qual trata do par indissociável sujeito cognoscente/objeto de conhecimento. No quadro da teoria semiótica, a descrição do objeto, que revela progressivamente a ordem imanente* das significações, confunde-se, em última instância, com a construção, operada pelo sujeito epistêmico coletivo, de uma linguagem chamada a explicá-lo: tanto num como no outro caso, trata-se do homem e do seu universo significante.

→ Imanência.

Conteúdo s. m.

FR. CONTENU; INGL. CONTENTS

1. O **conteúdo** corresponde, para Hjelmslev, a um dos dois planos* da linguagem (ou, mais amplamente, de qualquer semiótica) – sendo que o outro é o plano da expressão* –, cuja reunião (ou semiose*) permite explicar a existência dos enunciados* (frases ou discursos) "providos de sentido". O termo conteúdo é, assim, sinônimo do significado* global de Saussure, sendo que a diferença entre os dois

linguistas só aparece na maneira de conceber a forma* linguística: enquanto para Saussure esta se explica pela indissolúvel união entre o significante e o significado que assim se "enformam" mutuamente e pela reunião de duas substâncias*, que produzem uma forma linguística única, Hjelmslev distingue, para cada plano da linguagem, uma forma e uma substância autônomas: é a reunião das duas formas, a da expressão e a do conteúdo – e não mais de duas substâncias –, que constitui, a seu ver, a forma semiótica.

2. Essa diferença de pontos de vista comporta consequências consideráveis: se a semiologia* é para Saussure o estudo dos "sistemas de signos", é porque o plano dos signos* é para ele o lugar da manifestação da forma semiótica. Para Hjelmslev, ao contrário, o nível dos signos só deve ser analisado a fim de permitir a passagem para um além dos signos, para o domínio das figuras* (dos planos da expressão e do conteúdo): o plano da **forma do conteúdo** que assim se oferece à análise (comparável à das figuras da expressão, operada pela fonologia*) torna-se, desse modo, lugar de exercício da semântica* e torna-se o fundamento epistemológico da sua autonomia. A semiótica de inspiração hjelmsleviana não corresponde, portanto, à semiologia de Saussure: não é mais "sistema" (porque é ao mesmo tempo sistema* e processo*), nem "sistema de signos" (porque trata das unidades – categorias* sêmicas e fêmicas – menores do que os signos, e dependentes de um ou do outro plano da linguagem, mas não dos dois ao mesmo tempo, como no caso dos signos). Quanto ao plano do conteúdo tornado separadamente, a tradição saussuriana aí desenvolve seu estudo sob a forma de uma lexicologia*, ao passo que os sucessores de Hjelmslev puderam nela inscrever a semântica.

3. A **análise do conteúdo**, considerada uma técnica de inspiração sociológica ou psicossociológica, desenvolveu-se mais ou menos paralelamente às pesquisas linguísticas, mas sem uma verdadeira ligação com elas. O linguista só pode ficar chocado com o seu procedimento de base que consiste na aplicação ao texto (ou a um *corpus* de textos) de um crivo categorial apriorístico, que nem sequer obedece, o mais das vezes, a princípios de organização lógico-taxionômica. As tentativas da quantificação dos dados, tais como os cálculos de frequências próximos da estatística linguística ou os métodos de "associação avaliatória" (Osgood) que utilizam a análise fatorial, não fornecem senão resultados parciais de interpretação incerta. Sendo assim, a tendência atual, que visa a transformar progressivamente a análise do conteúdo em análise do discurso – quer permaneça ela restrita à do enunciado-discurso, quer faça intervir dados explicitáveis* da enunciação* –, deve ser encorajada.

→ **Expressão, Significado, Forma, Substância.**

Contexto s. m.
FR. Contexte; INGL. Context

1. Chama-se **contexto** o conjunto do texto* que precede e/ou acompanha a unidade sintagmática considerada e do qual depende a significação. O contexto pode ser explícito* ou **linguístico**, ou então implícito* e, nesse caso, qualificado de **extralinguístico** ou **situacional**. O contexto implícito pode ser explorado tendo em vista a interpretação* semântica, porque: *a)* se se trata de uma língua natural viva, produtora de um texto ilimitado, o contexto situacional pode sempre ser tornado explícito (Hjelmslev); *b)* os elementos implícitos do texto linguístico são suscetíveis de serem restabelecidos por homologação* desse texto com um texto não linguístico que dependa da semiótica do mundo* natural.

2. Em seu esquema da comunicação*, Jakobson apresenta o contexto como um dos fatores da atividade linguística e identifica-o com o referente (é a função* referencial da linguagem): considerado necessário à explicitação da mensagem, o contexto é, aí, quer verbal quer verbalizável.

3. Por **semas* contextuais** (ou classemas) entendem-se semas ou feixes sêmicos que são recorrentes* na unidade considerada e em seu contexto; os semas contextuais fazem então parte da composição de um semema* (que pode ser aproximado da "palavra em contexto").

→ **Referente, Mundo natural, Classema.**

Contingência s. f.
FR. Contingence; INGL. Contingency

Enquanto denominação, **contingência** designa a estrutura modal que, do ponto de vista da sua definição sintática, corresponde ao predicado modal *não dever,* que rege o enunciado de estado *ser.* Ela pressupõe, no quadrado* semiótico das modalidades aléticas*, a existência da necessidade* de que é a negação. Termo de lógica, contingência é semioticamente ambíguo, porque denomina também a estrutura modal de *poder não ser.*

→ **Aléticas (modalidades ~).**

CONTÍNUO s. m.

FR. CONTINU; INGL. CONTINUOUS

1. A categoria* **contínuo/descontínuo**, não definível, deve ser arrolada no inventário epistemológico* dos "primitivos". Em semiótica, toda grandeza* é considerada como contínua, antes da análise (cf. a "nebulosa" de Saussure), a qual é a única que permite a construção de unidades descontínuas ou discretas.

2. Em semiótica discursiva, a oposição *contínuo/descontínuo* apresenta-se como uma categoria aspectual, que articula o aspecto durativo* em *durativo contínuo/ durativo descontínuo*.

→ **Descontínuo, Discreto, Unidade, Aspectualização.**

CONTRADIÇÃO s. f.

FR. CONTRADICTION; INGL. CONTRADICTION

A relação de **contradição** é a relação* que existe entre dois termos* da categoria* binária *asserção/negação*. Dado que as denominações "relações", "termo", "asserção" e "negação" remetem a conceitos* não definidos e não definíveis, a definição proposta está situada no nível mais profundo e mais abstrato da articulação semiótica.

2. A contradição é a relação que se estabelece, após o ato cognitivo da negação*, entre dois termos, de que o primeiro, posto antecipadamente, é tornado ausente* por essa operação, ao passo que o segundo se torna presente*. Trata-se, portanto, no nível dos conteúdos* postos, de uma relação de pressuposição*, já que a presença de um termo pressupõe a ausência do outro e vice-versa.

3. Enquanto uma das relações constitutivas da categoria semântica, a contradição define os dois esquemas* ($s_1 - \overline{s}_1$, $s_2 - \overline{s}_2$) do quadrado semiótico. Os termos de um esquema são chamados contraditórios um do outro.

→ **Quadrado semiótico.**

Contrariedade s. f.

FR. Contrariété; INGL. Contrariety

1. **Contrariedade** é a relação* de pressuposição* recíproca que existe entre os dois termos* de um eixo* semântico, quando a presença* de um deles pressupõe a do outro e, vice-versa, quando a ausência de um pressupõe a do outro.

2. Contrariedade é a relação constitutiva da categoria* semântica: os dois termos de um eixo semântico só podem ser chamados **contrários** se, e somente se, o termo contraditório de cada um deles implica o contrário do outro. O eixo semântico é então chamado eixo dos contrários.

→ Quadrado semiótico, Pressuposição.

Contraste s. m.

FR. Contraste; INGL. Contrast

Certos linguistas empregam o termo **contraste** para designar a relação* do tipo "e... e" contraída, no eixo sintagmático, pelas unidades da mesma ordem, compatíveis entre si. O eixo sintagmático é então chamado **eixo dos contrastes**, para distingui-lo do eixo paradigmático, ou eixo das oposições*. Essas denominações podem ser homologadas com eixo das combinações/eixo das seleções* (Jakobson) ou com o par função combinatória/função distintiva*. Deve-se notar que a relação de contraste (chamada por Hjelmslev "relação") é unicamente discriminatória* e nada antecipa quanto ao tipo de relação particular (solidariedade*, seleção ou combinação, por exemplo, em Hjelmslev) que as unidades mantêm entre si.

→ Combinatória, Combinação, Sintagmático.

Contrato s. m.

FR. Contrat; INGL. Contract

1. Num sentido muito geral, pode-se entender por **contrato** o fato de estabelecer, de "contrair" uma relação intersubjetiva que tem por efeito modificar o estatuto (o ser e/ou o parecer) de cada um dos sujeitos em presença. Sem que se possa dar uma definição rigorosa dessa noção intuitiva, trata-se de propor o termo

contrato, a fim de determinar progressivamente as condições mínimas, nas quais se efetua a "tomada de contato" de um sujeito para com o outro, condições que poderão ser consideradas pressupostos do estabelecimento da estrutura da comunicação* semiótica. Convém de fato reconhecer, sob a capa de contrato, essa "comunicação fática*" que constitui a preliminar subtendida a toda comunicação e que parece feita ao mesmo tempo de uma tensão (expectativa* benevolente ou desconfiada) e de uma distensão (que é como que a sua resposta). O fato é que o estabelecimento da estrutura intersubjetiva é, por um lado, uma abertura sobre o futuro e sobre as possibilidades da ação e, por outro, uma coerção* que limita de certa forma a liberdade de cada um dos sujeitos. Propomos que se designe com o nome de contrato implícito esse conjunto de preliminares que fundamentam a estrutura intersubjetiva.

2. Não parece oportuno, do ponto de vista semiótico, tomar posição relativamente às duas atitudes ideológicas opostas que consideram a vida social, uma como feita de confrontos e de lutas, a outra como fundada na "caridade" e nas convenções "benevolentes". A abordagem estrutural exige, ao contrário, que sejam levados em consideração tanto o termo positivo quanto o negativo de uma categoria* e, portanto, que as estruturas polêmicas* (dados primeiros ou resultantes de rupturas) sejam tratadas como constitutivas do polo oposto das estruturas contratuais *(stricto sensu)*, sendo, aliás, que os dois tipos fazem parte de uma mesma organização contratual da intersubjetividade.

3. À primeira vista, podem-se distinguir duas espécies de contrato: o contrato é chamado **unilateral** quando um dos sujeitos emite uma "proposta" e o outro assume um "compromisso" em relação a ela; será **bilateral** ou **recíproco** quando as "propostas" e os "compromissos" se cruzam. Tal definição, tomada aos dicionários usuais, mostra, no entanto, o caráter modal* da estrutura contratual: a "proposta" pode ser interpretada como o *querer* do sujeito S_1 que o sujeito S_2 faça (ou seja) alguma coisa; o "compromisso", por seu lado, nada mais é do que o *querer* ou *dever* de S_2 assumindo o fazer sugerido. Nessa perspectiva, o contrato aparece como uma organização de atividades cognitivas recíprocas que provocam a transformação da competência* modal dos sujeitos em presença.

4. As reflexões anteriores podem parecer inspiradas por preocupações filosóficas ou sociológicas. Nada mais falso: elas repousam unicamente e em primeiro lugar em análises concretas – cada vez mais numerosas – de discursos e, mais particularmente, de discursos narrativos, em que são abundantes descrições de estruturas contratuais, que constituem para o semioticista a fonte principal de uma tipologia eventual das estruturas contratuais. É assim, por

exemplo, que o esquema narrativo* canônico, derivado das descrições de V. Propp, se apresenta, em um dos seus aspectos, como a projeção sintagmática da estrutura contratual: o contrato estabelecido desde o início entre o Destinador* e o Destinatário-sujeito rege o conjunto narrativo, aparecendo a sequência da narrativa como sua execução* pelas duas partes contratantes: o percurso do sujeito, que constitui a contribuição do Destinatário, é seguido da sanção*, ao mesmo tempo pragmática* (retribuição*) e cognitiva* (reconhecimento*), pelo Destinador. Vê-se que essa organização sintagmática, com fundamento na articulação do contrato, pode dar lugar a um desdobramento de unidades contratuais, tais como o estabelecimento, a ruptura, o restabelecimento e a execução do contrato.

5. O conceito de contrato deve ser aproximado do de **troca***, cuja elaboração teórica é obra de M. Mauss. O contrato aparece à primeira vista, nesse caso, como uma troca diferida, sendo a distância que separa sua conclusão de sua execução preenchida por uma tensão que é ao mesmo tempo uma espécie de crédito e de débito, de confiança e de obrigação. Mas se se olha mais de perto, percebe-se que uma simples operação de troca de dois objetos-valor não é apenas uma atividade pragmática, mas se situa, no essencial, na dimensão cognitiva*: para que a troca possa se efetuar, é preciso que as duas partes sejam asseguradas do "valor" do valor do objeto a ser recebido em contrapartida, por outras palavras, que um **contrato fiduciário*** (muitas vezes precedido de um fazer persuasivo* e de um fazer interpretativo* dos dois sujeitos) seja estabelecido previamente à operação pragmática propriamente dita.

6. Tal contrato fiduciário pode ser chamado **enuncivo** na medida em que ele se inscreve no interior do discurso-enunciado e diz respeito a valores* pragmáticos. Ele se manifesta, entretanto, também no nível da estrutura da enunciação* e apresenta-se então como um **contrato enunciativo** (termo proposto por F. Nef), ou como **contrato de veridicção***, já que visa estabelecer uma convenção fiduciária entre o enunciador" e o enunciatário, referindo-se ao estatuto veridictório (ao dizer-verdadeiro) do discurso enunciado. O contrato fiduciário, que assim se instaura, pode repousar numa evidência* (isto é, numa certeza* imediata) ou então ser precedido de um fazer persuasivo* (de um fazer-crer) do enunciador, ao qual corresponde um fazer interpretativo* (um crer) da parte do enunciatário.

→ **Coerção, Troca, Veridicção, Narrativo (esquema ~).**

Conversão s. f.

FR. Conversion; INGL. Conversion

1. L. Hjelmslev emprega o termo **conversão** para designar um conjunto de procedimentos que correspondem, "*avant la lettre*" e guardadas as proporções, ao conceito de transformação* em gramática gerativa*. O linguista dinamarquês recorreu ao termo para explicar o fato de que a língua – ou melhor, um estado* de língua – não é ou, pelo menos, não é somente, uma estrutura estática, mas comporta também um aspecto dinâmico, "transformações" que, situadas no interior de um estado não poderiam ser confundidas com as transformações propriamente diacrônicas* que perturbam o estado de língua no seu conjunto. A metáfora que ele apresenta à guisa de ilustração é a seguinte: os dinamarqueses, chamados a prestarem o serviço militar, se bem que se "transformem" em militares, não deixam, por isso, de ser dinamarqueses.

2. Por nossa vez, empregamos o termo conversão no sentido hjelmsleviano, mas aplicando-o à dimensão sintagmática e discursiva da semiótica: esse conceito está, então, intimamente ligado ao discurso*, apreendido e definido como uma superposição de níveis* em profundidade. De fato, essa maneira de encarar o discurso, que permite elaborar descrições autônomas – sobre os planos sintático e semântico – de cada um dos níveis de profundidade, corresponde às diferentes instâncias previstas no percurso gerativo* e não deixa de levantar o problema da passagem de um nível a outro e dos procedimentos a serem elaborados a fim de explicar essas conversões. Vê-se que o caminho por nós adotado é o inverso do da gramática gerativa, que elabora inicialmente regras de transformação* mais ou menos refinadas e encontra a seguir algumas dificuldades para definir a natureza e o número de níveis de profundidade, sem saber lá muito bem, por exemplo, onde "enganchar" a interpretação* semântica. Ora, as regras de conversão só podem ser concebidas sobre um fundo de equivalência*, admitindo-se que duas ou mais formas sintáticas (ou duas ou mais formulações semânticas) podem ser remetidas a um tópico constante. É de notar-se, aliás, que equivalência não é identidade*: é preciso reconhecer que a geração da significação, ao introduzir novas articulações a cada etapa de seu percurso, acarreta ao mesmo tempo um "enriquecimento" ou um "aumento" do sentido, se é verdade que a significação nada mais é do que articulação. Toda conversão deve ser considerada, por conseguinte, ao mesmo tempo como uma equivalência e como um aumento de significação.

3. O reconhecimento dos procedimentos de conversão e o estabelecimento das regras que os formulariam estão apenas começando, já que as pesquisas se orientaram

até agora essencialmente para a descoberta dos princípios e das formas da organização discursiva. Já dá para ver, todavia, de que modo, por exemplo, as operações que incidem nos termos* relacionais, situados a base da sintaxe* fundamental, podem ser convertidas, ao passar para a sintaxe narrativa, em enunciados de fazer* que regem os enunciados de estado* (em que as transformações modificam as junções*: disjunções em conjunções, e vice-versa). Por outro lado, no interior do componente semântico, percebe-se também que os termos das categorias semânticas se convertem em valores* investidos nos objetos sintáticos, e que estes – lugares semanticamente vazios – podem ser convertidos em figuras* e em ícones* do mundo. A elaboração das regras de conversão constituirá, percebe-se, um dos testes fundamentais da coerência da teoria semiótica.

→ Transformação, Equivalência, Gerativo (percurso ~), Antropomorfa (sintaxe ~).

COOCORRÊNCIA s. f.

FR. COOCCURRENCE; INGL. CO-OCCURRENCE

Próximo de contraste*, o termo **coocorrência** designa a presença de pelo menos duas grandezas* semióticas, compatíveis entre si, no eixo* sintagmático: esse conceito, relativamente vago, na medida em que não precisa a natureza da relação* entre os termos coocorrentes, encontra-se na própria base da análise distribucional*, porque lhe permite determinar as ambiências ou contextos dos elementos registrados.

CORREFERÊNCIA s. f.

FR. CORÉFÉRENCE; INGL. CO-REFERENCE

1. **Correferência** é a relação que dois signos linguísticos (idênticos ou diferentes) mantêm entre si, quando, situados em dois lugares (contíguos ou distanciados) da cadeia* falada, remetem a um mesmo objeto extralinguístico. Essa definição, vê-se, está ligada a uma concepção do referente, segundo a qual o linguístico seria a simples etiquetagem do mundo natural.

2. Na medida em que se dissocia a língua* natural da semiótica do mundo* natural (ainda, é claro, que com o risco de suscitar o problema da intersemioticidade,

no qual o referente nada mais é do que uma questão de correlação entre dois sistemas semióticos), a correferência enquanto tal se apaga para dar lugar à **anáfora**. Assim, por exemplo, a relação pronome/antecedente reduz-se a uma anáfora sintática: se esse tipo de anáfora pode ser facilmente interpretado em gramática gerativa*, o mesmo não ocorre no caso da anáfora semântica (quando, por exemplo, em que uma denominação* retoma uma definição anterior) em que nenhum índice sintático formal existe para justificar a relação de identidade parcial entre dois termos; de modo genérico, aliás, os procedimentos de anaforização que permitem a garantia da isotopia* discursiva (as relações interfrasais) são dificilmente integráveis, por definição, em uma linguística frasal*.

➔ **Referente, Anáfora.**

CORPUS s. m.

FR. CORPUS; INGL. CORPUS

1. Na tradição da linguística descritiva*, entende-se por *corpus* um conjunto de enunciados*, constituído com vistas à análise*, a qual, uma vez efetuada, é tida como capaz de explicá-lo de maneira exaustiva e adequada.

2. A elaboração do conceito de *corpus* representa uma tentativa de definir, de maneira rigorosa, uma língua* natural enquanto objeto de conhecimento: a exigência de exaustividade* (regra da constituição da coleção e instrução para o analista) e a de adequação* (condição da "verdade" da análise efetuada) são convocadas para garantir a cientificidade da descrição* (a qual opera com línguas mortas ou com línguas sem escrita, em que as informações são difíceis ou impossíveis de se verificarem ou de se completarem). Essa tentativa peca por seus pressupostos positivistas, reconhecíveis na sua maneira de determinar a relação entre o sujeito cognoscente e o objeto a ser conhecido: o *corpus* é aí encarado como "objetivo", como uma coisa em si, a qual comporta suas próprias leis, ao passo que a epistemologia atual concede pelo menos igual importância ao sujeito na construção do seu objeto.

3. É nesse pano de fundo epistemológico e levando em conta as condições históricas (deslocamento do interesse da linguística para as línguas vivas) que se instaurou não há muito a campanha *anticorpus* conduzida pelos chomskyanos. Insistindo no caráter construtor do fazer científico, a gramática gerativa*, que se diz projetiva, propôs-se inverter, pelo menos em aparência, a caminhada, pretendendo elaborar, a partir de um pequeno número de fatos, um conjunto de regras* que pudesse ser projetado num conjunto mais vasto de enunciados (realizados ou potenciais).

Tal abordagem, que concede a prioridade à metalinguagem* sobre a língua objeto, corresponde às tendências gerais da ciência na hora atual. Nada impede que "um pequeno número de fatos" que permite a construção do modelo* seja nem mais nem menos que um *corpus* representativo limitado, constituído de maneira mais ou menos intuitiva, nem que os critérios de gramaticalidade* e de aceitabilidade* – que controlam a projeção das regras – não pareçam mais seguros que as da exaustividade e da adequação que se supõe substituam. É a avaliação epistemológica das duas atitudes, consideradas globalmente, que está realmente em jogo, e não uma querela bastante insignificante sobre palavras: a respeito do *corpus*, não existe contradição de princípio entre a abordagem descritiva e a gerativa, como acentua J. Lyons.

4. O problema do *corpus* se põe de maneira diferente quando se trata não mais de coleções de frases, mas de discursos, ou quando o projeto do linguista não é apenas sintático, mas também semântico. O *corpus,* enquanto conceito operatório*, retoma aí seus direitos para ser utilizado no sentido "gerativista" implícito: poderse-á, então, falar de **corpus** sintagmáticos (conjunto de textos de um autor) ou de **corpus** paradigmáticos (conjunto de variantes de um conto), sempre levando em conta o fato de que eles nunca são fechados nem exaustivos, mas representativos apenas e de que os modelos com cuja ajuda se procurará explicá-los serão hipotéticos, projetivos e preditivos.

5. A análise semântica*, pelo que concerne ao *corpus*, está, por assim dizer, numa situação paradoxal: enquanto a escolha de um *corpus* limitado, aberto e representativo, baseia-se para a gramática gerativa num *parti pris* teórico, para a análise semântica ela se apresenta como uma necessidade: quer se trate de estudar um campo* semântico, quer um discurso dado, o *corpus* que serve de ponto de partida à análise é sempre provisório, já que o modelo construído só raramente é coextensivo ao *corpus* inicial, e os objetos linguísticos subsumidos pelo modelo se acham em parte disseminados fora dos limites do *corpus*.

6. Talvez não seja impossível elaborar certo número de regras táticas para uma "boa escolha" do *corpus*: tentamos, em outro lugar, circunscrever melhor o conceito de **representatividade**, focalizando dois meios para chegar a isso: a representatividade do *corpus* pode ser obtida quer por amostragem estatística, quer por saturação do modelo; nesse último caso, o modelo construído a partir de um segmento intuitivamente escolhido e aplicado ulteriormente, para confirmação, complemento ou rejeição, a outros segmentos, até o esgotamento da informação (procedimento que se pode aproximar, vê-se, da projeção das regras).

→ Geração, Léxico, Verificação.

Correlação s. f.

FR. Corrélation; INGL. Correlation

1. L. Hjelmslev reserva o nome de **correlação** para a relação "ou... ou" que existe entre os membros de um paradigma*, por oposição à relação* (ou relação "e... e") reservada para a cadeia sintagmática*, sendo função* o termo genérico que as subsume.

2. Tendo o uso mantido o sentido muito geral do termo relação, a palavra correlação designa o mais das vezes em semiótica a relação entre relações, podendo estas últimas ser constitutivas quer de paradigmas, quer de sintagmas.

➔ Relação.

Cosmológico adj.

FR. Cosmologique; INGL. Cosmological

1. A divisão do conjunto das categorias* sêmicas que articulam o universo* semântico em dois subconjuntos – o das categorias exteroceptivas* e o das categorias interoceptivas* – obriga-nos a considerar a própria categoria classificatória (a de *exteroceptividade/interoceptividade)* como uma categoria classemática*, suscetível de estabelecer uma distinção entre duas classes de discursos* (ou entre duas isotopias* de leitura de um mesmo discurso). Mas para isso seria preciso encontrar uma terminologia cujas denominações*, por arbitrárias que fossem, não atrapalhassem, por seu caráter alusivo, a prática semiótica. Retomando-se a tradição de Ampère e de Cournot, propôs-se considerar como **cosmológico** o discurso ou a dimensão discursiva que são sustentados na sua totalidade pelo classema *exteroceptividade*, opondo-o ao discurso ou à dimensão noológicos*, dotados do classema *interoceptividade*: é esse um meio de distinguir os discursos sobre o "mundo" dos discursos sobre o "espírito".

2. Essa oposição não deixou de cruzar com uma outra dicotomia, proveniente da reflexão sobre o estatuto dos discursos míticos em que foi possível reconhecer, sob a dimensão prática* do discurso que conta os acontecimentos e as ações dos homens, uma dimensão mítica* mais profunda, que trata, sob suas aparências figurativas*, de problemas abstratos*, envolvendo a sorte do homem e da cultura no interior da qual ele vive.

3. A homologação dessas duas dicotomias causou dificuldade, e foi preciso esperar novos progressos da semiótica discursiva para ver claro. Atualmente, parece que a principal razão da confusão estava na não distinção entre duas problemáticas

diferentes. A primeira concerne ao reconhecimento dos níveis* de profundidade no percurso gerativo* do discurso: o componente discursivo figurativo* corresponde, *grosso modo*, à dimensão prática previamente reconhecida, mas só retém uma parte dos discursos cosmológicos (que podem ser figurativos, mas também temáticos* e abstratos, quando se trata, por exemplo, dos discursos proferidos em ciências humanas). Totalmente diversa é a distinção entre a dimensão pragmática* e a cognitiva*, consideradas como níveis distintos e hierarquicamente ordenados, nos quais se situam as ações e os acontecimentos descritos pelos discursos.

4. O qualificativo **cosmológico** traduz-se, por conseguinte, ora por figurativo, ora por pragmático.

→ **Exteroceptividade, Figurativo, Pragmático.**

CRER s. m.

FR. CROIRE; INGL. BELIEVING

1. Enquanto adesão do sujeito* ao enunciado de um estado*, o **crer** apresenta-se como um ato cognitivo, sobredeterminado pela categoria* modal da certeza*. Essa categoria é suscetível de receber, na literatura lógica e semiótica atual, uma dupla interpretação: é considerada ora como uma categoria alética* (caso em que o crer, enquanto sinonônimo de "possibilidade", identifica-se com seu termo *não dever-ser*), ora como uma categoria epistêmica* autônoma com seu termo *certeza*. Partindo da distinção entre o esquema* *possível/impossível*, constitutivo de uma oposição categórica que exclui um terceiro, e o esquema *provável/improvável,* que admite uma gradação, propomos que se considere o crer como a denominação, em língua natural, da categoria epistêmica.

2. No eixo da comunicação* (real ou "imaginária", quando depende de um discurso interiorizado), o "crer" opõe-se ao "fazer crer" (ou persuasão) e corresponde, por conseguinte, a instância do enunciatário que exerce seu fazer interpretativo*, ao passo que o "fazer crer" é obra do enunciador* encarregado do fazer persuasivo*. Sem que se possa com isso pretender na hora atual definir o crer de maneira satisfatória, sua inclusão no quadro do fazer interpretativo, enquanto ponto de chegada e sanção final deste, já permite ver-lhe um pouco melhor a problemática. De fato, o crer não é somente o fundamento da fé religiosa, mas constitui também e entre outras coisas – certas análises recentes o mostram muito bem – a instância crucial do discurso científico; numa visão mais ampla, o fazer crer, o qual, enquanto fazer persuasivo, não pode ser tratado independentemente do crer, constitui uma das

formas principais da manipulação*. Sendo assim, a questão do crer aparece como um dos temas da pesquisa semiótica dos anos a virem.

→ **Epistêmicas (modalidades ~).**

CRIATIVIDADE s. f.

FR. CRÉATIVITÉ; INGL. CREATIVITY

1. **Criatividade** é uma noção de psicologia que N. Chomsky introduziu na linguística, dando-lhe uma definição precisa: faculdade de produzir e compreender frases* novas devido ao caráter recursivo* das construções sintáticas. A criatividade, assim compreendida, deve ser considerada uma propriedade da competência do sujeito falante. O caráter operatório* desse conceito é evidentemente fraco ou nulo: dado que as possibilidades combinatórias* de uma língua natural são praticamente infinitas, isso equivale mais ou menos a dizer que o "espírito humano" é criativo. Em contrapartida, a introdução desse único termo em linguística já produz estragos em semiologia, caracterizando todas as espécies de excessos psicologizantes. E bem mais a partir das incompatibilidades entre categorias* e entre estruturas*, a partir das coerções* impostas pelas epistemes* de natureza social, que seria possível aproximar-nos pouco a pouco de uma definição da originalidade*.

2. A criatividade poderia ser igualmente concebida como resultado da interação entre a língua (social) e a fala* (individual): as variações individuais (fonológicas, sintáticas, semânticas), acumuladas e difundidas, parecem poder esclarecer modificações no nível da língua; as variações que dependem da *performance** explicariam, assim, as transformações* diacrônicas da competência.

→ **Originalidade, Idioleto, Competência.**

CRONÔNIMO s. m.

FR. CHRONONYME; INGL. CHRONONYM (NEOL.)

Ao lado de topônimo* e de antropônimo*, alguns semioticistas (G. Combet) propõem introduzir o termo **cronônimo** para designar durações denominadas (como "jornada", "primavera", "passeio", etc.): esse termo pode substituir com vantagem período. Juntamente com os antropônimos e os topônimos, os cronônimos servem para estabelecer uma ancoragem* histórica com vistas a constituir o simulacro de um referente externo e a produzir o efeito de sentido "realidade".

→ **Figurativização, Referente.**

CULTURA s. f.
FR. CULTURE; INGL. CULTURE

1. Do ponto de vista semiótico, o conceito de **cultura** pode ser considerado coextensivo ao de universo* semântico*, relativo a uma comunidade sociossemiótica dada. O projeto de uma **semiótica da cultura** (o de J. Lotman, por exemplo) precisa, por conseguinte, convocar o universo semântico – em particular seus dois componentes macrossemióticos* que são a língua* natural e o mundo* natural – e tratá-lo como uma semiótica-objeto com vistas à construção de uma metassemiótica chamada "cultura". Semelhante tarefa parece exorbitante porque corresponderia à descrição do conjunto das axiologias, das ideologias e das práticas sociais significantes. Desse modo, limitam-se o mais das vezes os estudiosos a essas construções ao mesmo tempo mais modestas – quantitativamente – e mais ambiciosas – qualitativamente – que são as descrições de epistemes* considerados ora como hierarquias de sistemas semióticos, ora como metassemióticas* conotativas.

2. O conceito de cultura é, ao mesmo tempo, relativo e universal. Se se entende o mais das vezes por cultura a de uma comunidade linguística autônoma, nem por isso deixam de existir **áreas culturais** que transcendem as fronteiras linguísticas, tal como uma **cultura humana** planetária, caracterizada por práticas científicas, tecnológicas e até mesmo, em parte, por ideologias comuns. Uma distinção entre as microssociedades (ou sociedades arcaicas) e as macrossociedades (desenvolvidas) serve de base a duas abordagens diferentes, etnossemiótica* de um lado, sociossemiótica, do outro.

3. A antropologia lévi-straussiana introduziu e generalizou o uso da dicotomia *natureza/cultura* (que deixa pouca oportunidade à oposição soviética mais recente – *cultura/barbárie* –, a qual, formulada por Lotman, parece mais específica) que deve ser utilizada com precaução. É evidente que a própria categoria é semântica e cultural porque se introduz imediatamente neste ou naquele contexto cultural: a natureza nesse sentido não é a natureza em si, mas aquilo que no interior de uma cultura é considerado como de âmbito da natureza, por oposição ao que é percebido como cultura: trata-se, portanto, por assim dizer, de uma natureza culturalizada. Por outro lado, a categoria *natureza/cultura* deve ser considerada como uma categoria

conceitual metalinguística, que depende da teoria antropológica (e deve ser avaliada no seu conjunto), e que, como tal, possui um valor operatório* que permite introduzir as primeiras articulações na exploração de uma dada cultura.

4. É nesse sentido que adotamos a dicotomia lévi-straussiana, considerando de maneira apriorística a oposição *natureza/cultura* como o primeiro investimento elementar do universo semântico social (paralelamente à categoria *vida/morte* que caracteriza o universo individual), e, por isso, suscetível de servir como universal* que se pode postular ao empreender a análise de qualquer microuniverso* desse gênero.

→ **Universo semântico, Sociossemiótica.**

DEBREAGEM s. f.
FR. DÉBRAYAGE; INGL. SHIFTING OUT

A.

Pode-se tentar definir **debreagem** como a operação pela qual a instância da enunciação* disjunge e projeta fora de si, no ato* de linguagem e com vistas à manifestação*, certos termos ligados à sua estrutura de base, para assim constituir os elementos que servem de fundação ao enunciado-discurso*. Se se concebe, por exemplo, a instância da enunciação como um sincretismo* de "eu-aqui-agora", a debreagem, enquanto um dos aspectos constitutivos do ato de linguagem original, inaugura o enunciado, articulando ao mesmo tempo, por contrapartida, mas de maneira implícita, a própria instância da enunciação. O ato de linguagem aparece, assim, por um lado, como uma fenda criadora do sujeito, do lugar e do tempo da enunciação e, por outro, da representação actancial, espacial e temporal do enunciado. De um outro ponto de vista, que faria prevalecer a natureza sistemática e social da linguagem, dir-se-á igualmente que a enunciação, enquanto mecanismo de mediação entre a língua* e o discurso*, explora as categorias paradigmáticas da pessoa, do espaço e do tempo, com vista à constituição do discurso explícito. A **debreagem actancial** consistirá, então, num primeiro momento, em disjungir do sujeito da enunciação e em projetar no enunciado um *não eu*; a **debreagem temporal**, em postular um *não agora* distinto do tempo da enunciação; a **debreagem espacial**, em opor ao lugar da enunciação um *não aqui*.

B. Debreagem actancial

1. Para poder fornecer uma representação* do mecanismo da debreagem, é preciso primeiro insistir no fato de que o sujeito da enunciação, responsável pela produção do enunciado, fica sempre implícito e pressuposto, de que ele nunca é manifestado no interior do discurso enunciado (nenhum "eu" encontrado no discurso pode ser considerado sujeito da enunciação propriamente dita nem

|111|

identificado com ele: de nada mais se trata nesse caso do que de um simulacro da enunciação, isto é, de uma enunciação* enunciada ou relatada).

2. A categoria da pessoa, que se encontra na base do mecanismo da debreagem actancial, pode ser grosseiramente articulada, segundo Benveniste, em *pessoa/não pessoa*. Ao primeiro termo correspondem em português os morfemas pessoais "eu" e "tu", que servem como denominações, nessa língua natural, aos dois actantes* da enunciação (enunciador* e enunciatário), se se leva em conta que a enunciação é uma estrutura intersubjetiva. Ao termo *não pessoa* correspondem os actantes do enunciado.

3. Partindo do sujeito da enunciação, implícito, mas produtor do enunciado, pode-se, pois, projetar (no momento do ato de linguagem ou do seu simulacro no interior do discurso), instalando-os no discurso, quer actantes da enunciação, quer actantes do enunciado. No primeiro caso, opera-se uma **debreagem enunciativa**, no segundo, uma **debreagem enunciva**. Conforme o tipo de debreagem utilizado, distinguir-se-ão duas formas discursivas, ou mesmo dois grandes tipos de unidades* discursivas: no primeiro caso, tratar-se-á das formas da enunciação enunciada (ou relatada): é o caso das narrativas em "eu", mas também das sequências dialogadas*; no segundo, das formas do enunciado enunciado (ou objetivado), que é o que ocorre nas narrações que têm sujeitos quaisquer, nos discursos chamados objetivos, etc.

4. O reconhecimento desses simulacros, que são os enunciadores instalados no discurso, permite compreender o funcionamento das **debreagens internas** (de 2º ou 3º grau), frequentes nos discursos figurativos de caráter literário: a partir de uma estrutura de diálogo, um dos interlocutores* pode facilmente "debrear", desenvolvendo uma narrativa que instalará por sua vez, a partir de um actante do enunciado, um segundo diálogo, e assim por diante. Vê-se que o procedimento de debreagem, utilizado pelo enunciador como componente de sua estratégia*, permite explicar a articulação do discurso figurativo em unidades discursivas (de superfí-cie), tais como "narrativa", "diálogo", etc. Notar-se-á aqui que cada debreagem interna produz um efeito de referencialização*: um discurso de 2º grau, instalado no interior da narrativa, dá a impressão de que essa narrativa constitui a "situação real" do diálogo, e, vice-versa, uma narrativa, desenvolvida a partir de um diálogo inserido no discurso, referencializa esse diálogo.

5. Um pequeno problema de terminologia se põe a propósito da enunciação enunciada, instalada no discurso. Na medida em que são simulacros do enunciador e do enunciatário – preocupados com a participação na comunicação intersubjetiva que é o conjunto do discurso (quer seja "eu" ou "você", o "autor" ou o "leitor" nomeados no enunciado) – que estão aí instalados, chamá-los-emos respectivamente narrador* e

narratário. Em contrapartida, quando se trata da estrutura de interlocução de segundo grau (no diálogo*), falar-se-á antes de interlocutor* e de interlocutário.

6. Problema comparável se põe a propósito dos actantes do enunciado (ou actantes da narração propriamente ditos). O desenvolvimento da semiótica narrativa obrigou-nos a reconhecer a existência de duas dimensões* autônomas da narração: a dimensão pragmática* e a dimensão cognitiva*; ei-nos ao mesmo tempo convidados a distinguir duas espécies de actantes-sujeitos. Ao lado dos sujeitos* pragmáticos, encontram-se no discurso sujeitos cognitivos, ora produtores, ora intérpretes das significações, e que aparecem quer em sincretismo com os sujeitos pragmáticos, quer sob a forma de atores autônomos (é o caso do informador*, por exemplo), quer enfim reconhecíveis apenas como posições implícitas (é o caso do actante observador* cujo papel tem sido subestimado até aqui): a **debreagem cognitiva*** permite assim instaurar uma distância entre a posição cognitiva do enunciador e as que pertencem quer aos actantes da narração, quer aos do narrador.

7. O conceito de debreagem deve sua existência tanto a Benveniste quanto a Jakobson, cujo "shifter" foi traduzido em francês por N. Ruwet como "embrayeur". O termo "débrayeur" (debreador) parece-nos mais adaptado à abordagem gerativa que vai da enunciação ao enunciado, tanto mais que a dicotomização do conceito jakobsoniano nos parece necessária: opondo à debreagem o termo embreagem* (que designa o retorno das formas já debreadas ao enunciador), lança-se um pouco mais de clareza nesse mecanismo a um tempo elementar e fortemente complexo.

C. Debreagem temporal

1. Paralelamente à debreagem actancial, pode-se conceber a debreagem temporal como um processo de projeção, no momento do ato de linguagem, fora da instância da enunciação do termo *não agora*, e que tem por efeito instituir de um lado, por pressuposição, o tempo *agora* da enunciação e, do outro, permitir a construção de um tempo "objetivo" a partir da posição que se pode chamar *tempo de então*. Considerando o *tempo de então* como tempo zero, e aplicando, a partir disso, a categoria topológica,

concomitância/não concomitância

anterioridade/posterioridade

é possível construir um modelo simples do tempo enuncivo que, enquanto sistema de referência, permitirá localizar os diferentes programas* narrativos do discurso.

2. Na medida em que a instância da enunciação, tomada no seu conjunto, é suscetível de ser enunciada e de constituir, à maneira de um simulacro, a estrutura enunciativa do

discurso, o *tempo de agora,* tomado separadamente, pode ser debreado e inscrito no discurso como tempo enunciativo relatado. O *tempo de agora,* assim enunciado, articula-se por sua vez de acordo com a mesma categoria topológica e constitui, no interior do discurso, um segundo sistema de referência temporal. A utilização desses dois sistemas de referência é um dos fatores da segmentação do discurso em unidades-sequências.

3. Por um procedimento inverso, as temporalidades enuncivas e enunciativas debreadas poderão, em seguida, ser embreadas a fim de produzir a ilusão de sua identificação com a instância de enunciações: trata-se, então, da debreagem* temporal.

D. Debreagem espacial

1. Exatamente como a debreagem actancial ou temporal, a debreagem espacial apresenta-se como um procedimento que tem por efeito expulsar da instância da enunciação o termo *não aqui* da categoria espacial e lançar, assim, ao mesmo tempo, os fundamentos tanto do espaço "objetivo" do enunciado (o espaço *de alhures)* quanto o espaço original – que só é reconhecível como pressuposição tópica – da enunciação. Se se considera o espaço *de alhures* como um espaço enuncivo, vê-se que a projeção do termo *aqui,* que simula o lugar da enunciação, é igualmente possível, e que a partir dessa posição pode ser constituído um espaço de *aqui,* de ordem enunciativa.

2. Uma categoria topológica que articule a espacialidade é necessária para instituir, a partir desses dois pontos de referência que são o *alhures* e o *aqui,* dois sistemas de referência espaciais, capazes de estabelecer duas redes de posições às quais poderiam ser relacionados os diferentes programas narrativos do discurso espacializado. Tal categoria topológica pode ser concebida, num primeiro momento, como uma articulação tridimensional do espaço que comporta os eixos da horizontalidade, da verticalidade e da prospectividade, cujo ponto de encontro seria representado pela posição espacial zero. É, todavia, evidente que essa categoria da dimensionalidade*, que antecipamos, não é suficiente e que existem outras, relativas aos volumes (do tipo *englobante/englobado)* ou às superfícies (*circundante/circundado*), por exemplo, que entram igualmente em jogo. Num momento em que se fala muito em linguagem espacial, é de se lamentar que os lógicos não se tenham ainda ocupado, ao que saibamos, da construção de lógicas espaciais.

3. Se se leva em conta que a instância da enunciação pode ser instalada no enunciado sob forma de simulacro, o espaço de aqui, tomado separadamente, é suscetível de ser debreado e de inscrever-se no discurso como espaço enunciativo relatado: ele poderia, então, ser articulado à vista da categoria topológica escolhida, dando lugar, assim, a um sistema segundo de referência para a localização dos programas narrativos.

➔ **Embreagem, Enunciação, Discurso, Temporalização, Espacialização, Localização espaçotemporal.**

DECEPÇÃO s. f.

FR. DÉCEPTION; INGL. DECEPTION

1. A **decepção** – ou logro – é uma figura* discursiva que, situada na dimensão cognitiva*, corresponde a uma operação* lógica de negação no eixo dos contraditórios* *parecer/não parecer* do quadrado* semiótico das modalidades veridictórias. Partindo do falso* (definido como conjunção do *não ser* com o *não parecer)*, a negação do termo *não parecer* tem por efeito produzir o estado de mentira*. Quando essa operação, efetuada pelo deceptor*, é seguida de uma *performance*, a unidade sintagmática assim constituída é chamada **prova deceptiva**. A decepção é, portanto, diametralmente oposta à camuflagem*, a qual, a partir do verdadeiro* e negando o *parecer*, produz o estado de segredo*: seguida de uma *performance*, a camuflagem constitui com ela uma unidade sintagmática denominada prova simulada* (é o caso, por exemplo, do destinador que, no momento da prova qualificante, esconde-se sob a máscara do adversário).

2. Enquanto forma discursiva, a prova deceptiva pode ser investida de conteúdos figurativos diferentes (numerosas são as formas de logros!) que nada mais fazem que traduzir os papéis temáticos* assumidos pelo deceptor.

→ **Veridictórias (modalidades ~).**

DECEPTOR s. m.

FR. DÉCEPTEUR; INGL. DECEIVER

1. **Deceptor** – termo que, na origem, traduz o "trikster" da mitologia ameríndia – designa o sujeito suscetível de assumir diversos papéis actanciais* no plano, da veridicção*. Tratando-se de alguém que se faz passar por outro (por exemplo, num conto indiano, um gato arma-se de um terço para fazer crer que é um monge budista), pode-se encará-lo, mercê da máscara que traz, quer em seu "ser": depende então da mentira* (já que se apresenta pelo que não é), mas também do segredo* (esconde o que é); quer em seu "fazer": em relação ao destinatário, ele exerce de fato um fazer cognitivo persuasivo*.

2. Enquanto ator*, o deceptor se define também por investimentos semânticos de que é portador, isto é, por papéis temáticos* que assume e que remetem à organização do universo axiológico subjacente. Desse ponto de vista, o deceptor parece investido de conteúdos contrários, presentes sob forma de termos complexos* (já C. Lévi-Strauss, insistindo no seu papel de "mediador",

tinha posto em evidência seu caráter, ao mesmo tempo, ambíguo e equívoco: o recurso à expressão figurativa* permite, muitas vezes, de fato, ocultar um e/ou outro polos do eixo* semântico subjacente, que ele assume de vez em quando.

➔ Decepção.

DECISÃO s. f.
FR. DÉCISION; INGL. DECISION

Decisão é a denominação da estrutura modal* do fazer* que é a *performance*, quando esta está situada na dimensão cognitiva*; opõe-se a execução*, que por seu lado toma lugar na dimensão pragmática*.

➔ *Performance.*

DECISIVA (PROVA ~) adj.
FR. DÉCISIVE (ÉPREUVE ~); INGL. DECISIVE TEST

Figura* discursiva ligada ao esquema narrativo* canônico, a **prova decisiva** – situada na dimensão pragmática* – corresponde à *performance*: logicamente pressuposta pela prova glorificante*, ela própria pressupõe a prova qualificante. Do ponto de vista da sintaxe narrativa de superfície, a prova decisiva representa o programa* narrativo de base que leva à conjunção* do sujeito* com o objeto*-valor visado (ou objeto da busca*).

➔ Prova, *Performance*, Narrativo (esquema ~).

DECODIFICAÇÃO s. f.
FR. DÉCODAGE; INGL. DECODING

1. Na teoria da informação*, **decodificação** designa a operação – ou melhor, o programa de operações – que consiste em reconhecer, por intermédio de um código, os elementos simbólicos* constitutivos da mensagem* e em identificá-los com as unidades discretas da língua* a partir da qual o código foi elaborado.

2. Quando o termo código é empregado no sentido linguístico, a decodificação aparece como uma operação que visa a reconhecer o código a partir da

mensagem (a língua* a partir da fala*), a extrair a estrutura subjacente (sêmica ou fêmica) dos dois planos* da linguagem, em função da mensagem que é manifestada no nível dos signos. Nesse caso, por exemplo, o número de operações de decodificação corresponderá ao dos semas de que é composto o significado* de um signo*.

3. Aplicável à linguística frasal, tal representação o é muito menos à linguística discursiva em que o termo decodificação será substituído com vantagem pelo de interpretação.

→ Código, Interpretação.

DEDUÇÃO s. f.

FR. DÉDUCTION; INGL. DEDUCTION

1. Considerado como uma sequência de operações cognitivas que permite conduzir a uma "conclusão rigorosa", e tradicionalmente identificado com o silogismo, o **método dedutivo** se caracteriza por sua caminhada "descendente", marcada pela passagem do geral ao mais especial, da classe aos seus constituintes, etc., e, mais particularmente, por seu caráter de construção*, que evita se recorra, a todo instante, aos "dados da experiência".

2. Distinguem-se duas espécies de raciocínio dedutivo: é chamado **categórico-dedutivo** o que põe como ponto de partida um conjunto de proposições declaradas verdadeiras; o raciocínio **hipotético-dedutivo** contenta-se com supô-las verdadeiras: é o que é geralmente adotado, hoje, em semiótica e em linguística.

3. A oposição tradicional entre **dedução** e indução parece hoje superada: se é verdade que o raciocínio dedutivo preside à construção de uma teoria* e ao estabelecimento de sua economia geral, é conhecido e reconhecido que operações locais, de caráter indutivo, são muitas vezes utilizadas para elaborar os conceitos e modelos de alcance mais geral, cujos dados iniciais constituem apenas uma variável ou um caso específico (um bom exemplo é o "*corpus*", que o gerativista se oferece a torto e a direito para seu próprio uso).

→ Indução, Hipótese, Construção.

Definição s. f.

FR. Définition; INGL. Definition

1. Identificada com a paráfrase*, a **definição** corresponde a uma operação metalinguística (ou a seu resultado) que vai quer de um termo à sua definição (em expansão), quer de um sintagma (ou de uma unidade textual) à sua denominação*: esse movimento, de duplo sentido, está ligado à atividade da linguagem que joga com a elasticidade* do discurso, graças à relação *expansão/condensação*.

2. A definição, no sentido restrito, toma em geral as dimensões de uma frase ou de um sintagma (nominal ou verbal). Poder-se-ão distinguir pelo menos três classes de definições nas línguas* naturais: definições **taxionômicas**, constituídas pelo conjunto das qualificações*, definições **funcionais**, que, ao precisarem, por exemplo, para que serve uma coisa, remetem a seu valor de uso (ou a um programa* narrativo de uso correspondente), e **definições por geração**, que explicam os objetos por seu modo de produção*. Do ponto de vista semântico, a definição de um semema* consiste na sua decomposição em semas* e na determinação de suas relações recíprocas. De acordo com a tradição, B. Pottier apresenta uma distinção entre semas genéricos e semas específicos: se a base genérica é fraca demais ou por demais geral, obrigando, por isso, a apoiar a equivalência, só nos semas específicos falar-se-á, então, de **definição oblíqua**.

3. Como paráfrase, a definição pode ser científica ou não científica. A paráfrase não científica caracteriza o funcionamento cotidiano do discurso em que a relação entre denominação e definição é uma simples equivalência (identidade* sêmica parcial); em contrapartida, a paráfrase científica inscreve-se no nível da metalinguagem* e exige uma identidade total.

4. No sentido amplo e científico, a definição se identifica, a rigor, com a descrição*: a narrativa, por exemplo, só é definida depois do esclarecimento do conjunto de variáveis e da determinação de suas correlações. É por isso que, na prática, a definição não precede a análise, mas a segue.

5. Para L. Hjelmslev, a definição é uma divisão* do conteúdo* ou da expressão* de um signo*. Ele propõe que se distingam: *a)* **definições formais** que não têm por fim "nem esgotar a compreensão dos objetos, nem sequer precisar sua extensão, mas unicamente organizá-los correlativamente a outros objetos definidos ou pressupostos enquanto conceitos fundamentais"; *b)* **definições operacionais**, empregadas a título provisório e de que, só algumas, "num estágio mais avançado, se transformam em definições formais".

6. Toda teoria* comporta certo número de conceitos* não definidos ou não definíveis, de postulados, de que ela necessita para sua articulação e sua coerência*.

É sua tarefa, todavia, como lembra Hjelmslev, "levar as definições tão longe quanto possível e introduzir em toda parte definições prévias antes daquelas que as pressupõem". Os conceitos colocados de partida como postulados devem ser pelo menos integrados numa rede de interdefinições, que garanta a coerência interna do sistema: assim, por exemplo, *expressão* e *conteúdo* são solidários*, porque se pressupõem, necessariamente, um ao outro na função* semiótica.

➔ Paráfrase.

Defrontação s. f.

FR. Confrontation; INGL. Confrontation

1. Situada no nível figurativo*, a **defrontação** corresponde à posição do sujeito de um enunciado de fazer*, quando a mira de seu programa* narrativo é contrária* ou contraditória* à do programa do antissujeito. A defrontação representa, assim, a superposição ou o encontro de dois percursos narrativos* próprios de cada um dos sujeitos S_1 e S_2: dessa forma, ela constitui um dos pivôs* do esquema narrativo*.

2. A defrontação pode ser **polêmica** ou **contratual** e manifesta-se, nas narrativas, ora por um combate (dando por resultado a dominação* de um sujeito sobre o outro), ora por uma troca* ou, mais geralmente, por um contrato*: essa distinção permite reconhecer duas concepções sociológicas das relações inter-humanas (luta de classes/contrato social) e dividir, segundo esse critério, as narrativas em duas grandes classes.

3. A defrontação polêmica corresponde, no plano discursivo, ao primeiro dos três enunciados que constituem a prova.

➔ Polêmico, Contrato, Prova.

Dêitico s. m.

FR. Déictique; INGL. Deictic

1. À diferença das anáforas* (ou das catáforas*) que, no interior dos discursos, remetem a unidades, ou a segmentos dados, os **dêiticos** (ou **indicadores**, para, Benveniste) são elementos linguísticos que se referem à instância de enunciação e às suas coordenadas espaçotemporais: eu, aqui, agora. Podem, então, servir de dêiticos os pronomes ("eu", "tu"), mas também os advérbios (ou locuções adverbiais), os

demonstrativos, etc. Trata-se, no caso, como se vê, da **enunciação* enunciada**, tal como se lhe pode apanhar o mecanismo através dos procedimentos de debreagem* e de embreagem* que simulam a interposição ou a supressão de uma distância entre o discurso-enunciado e a instância de sua emissão.

2. É de se notar, além disso, que o emprego dos dêiticos permite referencializar o discurso, simular a existência linguística de um referente externo, enquanto, de fato, se trata de uma correlação entre essa semiótica particular, que é a língua* natural, e a semiótica do mundo* natural, tendo uma e outra uma organização específica.

→ **Enunciação, Referência, Referente.**

Dêixis s. f.

FR. **Deixis**; INGL. **Deixis**

1. A **dêixes** é uma das dimensões* fundamentais do quadrado semiótico que reúne, pela relação de implicação*, um dos termos do eixo dos contrários* com o contraditório* do outro termo contrário. Reconhecer-se-ão, assim, duas dêixis: uma $(s_1 - \bar{s}_2)$ é chamada **positiva**, a outra $(s_2 - \bar{s}_1)$, **negativa**, sem que esses qualificativos comportem um investimento axiológico: este só aparece depois da projeção, no quadrado semiótico, da categoria tímica* *euforia/disforia*.

2. Numa narrativa dada, oposições temporais (agora/então) ou espaciais (aqui/alhures) podem ser postuladas como **dêixis de referência**, a partir das quais podem desenvolver-se categorias temporais, aspectuais e espaciais. Assim, aquilo que se designa, por vezes, como "tempo da narrativa", aparece como um presente (identificável à dêixis então) em relação ao qual poderão instalar-se um passado e um futuro, conforme o sistema lógico da *anterioridade/concomitância/posterioridade*.

→ **Quadrado semiótico, Temporalização, Espacialização.**

Delegação s. f.

FR. **Délégation**; INGL. **Delegation**

O conceito de **delegação**, muito útil, mas ainda mal definido, cobre um procedimento de transferência de competência*, que, ao mesmo tempo em que dá precisão às modalidades* em jogo (ao saber ou ao poder-fazer, por exemplo), confere ao sujeito em questão certa margem de autonomia, de ordem *performancial*. Em caso de **delegação enunciativa**, o procedimento utilizado identifica-se, em parte pelo menos, com a debreagem* actancial. A **delegação enunciva**, por seu lado, parece repousar num contrato* implícito e se assemelha, no nível figurativo*, com a doação da competência, que regula as relações entre Destinador* e Destinatário.

DEMARCADOR s. m.
FR. DÉMARCATEUR; INGL. DEMARCATOR

Chama-se **demarcador** uma grandeza* semiótica que, mesmo conservando seu valor próprio, serve de critério para a delimitação de uma unidade sintagmática.

➔ **Segmentação, Disjunção.**

DENEGAÇÃO s. f.
FR. DÉNÉGATION; INGL. DENEGATION

Enquanto a negação* é paradigmaticamente o contrário* da asserção, a operação de **denegação** pressupõe a existência de um enunciado de asserção ou de negação anterior: implica, assim, uma perspectiva sintagmática na qual se atualiza a relação de implicação*.

➔ **Asserção.**

DENOMINAÇÃO s. f.
FR. DÉNOMINATION; INGL. DENOMINATION

1. Nos mitos de origem da linguagem, a **denominação** é quase sempre distinguida da criação da linguagem. De um ponto de vista empírico, de fato, a denominação concerne, antes de tudo, aos objetos do mundo* ou da experiência: aponta para o referente* extralinguístico. Variável de acordo com as línguas naturais, encontra-se na base das classificações* próprias de uma dada sociedade.

2. A denominação pode também corresponder a uma forma de condensação*: funciona, então, correlativamente à definição* (em expansão).

3. Distinguir-se-ão denominações "naturais" e denominações "artificiais" (ou construídas). As **denominações naturais**, que se inscrevem no discurso, prendem-se

ao funcionamento ordinário das línguas naturais: assim, um termo como "discussão" cobre uma forma narrativa e discursiva muito complexa. Se se admite que o universo* semântico, coberto por uma língua natural, se divide em campos* ou zonas semânticas, a denominação aparece como uma espécie de empréstimo interno de que se podem destacar pelo menos duas formas: a **denominação figurativa**, na qual uma figura cobre uma classe de derivação* aberta (exemplo: o núcleo sêmico "cabeça" em: "cabeça de prego", "cabeça de alfinete", "cabeça de cebola", "cabeça de ponte", etc.); a **denominação translativa**, caracterizada pela transferência de um segmento de discurso (lexema ou sintagma) de um domínio semântico a outro, relativamente distanciado ("cabeça-de-ferro" por "espécie de peixe"; "cabeça-de-negro" por "espécie de planta").

4. A **denominação artificial** (ou científica) prende-se à construção da metalinguagem* e, mais particularmente, da metalinguagem semântica. Nesse nível, as denominações escolhidas são arbitrárias* e não têm outro valor a não ser o que lhes é dado por sua definição prévia; todavia, quando a metalinguagem é aplicada, as denominações devem ser adequadas* (devem comportar a maior quantidade de informação possível sobre o material examinado). A rigor, seria, aliás, preferível substituir as denominações lexicais por símbolos* (letras, números, etc.); todavia, dado o grau de adiantamento da semiótica, o número desses símbolos seria excessivo e prejudicaria a compreensão: por enquanto, as denominações de tipo científico permanecem semimotivadas. É, pois, necessário distinguir bem, no plano da análise (se possível, tipograficamente), os termos construídos, pertencentes à metalinguagem, dos lexemas* das línguas naturais, que estão ligados às práticas da paráfrase* não científica.

➜ **Categorização, Etnossemiótica, Arbitrariedade, Metalinguagem.**

Denotação s. f.

FR. **Dénotation;** INGL. **Denotation**

1. Um termo é chamado **denotativo** quando cobre uma definição* que visa a esgotar um conceito do ponto de vista da sua extensão* (cf. J. S. Mill): assim, por exemplo, uma unidade linguística terá o caráter denotativo quando subsumir todas as ocorrências*.

2. Por extensão, a mesma característica será atribuída àqueles objetos complexos que são as semióticas*, na medida em que estas satisfazem às exigências do princípio

de empirismo* (e, mais particularmente, à da exaustividade*). Uma **semiótica denotativa** é, para L. Hjelmslev – mas somente numa primeira aproximação –, aquela de que nenhum dos planos* é uma semiótica: caso um dos dois planos seja por si mesmo constituído de um plano de expressão* e de um plano de conteúdo*, a semiótica não poderá mais ser considerada denotativa.

3. Semelhante definição nada acrescenta à de semiótica biplana* (ou semiótica propriamente dita na terminologia do grande linguista dinamarquês). Por essa razão, Hjelmslev a abandona definitivamente propondo uma nova distinção entre semióticas científicas* e não científicas*. A razão ele mesmo fornece: para estabelecer sua definição da semiótica, ele tinha partido de um texto* ideal, postulando sua homogeneidade* estrutural. Ora, tal texto não existe: todo texto, porque produto, remete a vários sistemas diferentes. O resultado é que:

a) o texto não pode ser considerado *a priori* uma grandeza* homogênea, mas se constrói, ao contrário, na medida em que a análise* progride em função do nível de pertinência* escolhido;

b) uma língua* natural não é uma semiótica denotativa, e o discurso* manifestado remete a vários sistemas (semiótica, semióticas conotativas, metassemióticas não científicas, etc.) ao mesmo tempo;

c) "língua cotidiana" não é um conceito semiótico: com mais forte razão, ela não poderia identificar-se com o conceito de semiótica denotativa, a qual, tomada globalmente como "significante", seria dotada de um significado que faria dela uma semiótica conotativa (ou linguagem de conotação).

→ Conotação, Semiótica.

Densidade sêmica

FR. Densité sémique; INGL. Semic density

A densidade sêmica pode ser determinada pelo número, mais ou menos elevado, de semas* que entram na composição de um semema*. Trata-se de um critério semântico quantitativo que permite medir o grau de abstração de um "conceito". B. Pottier insiste em que a compreensão* sêmica varia em proporção inversa da extensão* de emprego.

→ Abstrato.

Deônticas (modalidades ~) adj.
FR. Déontiques (modalités ~); INGL. Deontic modalities

1. Do ponto de vista semiótico, a estrutura modal **deôntica** aparece quando o enunciado modal, tendo por predicado o dever*, sobredetermina e rege o enunciado de fazer*. A projeção binarizante dessa estrutura no quadrado* semiótico permite a formulação da categoria modal deôntica:

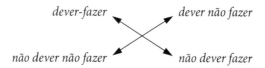

Cada termo do quadrado é suscetível de receber uma denominação substantiva:

Deve-se notar que, em lógica deôntica, o termo *prescrição* é, muitas vezes, substituído por *obrigação* (o que é injustificado semanticamente, porque a interdição é, também, uma obrigação).

2. É talvez conveniente ressaltar que as modalidades deônticas afetam o sujeito na sua competência* modal e fazem parte de sua definição. Elas não regem, pois, o universo do Destinador* nem a axiologia de que ele depende transformando-a em um sistema de normas: o Destinador exerce um fazer-dever-fazer, e não prescreve este ou aquele fazer.

3. Pode-se reconhecer uma **lógica deôntica** que repousa no dispositivo modal resultante do dever-fazer; mais genericamente, pode-se prever uma **semiótica deôntica** que leve em conta as relações do dever-fazer com as outras modalidades*, tais como o saber-fazer ou o poder-fazer.

→ Dever, Modalidade.

Deontologia s. f.

FR. Déontologie; INGL. Deontology

Por **deontologia** entende-se o sistema de regras de conduta que se julga deva ser observada, no exercício de um ofício ou de uma atividade. Nesse sentido, falar-se-á igualmente de ética profissional. A deontologia científica exige, entre outras coisas, que se observem na pesquisa critérios de cientificidade.

→ Cientificidade.

Derivação s. f.

FR. Dérivation; INGL. Derivation

1. No sentido corrente da palavra – "ter origem em" –, discute-se, por exemplo, se a língua escrita é um derivado da língua oral.

2. Do ponto de vista morfológico*, a **derivação**, muitas vezes oposta à composição (formação das palavras compostas), trata da distribuição dos afixos (prefixos e sufixos) e apresenta-se como um sistema de classificação* das unidades lexicais. Assim, por exemplo, elaborou-se em francês, no século XVIII, todo um léxico das atividades tecnológicas: a partir do nome do utensílio (ou do nome da matéria trabalhada), um sistema denominativo permite designar o produtor, a atividade produtora, o processo e o lugar de produção.

3. No sentido sintático, derivação é uma aplicação – ou seu resultado – dos procedimentos de análise* (para Hjelmslev) ou das regras* de reescrita (para Chomsky) a partir de uma classe (Hjelmslev) ou de um axioma* (Chomsky): no primeiro caso, a derivação é fundamentada no conceito de hierarquia (definida por Hjelmslev como a classe das classes), no segundo, no conceito lógico de substituição (que especifica o cálculo lógico e explica seu caráter fundamentalmente tautológico: uma proposição complexa permanece verdadeira exclusivamente em decorrência de sua forma, seja qual for o valor de verdade de seus componentes).

→ Escritura, Hierarquia, Substituição.

Desambiguização s. f.

FR. Désambigüisation; INGL. Desambiguisation

Designar-se-á com o nome de **desambiguização** o procedimento* de eliminação das ambiguidades léxicas ou sintáticas, que permite estabelecer uma leitura* isotópica de uma sequência discursiva. A desambiguização tem necessidade de que a unidade semântica suscetível de várias leituras, ao mesmo tempo, se inscreva num contexto* mais amplo, explícito* ou explicitável.

➔ **Ambiguidade, Univocidade.**

Descoberta (procedimento de ~) s. f.

FR. Découverte (procédure de ~); INGL. Discovery procedure

1. Um **procedimento de descoberta** é a formulação explícita* das operações cognitivas que permitem a descrição* de um objeto semiótico, de modo a satisfazer às condições da cientificidade*. A explicitação do conjunto desses procedimentos pode resultar na constituição de uma metodologia e de uma teoria semióticas (ou linguísticas). Essa maneira pragmática de apresentar o problema das relações entre a teoria e a prática explica-se em parte pela atitude da linguística do século XIX – cujo fazer se revelou muito eficiente –, mas que deixou implícita uma grande parte de seus procedimentos.

2. Entre os procedimentos de descoberta que datam do século precedente e que a linguística estrutural formulou de maneira explícita, é preciso mencionar, em primeiro lugar, as operações de segmentação*, de substituição* e de comutação*: elas são responsáveis pela constituição da linguística em ciência no início do século XIX e se acham na base de toda linguagem lógica. O erro dos estruturalistas americanos tem sido o de crerem, sob a influência de um formalismo excessivo, que esses procedimentos de descoberta poderiam fazer as vezes de uma teoria e que, substituindo a intuição*, eles permitiam conceber a linguística como uma "máquina de descobrir". Isso basta para justificar as críticas formuladas por N. Chomsky a respeito delas, sem dar guarida, contudo, a uma outra ingenuidade, a saber, de que a gramática possa ser concebida como uma "descrição pura".

3. Invertendo a relação entre a teoria* e a prática, deve-se exigir de uma teoria que seja aplicável, que busque produzir e explicitar os procedimentos de

descoberta: a aplicabilidade parece-nos, ao lado da simplicidade*, um segundo critério capaz de servir de fundamento aos **procedimimtos de avaliação** das teorias (ou das gramáticas).

4. Entretanto, é a partir de análises concretas dos discursos de pesquisa e de descoberta que o semioticista poderá fazer uma ideia mais precisa das operações que são mobilizadas nas práticas semióticas de caráter científico.

→ Procedimento, Teoria, Metodologia.

DESCONTÍNUO ADJ., S. m.

FR. DISCONTINU; INGL. DISCONTINUOUS

1. A categoria* *contínuo/descontínuo* é indefinível e deve, por isso, ser arrolada no inventário epistemógico* dos conceitos não definidos.

2. Diz-se frequentemente que a projeção do descontínuo no contínuo é a primeira condição da inteligibilidade do mundo. A problemática dessa "projeção" está ligada à epistemologia geral e não é, portanto, da própria semiótica. Para fixar a terminologia, não será inútil precisar aqui que, para a semiótica, toda grandeza* é considerada contínua anteriormente à sua articulação*, isto é, à identificação das ocorrências-variantes, que permitem constituí-las em classes* (as únicas que podem ser consideradas como unidades* descontínuas). Sendo, todavia, o termo descontínuo motivado por sua dependência exclusiva da sintagmática, é preferível servir-se, para a definição da unidade semiótica, do qualificativo "discreto".

3. Em semiótica discursiva, a oposição *contínuo/descontínuo* reaparece sob forma de uma categoria aspectual, que articula o aspecto durativo*: chama-se, então, ao aspecto descontínuo iterativo ou frequentativo.

4. Em linguística, os constituintes* **descontínuos** designam morfermas*cujos formantes* são suscetíveis de aparecer em dois ou mais lugares na cadeia, sem que a unidade do significado correspondente seja por isso afetada. A negação francesa "ne... pas" é um exemplo disso: ela representa, do ponto de vista diacrônico, um fenômeno de sobredeterminação que permite a passagem de uma estrutura ("ne") a outra ("pas"), interrompida e solidificada na fase intermediária; fazemos essa observação para sugerir a explicação de casos comparáveis em outras semióticas.

→ Contínuo, Discreto, Aspectualização.

DESCRIÇÃO s. f.

FR. DESCRIPTION; INGL. DESCRIPTION

1. O termo **descrição** impôs-se em linguística no decorrer do século XIX, quando uma clara oposição foi estabelecida entre a linguística descritiva e a linguística (ou a gramática) normativa, em que só a primeira podia ter pretensão ao estatuto de ciência. Tendo sido colocada sob suspeita pela linguística* estrutural por causa dos seus pressupostos positivistas implícitos e recolocada em questão desde o surgimento da gramática gerativa porque identificada com a descrição de *corpus** fechado, a linguística descritiva, enquanto denominação de uma abordagem científica, perdeu pouco a pouco a razão de ser e saiu progressivamente de uso.

2. O conceito de descrição, destacado assim de uma metodologia particular, continua, todavia, a ser um dos conceitos* problemáticos de toda teoria* da linguagem, porque serve para designar a totalidade, o essencial do fazer semiótico científico. Situando-se na tradição hjelmsleviana – para a qual a descrição é o exemplo por excelência de um conceito não definível –, convém reservar o nome descrição exclusivamente para os procedimentos* que satisfazem aos critérios da cientificidade*, definindo-se os procedimentos, por sua vez, como classes de operações* ordenadas.

3. Outra forma de abordar o conceito de descrição consiste em opor os **procedimentos de descrição** aos **procedimentos de descoberta***, interrogando-se e ao mesmo tempo colocando novamente em causa o valor heurístico* dos primeiros. Poderia dizer-se em seu favor que a solidez da lógica (ou das lógicas), por exemplo, repousa em boa parte no cálculo lógico, que é um procedimento de descrição, mas insistindo por outro lado no perigo, real, de confundir técnicas operatórias (regras de reescrita, representações em árvore*, etc.) com o próprio fazer científico.

4. O termo descrição, utilizado acima, é considerado como capaz de designar um processo*, uma atividade que consiste na construção de uma linguagem descritiva (de uma metalinguagem*); palavras dessa espécie são, todavia, ambíguas nas línguas naturais como o francês ou o inglês, porque servem, igualmente, para denominar o resultado do processo, isto é, no caso, para a representação acabada de um objeto visado pela descrição. É nessa acepção que se deve entender em gramática gerativa* a expressão **descrição estrutural da frase**: trata-se, aqui, da representação obtida ao termo de um procedimento segundo o qual, a partir de uma frase nuclear* tomada como axioma, aplicadas nele regras de reescrita, é-se levado a dar-lhe uma interpretação semântica e fonética.

5. No nível da organização discursiva, chama-se também descrição a uma sequência de superfície* que se opõe a diálogo*, narrativa*, quadro, etc., postulando, implicitamente, que suas qualidades formais autorizam submetê-la à análise qualificativa*. Nesse sentido, a descrição deve ser considerada como a denominação provisória de um objeto que está por ser definido.

→ Indicador, Sequência, Unidade (discursiva).

Descritivo adj.

FR. Descriptif; INGL. Descriptive

1. Relativamente aos valores modais*, os **valores descritivos** prendem-se tanto à terceira função* de G. Dumézil, que designa, por exemplo, tanto objetos consumíveis ou entesouráveis (valores objetivos*) quanto os estados tais como os prazeres ou "estados de alma" (valores subjetivos*). Correlativamente, distinguir-se-ão **enunciados descritivos** (nos quais vêm inscrever-se os valores descritivos) dos enunciados modais (que regem um outro enunciado).

2. Se se considera a teoria semiótica* como suscetível de tomar a forma de uma superposição hierárquica de linguagens, em que cada nível superior se encarrega do exame do nível imediatamente inferior, pode-se denominar **nível descritivo** aquele em que se encontram consignados, sob forma de representação* semântica, os resultados da análise do nível da linguagem-objeto (ou do objeto* semiótico escolhido com vistas à sua descrição).

→ Valor, Enunciado, Modalidade, Nível, Descrição, Metalinguagem.

Desejo s. m.

FR. Désir; INGL. Desire

1. **Desejo**, como termo de psicologia, domínio em que ele é frequentemente oposto a vontade, não faz propriamente parte da terminologia semiótica. Do ponto de vista semântico, pode constituir, juntamente com temor*, um par de contrários – categoria denominada *filia/fobia* por R. Blanché –, na qual temor não é um não querer, mas um querer contrário. No plano figurativo*, os dois termos podem receber formulações diversas: assim, o desejo poderá ser expresso, por exemplo,

pelo deslocamento para a frente (a busca* do objeto-valor), do mesmo modo que o temor se traduz pelo deslocamento para trás (a fuga).

2. A semiótica, longe de negar a "realidade" do desejo, considera-o como uma das lexicalizações da modalidade do querer*. Seu propósito seria o de desenvolver uma lógica volitiva, paralela à lógica deôntica, em cujo interior os termos desejo e vontade serviriam para denominar as variáveis do querer, correlatas a estruturas semânticas mais complexas.

→ Querer.

DESEQUILÍBRIO s. m.
FR. DÉSÉQUILIBRE; INGL. DISEQUILIBRIUM

Consideram-se como estando **em desequilíbrio**, conforme a terminologia de V. Brøndal, os termos complexos positivo e negativo que constituem o eixo dos contrários* e dos subcontrários*.

→ **Equilíbrio, Complexo (termo ~), Quadrado semiótico.**

DESIGNAÇÃO s. f.
FR. DÉSIGNATION; INGL. DESIGNATION

O termo **designação** é empregado ora como sinônimo de denotação* ou de referência* – indicando nesse caso o estabelecimento ou a existência de uma relação entre o signo linguístico e o mundo* natural (ou entre signos pertencentes a duas semióticas diferentes) –, ora para constatar uma equivalência* entre duas unidades linguísticas de dimensões sintagmáticas diferentes ou pertencentes a níveis linguísticos distintos.

→ **Denominação, Definição.**

DESPOSSESSÃO s. f.
FR. DÉPOSSESSION; INGL. DISPOSSESSION

Situada no nível figurativo*, a **despossessão** representa a posição do sujeito* de um enunciado de estado* quando privado do objeto*-valor por um sujeito de fazer* que não seja ele próprio; corresponde, portanto, a uma disjunção* transitiva* do objeto, efetuada num momento qualquer do percurso narrativo*. Com a renúncia*, a despossessão é uma das duas formas possíveis da privação, que podem ser consideradas, a titulo de consequência*, como subcomponentes da prova.

→ **Privação, Prova.**

DESQUALIFICAÇÃO s. f.

FR. DISQUALIFICATION; INGL. DISQUALIFICATION

Desqualificação designa a consequência* negativa da prova* qualificante (exemplo: a desqualificação do rei no mito da soberania).

→ **Qualificante (prova ~).**

DESSEMANTIZAÇÃO s. f.

FR. DÉSÉMANTISATION; INGL. DESEMANTIZATION

1. **Dessemantização** é a perda de certos conteúdos* parciais em benefício do significado* global de uma unidade discursiva mais ampla. Longe de ser apenas linguística (por exemplo: "matar o tempo"), a dessemantização é um fenômeno semiótico muito geral: "dar nó na gravata", por exemplo, é o significado de um processo gestual complexo em que os enunciados que o constituem se encontram dessemantizados. A ressemantização* é o procedimento inverso [exemplo: "je brûlais de plus de feux..." ("eu ardia com mais fogos...")].

2. A dessemantização apresenta-se em literatura oral como um dos elementos explicativos da "degradação" da narrativa mítica em narrativa folclórica: numerosos fragmentos míticos, dessemantizados, aí se encontram novamente como simples programas* narrativos de uso.

3. Do ponto de vista axiológico, a dessemantização é um fenômeno ambíguo: permite ao homem viver, reduzindo a puros autômatos milhares de seus comportamentos programados, mas constitui ao mesmo tempo uma fonte de alienação (exemplo: o trabalho em cadeia).

Destinador/Destinátario s. m.

FR. Destinateur/Destinataire; INGL. Addresser/Addressee

1. **Destinador** e **destinatário** (termos escritos geralmente com minúscula), tomados a R. Jakobson (de seu esquema da comunicação* linguística), designam, em sua acepção mais geral, os dois actantes* da comunicação (chamados também, na teoria da informação*, mas numa perspectiva mecanicista e não dinâmica, emissor e receptor). Considerados como actantes implícitos, logicamente pressupostos, de todo enunciado*, são denominados enunciador* e enunciatário. Em contrapartida, quando estão explicitamente mencionados e são, por isso, reconhecíveis no discurso-enunciado (por exemplo: "eu"/"tu"), serão chamados narrador* e narratário. Finalmente, quando o discurso reproduz, simulando-a (cf. diálogo*), a estrutura da comunicação, serão ditos interlocutor* e interlocutário. Nessas três formas de denominação, trata-se, como se vê, de uma delegação* realizada a partir do destinador e do destinatário.

2. Considerados como actantes da narração, Destinador e Destinatário (grafados então geralmente com maiúscula) são instâncias actanciais, caracterizadas por uma relação de pressuposição unilateral (entre o Destinador, termo pressuposto, e o Destinatário, termo pressuponente): isso torna a comunicação entre eles assimétrica; paradigmaticamente, o Destinador está em relação hiperonímica* com o Destinatário, e este se encontra em posição hiponímica*; essa assimetria acentuase no momento da sintagmatização desses dois actantes, quando eles aparecem como sujeitos interessados num só objeto: é o que ocorre, por exemplo, no caso da comunicação* participativa. O Destinador e o Destinatário são actantes estáveis e permanentes da narração, independentemente dos papéis de actantes da comunicação que são suscetíveis de assumir (assim, o Destinatário-sujeito comunica, enquanto destinador, o saber sobre suas próprias *performances*).

3. Frequentemente dado como pertencendo ao universo transcendente*, o Destinador é aquele que comunica ao Destinatário-sujeito (do âmbito do universo imanente*) não somente os elementos da competência* modal, mas também o conjunto dos valores em jogo; é também aquele a quem é comunicado o resultado da *performance** do Destinatário-sujeito, que lhe compete sancionar*. Desse ponto de vista, poder-se-á, portanto, opor, no quadro do esquema narrativo*, o **Destinador manipulador** (e inicial) ao **Destinador julgador** (e final).

4. Dada a estrutura polêmica* da narrativa, a presença de um sujeito* e de um antissujeito pressupõe a existência de um Destinador (D_1) e de um Antidestinador (D_2): esse eixo dos contrários* pode, então, desenvolver-se e produzir – de acordo com o

quadrado* semiótico – como contraditórias*, duas novas posições actanciais: as de não Destinador ($\overline{D}_1$) e de não Antidestinador ($\overline{D}_2$). Acontece, por exemplo, que D_1 representa, na dimensão pragmática*, o papel de Destinador ativo e "performante" (capaz de comunicar os constituintes da competência modal) no quadro da dêixis* positiva, ao passo que $\overline{D}_2$ é, na dimensão cognitiva*, o Destinador passivo (capaz de receber o saber sobre o fazer do Destinatário-sujeito e de sancioná-lo), que depende da dêixis negativa: o Destinador ativo é, então, incoativo, promotor. do movimento e da ação (remetem à manipulação*); o Destinador passivo é terminativo, recolhe os frutos (no quadro da sanção*); não é garantido, todavia, que essa distribuição no quadrado semiótico seja realmente canônica.

5. Na análise das narrativas, será por vezes necessário distinguir o **Destinador individual**, tal como se manifesta no caso da vingança*, em oposição ao **Destinador social**, chamado a exercer a justiça: dois actantes que podem propor deveres compatíveis ou incompatíveis.

→ **Narrativo (esquema ~), Narrativo (percurso ~).**

DESVIO s. m.

FR. **ÉCART**; INGL. **GAP**

1. A noção de **desvio** está estreitamente ligada ao destino da estilística*, da qual foi frequentemente considerado como um dos conceitos fundamentais. Em boa parte, ela se deve às reflexões de F. de Saussure sobre a fala* (considerada como o conjunto de desvios individuais, produzidos pelos usuários da língua*): criou-se assim um mal-entendido, ao se querer instituir, a partir da fala (que para Saussure era só *foure-tout* que permitia definir negativamente a língua, único objetivo da linguística), uma disciplina linguística baseada na apreciação e no cálculo dos desvios.

2. A noção de desvio está ligada, por um outro lado, à de norma*: dessa forma, a língua literária seria definida como um desvio em relação à língua normal, "cotidiana". Ora, a normalidade da língua cotidiana – designada, às vezes como significante* por influência de certas teorias psicanalísticas – é, tanto do ponto de vista linguístico como do semiótico, uma verdadeira aberração. Se no plano sintático procura-se apreendê-la e controlá-la com o auxílio do conceito de gramaticalidade* (cuja utilização prática suscita tantas dificuldades), a determinação das anomalias semânticas (cf. pesquisas de T. Todorov) não repousa senão numa concepção particular, positivista, da racionalidade. Mas o semioticista sabe que as línguas naturais são reservatórios, lugares de manifestação e de construção de semióticas* múltiplas e diversas.

3. A introdução, em linguística, de métodos estatísticos rigorosos (substituindo os desvios estatísticos de caráter intuitivo por desvios significativos objetivamente calculados) pôde dar momentaneamente a ilusão de um renascimento das pesquisas estilísticas. Isso provinha da confusão criada entre o rigor do cálculo estatístico, indiscutível, e o da conceitualização, da construção de modelos em relação aos quais o desvio podia ser calculado. O desvio significativo na utilização dos adjetivos por este ou aquele escritor, por exemplo, não aparecia como um dado prodigioso suscetível de alimentar a reflexão estilística. O resultado mais convincente – obtido pelo linguista estatístico Ch. Muller – é a homologia, reconhecida na obra de Corneille, de um lado, entre a tragédia e a comédia e, de outro, entre a frequência das preposições "à" e "de": trata-se de uma constatação sugestiva que permite, em razão de estar situada no nível dos universais*, iniciar reflexão noutra direção, da mesma forma que pode ser sugestiva a elaboração de listas de palavras-chave.

4. Da forma como é praticado, o cálculo dos desvios, na ausência de uma teoria semântica pelo menos implícita, continua preso às concepções atomistas do século passado. Sendo assim, é preferível substituí-lo pelo conceito de deformação coerente das estruturas, tal como o que foi proposto por M. Merleau-Ponty, conceito a partir do qual pode-se delinear, ainda que com precaução, a possibilidade do cálculo da originalidade semântica.

→ **Estilística, Originalidade semântica.**

DEVER s. m.

FR. DEVOIR; INGL. HAVING TO DO OU TO BE

1. O **dever** é um dos predicados possíveis do enunciado modal* que sobredetermina e rege quer um enunciado de fazer*, quer um enunciado de estado*. O investimento semântico desse predicado não é definível em si, mas somente no quadro de interdefinições das modalidades selecionadas com vistas a uma axiomática*. Em termos mais simples, ou mais filosóficos, o dever parece constituir, com o querer*, uma espécie de preliminar, as condições mínimas de um fazer ou de um estado, e, no plano da produção* do enunciado, um estágio que virtualiza um enunciado de fazer ou de estado.

2. Designando, para simplificar, o enunciado modal, cujo predicado é a modalidade de dever pelo substantivo "dever", o enunciado de fazer pelo substantivo "fazer" e o enunciado de estado pelo substantivo "ser", pode-se considerar o *dever-fazer* e o *dever-ser* como duas estruturas modais idênticas quanto

ao enunciado modalizante que comportam, mas distintas quanto aos enunciados que são modalizados.

3. Levando em conta o fato de que o enunciado modal, tanto quanto o enunciado regido, é suscetível de comportar, cada qual, seu contraditório, categorizar-se-á a estrutura modal do *dever-fazer* projetando-a no quadrado* semiótico e dotando ao mesmo tempo cada um dos termos* obtidos com uma denominação apropriada e arbitrária:

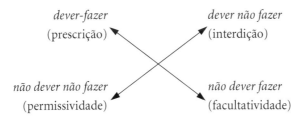

O procedimento de denominação – que consiste aqui na conversão de uma formulação verbal e sintática em uma expressão nominal e taxonômica – tem por efeito transformar, por condensação*, os dois predicados em um só valor modal. A categoria modal assim constituída por denominação encontra, como se vê, com ligeiras modificações, o dispositivo das modalidades deônticas*, utilizado em lógica. Sendo assim, pode-se conservar-lhe o apelativo **categoria modal deôntica**.

4. O mesmo procedimento de projeção categorizante pode ser aplicado à estrutura modal do *deve-ser*:

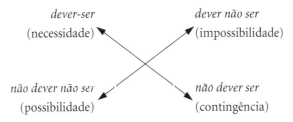

Os valores modais denominados são comodamente homologáveis ao dispositivo das modalidades aléticas* da lógica. Desta forma, reservar-se-á a essa categoria o nome de **categoria modal alética**.

5. A estrutura modal do *dever-fazer* comporta indiscutivelmente afinidades semânticas com a do *querer-fazer*, a tal ponto que os estudiosos se interrogam frequentemente a fim de saberem se não é possível – e oportuno – reduzi-las a uma única estrutura modal virtualizante. A dificuldade prende-se à escolha que

será preciso operar, então, quer para reduzir o *dever-fazer* ao *querer-fazer*, quer vice-versa. Os representantes da tendência psicologizante inclinar-se-ão a ver no *dever-fazer* do sujeito um querer (transferido) do Destinador*; os que defendem a lógica interpretarão antes o *querer-fazer* como um *dever* autodestinado. Enquanto se espera um reexame global do campo das modalidades, é sem dúvida preferível deixar as coisas como estão.

6. A estrutura modal do *dever-ser* aproxima-se ao contrário da de *poder-ser*, como testemunham certas denominações comuns, resultantes de homologações semânticas intuitivas. É assim, por exemplo, que necessidade* é a denominação correspondente tanto ao *dever-ser* quanto ao *não poder não ser*, e que impossibilidade* cobre, ao mesmo tempo, as estruturas modais de *dever não ser* e de *não poder ser*. A separação entre a abordagem lógica e a abordagem semiótica acentua-se aqui: enquanto a lógica postula *a priori* um dispositivo alético feito de denominações, a semiótica procura fundamentar as denominações em definições sintáticas e opera assim distinções que parecem deixar entrever certas lacunas das lógicas modais. Tudo se passa como se o *dever-ser*, por exemplo, estrutura modal virtualizante, positiva, mais próxima do sujeito enunciador*, fosse distinto do *não poder não ser*, estrutura atualizante, que opera pela denegação das contingências, e que estatui sobre o objeto, como se nele houvesse dois valores modais e dois tipos de modalização, cobertos por um só substantivo, necessidade.

→ Modalidade, Deônticas (modalidades ~), Aléticas (modalidades ~).

Diacronia s. f.

FR. Diachronie; INGL. Diachrony

1. F. de Saussure introduziu a dicotomia *sincronia/diacronia* para designar dois modos distintos de abordagem dos fenômenos linguísticos. Só o conceito de sincronia importava a bem dizer para Saussure, porque lhe permitia fundamentar a linguística enquanto estudo de sistemas* coerentes: o termo **diacronia** passou, então, a cobrir o domínio de estudos da gramática histórica. Assim, a oposição entre a sincronia e a diacronia, que articula duas dimensões temporais de indagação, foi tomada como uma oposição entre a atitude estrutural e o pensamento atomista a respeito dos fatos da linguagem.

2. A oposição, de início categórica, entre os dois termos da dicotomia saussuriana esfumou-se progressivamente: dado que um sistema* semiótico

não se define pela sincronização dos elementos que o constituem, mas por sua coerência lógica interna, a diacronia poderia ser interpretada como um conjunto de transformações* situadas e reconhecíveis entre dois sistemas tomados globalmente (ou entre dois estados* de língua considerados como lugares de inscrição de dois sistemas distintos). Tal concepção, que assimila a distância entre dois estados de língua à que existe entre duas línguas aparentadas, elimina de fato a diacronia e permite o exercício de um comparatismo* acrônico*.

3. Em vez de utilizar o procedimento, aliás duvidoso, que consiste em postular *a priori* a existência de dois estados de língua antes de conhecer as transformações que são as únicas capazes de defini-los, pode-se conceber a diacronia sob forma de transformações situadas no interior de um sistema semiótico (ou de uma língua natural), ainda que se tenha que denominar em seguida os domínios dessas transformações como estados* semióticos (ou linguísticos). Dois exemplos podem ilustrar essa abordagem.

4. No quadro da Escola de Praga, R. Jakobson propôs uma interpretação, ligada, segundo ele, à fonologia diacrônica, das mudanças da forma da expressão* das categorias gramaticais, que seriam devido à sobredeterminação redundante dos morfemas* que as manifestam. Assim, por exemplo, o desaparecimento das desinências da declinação latina se explicariam pela coexistência redundante e prolongada de morfemas supérfluos, denotando as mesmas categorias gramaticais (tais como os determinantes, as preposições, etc.). A formação desse sistema enfático secundário teria tido por efeito liberar os morfemas flexionais, tornados inúteis.

5. Outros linguistas (Martinet, Haudricourt), partindo do postulado de equilíbrio* (que deve sustentar todo sistema semiótico para que este possa funcionar), concebem o processo diacrônico como transformações em cadeia, provocadas pela intrusão, no interior de um sistema (o sistema vocálico, por exemplo), de um corpo estranho, transformações que procuram restabelecer o equilíbrio perdido e acabam constituindo um novo sistema fundamentado em novo equilíbrio. É uma abordagem particularmente interessante porque, em vez de partir dos estados de língua em busca de eventuais transformações, descreve primeiro as transformações, que são as únicas que podem definir os estados.

6. Se se aceita considerar tais transformações como **transformações diacrônicas**, não haverá nenhuma razão de não dar o mesmo nome às transformações que reconhecemos, no nível da forma do conteúdo* é bem verdade, no desenvolvimento do discurso narrativo: esse discurso, que situa suas *performances** entre dois estados estruturais – inicial e terminal –, é comparável, salvaguardadas as

proporções, ao processo linguístico que uma comunidade linguística efetua entre dois estados de língua.

→ **Sincronia, Acronia, Transformação.**

DIÁLOGO s. m.

FR. DIALOGUE; INGL. DIALOGUE

1. O termo **diálogo** designa a unidade discursiva, de caráter enunciativo*, obtida pela projeção, no discurso-enunciado, da estrutura da comunicação*. Seus actantes – destinador* e destinatário – são então chamados conjuntamente interlocutores ou, separadamente, interlocutor e interlocutário; distinguem-se do narrador* e do narratário por não serem delegados diretos do enunciador* e do enunciatário instalados no discurso, mas actantes da narração dotados da competência linguística. O diálogo está, portanto, ligado ao esquema narrativo* pelo sincretismo que os interlocutores contraem com este ou aquele actante da narração.

2. O diálogo relatado comporta muitas vezes um enquadramento. O elemento **enquadrante**, cuja função principal é assinalar o ato de fala enquanto ato somático ("disse ele", "insistiu ele"), contém frequentemente informações relativas ao tópico do diálogo ("com uma voz comovida", "com nervosismo") e deve, portanto, ser tomado em consideração no momento da análise. O elemento **enquadrado** é constituído de segmentos-réplicas entrecruzados que mantêm, no plano discursivo, relações anafóricas* (segundo parâmetros linguísticos do tipo pergunta/resposta, asserção/negação, etc.): no plano narrativo, o enquadrado dialógico, enquanto fenômeno de superfície, pode cobrir programas* narrativos ou ser atravessado por eles.

3. O diálogo é o simulacro relatado do discurso a duas vozes. Nada de estranho, pois, que ele seja suscetível de ampliar-se até as dimensões de um discurso literário (exemplo: o teatro).

→ **Debreagem, Unidade (discursiva).**

DICIONÁRIO s. m.

FR. DICTIONNAIRE; INGL. DICTIONARY

1. Por **dicionário** entende-se geralmente um inventário* de lexemas* (e, eventualmente, de paralexemas*) de uma língua* natural, dispostos numa ordem

convencional (habitualmente a alfabética), que, tomados como denominações*, são dotados quer de definições*, quer de equivalentes parassinonímicos*.

2. No quadro do tratamento automático, o dicionário designa a lista das unidades lexicais já codificadas e postas na memória de um computador.

3. Todo universo* semântico, decomposto em lexemas, pode receber a forma de dicionário. Cada lexema, concebido como uma virtualidade de significações, é suscetível de ser objeto de uma representação sêmica, distribuída, pela adjunção de semas contextuais*, em tantos percursos sêmicos*. Os semas, necessários à descrição de tal dicionário, constituem seu código semântico.

→ **Inventário, Código, Lexicografia.**

Dicotomia s. f.

FR. Dichotomie; INGL. Dichotomy

Chama-se **dicotomia** um par de termos – pertencentes em geral ao nível epistemológico* da metalinguagem – que se propõem, simultaneamente, insistindo na relação de oposição* que permite reuni-los. O exemplo clássico é o das dicotomias saussurianas: língua*/fala*, significante*/significado*, sincronia*/diacronia*. Tal procedimento é característico da atitude estrutural que prefere propor as diferenças – consideradas como mais esclarecedoras –, antes de passar ao exame e à definição dos conceitos.

Diegese s. f.

FR. Diégèse; INGL. Diegesis

Por oposição à descrição* (que depende prioritariamente de uma análise qualificativa*), a **diegese** (do grego: *diegesis*, narrativa) – termo retomado à tradição grega e explorado por G. Genette – designa o aspecto narrativo do discurso: nesse sentido, a noção aproxima-se dos conceitos de história* e de narrativa*. Para esse semioticista da literatura, narração e descrição constituem o "narrado", que se distingue assim do "discurso" (entendido como maneira de apresentar o narrado).

→ **Narratividade.**

Diferença s. f.

FR. DIFFÉRENCE; INGL. DIFFERENCE

A apreensão intuitiva* da **diferença**, de uma certa distância entre duas ou mais grandezas*, constitui, para a tradição semiótica, a partir de Saussure, a primeira condição para o aparecimento do sentido. A diferença, todavia, só pode ser reconhecida sobre um fundo de semelhança que lhe serve de suporte. Assim, é postulando que diferença e semelhança são relações* (apreendidas e/ou produzidas pelo sujeito cognoscente) suscetíveis de serem reunidas e formuladas numa categoria própria, a da *alteridade/identidade,* que se pode construir, como um modelo lógico, a estrutura* elementar da significação.

→ **Semelhança, Alteridade.**

Dimensão s. f.

FR. DIMENSION; INGL. DIMENSION

1. **Dimensão** é um termo figurativo* espacial, tomado à geometria e que serve de denominação a diferentes conceitos operatórios* utilizados em semiótica. Enquanto denominação*, ele é bem fracamente motivado* e só se torna sugestivo em razão da qualificação que lhe é acrescentada.

2. Em sentido absoluto, sem qualificação, **dimensão** designa, no quadro do modelo* constitucional, cada uma das relações binárias constitutivas do quadrado* semiótico. As dimensões fundamentais do quadrado são os eixos* (eixos dos contrários* e dos subcontrários*), os esquemas* (positivo e negativo) e as dêixis* (positiva e negativa).

3. No nível do discurso manifestado sob forma de signos*, entende-se por dimensão o "tamanho" sintagmático das unidades linguísticas. A questão da dimensão das unidades se põe a propósito do isomorfismo* das unidades pertencentes aos dois planos* da linguagem: dir-se-á que o fonema* e o semema* podem ser considerados isomorfos dada a sua estrutura, e não as suas dimensões (no momento da manifestação*).

4. Em semântica, propusemos há algum tempo que se distinguissem **dimensão noológica*** de **dimensão cosmológica***, determinadas pela presença respectiva dos classemas* *interoceptividade* e *exteroceptividade,* que assim situam o discurso (ou um de seus segmentos) numa ou noutra dimensão. Exemplo: "uma bolsa pesada"/"uma consciência pesada". Nesta acepção, o termo isotopia parece preferível.

5. No nível superficial da narratividade, distinguem-se as **dimensões pragmáti-ca*** e **cognitiva***, consideradas como níveis distintos e hierarquicamente ordenados nos quais se situam as ações, os acontecimentos descritos pelos discursos.

DIMENSIONALIDADE s. f.

FR. DIMENSIONNALITÉ; INGL. DIMENSIONALITY (NEOL.)

1. **Dimensionalidade** é a característica da espacialidade*, quando esta é interpretada com a ajuda de um modelo taxionômico dimensional, excluída qualquer outra propriedade espacial. Esse modelo taxionômico é por si resultado da articulação de três categorias espaciais chamadas dimensões*: *horizontalidade/verticalidade/prospectividade*, cuja intersecção constitui uma dêixis* de referência, capaz de situar, em relação a ela, as diferentes grandezas que se acham num dado espaço. Uma única dimensão basta para situar uma grandeza pontual; duas dimensões que constituam um plano permitem situar praias; três dimensões situam os volumes em relação ao volume de referência.

2. Em semiótica discursiva, o modelo dimensional permite, quando do procedimento de espacialização* do discurso, a construção de um quadro de localização espacial, em razão da identificação do ponto zero da dimensionalidade, quer com o espaço de alhures, quer com o de aqui, espaços que são obtidos graças à debreagem* espacial.

3. O número de dimensões tomadas em consideração, quando da construção do significante* de uma semiótica (ou quando da descrição de uma semiótica natural*) de tipo visual, pode constituir seu caráter específico: assim, a semiótica planar tem um significante bidimensional, enquanto a semiótica do espaço* serve-se de um significante de três dimensões.

4. Dado o papel representado pelos procedimentos de representação visual no desenvolvimento das ciências, é frequente e normal que os termos que se prendem à dimensionalidade – tais como dimensão*, plano*, nível*, eixo*, etc. – sejam empregados metaforicamente fora do campo da espacialidade, com a condição, é claro, de que sejam redefinidos nos seus novos empregos.

→ Localização espaçotemporal, Planar (semiótica ~).

Discreto adj.

FR. Discret; INGL. Discreet

1. Conceito não definido, **discreto** deve ser arrolado no inventário epistemológico* dos indefiníveis. A análise semântica desse inventário permite, todavia, interdefini-lo, isto é, inseri-lo na rede relacional de conceitos comparáveis. Assim, pudemos registrá-lo, na esteira de V. Brøndal, como uma subarticulação da categoria quantitativa* da totalidade, constituída pela oposição do integral *(totus)* e do universal *(omnis)*, articulando-se a integralidade, por sua vez, em discreção (que caracteriza uma grandeza* como distinta de tudo aquilo que ela não é) e globalidade (que permite apreender uma grandeza na sua indivisibilidade).

2. Em semiótica, a discrição desempenha o mesmo papel que em lógica ou em matemática: serve para definir a unidade semiótica construída com a ajuda dos conceitos de identidade* e de alteridade*. Uma **unidade discreta** caracteriza-se por uma ruptura de continuidade em relação às unidades vizinhas; pode, por isso, servir de elemento constituinte de outras unidades, etc. Deve-se notar, todavia, que se o conceito de discrição é indispensável para a definição das unidades sintagmáticas, ele não basta para especificar as categorias paradigmáticas que podem ser discretas (possível/impossível) ou graduadas (provável/improvável).

3. Em metalinguagem*, discreto e sinônimo de descontínuo.

→ Totalidade, Unidade, Descontínuo, Categoria.

Discriminatório adj.

FR. Discriminatoire; INGL. Discriminatory

Uma categoria* sêmica e chamada **discriminatória** quando se acha dessemantizada* para servir de critério formal no momento da construção de uma taxionomia* científica, por exemplo; é o que ocorre no emparelhamento de termos em sintagma denominativo do tipo *Determinante + Determinado*, como no caso dos classificadores ou dos especificadores utilizados.

DISCURSIVIZAÇÃO s. f.
FR. DISCURSIVISATION; INGL. DISCURSIVIZATION (NEOL.)

1. O reconhecimento de dois níveis de profundidade e de dois tipos de estruturas* – semionarrativas e discursivas – que regem a organização do discurso anteriormente à sua manifestação* numa dada língua natural (ou numa semiótica não linguística) obriga-nos a prever os procedimentos da disposição em discurso chamados a preencher – com a semântica* discursiva – a distância que separa a sintaxe e a semiótica narrativas (que constituem o nível de superfície das estruturas semióticas) da representação semântico-sintática do texto: esta será, então, suscetível, após a textualizalização*, de servir de nível profundo às estruturas linguísticas geradoras das estruturas linguísticas de superfície (no sentido chomskiano). Uma descrição satisfatória do processo de produção* do discurso é, no estado atual das investigações em semiótica, uma tarefa que ultrapassa muito suas possibilidades: assim sendo, nós pensamos que é preciso limitar-se a esboçar, em suas linhas gerais, a economia geral desses processos, distinguindo, tanto quanto possível, seus diferentes componentes, e isso na esperança de que análises parciais se organizem em uma estratégia de conjunto, permitindo uma reformulação menos intuitiva das estruturas e das operações postas em jogo.

2. Os procedimentos de **discursivização** – chamados a se constituírem numa sintaxe discursiva – têm em comum o fato de poderem ser definidos como a utilização das operações de debreagem* e de embreagem* e ligarem-se assim à instância da enunciação. Dividir-se-ão em pelo menos três subcomponentes: actorialização*, temporalização* e espacialização*, que têm por efeito produzirem um dispositivo de atores* e um quadro ao mesmo tempo temporal e espacial, em que se inscreverão os programas* narrativos provenientes das estruturas semióticas ou narrativas).

3. Mesmo no sentido amplo, a discursivização deve-se distinguir da textualização*, que é para nós um desvio do discurso (que pode operar-se em princípio a partir de qualquer instância do percurso gerativo*), no sentido de sua manifestação e que se define relativamente a ela. Um dos procedimentos da textualização é a linearização*, isto é, a desconstrução do discurso, devido às coerções da linearidade do texto e sua reconstrução no quadro de novas regras do jogo, que lhe são impostas. Daí resulta uma nova segmentação textual, que produz unidades* textuais de um novo gênero. A textualização tem por efeito produzir um discurso linear, segmentado em unidades de dimensões diferentes

e formulável como uma representação profunda, pronta, ao passar às estruturas linguísticas de superfície, a ser realizada como um discurso manifestado.

➔ Discurso, Gerativo (percurso ~), Actorialização, Temporalização, Espacialização, Sintaxe discursiva, Textualização.

Discurso s. m.

FR. Discours; INGL. Discourse

1. Numa primeira abordagem, pode-se identificar o conceito de **discurso** com o de processo* semiótico e considerar como pertencente à teoria do discurso a totalidade dos fatos semióticos (relações, unidades, operações, etc.) situados no eixo sintagmático* da linguagem*. Sempre que alguém se refere à existência de duas macrossemióticas* – "mundo verbal" presente sob a forma de línguas naturais, e o "mundo natural", fonte de semióticas não linguísticas – o processo semiótico aí aparece como um conjunto de **práticas discursivas**: práticas linguísticas (comportamentos verbais) e não linguísticas (comportamentos somáticos significantes, manifestados pelas ordens sensoriais). Levando em consideração as práticas linguísticas, dir-se-á que o discurso é o objeto do saber visado pela **linguística discursiva**. Nesse sentido, é sinônimo de texto*: de fato, certas línguas europeias, por não possuírem equivalente para a palavra franco-inglesa discurso, foram levadas a substituí-la por texto e a falar de linguística textual. Por outro lado – por extrapolação e a título de hipótese que parece fecunda –, os termos discurso e texto têm sido empregados para designar igualmente processos semióticos não linguísticos (um ritual, um filme, um desenho animado são então considerados discursos ou textos), já que o emprego desses termos postula a existência de uma organização sintagmática subjacente a esse gênero de manifestação.

2. Num quadro teórico algo diferente – mas não contraditório em relação ao primeiro –, discurso pode ser identificado com o enunciado*. A maneira pela qual é, mais ou menos implicitamente, concebido o enunciado (= aquilo que é enunciado) determina duas atitudes teóricas e dois tipos de análise diferentes. Para a linguística frasal, a unidade de base do enunciado é a frase*: o discurso será, então, considerado resultado (ou operação) da concatenação de frases. Por seu lado, a linguística discursiva, tal como a concebemos, toma ao contrário por unidade de base o discurso visto como um todo de significação: as frases não serão então mais

do que segmentos (ou partes explodidas) do **discurso-enunciado** (o que, evidentemente, não exclui que o discurso possa, por vezes, em decorrência da condensação, ter as dimensões de uma frase).

3. Quando situada no prolongamento das gramáticas frasais, a análise do discurso procura reconhecer – e construir-lhes modelos – sequências discursivas consideradas sucessões de frases-enunciados. Para isso, diferentes procedimentos são elaborados ou propostos, tais como: *a)* o estabelecimento de redes de equivalências entre frases e/ou sequências de frases (Z. Harris); *b)* a formulação de regras – de natureza ora lógica, ora retórica – de concatenação de frases; *c)* a determinação de isotopias* gramaticais das sequências com a anaforização*; *d)* a elaboração de representações mais profundas, que expliquem as sequências de frases de superfície, etc. Embora pertinentes, tais procedimentos são, todavia, apenas parciais e não parecem repousar sobre nenhuma teoria geral do discurso. Lembram muito de perto as tarefas de "construção de parágrafo" presentes nos programas do ensino secundário e poderiam ser seguidos, dentro desse espírito, da "construção do discurso" em três pontos...

4. Se, ao contrário, se postula de partida que o enunciado-discurso forma uma totalidade, então os procedimentos a serem postos em prática devem ser dedutivos – e não indutivos – e consistir na análise do conjunto discursivo em suas partes componentes. Se, além disso, um enfoque gerativo completa esses procedimentos, a teoria semiótica é levada a conceber o discurso como um dispositivo em forma de "massa folheada", constituído de certo número de níveis* de profundidade superpostos, dos quais somente o último, o mais superficial, poderá receber uma representação* semântica comparável, *grosso modo,* às estruturas linguísticas "profundas" (na perspectiva chomskyana): desse ponto de vista, a gramática frasal aparecerá como prolongamento natural da gramática do discurso.

5. Para ser integrada na teoria geral da linguagem, tal concepção do discurso requer ser homologada, de um lado, às dicotomias fundamentais *língua/fala, sistema/processo, competência/performance* (v. esses termos) e, de outro, ser situada relativamente à instância da enunciação*. Mantendo o termo competência* para designar o conjunto das condições necessárias ao exercício da enunciação, distinguir-se-ão duas configurações autônomas dessa competência: a competência semionarrativa e a competência discursiva *(stricto sensu).* A competência semionarrativa está situada a montante, já que é anterior à enunciação como tal. De acordo com Hjelmslev e Chomsky, pode-se concebê-la como sendo constituída de articulações ao mesmo tempo taxionômicas e sintáticas – não como uma simples paradigmática*, à maneira da "língua" saussuriana; de acordo com Saussuse, pode-se considerá-la

dotada de estatuto transcendental (já que as formas semionarrativas, postuladas como universais – próprias de todas as comunidades linguísticas e translinguísticas –, conservam-se através das traduções de uma língua à outra e são reconhecíveis nas semióticas não linguísticas). A competência semionarrativa corresponde, pois, ao que, sem maiores responsabilidades, poder-se-iam chamar formas – classificatórias e programadoras – da inteligência humana. Enquanto competência, ela pode ser descrita como uma gramática* fundamental do enunciado-discurso, anterior à enunciação pressuposta por ela. A **competência discursiva**, em contrapartida, está situada a jusante: ela se constitui no momento da enunciação, regendo as formas discursivas enunciadas, ao mesmo tempo em que lhes dá feição.

6. Essa breve reflexão sobre a dupla natureza da competência era necessária para instalar uma nova acepção e uma nova definição, restritiva, de discurso. Se a enunciação é, com efeito, segundo Benveniste, a "colocação em discurso" da língua, então o discurso é justamente o que é colocado pela enunciação: substituindo, nessa definição de Benveniste, o conceito de "língua" pelo de competência semionarrativa, dir-se-á que a colocação em discurso – ou **discursivização*** – consiste na retomada das estruturas semionarrativas e na sua transformação em estruturas discursivas. Dir-se-á também que o discurso é o resultado dessa manipulação das formas profundas, que acarreta um acréscimo de articulações significantes. Delineia-se, assim, uma **análise discursiva**, distinta da análise narrativa que a primeira pressupõe.

7. Semelhante concepção do discurso anula a oposição tradicional entre discurso como monólogo transfrasal e comunicação como diálogo e troca de frases. Deixando de ser uma estrutura extralinguística que serve de base às trocas de mensagens, a comunicação* se apresenta como uma instância, um marco, no percurso gerativo* do discurso, o qual faz aparecer ora um só ator-sujeito da enunciação, que assume e projeta fora de si diferentes papéis actanciais*, ora uma estrutura actorial* bipolar, que produz um discurso a duas vozes (= a "comunicação"), situada, não obstante, numa isotopia semântica homogênea, cujas formas sintáticas são comparáveis às do diálogo* instalado, depois da enunciação, no discurso enunciado. Mais do que isso, a estrutura da comunicação não tem mais necessidade, para ser compreendida e descrita, de uma pragmática* (no sentido norte-americano) que lhe seja exterior: os actantes* da enunciação, pelo fato de assumirem uma competência semionarrativa que os ultrapassa e os faz participar do universo semiótico, são competentes por definição e "sabem comunicar" sem recorrerem a parâmetros psicossociológicos.

8. O fato de o termo discurso tender progressivamente a identificar-se com o de processo semiótico e mesmo a designar metonimicamente esta ou aquela

semiótica em seu conjunto (enquanto sistema e processo) coloca novamente o problema da definição da semiótica* (enquanto objeto de conhecimento e objeto construído pela descrição). É preciso considerar, com efeito, que a linguística está na origem da reflexão semiótica, também pelo fato de que a língua* natural é não somente definida como uma semiótica (ou linguagem*), mas considerada, explicitamente, ou implicitamente, um modelo segundo o qual as outras semióticas podem e devem ser concebidas. Ora, a língua natural, semanticamente coextensiva à cultura, é um imenso domínio: consideramo-la uma macrossemiótica que só pode ser comparada a uma outra que tem as mesmas dimensões, a do mundo* natural significante; as outras semióticas aparecem, dessa forma, como "minissemióticas" situadas ou construídas no interior desses universos. Os semioticistas soviéticos foram os primeiros a ficarem com a pulga atrás da orelha, ao lançarem o conceito, mal definido, mas fortemente sugestivo, de "sistemas modelizantes secundários" para designar essas "minissemióticas", que, mesmo dependendo das "macrossemióticas", são tidas como possuidoras de uma autonomia de gestão e/ou de significação. Pode-se dizer que o "sistema secundário" soviético (metonímia incluindo o processo) corresponde, *grosso modo*, ao discurso (conceito que se desenvolveu no contexto francês, em que deve ser interpretado como processo que pressupõe o sistema).

9. Nessa nova acepção, o termo discurso continua, apesar de tudo, ambíguo. Um domínio semiótico pode ser denominado discurso (discurso literário ou filosófico, por exemplo) em razão de sua conotação* social, relativa ao contexto cultural dado (um texto medieval sagrado é considerado por nós literário, dirá J. Lotman), independente e anteriormente à sua análise sintática ou semântica. A tipologia dos discursos, suscetível de ser elaborada nessa perspectiva, será, então, conotativa, própria de uma área cultural geográfica e historicamente circunscrita, sem nenhuma relação com o estatuto semiótico desses discursos.

10. Mesmo que se abstraiam as definições conotativas do discurso (segundo as quais o discurso literário, por exemplo, é definido pela literariedade*), o problema de saber o que é o discurso – no sentido semiótico – permanece intacto. Se se consideram as diferentes semióticas do ponto de vista de seu componente sintático e semântico, percebe-se que algumas dentre elas – a semiótica literária*, por exemplo – são indiferentes aos conteúdos investidos, e que outras, ao contrário, o são às eventuais organizações sintáticas: a "narrativa feminina", formulada por C. Chabrol e considerada uma articulação mínima de conteúdos, é suscetível de ser investida em formas discursivas muito diversas. Todos os conteúdos, sejam eles quais forem, podem ser assumidos como "literários", mas ainda assim o discurso literário

só poderia fundamentar sua especificidade, eventualmente, nas formas sintáticas que põe em obra. Todavia, a variedade de formas é tão grande que a semiótica literária se apresenta mais como um vasto repertório de formas discursivas do que como uma estrutura sintática definível: se existem discursos "literários", nem por isso se pode falar "do" discurso literário. Por outro lado, se, ao pensar em "narrativa feminina" – mas também em campos semânticos chamados "discurso político", "discurso religioso", etc. –, pode-se dizer que existem organizações profundas do conteúdo, formuláveis como sistemas de valores* ou como epistemes* (isto é, como hierarquias combinatórias), essas axiologias são suscetíveis de se manifestarem em todas as espécies de discursos. Vale dizer, a tópica semântica dos discursos deve ser tratada separadamente da sua tipologia sintática, que, no momento em que seu desenvolvimento estiver mais avançado, aparecerá, sem dúvida, como algo muito distante da atual tipologia conotativa dos gêneros* discursivos.

11. Voltando à instância da enunciação, que serve de lugar à geração do discurso, pode-se dizer que a forma do discurso produzido depende da dupla seleção que é aí operada. Se se consideram as estruturas semionarrativas como repertório das formas suscetíveis de serem enunciadas, a enunciação é chamada a selecionar nesse repertório aquelas formas de que tem necessidade para "discorrer": desse modo, a escolha entre a dimensão pragmática* ou a cognitiva* do discurso projetado, a opção feita entre as formas que convêm ao discurso de construção do sujeito (cf. Bildungsroman) e as que são exigidas pelo discurso de construção do objeto (cf. a receita da sopa de "pistou" por exemplo), etc. determinam de antemão o tipo de discurso que será, enfim, manifestado. Por outro lado, a conexão pelos mecanismos de debreagem* e de embreagem*, que definem a enunciação enquanto atividade de produção, só pode ser considerada uma operação seletiva que escolhe, no interior da combinatória das unidades* discursivas que esse mecanismo está em condições de produzir, estas ou aquelas unidades preferenciais e/ou este ou aquele arranjo preferencial de unidades. Em ambos os casos, quer se trate da competência semio-narrativa, quer da competência discursiva propriamente dita, a produção de um discurso aparece como uma seleção contínua dos possíveis, a qual abre caminho através das redes de coerções.

➔ **Enunciado, Competência, Discursivização, Textualização, Gerativo (percurso ~), Semiótica, Literária (semiótica ~), Retórica.**

DISFORIA s. f.
FR. DYSPHORIE; INGL. DYSPHORIA

Disforia é o termo negativo da categoria tímica, que serve para valorizar os microuniversos* semânticos – instituindo valores negativos – e para transformá-los em axiologias*. A categoria tímica articula-se em *euforia/disforia* e comporta, como termo neutro, a *aforia*.

→ Tímica (categoria ~).

DISJUNÇÃO s. f.
FR. DISJONCTION; INGL. DISJUNCTION

1. Em semiótica narrativa, reserva-se o nome de **disjunção** para designar, paradigmaticamente, um dos dois termos (o outro é conjunção*) da categoria **junção** (que se define, no plano sintagmático, como a relação entre o sujeito* e o objeto*, isto é, como a função* constitutiva dos enunciados de estado*).

2. Se, paradigmaticamente falando, disjunção e conjunção são contraditórios*, o mesmo não ocorre no nível sintagmático em que, de acordo com o quadrado* semiótico,

deve-se distinguir a disjunção ("não ter alguma coisa") da não conjunção ("não ter mais alguma coisa").

3. Nos procedimentos de segmentação, o termo disjunção é utilizado para denominar os critérios que permitem a introdução do descontínuo* na continuidade sintagmática do discurso. Falar-se-á, assim, de disjunções **gráficas, espaciais, temporais, actoriais, lógicas, tópicas, tímicas**, etc.

→ Junção, Segmentação.

Distensividade s. f.

FR. Détensivité; INGL. Detensiveness (neol.)

Chama-se **distensividade** à relação sobredeterminante que, no interior da configuração aspectual, o sema* durativo* de um processo* contrai com o sema incoativo*. A distensividade opõe-se paradigmaticamente à tensividade*.

➜ Aspectualização.

Distinção s. f.

FR. Distinction; INGL. Distinction

1. **Distinção** é um conceito não definido, que deve ser arrolado no inventário epistemológico*. Trata-se de uma operação que estabelece a alteridade*, por oposição à identificação, que visa reconhecer a identidade*.

2. A distinção deve ser aproximada da diferença, mais ou menos assim: se esta, enquanto conceito fundamental da semiótica, é considerada como propriedade do objeto*, a distinção é o ato cognitivo do sujeito * que estabelece a diferença. Os dois termos correspondem, pois, a duas abordagens epistemológicas diferentes.

➜ Diferença, Distintivo (traço ~).

Distintivo adj.

FR. Distinctif; INGL. Distinctive

1. Por **traço distintivo** designa-se a figura* de um ou outro dos dois planos* (expressão*/conteúdo*) da linguagem, considerada como mínima de acordo com o nível de pertinência* escolhido, e reconhecida como diferente em relação pelo menos a uma outra figura. O traço distintivo só tomará o nome de sema* (no plano do conteúdo) ou de fema* (no plano da expressão) uma vez integrado na categoria* sêmica ou fêmica apropriada.

2. Certos linguistas julgam útil introduzir a noção de **função distintiva** para denominar a "capacidade" que os elementos semióticos possuem de se diferenciarem uns dos outros, função que caracteriza o eixo paradigmático*, por oposição à função combinatória* que é a dos elementos situados no eixo sintagmático*.

➜ Distinção, Categoria, Combinatória.

Distribuição s. f.

FR. **Distribution**; INGL. **Distribution**

1. A **distribuição** é o conjunto dos contextos* (ou das ambiências) nos quais se pode encontrar uma unidade* previamente reconhecida. Se duas ou mais unidades se encontram nos mesmos contextos, dir-se-á que são distribucionalmente equivalentes; se, em contrapartida, elas não possuem nenhum contexto em comum, dir-se-á que elas estão em **distribuição complementar**; entre esses dois polos, o caso mais frequente é, com toda evidência, o de uma distribuição parcialmente equivalente, tal como é encontrada, por exemplo, em lexicografia com a existência da sinonímia* parcial (ou parassinonímia*) entre lexemas*.

2. Mostrando que duas ou mais unidades são suscetíveis de aparecer em contextos idênticos, a distribuição permite afirmar a existência, no nível do conteúdo*, de semas* comuns, e proceder em seguida à redução* semântica. Por outra, se uma dada unidade conserva um ou mais semas em todos os contextos possíveis, poder-se-á aí reconhecer seu núcleo* sêmico, por oposição aos semas contextuais* (variáveis conforme subconjuntos de contextos) que estão em "distribuição complementar".

3. Fundamentada em primeiro lugar na linearidade do significante*, a **análise distribucional** (L. Bloomfield, Z. S. Harris), de caráter indutivo* e descritivo, aplica-se essencialmente em descobrir distribuições, isto é, o conjunto dos contextos nos quais uma dada unidade linguística se pode encontrar. Esse procedimento, que em princípio evita qualquer recurso ao sentido* como critério, está fundamentado na coocorrência*: discernindo relações de compatibilidade* ou de incompatibilidade no eixo sintagmático* entre os elementos, ela permite o estabelecimento de **classes distribucionais**, levadas em conta as combinações* e as restrições* reconhecidas. Esse tipo de abordagem, de natureza taxionômica*, conduz a uma segmentação da frase e vai dar na análise em constituintes* imediatos (que serviu de ponto de partida à gramática gerativa*).

4. Os métodos da análise distribucional podem ser utilizados em semiótica, quer como procedimentos de descoberta* (a partir do reconhecimento dos critérios discriminatórios* entre contextos, por exemplo, podem-se inferir oposições* semânticas e denominar as categorias* sêmicas), quer como procedimentos de verificação* (dada uma unidade – fema* ou sema* – já estabelecida, pode-se verificar sua presença nessa ou naquela língua ou discurso): o trabalho será chamado indutivo no primeiro caso, dedutivo* no segundo.

→ **Linearidade, Constituinte, Sintagmática, Taxionomia, Ordem.**

Divisão s. f.

FR. Division; INGL. Division

L. Hjelmslev emprega o termo **divisão** para designar a análise* do processo*, isto é, da dimensão sintagmática* de uma semiótica*, por oposição ao termo articulação (reservado à análise do sistema*).

→ Articulação.

Doação s. f.

FR. Don; INGL. Gift

1. Figura* discursiva da comunicação dos objetos*-valor, **doação** representa a transformação* que dá lugar a uma atribuição* e a uma renúncia* concomitantes: no plano narrativo, corresponde, portanto, simultaneamente a uma conjunção* transitiva* e a uma disjunção* reflexiva*. Opõe-se, assim, paradigmaticamente falando, à prova* (que implica uma conjunção reflexiva e uma disjunção transitiva). Além disso, à diferença da prova centrada no sujeito-herói*, a doação insere-se entre um destinador* e um destinatário.

2. Uma sequência sintagmática, composta de duas renúncias que impliquem duas atribuições recíprocas de um mesmo objeto de interesse de dois sujeitos, poderá ser designada como **doação recíproca**: doação e contradoação constituem, assim, duas transformações de que a segunda anula os efeitos da primeira e restabelece o equilíbrio* anterior. A doação recíproca distingue-se, entre outras coisas, da troca*, pelo fato de que incide num único objeto idêntico; a troca, ao contrário, exige dois objetos equivalentes.

Doador s. m.

FR. Donateur; INGL. Donor

Na terminologia de V. Propp, **doador** é uma das sete personagens do conto maravilhoso, cuja "esfera de ação" compreende "a preparação da transmissão do objeto mágico, ou a colocação do objeto mágico à disposição do herói". Em semiótica narrativa, esse papel – com o de "auxiliar" de Propp – é subsumido pelo termo adjuvante. **Antidoador**, a que certos semioticistas recorreram, pode, de modo semelhante, ser aproximado de oponente*.

→ Adjuvante.

Dominação s. f.

FR. Domination; INGL. Domination

Situada no nível figurativo* e no quadro da estrutura polêmica*, a **dominação** caracteriza a posição do sujeito* de um enunciado de fazer* quando este exerce seu poder-fazer*, tornando, desse modo, impossível qualquer ação contrária do antissujeito. Como ele pressupõe a defrontação* (do tipo polêmico), a dominação é seguida de sua consequência*, a saber, a atribuição do objeto*-valor: com esses dois componentes – antecedente e subsequente –, a dominação é um dos três elementos constitutivos da prova.

→ Defrontação, Atribuição, Prova.

Dominância s. f.

FR. Dominance; INGL. Dominance

1. O termo* que, no momento da operação de neutralização, se mantém para manifestar a categoria* inteira é chamado **dominante**. Quando, por exemplo, a oposição entre masculino e feminino em português é neutralizada pelo aparecimento do anafórico "eles", trata-se de uma neutralização com dominância do masculino.

2. Segundo V. Brøndal, distinguem-se duas variedades do termo complexo*(que reúne os dois termos contrários do quadrado semiótico): o complexo com **dominância positiva** se o termo dominante prende-se à dêixis* positiva, e o complexo com **dominância negativa** no caso contrário. Como os termos complexos resultam da terceira geração dos termos elementares, essa particularidade na sua articulação deve ser interpretada como efeito de coerções sintagmáticas encontradas no seu percurso.

→ Neutralização, Quadrado semiótico, Complexo (termo ~).

DUPLICAÇÃO s. f.

FR. DUPLICATION; INGL. TEST DUPLICATION

Entende-se por **duplicação** a repetição de um mesmo programa* narrativo no interior do esquema narrativo*, com manifestações figurativas* eventualmente diferentes: é caracterizada pelo malogro do primeiro programa e o êxito do segundo. A significação da duplicação é a de ênfase, já que o malogro marca a dificuldade da prova e sublinha a importância do êxito.

➜ **Triplicação, Prova.**

DURATIVIDADE s. f.

FR. DURATIVITÉ; INGL. DURATIVENESS

A **duratividade** é um sema* aspectual que indica, no eixo* sintagmático, que um intervalo temporal, situado entre o termo incoativo* e o termo terminativo*, é inteiramente preenchido por um processo*. Paradigmaticamente, esse sema faz parte da categoria* aspectual *duratividade/puntualidade*. Um mesmo intervalo temporal pode ser preenchido por grandezas, idênticas ou comparáveis, situadas no mesmo nível de derivação*: dir-se-á, então, que se trata da **duratividade descontínua** (ou iteratividade), opondo-a, desse modo, à **duratividade contínua**, que caracteriza apenas um processo.

➜ **Aspectualização, Iteratividade.**

Economia s. f.
FR. ÉCONOMIE; INGL. ECONOMY

1. **Economia** geralmente remete, numa acepção muito ampla, ao arranjo dos diferentes elementos de um conjunto*, que se podem articular em seus componentes*.

2. De maneira mais precisa, utiliza-se esse termo para designar a organização de uma teoria* ou de uma semiótica*, de acordo com os princípios da coerência* e da simplicidade*. Da mesma forma que o princípio da redução, o da economia pode ser deduzido, segundo Hjelmslev, do princípio da simplicidade.

3. No domínio das pesquisas diacrônicas, entende-se por economia de um sistema semiótico o equilíbrio* provisório, suscetível de ser quebrado sob a ação da práxis que se exerce em direções divergentes ou opostas; a elaboração desse conceito em linguística é obra de A. Martinet.

4. Na teoria da informação*, o princípio de economia rege a relação entre a tendência ao mínimo na transmissão das mensagens* e a quantidade de informação efetivamente veiculada, em vista da relação ruído*/redundância*.

→ **Diacronia.**

Efeito de sentido
FR. EFFET DE SENS; INGL. MEANING EFFECT

Efeito de sentido (expressão tomada a G. Guillaume) é a impressão de "realidade" produzida pelos nossos sentidos, quando entram em contato com o sentido, isto é, com uma semiótica subjacente. Pode-se dizer, por exemplo, que o mundo* do senso comum é o efeito de sentido produzido pelo encontro do sujeito humano com o objeto-mundo. Da mesma forma, uma frase "compreendida" é o efeito de sentido de uma organização sintagmática particular de vários sememas*. Assim, quando se afirma, na esteira de Bloomfield, por exemplo, que o sentido existe, mas que nada se pode dizer dele, o termo "sentido" deve ser entendido como "efeito de sentido", única realidade apreensível, mas que não pode ser apreendida de maneira imediata. Decorre daí que a semântica* não é a descrição do sentido, mas a construção que, visando a produzir uma representação* da significação*, só será considerada validada na medida em que for capaz de provocar um efeito de sentido comparável. Situado na instância da recepção, o efeito de sentido corresponde à semiose*, ato situado no nível da enunciação, e à sua manifestação que é o enunciado-discurso.

→ Sentido, Significação.

EFICÁCIA s. f.

FR. EFFICACITÉ; INGL. EFFICACITY

1. Em seu emprego corrente, **eficácia** é a capacidade de produzir um máximo de resultados com um mínimo de esforço (*Petit Robert*). Uma teoria* semiótica, e os modelos* que ela permite construir, são ditos eficazes quando, obedecendo aos princípios de simplicidade* e de economia*, são ao mesmo tempo projetivos, pelo que possibilitam prever e explicar grande número de fatos.

2. Falando-se de uma teoria formalizada*, diz-se que ela é eficaz quando as regras* que formula são operatórias, isto é, suscetíveis de serem executadas por um autômato*. Sabe-se que o conceito de eficácia substitui, ao menos em parte, nas linguagens formais, os critérios de verdade.

→ Operatório.

EIXO s. m.

FR. AXE; INGL. AXIS

1. Diferentemente de L. Hjelmslev, para quem o sintagmático* e o paradigmático estão fundados sobre relações* lógicas ("e... e", "ou... ou"), numerosos linguistas – para visualizarem de algum modo a oposição saussuriana entre relações sintagmáticas e relações associativas – empregam as expressões **eixo sintagmático** (introduzindo, assim, uma consecução linear* sobre um eixo horizontal) e **eixo paradigmático** (eixo vertical das comutações* e das substituições*).

2. Por **eixo semântico** se compreende uma relação entre dois termos*, cuja natureza lógica é indeterminada: trata-se, aí, de um conceito pré-operatório que

poderá ser substituído, à medida que a análise avance, pelo de categoria* sêmica que se articula logicamente (conforme a estrutura* elementar da significação).

3. Designa-se por eixo uma das dimensões* do quadrado* semiótico: este comporta dois eixos fundamentais: o eixo primário (em que se inscrevem os contrários*) e o eixo secundário (próprio dos subcontrários*).

ELASTICIDADE DO DISCURSO
FR. ÉLASTICITÉ DU DISCOURS; INGL. ELASTICITY OF DISCOURSE

1. A **elasticidade do discurso** é provavelmente – e pelo menos tanto quanto aquilo que se chama dupla articulação* – uma das propriedades específicas das línguas* naturais. Consiste na aptidão do discurso a distender linearmente hierarquias* semióticas, a dispor em sucessão os segmentos discursivos pertencentes a níveis muito diferentes duma dada semiótica. A produção do discurso se acha assim caracterizada por dois tipos de atividades aparentemente contraditórias: **expansão** e **condensação**.

2. Os gramáticos, defensores de uma linguística frasal, deixaram-se impressionar, sobretudo, pelo fenômeno da expansão, interpretada tradicionalmente, no nível das unidades-frases, por meio das reiterações devidas à coordenação e à subordinação: esse ponto de vista foi retomado atualmente, de forma ao mesmo tempo mais precisa e mais geral, pelo conceito de recursividade*. Já a atividade de condensação, cujas manifestações são visíveis na construção de todo tipo de metalinguagens* (linguagens documentais, gramáticas, lógicas, etc.), até hoje não foi ainda objeto de exames profundos. É possível, porém, afirmar – com igual razão – que um enunciado* elementar (ou uma proposição lógica) é o resultado de uma condensação sintática, e dizer que o discurso é uma expansão de unidades sintáticas elementares.

3. Tomar em consideração a elasticidade do discurso impõe-se fortemente em semântica: aí se observa, com efeito, que unidades* discursivas de dimensões diferentes podem ser reconhecidas como semanticamente equivalentes. A atividade metalinguística, reconhecível no interior do discurso, e o fenômeno da paráfrase*, considerado em seu princípio, decorrem dessa elasticidade do discurso, cujo exemplo mais evidente é constituído pelo jogo das denominações* (= condensações) e das definições* (= expansões) linguísticas.

→ Condensação, Expansão, Paráfrase.

Elementar adj.

FR. Élémentaire; INGL. Elementary

1. O qualificativo **elementar** é empregado, por oposição a complexo, para caracterizar os aspectos mais simples, reduzidos ao essencial, de um fenômeno (cf. estrutura* elementar da significação, estruturas axiológicas elementares, enunciado* elementar).

2. **Elementar** deve ser distinguido, por outro lado, de fundamental: enquanto fundamental especifica aquilo a partir de que começam as operações dedutivas*, aquilo que constitui o primeiro nível de uma teoria*, elementar qualifica a forma mais simples que, enquanto tal, pode ser reconhecida em qualquer nível de análise.

➔ Elemento.

Elemento s. m.

FR. Élément; INGL. Element

1. De modo geral, denomina-se **elemento** uma parte constitutiva de uma grandeza* decomponível. Em lógica, no mesmo sentido, mas de forma mais precisa, chama-se elemento de uma classe – ou de um conjunto* – cada indivíduo que pertence a essa classe (ou a esse conjunto).

2. Em uma teoria* de tipo dedutivo*, os elementos são os conceitos* primeiros, frequentemente indefiníveis, que a fundamentam. É nessa acepção que se falará por vezes em semiótica de estrutura* elementar ou de enunciado* elementar, isto é, estrutura e enunciado fundamentais.

3. Reunindo os dois sentidos desse termo, chega-se a considerar o elemento como uma substância indecomponível e, em linguística ou em semiótica, como unidade mínima do objeto considerado. Tal concepção é evidentemente inaceitável para o enfoque estrutural, que a considera atomista: é a relação* – e a categoria* tomada como rede relacional – que é a unidade elementar primeira, servindo o elemento, nessa perspectiva, para designar cada um dos termos* da categoria.

➔ Unidade, Classe, Elementar, Relação, Categoria.

ELIMINAÇÃO s. f.

FR. ÉLIMINATION; INGL. ELIMINATION

O procedimento de **eliminação** é correlativo do da extração na análise do *corpus** e na elaboração de modelos*.

→ **Extração.**

ELIPSE s. f.

FR. ELLIPSE; INGL. ELLIPSIS

1. Como figura de retórica, **elipse** é a relação estabelecida, num texto-ocorrência, entre uma unidade da estrutura* profunda* e a unidade cuja manifestação em estrutura de superfície* não é realizada: o elemento, ausente em superfície, é, porém, reconhecível graças à rede relacional na qual se inscreve e que constitui o seu contexto*. Em uma narrativa, a acumulação de elipses, como observa F. Rastier, cria frequentemente um efeito de "aceleração".

2. Segundo a gramática gerativa*, a elipse deve ser considerada como o resultado das regras de apagamento*, que, graças a uma ou várias transformações*, suprimem, no plano da manifestação, os elementos presentes na estrutura profunda. Desse ponto de vista, a elipse faz parte de um processo mais geral, o da implicitação.

3. Para que haja elipse, é necessário que a omissão que a caracteriza não atrapalhe a compreensão do enunciado (frasal ou discursivo): o que faz supor que as unidades ausentes possam ser reconstituídas com a ajuda dos elementos presentes que as pressupõem. O procedimento de explicitação, então empregado, é chamado catálise por L. Hjelmslev.

→ **Implícito, Catálise.**

EMBREAGEM s. f.

FR. EMBRAYAGE; INGL. SHIFTING IN

1. Ao contrário de debreagem*, que é a expulsão, da instância de enunciação*, de termos categóricos que servem de suporte ao enunciado*, denomina-se **embreagem** o efeito de retorno à enunciação, produzido pela suspensão* da oposição entre certos termos da categoria da pessoa e/ou do espaço, e/ou do tempo, bem

como pela denegação da instância do enunciado. Toda embreagem pressupõe, portanto, uma operação de debreagem que lhe é logicamente anterior. Quando, por exemplo, o general De Gaulle enuncia: "A França é uma terra linda", opera uma debreagem enunciva que instala no discurso um sujeito distinto e distante em relação à instância da enunciação. Pelo contrário, se a mesma personagem diz: "O general De Gaulle pensa que...", trata-se ainda, formalmente, de uma debreagem enunciva, mas que se encontra completada por um conjunto de procedimentos que denominamos embreagem, e que, mesmo implícitos, visam produzir, entre outras coisas, um efeito de identificação* entre o sujeito do enunciado e o sujeito da enunciação.

2. Da mesma forma que a debreagem, a embreagem se decompõe em **embreagem actancial, temporal e espacial.** Cada um desses procedimentos pode ser visto separadamente, mas, muitas vezes, são reunidos e utilizados de modo concomitante, em sincretismo* (assim, por exemplo, em *Deux Amis,* de Maupassant, as lembranças da pesca feliz, evocada sob a forma de reconhecimento, na Paris em guerra, ativa a embreagem espaçotemporal síncrética). É impossível conceber a embreagem total; ela equivaleria a apagar toda marca do discurso, seria a volta ao "inefável": da mesma forma como não há segredo senão na medida em que se pode desconfiar, de forma alusiva, de sua existência ou de seu desvendamento eventual, a embreagem deve deixar alguma marca discursiva da debreagem anterior.

3. É partindo-se do discurso "debreado" que se podem imaginar os procedimentos de Desambiguização explorando as pressuposições lógicas do enunciado. Assim, o enunciado do tipo "Trabalhas bem, meu rapaz" é suscetível de uma dupla leitura: num caso, trata-se da debreagem enunciativa simples (o enunciador cumprimenta o rapaz trabalhador); em outro, a debreagem é seguida de embreagem (o enunciador dirige-se a si mesmo num "discurso interior"). A explicação dessa segunda leitura não é simples. A dupla interpretação, dir-se-ia, só pode provir da existência, em "estrutura profunda", de dois enunciados distintos, e o enunciado, ao instalar o sujeito "tu" no lugar do "eu" previsível, pode ser descrito como uma debreagem implícita que projeta o "eu", procedimento que se faria seguir da suspensão da oposição categórica "eu"/"tu", o que permitiria a produção do "tu". Tal interpretação, no entanto, ainda que correta, não parece satisfazer inteiramente: ela não dá conta do essencial, do efeito ilusório produzido, de acordo com o qual o "tu" enunciado recobre a instância da enunciação. Por outro lado, a suspensão (ou a neutralização) da oposição categórica "eu"/"tu" não pode ser decretada de maneira arbitrária: ela só poderia ocorrer admitindo-se a existência de um fundo comum, de uma relação capaz de subsumir os dois termos da categoria.

Ora, esse fundo comum é constituído pelo termo *não eu,* ao qual tivemos que recorrer para explicar a operação primitiva que institui a debreagem: conforme esse procedimento, a instância da enunciação é negada, o que produz um *não eu* definível como a instância actancial do enunciado. Assim, a embreagem pode ser interpretada, parece-nos, como a denegação do *não eu* (termo surgido quando da primeira negação, criadora do espaço do enunciado), efetuada pelo sujeito da enunciação, e que visa ao retorno – impossível – à fonte da enunciação. Ao criar a ilusão enunciativa, a embreagem não interrompe a operação de debreagem, já desencadeada: o *não eu,* expulso, pode então manifestar-se sob a forma de um dos dois termos que subsume: seja como um "eu", seja como um "tu" enunciados, deixando uma margem de jogo no interior das injunções semióticas. Essa margem de liberdade pode ser maior ou menor. O uso que faz M. Butor do "vous" em *Modifications,* por exemplo, exibe, no quadro da categoria da pessoa projetada para fora da enunciação, um percurso suspensivo prolongado: o "eu" instalado inicialmente no percurso que visa a gerar o sujeito do enunciado transforma-se, ao que se supõe, em um "nós" inclusivo (que subsume o "eu" e os "outros" como eu), para passar em seguida a um "vós exclusivo (os "outros" enquanto metonímia do "não eu"); é só então que a denegação que produz a embreagem, ao manifestar o "vós", faz retomar o caminho no sentido inverso, até esse "eu" já debreado, criador da ilusão enunciativa.

4. Não subestimamos as dificuldades que apresenta a construção de um modelo capaz de explicar os procedimentos complexos implicados na embreagem. Outros o farão melhor que nós. Restringimo-nos ao que parece essencial: a embreagem se apresenta ao mesmo tempo como alvo visado pela instância da enunciação e como fracasso, como impossibilidade de atingi-lo. As duas "referências", com auxílio das quais se procura sair do universo fechado da linguagem, com que se busca prendê-lo a uma exterioridade outra – a referência ao sujeito (à instância da enunciação) e a referência ao objeto (ao mundo que rodeia o homem, enquanto referente*) – nada mais produzem, enfim, que ilusões: a ilusão referencial e a ilusao enunciativa.

5. Não é oportuno, por certo, tentar desenvolver no quadro acima esboçado uma tipologia de embreagens: ela virá na hora certa, quando puder apoiar-se em um número suficiente de análises concretas. Da mesma forma que fizemos com a debreagem, reconheceremos, desde já, uma distinção entre a **embreagem enunciva** (cf. supra exemplo do general De Gaulle) e a **embreagem enunciativa** (o rapaz trabalhador); entre a embreagem que visa ao retomo à instância da enunciação e a embreagem de segundo grau – ou interna – que se efetua no interior do discurso, quando o sujeito

visado já está aí instalado (cf. os dois amigos de Maupassant, cuja "interioridade" é constituída pela embreagem de suas recordações); e ainda entre a **embreagem homocategórica** (quando a debreagem e a embreagem que a seguem afetam a mesma categoria, a da pessoa, a do espaço ou a do tempo) e a **embreagem heterocategórica** (quando a categoria debreante e a embreante são distintas como, por exemplo, no caso de Baudelaire, que enuncia: "Je suis le boudoir..."). Ao contrário do que se passa no momento da debreagem (que tem por efeito referencializar a instância a partir da qual ela se efetua), a embreagem produz uma desreferencialização do enunciado que ela afeta: assim, a descrição da natureza se transforma em "estado de alma", a infância de Marcel (Proust) memorizada (isto é, tendo sido submetida à embreagem temporal) deixa de ser uma sequência de "acontecimentos" para tornar-se uma organização figurativa de "lembranças", etc. Não acreditamos que os procedimentos de embreagem possam esgotar a problemática do simbolismo; eles permitem, contudo, explicar em parte a disposição em discurso dos múltiplos aspectos da "vida interior".

6. A tipologia* dos procedimentos de embreagem que aguardamos e da qual acabamos de traçar algumas coordenadas, aliada à dos procedimentos de debreagem que é dela inseparável, é a única capaz de dar os fundamentos da definição – e da tipologia – das unidades* discursivas, e de esclarecer, de um novo ângulo, o conceito de escritura*.

➔ **Debreagem.**

EMISSIVO (FAZER ~) **adj.**
FR. ÉMISSIF (FAIRE ~); INGL. EMISSIVE DOING

Na transmissão do saber*, o fazer informativo **emissivo** caracteriza a atividade cognitiva do destinador*, por oposição ao fazer receptivo*, exercido correlativamente pelo destinatário. Enquanto ainda pouco modalizado – pois é apenas pela afirmação* (como atestado de existência) –, o fazer emissivo se opõe ao fazer persuasivo* (o qual, por pertencer à instância do destinador, joga com as categorias do ser* e do parecer*, mobilizando assim as modalidades veridictórias*).

➔ **Informativo (fazer ~), Cognitivo.**

EMISSOR s. m.

FR. ÉMETTEUR; INGL. SENDER

1. Na teoria da informação*, **emissor**, por oposição a receptor*, designa, no processo de comunicação*, a instância (pessoa, aparelho) que se encontra na fonte da mensagem*.

2. Em semiótica, e para qualquer gênero de comunicação (não somente verbal), emprega-se, de preferência, em um sentido parcialmente comparável, o termo destinador* (tomado a R. Jakobson); no caso mais particular da comunicação linguística (verbal ou escrita), o emissor é denominado enunciador*.

3. Essa diferença terminológica está ligada à que opõe a teoria da comunicação à semiótica: enquanto o emissor representa uma posição vazia (numa perspectiva essencialmente mecanicista, que procura lidar com puros autômatos), o destinador é um sujeito dotado de uma competência* particular e apreendido em um momento de seu devir (o que corresponde a um ponto de vista mais "humanizante", adotado pela semiótica).

EMPIRISMO s. m.

FR. EMPIRISME; INGL. EMPIRICISM

1. O princípio de **empirismo** é considerado por L. Hjelmslev como o critério fundamental da cientificidade* de uma teoria*. Do ponto de vista gnoseológico, o linguista dinamarquês se recusa assim a reconhecer a primazia tanto do sujeito do conhecer (ou das leis do espírito) quanto do objeto de conhecimento (a ordem das coisas), e postula a identidade dessas duas instâncias. As funções* para ele estão subjacentes às relações, e as relações devem ser, no momento da descrição, reduzidas às funções. A estrutura pode ser definida assim ao mesmo tempo como imanente e lógica.

2. Deduzindo todas as consequências desse princípio, Hjelmslev distingue a teoria da linguagem da filosofia da linguagem pela submissão da teoria ao princípio de empirismo que exige que ela satisfaça às três condições – hierarquicamente ordenadas – da não contradição (ou da coerência), da exaustividade e da simplicidade.

→ **Coerência, Exaustividade, Simplicidade.**

ENCAIXE s. m.

FR. EMBOÎTEMENT; INGL. NESTING

O **encaixe** é um procedimento complementar da localização espacial e temporal, que faz parte da articulação da categoria da concomitância*. Uma puntualidade* pode ser concomitante a uma outra, mas também a uma continuidade temporal ou espacial; duas continuidades desiguais podem sê-lo também, parcialmente. No caso do encaixe temporal, um período é incluído em outro período, e o programa* narrativo se torna assim duplamente localizado. Já o encaixe espacial parece ser mais complexo, pois se refere não somente à inclusão de linearidade, mas também de superfícies em outras superfícies (cf. o problema do quadro em semiótica planar), ou de volumes em outros volumes (em semiótica da arquitetura, por exemplo). Os procedimentos de encaixe encontram-se, portanto, em todas as semióticas visuais e temporais, e não são exclusivos da semiótica discursiva verbal.

→ **Localização espaçotemporal, Focalização.**

ÊNFASE s. f.

FR. EMPHASE; INGL. EMPHASIS

Entende-se por **ênfase** o investimento suplementar de uma unidade linguística pelo sema *intensividade*, efetuado por meios retóricos (por exemplo, a substituição de um elemento neutro por um outro, figurativo, do qual apenas o sema "intensidade" é retido) ou sintáticos (torneios de "realce", tais como "sou eu que..."). A gramática gerativa* procura dar conta das formas enfáticas, seja através de transformações* de ênfase, seja reconhecendo a ênfase no nível das estruturas profundas* como sendo um "constituinte de frase" facultativo.

ENGENDRAMENTO s. m.

FR. ENGENDREMENT; INGL. GENERATION

Engendramento é um termo empregado algumas vezes como sinônimo de geração.

→ **Geração.**

Entidade linguística

FR. Entité linguistique; INGL. Linguistic entity

A expressão **entidade linguística** pode ser considerada como equivalente do termo grandeza, mas limitada somente às semióticas das línguas* naturais.

→ Grandeza.

Entonação s. f.

FR. Intonation; INGL. Intonation

1. Constituindo uma das dimensões da prosódia*, a **entonação**, comparada de maneira imprecisa à "melodia" ou à "modulação" do enunciado oral, é considerada por alguns dependente de uma gestualidade* oral de acompanhamento e, por outros, constituinte* de enunciado, isto é, um elemento fundador deste. Tal incerteza na interpretação das unidades suprassegmentais* das línguas naturais de significante* oral vem do estatuto ambíguo dessas unidades, que são ao mesmo tempo articulações* reconhecíveis do plano da expressão* (por exemplo: *curva ascendente/curva descendente)* e articulações do plano do conteúdo* de valor gramatical *(suspensão/ conclusão)*, isto é, como morfemas* de tipo particular que organizam a sintagmática linguística no nível dos signos*, os quais dependem de um princípio de articulação completamente diferente. Compreendem-se, a partir daí, por exemplo, as razões que levam a semiótica teatral* a considerar a dimensão prosódica um significante autônomo, distinto do significante verbal do texto teatral.

2. Assim como o enunciado pode ser reduzido a um signo* ("sim"), a entonação pode ser considerada, a rigor, um prosodema que tem as dimensões de uma onomatopeia, de um "grito", de um "hm...", desprovido de qualquer significação linguística. Reduzida assim ao estado "puro", a entonação parece ainda suscetível de ser portadora de sentido, articulando-se, notadamente, segundo alguns, em categorias semânticas, como *euforia/disforia* ou *aprovação/recusa*.

→ Prosódia.

ENUNCIAÇÃO s. f.

FR. ÉNONCIATION; INGL. ENUNCIATION

1. Conforme os pressupostos epistemológicos, implícitos ou explicitados, **enunciação** se definirá de duas maneiras diferentes: seja como estrutura não linguística (referencial) que subtende à comunicação linguística, seja como uma instância linguística, logicamente pressuposta pela própria existência do enunciado (que dela contém traços e marcas*).

No primeiro caso, falar-se-á de "situação de comunicação", de contexto "psicossociológico" da produção dos enunciados, que tal situação (ou contexto referencial*) pode atualizar. No segundo caso, sendo o enunciado considerado o resultado alcançado pela enunciação, esta aparece como a instância de mediação, que assegura a colocação em enunciado-discurso das virtualidades da língua. De acordo com a primeira acepção, o conceito de enunciação tenderá a aproximar-se do de ato* de linguagem, considerado sempre na sua singularidade; de acordo com a segunda, a enunciação é concebida como um componente autônomo da teoria da linguagem, como uma instância que possibilita a passagem entre a competência* e a *performance** (linguísticas); entre as estruturas* semióticas virtuais, de cuja atualização ela deve encarregar-se, e as estruturas realizadas sob a forma de discurso. É a segunda definição que é a nossa: não sendo contraditória em relação à teoria semiótica que propomos, somente essa definição permite integrar a instância da enunciação na concepção de conjunto.

2. É a Benveniste que se deve a primeira formulação de enunciação como instância da "colocação em discurso" da língua saussuriana: entre a língua*, concebida geralmente como uma paradigmática, e a fala* – já interpretada por Hjelmslev como uma sintagmática* e tornada agora mais precisa quanto a seu estatuto de discurso –, seria necessário, com efeito, prever estruturas de mediação, imaginar também como o sistema social que é a língua pode ser assumido por uma instância individual, sem com isso se dispersar numa infinidade de falas particulares (situadas fora de toda apreensão científica). A contribuição inovadora de Benveniste tem ensejado, é verdade, numerosas exegeses de ordem metafísica ou psicanalítica, que exaltam todas as reaparições inesperadas do sujeito e que permitem rejeitar a concepção "anônima" da linguagem considerada – e desconsiderada – um sistema coletivo de coerções. Reduzindo as coisas a proporções mais modestas, não nos parece impossível integrar a nova problemática no quadro mais geral constituído pela herança saussuriana.

3. Se se concebe a enunciação como uma instância de mediação que produz o discurso, não se pode deixar de perguntar sobre o que é mediatizado (mediado) por essa instância, sobre as estruturas virtuais que estão a montante da enunciação. O debate que se instaurou a esse propósito está longe de chegar ao fim, e as posições que aí se adotam vão desde a afirmação da natureza simplesmente paradigmática da "língua" (com que podem contentar-se, a rigor, os fonólogos de estrita observância) à concepção hjelmsleviana, segundo a qual a linguagem é, ao mesmo tempo, sistema e processo, até a atitude chomskyana, que vê nas regras da formação de frases (reduzindo às vezes a paradigmática a um simples alfabeto*) o essencial da competência* linguística. Mas nós convidados a levar em conta as diferentes instâncias que, dispostas em camadas de profundidade, constituem o percurso gerativo* global, nós consideramos que o espaço das virtualidades semióticas, cuja atualização cabe à enunciação, é o lugar de residência das estruturas semionarrativas, formas que, ao se atualizarem como operações, constituem a **competência semiótica** do sujeito da enunciação.

4. Por outro lado, se a enunciação é o lugar de exercício da competência semiótica, é ao mesmo tempo a instância da instauração do sujeito (da enunciação). O lugar que se pode denominar *ego hic et nunc* é, antes da sua articulação*, semioticamente vazio e semanticamente (enquanto depósito de sentido) demasiado cheio: é a projeção (através dos procedimentos aqui reunidos sob o nome de debreagem*), para fora dessa instância, tanto dos actantes* do enunciado quanto das coordenadas espaçotemporais, que constitui o sujeito da enunciação por tudo aquilo que ele não é; é a rejeição (através dos procedimentos denominados embreagem*) das mesmas categorias, destinada a recobrir o lugar imaginário da enunciação, que confere ao sujeito o estatuto ilusório do ser. O conjunto dos procedimentos capazes de instituir o discurso como um espaço e um tempo, povoado de sujeitos outros que não o enunciador, constitui assim para nós a **competência discursiva** no sentido estrito. Se se acrescenta a isso o depósito das figuras* do mundo e das configurações[a] discursivas que permite ao sujeito da enunciação exercer seu saber-fazer figurativo, os conteúdos da competência discursiva – no sentido lato desse termo – se encontram provisoriamente esboçados.

5. O mecanismo da enunciação, de que não se pode evocar – no estado atual bastante confuso das pesquisas – a não ser as grandes linhas, corre o risco de perder o impulso se nele não se inscreve o essencial, aquilo que o faz vibrar, aquilo que faz com que a enunciação seja um ato* entre outros, a saber, a intencionalidade. Ao mesmo tempo em que recusamos o conceito de intenção* (pelo qual alguns tentam fundamentar o ato de comunicação, repousando este

numa "intenção de comunicar") – quando mais não fosse porque ele reduz a significação* a uma única dimensão consciente (como ficaria então o discurso onírico, por exemplo?) –, preferimos o de intencionalidade, que interpretamos como uma "visada do mundo", como uma relação orientada, transitiva*, graças à qual o sujeito constrói o mundo enquanto objeto ao mesmo tempo em que constrói a si próprio. Dir-se-á, então, para dar-lhe formulação canônica, que a enunciação é um enunciado cuja função-predicado é denominada "intencionalidade", e cujo objeto é o enunciado-discurso.

6. É preciso acrescentar uma última observação concernente ao que está jusante da enunciação: enquanto ato, esta tem por efeito produzir a semiose* ou, para ser mais preciso, essa sequência contínua de atos semióticos que se denomina manifestação*. O ato de significar encontra aqui as coerções da substância da expressão*, que obrigam a fazer uso de procedimentos de textualização* (unidimensional e linear, mas também bidimensional e planar, etc.). É evidente que a enunciação, considerada do ponto de vista do enunciatário, opera em sentido oposto e procede, em primeiro lugar, à abolição de toda linearidade.

7. Frequentemente insistimos numa confusão lamentável entre a enunciação propriamente dita, cujo modo de existência é ser o pressuposto lógico do enunciado, e a **enunciação enunciada** (ou narrada), que é apenas o simulacro que imita, dentro do discurso, o fazer *enunciativo:* o "eu", o "aqui" ou o "agora", encontrados no discurso enunciado, não representam de maneira nenhuma o sujeito, o espaço e o tempo da enunciação. A enunciação enunciada deve ser considerada como constituindo uma subclasse de enunciados que se fazem passar como sendo a metalinguagem descritiva (mas não científica) da enunciação.

→ Ato de linguagem, Debreagem, Competência, Intencionalidade, Enunciado.

Enunciado s. m.

FR. Énoncé; INGL. Enunciate (NEOL.) (UTTERANCE E/OU DISCOURSE)

1. No sentido geral "daquilo que é enunciado", entende-se por **enunciado** toda grandeza* dotada de sentido, pertencente à cadeia falada ou ao texto escrito, anteriormente a qualquer análise linguística ou lógica.

2. Por oposição à enunciação*, entendida como ato* de linguagem, o enunciado é o estado dela resultante, independentemente de suas dimensões sintagmáticas (frase ou discurso). Definido dessa forma, o enunciado comporta frequentemente

elementos que remetem à instância da enunciação: de um lado estão os pronomes pessoais e possessivos, os adjetivos e advérbios apreciativos, os dêiticos espaciais e temporais, etc. (cuja eliminação* permite obter um texto **enuncivo**, considerado como desprovido das marcas* da enunciação), e, de outro lado, os verbos performativos* (que são elementos descritivos da enunciação, enunciados, trazidos para o enunciado, e que podem ser igualmente considerados marcas que ajudam a conceber e a construir a instância da enunciação).

3. Toda teoria sintática se coloca o problema da forma mais simples e ao mesmo tempo autossuficiente do enunciado e a impõe em seguida por decisão axiomática*: nós a denominamos **enunciado elementar***. É a classe analisável em componentes, mas que não constitui ela própria componente de nenhuma classe (Hjelmslev): é a frase nuclear*, tomada como axioma e condição prévia de sua descrição* estrutural (gramática gerativa*), etc. Contudo, quer se trate de Hjelmslev ou de Bloomfield (e de Chomsky), a concepção do enunciado elementar repousa sobre dois princípios apriorísticos: *a)* há apenas uma única forma de enunciado elementar, e *b)* a estrutura de tal enunciado é binária*, princípios que remontam a Aristóteles e à indistinção entre lógica e linguística. Ora, esses princípios não são nem universais nem necessários. Em lugar de uma única forma elementar de enunciado, pode-se admitir – já que é livre a escolha dos axiomas – que existem duas ou várias formulações canônicas, dependendo da definição que se dê da função* que constitui o enunciado. Dessa forma, tanto em linguística (Tesnière) como em lógica (Reichenbach, entre outros), é possível conceber e postular um enunciado elementar que tenha por núcleo o verbo (ou a função) definível como uma relação entre actantes* (ou nomes próprios): a estrutura de tal enunciado será, então, binária, ternária, etc.

4. Razões ao mesmo tempo teóricas (conformidade com a abordagem estrutural que postula a prioridade das relações sobre os termos) e pragmáticas (representação mais satisfatória do ato" e, de modo mais geral, da organização narrativa) levaram-nos a conceber o enunciado como a relação-função que constitui os termos-actantes e a formulá-lo como:

$$F (A_1, A_2, ...)$$

O passo seguinte, que postula uma relação de transitividade* e que se fundamenta, ao mesmo tempo, no reconhecimento da posição simétrica dos actantes* sujeito e objeto, situados num mesmo nível estrutural, e na possibilidade de variar o investimento mínimo das relações, consiste então em postular a existência de duas formas de enunciados elementares: *a)* **enunciados de estado***, escritos como: "F junção (S; O)"; visto que a junção*, enquanto categoria*, articula-se em dois termos contraditórios, conjunção* e disjunção*, são possíveis dois tipos de enunciados de estado – **conjuntivos** (S ∩ O) e **disjuntivos** (S ∪ O); *b)* **enunciados de fazer,** escritos como "F transformação (S; O)", que dão conta da passagem de um estado a outro.

Quando um enunciado (de fazer ou de estado) rege um outro enunciado (de fazer ou de estado), o primeiro é denominado **enunciado modal***; o segundo, **enunciado descritivo***.

5. O reconhecimento da elasticidade* do discurso com seus fenômenos de condensação* e de expansão* e do princípio de isomorfismo* sintático (no nível das estruturas profundas*) que pode ser dele inferido permite postular o enunciado elementar como forma canônica apta a dar conta da organização dos discursos narrativos. Assim, tomando como exemplo o esquema proppiano, o enunciado de estado disjuntivo corresponde à "falta inicial" e o enunciado de estado conjuntivo, à "liquidação da falta": o enunciado de fazer inscrito entre os dois explicará a passagem do estado inicial ao final:

$$F\,[S_1 \rightarrow (S_2 \cap O)]$$

(a função de transformação* está indicada pela flecha e a conjunção pelo signo ∩). Vê-se, então, que a formulação, em termos de **enunciados narrativos,** da organização do discurso (e as "funções" de V. Propp devem ser previamente reescritas como enunciados narrativos) é levada a dar-lhe uma forma sintática "condensada": é, contudo, evidente que cada enunciado (ou cada sintagma* narrativo), pelo procedimento da substituição*, pode ser substituído por uma sequência de enunciados, em "expansão": assim, o enunciado de fazer é, às vezes, substituído por uma sequência de três enunciados chamada prova*. Tais operações de substituição estabelecem as primeiras balizas para um cálculo de enunciados narrativos.

➜ **Função, Transitividade, Estado, Fazer, Junção, Transformação, Modalidade, Programa narrativo, Sintaxe narrativa de superfície, Discurso.**

ENUNCIADOR/ENUNCIATÁRIO s. m.

FR. ÉNONCIATEUR/ÉNONCIATAIRE; INGL. ENUNCIATOR/ENUNCIATEE

A estrutura da enunciação*, considerada como quadro implícito e logicamente pressuposto pela existência do enunciado, comporta duas instâncias: a do enunciador e a do enunciatário. Denominar-se-á **enunciador** o destinador* implícito da enunciação (ou da "comunicação"), distinguindo-o assim do narrador* – como o "eu", por exemplo – que é um actante* obtido pelo procedimento de debreagem*, e instalado explicitamente no discurso. Paralelamente, o **enunciatário** corresponderá ao destinatário implícito da enunciação, diferenciando-se, portanto, do narratário* (por exemplo: "o leitor compreenderá que..."), reconhecível como tal no interior do enunciado. Assim compreendido, o enunciatário não é apenas destinatário da comunicação, mas também sujeito produtor do discurso, por ser a "leitura" um ato* de linguagem (um ato de significar) da mesma maneira que a produção do discurso propriamente dito. O termo "sujeito da enunciação", empregado frequentemente como sinônimo de enunciador, cobre de fato as duas posições actanciais de enunciador e de enunciatário.

→ Destinador.

EPISTEME s. f.

FR. ÉPISTÉMÉ; INGL. EPISTEME

1. A noção de **episteme** admite pelo menos duas definições possíveis. De um lado, pode-se designar com o nome episteme a organização hierárquica – situada no nível das estruturas semióticas profundas* – de vários sistemas* semióticos, capaz de gerar, com a ajuda de uma combinatória* e de regras* restritivas de incompatibilidade*, o conjunto das manifestações (realizadas ou possíveis) recobertas por esses sistemas dentro de uma dada cultura; uma nova série de regras de restrição deve permitir limitar a manifestação às estruturas de superfície* efetivamente realizadas. Foi assim, por exemplo, que A. J. Greimas e F. Rastier tentaram construir uma episteme organizando hierarquicamente os sistemas semióticos que formulam relações sexuais, sociomatrimoniais e econômicas no universo cultural francês tradicional.

2. Pode-se igualmente definir episteme como uma metassemiótica* da cultura*, isto é, como a atitude que uma comunidade sociocultural adota com relação a seus

próprios signos (cf. J. Lotman, M. Foucault). Assim, por exemplo, para a cultura medieval o signo é essencialmente metonímico e remete a uma totalidade subjacente, enquanto para a cultura do Século das Luzes é ele "natural" e denota perfeitamente as coisas. É ainda nesta perspectiva que R. Barthes pôde dizer que o signo saussuriano é "burguês". Assim concebida, a episteme deve ser considerada como uma metassemiótica conotativa.

→ Conotação, Semiótica.

Epistêmicas (modalidades ~) adj.
FR. Épistémiques (modalités ~); INGL. Epistemic modalities

1. As **modalidades epistêmicas** dizem respeito à competência* do enunciatário* (ou, no caso do discurso narrativo, do Destinador* final) que, em seguida ao seu fazer interpretativo*, "toma a cargo", assume (ou sanciona) as posições cognitivas* formuladas pelo enunciador (ou submetidas pelo Sujeito). Na medida em que no interior do contrato* enunciativo (implícito ou explícito) o enunciador exerce um fazer persuasivo* (isto é, um fazer-crer), o enunciatário, por sua vez, finaliza o seu fazer interpretativo por um **juízo epistêmico** (isto é, por um crer) que ele emite sobre os enunciados de estado* que lhe são submetidos. É preciso, entretanto, levar em conta o fato de que o enunciado que ele recebe, quaisquer que sejam as suas modalizações anteriores, se lhe apresenta como uma manifestação* (um *parecer* ou um *não parecer*) a partir da qual ele deve estatuir sobre a sua imanência* (seu *ser* ou seu *não ser*): assim, o juízo epistêmico é uma assunção do numenal* a partir do fenomenal interpretado.

2. Do ponto de vista semiótico, pode-se falar de uma **estrutura modal epistêmica** quando a modalidade do crer* sobredetermina um enunciado de estado (que tem por predicado um "ser" já modalizado). A projeção de tal estrutura no quadrado* permite a formulação da categoria modal epistêmica:

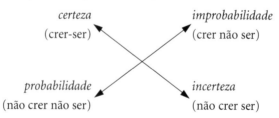

Vê-se que cada um dos termos do quadrado pode ser considerado como um valor modal (ser denominado) ou como uma estrutura modal (ser sintaticamente definido).

3. Notar-se-á que, diferentemente das modalidades aléticas*, por exemplo, em que a oposição *possível/impossível* corresponde a uma contradição* que exclui qualquer terceiro termo, a categoria epistêmica comporta apenas oposições graduais e relativas que permitem a manifestação de um grande número de posições intermediárias. Esse estatuto particular das modalidades epistêmicas abrem simplesmente uma nova problemática, a da **competência epistêmica**: o juízo epistêmico não depende somente do valor do fazer interpretativo que se supõe o preceda (isto é, do saber que incide sobre as modalizações veridictórias* do enunciado), mas também – numa medida a ser ainda determinada – do querer-crer e do poder-crer do sujeito epistêmico.

4. O discurso que se quer científico (em ciências humanas) caracteriza-se, entre outras coisas, por uma (super)abundância de modalizações epistêmicas, que estão como que no dever de suprir a falta de procedimentos de verificação*; aliás, acontece quase a mesma coisa nas ciências experimentais e nos discursos de descoberta* que encontram dificuldade na verificação de suas hipóteses. É assim que o conceito de aceitabilidade* proposto pela gramática gerativa* corresponde de fato a um juízo epistêmico, baseado na modalidade do poder*, juízo que não pode ser senão relativo (jamais categórico).

→ Crer, Modalidade.

Epistemologia s. f.

FR. Épistémologie; INGL. Epistemology

1. **Epistemologia** é a análise dos axiomas*, das hipóteses* e dos procedimentos*, e mesmo dos resultados que especificam uma dada ciência: com efeito, ela se propõe como objetivo examinar a organização e o funcionamento das abordagens científicas e apreciar-lhes o valor. Assim concebida, a epistemologia não poderia ser confundida nem com a metodologia* nem com a teoria do conhecimento (ou gnoscologia) – às vezes denominada também epistemologia –, que estuda a relação entre sujeito* e objeto* do ponto de vista filosófico.

2. O **nível* epistemológico** é uma característica essencial de toda teoria bem formada. Partindo do material (ou linguagem-objeto) estudado (considerado como nível 1), pode-se situar antes de mais nada o plano da descrição* (nível 2) que é uma representação metalinguística do nível 1, e o da metodologia (nível 3) que define os conceitos* descritivos. É em um plano hierarquicamente superior (nível 4) que se localiza a epistemologia: a ela compete criticar e verificar a solidez do nível

metodológico, testando-lhe a coerência e medindo-lhe a adequação* relativamente à descrição, e avaliar, entre outras coisas, os procedimentos de descoberta*.

3. Toda teoria repousa em um número mais ou menos grande de conceitos não definidos que devem ser lançados à conta daquilo que se denomina **inventário epistemológico**; da mesma forma, deve procurar reduzir ao mínimo o número desses conceitos, graças em particular às interdefinições (que asseguram a coerência), e permitir alcançar assim o **mínimo epistemológico** indispensável (cujo princípio é o de que o número de postulados implícitos seja o mais baixo possível).

→ Teoria, Coerência.

EQUILÍBRIO s. m.

FR. ÉQUILIBRE; INGL. EQUILIBRIUM

1. Posto em voga pela linguística diacrônica, o princípio de **equilíbrio**, se bem que de natureza teleológica, permite explicar transformações diacrônicas dos sistemas semióticos; introduzido por Troubetzkoy, foi retomado por Benveniste e Martinet.

2. Toda estrutura* se situa em um estado de equilíbrio relativamente instável, resultante da influência de fatores externos (e notadamente das tendências). Se a comparação de dois estados* sucessivos serve efetivamente para precisar a natureza das transformações* ocorridas, isto provém do fato de que o princípio de equilíbrio recorre a outro postulado não definido, a saber, que um sistema desequilibrado tende a voltar a um novo estado de equilíbrio (idêntico ou diferente).

3. Na estrutura* elementar de significação, os termos* da segunda geração podem, segundo V. Brøndal, estar presentes seja em estado de equilíbrio (termo complexo*), seja em desequilíbrio; nesse último caso, eles serão de dominância positiva (termo complexo positivo) ou negativa (termo complexo negativo). O desequilíbrio pressupõe um percurso sintagmático no quadrado* semiótico (criador de novas posições).

4. Em semiótica narrativa, falar-se-á de **equilíbrio narrativo** quando o esquema for articulado pela estrutura de troca* ou, mais amplamente, do contrato* (com sua execução pelas partes contratantes).

→ Economia, Diacronia, Dominância.

Equivalência s. f.

FR. Équivalence; INGL. Equivalence

1. Em linguística, duas gramáticas* são consideradas **equivalentes** se, formuladas em duas metalinguagens* diferentes, podem ser formalizadas* com a ajuda de dois sistemas formais isomorfos*; num nível mais restrito, e no quadro da gramática gerativa*, duas frases são consideradas equivalentes se mantêm entre si uma relação de implicação* recíproca (exemplo: ativo/passivo).

2. Do ponto de vista semântico, a **equivalência** corresponde a uma identidade* sêmica* parcial entre duas ou mais unidades reconhecidas. Ela autoriza a análise semântica, ao permitir a redução* dos parassinônimos*; destacando as diferenças*, ajuda-nos a compreender o funcionamento metalinguístico do discurso.

3. Na análise do discurso, que postula vários níveis (de acordo com o esquema do percurso gerativo*), são reconhecidas entre eles relações de equivalência que podem ser explicadas por procedimentos de conversão* (ou de transformação* vertical): partindo-se do nível mais abstrato para os níveis mais concretos, novos componentes (antropomorfo, figurativo, etc.) se acrescentam e se desenvolvem sobre um fundo de identidades constantes.

→ **Identidade, Conversão, Transformação.**

Escrita s. f.

FR. Écriture; INGL. Writing

1. Entende-se por **escrita** a manifestação de uma língua* natural com o auxílio de um significante* cuja substância* é de natureza visual e gráfica (ou pictográfica). Discute-se quanto ao caráter derivado ou autônomo da escrita em relação à expressão oral: os defensores do estatuto derivado (R. Jakobson, por exemplo) apoiam-se nos dados da história da escrita, ao passo que a afirmação de sua autonomia (L. Hjelmslev) inclina-se no sentido de se estabelecer uma tipologia.

2. Uma tipologia, ainda provisória, das escritas permite distinguir três gêneros:

a) uma escrita **narrativa** (ou sintagmática) em que cada desenho corresponde a um enunciado narrativo (esquimós e índios do Alasca);

b) uma escrita **morfemática** (ou analítica) em que a um grafema corresponde um signo-morfema (escrita chinesa, egípcia, etc.);

c) uma escrita **fonemática** que estabelece a correspondência entre grafemas e fonemas (línguas ocidentais, por exemplo). A história da escrita, insuficientemente conhecida, mostra, naturalmente, que os tipos de escrita "em estado puro" são raros, senão inexistentes.

ESCRITURA s. f.
FR. ÉCRITURE; INGL. WRITTING

Em semiótica literária, o termo **escritura**, tomado aos Goncourt, foi introduzido e popularizado por R. Barthes. Vítima de seu sucesso – explorado pela crítica literária (mas também pela de outras artes) e, mais recentemente, pela filosofia da linguagem (J. Derrida) –, o conceito de escritura se volatizou em boa parte e, apesar de suas promessas, permanece de eficiência operatória* extremamente fraca. Enquanto propriedade do universo socioletal*, escritura pode opor-se a estilo* que caracteriza o universo idioletal*, se bem que a natureza dessa oposição tenha dado lugar a diversas interpretações. Manifestação iterativa e estereotipada das formas literárias (podendo a escritura clássica, por exemplo, ser caracterizada pela metáfora), situada no nível das estruturas discursivas do texto, escritura continua ainda objeto de uma apreensão intuitiva e probabilística.

→ Socioleto, Embreagem.

ESPACIALIZAÇÃO s. f.
FR. SPATIALISATION; INGL. SPATIALIZATION

1. Não obstante a preferência de que goza atualmente a noção de espaço*, o campo semântico, coberto por esse termo, continua ambíguo e incerto. Diferentes semióticas se utilizam desse termo a seu talante, sem que se desenvolva igualmente um esforço de reflexão comparativa e de conjunto.

2. No percurso gerativo* global, **espacialização** aparece como um dos componentes da discursivização (da colocação em discurso das estruturas semióticas mais profundas). Comporta, em primeiro lugar, procedimentos de localização* espacial, interpretáveis como operações de debreagem* e de embreagem* efetuadas pelo enunciador* para projetar fora de si e aplicar no discurso enunciado uma organização espacial mais ou menos autônoma, que serve de quadro para a inscrição

dos programas* narrativos e de seus encadeamentos. A espacialização inclui, por outro lado, procedimentos de programação* espacial, graças aos quais se realiza uma disposição linear dos espaços parciais (obtidos pela localização), conforme a programação temporal dos programas narrativos.

3. A localização espacial, situada na dimensão pragmática* do discurso, deve ser distinguida da **espacialização cognitiva** que consiste em investir de propriedades espaciais (cf. "ver", "ouvir", "dizer", "tocar", etc.) as relações cognitivas entre diferentes actantes (entre sujeitos, mas também entre sujeitos e objetos). A análise discursiva, que busca reconhecer e ordenar tais fatos de espacialidade, vê-se autorizada, em contrapartida, a instituir uma dimensão cognitiva*, superposta à dimensão pragmática, mas não homologável a ela.

4. A noção de espacialização cognitiva introduz a problemática da **proxêmica***, disciplina que situa seu projeto fora da semiótica discursiva. Procurando analisar a disposição dos sujeitos e dos objetos no espaço em uma perspectiva que já não é a da descrição da espacialidade, mas da exploração do espaço para fins de significação, a proxêmica levanta o problema das linguagens espaciais que se utilizam das categorias espaciais para falar de outra coisa que não seja o espaço.

> → Espaço, Discursivização, Debreagem, Localização
> espaçotemporal, Programação espaçotemporal,
> Cognitivo, Proxêmica.

Espaço s. m.

FR. Espace; INGL. Space

1. O termo **espaço** é utilizado em semiótica com acepções diferentes, cujo denominador comum seria o ser considerado um **objeto construído** (que comporta elementos descontínuos) a partir da extensão, esta encarada como uma grandeza plena, sem solução de continuidade. A construção do objeto-espaço pode ser examinada do ponto de vista geométrico (esvaziada qualquer outra propriedade), do ponto de vista psicofisiológico (como emergência progressiva das qualidades espaciais a partir da confusão original), ou do ponto de vista sociocultural (como a organização cultural da natureza*: exemplo, o espaço construído). Se a isso acrescentarmos os diferentes empregos metafóricos dessa palavra, constataremos que a utilização do termo espaço requer grande cautela por parte do semioticista.

2. Na medida em que a semiótica inclui em suas preocupações o sujeito considerado como produtor e como consumidor de espaço, a definição de espaço implica a participação de todos os sentidos e exige que sejam tomadas em consideração todas as qualidades sensíveis (visuais, táteis, térmicas, acústicas, etc.). O objeto-espaço identifica-se então em parte com o da semiótica do mundo* natural (que trata não somente das significações do mundo, mas também das que se referem aos comportamentos somáticos do homem), e a exploração do espaço não é senão a construção explícita* dessa semiótica. A **semiótica do espaço** dela se distingue, entretanto, pelo fato de que procura explicar as transformações que a semiótica natural sofre graças à intervenção do homem que, ao produzir novas relações entre os sujeitos e os objetos "fabricados" (investidos de novos valores), a substitui – em parte pelo menos – pelas semióticas artificiais.

3. No sentido mais restrito do termo, o espaço só é definido por suas **propriedades visuais**. É assim que a semiótica da arquitetura (e às vezes mesmo a do urbanismo) delimita voluntariamente seu objeto com base apenas na consideração das formas, dos volumes e de suas relações recíprocas. Entretanto, como convém considerar os sujeitos humanos que são os usuários dos espaços, os seus comportamentos programados são examinados e relacionados com o uso que fazem do espaço. Essa inscrição dos programas* narrativos nos espaços segmentados constitui a programação* espacial, de ordem funcional, que aparece hoje como componente da semiótica do espaço que conquistou uma certa eficácia operatória*. Abstração feita de seu caráter funcional, essa programação corresponde, *grosso modo*, aos modelos de distribuição espacial empregados na análise dos discursos narrativos.

4. Com uma restrição suplementar, o espaço passa a ser definido somente por sua tridimensionalidade, valorizando mais particularmente um de seus eixos, a prospectividade (cf. a perspectiva na pintura), que corresponde, no discurso narrativo, à linearidade* do texto seguida pelo percurso do sujeito. A **semiótica planar*** (bidimensional), por sua vez, é levada a dar conta, a partir de uma superfície que nada mais é do que um conjunto de configurações e de manchas coloridas, da elaboração dos procedimentos que permitem dar ao sujeito (situado diante da superfície) a ilusão de um espaço prospectivo. As preocupações, relativas à construção da dimensão prospectiva, ao focalizar a atenção dos pesquisadores, explicam talvez, em parte, um certo atraso na semiótica planar.

5. Além dos conceitos de espacialização* e de localização* espacial, a semiótica narrativa e discursiva utiliza também o de **espaço cognitivo**, que permite explicar

a inscrição no espaço das relações cognitivas entre sujeitos (tais como: ver, ouvir, tocar, aproximar-se para escutar, etc.).

→ Mundo natural, Espacialização, Localização espaçotemporal, Cognitivo, Debreagem.

ESQUEMA s. m.

FR. SCHÉMA; INGL. SCHEMA

1. Utiliza-se o termo **esquema** para designar a representação* de um objeto semiótico reduzido às suas propriedades essenciais.

2. Foi assim que L. Hjelmslev introduziu a expressão **esquema linguístico** como substituto da língua* saussuriana, opondo-o ao uso linguístico, que substitui, com vantagem, no seu parecer, o conceito de fala*, julgado insuficiente do ponto de vista teórico. Essa dicotomia, aplicada apenas às línguas naturais, pode ser estendida às outras semióticas: nesse caso, esquema (ou forma*, no sentido saussuriano) está oposto a substância*.

3. Tentamos explorar a dicotomia esquema/uso em semântica geral: se desig-namos com o nome de esquema a combinatória* sêmica aberta de que uma cultura dispõe como conjunto de virtualidades, o termo uso servirá então para denominar a combinatória restrita e fechada, isto é, um conjunto das combinações (ou expres-sões*) semêmicas tais como são efetivamente produzidas.

4. No sentido restrito, chama-se esquema uma das dimensões* do quadrado semiótico, aquela que reúne dois termos contraditórios*. Distingue-se um **esquema positivo** (aquele cujo primeiro termo pertence à dêixis* positiva) e um **esquema negativo** (no qual o primeiro termo está situado na dêixis negativa). A denomina-ção escolhida para esse fim é semimotivada, porque remete à concepção da forma semiótica como sendo feita de exclusões, de presenças e de ausências.

→ Uso, Quadrado semiótico [para o esquema narrativo, →Narrativo (esquema ~)].

Estado s. m.

FR. ÉTAT; INGL. STATE

1. O termo **estado** pode ser homologado ao de contínuo*, sendo o descontínuo, que aí introduz a ruptura, o lugar da transformação*.

2. Para explicar as transformações diacrônicas*, a linguística utiliza o conceito de **estado de língua** (ou estado linguístico): as transformações ocorridas só podem ser descritas postulando-se primeiro a existência de dois estados de língua sucessivos. Esses estados de língua são definidos de maneiras diferentes:

a) seja como dois cortes sincrônicos*, efetuados no contínuo histórico e separados por uma certa duração (trata-se então de uma abordagem empírica e trivial);

b) seja como duas estruturas linguísticas acrônicas* relativas a uma tipologia das línguas (L. Hjelmslev);

c) seja, enfim, como dois estados de equilíbrio* relativamente instáveis, em que as tendências identificáveis no primeiro estado, graças à comparação, aparecem como soluções realizadas no segundo (E. Benveniste).

Essas abordagens linguísticas podem evidentemente ser aplicadas ao estudo das transformações dos sistemas semióticos em geral.

3. O discurso, e, mais particularmente, o discurso narrativo, pode ser considerado como uma sequência de **estados**, precedidos e/ou seguidos de transformações*. A representação lógico-semântica de tal discurso deverá então introduzir **enunciados de estado** correspondentes a junções* entre sujeitos e objetos, e enunciados de fazer* que exprimam as transformações.

→ **Diacronia, Enunciado, Sintaxe narrativa de superfície.**

Estilo s. m.

FR. STYLE; INGL. STYLE

1. O termo **estilo** é do âmbito da crítica literária e é difícil, senão impossível, dar a ele uma definição semiótica. Enquanto no século XVIII o estilo achava-se preso a uma abordagem socioletal* e correspondia, na tipologia dos discursos, ao conceito sociolinguístico de registro*, no século XIX ele se transforma na característica pessoal de um escritor e aproxima-se da concepção atual de universo idioletal.

2. Em seus primeiros escritos, Roland Barthes procurou definir o estilo, opondo-o à escritura: segundo ele, o estilo seria o universo idioletal, regido e organizado por nossa

categoria tímica* *euforia/disforia* (= conjunto de atrações e repulsões) que lhe estaria subjacente. Enquanto a noção de escritura teve o sucesso que todos conhecemos, a de estilo parece não ter sido explorada e aprofundada depois disso.

→ Idioleto, Escritura.

Estilística s. f.

FR. Stylistique; INGL. Stylistics

1. A **estilística** é um domínio de pesquisas que se inscreve na tradição da retórica*, mas que se afirmou na França somente no fim do século XIX. Oscilando entre a linguística e os estudos literários, não conseguiu organizar-se como disciplina autônoma. Ela se esforça geralmente por reconhecer e classificar os **procedimentos*** **estilísticos**, fatos textuais comparáveis às figuras* de retórica. Entretanto, é a própria interpretação desses procedimentos que causa dificuldades e suscita divergências no próprio seio da estilística:

a) Os procedimentos estilísticos podem ser estudados em sincronia e reunidos em "sistema de meios de expressão de uma dada língua": esse "sistema" é dado, em tal caso, como subjacente à manifestação linguística dos fenômenos de sensibilidade, de afetividade; trata-se, aqui, da **estilística linguística** tal como a concebe Ch. Bally.

b) Partindo da concepção de estilo* como "estilo do autor", pode-se considerar o conjunto dos procedimentos repertoriados e analisados no interior de uma obra como algo que traduz a "visão de mundo" de seu autor; tal interpretação dá desde já uma ideia daquilo que pode ser uma **estilística literária**, tal como a representada por L. Spitzer, por exemplo.

2. Essas duas abordagens defrontam-se, entretanto, com uma dificuldade metodológica considerável no nível do reconhecimento* – que não seria mais intuitivo – dos procedimentos estilísticos e de sua avaliação (mediante a qual se poderiam distinguir as mais significativas ou as mais "importantes"). Surge, então, uma estilística descritiva fundamentada na definição do procedimento como desvio* (em relação à norma*). O desvio pode ser reconhecido, quer mediante métodos estatísticos aplicados a vários textos (principalmente do ponto de vista do vocabulário*): é o caso da **estilística estatística** de P. Guiraud, quer confiando no informante leitor "normal" ("o brasileiro médio inteligente", com base na proposta de M. Riffaterre). Incapaz, no estado atual das investigões, de definir a norma de um discurso literário, decepcionante no que toca aos resultados medíocres que conseguiu obter, a **estilística dos desvios** foi aban-

donada por aqueles mesmos que a promoviam; estes estão procurando agora elaborar uma **estilística estrutural** (M. Riffaterre) mais próxima das preocupações semióticas.

3. Em semiótica, qualificar-se-ão de **estilísticos** os fatos estruturais pertencentes tanto à forma do conteúdo* de um discurso quanto aqueles pertencentes à forma da expressão* que se acham situados além do nível de pertinência* escolhido para descrição* (que não as toma, pois, em consideração). Com efeito, dada a complexidade da organização tanto sintática quanto semântica dos textos (sobretudo os literários), o analista vê-se obrigado, por razões estratégicas, a adotar um só ponto de vista e impor, assim, um limite à sua descrição, deixando de lado, pelo menos provisoriamente, uma multidão de fatos textuais. A fronteira entre o semântico e o estilístico é, por conseguinte, de ordem operatória*, e não de ordem categorial.

➜ Estilo, Procedimento estilístico, Extração.

Estratégia s. f.

FR. Stratégie; INGL. Strategy

1. Tomado por empréstimo, em parte, à teoria dos jogos, o termo **estratégia** introduz-se pouco a pouco em semiótica, na qual cobre um campo de problemas de contornos ainda muito vagos. Seria preciso inicialmente distinguir a **estratégia discursiva**, a do sujeito da enunciação* que opera a colocação em discurso (ou discursivização*) das estruturas narrativas, da **estratégia narrativa**, que visa elaborar esquemas narrativos* a partir dos quais se pode tentar a geração dos discursos.

2. A estratégia narrativa parece compreender, por um lado, a programação no sentido amplo (ou seja, o estabelecimento dos programas* narrativos complexos, que diz respeito à construção, à circulação e à destruição dos objetos*-valor, bem como à instauração dos sujeitos delegados, encarregados da execução de programas narrativos anexos), e, por outro, a manipulação* propriamente dita (isto é, o exercício do "fazer-fazer" que conduz os antissujeitos a construírem e a realizarem os programas narrativos queridos na realidade pelos sujeitos). Nessas duas direções, a estratégia invade o terreno das instâncias da sintaxe* narrativa, que tratam da mobilização e do funcionamento dos percursos narrativos*. Conviria, talvez, reservar esse termo para a instância superior e última da organização narrativa, situando aí o exame dos modos de articulação, entre outras, os daquelas unidades sintáticas, de amplas dimensões, que se chamam percursos narrativos*.

➜ Narrativo (percurso ~).

Estrutura s. f.

FR. Structure; INGL. Structure

A. Sentido geral

1. Sem entrar nas controvérsias filosóficas e ideológicas que a noção de **estrutura** continua provocando, convém estabelecer com precisão os elementos constitutivos da definição desse conceito, situando-a no quadro da linguística* estrutural que conseguiu dar-lhe um caráter operatório*. Retomando, nas suas grandes linhas, a formulação dada por L. Hjelmslev, consideraremos a estrutura uma entidade autônoma de relações* internas, constituídas em hierarquias*. Para explicitar esta definição, retomemos um a um todos os seus elementos:

a) Tal concepção implica a prioridade atribuída às relações em detrimento dos elementos*: uma estrutura é antes de tudo uma rede relacional, cujas intersecções constituem os termos.

b) A rede relacional que define a estrutura é uma hierarquia, vale dizer, uma grandeza* decomponível em partes que, estando sempre relacionadas entre si, mantêm relações com o todo que constituem.

c) A estrutura é uma entidade autônoma, o que significa que, mesmo mantendo relações de dependência e de interdependência com o conjunto mais vasto do qual faz parte, ela é dotada de uma organização interna que lhe é própria.

d) A estrutura é uma entidade, isto é, uma grandeza cujo estatuto ontológico não tem necessidade de ser interrogado e deve, pelo contrário, ser colocado entre parênteses, a fim de tornar o conceito operatório.

Assim, a questão de saber se as estruturas são imanentes* ao objeto examinado ou se são construções* resultantes da atividade cognitiva do sujeito cognoscente, por fundamental que seja do ponto de vista filosófico, deve ser excluída das preocupações propriamente semióticas. Da mesma forma, os pressupostos filosóficos que estão por trás da concepção de estrutura – e que se manifestam sobretudo na maneira de encarar as relações entre estrutura e função* e de definir esta última – dando-lhe ora uma coloração ligeiramente mecanicista (Bloomfield) ou fenomenológica (Hjelmslev), ora levemente organicista (Benveniste), enriquecem o instrumental epistemometodológico sem prejudicar seu caráter operatório.

2. Tal concepção de estrutura constitui um plano de fundo para a teoria semiótica*, uma "atitude científica" a partir da qual se esboçam os percursos metodológicos do pesquisador. Considerada em si, a estrutura não é propriedade específica nem da semiótica, nem sequer das ciências humanas tomadas em seu

conjunto. Feitos uns pequenos ajustamentos, poder-se-ia dizer que ela se acha implicada em todo projeto ou abordagem com objetivo científico. E sobretudo a dificuldade experimentada pelas ciências do homem de passar do estado de "opiniões" ao estado de "disciplinas" que conduziu a linguística, num momento crítico de seu amadurecimento, a explicitar os princípios em que repousa o seu próprio fazer. Aliás, é preciso acrescentar que tal definição da estrutura não é diretamente operatória: sendo de tipo muito geral, aplica-se a todo conjunto que se supõe organizado ou que se tem a intenção de organizar. Sendo definida como uma rede relacional, estrutura remete ao conceito de relação* e pressupõe, para ser eficaz em semiótica, uma tipologia das relações. Considerada como rede, ela não nos informa nem sobre sua extensão, nem sobre sua complexidade: o problema das organizações estruturais mínimas, das **estruturas elementares***, coloca-se naturalmente, pois somente elas podem permitir-nos compreender os modos de existência e de funcionamento de conjuntos mais complexos.

→ Relação, Hierarquia, Função.

B. Estrutura elementar da significação

l. Aceitando-se definir estrutura como "uma rede relacional", a reflexão a respeito da **estrutura elementar** deve recair primeiro sobre uma única relação, considerada como relação simples. Afirmando, no mesmo quadro definicional, que os "objetos do mundo" não são cognoscíveis em si mesmos, mas unicamente por suas determinações (ou suas propriedades), e que, por outro lado, estas só podem ser reconhecidas como valores* (vale dizer, umas em relação às outras), somos levados a postular que é a relação, sozinha, que institui as "propriedades"; estas, por sua vez, servem de determinações para os objetos e os tornam cognoscíveis. Tal relação, dita elementar*, apresenta-se, contudo, sob um duplo aspecto: ela fundamenta a "diferença" entre os valores, mas a diferença, para ter sentido, só pode repousar sobre a "semelhança" que situa os valores um em relação ao outro. Assim interpretada, a relação que funda a estrutura elementar inclui a definição do eixo sintagmático* (relação "e... e") e a do eixo paradigmático* (relação "ou... ou") da linguagem. Definida como relação que estabelece ao menos dois termos-valor, a estrutura elementar deve ser considerada, de um lado, um conceito que reúne as condições mínimas da apreensão e/ou da produção da significação e, de outro, como um modelo* que contém a definição mínima de toda linguagem (ou, de modo mais geral, de toda semiótica*) e de toda unidade semiótica: ela se apresenta, assim, como lugar de convergência da reflexão gnoseológica e da postulação epistemológica de uma axiomática* ulterior.

2. O conceito de estrutura elementar só pode tornar-se operatório se submetido a uma interpretação e a uma formulação lógicas. É a tipologia das relações elementares (contradição*, contrariedade*, complementaridade*) que abre caminho para novas gerações de termos interdefinidos e que permite dar uma representação* da estrutura elementar da significação sob a forma de quadrado* semiótico.

3. Assim formulada, a estrutura elementar pode ser considerada um modelo* constitucional e isso num duplo sentido: modelo de organização da significação (trata-se de seu aspecto morfológico* ou taxionômico) e modelo de produção* (seu aspecto sintático*). Enquanto estrutura profunda*, ela fundamenta o nível da sintaxe fundamental.

4. Por outro lado, a estrutura elementar deve ser encarada como um lugar de investimento* e de enformação (ou *mise en forme*) dos conteúdos: os conteúdos, sintáticos ou semânticos (*stricto sensu*), projetados sobre o quadrado, são articuláveis em posições previsíveis e constituíveis em categorias* semânticas. Assim, por exemplo, todo actante* pode "explodir" e dar lugar a uma categoria actancial (actante, antiactante, negactante, neganti-actante).

5. Uma categoria semântica assim obtida poderá servir de base a um conjunto de subarticulações hipotáxicas*, cada vez mais finas, e cobrir, em razão disso, um microuniverso* semântico gerador de discurso. Certas categorias – abstratas e muito gerais – podem ser consideradas, a título de hipótese*, universais* semânticos, isto é, como **estruturas axiológicas elementares**: nessa linha, dir-se-á que a categoria *vida/morte* articula os universos individuais* e que a categoria *natureza/cultura* articula os universos coletivos*. A essas duas estruturas elementares acrescentar-se-á, devido à sua grande generalidade, a **estrutura axiológica figurativa***, que articula, sob a forma de quadrado, os quatro "elementos da natureza" (fogo, água, ar, terra).

6. A estrutura elementar, enquanto modelo de articulação, encontra sua principal utilização no nível das estruturas profundas e abstratas. Ela desempenha aí o papel de procedimento de descrição* (e, eventualmente, de descoberta⁴), permitindo representar os fatos semióticos anteriormente à manifestação* (e, em se tratando das línguas naturais, anteriormente à lexicalização*). Sendo assim, a aplicação quase mecânica desse modelo aos fenômenos de superfície constitui, na maioria das vezes, apenas uma caricatura dos procedimentos semióticos. Isso não quer dizer, entretanto, que as articulações elementares não apareçam na superfície, no nível dos signos-morfemas por exemplo; mas as categorias não lexicalizam aí senão raramente o conjunto de seus termos possíveis: elas apresentam à manifestação formas variadas que poderão ser

apreendidas como articulações binárias (masculino/feminino, por exemplo), ternárias (amor/ódio/indiferença, por exemplo), etc.

→ Quadrado semiótico.

C. Formas estruturais

1. Ao lado do sentido preciso que acabamos de reconhecer para o termo estrutura, o uso cotidiano impôs uma acepção mais geral que corresponde mais ou menos ao sentido que se atribui a articulação, organização, dispositivo, mecanismo, etc., e que insiste no caráter relacional – suposto ou estabelecido – dos conjuntos ou dos objetos semióticos em questão. Sendo assim, para introduzir mais clareza na disposição do material deste dicionário, julgamos bom reunir aqui um conjunto bastante desarmônico de expressões de uso corrente, dotando cada uma delas de algumas explicações sumárias e remissões (que permitem aprofundar esta ou aquela questão).

2. *Estruturas actanciais e actoriais*

A distinção que se estabeleceu, a partir da noção intuitiva de personagem* (ou de *dramatis persona* de V. Propp), entre actante* e ator*, não deixou de repercutir no conjunto da teoria semiótica. O actante, unidade sintática da gramática narrativa de superfície, uma vez colocado no percurso narrativo*, foi decomposto num conjunto de papéis actanciais*; o ator, unidade discursiva, foi redefinido como a encarnação, o lugar de investimento, no discurso, ao mesmo tempo de pelo menos um papel actancial e de pelo menos um papel temático*. Nessas condições, o dispositivo actancial – conjunto de actantes assumidos pela gramática narrativa com vistas à geração do discurso – revelou-se não isomorfo em relação à organização actorial, tal como é constituída no nível discursivo do mesmo texto (a modalidade do *poder-fazer,* por exemplo, apresentar-se-á sob a forma de um ator independente, *v. g.* um objeto mágico, ou será integrada ao sujeito-herói, como propriedade intrínseca). A partir dessas observações, pode-se falar de **estruturas actoriais**, características deste ou daquele tipo de discurso: a estrutura actorial será objetivada (e socializada) quando o dispositivo actorial for caracterizado pela mobilização de um número elevado de atores independentes; será chamada subjetivada (ou psicologizada) se o número de atores presentes no discurso é reduzido e se resume, a rigor, a um único ator que subsume um grande número de papéis actanciais (ensejando uma dramatização interior intensa, bem conhecida em psicanálise).

→ Actante, Actancial (papel ~), Actorialização, Ator.

3. *Estruturas aspectuais e categoriais*

Situada no nível semiótico profundo, a gramática narrativa utiliza uma lógica categorial baseada no caráter discreto* das unidades e no caráter descontínuo dos estados* (um objeto do mundo é "negro" ou "não negro", sem transição). As estruturas narrativas assim formuladas encontram-se, no momento da discursivização*, temporalizadas e recebem, por isso, investimentos aspectuais complementares: às transformações* lógicas do nível profundo* correspondem, assim, no nível de superfície, "mudanças" diacrônicas que se podem explicar com o auxílio das categorias aspectuais (que articulam os semas puntualidade*, durratividade*, incoatividade*, perfectividade*, etc.). Essa concepção das **estruturas aspectuais** permite, por conseguinte, reconciliar a "história" e a "estrutura" e conceber os mecanismos de conversão* das **estruturas categoriais** em estruturas aspectuais (temporais) e inversamente.

4. *Estruturas modais*

O exame um pouco mais aprofundado das categorias modais (querer, dever, poder, saber) revelou que o seu caráter de "termo regente" não permitia sua formulação independentemente do "termo regido", por outras palavras, que não se podia falar de *querer* ou de *poder,* mas, sim, de *querer-fazer* ou de *querer-ser,* de *poder-fazer* ou de *poder-ser,* etc. Como a modalidade* faz parte integrante do enunciado de fazer* ou do enunciado de estado* que ela sobredetermina, convém falar, em sintagmática*, de **estruturas modais**, enquanto em paradigmática as modalidades podem ser consideradas categorias* modais.

→ Modalidade.

5. *Estruturas narrativas e discursivas*

Esta distinção corresponde aos dois níveis de profundidade que consideramos instâncias fundamentais do percurso gerativo* global que leva à produção do discurso. A expressão **estruturas narrativas**, ou melhor, estruturas **semionarrativas**, deve então ser compreendida no sentido de estruturas semióticas profundas* (que presidem à geração do sentido e comportam as formas gerais da organização do discurso); distinguem-se das **estruturas discursivas** (em sentido restrito), situadas num nível mais superficial, as quais organizam, a partir da instância da enunciação*, a colocação em discurso (ou discursivização) das estruturas narrativas. Por outro lado, designa-se às vezes por estruturas narrativas (em sentido estrito) apenas a sintaxe* narrativa de superfície: essa confusão provém do fato de que certas "gramáticas" ou "lógicas" da narrativa concebem, de forma mais ou menos comparável, o nível profundo da narratividade.

→ Narratividade, Sintaxe narrativa de superfície, Gerativo (percurso ~).

6. Estruturas polêmicas e contratuais

Diferentes análises textuais chegaram à conclusão – generalizável, ao que parece – de que todo discurso encerra, pelo menos implicitamente, uma estrutura de defrontação* que coloca em face um do outro pelo menos dois sujeitos. Frequentemente, essa defrontação assume a forma de confronto – somático ou cognitivo –, podendo-se, nesse caso, falar de **estruturas polêmicas***, ou de transação, caso em que a estrutura que organiza o discurso será chamada de **contratual**. Essas duas formas que, conforme se vê, correspondem, no nível das teorias sociológicas, aos conceitos de "luta de classes" e de "contrato social", acham-se reunidas nas estruturas da manipulação*. Além disso, a estrutura polêmico-contratual do discurso com um único enunciador* permite compreender e interpretar a comunicação dialogada* como um discurso a duas vozes.

→ **Polêmico, Contrato.**

7. Estruturas profundas e superficiais

A distinção entre **estruturas profundas*** e **estruturas de superfície*** é completamente relativa, já que a teoria semiótica pode prever, de acordo com suas necessidades, no percurso gerativo* global, tantos níveis de profundidade quantos quiser. Assim, para nós, as estruturas discursivas surgem como estruturas de superfície em relação às estruturas semionarrativas, mais profundas. Entretanto, utilizamos essa dicotomia sobretudo para estabelecer uma distinção, no interior das estruturas semióticas (a que damos a forma de uma gramática*), entre dois níveis de profundidade: entre a gramática fundamental (profunda) e a gramática narrativa em sentido estrito (superficial), sendo a primeira de natureza lógico-semântica e a segunda, de natureza antropomorfa*.

→ **Profunda (estrutura ~), Superfície (estrutura de ~), Gramática, Gerativo (percurso ~).**

8. Estruturas semionarrativas

O fato de a teoria semiótica desenvolver-se de maneira progressiva e por vezes sinuosa não tem deixado de provocar certas confusões terminológicas. É o que acontece, por exemplo, com o conceito de narratividade* que, aplicado de início unicamente à classe dos discursos figurativos* (narrativas*), revelou-se um princípio organizador de todo e qualquer discurso. A expressão "estruturas narrativas" viu, com isso, transformar-se o seu conteúdo para designar finalmente, por oposição às estruturas discursivas, o tronco gerativo profundo, comum em princípio a todas as semióticas* e a todos os discursos, e lugar de uma competência semiótica geral. Processa-se então uma substituição terminológica, mas lentamente: a expressão **estruturas semionarrativas** substitui, pouco a pouco, a expressão "estruturas narrativas" em sentido amplo.

→ **Narratividade, Gramática, Gerativo (percurso ~).**

9. *Estruturas sistemáticas e morfemáticas*

A organização sêmica do universo* semântico assume, à primeira vista, duas formas diferentes: de um lado, a de sistemas sêmicos, vale dizer, a de subarticulações hiponímicas* de caráter paradigmático, que comportam apenas semas homogêneos; de outro, a de morfemas sêmicos, os quais surgem como organizações de objetos significantes (comparáveis a sememas*) que utilizam semas* heterogênos (pertencentes a vários sistemas sêmicos) ligados entre si por relações hipotáxicas* de natureza sintagmática. Essa distinção parece-nos suficientemente importante para ser aqui mencionada, pois permite provavelmente dar conta do funcionamento dessas figuras* que são a metáfora* e a metonímia*, bem como da relação de contiguidade.

Estruturação s. f.

FR. STRUCTURATION; INGL. STRUCTURALIZATION

A **estruturação** é um dos procedimentos de análise semântica que comporta, de um lado, a redução das ocorrências parassinônimas a classes e, de outro, a homologação entre si das categorias* sêmicas (ou das oposições semêmicas) reconhecidas. Apoiando-se no postulado segundo o qual o universo* semântico é estruturável (ou possui uma estrutura imanente* subjacente), a estruturação exige o estabelecimento prévio de níveis* de análise homogêneos* e deve comportar a interdefinição dos elementos estruturados, em termos de relações* lógicas.

→ **Redução, Homologação.**

Estruturalismo s. m.

FR. STRUCTURALISME; INGL. STRUCTURALISM

1. **Estruturalismo** designa, quer no sentido norte-americano, últimas aquisições da Escola de Bloomfield, quer no sentido europeu, os prolongamentos do esforço teórico dos trabalhos da Escola de Praga e da Escola de Copenhague, que repousam nos princípios saussurianos. A incompatibilidade fundamental

entre essas duas perspectivas se acha na maneira de encarar o problema da significação*: enquanto para Bloomfield a sintaxe não é senão o prolongamento da fonologia (os fonemas formam morfemas, os morfemas, frases) sem que o sentido* intervenha em nenhum momento, o estruturalismo europeu distingue, na esteira de Saussure, o plano do significante* e o do significado* cuja conjunção (ou semiose) produz a manifestação. Compreende-se que os ataques de N. Chomsky, por exemplo, contra o formalismo*, não se aplicam à concepção europeia.

2. O estruturalismo apresenta-se principalmente (talvez erradamente: ver língua) como uma taxionomia* que Chomsky parece considerar já acabada em linguística: é igualmente evidente que os fundamentos taxionômicos são insuficientes na gramática gerativa*.

3. Com o nome de **estruturalismo francês**, alinha-se em geral todo um conjunto de pesquisas de inspiração linguística, efetuadas no curso dos anos 1960, e que dizem respeito a diferentes domínios das ciências humanas. Por causa de seus êxitos, ele se tornou infelizmente de maneira por demais rápida uma espécie de filosofia da moda: como tal, foi atacado, acusado de totalitarismo, de estatismo, de reducionismo*, etc.

4. Enquanto atitude científica, o estruturalismo conserva seu valor. Caracteriza-se quer pela pesquisa das estruturas imanentes*, quer pela construção de modelos*: tanto num caso como no outro, mantém o princípio segundo o qual o objeto de conhecimento visado é a relação* (ou estrutura*), e não os termos* ou as classes*. O valor heurístico* do estruturalismo permanece inteiro, e a atitude que o especifica é totalmente comparável à que anima as ciências da natureza, por exemplo.

Foi a partir do movimento estruturalista que a semiótica* pôde desenvolver-se, no momento mesmo em que ela desbordava o quadro por demais estreito da linguística*.

→ **Semiologia.**

ETIQUETA s. f.

FR. ÉTIQUETTE; INGL. LABEL

Na representação metalinguística em árvore, cada ramificação dela é denominada nódulo* e é dotada de uma **etiqueta**, isto é, de uma denominação* arbitrária ou de um símbolo*. Os grafismos, sob forma de árvores ou de parênteses, servem geralmente para a representação de relações*, enquanto as etiquetas, utilizadas tanto num caso como no outro, designam os termos* estruturais.

→ Árvore.

Etnossemiótica s. f.

FR. Ethnosémiotique; INGL. Ethno-semiotics

1. A **etnossemiótica** não é, a bem dizer, uma semiótica autônoma – entraria então em concorrência com o campo do saber já constituído sob o nome de etnologia, ou de antropologia, cuja contribuição para o advento da própria semiótica é considerável –, mas muito mais um domínio privilegiado de curiosidades e de exercícios metodológicos. Deve-se isso ao fato de que, inicialmente, a etnologia aparece, entre as ciências sociais, como a disciplina mais rigorosa pelas exigências que impõe a si própria e, por outro lado, ao fato de que, consciente do relativismo cultural que o próprio objeto de suas pesquisas constantemente lhe recorda, ela teve que se voltar contra o eurocentrismo e ultrapassá-lo, desenvolvendo uma problemática da universalidade dos objetos culturais e das formas semióticas.

2. Constituiu-se, no interior dessa disciplina, um lugar de encontro entre etnólogos e semioticistas sob o nome de **etnolinguística**, a qual, indo além da descrição das línguas naturais exóticas, se interessou, desde a origem, por suas particularidades semânticas (as quais se prestariam a abordagens contrastivas e comparativas). É provavelmente à vocação própria da antropologia, desejosa de apreender totalidades e conjuntos significantes, que se deve o desenvolvimento das investigações taxionômicas. A descrição – e principalmente a elaboração metodológica que pressupõe – das **etnotaxionomias**: em primeiro lugar, das taxionomias gramaticais (estudo da "concepção do tempo", por exemplo, a partir da descrição do sistema dos tempos verbais), em seguida, das taxionomias lexicais (descrição das terminologias do parentesco, que permite elaborar uma análise componencial* rigorosa; descrição das taxionomias botânicas, zoológicas, etc.), taxionomias conotativas enfim (tipologia das "linguagens sociais" diferenciadas de acordo com os critérios de sexo, de classes de idade, de hierarquia, do sagrado/profano, etc.), constitui uma contribuição importante para a teoria semiótica geral.

3. É ao domínio coberto pela etnossemiótica que cabe o mérito de ter concebido, inaugurado e fundamentado, ao lado das descrições paradigmáticas que são as etnotaxionomias, as análises sintagmáticas que dizem respeito aos diferentes gêneros da literatura étnica, tais como as narrativas folclóricas (V. Propp) e míticas (G. Dumézil,

C. Lévi-Strauss), e graças às quais se renovou a problemática do discurso literário. Se tais investigações permitiram à semiótica geral progredir rapidamente, é normal que esta queira agora pagar, pelo menos em parte, a dívida que contraiu, sugerindo a possibilidade de novas abordagens dos discursos etnoliterários.

4. A **semiótica etnoliterária** se opõe assim à semiótica literária* (no sentido "nobre" do termo) sem que se possa estabelecer de forma categórica a fronteira que as separa. Entre os critérios que se tem feito prevalecer para distingui-las, notam-se: *a)* a ausência (ou presença implícita) do código* semântico no discurso etnoliterário, que se opõe à sua explicitação e à sua integração no discurso literário; *b)* a manutenção de uma distância – como em outras semióticas – entre a produção do discurso e a sua execução, própria da etnoliteratura; *c)* a importância das estruturas da enunciação* enunciada, própria do discurso literário (podendo chegar inclusive à "destruição" do relato), se opõe ao apagamento do enunciador* (e de suas marcas) no discurso etnoliterário. Todas essas diferenças, porém, são apenas graduais e questionam a existência de organizações narrativas e discursivas comuns.

5. Critérios externos permitem, de outro lado, distinguir a etnoliteratura própria das comunidades arcaicas (ou das sociedades agrárias relativamente fechadas), da socioliteratura, espécie de "subliteratura", característica das sociedades industriais desenvolvidas.

6. Dado que a semiótica geral autoriza tratar como discurso ou texto os encadeamentos sintagmáticos não linguísticos (gestuais, somáticos, etc.), o quadro de exercício da etnolinguística se expande em direção de uma etnossemiótica: as análises ainda pouco numerosas, de rituais e cerimoniais, fazem supor a possibilidade de a etnologia tornar-se, uma vez mais, o lugar privilegiado de construção de modelos gerais dos comportamentos significantes.

→ **Semiótica, Literária (semiótica ~), Sociossemiótica.**

EUFORIA s. f.

FR. EUPHORIE; INGL. EUPHORIA

Euforia é o termo* positivo da categoria tímica que serve para valorizar os microuniversos* semânticos, transformando-os em axiologias*; *euforia* se opõe a *disforia**; a categoria tímica comporta, além disso, como termo neutro, *aforia**.

→ **Tímica (categoria ~).**

Evento s. m.
FR. ÉVÉNEMENT; INGL. EVENT

1. Em semiótica narrativa, pode-se conceber o **evento** como a ação* do sujeito – individual ou coletivo – na medida em que tenha sido reconhecida e interpretada* por um sujeito cognitivo, que não seja o próprio sujeito do fazer*, o qual pode ser ou o actante observador* instalado no discurso (cf. testemunha) ou o narrador*, delegado do enunciador* (o historiador, por exemplo). Uma definição estrutural do evento parece-nos necessária, visto que certos semioticistas, inspirando-se notadamente em lógicas da ação, utilizam esse termo como se ele designasse um dado simples e por assim dizer "natural"; nota-se, pelo contrário, que o evento é uma configuração* discursiva, e não uma unidade narrativa simples: daí a impossibilidade de definir a narrativa* – conforme alguns tentam fazê-lo – como uma sucessão de eventos.

2. A semiótica narrativa distingue duas dimensões no discurso narrativo: a dimensão pragmática* e a dimensão cognitiva*; a primeira é, às vezes, chamada também de **dimensão factual**, porque aí se encontram representados e descritos os encadeamentos de comportamentos somáticos*. Essa distinção não é homologável à que opõe, na análise do discurso histórico, a história "factual" à história fundamental. A **história factual** pertence ao nível semiótico de superfície* e se apresenta como uma história narrada, que compreende as duas dimensões – pragmática e cognitiva – da sintagmática histórica, enquanto a história fundamental se situa no nível das estruturas semióticas profundas.

➔ Ação, História.

Evidência s. f.
FR. ÉVIDENCE; INGL. EVIDENCE

Forma particular da certeza – que é a denominação do termo positivo da categoria modal epistêmica –, a **evidência** não exige o exercício do fazer interpretativo*: caracteriza-se seja pela supressão da distância entre o discurso referencial* e o discurso cognitivo* que o sanciona graças às modalidades veridictórias*, seja pela convocação daquilo que, segundo se imagina, constitui um referente "real".

➔ Certeza, Epistêmicas (modalidades ~).

EXAUSTIVIDADE s. f.

FR. EXHAUSTIVITÉ; INGL. EXHAUSTIVITY

1. Ligada à tradição humanista que faz dela a condição *sine qua non* da pesquisa como erudição, a **exaustividade** deve ser relacionada com os conceitos de *corpus**, modelo* e adequação*. Com efeito, pode ser entendida como a adequação dos modelos elaborados à totalidade dos elementos contidos no *corpus*.

2. A propósito da descrição* dos dados linguísticos, L. Hjelmslev integra a exaustividade no seu princípio de empirismo, fazendo notar, entretanto, que, se a exigência de exaustividade se sobrepõe à de simplicidade*, ela deve dar primazia à exigência de não contradição (ou coerência*). Esse recurso à exaustividade justifica-se sempre que se trate, para o linguista dinamarquês, de manter um equilíbrio entre os aspectos dedutivo* e indutivo* da análise.

→ **Empirismo.**

EXECUÇÃO s. f.

FR. EXÉCUTION; INGL. EXECUTION

Quando *performance,* interpretada como estrutura modal* do fazer*, se situa na dimensão pragmática*, denomina-se execução*, por oposição à decisão* (na qual a *performance* se localiza na dimensão cognitiva*).

→ *Performance.*

EXISTÊNCIA SEMIÓTICA

FR. EXISTENCE SÉMIOTIQUE; INGL. SEMIOTIC EXISTENCE

1. Consagrando-se ao estudo da forma*, e não ao da substância*, a semiótica não poderia permitir-se juízos ontológicos sobre a natureza dos objetos que analisa. Não obstante, esses objetos estão de um certo modo "presentes" para o pesquisador, e este é assim levado a examinar quer relações de existência, quer juízos existenciais, explícitos ou implícitos, que encontra inscritos nos discursos: ele é, pois, obrigado a se pronunciar, ao menor custo, sobre esse modo particular de existência, que é a **existência semiótica**.

2. À teoria semiótica se coloca o problema da presença*, isto é, da "realidade" dos objetos cognoscíveis, problema comum – é verdade – à epistemologia científica

no conjunto. Nesse nível, ela pode contentar-se com uma definição operatória* que não a compromete em nada, dizendo que a existência semiótica de uma grandeza* qualquer é determinada pela relação transitiva* que, tomando-a como objeto de saber, a liga ao sujeito cognitivo.

3. Quando uma dada semiótica é tomada como objeto de saber, a tradição saussuriana reconhece-lhe dois modos de existência: a primeira, a **existência virtual***, característica do eixo paradigmático* da linguagem, é uma existência *in absentia*; a segunda, a **existência atual**, própria do eixo sintagmático, oferece ao analista os objetos semióticos *in praesentia*, parecendo, com isso, mais "concreta". A passagem do sistema* ao processo*, da língua ao discurso*, denomina-se processo de atualização*.

4. Tal dicotomia não causava embaraço enquanto foi possível contentar-se com uma distinção de princípio entre língua e fala e, mais tarde, entre competência e *performance*. A análise mais aprofundada desses conceitos – e o surgimento, no lugar da fala, das noções de sintagmática e sobretudo de discurso – colocou em evidência a autonomia e o caráter abstrato das organizações discursivas, muito distanciadas ainda da maneira de "estar aí" dos discursos-enunciados enquanto ocorrência. Forçoso nos é, portanto, reconhecer um terceiro modo de existência semiótica, que se apresenta como a manifestação* discursiva, devido à semiose*, o da **existência realizada***.

5. O problema do modo de existência apresenta-se, enfim, em um outro nível, no próprio âmbito das semióticas consideradas e, mais particularmente, em relação aos discursos narrativos que se imagina descrevam situações e ações "reais". Embora reconhecendo que não se trata senão de simulacros de ações, das quais participam sujeitos "de papel", a análise exige que sejam tratados como se fossem verdadeiros: os seus diferentes modos de existência, as formas de suas atividades, uma vez descritos, podem servir, com efeito, de modelo para uma semiótica da ação* e da manipulação*.

6. É por isso que uma definição existencial, de ordem propriamente semiótica, dos sujeito* e dos objetos* encontrados e identificados no discurso, é absolutamente necessária. Dir-se-á que um sujeito semiótico não existe enquanto sujeito senão na medida em que se lhe pode reconhecer pelo menos uma determinação, ou seja, que ele está em relação com um objeto-valor qualquer. Da mesma forma, um objeto – entre os inumeráveis objetos que um discurso comporta – só o é enquanto esteja em relação com um sujeito, enquanto é "visado" por um sujeito. É a junção* que é a condição necessária tanto à existência do sujeito quanto à dos objetos. Anteriormente à sua junção, sujeitos e objetos são ditos virtuais, e é a função* que os atualiza. Como

sob o nome de função se reúnem dois tipos de relações, dir-se-á que os sujeitos e os objetos-valor em disjunção* são sujeitos e objetos atualizados, enquanto, após a conjunção*, eles serão realizados. Ao realizar o seu programa* narrativo, o sujeito torna real o valor que não era senão visado e "realiza" a si próprio.

➜ **Virtualização, Atualização, Realização.**

EXPANSÃO s. f.

FR. EXPANSION; INGL. EXPANSION

Entende-se por **expansão**, por oposição à condensação*, um dos aspectos da elasticidade do discurso: são as duas faces da atividade produtora de discursos-enunciados. Interpretada, do ponto de vista sintático, pela coordenação e pela subordinação, e mais recentemente pela recursividade*, a expansão pode ser aproximada da paráfrase*: todo lexema é suscetível de ser retomado por uma definição discursiva, todo enunciado mínimo pode dar lugar a um parágrafo, e assim por diante, graças à expansão de seus elementos constitutivos. A consideração do fenômeno da expansão torna possível a análise discursiva, embora complicando ao extremo a tarefa do semioticista.

➜ **Elasticidade do discurso.**

EXPECTATIVA s. f.

FR. ATTENTE; INGL. EXPECTATION

1. Pode-se considerar **expectativa** como resultado da temporalização*, efetuada pela aspectualidade imperfectiva* da modalidade* do *querer-ser**: trata-se de uma definição provisória, visto que a configuração* da expectativa não se acha ainda completamente descrita.

2. Pelo nome expectativa designa-se o significado* de um dos termos do prosodema entonação*, homologável à curva melódica dos **enunciados interrogativos.**

3. Na pragmática* norte-americana, expectativa é um conceito* não definido, que serve para caracterizar, em certas situações conversacionais, o actante* da comunicação.

4. Na estética da recepção alemã (R. Jauss), a expressão **horizonte de expectativa**, de inspiração husserliana, denomina a previsibilidade das formas de organização discursiva, ou seja, a competência* narrativa e discursiva do leitor*, a qual lhe permite julgar a originalidade* do novo discurso oferecido à leitura.

5. É pela expectativa que se pode igualmente definir o conceito de ritmo* (C. Zilberberg, na esteira de P. Valéry).

Explícito adj.
FR. Explicite; INGL. Explicit

1. Numa primeira abordagem, o qualificativo **explícito** parece ser um parassinônimo de manifestado*: um enunciado (frase ou discurso) é dito explícito na medida em que é o produto da semiose* (que reúne o plano da expressão e o do conteúdo* da linguagem). O explícito só tem sentido por oposição ao implícito – ou ao não dito, pressuposto de todo ato de comunicação* –, cuja explicitação aparece como uma das tarefas principais da linguística contemporânea. Com efeito, tanto as condições ditas pragmáticas* (no sentido norte-americano) da enunciação quanto as estruturas profundas* do enunciado são do âmbito do implícito, e a sua explicitação equivale, nesse sentido, à elaboração dos componentes fundamentais da teoria semiótica*.

2. No nível metalinguístico da construção da teoria, o termo explicitação é empregado no sentido de formalização*: assim, a gramática gerativa* quer-se explícita, isto é, formulada em termos de linguagem formal*.

→ **Implícito, Geração.**

Expressão s. f.
FR. Expression; INGL. Expression

Na esteira de L. Hjelmslev, denomina-se **plano da expressão** o significante saussuriano considerado na totalidade de suas articulações, como o verso de uma folha de papel cujo anverso seria o significado, e não no sentido de "imagem acústica" como uma leitura superficial de Saussure permite a alguns interpretá-lo. O plano da expressão está em relação de pressuposição recíproca com o plano do conteúdo*, e a reunião deles no momento do ato de linguagem corresponde à semiose*. A distinção desses dois planos da linguagem é, para a teoria hjelmsleviana, logicamente anterior à divisão de cada um deles em forma* e substância*. A forma da expressão é assim o objeto de estudo da fonologia*, enquanto a substância da expressão cabe à fonética*.

Em metassemiótica* científica, **expressão** designa uma sequência de símbolos* de um alfabeto* dado, obtido pela aplicação de regras de formação (ou de produção) dependentes de um conjunto finito de regras. Um semema* ou um fonema*, por exemplo, podem ser considerados como expressões constituídas de uma sequência de semas ou de femas, pela aplicação das regras de formação do plano do conteúdo ou do da expressão. Por "expressão bem formada", entende-se uma sequência dada de símbolos, resultante da aplicação estrita de regras.

→ **Significante, Conteúdo, Forma, Substância.**

EXPRESSIVA (FUNÇÃO ~) adj.

FR. EXPRESSIVE (FONCTION); INGL. EXPRESSIVE FUNCTION

No esquema triádico da comunicação linguística, proposto pelo psicólogo K. Bühler (e retomado e ampliado por R. Jakobson), a função **expressiva** – por oposição às funções referencial* (relativa àquilo de que se fala) e conativa* (centrada no destinatário*) – é a que, ligada diretamente ao destinador*, "visa a uma expressão direta da atitude do sujeito com relação àquilo de que ele fala" (Jakobson).

→ **Função, Comunicação.**

EXTENSÃO s. f.

FR. EXTENSION; INGL. EXTENSION

Em lógica tradicional, entende-se por **extensão** o conjunto de objetos, reais ou ideais, aos quais se aplica um elemento de conhecimento (conceito ou proposição). Por serem os objetos semióticos estudados independentemente do referente* externo, não é correto falar, por exemplo, de extensão de um semema* referindo-se a um número (maior ou menor de objetos) mais ou menos grande de objetos (cf. os "assentos" de B. Pottier). Pelo contrário, pode ser útil contar as ocorrências* de uma palavra gráfica, que constituem sua extensão; da mesma forma, avaliar-se-á a extensão de um sema* enumerando os lexemas* (que decorrem do "referencial" linguístico), no interior dos quais ele pode ser reconhecido. Ou seja, os objetos que definem a extensão de um outro objeto devem ser, em semiótica, da mesma natureza deste.

→ **Compreensão.**

EXTEROCEPTIVIDADE s. f.

FR. EXTÉROCEPTIVITÉ; INGL. EXTEROCEPTIVITY

Ao se preocupar em encontrar critérios de classificação das categorias sêmicas que articulam o universo* semântico considerado como coextensivo a uma cultura* ou a uma pessoa humana, pode-se recorrer a uma certa psicologia da percepção que distingue as propriedades **exteroceptivas**, como provenientes do mundo exterior, dos dados interoceptivos* que não encontram nenhuma correspondência nele, mas que, pelo contrário, são pressupostos pela percepção das primeiras, e, enfim, dos elementos proprioceptivos* que resultam da percepção do próprio corpo. Ainda que possa parecer intuitivamente justificada, essa classificação peca, entretanto, por repousar inteiramente em critérios e pressupostos extrassemióticos. Por essa razão, temos procurado substituí-la por outra terminologia e outras definições, dando o nome de nível (ou inventário) semiológico* ao conjunto das categorias sêmicas que, mesmo pertencendo ao plano do conteúdo*das línguas* naturais, são passíveis de aparecer como categorias do plano da expressão* da semiótica natural* (ou do mundo* natural), em oposição ao nível semântico* (*stricto sensu*), em que tal transcodificação não é possível. Se essa nova definição, de caráter intrassemiótico, parece-nos constituir um progresso inegável, a escolha das denominações é, pelo contrário, defeituosa, pois introduz a polissemia* e a ambiguidade* no emprego dos qualificativos semiológico e semântico. Parece-nos que figurativo*, em se falando das categorias e dos inventários sêmicos desse plano, pode substituir exteroceptivo e semiológico.

→ Figura.

EXTRAÇÃO s. f.

FR. EXTRACTION; INGL. EXTRACTION

1. Uma vez estabelecido o *corpus*, cabe ao analista reter somente os elementos* pertinentes ao nível de descrição* escolhido, deixando de lado todos os outros dados (que então serão qualificados como estilísticos*). Essa seleção é realizada ou pelo procedimento da **extração** ou da eliminação*, segundo seja ou não a parte restante do *corpus* quantitativamente mais importante que a parte a ser excluída.

2. Para L. Hjelmslev, essa operação não é científica, pois contradiz, no seu princípio, o andamento da análise* (que vai do todo às partes ou inversamente).

Está claro, com efeito, que esses procedimentos apresentam o perigo de não refletirem a não ser o ponto de vista subjetivo do descritor; entretanto, parece-nos que eles podem justificar-se no plano pragmático e tático, se forem considerados unicamente como instrumentos provisórios, de caráter operacional*.

→ **Pertinência.**

Factitividade s. f.
FR. Factitivité; INGL. Factitiveness

1. Tradicionalmente, e numa primeira aproximação, a modalidade* factitiva se define como um *fazer-fazer*, isto é, como uma estrutura modal constituída de dois enunciados* em relação hipotáxica, que têm predicados* idênticos, mas sujeitos diferentes ("fazer de forma que o outro faça...").

2. Tal definição é notoriamente insuficiente. Se examinarmos apenas o enunciado modalizado ("o fazer do outro"), percebemos que não se trata de um enunciado simples, mas de um sintagma, denominado percurso narrativo* do sujeito, que se decompõe em uma *perfomance** (o "fazer-ser" desse outro sujeito) e em uma competência* (logicamente pressuposta por todo fazer, e que comporta uma carga modal autônoma). Quanto ao enunciado modalizador, seu fazer não visa a um outro fazer, pelo menos diretamente, mas ao estabelecimento do percurso narrativo do segundo sujeito e, em primeiro lugar, de sua competência; em suma, trata-se, para o sujeito modalizador, de "fazer qualquer coisa" de tal forma que o sujeito modalizado se institua, após esse "fazer", como um sujeito competente. O fazer do sujeito modalizador é igualmente, por conseguinte, um *fazer-ser*, isto é, uma *performance* – mas de natureza estritamente cognitiva* – que coloca, inevitavelmente, o problema da competência cognitiva do próprio sujeito modalizador (competência que consistirá primeiro no saber* que incide nas virtualidades da competência do sujeito a ser modalizado).

3. Vê-se assim, pois, que, longe de ser uma simples relação hiperotáxica entre dois enunciados de fazer – como nos sugere a tradição –, o lugar de exercício da factitividade deve ser interpretado como uma comunicação contratual*, que comporta a translação da carga modal, entre dois sujeitos dotados cada qual de um percurso narrativo* próprio; e que o problema da modalização factitiva recobre o da comunicação* eficaz, o que nos obriga a considerar as duas instâncias da enunciação, dotadas de um fazer persuasivo* e de um fazer interpretativo*, garantias da translação factitiva. As estruturas aparentemente simples do exercício da

factitividade (fazer-fazer um terno, por exemplo) se desdobram assim em configurações complexas de manipulação.

→ Modalidade, Comunicação, Manipulação.

FACULTATIVIDADE s. f.
FR. FACULTATIVITÉ; INGL. FACULTATIVENESS

Denominação de um dos termos da categoria modal deôntica, cuja definição sintática é a estrutura modal *não dever fazer,* a **facultatividade** pressupõe a existência da prescrição*, de que ela é o termo contraditório*.

→ Deônticas (modalidades ~), Dever.

FAZER s. m.
FR. FAIRE; INGL. DOING

1. A distinção que estabelecemos entre enunciados de **fazer** e enunciados de estado*, mesmo se se referir intuitivamente à dicotomia mudança/permanência, é uma formulação *a priori* e arbitrária, que permite a construção de uma sintaxe*, narrativa de superfície. Enquanto função-predicado de tal enunciado, o fazer deve ser considerado como a conversão*, numa linguagem sintática de caráter antropomorfo*, da relação de transformação*.

2. Se aceitamos a definição – que nos parece a menos restritiva – da modalidade* como predicado* que rege e modifica outro predicado (ou como enunciado que tem por actante objeto outro enunciado), nesse caso somos obrigados a reconhecer o caráter modal do fazer: fosse ele um fazer operatório (fazer-ser) ou manipulatório (fazer-fazer), fosse ele um fazer que constrói, transforma e destrói as coisas, ou de um fazer factitivo* que manipula os seres – o fazer surge sempre como a função-predicado de um enunciado modal que rege outro enunciado.

3. Conforme as duas dimensões da narratividade* (e das atividades que ela, supõe-se, descreve e organiza), a dimensão pragmática* e a dimensão cognitiva*, distinguir-se-ão duas espécies de fazer: o **fazer pragmático** e o **fazer cognitivo**. Essa oposição, que se impõe primeiro como uma evidência, não é, entretanto, de natureza sintática e não se impõe a não ser em níveis de linguagem mais superficiais: assim, o fazer pragmático parece distinguir-se do fazer cognitivo pela natureza somática e

gestual de seu significante, pela natureza, também, dos investimentos semânticos que recebem os objetos pelo fazer (os objetos do fazer pragmático são valores descritivos, culturais, em uma palavra, não modais). Entretanto, o significante somático ou gestual é às vezes colocado a serviço das atividades cognitivas (na comunicação ou na construção de objetos, por exemplo). Nesse mesmo sentido, é, ainda, a terceira função* de G. Dumézil que melhor especifica o fazer pragmático.

4. A distinção, na dimensão cognitiva, do **fazer narrativo** e do **fazer comunicativo** é de ordem sintática, sendo este último um fazer-saber, isto é, um fazer cujo objeto-valor a ser conjungido ao destinatário* é um saber. O eixo da comunicação* assim reconhecido permite então introduzir novas distinções – cuja multiplicação não deve exceder às necessidades reais da análise –, fundamentadas em critérios semântico-sintáticos. Assim, reconhecer-se-á primeiro um **fazer informativo***, definido pela ausência de toda modalização, como a comunicação, em estado (teoricamente) puro, do objeto de saber; a seguir, será articulado em **fazer emissivo*** e em **fazer receptivo***, podendo este último ser **ativo** (escutar, olhar) ou **passivo** (ouvir, ver). É sobre o mesmo eixo da comunicação que se vê aparecer também, graças às modalizações e ao aumento de complexidade dos programas do fazer que dele resultam, a distinção – que nos parece fundamental para uma tipologia dos discursos – entre o **fazer persuasivo*** e o **fazer interpretativo***.

5. O fazer narrativo – que corresponde, a nosso ver, ao que se poderia designar impropriamente como uma "inteligência sintagmática" – constitui um campo de análises e de reflexões considerável e aberto, cujo papel, se a psicologia cognitiva ajudar, só poderá acentuar-se. As primeiras abordagens, praticadas no domínio do discurso de vocação científica, permitiram distinguir aí um **fazer taxionômico** (com seus aspectos **comparativo** e **taxionômico**) e um **fazer programático**.

➔ Sintaxe narrativa de superfície.

Fala s. f.

FR. **Parole**; INGL. **Speech**

1. Na dicotomia saussuriana, **fala** opõe-se a língua*, sem que por isso se trate de um conceito bem definido. Com efeito, como essa dicotomia só foi enunciada e desenvolvida por F. de Saussure para melhor circunscrever a noção de língua (único objeto, para ele, da linguística), fala aparece, desde a origem, como uma espécie de "vale-tudo" nocional, cuja força de sugestão foi, entretanto, considerável por ocasião do desenvolvimento posterior da linguística. A problemática aí subjacente

explodiu, depois, numa série de conceitualizações, variáveis de uma teoria para outra, de modo que o conceito de fala deixou, hoje, de ser operatório.

2. Os seguintes conceitos podem ser considerados reinterpretações parciais de fala (no sentido saussuriano):

a) **Processo**** (oposto a sistema**), que é, para L. Hjelmslev, um dos dois modos de ser do universo estruturado (ou estruturável), e **sintagmática**** (oposta à paradigmática**), definida como processo semântico, recobrem um dos aspectos de fala, no sentido de arranjo dos elementos da língua com vistas à construção de frases;

b) **Mensagem**** (oposta a código**) retoma, na teoria da comunicação**, fala, considerada produto do código (mas sem levar em consideração o processo de produção**);

c) **Discurso**** (oposto a língua), concebido por E. Benveniste como língua assumida e transformada pelo falante, ocupa, neste, um lugar comparável ao de fala em Saussure. Todavia, sua insistência no papel do sujeito que assume a língua produz uma nova dicotomia, a da enunciação e do enunciado**: dois aspectos complementares da fala saussuriana;

*d) Performance*** (oposta a competência**) corresponde, na teoria gerativa**, ao termo fala, uma vez que insiste no seu aspecto de realização** (ao contrário de língua, virtual**): ao mesmo tempo, situa a atividade formadora de frases do lado da competência;

e) **Uso**** (oposto a esquema**) corresponde, em Hjelmslev, ao "mecanismo psicofísico" da fala segundo Saussure e, englobando tudo que, na linguagem, concerne à substância, opõe-se a esquema linguístico, considerado forma**. Assim, a sintagmática, enquanto forma, coloca-se do lado do esquema;

f) **Estilística**** (oposta a linguística) procura, finalmente, explorar tudo que, na fala, concerne ao uso individual (e não à atividade do enunciador**, considerado "falante") e mesmo coletivo.

→ *Performance*, **Língua.**

FALSIDADE s. f.

FR. FAUSSETÉ; INGL. FALSENESS

Dá-se o nome de **falsidade** ao termo complexo** que subsume os termos *não ser* e *não parecer,* situados no eixo dos subcontrários** do quadrado semiótico das modalidades veridictórias. Nota-se que os "valores de verdade" tanto do falso como do verdadeiro encontram-se situados no interior do discurso, e que devem ser considerados como termos resultantes das operações de veridicção: fica, pois, excluída qualquer referência (ou qualquer homologação) no que tange ao mundo não discursivo.

→ Veridictórias (modalidades ~), Quadrado semiótico.

Falsificação s. f.

FR. Falsification; INGL. Falsification

No quadro do confronto entre uma teoria* (de tipo hipotético-dedutivo*) e o "dado" do objeto tido como cognoscível, a **falsificação** é um procedimento lógico que completa o da verificação*: consiste em demonstrar que existe pelo menos um caso em que a hipótese levantada (ou o modelo* construído) não corresponde aos dados da experiência. Quando um modelo não é verificável, pode sempre ser submetido à falsificação, o que permite julgar a sua adequação*. Assim, na prática linguística, quando um modelo é projetivo (capaz de explicar um conjunto de fatos mais vasto que aquele a partir do qual foi construído) pode ser falsificado por contraexemplos (ou contracasos): é o jogo em que frequentemente se empenham os defensores da gramática gerativa.

→ Verificação.

Falta s. f.

FR. Manque; INGL. Lack

1. Entre as funções* proppianas, a **falta** – associada ao "dano" (que ocasiona uma falta, mas provém do exterior) causado pelo agressor* – ocupa uma posição essencial no desenvolvimento narrativo, porque, nas palavras do próprio V. Propp, é ela que dá ao conto seu "movimento": a partida do herói*, a busca* por ele efetuada e sua vitória permitirão, com efeito, que a falta seja suprida, que o dano seja reparado.

2. No esquema narrativo canônico, derivado de Propp, a falta é a expressão figurativa* da disjunção* inicial entre o sujeito* e o objeto* da busca: a transformação* que opera sua conjunção* (ou a realização*) desempenha um papel de pivô narrativo (que permite passar de um estado de carência à sua liquidação)

e corresponde à prova decisiva* (ou *performance**). Assim, vê-se que a falta não é propriamente uma função*, mas um estado* que resulta, em verdade, de uma operação prévia de negação (situada no nível profundo*).

➔ **Narrativo (esquema ~), Busca, Negação.**

FÁTICA (ATIVIDADE, FUNÇÃO ~) adj.
FR. PHATIQUE (ACTIVITÉ, FONCTION ~); INGL. PHATIC

Cabe a Malinowski o mérito de ter sido o primeiro a procurar precisar a noção de **comunicação fática**: a seus olhos, a comunicação da informação, tal como operada por ocasião das trocas verbais * entre humanos, é um fato secundário em relação ao desejo de estabelecer e de manter a solidariedade intersubjetiva e, de modo mais geral, a social, que fundamentam a comunicação fática, graças à qual se pode "falar de tudo e de nada". Seguindo seus passos, R. Jakobson tentou introduzir esse aspecto de comunicabilidade, formulando-o como uma função particular, a função fática da linguagem. Aceitável, enquanto se trata de uma propriedade geral da linguagem, a função fática parece discutível quando é preciso integrá-la na estrutura da comunicação: em lugar de falar da função fática como uma de suas funções, seria melhor dizer que é a **intenção fática** que, ao contrário, funda a comunicação, e que o **ato fático** deve ser considerado primeiramente como um ato somático* (comparável ao olhar ou aos gestos de acolhida e de boas-vindas) e, como tal, integrável na proxêmica (no sentido amplo do termo).

➔ **Comunicação, Proxêmica.**

FECHAMENTO s. m.
FR. CLÔTURE; INGL. CLOSING

1. No plano semântico, pode-se considerar o **fechamento** sob dois pontos de vista diferentes. Paradigmaticamente, qualquer exploração ou qualquer articulação de um universo* semântico por uma cultura ou uma pessoa apresenta-se como a realização de um número relativamente fraco das possibilidades oferecidas pela combinatória*. Dir-se-á, então, que o esquema* (ou estrutura) semântico desse universo é aberto, ao passo que seu uso* (ou suas realizações na história) constitui,

a todo momento, o fechamento dele. Sintagmaticamente, a manifestação discursiva de um conjunto semântico qualquer (a experiência das conversações não dirigidas é, a esse respeito, conclusiva) apresenta, a prazo mais ou menos longo, sinais de esgotamento e, se persistirmos na conversação, redundância*. Reconhecer-se-á, pois, que qualquer discurso, enquanto representativo de um microuniverso, pode ser considerado como semanticamente fechado.

2. Do ponto de vista da semiótica narrativa, o problema do fechamento apresenta-se sob aspectos bem variados. Assim, no domínio etnoliterário, nota-se tanto a existência de classes particulares de discursos ("gêneros") que são fechados (o conto maravilhoso russo, por exemplo, caracterizado pelo restabelecimento do estado axiológico inicial) quanto a existência de narrativas abertas ("trapaças" recíprocas e sucessivas reproduzindo-se, por assim dizer, ao infinito).

3. Dado que os discursos narrativos não utilizam, mais comumente, senão um segmento do esquema narrativo* canônico, o fato de que eles se encontrem assim detidos e fechados num dado momento desse esquema suspende o desenvolvimento normalmente previsível: nesse caso, o fechamento do discurso é a própria condição de sua abertura enquanto potencialidade.

4. O fechamento pode ser igualmente um fato do enunciatário* (leitor ou analista). A Bíblia, por exemplo, considerada como uma coleção de textos, será sintagmaticamente fechada em diferentes momentos, constituindo, desse modo, um *corpus* judaico e um *corpus* cristão, possibilitando por isso leituras* por vezes divergentes. Assim também, a extração de uma micronarrativa inscrita em um discurso mais amplo produz, ao mesmo tempo em que o fecha, uma leitura diferente da que se poderia obter mantendo-a no seu contexto.

5. De modo geral, poder-se-á dizer que qualquer parada momentânea da leitura constitui um fechamento provisório que faz surgir, na dependência de uma maior ou menor complexidade do texto, um leque de leituras virtuais. Essa "riqueza" do texto nem por isso contradiz o princípio da sua isotopia* (ou da sua pluri-isotopia).

FEMA s. m.

FR. PHÈME; INGL. PHEME

1. B. Pottier propôs o termo **fema** para designar o traço distintivo* do plano da expressão*, em oposição a sema* (traço do plano do conteúdo*). Esta nova denominação é mais simples e permite estabelecer uma distinção útil entre as unidades dos dois planos* da linguagem.

2. Um fema, todavia, é somente o termo resultante da relação constitutiva de uma **categoria*** fêmica: é por isso que não pode ser considerado como uma unidade* mínima, a não ser no plano, construído, da metalinguagem*, e não depende de nenhuma substância* (de nenhuma "realidade"). Em outras palavras, uma categoria fêmica nada mais é que uma categoria semântica, utilizada para a construção do plano da expressão (ou mais exatamente, de sua forma).

3. Este caráter abstrato das categorias fêmicas permite a R. Jakobson postular a existência dos universais* fonológicos (assim como da estrutura hierárquica destas categorias): doze categorias fêmicas binárias (tais como *compacto/difuso, grave/agudo*, etc.) são suficientes para dar conta da articulação do plano da expressão de todas as línguas naturais. O postulado jakobsoniano, apesar das diversas críticas a que foi submetido (as categorias não são necessariamente binárias, poderiam ser redefinidas de modo mais simples, etc.), continua válido, em nossa opinião, ao menos a título de hipótese* de trabalho, pois permite entender melhor os princípios que parecem reger as organizações semióticas.

➔ Fonologia, Fonema.

FENOMENAL adj.
FR. PHÉNOMÉNAL; INGL. PHENOMENAL

Herdado da tradição escolástica (retomada por Kant), o termo **fenomenal** – oposto a numenal* – pode ser empregado como sinônimo de parecer (*vs.* ser*, no quadro das modalidades veridictórias*): da mesma forma, **plano fenomenal** será assimilado a plano do parecer.

➔ Parecer, Manifestação.

FIDUCIÁRIO(A) (CONTRATO, RELAÇÃO ~) adj.
FR. FIDUCIAIRE (CONTRAT, RELATION ~); INGL. FIDUCIARY CONTRACT, RELATION

1. O **contrato fiduciário** põe em jogo um fazer persuasivo* de parte do destinador* e, em contrapartida, a adesão do destinatário: dessa maneira, se o objeto do fazer persuasivo é a veridicção (o dizer-verdadeiro) do enunciador*, o contraobjeto, cuja obtenção é esperada, consiste em um crer*-verdadeiro que o enunciatário

atribui ao estatuto do discurso-enunciado: nesse caso, o contrato fiduciário é um contrato enunciativo (ou contrato de veridicção) que garante o discurso-enunciado; se o contrato fiduciário sanciona um programa* narrativo no interior do discurso, falar-se-á então de contrato enuncivo.

2. A **relação fiduciária** é a que se estabelece entre os dois planos, o do ser* e o do parecer* quando, graças ao fazer interpretativo*, passa-se de um ao outro, fazendo-se sucessivamente a asserção de um e outro desses modos de existência.

→ Veridicção, Veridictórias (modalidades ~), Crer, Epistêmicas (modalidades ~).

FIGURA s. f.

FR. FIGURE; INGL. FIGURE

1. L. Hjelmslev emprega o termo **figura** para designar os não signos, ou seja, as unidades que constituem separadamente quer o plano de expressão*, quer o do conteúdo*. A fonologia* e a semântica* são assim, no sentido hjelmsleviano, descrições de figuras, e não de signos*.

2. É oportuno, a partir daí, restringir um pouco o sentido da palavra figura. Se se considera que os dois planos da linguagem têm, como unidade mínima, as categorias figurativas (fêmicas e sêmicas), pode-se reservar o nome de figuras exclusivamente para as combinações de femas ou de semas, que são os fonemas* e os sememas*, bem como, eventualmente, também para as diferentes organizações destes últimos. Do ponto de vista terminológico, quando se trata de semióticas não linguísticas*, o emprego das denominações "semema" e, sobretudo, "fonema" se revelará claramente incômodo: é preferível falar então de **figuras da expressão** e de **figuras do conteúdo**.

3. Em semântica* discursiva, pode-se precisar ainda mais a definição de figura, reservando-se esse termo somente às figuras do conteúdo que correspondem às figuras do plano da expressão da semiótica natural* (ou do mundo* natural): assim, a **figura nuclear*** só recobre a parte figurativa do semema, excluindo os semas contextuais* recorrentes (ou classemas*). Tal concepção da figura aproxima-a da Gestalt, da teoria da forma e da figura bachelardiana, com a diferença, entretanto, de que a **figura semiótica** deve ser considerada uma unidade segunda, decomponível nessas unidades simples que são os termos das categorias figurativas (femas ou semas).

4. Tomado no percurso gerativo* global, o nível* figurativo do discurso aparece como uma instância caracterizada por novos investimentos – instalações de figuras do conteúdo – que se acrescentam ao nível abstrato*. Dessa perspectiva, tentar-se-á

interpretar certas **figuras de retórica*** – a metáfora*, por exemplo – como uma relação estrutural particular que cobre a distância entre o nível abstrato e o nível figurativo do discurso. Tal definição, embora esteja longe de esgotar o inventário das figuras da antiga retórica, mostra pelo menos a diferença de natureza que existe entre as duas acepções – semiótica e retórica – desse termo. Fica claro, com efeito, que os pontos de vista são diferentes e que, da nossa perspectiva, é difícil distinguir as figuras de retórica – que seriam propriamente "estilísticas" e que correspondem a procedimentos* mais ou menos estereotipados do enunciador* – de figuras de linguagem como as que Bréal foi levado a integrar no seu sistema para poder explicar as mudanças semânticas das línguas naturais. De outro lado, coloca-se o problema das dimensões das figuras, conforme sejam consideradas – no caso dos tropos* – no nível lexemático (ligadas então a uma dada palavra da frase) ou no nível transfrasal*, discursivo: no segundo caso, as figuras poderão aparecer como conectores* de isotopias ou, mais amplamente, como relações entre termos ou níveis, perdendo com isso a sua especificidade "estilística". Notar-se-á, enfim, que as figuras de retórica ultrapassam, ao que parece, a problemática das línguas naturais: o fato de o cinema, por exemplo, conhecer metáforas e metonímias, mostra pelo menos que, no quadro do percurso gerativo* do discurso, as figuras pertencem ao "tronco comum" semiótico, anterior, portanto, a toda manifestação em uma substância* particular de expressão.

➔ **Figurativização, Metáfora.**

FIGURATIVIZAÇÃO s. f.

FR. FIGURATIVISATION; INGL. FIGURATIVIZATION

1. Quando se tenta classificar o conjunto dos discursos em duas grandes classes, discursos figurativos e não figurativos (ou abstratos), percebe-se que a quase totalidade dos textos ditos literários e históricos pertence à classe dos discursos figurativos. Fica entendido, entretanto, que tal distinção é, de certa maneira, "ideal", que ela procura classificar as formas (figurativas e não figurativas), e não os discursos-ocorrências que não apresentam praticamente nunca uma forma em "estado puro". O que, com efeito, interessa ao semioticista é compreender em que consiste o subcomponente da semântica* discursiva que é a **figurativização** dos discursos e dos textos, e quais são os procedimentos mobilizados pelo enunciador* para figurativizar seu enunciado*. Da mesma forma, a construção de um simulacro de produção de discurso – que de-

nominamos percurso gerativo* – se revela útil, quando mais não seja porque permite constituir o quadro geral no interior do qual se pode procurar inscrever, de maneira operatória* e provisória, sujeitos a invalidações e reconstruções, os **procedimentos de figurativização** de um discurso colocado a princípio como neutro e abstrato.

2. Talvez não seja inútil dar um exemplo simples do que entendemos por figurativização. Seja, no início de um discurso-enunciado, um sujeito disjunto do objeto que para ele não é senão um alvo:

$$S \cup O$$

Esse objeto, que não é senão uma posição sintática, encontra-se investido de um valor* que é, por exemplo, o "poder", ou seja, uma forma da modalidade do poder* (fazer/ser):

$$S \cup O_v \text{ (poder)}$$

A partir daí, o discurso pode deslanchar: o programa* narrativo consistirá em conjungir o sujeito com o valor que ele visa. Há, entretanto, mil maneiras de contar tal história. Dir-se-á que o discurso será figurativizado no momento em que o objeto sintático (O) receber um investimento* semântico que permitirá ao enunciatário* reconhecê-lo como uma **figura***, como um "automóvel" por exemplo:

$$S \cup O \text{ (automóvel) } v \text{ (poder)}$$

O discurso que relata a busca* do automóvel, o exercício e, eventualmente, o reconhecimento* por outrem do poder que ela permite manifestar será um discurso figurativo.

3. Apesar de sua simplicidade, esse exemplo mostra bem que a figurativização só raramente é puntual: as figuras de retórica podem operar, é verdade, no quadro de um lexema* ou de um enunciado*; mais frequentemente, entretanto, é o conjunto do percurso narrativo* do sujeito que se encontra figurativizado. A instalação da figura "automóvel" afeta o conjunto dos processos transformando-os em ações*, confere contornos figurativos ao sujeito que se torna um ator*, sofre uma "ancoragem" espaçotemporal, etc. Dir-se-á, então, que a figurativização instala percursos figurativos* e, se estes forem coextensivos às dimensões do discurso, farão aparecer isotopias* figurativas.

4. O estudo da **figuratividade** está apenas começando e toda conceituação apressada é, por isso, perigosa. A principal dificuldade reside no apriorismo implícito, segundo o qual todo sistema semiótico (literatura ou pintura, por exemplo) é uma "representação" do mundo e comporta a iconicidade* como dado primeiro. Embora o discurso literário seja considerado como uma "ficção", seu caráter ficcional não se fundamenta nas palavras – que se presume representem as coisas –, mas, em primeiro lugar, no arranjo das ações descritas de maneira que os lexemas inscritos no

discurso não instalem aí figuras semióticas, mas "imagens do mundo" já acabadas. O mesmo acontece com a semiótica pictórica, em que um quadro é, naturalmente, tratado como uma coleção de ícones nomeáveis, que se referem ao mesmo tempo ao mundo "tal como é" e ao mundo verbalizado. Tudo muda, pelo contrário, se se considera o texto* como resultado da produção progressiva do sentido, ao longo do qual as estruturas e as figuras semióticas vão tomando seu lugar traço a traço, por toques sucessivos, e onde o discurso pode, a qualquer momento, desviar-se para a manifestação*, quer sob uma forma abstrata* quer em uma formulação figurativa, sem chegar, entretanto, a alcançar a iconicidade são-sulpiciana. É necessário igualmente distinguir, desde agora, ao menos dois patamares nos procedimentos da figurativização: o primeiro é o da **figuração**, ou seja, instalação das figuras semióticas (uma espécie de nível fonológico); o segundo seria o da **iconização**, que visa revestir exaustivamente as figuras, de forma a produzir a ilusão referencial* que as transformaria em imagens do mundo.

5. Pode-se desde já assinalar o papel particular que é chamado a desempenhar entre os procedimentos de figurativização o subcomponente **onomástico**. Sendo a figurativização caracterizada pela especificação e a particularização do discurso abstrato, enquanto apreendido em suas estruturas profundas, a introdução de antropônimos*, topônimos* e de cronônimos* (que correspondem, respectivamente, no plano da sintaxe* discursiva, aos três procedimentos constitutivos da discursivização: actorialização*, espacialização* e temporalização*) que se podem inventariar como indo dos genéricos (o "rei", a "floresta", o "inverno") aos específicos (nomes próprios, índices espaçotemporais, datações, etc.), tal introdução, repetimos, confere ao texto, segundo se supõe, o grau desejável de reprodução do real.

→ Figura, Iconicidade, Discursivização, Gerativo (percurso ~).

FIGURATIVO adj.

FR. FIGURATIF; INGL. FIGURATIVE

1. Ao contrário do termo figura (que é polissêmico) do qual deriva, o qualificativo **figurativo** é empregado somente com relação a um conteúdo* dado (de uma língua natural, por exemplo), quando este tem um correspondente no nível da expressão* da semiótica natural*(ou do mundo natural). Nesse sentido, no quadro do percurso gerativo* do discurso, a

semântica* discursiva inclui, com o componente temático (ou abstrato), um **componente figurativo**.

2. É igualmente nessa perspectiva que se entende por **percurso figurativo** um encadeamento isotópico* de figuras, correlativo a um tema* dado. Esse encadeamento, fundamentado na associação das figuras – próprio de um universo cultural determinado –, é em parte livre e em parte obrigatório, na medida em que, lançada uma primeira figura, essa exige apenas algumas, com exclusão de outras. Dadas as múltiplas possibilidades de figurativizar um único e mesmo tema, este pode estar subjacente a diferentes percursos figurativos; isso permite explicar as variantes*. Assim, o tema "sagrado" pode ser assumido por figuras diferentes, tais como a do "padre", do "sacristão" ou do "bedel": nesse caso, o desdobramento figurativo da sequência se encontrará afetado por elas; os modos de ação, os lugares e o tempo em que esta deverá realizar-se, de acordo sempre com a figura inicialmente escolhida, diferirão entre si nas mesmas proporções. Inversamente, a polissemia* da primeira figura colocada pode, virtualmente, abrir-se para diversos percursos figurativos correspondentes a temas diferentes: daí o fenômeno da pluri-isotopia* que desenvolve várias significações superpostas em um único discurso.

➔ **Figura, Mundo natural, Figurativização, Variante.**

FILOLOGIA s. f.

FR. PHILOLOGIE; INGL. PHILOLOGY

1. Entende-se atualmente por **filologia** o conjunto dos procedimentos que têm por objetivo o estabelecimento de um texto. Isso consiste em datá-lo, decifrá-lo, estabelecer-lhe as variantes, dotá-lo de um aparato referencial que lhe facilite a leitura e de um aparato crítico que garanta sua autenticidade. Trata-se de um trabalho considerável e indispensável, que constitui o preâmbulo para uma eventual análise do *corpus**.

2. Historicamente, a filologia desempenhou papel particularmente importante, constituindo-se, desde o Renascimento, na primeira das ciências humanas. No século XIX, o termo filologia serviu, paralelamente, à gramática para denominar o que consideramos, hoje, como linguística histórica e comparativa*.

FOCALIZAÇÃO s. f.

FR. FOCALISATION; INGL. FOCALIZATION

1. O termo **focalização** serve para designar, na esteira de G. Genette, a delegação feita pelo enunciador* a um sujeito cognitivo*, chamado observador, e a sua instalação no discurso narrativo: esse procedimento permite, assim, apreender quer o conjunto da narrativa, quer certos programas pragmáticos*, apenas do "ponto de vista" desse mediador. Diferentes tipos de focalização – que é um procedimento de debreagem* actancial – podem ser distinguidos segundo o modo de manifestação do observador: este, às vezes, permanece implícito, ou aparece, em outros casos, em sincretismo com um dos actantes* da comunicação (o narrador*, por exemplo) ou um dos actantes da narração (um sujeito pragmático*, por exemplo). Notar-se-á, entretanto, que esse conceito de focalização que, conjugado com a colocação em perspectiva*, esgota a antiga noção de "ponto de vista", é ainda provisório: ele não explica todos os modos de presença do observador (por exemplo, no caso da aspectualização*), nem explica a constituição dos espaços cognitivos* parciais, caracterizados pela presença – no interior dos programas pragmáticos – de dois sujeitos cognitivos em comunicação.

2. Denomina-se também **focalização** – considerando-se agora não mais o sujeito focalizador, mas o objeto focalizado – o procedimento que consiste em inscrever (ou em delimitar), por aproximações concêntricas sucessivas, um ator* ou uma sequência* narrativa, em coordenadas espaçotemporais cada vez mais precisas. Para fazer isso, o enunciador dispõe não somente das possibilidades oferecidas pela localização espaçotemporal, mas também, e sobretudo, do procedimento de encaixe, graças ao qual uma puntualidade* ou uma duração pode ser inscrita em uma outra duração, um espaço* em outro espaço.

→ Observador, Perspectiva, Localização espaçotemporal, Encaixe.

FONEMA s. m.

FR. PHONÈME; INGL. PHONEME

1. Enquanto unidade linguística do plano da expressão*, **fonema** é uma unidade mínima, por ser indecomponível (ou não suscetível de segmentação), da manifestação* sintagmática (isto é, após a semiose* pela qual são reunidos os dois planos da linguagem); em compensação, enquanto figura* do plano da expressão,

é ele suscetível de análise em unidades menores, ditas traços fonológicos ou femas*. Embora na origem o fonema fosse uma unidade construída a partir de considerações sobre o significante* sonoro das línguas naturais, os procedimentos de sua elaboração têm valor geral e podem ser eventualmente aplicados a outros tipos de significantes (gráficos, por exemplo) e a outras semióticas.

2. Os linguistas da Escola de Praga (N. Troubetzkoy, R. Jakobson) e outros, como A. Martinet, dão uma definição paradigmática* de fonema: o processo de comutação* permite-lhes constituir paradigma* como classe de fonemas ("pato", "bato", "mato", "nato", etc. constituem um paradigma de consoantes comutáveis), que em seguida se diferenciam graças às oposições parciais reconhecidas entre eles e interpretadas como traços distintivos*, que caracterizam cada fonema particular (*b* e *p*, em "bato" e "pato", diferenciam-se pelo traço *vozeado/não vozeado*).

3. A Escola de Copenhague (L. Hjelmslev, K. Togeby) procede de forma um pouco diferente, pois parte da unidade da expressão máxima, que é a sílaba, em que identifica dois tipos de unidades ou categorias*, as vogais e as consoantes, cada um dos quais constituindo uma classe de comutação, mas não comutáveis entre si (uma vogal, por exemplo, não é comutável, no mesmo contexto, com uma consoante): o fonema acha-se, assim, dotado de uma definição, ao mesmo tempo, paradigmática e sintagmática.

4. A análise distribucional* chega quase aos mesmos resultados, procedendo ao exame das diferentes distribuições dos fonemas: importa reconhecer, a partir de um dado *corpus**, os contextos de cada ocorrência e agrupar as diversas realizações em um número finito de conjuntos. Constata-se, então, que fonemas diferentes possuem distribuições diferentes e que um mesmo fonema pode pertencer a conjuntos diferentes, etc. Trata-se de uma abordagem sintagmática, indiferente às preocupações da Escola de Praga.

5. Essas diversas metodologias visam à análise do plano da expressão, considerado em si mesmo, e procuram dar conta dele seja sob a forma de um sistema fonológico e/ou, eventualmente, de uma sintagmática fonológica (a sílaba pode ser considerada como um "enunciado" do plano da expressão). Todavia, o problema se coloca diferentemente se o plano da expressão for encarado unicamente do ponto de vista do papel que desempenha por ocasião da semiose, em que fornece os formantes*, que permitem a constituição dos signos* (e, antes de tudo, dos morfemas*). Compreende-se, então, que a gramática gerativa*, para a qual a fonologia e a semântica são apenas "servas" da sintaxe, só se interesse pelo componente fonológico, como algo capaz de fornecer-lhe os formantes que permitem a realização dos morfemas lexicais engendrados pelo componente sintático. Tudo se passa, então, como se a teoria gerativa

pudesse prescindir do conceito de fonema, propondo a representação dos formantes como matrizes de traços distintivos, em que o "lugar" de cada fonema é caracterizado pela presença ou ausência dos traços fonológicos pertinentes. O conceito de fonema encontra-se aí oculto, mas não eliminado.

➔ Fonologia.

FONÉTICA s. f.

FR. PHONÉTIQUE; INGL. PHONETICS

1. A **fonética** é uma das disciplinas da linguística*, consagrada ao estudo do plano da expressão* das línguas naturais: enquanto análise da substância* da expressão, opõe-se à fonologia (que visa à forma* da expressão). Fortalecida por um passado muito rico – pôde elaborar sua metodologia no quadro da linguística histórica e comparativa* –, a fonética atual renovou-se, completamente, graças, em particular, aos progressos técnicos que lhe forneceram um aparato experimental aperfeiçoado e diversificado. A ascensão triunfal das investigações em sintaxe, tal como se observou nos anos 1960, pôde dar a impressão – completamente falsa – de uma fonética "tradicional" e extenuada: ao contrário, é um domínio de pesquisas ativo, insuficientemente conhecido pelos semioticistas.

2. Segundo as diferentes instâncias* de apreensão dos fenômenos fônicos, distinguem-se:

a) uma **fonética articulatória** ou fisiológica, que se interessa pelos modos de produção dos sons da linguagem, considerados como processos de **articulação**;

b) uma **fonética acústica** que procura dar, em termos de física acústica, as definições das articulações sonoras;

c) uma **fonética auditiva**, que apreende os mesmos fenômenos, mas no nível da percepção.

Apenas começada, a homologação desses processos e de suas definições levanta problemas fundamentais, que concernem à teoria semiótica e que têm a possibilidade de pôr em dúvida alguns de seus postulados.

3. Segundo a natureza das unidades fonéticas estudadas, pode-se opor a **fonética segmental** (ou fonemática), que opera com unidades correspondentes às dimensões dos fonemas*, à **fonética suprassegmental** (ou prosódica), que trata da matéria sonora das unidades sintagmáticas maiores.

➔ Fonologia, Prosódia.

FONOLOGIA s. f.

FR. PHONOLOGIE; INGL. PHONOLOGY

1. Disciplina linguística que tem por objeto a análise do plano da expressão* das línguas naturais, a **fonologia**, enquanto estudo da forma* da expressão, opõe-se à fonética (que se dedica à substância* da expressão). Elaboração ao mesmo tempo teórica e prática da escola saussuriana, a fonologia pode ser considerada como um dos empreendimentos mais significativos, realizados no quadro do estruturalismo* europeu; serviu ela de modelo à concepção da semântica* dita estrutural, mas também à formulação rigorosa de certas dimensões da antropologia social (cf. as estruturas elementares do parentesco, estudadas por C. Lévi-Strauss). A eficiência do modelo fonológico não está ainda esgotada, e ele continua a desempenhar seu papel na elaboração das semióticas particulares.

2. A fonologia opera principalmente com duas espécies de unidades da expressão: os fonemas, que são classes sintagmáticas obtidas por comutação* paradigmática, e as categorias fêmicas*, isto é, categorias* semânticas, pouco numerosas, que estabelecem e precisam as relações opositivas entre os fonemas membros de cada um dos paradigmas. Os fonemas se apresentam, então, como os termos-resultantes das categorias fêmicas, ou melhor, como pontos de intersecção das diferentes relações que constituem essas categorias. Como se vê, o **sistema fonológico** (nos níveis fêmico e fonemático) é bem uma articulação da forma da expressão e, em nenhum momento, define-se pela substância sonora, objeto da fonética. Significa isso que o modelo fonológico é inteiramente independente de sua manifestação em uma determinada língua ou em uma dada semiótica.

3. A fonologia divide-se em fonemática (ou fonologia segmental) e prosódia (estudo dos fenômenos suprassegmentais).

→ **Fonemática, Fonema, Fema, Prosódia.**

FORMA s. f.

FR. FORME; INGL. FORM

1. Os diferentes e variados empregos da palavra **forma** refletem praticamente toda a história do pensamento ocidental. Nessa linha de ideias, o estatuto atribuído a esse conceito nesta ou naquela teoria semiótica (ou, mais estritamente, linguística) permite reconhecer facilmente os seus fundamentos epistemológicos. Com efeito, a

noção de forma herdou da tradição aristotélica o seu lugar privilegiado na teoria do conhecimento: oposta à matéria que ela "enforma", no ato mesmo em que "forma" o objeto cognoscível, a forma é o que garante a sua permanência e identidade. Nessa acepção fundamental, observa-se que forma se aproxima da nossa concepção de estrutura (cf. Gestalt).

2. Quando o conceito de forma é aplicado aos "objetos de pensamento", a matéria que ela enforma é interpretada progressivamente, por um deslizamento semântico, como "sentido", "conteúdo", "fundo", dando origem, assim, às dicotomias consagradas pelo uso cotidiano. Desse ponto de vista, a palavra forma aproxima-se e se torna quase sinônimo de expressão: o "fundo", considerado invariante, é objeto de variações no plano fonético, sintático ou estilístico. Pelo contrário, sendo o sentido considerado "algo que existe, mas do qual nada se pode dizer" (Bloomfield), a forma fica valorizada: só ela pode ser submetida à análise linguística (cf. o estruturalismo* norte-americano).

3. É nesse contexto que é preciso situar a afirmação de F. de Saussure, segundo a qual a língua é uma forma resultante da reunião de duas substâncias*. Não sendo nem a substância "física" nem a substância "psíquica", mas o lugar de convergência delas, a forma é uma estrutura significante (cf. Merleau-Ponty): a independência ontológica da forma semiótica assim afirmada confere ao mesmo tempo um estatuto de autonomia à linguística (que terá por objeto a descrição coerente e exaustiva dessa forma).

4. A interpretação que L. Hjelmslev dá à concepção saussuriana de forma permite aprimorar o instrumental ao mesmo tempo epistemológico e metodológico da semiótica. A formulação monista da forma significante (que só se aplica, *stricto sensu,* às categorias prosódicas* das línguas naturais), sem ser questionada, se ampliou postulando a existência de uma forma própria a cada uma das substâncias: a **forma da expressão** e a **forma do conteúdo** devem ser reconhecidas e analisadas separadamente, previamente à reunião delas, da qual o esquema* semiótico é produto.

5. O reconhecimento de duas formas, próprias a cada um dos planos da linguagem, permitiu situar novamente, num quadro teórico geral, a fonologia, estudo da forma da expressão, com relação à fonética, estudo da substância (cf. -êmico/-ético); ela permitiu também transpor as mesmas distinções ao plano do conteúdo, abrindo, assim, caminho à elaboração de uma semântica* formal.

➔ Estrutura, Expressão, Conteúdo, Formal.

FORMAL adj.
FR. FORMEL; INGL. FORMAL

1. Enquanto adjetivo derivado de forma*, **formal** reflete as diferentes acepções que esse conceito recebeu sucessiva e paralelamente.

2. Segundo a distinção tradicional que opõe "forma" a "sentido" (ou a "conteúdo"), qualifica-se de formal toda organização ou estrutura desprovida de significação*. Assim, por oposição à semântica, considera-se que a fonologia e a gramática são disciplinas formais.

3. A partir da distinção entre forma e substância* estabelecida por F. de Saussure, o qual, excluindo das preocupações da linguística a substância tanto de ordem "física" quanto "psíquica", define a língua como uma forma, a linguística e, de modo mais geral, a semiótica; elas se apresentam, enquanto estudos de formas, como disciplinas formais (o mesmo título que a lógica ou as matemáticas).

4. Independentemente dos desenvolvimentos da teoria linguística, as pesquisas sobre os **sistemas formais** (às vezes chamados também de **linguagens formais**) surgiram, desde o fim do século XIX, em matemática e em lógica. O caráter formal desses sistemas provém, primeiro, pelo fato de eles se pretenderem explícitos*: é o sentido escolástico da palavra "formal" que se opõe assim a intuitivo*, fluido, implícito*. De outro lado, um sistema formal é convencional: repousa em um conjunto de fórmulas chamadas axiomas, que são arbitrariamente declaradas como demonstradas. Tal sistema é caracterizado por um alfabeto* de símbolos*, por um conjunto de regras* que permite construir expressões* bem formadas, e assim por diante. Instaura e, com isso, autoriza um **cálculo formal**, independente de qualquer intervenção exterior (de qualquer consideração da substância). Assim elaborado, o sistema formal que reencontra a concepção saussuriana da forma acha-se caracterizado por uma das propriedades essenciais de toda linguagem*.

5. O sistema formal dela se diferencia, entretanto, pela recusa em considerar que as formas que explicita e manipula sejam formas significantes. Independentemente do uso que se possa fazer desses sistemas com vistas à formalização da teoria semiótica, o problema de seu estatuto enquanto linguagem não deixa de se colocar. Desse ponto de vista, pode-se considerar, na esteira de L. Hjelmslev, que se trata de semióticas monoplanas* (constituídas somente do plano da expressão) e que, da mesma forma que os fonemas b e p em "bar" e "par", que não se distinguem senão pela presença implícita do sentido por assim dizer negativo e discriminatório*, os símbolos das linguagens formais são desprovidos de significação. É, porém, não menos evidente que toda linguagem – e, *a fortiori,* toda gramática – repousa sobre um conjunto de

categorias semânticas universais (v. **universais***) e que o verdadeiro problema é o da evacuação do sentido na construção de um sistema formal, e não o de sua posterior convocação para fins de interpretação*, como em gramática gerativa*.

→ **Forma, Teoria, Axiomático, Formalização, Interpretação.**

FORMALISMO s. m.

FR. FORMALISME; INGL. FORMALISM

1. Entende-se por **formalismo** – em sentido neutro, mas frequentemente pejorativo – uma atitude científica que procura formalizar as teorias conceituais ou construir modelos* formais para explicar dados da experiência, e, mais particularmente, que utiliza sistemas formais*, fundamentados em uma axiomática*.

2. O termo formalismo torna-se francamente pejorativo quando qualifica as pesquisas realizadas nas ciências humanas que utilizam, no seu instrumental metodológico, procedimentos* formais. Assim, a semiótica é acusada frequentemente de ser formalista e de "desumanizar" o objeto de suas pesquisas: na verdade, hoje ela ainda não chega a formalizar suas análises e não se encontra senão em estágio de pré-formalização.

3. O **formalismo russo** – denominação que abarca as pesquisas não só linguísticas, mas, sobretudo, literárias, realizadas na Rússia nos anos 1920 – ilustra bem a ambiguidade do termo: acusadas de formalismo, por não manifestarem muito interesse pelo conteúdo ideológico das obras literárias, essas pesquisas não são formalistas no sentido neutro do termo, pois visavam delimitar a significação das formas* (no sentido quase saussuriano do termo). É preciso acrescentar que o formalismo russo nada mais é do que uma manifestação particular de uma episteme europeia, comum na época: pode-se igualmente falar do formalismo alemão (pesquisas sobre o barroco, por exemplo) ou do formalismo francês (descoberta e formulação da arte românica por Faucillon e colaboradores). Essa tradição foi retomada após a guerra sob forma diferente por aquilo que se chama estruturalismo* francês.

FORMALIZAÇÃO s. f.

FR. FORMALISATION; INGL. FORMALIZATION

1. **Formalização** é a transcrição de uma teoria em uma linguagem formal* (utilizando um sistema formal apropriado). Pressupõe, portanto, a existência de uma

teoria já elaborada que, conquanto não acabada, comporta um corpo de conceitos* interdefinidos e hierarquizados: toda formalização apressada – procedimento bastante frequente na hora atual – nada mais é do que uma caricatura.

2. A formalização não é, pois, um procedimento* de descrição* e menos ainda – por razões que desconhecemos – um fim em si do fazer científico. Por intervir somente em um estágio avançado da construção de uma teoria, ela serve, essencialmente, para testar a sua coerência* e para comparar duas ou várias teorias que tratam do mesmo objeto de conhecimento.

3. A gramática gerativa*, que se apresenta como uma teoria formalizada, não pode ser comparada, para efeito de avaliação, com outras gramáticas do mesmo gênero. Entretanto, todo sistema formal é interpretável*: sendo assim, uma vez interpretada e conduzida, por assim dizer, ao estágio de uma teoria conceitual, a gramática gerativa pode ser comparada a outras teorias semióticas e interrogada quanto a seus fundamentos epistemológicos, quanto à sua capacidade e sua maneira de resolver os problemas essenciais que se colocam a toda teoria da linguagem.

4. Tem-se dúvida sobre se a teoria semiótica se encontra já em um estágio que permita visualizar a sua formalização: reconhecendo encontrar-se em estágio de **pré-formalização**, a semiótica tem de concentrar os seus esforços na elaboração de sua metalinguagem* e de sistemas de representação* apropriados.

→ Geração, Interpretação, Teoria.

FORMANTE s. m.
FR. FORMANT; INGL. FORMANT

Por **formante** entende-se, em linguística, uma parte da cadeia do plano da expressão*, correspondente a uma unidade do plano do conteúdo e que – no momento da semiose[xi] – lhe permite constituir-se como signo (morfema* ou palavra*). O formante não é, portanto, uma unidade sintagmática* do plano da expressão (como o são, por exemplo, o fema, o fonema ou a sílaba) considerada em si; é mais propriamente "o formante de...", e decorre do uso*, e não da estrutura*. L. Hjelmslev previu, dentro da linguística, um lugar particular para a "teoria dos formantes", independente da fonemática e da morfemática.

→ Signo.

Frase s. f.

FR. **Phrase**; INGL. **Sentence**

1. Tradicionalmente, define-se a **frase** como uma unidade da cadeia sintagmática, caracterizada, semanticamente, pela autonomia relativa de sua significação e, foneticamente, pela presença de demarcadores de natureza prosódica* (pausas e fraseados de modulação, maiúsculas e sinais de pontuação). É claro que a definição semântica é intuitiva (uma frase pode comportar várias unidades de sentido, várias proposições) e que os critérios fonéticos continuam incertos. As duas abordagens, com efeito, deixam de especificar a frase por aquilo que ela é: uma unidade sintática.

2. A linguística estrutural confere à frase sua independência sintática. Assim, para Bloomfield, a frase, mesmo sendo construída a partir de elementos constituintes*, não é, por si mesma, constituinte de nenhuma unidade maior. L. Hjelmslev, por sua vez, define a frase como a maior unidade sintática que possui caráter iterativo no interior do texto* infinito e considera-a como a única suscetível de ser submetida à análise*. Que o procedimento seja ascendente e parta dos elementos mínimos (Bloomfield), ou descendente e proceda por segmentação (Hjelmslev), o resultado é, nos dois casos, comparável: a frase surge como uma totalidade que cobre uma hierarquia* sintática. Enquanto unidade superior, intransponível, a frase impõe limites à gramática que, por isso, só pode ser uma gramática **frasal**.

3. Mais que as dimensões da frase, é sua organização interna que a define, ao mesmo tempo que causa problemas: a estrutura binária, embora remonte a Aristóteles (com a distinção sujeito/predicado) e tenha-se conservado solidamente até nossos dias (Hjelmslev, Bloomfield, Chomsky), não está, necessariamente, na "natureza das coisas", tanto mais que a sintaxe é, hoje, concebida como uma linguagem, construída a partir de uma axiomática*. Por outras palavras, a definição da estrutura fundamental da frase (seu caráter binário ou ternário) é resultado de uma escolha apriorística. No mesmo sentido, a determinação da estrutura elementar do enunciado toma atualmente o lugar da problemática da frase.

→ **Enunciado.**

Função s. f.

fr. Fonction; ingl. Function

Se o termo **função** é frequente em linguística e, de modo mais geral, em semiótica, é ele empregado muitas vezes – até mesmo no interior de uma mesma teoria – em pelo menos três acepções diferentes; *a)* no sentido utilitário ou instrumental; *b)* no sentido organicista; *c)* enfim, numa acepção lógico-matemática.

A. Interpretação instrumental

1. Para A. Martinet, sendo a linguagem um "instrumento de comunicação", a função principal da linguagem é a **função de comunicação**. Tal concepção, que pretende atenuar o formalismo* da linguística* estrutural, restringe, com efeito, o alcance da teoria linguística (se a linguagem é comunicação*, é também produção de sentido, de significação*), que não pode mais ser extrapolada e aplicada a outros sistemas semióticos (com exceção, talvez, de "verdadeiros" sistemas de comunicação, tais como os sinais do código de trânsito...). A **linguística funcional**, tal como é concebida por Martinet, é uma linguística "realista".

2. É no mesmo sentido instrumental que se fala de **definição funcional**, quando ela contém informações concernentes ao uso ou à finalidade do objeto ou do comportamento descritos (cf. "cadeira... para sentar"); a análise semântica dos lexemas desse gênero explicita ou os valores* de uso ou os programas* de uso que implicam.

B. Interpretação organicista

1. É num sentido de inspiração biológica que E. Benveniste utiliza o conceito de função, elemento necessário, a seu ver, à definição de estrutura: "o que dá à forma o caráter de uma estrutura é que as partes constituintes preenchem uma função". Esse esforço de conciliação entre estrutura e função lhe permite reinterpretar a linguística diacrônica do século XIX, mas também justificar a concepção de "frase" como uma estrutura cujas partes constituintes são carregadas de funções sintáticas.

2. Por **função sintática** compreende-se, tradicionalmente, o papel que este ou aquele elemento, definido preliminarmente como uma unidade morfológica* (adjetivo, verbo, etc.) ou sintagmática (sintagmas nominal, verbal), desempenha no interior do todo que é a frase. Sujeito, objeto, predicado, por exemplo, são denominações de funções particulares. Mesmo que o inventário das funções sintáticas não leve em conta a hierarquia* dos elementos (o sujeito e o adjunto adnominal não se situam no mesmo nível de derivação*), essa dimensão da organização sintática continua pertinente e pode dar lugar

a novas reformulações no quadro da nossa sintaxe actancial, por exemplo. A linguística gerativa*, tendo partido de uma divisão da frase em classes* sintagmáticas, foi obrigada a reintroduzir esse nível de análise sob a forma de indicadores* sintagmáticos em que o sujeito é definido, por exemplo, como o sintagma nominal imediatamente dominado por F.

3. É no quadro de uma reflexão epistemológica que certos psicólogos (K. Bühler) ou linguistas (R. Jakobson) foram levados a depreender as **funções da linguagem** (espécies de esferas de ação que concorrem para o mesmo fim), cujo conjunto definiria, de maneira exaustiva, a atividade linguística. Assim, Bühler reconhece três funções principais na linguagem: a **expressiva***, a **conativa*** (apelo) e a **referencial*** (representação*). Dispondo essas funções no eixo da comunicação*, R. Jakobson acrescenta-lhes três outras: a **fática***, a **metalinguística*** e a **poética***. Tal distribuição apresenta a vantagem de proporcionar um quadro de conjunto sugestivo das diferentes "problemáticas" da linguagem: seria arriscado ver aí algo diferente. Esse esquema não pode ser considerado uma axiomática* a partir da qual se estaria em condições de elaborar, dedutivamente*, toda uma teoria da linguagem; também não se trata de uma taxionomia de enunciados; no máximo, poder-se-iam ver aí possibilidades de conotações* das mensagens "denotativas", postulações de significados* conotativos*, cujas marcas, no nível do discurso, se procuraram reconhecer. A filosofia da linguagem procura determinar as funções da linguagem não mais a partir de uma reflexão geral sobre sua natureza, mas no nível do ato* de linguagem, inscrito no quadro da intersubjetividade. Uma abordagem pragmática* chega a constituir listas de "funções"* (do tipo "pergunta", "desejo", "ordem", "expectativa", etc.) que, mesmo renovando a problemática da comunicação, aparecem, ainda hoje, como outras tantas paráfrases* não científicas e não constituem um conjunto coerente.

4. Em sua *Morfologia do conto maravilhoso russo*, V. Propp emprega a palavra **funções** para designar unidades sintagmáticas que permanecem constantes apesar da diversidade das narrativas, e cuja sucessão (em número de 31) constitui o conto. Essa concepção, permitindo postular a existência de um princípio de organização subjacente a classes inteiras de narrativas, serviu de ponto de partida para a elaboração de diferentes teorias da narratividade*. Quanto à noção de função, ainda fluida em Propp, pode ser precisada e reformulada em termos de enunciados* narrativos.

5. G. Dumézil emprega o termo função para explicar a divisão tripartida da ideologia dos povos indo-europeus, correspondente à divisão da própria sociedade

em três classes (sacerdotes, guerreiros e agricultores-criadores). A articulação tripartida das **funções ideológicas** permite atribuir um campo semântico particular (uma esfera de soberania) a cada uma das funções ao mesmo tempo em que estabelece uma relação hierárquica entre elas.

C. Interpretação lógico-matemática

1. Consciente da dificuldade, senão da impossibilidade, de excluir totalmente da linguística a acepção organicista de função (que reflete, imperfeitamente, é verdade, o aspecto produtivo e dinâmico da atividade da linguagem), L. Hjelmslev tentou dar a esse termo uma definição lógico-matemática: para ele, a função deve ser considerada como "a relação entre duas variáveis", e acrescenta que essa relação deve ser encarada como uma "dependência que preenche as condições da análise", pois ela participa da rede de inter-relações recíprocas, constitutiva de toda semiótica. Tal relação denominada função se estabelece entre termos chamados **funtivos**. Vê-se que a linguística hjelmsleviana é por certo funcional, mas num sentido bastante diferente do de Martinet.

2. Uma síntese das duas concepções de função – a de E. Benveniste e a de L. Hjelmslev – parece ser possível para uma definição do enunciado* elementar: reservando o nome **função** somente à "função sintática" denominada predicado, e designando como actantes* outras funções sintáticas que, enquanto funtivos, representam os terminais da relação constitutiva do enunciado, pode-se dar deste a seguinte formulação canônica: F (A_1, A_2,...). Investimentos semânticos mínimos da função, assim definida, podem permitir em seguida estabelecer uma primeira tipologia de enunciados elementares. Assim, num primeiro momento, pareceu econômico distinguir, de um lado, os enunciados constituídos por uma função e, de outro, os enunciados cujo predicado seria uma qualificação* (correspondente aos enunciados de existência em lógica). A aplicação dessa oposição à análise narrativa abria o caminho a duas orientações de pesquisa: enquanto o **modelo funcional** dava conta do arranjo dos enunciados narrativos definidos por suas funções (= as "funções" no sentido proppiano), o modelo qualificativo permitia descrever a maneira de ser dos objetos semióticos, considerados no seu aspecto taxionômico. Entretanto, a distinção proposta contradizia o postulado estrutural, segundo o qual uma relação*, seja qual for, não pode instaurar-se (ou ser reconhecida) senão entre pelo menos dois termos* (no caso, entre dois actantes). Ora, os enunciados qualificativos se apresentavam justamente como enunciados de um só actante. Uma reforma parcial da definição de enunciado elementar revelou-se, assim, necessária para assimilar os

enunciados qualificativos aos enunciados de estado* (caracterizados pela junção* entre sujeito e objeto), opondo-se aos enunciados de fazer* (que têm por função a transformação*). Nessa perspectiva, função pode, pois, definir-se como relação constitutiva de todo enunciado.

3. L. Hjelmslev chama de **função semiótica** a relação que existe entre a forma* da expressão* e a do conteúdo*. Definida como pressuposição recíproca (ou solidariedade*), essa relação é constitutiva de signos e, por isso mesmo, criadora de sentido* (ou, mais precisamente, de efeitos* de sentido). O ato de linguagem consiste, por uma parte essencial, no estabelecimento da função semiótica.

→ **Enunciado.**

Generalização s. f.
FR. Généralisation; INGL. Generalization

1. De acordo com L. Hjelmslev, no caso em que um objeto (O_1) possui uma dada propriedade e um outro objeto (O_2) tem essa mesma propriedade, mas também outras características, o **princípio de generalização** consiste em, colocando entre parênteses as determinações específicas de O_2, aplicar ao segundo objeto a propriedade do primeiro. Assim, por exemplo, se um enunciado admite uma leitura* e se um outro enunciado admite duas, a isotopia* reterá, por generalização, somente a leitura que lhes é comum.

2. De modo mais geral, **generalização** se define como o procedimento pelo qual se atribuem a toda uma classe* as propriedades ou determinações reconhecidas para um número limitado de grandezas*.

3. A generalização é característica da abordagem indutiva que se pratica, partindo-se da manifestação semiótica, com vistas à interpretação*. De acordo com o procedimento hipotético-dedutivo* a que nos propomos, a generalização deve tomar a forma de construção de um modelo* hierarquicamente superior e mais extenso que o fenômeno reconhecido, do qual este não é senão uma variável*. O imperfeito francês, por exemplo, para ser comparado com o imperfeito alemão, deve ser interpretado no quadro de um modelo que explicite o conjunto dos tempos do passado. O modelo assim construído poderá ser, a seguir, infirmado, confirmado ou modificado.

4. As categorias* utilizadas para a construção de tais modelos serão ditas **gerais** por oposição às categorias universais.

→ Indução, Universais.

GÊNERO s. m.

FR. GENRE; INGL. GENRE

1. O **gênero** designa uma classe de discurso, reconhecível graças a critérios de natureza socioletal*. Estes podem provir quer de uma classificação* implícita que repousa, nas sociedades de tradição oral, sobre a categorização* particular do mundo, quer de uma "teoria dos gêneros" que, para muitas sociedades, se apresenta sob a forma de uma taxionomia* explícita, de caráter não científico. Dependente de um relativismo cultural evidente e fundada em postulados ideológicos implícitos, tal teoria nada tem de comum com a tipologia dos discursos* que procura constituir-se a partir do reconhecimento de suas propriedades formais específicas. O estudo da **teoria dos gêneros**, característico de uma cultura (ou de uma área cultural) dada, não tem interesse senão na medida em que pode evidenciar a axiologia* subjacente à classificação: ele pode ser comparado à descrição de outras etno ou sociotaxionomias.

2. No contexto cultural europeu, a teoria dos gêneros da época moderna – diferente da teoria da Idade Média – parece ter-se elaborado segundo dois eixos distintos:

a) uma teoria "clássica" que repousa sobre uma definição não científica da "forma" e do "conteúdo" de certas classes de discursos literários (por exemplo, a comédia, a tragédia, etc.);

b) uma teoria "pós-clássica" que se fundamenta numa certa concepção da "realidade" (do referente*), que lhe permite distinguir, a partir daí, seja diferentes "mundos possíveis", seja encadeamentos narrativos mais ou menos conformes a uma norma subjacente (cf. os gêneros fantástico, maravilhoso, realista, surrealista, etc.).

3. Deve-se notar que, ao lado de uma teoria dos gêneros literários, o mesmo contexto cultural pode servir de suporte, por exemplo, para uma classificação dos gêneros religiosos.

➔ Discurso.

GERAÇÃO s. f.

FR. GÉNÉRATION; INGL. GENERATION

1. O termo **geração** designa o ato de engendrar, de produzir, quer tomado em sentido biológico quer em sentido epistemológico. É a segunda acepção, de

uso corrente nas matemáticas (em que se fala da geração de um volume ou de um número, por exemplo), que foi retomada por N. Chomsky em linguística e que se estendeu à semiótica.

2. A **definição*** **por geração** de um objeto semiótico – que o explica por seu modo de produção – deve ser diferenciada de sua definição taxionômica* (que, em sua forma tradicional pelo menos, o determina pelo gênero e pela espécie). A **abordagem gerativa** opõe-se radicalmente à abordagem genética: esta considera a gênese de um objeto como situada na linha do tempo, e realizando-se em uma sequência de formas sucessivas, frequentemente em relação com as circunstâncias exteriores que possam ter condicionado o seu desenvolvimento. Assim, o estudo do processo de aprendizagem de uma língua (ou, em outro domínio, o procedimento psicanalítico) diz respeito aos métodos genéticos, e não aos gerativos. A mesma distinção se impõe ainda na análise do discurso científico: enquanto a história de uma ciência – que delineia seus progressos, desvios e impasses – representa uma abordagem genética, o discurso científico se considera como um estado de ciência, produzido por um algoritmo* gerador.

3. Introduzido na linguística, o conceito de geração deu lugar à constituição de uma teoria conhecida pelo nome de gramática gerativa*. (A introdução simultânea do modelo transformacional cria, muitas vezes, nos espíritos, uma confusão entre esses dois aspectos dessa teoria.) A especificação dessa gramática como gerativa está relacionada com duas características principais (seguimos aqui de perto a interpretação dada por J. Lyons): toda gramática pode ser considerada gerativa, se é projetiva (ou preditiva) e explícita*.

4. Uma gramática é projetiva se um conjunto de regras*, que descreve – de maneira explícita ou implícita – um *corpus** limitado de frases, considerado como amostra de um conjunto de frases mais vasto, é capaz de ser projetado sobre esse conjunto. Ela é considerada preditiva se as representações de frase que ela produz se aplicam não somente às frases realizadas, mas também às possíveis. É importante notar, como assinala J. Lyons, que a maioria das gramáticas conhecidas na história da linguística são "gerativas", neste primeiro sentido do termo, com a condição, entretanto, de distinguir a "predição" ou previsibilidade devido às regras, que são o efeito principal da estrutura (ou esquema) da língua, de seu caráter prescritivo ou normativo*, que depende do uso*. Uma gramática é chamada de explícita se é inteiramente formalizada*, isto é, transcrita numa linguagem conforme às exigências dos sistemas formais*.

5. Segue-se daí que uma teoria pode ser gerativa (no sentido projetivo do termo) sem ser com isso inteiramente explícita, e, de outra parte, que uma gramática pode

ser gerativa sem ser transformacional*: é o caso, principalmente, da teoria semiótica que estamos tentando construir.

→ Gerativa (gramática ~), Gerativo (percurso ~).

Gerativa (gramática ~) adj.
FR. Générative (grammaire ~); INGL. Generative grammar

1. Elaborada por N. Chomsky e uma equipe de linguistas norte-americanos, a **gramática gerativa** e **transformacional** forma um conjunto complexo impossível de se apresentar sucintamente sem alterá-la. À falta de um apanhado abrangente – que pode ser encontrado facilmente em outras obras –, destacaremos, apenas, as características mais importantes, que têm o seu lugar bem indicado numa abordagem semiótica comparativa.

2. A gramática gerativa e transformacional se propõe a dar uma descrição* de todas as frases*, realizadas ou possíveis (relacionadas com a criatividade* do sujeito* falante), de todas as línguas* naturais. Trata-se, portanto, de uma linguística* frasal (daí sua inadequação para uma análise do discurso*) com objetivo universal (tem como projeto apreender os universais* sintáticos, semânticos e fonológicos, mesmo que os seus exemplos até hoje provenham essencialmente das línguas ocidentais, sobretudo do inglês) que considera a língua não um fato social (F. de Saussure), mas dependente da atividade do sujeito: daí a dicotomia chomskyana *performance/* competência, que corresponde ao ponto de vista epistemológico adotado. Esse tipo de gramática – que trata do enunciado*, mas não da enunciação* – pretende ser a expressão da competência* ideal, concebida de maneira programática (no sentido da informática).

3. De tipo propriamente lógico, a gramática gerativa e transformacional se apresenta de um modo estritamente formal*: é uma abordagem sintática* que pressupõe, pelo menos de início, a rejeição do sentido*. Num primeiro momento, ela faz, com efeito, total abstração do conteúdo*, visando somente a explicar a gramaticalidade* dos enunciados, independentemente de sua semanticidade*; só em seguida é que ela dará às estruturas formais depreendidas uma interpretação* semântica: o componente semântico se encontrará, assim, "preso" às estruturas profundas*. Diz-se, por exemplo, que as transformações* são regras puramente formais, que não provocam – com exceção de algumas variações estilísticas* – modificações do conteúdo. Esse *a priori,* tomado à lógica, e segundo o qual a interpretação consiste em atribuir um

conteúdo a uma forma* que seria desprovida dele, é evidentemente inconciliável com a abordagem saussuriana que exclui a oposição de "fundo" e "forma".

4. A gramática chomskyana é chamada gerativa de dois pontos de vista: ela é explícita porque formulável em um sistema ou linguagem formal*, e preditiva (ou projetiva) no sentido de que as descrições que propõe se aplicam não somente às frases realizadas, mas também às possíveis (cf. **geração***). De outro lado, ela reintroduz de fato a noção de *corpus** que tem, entretanto, a pretensão de evacuar na sua caminhada dedutiva* (que dá prioridade à metalinguagem* em detrimento da linguagem-objeto), pois a descoberta das regras se efetua necessariamente graças a um *corpus,* por mais restrito que ele seja (cf. todos os *"minicorpus"* que os gerativistas apresentam em seus debates). Os conceitos de exaustividade* e de adequação*, ligados ao de *corpus,* são então abandonados em proveito de outros, em nada mais seguros, os de aceitabilidade* e de gramaticalidade* que são baseados na intuição* do sujeito falante (já que o objeto linguístico não é mais, conforme se supõe, empiricamente observável).

5. Se se deixa de lado o modelo de número finito de estados (de tipo markoviano) que o próprio Chomsky descartou porque exclui toda hierarquia* e conduz a um impasse na análise de qualquer língua natural, seja qual for, pode-se, na gramática gerativa, distinguir duas formas de "gramática" – sintagmática e transformacional – em que a segunda prolonga a primeira, sem que, com isso, sejam da mesma natureza.

6. A **gramática sintagmática**, chamada inicialmente de não contextual, mas que integra a seguir regras contextuais (para salvaguardar, em certos casos, a gramaticalidade), permite, com base na análise em constituintes* imediatos, proceder a uma descrição* estrutural da frase, que poderá ser representada sob a forma de árvore*. Tal descrição repousa num certo número de postulados:

a) A frase só pode ter uma única forma sintática.

b) Sua organização é de tipo binário: a estrutura sujeito/predicado, vestida com novas denominações (sintagma nominal/sintagma verbal), que remonta a Aristóteles (para quem todo enunciado é, em última análise, de tipo atributivo) é declarada universal e inata.

c) Fundada no conceito de substituição* (do qual, aliás, se conhece o papel que desempenha na lógica), a derivação* aciona, como subcomponente categorial* da base*, classes* sintagmáticas (sintagma nominal, sintagma verbal) no interior das quais se introduzem classes morfológicas* (verbo, substantivo, adjetivo, artigo, etc.), sem que seja preservada a homogeneidade* metodológica: quanto às classes morfológicas, são retomadas à gramática tradicional, sem nenhuma análise crítica prévia: contrariamente ao que sustentam alguns gerativistas, a descrição taxionômica* em linguística está longe de estar acabada: o que explica, neste ponto, uma insuficiência notável da gramática gerativa.

d) O sistema das regras* de reescritura e a representação em árvore estão evidentemente ligados ao princípio da linearidade*, mesmo se a parte transformacional do projeto gerativista apresenta alguns corretivos (mas também problemas) nesse ponto.

7. Como a gramática sintagmática parecia incapaz de resolver, sozinha, certo número de dificuldades (constituintes descontínuos, certos tipos de ambiguidade, relação do ativo com o passivo, problemas de concordância, etc.), Chomsky teve que recorrer a um outro conjunto de procedimentos, denominado **gramática transformacional**. Nessa nova perspectiva, a análise não se situará mais em um só nível* de descrição, mas nos dois planos, o das estruturas profundas* e o das estruturas de superfície*, entre os quais se realizam as transformações* (formalmente definidas como operações que, efetuadas sobre um indicador* sintagmático, o transformam em uma outra árvore) que permitem operar, sobre as cadeias a serem transformadas, adjunções, supressões, permutas, substituições. Na medida em que, como nota J. Lyons, a gramática transformacional atribui, assim, a uma frase dada uma estrutura profunda e uma estrutura de superfície, ligando-as sistematicamente entre si (segundo regras), ela é completamente assimilável às gramáticas tradicionais, uma vez posto seu aspecto de explicitação.

➔ Gerativo (percurso ~), Geração, Interpretação, Transformação, *Corpus*, Semântica gerativa, Competência, *Performance*.

GERATIVO (PERCURSO ~) adj.

FR. GÉNÉRATIF (PARCOURS ~); INGL. GENERATIVE PROCESS

1. Designamos pela expressão **percurso gerativo** a economia* geral de uma teoria* semiótica (ou apenas linguística), vale dizer, a disposição de seus componentes* uns com relação aos outros, e isso na perspectiva da geração*, isto é, postulando que, podendo todo objeto semiótico ser definido segundo o modo de sua produção*, os componentes que intervêm nesse processo se articulam uns com os outros de acordo com um "percurso" que vai do mais simples ao mais complexo, do mais abstrato* ao mais concreto*. A expressão "percurso gerativo" não é de uso corrente: a gramática gerativa* emprega em um sentido comparável o termo modelo*, falando, por exemplo, em modelo *standard* ou em modelo ampliado.

Tendo o termo modelo numerosas outras utilizações, preferimos apresentar sob este verbete a problemática da disposição geral de uma teoria.

2. A **linguística gerativa** propôs sucessivamente três esquemas que representam o que denominamos percurso gerativo. Os dois primeiros, de inspiração puramente sintática, repousam essencialmente na distinção entre estruturas profundas* e estruturas de superfície*. Se as estruturas sintáticas profundas são geradas pelo componente de base*, as estruturas de superfície resultam das operações (formuladas em regras) do sistema transformacional. A esses dois níveis são então ligados os componentes semântico (que trata da interpretação* semântica) e fonológico (concernente à interpretação fonológica): o componente semântico (graças ao léxico*, no sentido gerativista) é associado às estruturas profundas, enquanto os componentes fonológico e fonemático são situados no nível das estruturas de superfície. É essencialmente a localização dos dois componentes não sintáticos que constitui a originalidade deste modelo *standard* e que levantou as mais vivas objeções. A disposição, segundo a qual a semântica se encontra presa às estruturas profundas e a fonologia, às estruturas de superfície, repousa na hipótese formulada por N. Chomsky (na esteira de Katz e Postal), segundo a qual a estrutura de superfície não é pertinente* para a interpretação semântica, e a estrutura profunda não o é para a interpretação fonológica. Do ponto de vista semântico, isso quer dizer que uma sequência de transformações sintáticas não acarreta nenhum suplemento de significação (a não ser estilística) e que, consequentemente, uma forma de superfície é semanticamente equivalente a uma forma profunda. Não estando a hipótese provada e até contrariando o bom-senso (intuitivo), o modelo *standard* foi ampliado pelo próprio Chomsky, que aceitou situar a interpretação semântica ao longo do percurso transformacional e, mais precisamente, nos dois níveis – profundo e de superfície – das estruturas sintáticas.

3. O papel cada vez mais importante atribuído, no quadro da linguística gerativa norte-americana, ao componente semântico chegou a uma espécie de paradoxo: a semântica, antes excluída, não apenas ascende, conforme se observou, à superfície, mas chega ainda a "aprofundar" mais as estruturas profundas, cujas análises revelam níveis de "representação" semântica cada vez mais abstratos*, atingindo as organizações lógicas elementares. Isso leva a **semântica*** **gerativa** a reconsiderar o percurso gerativo no seu conjunto: as instâncias gerativas mais profundas aparecem, desde então, como constituídas por formas lógico-semânticas (o que permite fazer economia do conceito de interpretação), as quais, submetidas a transformações, geram as formas de superfície; o componente fonológico, intervindo nesse nível, permite atingir, finalmente, a representação fonética do enunciado. Esse modelo, no entanto,

|233|

é apenas aproximativo, já que a semântica gerativa, apesar das pesquisas, numerosas e diversificadas, não conseguiu ainda construir uma teoria geral da linguagem.

4. A teoria semiótica que estamos tentando elaborar, ainda que de inspiração gerativa, dificilmente é comparável aos modelos gerativistas, e isso porque o seu projeto é diferente: fundamentada na teoria da significação, ela visa a explicar todas as semióticas* (e não somente as línguas naturais) e a construir modelos capazes de gerar discursos (e não frases). Considerando, por outro lado, que todas as categorias*, mesmo as mais abstratas (incluindo-se as estruturas sintáticas), são de natureza semântica e, por isso, significantes, ela não sente nenhum constrangimento em distinguir, para cada instância do percurso gerativo, subcomponentes sintáticos e semânticos (*stricto sensu*).

5. Tal teoria semiótica distingue três campos problemáticos autônomos, que considera como lugares de articulação da significação e de construção metassemiótica*: as **estruturas semionarrativas**, as **estruturas discursivas** e as **estruturas textuais**. Entretanto, ao passo que as duas primeiras formas podem ser consideradas como dois níveis de profundidade superpostos, a problemática da textualização* é completamente diferente. Com efeito, a textualização, enquanto disposição linear em texto (temporal ou espacial, segundo as semióticas), pode intervir a qualquer momento do percurso gerativo: não somente os discursos figurativos ou não figurativos (mais ou menos profundos, no quadro da semântica* discursiva) são textualizados, mas estruturas lógicosemânticas mais abstratas (nas linguagens formais*, por exemplo) são igualmente textualizadas, desde o instante em que são "deitadas" no papel. As estruturas textuais, cuja formulação dará lugar à representação* semântica – suscetível de servir de nível profundo às estruturas linguísticas geradoras de estruturas linguísticas de superfície (na perspectiva da gramática gerativa) – constituem consequentemente um domínio de pesquisas autônomas (a linguística denominada textual, entre outras, dedica-se a isso), mas elas se situam, na verdade, fora do percurso gerativo propriamente dito.

6. As estruturas semionarrativas, que constituem o nível mais abstrato, a instância *a quo* do percurso gerativo, se apresentam sob a forma de uma **gramática semiótica e narrativa** que comporta dois componentes – sintático e semântico – e dois níveis de profundidade: uma **sintaxe* fundamental** e uma **semântica fundamental** (no nível profundo) e uma **sintaxe narrativa** (no nível de superfície). Quanto ao seu modo de existência* semiótica, essas estruturas são definidas por referência tanto ao conceito de "língua" (Saussure e Benveniste) quanto ao de "competência" narrativa (conceito chomskyano, ampliado para as dimensões do discurso), pois incluem não somente uma taxionomia*, mas também o conjunto das operações sintáticas elementares.

7. As estruturas discursivas, menos profundas, são encarregadas de retomar as estruturas semióticas de superfície e de "colocá-las em discurso", fazendo-as passar

pela instância da enunciação*. Elas se acham por enquanto muito mais elaboradas que as estruturas semióticas: sendo assim, não se pode indicar seus componentes a não ser como domínios em vias de exploração. Distinguir-se-ão por enquanto: o componente sintático – ou **sintaxe discursiva** – encarregado da discursivização* das estruturas narrativas que comporta os três subcomponentes actorialização*, temporalização* e espacialização* (campos que a lógica temporal e a espacial já estão em parte explorando); o componente semântico – ou **semântica discursiva** – com os seus subcomponentes tematização* e figurativização*, que visam a produzir discursos abstratos ou figurativos. Nota-se que, com a produção de discursos figurativos, o percurso gerativo procura produzir discursos figurativos, mas que ele deve ser considerado como a forma semanticamente mais concreta e sintaticamente mais fina das articulações da significação*; a textualização e a manifestação* do discurso – já o assinalamos – podem intervir a qualquer momento da geração. Assim encarado, o percurso gerativo é uma construção* ideal, independente das línguas* naturais e anterior a elas, ou dos mundos* naturais em que esta ou aquela semiótica pode a seguir investir-se para manifestar-se.

8. O quadro seguinte permite visualizar a distribuição dos diferentes componentes e subcomponentes desse "percurso":

PERCURSO GERATIVO			
	componente sintático		componente semântico
Estruturas semionarrativas	nível profundo	SINTAXE FUNDAMENTAL	SEMÂNTICA FUNDAMENTAL
	nível de superfície	SINTAXE NARRATIVA DE SUPERFÍCIE	SEMÂNTICA NARRATIVA
Estruturas discursivas		SINTAXE DISCURSIVA	SEMÂNTICA DISCURSIVA
		Discursivização	Tematização
	actorialização		
	temporalização		Figurativização
	espacialização		

→ **Discurso; Narratividade.**

Gestualidade s. f.

fr. Gestualité; ingl. Gestuality (neol.)

1. Enquanto campo problemático particular, a **gestualidade** foi introduzida na reflexão semiótica progressivamente e de maneira incerta, aparecendo ora como um domínio de significação circunscrito e autônomo, analisável como uma linguagem gestual, ora como onipresente*, ultrapassando por todos os lados as fronteiras ainda indecisas das semióticas particulares em via de constituição.

2. A gestualidade foi – e ainda é – considerada como um fenômeno paralinguístico* que teria uma função auxiliar no quadro da comunicação* intersubjetiva. Essa **gestualidade de acompanhamento** que um pouco apressadamente se julgou "pobre" – porque seria incapaz de produzir enunciados debreados* e de transmitir conteúdos objetivos – e que se quis reduzir a um simples papel de ênfase* parece, pelo contrário, uma vez examinada mais de perto, poder ser definida como **gestualidade de enquadramento** da enunciação*: as categorias que ela é capaz de enunciar são categorias abstratas* que tomam a forma quer de enunciados modais (asserção, negação, dúvida e certeza, etc.), quer de enunciados de quantificação (totalização, divisão) e de qualificação (estados eufóricos e disfóricos), quer sobretudo de enunciados fáticos* (acolhida e repulsa, abertura para o mundo e fechamento em si, etc.), que transformam a comunicação em comunhão intersubjetiva.

3. Alguns estudiosos quiseram tratar a gestualidade como uma linguagem*, aplicando-lhe a fórmula saussuriana de "sistema de signos": os signos seriam reconhecidos com a ajuda de testes de comutação*, o sistema serviria para fins de comunicação. Infelizmente, os inventários dos gestos comunicativos que puderam ser constituídos (cf. os gestos dos índios da América do Norte) não se revelaram como estruturáveis em sistemas: não remetem a nenhuma estrutura "fonológica" e nada devem a alguma organização semântica (a não ser a de "centros de interesse"). Neles se encontram misturados gestos de acompanhamento, ícones e, sobretudo, sintagmas gestuais estereotipados, dessemantizados e convencionalizados, em suma, toda a classificação peirciana em ordem difusa. A existência de uma "linguagem gestual" autônoma parece, portanto, longe de estar assegurada.

4. Um outro enfoque da gestualidade consiste em partir não mais dos gestos considerados como signos, mas de **textos gestuais** (danças folclóricas, balés, números de acrobacia, pantomima, etc.). O interesse desse gênero de pesquisa é múltiplo. A abordagem é inicialmente analítica: a segmentação* do texto* não deixa de colocar os problemas quanto às unidades* gestuais de dimensões sintagmáticas mais ou menos

amplas, como também o da pertinência dos traços gestuais que as caracterizam. Não é, pois, de admirar que esse tipo de investigação de um lado viesse a evidenciar, no que diz respeito ao plano da expressão*, a necessidade de uma linguagem de descrição (a elaboração de sistemas de notação* simbólica dos gestos já está bem avançada e levanta novas questões relativas à sua coerência metalinguística), e, de outro lado, viesse a colocar o problema da significação desses discursos gestuais que aparecem ao mesmo tempo como textos programados, tendo, por isso mesmo, como suporte uma intencionalidade* implícita, e como enunciados espetaculares, produzidos em função de um observador*-leitor e, por conseguinte, duplamente significantes para eles mesmos e para os outros.

5. O exame dos textos gestuais permite distinguir não somente a gestualidade significante da gesticulação desprovida de sentido como também obriga a definir a "substância gestual" como aquilo que se exprime graças a essa matéria particular que é o corpo humano enquanto "volume em movimento". A gestualidade não se limita mais aos gestos das mãos e dos braços ou à expressão do rosto, mas faz parte integrante do comportamento somático do homem e não constitui, enfim, senão um dos aspectos do que se poderia chamar sua **linguagem somática***. Mas enquanto os textos gestuais, anteriormente citados, se apresentam como processos de semióticas somáticas construídas (ou artificiais), ao lado delas existem, imaginamos, uma ou várias semióticas "naturais" que tratam dos comportamentos humanos programados enquanto práticas* significantes. A análise dos discursos narrativos nos permite, justamente, distinguir uma dimensão pragmática* do discurso, feita de descrições de componentes somáticos significantes e organizados em programas e que são, ao mesmo tempo, designados como eventos para o leitor. Essas são as duas características pelas quais temos procurado definir os textos gestuais. Observa-se, então, que os modelos narrativos construídos para explicar os comportamentos pragmáticos "de papel" podem ser transpostos com vistas a uma semiótica "pragmática" natural.

6. Entretanto, deve-se notar desde já que a "somaticidade", da mesma forma que a gestualidade, não são conceitos facilmente delimitáveis: "falar" ou "cantar" são comportamentos tão somáticos quanto "andar" ou "gesticular". Pode-se dizer, então, que as diferentes semióticas* se encontram encaixadas e imbricadas umas nas outras tanto em seu estado "natural" (cf. os diferentes rituais e cerimônias, por exemplo) como no seu estado "construído" (teatro, ópera, circo, etc.), e que, no mais das vezes, nos encontramos frente a semióticas sincréticas*, das quais temos que destrinçar os elementos constitutivos e os arranjos.

→ Proxêmica, Práticas semióticas.

GLORIFICANTE (PROVA ~) adj.

FR. GLORIFIANTE (ÉPREUVE ~); INGL. GLORIFYING TEST

Figura* discursiva ligada com o esquema narrativo*, a **prova glorificante** situa-se – ao contrário das provas qualificante* e decisiva* que ela pressupõe – na dimensão cognitiva*. Aparece na narrativa quando a prova decisiva já se efetuou ao modo do segredo*. Enquanto *performance** cognitiva (e fazer persuasivo*) do sujeito, ela pede – no plano da competência* correspondente – um *poder-fazer-saber* figurativizado pela marca*. Enquanto sanção* cognitiva do Destinador*, no quadro do componente contratual do esquema narrativo, equivale ao reconhecimento.

→ **Prova, Reconhecimento, Narrativo (esquema ~).**

GLOSSEMÁTICA s. f.

FR. GLOSSÉMATIQUE; INGL. GLOSSEMATICS

1. **Glossemática** (do grego *glossa*, língua) é o termo que L. Hjelmslev propôs para denominar a teoria linguística por ele elaborada em colaboração com o seu amigo H. J. Uldall. Ela se caracteriza, segundo Hjelmslev, por quatro traços específicos: *a)* o procedimento analítico, anterior à (e pressuposto pela) síntese; *b)* a insistência na forma*; *c)* a consideração não somente da forma da expressão*, mas também da do conteúdo*; *d)* a concepção da linguagem como um sistema semiótico entre outros.

2. A glossemática desempenhou um papel estimulador, ainda que não se tenha generalizado; em contrapartida, a teoria da linguagem, apresentada por L. Hjelmslev, pode ser considerada como a primeira teoria semiótica coerente e acabada: ela foi um fator decisivo na formação da semiótica na França.

→ **Gramática.**

GRAMÁTICA s. f.

FR. GRAMMAIRE; INGL. GRAMMAR

1. Termo antigo, não faz muito pejorativo (na medida em que remetia à gramática normativa), hoje reconduzido a seu lugar de honra pela gramática gerativa*, **gramática** designava outrora toda a linguística* e, atualmente, apenas

um de seus componentes. Entende-se em geral por gramática a descrição* dos modos de existência e de funcionamento de uma língua* natural ou, eventual e mais amplamente, de qualquer semiótica*: notar-se-á, todavia, que a acepção desse termo varia frequentemente de uma teoria para outra.

2. Considerando-se de modo geral que a gramática explica o "arranjo das palavras em frases", distinguir-se-ão aí dois domínios: a morfologia* ocupa-se do estudo das palavras* e das classes de palavra, ao passo que a sintaxe* se consagra ao estudo do "arranjo das frases". A parcela que cabe a cada um desses dois ramos depende, em grande parte, das línguas naturais examinadas. Sendo assim, os estudos morfológicos predominam na gramática comparativa das línguas indo-europeias que possuem sistemas casuais muito desenvolvidos. Já a linguística de hoje, de caráter mais teórico, cuja vitalidade empírica se fundamenta no *native speaker* (que fala uma língua não morfológica), privilegia o componente sintático. Nessas condições, a escolha da gramática gerativa, que tem como ponto de partida a taxionomia* (ou a morfologia) elaborada pela análise distribucional*, e que não leva em conta a não ser as classes* sintagmáticas, com exclusão das classes morfológicas e das funções* sintáticas (por ela reintroduzidas de modo sub-reptício: ver **categoria**), não parece muito feliz e não justifica as afirmações segundo as quais o estágio da descrição taxionômica em linguística já estaria ultrapassado. Dito isto, a construção das linguagens* artificiais (linguagem documentária, por exemplo) mostra a existência de uma relação compensatória entre morfologia e sintaxe: uma taxionomia desenvolvida não exige a mobilização a não ser de um número relativamente restrito de relações sintáticas e – inversamente – uma rede de relações sintáticas muito ampla contenta-se com uma morfologia sumária. Observa-se, além disso, que o uso atual tende a confundir, quando não a identificar, os termos gramática e sintaxe.

3. O sentido da palavra **gramática** varia, por outro lado, de acordo com a extensão que se atribui a esse conceito. Desse modo, quando lhe atribuímos como tarefa a construção de um simulacro formal, capaz de explicar e/ou de produzir todos os enunciados* de uma língua natural, trata-se de saber o que entendemos por "todos os enunciados". Se se trata de todas as classes e de todos os tipos de enunciados, a gramática deixa de lado duas disciplinas autônomas: a semântica* e a fonologia*. Se se trata, ao invés, da produção de todos os enunciados-ocorrência possíveis, nesse caso, a semântica e a fonologia devem ser consideradas como simples componentes, presos à sintaxe, de uma gramática que cubra a totalidade do campo linguístico estudado. Nessa acepção, gramática se aproxima de nossa concepção de semiótica*.

4. Em nosso projeto teórico, a **gramática semiótica** corresponde às estruturas* semionarrativas: tem como componentes*, no nível profundo*, uma sintaxe* fundamental e uma semântica* fundamental, e, correlativamente, no nível de superfície*, uma sintaxe* narrativa (chamada de superfície) e uma semântica* narrativa.

➔ Gerativa (gramática ~), Gerativo (percurso ~).

GRAMATICALIDADE s. f.

FR. GRAMMATICALITÉ; INGL. GRAMMATICALITY

1. Em linguística gerativa*, uma frase é dita gramatical se pode ser descrita por uma dada gramática*: a **gramaticalidade** de um enunciado, sua eventual agramaticalidade e – entre as duas – os **diferentes graus de gramaticalidade** são reconhecíveis somente em função da competência* do enunciatário* (que é convidado a fazer um julgamento epistêmico*), competência que é variável segundo a comunidade cultural à qual ele pertence ("je l'ai pas vu" é gramatical no francês cotidiano e agramatical para uma gramática normativa).

2. Por gramaticalidade pode-se entender a relação de compatibilidade que mantém dois elementos* no nível sintático, e graças à qual estes podem estar presentes* juntos em uma unidade hierarquicamente superior: ela é um dos critérios não somente para o reconhecimento da aceitabilidade (sintática), mas também para a determinação da interpretação*.

➔ Compatibilidade, Interpretação, Competência, Aceitabilidade, Norma, Implícito.

GRAMEMA s. m.

FR. GRAMMÈME; INGL. GRAMMEME

Certos linguistas (como B. Pottier) empregam o termo **gramema** para designar os morfemas gramaticais, por oposição aos lexemas (entendidos, então, como morfemas lexicais).

➔ Morfema, Lexema.

Grandeza s. f.

FR. Grandeur; INGL. Entity

Denomina-se **grandeza** esse "há algo" do qual se presume a existência semiótica, anteriormente à análise* que reconhecerá aí uma unidade discreta, e do qual não se postula senão a comparabilidade com outras grandezas de mesma ordem.

→ Unidade.

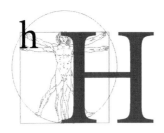

Hermenêutica s. f.
FR. Herméneutique; INGL. Hermeneutics

Hermenêutica designa geralmente a interpretação, no sentido corrente e não semiótico, de textos essencialmente filosóficos e religiosos. Trata-se de uma disciplina relativamente vizinha à semiótica (de que frequentemente toma bom número de elementos) na medida em que, como diz P. Ricoeur, ela articula uma teoria geral do sentido com uma teoria geral do texto. Nota-se, entretanto, que o domínio de seu exercício é mais específico e, por outro lado, que ela põe em jogo a relação do texto com o referente*, atendo-se muito particularmente aos dados extralinguísticos dos discursos e às condições de sua produção e de sua leitura. Diferentemente da abordagem semiótica para a qual, por exemplo, a enunciação* pode ser reconstruída de acordo com um simulacro lógico-semântico elaborado a partir do texto somente, a hermenêutica faz intervir o contexto sócio-histórico, incluindo-se nele o da compreensão atual, e tenta – por esse jogo complexo – depreender os sentidos recebíveis: pressupõe assim uma posição filosófica da referência como critério de avaliação.

Herói s. m.
FR. Héros; INGL. Hero

1. O termo **herói** pode servir para denominar o actante* sujeito quando este, dotado de valores* modais correspondentes, se encontra em certa posição de seu percurso narrativo. O sujeito só se torna herói quando de posse de uma certa competência* (poder e/ou saber-fazer). Na dimensão pragmática* da narrativa, distinguir-se-á assim o **herói atualizado*** (antes de sua *performance**) do **herói realizado*** (de posse do objeto da busca); na dimensão cognitiva* opõe-se o **herói oculto** ao **herói revelado** (após a sanção* cognitiva do Destinador ou reconhecimento*). Quer dizer que herói é a denominação de um estatuto actancial* determinado.

2. No sentido restrito, denomina-se herói, particularmente nos estudos de literatura oral ou clássica, o actante sujeito tal qual acaba de ser definido, mas dotado, ainda, de conotações – eufóricas – moralizantes, que o opõem ao traidor* (conotado disforicamente*).

→ Actancial (papel, estatuto ~), Narrativo (percurso ~), Moralização.

HETEROGENEIDADE s. f.

FR. HÉTÉROGÉNÉITÉ; INGL. HETEROGENEITY

Um conjunto* é chamado **heterogêneo** se os seus elementos* constituintes têm propriedades diferentes de tal modo que impeçam a sua inscrição em uma única e mesma classe*.

→ **Homogeneidade.**

HETEROTÓPICO (ESPAÇO ~) adj.

FR. HÉTÉROTOPIQUE (ESPACE ~); INGL. HETEROTOPIC SPACE

Em oposição a espaço* de referência, que é o espaço tópico (lugar das *performances** e competências*), espaço **heterotópico** designa os lugares circunstantes (os espaços de "atrás" e "adiante"), o "alhures" (por contraste com "aqui"/"lá" que caracteriza o espaço tópico).

→ Tópico (espaço ~), Localização espaçotemporal.

HEURÍSTICO adj.

FR. HEURISTIQUE; INGL. HEURISTIC

1. Diz-se que uma hipótese de trabalho é **heurística** se o discurso que a desenvolve tem como efeito produzir e formular um processo de descoberta. É, pois, a hipótese, que não é verdadeira nem falsa, mas anterior ao estabelecimento do procedimento*, que é heurística: os procedimentos de descoberta, uma vez formulados, podem, por sua vez, facilitar a constituição de novas hipóteses, constituindo o conjunto a práxis científica.

2. De forma mais geral e mais vaga, qualifica-se, às vezes, de heurística uma atitude científica: a abordagem estrutural, por exemplo, que procura, em primeiro lugar, apreender as relações* e obriga, por isso mesmo, a prever as posições eventuais dos termos* de uma categoria* (termos cujas manifestações não são, à primeira vista, evidentes) pode, neste sentido, ser denominada heurística.

→ Hipótese, Descoberta.

HIERARQUIA s. f.

FR. HIÉRARCHIE; INGL. HIERARCHY

1. Definida como classe* das classes, **hierarquia** é, para L. Hjelmslev, o termo que define qualquer semiótica. Tal concepção, que parece à primeira vista excessiva, torna-se compreensível se se leva em conta que Hjelmslev postula a unidade da morfologia* e da sintaxe*. Hierarquia aparece, assim, como o princípio organizador da estrutura* elementar da significação, em que a categoria*, enquanto todo, é hierarquicamente superior aos termos* que a constituem e que dela são partes, mas as relações hipotáxicas*, essenciais para a sintaxe, são igualmente hierarquizantes.

2. É preciso distinguir hierarquia, concebida como organização formal e que se fundamenta no princípio de pressuposição* lógica, do emprego desse termo para designar a relação de superioridade/inferioridade (ou dominante/dominado) que é de ordem axiológica* e repousa na modalidade do poder* (cf., por exemplo, as três funções* de G. Dumézil).

HIPONÍMICO/HIPERONÍMICO adj.

FR. HYPONYMIQUE/HYPÉRONYMIQUE; INGL. HYPONYMIC/ HYPERONIMIC (NEOL.)

Com os dois qualificativos **hiponímico/hiperonímico**, designa-se a relação* estabelecida entre a categoria* sêmica e um de seus termos* constituintes (situado no eixo dos contrários*). Essa relação tem dois sentidos: o que parece ser uma relação hiponímica do ponto de vista interpretativo*, será considerado hiperonímico do ponto de vista gerativo (conforme o percurso que vai da instância *ab quo* para a instância *ad quem)*. Unicamente do ponto de vista interpretativo, **hipônimo** é o termo que é manifestado em lugar da categoria sêmica, e o **hiperônimo** é a categoria que é manifestada em lugar de um dos termos sêmicos. Através dessas distinções semânticas, trata-se, basicamente, da relação de **seleção*** (pressuposição* unilateral segundo L. Hjelmslev), tal qual funciona no interior de uma única categoria sêmica. A relação hponímico/hiperonímico permite a definição da metonímia* em sentido restrito (*pars pro toto*).

Hipotáxico/Hiperotáxico **adj.**
FR. Hypotaxique/Hypérotaxique; INGL. Hypotactic/ Hypertactic

1. Em geral, entende-se, em linguística, por relação **hipotáxica** a relação* hierárquica* que liga dois termos* situados sobre dois patamares diferentes de derivação* (exemplo: relação entre principal e subordinada, entre determinado e determinante, etc.). L. Hjelmslev procurou precisá-la interpretando a seleção* – em termos lógicos – como sendo a relação entre um termo pressuposto e um termo pressuponente (pressuposição* unilateral). Enquanto de natureza hierárquica, a hipotaxe opõe-se à parataxe (que não estabelece, entre dois termos contíguos, nenhuma relação de dependência).

2. Ao contrário da relação hiponímica* que define a posição dos termos sêmicos de uma única categoria* investida no quadrado* semiótico, a relação **hiperotáxica** indica as posições formais dos termos anteriormente a qualquer investimento* semântico. Assim, no quadrado, a hipotaxe poderia identificar-se, por exemplo, com a implicação que é uma relação de pressuposição unilateral entre um dos termos primitivos e a negação do termo contrário (entre s_1 e $\overline{s}_2$).

Hipótese **s. f.**
FR. Hypothèse; INGL. Hypothesis

1. Toda atividade cognitiva do sujeito repousa em um saber anterior, implícito ou explícito, e pressupõe consequentemente uma certa competência* cognitiva. A **hipótese de trabalho** aparece, sob essa perspectiva, como sendo a explicitação* dessa competência com vistas à *performance** projetada que tomará a forma do discurso com objetivo científico. Enquanto explicitação formulada anteriormente ao próprio discurso da pesquisa, a hipótese de trabalho pode ser comparada a um contrato* proposto ao enunciatário* (= a comunidade científica) pelo enunciador*, cujo discurso-*performance*,

se presume, constitua a realização. Isso equivale a dizer que a hipótese não é verdadeira nem falsa, e que seu valor de verdade apenas aparecerá *a posteriori*, transformando, eventualmente, o discurso sustentado para esse fim em um procedimento de descoberta*. Por outro lado, o saber* e o saber-fazer, cuja explicitação parcial constitui a hipótese de trabalho, não são dados *ex nihilo*, mas dependem de uma episteme* e de diferentes conceitualizações teóricas. Desse modo, o papel das teorias explícitas é considerável na formulação das hipóteses.

2. Entende-se por método **hipotético-dedutivo** o procedimento relativo à construção de uma teoria, que consiste em se colocar, no ponto de partida, certo número de conceitos* não definidos ou de proposições não afetadas por valores de verdade, para que o discurso dedutivo, desenvolvido a partir desses postulados, faça *a posteriori* a prova de sua eficácia, produzindo, como consequência lógica, enunciados suscetíveis de serem considerados como procedimentos de descoberta. Tal abordagem, frequente em matemática e em física, foi recentemente introduzida na semiótica (L. Hjelms1ev, N. Chomsky).

→ **Procedimento, Descoberta, Dedução.**

HISTÓRIA s. f.

FR. HISTOIRE; INGL. HISTORY, STORY

O termo **história** é ambíguo e cobre conteúdos bastante diferentes.

1. Entende-se de início por história um universo* semântico, considerado como objeto* de conhecimento, cuja inteligibilidade, postulada *a priori*, se fundamenta numa articulação* diacrônica de seus elementos. Nesse sentido, a história pode ser considerada como uma semiótica-objeto (ou como um conjunto de semióticas tomadas anteriormente à sua análise*) cuja abordagem é determinada de antemão por certos postulados.

2. História corresponde, por outro lado, à narrativa ou à descrição de ações, cujo estatuto veridictório* não está fixado (elas podem ser declaradas como passadas e "reais", como imaginárias ou mesmo como não passíveis de uma decisão). Desse ponto de vista, história deve ser considerada como discurso narrativo (como "narrativa histórica", segundo E. Benveniste, ou simplesmente como "narrativa").

3. Se se distinguem estruturas* semionarrativas (enquanto formas de organização profunda e geral) e estruturas discursivas (características da maneira como é contada a "história"), o **discurso histórico** aparece no nível de superfície como um discurso temporalizado* (onde os predicados-transformações são

convertidos* em processos*). É nesse sentido que se pode falar de **ancoragem*** **histórica**, entendendo-se com isso a inscrição dos programas* narrativos no interior de coordenadas espaçotemporais, de caráter figurativo*.

4. Quando o discurso narrativo (cf. supra 2) serve de modo de articulação à história (no sentido 1), denomina-se **historiográfico** (ou, mais frequentemente, histórico). Desde então, o problema da cientificidade* de tal discurso – e o de sua metalinguagem* construída – não deixa de ocorrer. A **linguística histórica** o resolveu no sentido do comparatismo*, interpretando a diacronia como a transformação* lógica, reconhecível entre dois estados* de língua dados ao preço entretanto da evacuação da própria historicidade (ou da dimensão temporal). As tentativas mais recentes, provindas da filosofia lógica, de estabelecer sequências ordenadas de enunciados correspondentes às sucessões de eventos históricos, estão longe de serem coroadas com êxito.

5. Dentro de uma tipologia geral do discurso, visada pela semiótica, e no quadro dos modelos da narratividade* que ela propõe, não é impossível conceber pesquisas cuja finalidade seria determinar a especificidade do discurso histórico. Uma primeira distinção entre **história factual**, situada no nível da sintaxe* narrativa, de superfície, e **história fundamental**, concebida como o conjunto das transformações das estruturas profundas, de caráter lógico-semântico, aparece então como um pressuposto a tais pesquisas.

→ **Diegese, Evento.**

HISTÓRICA (GRAMÁTICA ~) adj.

FR. HISTORIQUE (GRAMMAIRE ~); INGL. HISTORICAL GRAMMAR

A denominação **gramática histórica** serviu outrora, paralelamente à de gramática comparada, para designar a linguística comparativa que foi elaborada progressivamente ao longo do século XIX.

→ **Comparativa (linguística ~).**

HOMOGENEIDADE s. f.

FR. HOMOGÉNÉITÉ; INGL. HOMOGENEITY

1. Um conjunto* é denominado homogêneo se todos os seus elementos* constituintes têm em comum as mesmas propriedades. Diferentemente do conceito

de isotopia*, reservado à análise interna do discurso, o de **homogeneidade**, muito mais amplo e relativamente impreciso (reconhecido como não definível por L. Hjelmslev), aplica-se, essencialmente, à constituição do *corpus**, pondo em jogo, entre outras, condições extralinguísticas.

2. Em sentido mais restrito, a homogeneidade poderá se firmar em uma escolha de elementos de mesmo nível*, de unidades de mesmas dimensões, de relações de mesmo tipo (Hjelmslev). Nessa perspectiva, ela se aproxima de pertinência*: todavia, enquanto esta depende do ponto de vista do analista (ou de sua operação), aquela referir-se-ia antes de tudo à natureza "imanente" do material examinado.

HOMOLOGAÇÃO s. f.

FR. HOMOLOGATION; INGL. HOMOLOGATION

1. Homologação é uma operação de análise semântica, aplicável a todos os domínios semióticos, que faz parte do procedimento geral de estruturação. É considerada como uma formulação do raciocínio por analogia*. Dada a estrutura,

$$A : B :: A' : B'$$

A e A' são chamados homólogos em relação a B e B'. Do ponto de vista semântico, tal homologia pode ser afirmada apenas em três condições: *a)* os termos representados pelas maiúsculas devem ser sememas* decomponíveis em semas*; *b)* os termos A e A', por um lado, e B e B' por outro, contêm, necessariamente, ao menos um sema comum; *c)* a relação entre A e B, por um lado, e entre A' e B' por outro, é idêntica e pode ser reconhecida como uma das relações lógicas elementares (contradição, contrariedade, complementaridade).

2. A homologação assim definida é, na análise semântica, complementar da redução*: um inventário de ocorrências* parassinonímicas somente pode ser reduzido a um único semema descritivo se cada uma delas encontrar seu termo oposto (contrário ou contraditório) no inventário (ou nos inventários) paralelo e se cada categoria* assim estabelecida for homologável com as outras categorias dos inventários paralelos.

3. Enquanto disciplina imposta ao raciocínio analógico, cuja importância para a pesquisa não deve ser subestimada, a homologação é um procedimento geral que ultrapassa os limites da semântica (em sentido restrito): servimo-nos dela, por exemplo, para estabelecer as regras de conversão* entre níveis*, para determinar correlações na metodologia comparativa*, para formular as coerções semióticas (sintáticas ou semânticas), etc.

➔ **Estruturação, Analogia.**

HOMONÍMIA s. f.

FR. HOMONYMIE; INGL. HOMONYMY

1. **Homonímia** é a relação de identidade* situada no nível do significante* e reconhecida entre dois ou vários morfemas* ou palavras* cujos significados* são considerados distintos. Os homônimos podem ser **homófonos** ("compter" e "conter") ou **homógrafos** ("voler": deslocar-se no ar, e "voler": roubar). Dois lexemas* são considerados independentes e homônimos se seus sememas* não contêm figura* nuclear comum.

→ **Polissememia.**

Iconicidade s. f.
FR. Iconicité; INGL. Iconicity (NEOL.)

1. Entende-se por **ícone**, na esteira de Ch. S. Peirce, um signo* definido por sua relação de semelhança com a "realidade" do mundo exterior, por oposição ao mesmo tempo a índice* (caracterizado por uma relação de "contiguidade natural") e a símbolo* (firmado na simples convenção social). Considerando-se – como é o nosso caso – que a definição do signo, pelo que ele não é, é semioticamente não pertinente e que, por outro lado, a semiótica* apenas se torna operatória quando situa suas análises aquém ou além do signo, a classificação proposta, sem ser incômoda, apresenta pouco interesse.

2. O mesmo não acontece quando se busca o conceito de **iconicidade** para definir esta ou aquela semiótica – ou seu plano da expressão* – no seu conjunto. Reconhecer que a semiótica visual (a pintura, por exemplo, considerada como um caso à parte) é uma imensa analogia* do mundo* natural, é perder-se no labirinto dos pressupostos positivistas, confessar que se sabe o que é a "realidade", que se conhecem os "signos naturais" cuja imitação produziria esta ou aquela semiótica, etc. Da mesma forma, significa também negar a semiótica visual como tal: a análise de uma superfície plana articulada consistirá, nessa perspectiva, em identificar os signos icônicos e lexicalizá-los em uma língua natural: não é surpreendente, então, que a pesquisa dos princípios de organização dos signos, assim reconhecidos, seja levada a se confundir com a de sua lexicalização* e que a análise de um quadro, por exemplo, se transforme afinal em uma análise do discurso sobre o quadro. O caráter específico da semiótica visual se dilui nessas duas macrossemióticas*, que são o mundo natural e as línguas naturais.

3. Se, em vez de considerarmos o problema da iconicidade como peculiar às semióticas visuais (porque é aí, nos domínios do cinema, da pintura, da fotografia, etc. que a questão parece mais cheia de consequências, quando não se vê por que o significante visual seria mais "icônico" do que o significante sonoro ou olfativo, por exemplo), o formulássemos em termos de intertextualidade* (entre semióticas

construídas e semióticas naturais), e se o estendêssemos à semiótica literária*, por exemplo, veríamos que a iconicidade encontra seu equivalente no nome de ilusão referencial*. Esta pode ser definida como sendo o resultado de um conjunto de procedimentos mobilizados para produzir efeito* de sentido "realidade", aparecendo assim como duplamente condicionada pela concepção culturalmente variável da "realidade" e pela ideologia realista assumida pelos produtores e usuários desta ou daquela semiótica. A ilusão referencial, longe de ser um fenômeno universal, somente se encontra em certos "gêneros" de textos, e sua dosagem é não somente desigual, mas também relativa. Generalizemos: a iconicidade, mesmo sendo engendrada por um conjunto de procedimentos semióticos suscetíveis de serem formulados, não constitutiva da semiótica, não depende, como diria Hjelmslev, da semiótica "denotativa", mas encontra seu fundamento no sistema das conotações* sociais que estão subjacentes ao conjunto das semióticas.

4. Esse conjunto de considerações nos leva a introduzir o termo **iconização** para designar, no interior do percurso gerativo* dos textos, a última etapa da figurativização* do discurso em que distinguimos duas fases: a **figuração** propriamente dita, que responde pela conversão dos temas* em figuras*, e a iconização que, tomando as figuras já constituídas, as dota de investimentos* particularizantes, suscetíveis de produzir a ilusão referencial.

→ **Signo, Imagem, Referente, Figurativização, Semiologia.**

IDENTIDADE s. f.
FR. IDENTITÉ; INGL. IDENTITY

1. O conceito de **identidade**, não definível, opõe-se ao de alteridade* (como "mesmo" a "outro"), que também não pode ser definido: em compensação, esse par é interdefinível pela relação de pressuposição* recíproca, e é indispensável para fundamentar a estrutura* elementar da significação.

2. Por oposição à igualdade que caracteriza objetos que possuem exatamente as mesmas propriedades qualitativas, a identidade serve para designar o traço ou o conjunto de traços (em semiótica: semas* ou femas*) que dois ou mais objetos têm em comum. Assim, quando se suspende uma oposição categórica – por exemplo, *pessoa/não pessoa* –, o eixo* semântico que reúne os dois termos reaparece, é valorizado e sua manifestação provoca um efeito de identificação. Com isso, vemos que o reconhecimento* da identidade de dois objetos, ou sua **identificação**, pressupõe sua alteridade, isto é, um mínimo sêmico ou fêmico, que os torna inicialmente

distintos. Desse ponto de vista, a identificação é uma operação metalinguística* que exige, anteriormente, uma análise* sêmica ou fêmica: longe de ser uma primeira abordagem do material semiótico, a identificação é uma operação, entre outras, de construção do objeto semiótico.

3. A identidade serve igualmente para designar o princípio de permanência que permite ao indivíduo continuar o "mesmo", "persistir no seu ser", ao longo de sua existência narrativa, apesar das modificações que provoca ou sofre. Também e da mesma maneira é ao conceito de identidade que nos referimos quando falamos da permanência de um actante* apesar das transformações* de seus modos de existência* ou dos papéis actanciais* que ele assume no seu percurso narrativo*, da permanência, também, de um ator* discursivo no decorrer do discurso no qual ele está inscrito: nesse nível, é o procedimento de anaforização* que permite a identificação de um ator em todos os instantes de sua existência discursiva.

4. Entende-se igualmente por identificação uma das fases do fazer interpretativo* do enunciatário*, quando ele identifica o universo do discurso (ou uma parte desse universo) com o seu próprio universo: diremos, por exemplo, que uma jovem leitora identifica-se com a personagem de Joana d'Arc. Entendida nesse sentido, a identificação encontra-se ainda insuficientemente explorada.

→ **Alteridade, Individuação.**

IDEOLOGIA s. f.

FR. IDÉOLOGIE; INGL. IDEOLOGY

1. Em razão da riqueza do campo semântico recoberto pelo conceito de **ideologia** e as numerosas ambiguidades que advêm de suas diferentes interpretações e definições possíveis, pode-se perguntar se a abordagem semiótica não traria algum esclarecimento a esse conceito.

2. Assim, parece oportuno distinguir-se duas formas fundamentais de organização do universo dos valores*: suas articulações paradigmática* e sintagmática*. No primeiro caso, os valores são organizados em sistemas* e apresentam-se como taxionomias* valorizadas que se podem designar pelo nome de axiologias*; no segundo caso, seu modo de articulação é sintático* e são investidos em modelos que aparecem como potencialidades de processos* semióticos: opondo-os às axiologias, podemos considerá-los como **ideologias** (no sentido restrito, semiótico, dessa palavra).

3. Os valores, que participam de uma axiologia, são virtuais* e resultam da articulação semiótica do universo* semântico coletivo*; pertencem, por isso, ao

nível das estruturas semióticas profundas*. Investindo-se no modelo ideológico, eles atualizam*-se e são assumidos por um sujeito – individual ou coletivo – que é um sujeito modalizado* pelo *querer-ser* e, subsequentemente, pelo *querer-fazer*. Vale afirmar que uma ideologia, dependendo do nível das estruturas semióticas de superfície*, pode definir-se como uma estrutura actancial que atualiza os valores que ela seleciona no interior dos sistemas axiológicos (de ordem virtual).

4. Uma ideologia se caracteriza então pelo estatuto atualizado dos valores que ela assume: a realização desses valores (isto é, a conjunção* do sujeito* com o objeto* de valor) extingue, *ipso facto,* a ideologia enquanto tal. Em outros termos, a ideologia é uma busca* permanente dos valores, e a estrutura actancial que a informa deve ser considerada como recorrente* em todo discurso ideológico.

5. Considerada como uma instância no percurso gerativo* global, a organização ideológica apresenta os valores, que ela assume, em sua forma abstrata ou temática*. Entretanto, o discurso ideológico pode ser, em qualquer instante, mais ou menos figurativizado*, e pode converter-se assim em discursos mitológicos.

→ **Axiologia.**

IDIOLETO s. m.

FR. IDIOLECTE; INGL. IDIOLECT

1. **Idioleto** é a atividade semiótica, produtora e/ou leitora das significações – ou o conjunto dos textos relativos a isso –, própria de um ator* individual*, que participa de um universo* semântico dado. Na prática das línguas* naturais, as variações* individuais não podem ser muito numerosas nem constituir desvios* muito grandes: elas correriam, assim, o risco de interromper a comunicação* interindividual. Nesse sentido, são consideradas geralmente como fenômenos de superfície*, que afetam, em primeiro lugar, os componentes fonético e lexical da língua. Em estado puro, o idioleto depende da psicolinguística patológica e poderia ser identificado com a noção de autismo.

2. Situado no nível das estruturas profundas*, o problema do idioleto deve ser aproximado da noção de estilo*. Nessa perspectiva, pode-se conceber o idioleto como sendo o uso que um ator individual faz do universo semântico individual (tal como está constituído pela categoria* *vida/morte*) que ele pode dotar de investimentos hipotáxicos* particularizantes, e do universo coletivo (articulado pela categoria *natureza/cultura*), de cujos termos ele pode dispor a seu modo, homologando-o

com o universo individual. Evidentemente são apenas algumas sugestões, relativas a uma problemática particularmente árdua.

➔ **Universo semântico, Socioleto, Estilo, Psicossemiótica.**

ILOCUÇÃO s. f.

FR. ILLOCUTION; INGL. ILLOCUTION

Ao contrário da locução* e da perlocução*, a **ilocução** (na terminologia de J. L. Austin) corresponde à enunciação enquanto ato de linguagem que influi nas relações entre interlocutor* e interlocutário, e que pode ser parafraseada por um enunciado performativo* (exemplo: "Arrume a cozinha" = "Eu lhe ordeno que arrume a cozinha"): assim acontece no caso de uma ordem, de um conselho, de uma promessa, de uma interrogação, etc. – nos quais se obtém um efeito direto dizendo –, ao contrário da perlocução, em que um efeito indireto é produzido pelo fato de dizer. Como se vê, a ilocução, como a perlocução, depende essencialmente do domínio da comunicação* verbal e remete à competência* cognitiva dos sujeitos-locutores.

➔ **Ato de linguagem, Enunciação, Comunicação.**

IMAGEM s. f.

FR. IMAGE; INGL. IMAGE

Em semiótica visual, a **imagem** é considerada uma unidade de manifestação* autossuficiente, como um todo de significação, capaz de ser submetido à análise. A partir dessa constatação geral, duas atitudes distintas se destacam. Enquanto a semiologia da imagem, que se refere à teoria da comunicação*, a considera, geralmente, uma mensagem constituída de signos icônicos, para a semiótica planar* a imagem é, sobretudo, um texto-ocorrência (comparável, apesar da especificidade bidimensional de seu significante*, aos de outras semióticas) que a análise pode explicar construindo-o um objeto semiótico. Da mesma forma, enquanto para a semiologia da imagem a iconicidade dos signos faz parte da própria definição da imagem, a semiótica planar considera a iconicidade um efeito de conotação veridictória, relativa a uma determinada cultura, que julga certos signos "mais reais" que outros, e que conduz, em certas condições, o produtor da imagem a se submeter-se às regras de construção de um "faz de conta" cultural.

➔ **Iconicidade, Referente, Veridicção, Semiologia.**

Imanência s. f.

fr. Immanence; ingl. Immanence

1. A autonomia da linguística – justificável pela especificidade de seu objeto, afirmada com insistência por Saussure – foi retomada por Hjelmslev sob a forma do **princípio de imanência**: sendo a forma* (ou a língua* no sentido saussuriano) o objeto da linguística, qualquer recurso aos fatos extralinguísticos deve ser excluído por ser prejudicial à homogeneidade da descrição*.

2. O conceito de imanência participa, como um dos termos, da dicotomia *imanência/manifestação*, pressupondo a manifestação logicamente o que é manifestado, isto é, a forma semiótica imanente. A afirmação da imanência das estruturas semióticas levanta, então, um problema de ordem ontológica, relativo a seu modo de existência: da mesma forma como antes nos interrogamos, a propósito da dialética, se ela estava inscrita "nas coisas" ou "nos espíritos", o conhecimento das estruturas semióticas pode ser considerado quer como uma descrição*, isto é, como uma simples explicitação das formas imanentes, quer como uma construção*, já que o mundo é apenas estruturável, isto é, capaz de ser "enformado" pelo espírito humano. Parece-nos oportuno, para afastar da teoria semiótica qualquer discussão metafísica, contentarmo-nos com a colocação de certos conceitos operatórios*, denominando universo* semântico (o "há sentido") toda semiótica* anteriormente à sua descrição, e objeto* semiótico sua explicitação com o auxílio de uma meta-linguagem* (e de linguagens de representação*) construída.

3. É com essa mesma preocupação, tendo em vista evitar qualquer tomada de posição ontológica, que nós designamos, de modo arbitrário* e com um investimento* semântico mínimo, os dois eixos da categoria da veridicção*, sendo um, o do ser*, eixo da imanência, e o outro, o do parecer, eixo da manifestação, ficando entendido que investimentos ulteriores poderão dar margem a interpretações da imanência como "latência" ou como "numenalidade", por exemplo (da mesma forma, a modalidade do "querer" nem é "vontade", nem "desejo": essas denominações correspondem a suplementos de investimentos semânticos).

4. A oposição *imanência/transcendência* pode ser utilizada, por outro lado, para explicar, no quadro do esquema narrativo*, a diferença de estatuto do sujeito e do Destinador*. Enquanto o sujeito se encontra inscrito no **universo imanente** onde realiza seu percurso narrativo* adquirindo a competência* e efetuando as *performances** ("realizando-se"), uma subclasse bastante considerável de discursos narrativos coloca o sujeito como o Destinatário de um Destinador transcendente, o qual o institui como sujeito com o auxílio da comunicação* participativa (que

permite comunicar objetos-valor sob forma de doações, sem com isso deles se privar, da mesma forma como a rainha da Inglaterra, por exemplo, conserva o seu "poder" absoluto mesmo delegando-o quase inteiramente ao Parlamento).

→ **Manifestação, Construção, Transcendência.**

IMBRICAMENTO s. m.

FR. ENCHÂSSEMENT; INGL. EMBEDDING

1. Na gramática gerativa e transformacional, **imbricamento** é uma operação de inserção, através da qual um constituinte da frase nuclear* é substituído por um outro elemento, em princípio uma nova frase. Trata-se de um procedimento de substituição*, comparável ao da translação de segundo grau de L. Tesnière, que permite explicar, por exemplo, a relação que existe entre a proposição principal* e a sua subordinada.

2. Em semiótica narrativa, o termo imbricamento é, às vezes, usado para designar a inserção de uma narrativa* em uma narrativa mais ampla, sem que com isso se precise a natureza ou a função exata da micronarrativa. Trata-se de um emprego metafórico, que remete mais ao sentido corrente (inserção de um elemento em outro) do que ao da gramática gerativa: parece, pois, oportuno falar de preferência em **intercalação**.

IMPERFECTIVIDADE s. f.

FR. IMPERFECTIVITÉ; INGL. IMPERFECTIVENESS

Imperfectividade designa o sema* aspectual que corresponde ao aspecto durativo* e que atualiza*, ao mesmo tempo, a ausência de uma relação de pressuposição* com o aspecto terminativo*. O aspecto imperfectivo é também chamado **inacabado**.

→ **Aspectualização.**

IMPLICAÇÃO s. f.

FR. IMPLICATION; INGL. IMPLICATION

1. Como todos os conceitos fundamentais da lógica, **implicação** deu lugar a interpretações diversas. Sua aplicação em semiótica constitui uma dificuldade a

mais: por isso nos limitaremos a dar uma única definição, semelhante à de um outro conceito fundamental, a pressuposição.

2. Considerada como ato de implicar, a implicação consiste, para nós, na convocação assertiva do termo pressuponente, tendo como efeito a aparição do termo pressuposto. A relação pressuposicional é assim encarada como logicamente anterior à implicação: o "se" não reencontraria o seu "então", se este último não existisse antes como pressuposto.

→ Pressuposição, Quadrado semiótico, Asserção.

IMPLÍCITO adj., s. m.
FR. IMPLICITE; INGL. IMPLICIT

1. Considerando-se que o explícito* constitui a parte manifestada do enunciado (frase ou discurso), o **implícito** corresponde à parte não manifestada, mas diretamente ou indiretamente implicada pelo enunciado produzido. O explícito do enunciado aparece como a parte visível de um *iceberg*, tamanho é o papel da informação veiculada implicitamente em toda comunicação. A abordagem positivista, que tendia a tratar as línguas* naturais como puras denotações* e as palavras como etiquetas transparentes que deixam claramente ver as coisas que designam, se encontra definitivamente comprometida pelas pesquisas que buscam a explicitação do implícito.

2. Do ponto de vista semiótico, apenas se pode falar do implícito, na medida em que se postula, ao mesmo tempo, a existência de uma referência, que ligue um elemento qualquer do enunciado manifestado ao que se encontra fora dele, mas que ele contém virtualmente* ou atualmente*, e que é suscetível, por isso, de ser realizado com o auxílio de uma paráfrase* (ou de um complemento de informação); em outros termos, o implícito – no interior de uma certa semiótica – nunca é senão o explicitável.

3. Para maior clareza, pode-se, inicialmente, distinguir o **implícito intrassemiótico** (explicitável no interior de uma língua natural) do **implícito intersemiótico** (em que o enunciado explícito, formulado em uma semiótica, remete a um implícito e/ou um explícito que dependem de outras semóticas). É unicamente por pura abstração que se criou o hábito de considerar a comunicação* linguística como um objeto de estudo em si, tratando como implícitos – ou "subentendidos" – tanto os elementos chamados paralinguísticos* (gestualidade, atitudes corporais) quanto as

significações que procedem do "contexto extralinguístico" ou da "situação", isto é, das semióticas naturais* não linguísticas*. Se, ao contrário, se postulasse de início que a comunicação intersubjetiva é o resultado de uma semiótica sincrética*, em que concorrem várias linguagens de manifestação (cf., por exemplo, a ópera ou o cinema), o implícito intersemiótico se explicaria naturalmente como uma rede relacional entre várias expressões*, paralelas e/ou enredadas.

4. Limitando-se à convenção de uma comunicação linguística autônoma, pode-se procurar delimitar o campo do implícito no sentido do não dito verbal ou verbalizável. O procedimento comum da implicitação é o que se denomina elipse*, e o paralelo e inverso da explicitação, catálise*. O exemplo bem conhecido, proposto por L. Hjelmslev, é o da preposição latina *sine*, cuja presença é suficiente para explicitar o elemento que a ela está logicamente ligado, elemento que pode ser expressamente definido como *ablativo + categoria do número + categoria do gênero + raiz + classe nominal*. Vê-se que o que é implícito, no caso examinado, é o conjunto de dados gramaticais que caracterizam o sintagma em questão nele refletindo a "estrutura imanente" da língua.

5. A partir daí, pode-se generalizar essa observação e dizer que o que é válido para o implícito sintagmático* o é também para o eixo paradigmático* da linguagem, e que todo elemento explícito do enunciado, considerado como um indivíduo de uma classe paradigmática, somente existe em significação porque ele pressupõe implicitamente a classe toda. Pode-se, a rigor, sustentar que toda gramática, na medida em que ela procura explicar o modo de produção dos enunciados, não é senão o implícito explicitado (com maior ou menor êxito) desses enunciados, e que as estruturas profundas*, por exemplo, são o implícito das estruturas de superfície*, etc. O essencial a se observar é que o implícito somente pode ser percebido como uma rede relacional e, mais precisamente, como um conjunto de pressupostos lógicos (O. Ducrot): é aí, com este caráter metalógico que está na base de toda estrutura semiótica, que se poderia situar o conceito de gramaticalidade*, muito mais do que no "sentimento gramatical" dos sujeitos falantes.

6. Evidentemente é mais delicado aplicar essas observações à dimensão semântica da linguagem. Contudo, o próprio princípio – isto é, a definição do implícito como pressuposto lógico explicitável – pode ser mantido em todos os níveis da análise. É assim, por exemplo, que a instância da enunciação* pode definir-se como o implícito do enunciado. Um exemplo trivial, tirado da semiótica narrativa, pode dar uma ideia do uso prático que se pode fazer desse conceito: o enunciado* narrativo "vitória de S_1" pressupõe paradigmaticamente o enunciado implícito "derrota de S_2"; pressupõe, ao mesmo tempo, sintagmaticamente, o enunciado "defrontação

de S₁ com S₂", que não tem necessidade de ser manifestado para que as condições, necessárias ao estabelecimento de uma sequência narrativa, sejam preenchidas. É inútil observar que as consequências da aplicação deste procedimento de explicitação são consideráveis para acompreensão da narratividade.

IMPOSSIBILIDADE s. f.

FR. IMPOSSIBILITÉ; INGL. IMPOSSIBILITY

Como denominação, **impossibilidade** designa a estrutura modal* correspondente, do ponto de vista de sua definição sintática, ao predicado modal *dever* que rege o enunciado de estado *não ser*. O *dever não ser,* denominado impossibilidade, é o contrário do *dever ser,* chamado necessidade*. Utilizado em lógica, o termo impossibilidade fica semioticamente ambíguo, pois designa também a estrutura modal do *não dever ser.*

➜ Aléticas (modalidades ~).

IMPROBABILIDADE s. f.

FR. IMPROBABILITÉ; INGL. IMPROBABILITY

Termo contraditório de probabilidade* e contrário de certeza*. No quadrado* semiótico das modalidades epistêmicas, **improbabilidade** é a denominação da estrutura modal *crer não ser.*

➜ Epistêmicas (modalidades ~).

INACABADO adj.

FR. INACCOMPLI; INGL. UNACCOMPLISHED

Certos linguistas denominam **acabado/inacabado** a categoria* sêmica aspectual *perfectividade/imperfectividade.*

➜ Imperfectividade, Aspectualização.

INCERTEZA s. f.

FR. INCERTITUDE; INGL. UNCERTAINTY

Termo contraditório* de certeza* no interior da categoria modal epistêmica, **incerteza** é a denominação da estrutura modal de *não crer ser*.

➜ Epistêmicas (modalidades ~).

INCOATIVIDADE s. f.

FR. INCHOATIVITÉ; INGL. INCHOATENESS

Incoatividade é um sema* aspectual que marca o inicio do processo*: faz parte da configuração aspectual *incoatividade/duratividade/terminatividade*, e sua aparição no discurso permite prever ou esperar a realização da série toda.

➜ Aspectualização.

INCOMPATIBILIDADE s. f.

FR. INCOMPATIBILITÉ; INGL. INCOMPATIBILITY

Incompatibilidade pode ser considerada como a impossibilidade, para dois elementos* semióticos quaisquer, de contraírem uma relação* (de estarem presentes* juntos em uma unidade hierarquicamente superior, ou em posição de contiguidade sobre o eixo sintagmático*). A incompatibilidade é, quer **intracategórica** (dois termos* em relação de contradição), quer **extracategórica**, neste último caso, trata-se de exclusão mútua, que caracteriza dois microssistemas (sêmico ou sêmico): em latim, por exemplo, *ad* e o ablativo excluem-se reciprocamente. Podem-se distinguir **incompatibilidades fonológicas, sintáticas e semânticas**.

➜ Compatibilidade, Aceitabilidade, Agramaticalidade, Assemanticidade.

Indicador (ou marcador) sintagmático s. m.

FR. Indicateur ou (marqueur) syntagmatique;
INGL. Syntagmatic marker

1. N. Chomsky dá indiferentemente à descrição* estrutural da frase* e à sua representação* em árvore o nome de **indicador (ou marcador) sintagmático** (*phrase-marker*). Nesse sentido, N. Ruwet propõe a distinção entre indicadores sintagmáticos **subjacentes**, que resultam apenas da aplicação das regras sintagmáticas, e indicadores **derivados**, resultantes da aplicação de uma ou várias transformações*.

2. Sob o nome de indicador sintagmático, a gramática gerativa reintroduz, com nova denominação, o conceito clássico de função* sintática: o léxico* contém, de fato, **marcadores sintáticos** que correspondem às categorias* gramaticais tradicionais (substantivo, verbo, preposição, etc.), que não constituíram, anteriormente, objeto de nenhuma análise crítica: notar-se-á, por outro lado, que a passagem das classes* sintagmáticas para as classes morfológicas não está justificada de modo algum: essa heterogeneidade* não deixa de trazer problema ao nível da coerência* da teoria.

3. Paralelamente aos marcadores sintáticos, a gramática gerativa utiliza, em seu léxico, **marcadores semânticos**, isto é, categorias* semânticas (tais como *animado/inanimado, humano/não humano,* etc.), que desempenham papel de classemas*.

4. E. Benveniste denomina indicador o que se designa geralmente pelo nome de dêitico.

➜ **Árvore, Gerativa (gramática ~), Dêitico.**

Índice s. m.

FR. Indice; INGL. Index

1. Na sua classificação dos signos, Ch. S. Peirce opõe **índice** simultaneamente a ícone* (que emprega a relação de semelhança) e a símbolo* (fundado em uma convenção social); para ele, índice opera uma relação de contiguidade "natural", ligada a um fato de experiência que não é provocado pelo homem.

2. Para L. Prieto, que se dedica ao mecanismo da indicação (sob todas as suas formas possíveis), índice deve ser entendido, em sentido muito mais amplo, como "um fato imediatamente perceptível, que nos faz conhecer uma coisa a propósito de outra que não o é": desse ponto de vista, sinal* é para ele apenas uma forma particular de índice.

3. Admitindo-se, com a linguística de inspiração saussuriana, que a exclusão do referente* é uma condição necessária ao exercício de qualquer semiótica, deve-se reconhecer que índice – nos dois sentidos anteriormente indicados – entra na categoria dos não signos.

4. Em sua concepção de narrativa, R. Barthes propôs uma oposição entre índice e informante. Enquanto informante é um "operador realista", que serve para autenticar a realidade do referente (por exemplo, a idade exata de uma personagem), índice é constituído de um conjunto de notações (relativas, por exemplo, a um caráter, a um sentimento) que, em lugar de serem dados imediatamente significantes (como no caso do informante), apenas possuem "significados implícitos": assim, a descrição de uma paisagem, de um objeto é, às vezes, utilizada para nos informar indiretamente sobre a psicologia ou o destino de uma personagem. Essa acepção, como se vê, bate com o uso habitual da palavra índice.

➜ **Signo.**

INDIVIDUAÇÃO s. f.

FR. INDIVIDUATION; INGL. INDIVIDUATION

1. Na tradição filosófica, **individuação** é a "realização da ideia geral num certo indivíduo" (Lalande). Segundo Leibniz, o princípio de individuação é o que leva um ser a possuir não apenas um tipo específico, mas uma existência singular, determinada no tempo e no espaço.

2. Em semiótica narrativa e discursiva, o conceito de individuação faz parte da problemática do ator* – seja ele individual (personagem) ou coletivo (grupo) – na medida em que este se define como a reunião, em um dado momento do percurso gerativo*, de propriedades estruturais de ordem sintática e semântica, constituindo-se assim como "indivíduo". Um outro princípio, o de identidade, assegura em seguida sua permanência e seu reconhecimento no decorrer do discurso (particularmente em razão dos procedimentos de anaforização*), apesar das transformações* dos papéis actancial* e temático* que podem afetá-lo. Como a denominação* do ator (dotando-o de um antropônimo* ou designando-o pelo seu papel temático: exemplo, "o rei") não basta para individuá-lo, é necessário defini-lo empiricamente pelo conjunto de traços pertinentes que distinguem seu fazer* e/ou seu ser* dos de outros atores: considerar-se-á, então, a individuação como um efeito* de sentido, que reflete uma estrutura discriminatória* subjacente. Como a definição leibniziana – segundo a

qual a individuação se explica pela existência singular, determinada no espaço e no tempo – explica a unicidade do ator, mas não de sua permanência, fomos levados a considerar a actorialização* como um componente autônomo, independente dos procedimentos de temporalização* e de espacializ001ação*.

→ **Identidade, Actorialização, Ator.**

INDIVIDUAL adj.

FR. INDIVIDUEL; INGL. INDIVIDUAL

1. O universo semântico é chamado **individual** quando está articulado, na base, pela categoria* semântica *vida/morte*; opõe-se, assim, ao universo coletivo, fundamentado na oposição *natureza/cultura*.

2. O actante é chamado **individual** por oposição ao actante coletivo, definido como uma coleção de indivíduos dotados de uma competência* modal e/ou de um fazer comuns.

→ **Coletivo, Universo, Actante, Psicossemiótica.**

INDUÇÃO s. f.

FR. INDUCTION; INGL. INDUCTION

Indução é uma sequência de operações cognitivas, efetuadas por ocasião da descrição* (ou da construção* de um modelo), que consistem em passar de um componente a uma classe, de uma proposição particular a uma proposição mais geral, etc. A **abordagem indutiva** é considerada, por seus defensores, como mais próxima dos dados da experiência, como refletindo melhor a "realidade". Contudo, mesmo sendo capaz de explicar um objeto semiótico autônomo, a indução não fornece base suficiente para o fazer comparativo* ou tipológico*: se a descrição de uma língua ou de um estado de língua lhe permite, por exemplo, elaborar os conceitos de "subjuntivo" ou de "imperfeito", estes nem por isso são generalizáveis e não poderiam ser aplicados a outras línguas ou a estados de língua. Por esse motivo, parece que a abordagem indutiva pode ser utilizada unicamente em operações localizadas, e seus resultados devem ser inscritos em um quadro dedutivo, de maior generalidade.

→ **Dedução, Generalização.**

Informação s. f.

fr. Information; ingl. Information

1. Em teoria da informação, entende-se por **informação** qualquer elemento capaz de ser expresso com o auxílio de um código*. Quando a escolha se faz entre duas unidades equipmováveis, dir-se-á que a informação fornecida equivale a 1 bit (*binary digit*), se ela se efetua entre 4 ou 8 unidades equiprováveis, a informação será de 3 ou 4 bits e assim por diante. Nesse caso, a quantidade de informação, medida em bits, é igual a $\log_2$ do número de elementos considerados. Deixando-se de lado a hipótese da equiprobabilidade, pode-se lidar com contextos de probabilidade ou de improbabilidade: desse ponto de vista, dir-se-á que a quantidade de informação é inversamente proporcional à probabilidade das unidades, diminuindo a informação com sua previsibilidade.

2. Toda diminuição de informação – ligada às coerções sintagmáticas, às repetições, etc., no quadro da mensagem* – corresponde à redundância* à qual se recorre para reduzir os efeitos negativos do ruído*.

3. A teoria da informação procura explicar as modalidades de transferência das mensagens (como sequências de sinais*, organizadas conforme um código*) de um emissor* a um receptor*, com exclusão dos conteúdos* nelas investidos: então, ela leva em consideração apenas o plano do significante* cuja transmissão ela procura otimizar*. No âmbito da língua natural, por exemplo, notar-se-á que aquilo que é transmitido é uma sucessão de fonemas ou de grafemas, e não da significação (que é da ordem do recebido, não do transmitido).

4. O **esquema da informação** (e da comunicação*) contém: *a)* um emissor (ou fonte) e um receptor (que pode identificar-se com o destinatário*); *b)* um canal*, isto é, um suporte material ou sensorial que serve à transmissão das mensagens de um ponto a outro; *c)* uma mensagem que é uma sequência de sinais, obedecendo a regras* predeterminadas. Entre o emissor e a transmissão propriamente dita, situam-se as operações de codificação pelas quais se constrói a mensagem; entre a transmissão e a recepção pelo destinatário, as operações de decodificação* permitem reconhecer e identificar os elementos constitutivos da mensagem. No decorrer do percurso da informação, e também nas operações de codificação e de decodificação, pode intervir o ruído, cujos efeitos destrutivos se tentam restringir através da redundância.

5. A teoria da informação exerceu, num certo momento (notadamente nos anos 1950), uma influência bastante considerável sobre a linguística, simplificando excessivamente a problemática; notar-se-á que ela se situa fundamentalmente numa

perspectiva mecanicista que torna, por exemplo, emissor ou receptor instâncias vazias (ao contrário da semiótica que considera o destinador e o destinatário como sujeitos dotados de uma competência* particular e inscritos em um devir).

→ Comunicação, Informativo (fazer ~).

INFORMANTE s. m.

FR. INFORMATEUR; INGL. INFORMANT

O **informante**, frequentemente empregado pelas narrativas (como o mensageiro que informa Édipo de que o homem que ele matou é seu pai, a mulher que ele esposou é sua mãe), representa, sob a forma de ator* autônomo, um sujeito cognitivo*, que o enunciador dota de um saber (parcial ou total) e coloca no discurso, em posição de mediador com relação ao enunciatário.

INFORMATIVO (FAZER ~) adj.

FR. INFORMATIF (FAIRE ~); INGL. INFORMATIVE DOING

Em uma narrativa dada, o saber* pode ser simplesmente **informativo**: alguém faz saber alguma coisa e o curso dos acontecimentos muda. Trata-se, aí, de um conceito operatório* estabelecido com vistas à análise*. Admitimos, por questão de simplicidade e de economia (ao menos num primeiro momento), que o **fazer informativo** não é modalizado pelas categorias veridictórias*, mesmo se um enunciado como "A terra é redonda" – que parece em estado "puro" – comporta uma modalização de afirmação* pelo menos. Levando-se em consideração o esquema da comunicação* e sabendo-se que ele se refere à simples transferência do objeto-saber, prevê-se imediatamente que o fazer informativo – oposto ao fazer persuasivo*/interpretativo* que modaliza a comunicação do objeto-saber – exprimir-se-á de dois modos possíveis: ele é quer **emissivo***, quer **receptivo***; o receptivo, por sua vez, pode ser considerado como **ativo** ou **passivo** (cf. as oposições do tipo "escutar"/"ouvir", "ver"/"olhar").

→ Fazer, Cognitivo.

Injunção s. f.

FR. Injonction; INGL. Injunction

1. **Injunção** é a denominação do eixo dos contrários, que subsume os dois valores – prescrição* e interdição* – da categoria modal deôntica.

2. O conceito de injunção pode ser empregado de dois modos diferentes. Aplicada a uma axiologia* que depende do universo transcendente* (eventualmente representado, no discurso narrativo, pelo Destinador*), a injunção transforma-a num sistema normativo. Por outro lado, considerada como modalização particular da competência* do Sujeito, a injunção, nesse caso, se relaciona com as modalidades volitivas: a compatibilidade (ou incompatibilidade) entre essas categorias modais conjugadas determina, então, a natureza do **contrato injuntivo** que o sujeito aceita ou recusa com seu Destinador.

→ Deônticas (modalidades ~).

Instância s. f.

FR. Instance; INGL. Instance

Entende-se por **instâncias de substância** os modos de presença, para o sujeito cognoscente – e de apreensão por ele –, da substância enquanto objeto de conhecimento. Assim, para a substância fônica, se reconhecem três instâncias: a **instância articulatória**, de ordem fisiológica, em que a substância é como uma espécie de gestualidade muscular; a **instância acústica**, de ordem física, em que ela é apreendida sob forma ondulatória; enfim, a **instância auditiva**, de ordem psicofisiológica, em que ela se apresenta por ondas de fricção e de choques corpusculares. Então, não se deve confundir instância e substância: é uma mesma substância que se apresenta de modos diferentes, mesmo se a correlação entre as diferentes instâncias – entre as análises articulatórias e acústicas, por exemplo – for difícil de ser estabelecida. Em todos os casos, a substância parece um contínuo cuja segmentação levanta enormes dificuldades. Sendo assim, compreender-se-á que o teste de comutação* – que recorre ao significado discriminatório* –, auxiliado pela transcodificação* gráfica (ainda que a invenção da escrita pressuponha operações de comutação implícitas), continua sendo o meio mais seguro para o estabelecimento de unidades* fônicas. Portanto, não devem causar espanto as dificuldades encontradas quando se procura reconhecer unidades discretas* em semióticas não linguísticas* (na gestualidade, na pintura, por exemplo): a decepção de semioticistas por demais apressados só se compara à sua ignorância quanto aos problemas com os quais se defronta a linguística, ainda que ela nem sempre os revele.

→ **Substância.**

Intenção **s. f.**

FR. Intention; INGL. Intention

1. Para explicar a comunicação* enquanto ato, introduz-se geralmente o conceito de **intenção**, que se supõe motivá-la e justificá-la. Essa noção nos parece criticável, na medida em que a comunicação é então encarada, ao mesmo tempo, como um ato voluntário – o que certamente ela nem sempre é – e como um ato consciente – o que depende de uma concepção psicológica, demasiadamente simplista, do homem.

2. É por isso que preferimos o conceito de **intencionalidade**, de origem claramente fenomenológica, que, mesmo não se identificando nem com o de motivação nem com o de finalidade, os subsume: assim, ele permite conceber o ato* como uma tensão que se inscreve entre dois modos de existência*: a virtualidade* e a realização*. A formulação semiótica que gostaríamos de dar desse conceito o aproximaria do conceito de competência modal.

→ **Enunciação, Competência.**

Intercalação **s. f.**

FR. Intercalation; INGL. Intercalation

Denomina-se às vezes **intercalação** a inscrição de uma micronarrativa em uma narrativa*.

→ **Imbricamento.**

INTERDIÇÃO s. f.

FR. INTERDICTION; INGL. INTERDICTION

1. Denominação do termo negativo da categoria modal deôntica, **interdição** contém, como sua definição sintática, a estrutura modal *dever não fazer*. Com seu termo contrário, a prescrição*, ela constitui o eixo da injunção*.

2. A utilização, em semiótica narrativa, do conceito de interdição (ou de **interdito**) dá motivo a confusão. Por ocasião do primeiro exame do esquema narrativo proposto por V. Propp, nós interpretamos o par de funções proppianas "interdição" vs* "violação" como uma ruptura do contrato* (isto é, como uma estrutura contratual negativa). Desse ponto de vista, a interdição correspondia ao fazer factitivo* do Destinador*, e o sintagma proppiano apresentava-se como uma estrutura de manipulação*. Uma análise mais elaborada permite, hoje, situar a transgressão do interdito como um problema de competência* modal do Sujeito, definindo-a como uma estrutura conflituosa causada pela incompatibilidade das modalizações do sujeito pelo dever *não fazer* e o *querer-fazer*, e que apenas seria o resultado do fazer manipulador do Destinador. Ou seja, a interdição depende, no primeiro caso, do sistema axiológico* do Destinador; no segundo, da organização modal da competência do sujeito.

➔ **Deônticas (modalidades ~), Dever.**

INTERLOCUTOR/INTERLOCUTÁRIO s. m.

FR. INTERLOCUTEUR/INTERLOCUTAIRE; INGL. INTERLOCUTOR/INTERLO-CUTEE (NEOL.)

Reproduzindo sob forma de simulacro, no interior do discurso, a estrutura da comunicação*, o diálogo pressupõe os dois actantes* – destinador e destinatário – que são então denominados conjuntamente **interlocutores**, ou, separadamente, **interlocutor/interlocutário** (para homogeneizar o paradigma destinador/destinatário, enunciador*/enunciatário, narrador*/narratário).

➔ **Diálogo, Destinador/Destinatário, Debreagem.**

INTEROCEPTIVIDADE s. f.

FR. INTÉROCEPTIVITÉ; INGL. INTEROCEPTIVITY

1. O conjunto das categorias* sêmicas que articulam o universo* semântico considerado como coextensivo a uma cultura ou a uma pessoa pode ser classificado de acordo com a categoria classemática* *exteroceptividade/interoceptividade*, segundo elas tenham, ou não, correspondentes na semiótica do mundo* natural. As denominações dessa categoria, de inspiração demasiadamente psicológica, foram substituídas, durante certo tempo, pelas de *semiológico/semântico*: o que não deixou de suscitar algumas ambiguidades. Homologando*

exteroceptividade : interoceptividade : :

semiológico : semântico : :

figurativo : não figurativo

propomos designar como **não figurativas** (ou abstratas) as categorias interoceptivas.

2. Vê-se que é no campo semântico recoberto pelo termo interoceptividade que se situa a problemática dos universais* da linguagem.

→ **Exteroceptividade.**

INTERPRETAÇÃO s. f.

FR. INTERPRÉTATION; INGL. INTERPRETATION

1. O conceito de **interpretação** é utilizado em semiótica em dois sentidos muito diferentes, que dependem dos postulados de base aos quais se refere, implícita ou explicitamente, a teoria semiótica em seu conjunto e, mais especialmente, da ideia que se faz da forma* semiótica.

2. Conforme a concepção clássica que opõe a forma ao conteúdo (ao "fundo") – que é igualmente a da metalógica das escolas polonesa e vienense de lógica –, todo sistema de signos pode ser descrito de maneira formal*, deixando-se de lado o conteúdo e independentemente das "interpretações" possíveis desses signos. Traduzindo esse ponto de vista epistemológico* para a terminologia hjelmsleviana, dir-se-á que todo "sistema de signos" (e, consequentemente, toda língua natural) é considerado um "sistema de expressão*"suscetível, contudo, de receber, numa segunda etapa, uma **interpretação** **semântica**. Esse é, *grosso modo*, o sentido que a gramática gerativa* dá a esse termo.

3. A tradição epistemológica à qual se refere a linguística saussuriana – e, em outros domínios, a fenomenologia de Husserl e a teoria psicanalítica de Freud – é completamente diferente: ela quer que um signo* seja definido inicialmente por sua significação* e, de modo mais geral, postula que as formas semióticas são formas significantes. Nessa perspectiva, a **interpretação** não é mais o fato de se atribuir um conteúdo a uma forma que dele seria desprovida, mas a paráfrase* que formula, de uma outra maneira, o conteúdo equivalente* de uma unidade significante no interior de uma semiótica dada, ou a tradução* de uma unidade significante de uma semiótica em uma outra: o que corresponde, por exemplo, ao **interpretante** na teoria do signo proposta por Ch. S. Peirce.

4. Para a gramática gerativa, as transformações* que culminam na manifestação das formas de base, enquanto estruturas de superfície*, são regras puramente formais e não acarretam modificações de conteúdo (ou não introduzem senão variações estilísticas*): o que, do ponto de vista saussuriano, segundo o qual qualquer modificação no plano de expressão produz uma modificação no plano do conteúdo, é discutível. Consequentemente, é às estruturas profundas, que contêm toda a informação necessária (ao menos na teoria-padrão), que deve ser presa a interpretação semântica, como, paralelamente, estará presa às estruturas de superfície a **interpretação fonética** (com os traços fonológicos e fonéticos). A **semântica interpretativa** terá, então, a tarefa de elaborar as regras* que atribuam uma interpretação semântica às estruturas profundas, de caráter sintático, isto é, desprovidas de significação. Essas regras somente podem repousar sobre os conceitos epistemológicos de gramaticalidade* e de aceitabilidade*, já muito experimentados, e os procedimentos propostos (por Katz e Fodor, por exemplo) mostram o despreparo da gramática gerativa para tratar dos problemas de semântica. Vê-se, nesse sentido, que a semântica* gerativa, que postula o caráter lógico-semântico das formas de base, faz economia do conceito de interpretação.

5. Segundo Hjelmslev, o problema da interpretação não é pertinente para a teoria semiótica. A distinção que ele estabelece entre esquema* (ou estrutura) e uso* (seu investimento em uma substância* qualquer) lhe permite dizer que nenhum sistema semiótico é, em princípio, interpretado e que, ao contrário, todos os sistemas são interpretáveis. O sentido de interpretação bate aqui com o que se lhe dá nas semióticas chamadas "estéticas" (a interpretação de uma obra musical ou de uma peça de teatro, por exemplo) e que se pode definir como o ato de selecionar e de atribuir um uso a uma forma semiótica.

6. Como o conceito de interpretação não é pertinente para as semióticas dotadas de um plano de expressão* e de um plano de conteúdo*, Hjelmslev foi levado a se

questionar sobre a natureza do que ele denomina "não linguagens" ou "sistemas de símbolos" (a álgebra, o jogo de xadrez, mas também a sintaxe formal, como a dos gerativistas): sendo interpretáveis como os outros sistemas semióticos, esses sistemas são caracterizados pelo fato de que os dois planos, o de expressão e o de conteúdo, são conformes*, contendo articulações ao mesmo tempo isomorfas* e isotópicas* (já que as unidades possuem as mesmas dimensões sintagmáticas). Por outras palavras, a interpretação semântica que deles será dada reproduzirá as mesmas articulações e poderá ser representada segundo as mesmas regras que a forma interpretada. Eis aí uma definição possível, do ponto de vista semiótico, das linguagens formais*.

→ Gerativa (gramática ~), Formal, Interpretativo (fazer ~).

Interpretativo (fazer ~) adj.
fr. Interprétatif (faire ~); ingl. Interpretative doing

1. O fazer interpretativo, uma das formas do fazer cognitivo*, está associado à instância da enunciação*, e consiste na convocação, pelo enunciatário*, das modalidades* necessárias à aceitação das propostas-contratuais* que ele recebe. Na medida em que todo enunciado* recebido se apresenta como uma manifestação*, o papel do fazer interpretativo consiste em lhe conceder o estatuto da imanência* (do ser* ou do não ser).

2. Percebe-se, assim, que a categoria modal de veridicção constitui o quadro geral no interior do qual é exercida a atividade interpretativa, que apela para as diferentes modalidades aléticas e solicita a intervenção, escalonada ou definitiva, do sujeito epistêmico. O fazer interpretativo apresenta-se então como o principal modo de funcionamento da competência* epistêmica.

3. O fazer cognitivo de interpretação, suscetível de expansões*, frequentemente toma a forma de programas cognitivos complexos, e até pode recobrir discursos inteiros (comentários, críticas, certas formas do discurso científico, etc.).

→ Cognitivo, Veridicção, Veridictórias (modalidades ~),
Comunicação, Factitividade.

Intertextualidade s. f.

FR. Intertextualité; INGL. Intertextuality

1. Introduzido pelo semioticista russo Bakhtin, o conceito de **intertextualidade** despertou no Ocidente um grande interesse, visto que os procedimentos que ele implicava pareciam poder servir de substituto metodológico à teoria das "influências" sobre a qual se baseavam, no essencial, as pesquisas da literatura comparada. A imprecisão desse conceito deu margem, entretanto, a extrapolações diversas, indo ora até a descoberta de uma intertextualidade no interior de um mesmo texto (em razão das transformações de conteúdo que nele se produzem), ora revestindo com um vocabulário renovado as velhas influências (no estudo das citações, com ou sem aspas, por exemplo).

2. A afirmação de A. Malraux, segundo a qual a obra de arte não é criada a partir da visão do artista, mas a partir de outras obras, já permite melhor perceber o fenômeno da intertextualidade: esta implica, com efeito, a existência de semióticas (ou de "discursos") autônomas no interior das quais se sucedem processos de construção, de reprodução ou de transformação de modelos, mais ou menos implícitos. Entretanto, pretender – como querem alguns – que há intertextualidade entre diversos textosocorrências, quando se trata apenas de estruturas semânticas e/ou sintáticas comuns a um tipo (ou a um "gênero") de discurso, significa negar a existência dos discursos sociais (e das semióticas que transcendem a comunicação interindividual).

3. Vê-se, contudo, que uma boa utilização de intertextualidade, tal como ela é praticada com rigor em linguística e em mitologia, poderia reavivar as expectativas pelos estudos de literatura comparada. A partir de Saussure e Hjelmslev, sabe-se que o problema das línguas indo-europeias, por exemplo, não é uma questão de "famílias", mas depende de sistemas de correlações formais; do mesmo modo, C. Lévi-Strauss mostrou muito bem que o mito é um objeto intertextual.

O comparatismo com objetivo tipológico nos parece, no momento atual, a única metodologia capaz de empreender a realização das pesquisas intertextuais.

➔ Comparatismo, Configuração.

Intuição s. f.

FR. Intuition; INGL. Intuition

Definida em filosofia como uma forma de conhecimento imediato que não recorre às operações cognitivas, a **intuição** poderia ser considerada como um componente da competência* cognitiva do sujeito, que se manifesta no momento da elaboração da hipótese de trabalho. Se esta última repousa essencialmente sobre um saber* e um saber-fazer anteriores, uma intervenção específica do sujeito deve ser prevista, a qual consiste: *a)* na formulação da hipótese que a torna, de certo modo, adequada ao objeto de conhecimento; *b)* na certeza* (uma espécie de evidência*) que instaura eventualmente o *querer-fazer* do sujeito, ansioso por verificar *a posteriori* a hipótese antes formulada. Sem diminuir a importância do discurso da pesquisa, parece-nos indispensável levar em consideração a intuição na análise do discurso da descoberta.

→ Hipótese, Heurística.

INVARIANTE s. m.
FR. INVARIANT; INGL. INVARIANT

Um termo será chamado **invariante** se sua presença* for condição necessária à presença de um outro termo com o qual ele está em relação*, e que é chamado variável. Trata-se aí de uma reformulação do conceito de pressuposição: o invariante é o termo pressuposto da relação de pressuposição.

→ Variável, Pressuposição, Presença.

INVENTÁRIO s. m.
FR. INVENTAIRE; INGL. INVENTORY

Entende-se por **inventário** um conjunto de unidades* semióticas que pertencem à mesma classe paradigmática, ao mesmo paradigma. Distinguem-se, para as línguas* naturais, inventários **limitados**, constituídos pelos morfemas* gramaticais, e inventários **ilimitados**, constituídos pelos morfemas chamados lexicais. A frequência dos morfemas que pertencem aos inventários limitados é muito elevada no discurso e sua recorrência constitui, em parte, sua isotopia* gramatical.

→ Classe, Paradigma.

INVESTIMENTO SEMÂNTICO

FR. INVESTISSEMENT SÉMANTIQUE; INGL. SEMANTIC INVESTMENT

1. **Investimento semântico** é o procedimento pelo qual a uma estrutura sintática dada são atribuídos valores* semânticos previamente definidos. Na medida em que a análise de um enunciado (frase ou discurso) permite reconhecer, determinar e organizar as unidades semânticas de quaisquer dimensões (semas, sememas, temas, etc.), autorizando assim a se falar de um componente semântico autônomo, relativamente independente do componente sintático, um procedimento em sentido inverso pode ser visualizado na perspectiva gerativa: partindo das estruturas* profundas e abstratas, conceber-se-á o percurso gerativo* como contendo, a cada instância ou nível de profundidade, estruturas sintáticas e investimentos semânticos que lhes são paralelos e conformes.

2. A noção de carga semântica, que determina um estado, está próxima da noção de investimento (que designa uma operação). Notar-se-á, em particular, a questão – rica de consequências – da desigualdade da distribuição da carga semântica no interior do enunciado: a carga pode estar condensada ora sobre o sujeito* ("a costureira trabalha"), ora sobre o predicado* ("ela costura"), etc., e permite, ao mesmo tempo, distinguir os conteúdos semânticos propriamente ditos das categorias* semânticas utilizadas como categorias gramaticais, e visualizar também uma distribuição diferente da carga semântica construindo, por exemplo, papéis temáticos* ou processos tematizados, que reúnem sozinhos todas as propriedades semânticas do enunciado.

→ Carga semântica.

ISOGLÓSSICO adj.

FR. ISOGLOSSE; INGL. ISOGLOSS

1. Em dialetologia, denomina-se linha **isoglóssica** a que circunscreve uma região geográfica, caracterizada pela manifestação idêntica de um mesmo fato linguístico (fonético, sintático ou semântico). Comparando-se diversos fatos desse gênero, observa-se que as fronteiras de sua expansão geográfica não são exatamente as mesmas, mas constituem feixes isoglóssicos, que permitem delimitar, de modo aproximado, as áreas dialetais.

2. Esse procedimento poderia ser utilizado para o estabelecimento das áreas semioculturais e, mais particularmente, em semiótica etnoliterária, em que se

observa a ausência de concomitância entre as fronteiras linguísticas e as zonas de expansão das formas narrativas.

3. É ainda através do estabelecimento isoglóssico que se poderia proceder – de maneira análoga – no momento da segmentação de um texto, quando se dispõe de vários critérios de segmentação não concomitantes: a sequência* seria, então, comparável a uma área isoglóssica.

→ **Cultura, Segmentação.**

ISOMORFISMO **s. m.**

FR. ISOMORPHISME; INGL. ISOMORPHISM

Isomorfismo é a identidade* formal de duas ou mais estruturas* que dependem de planos ou de níveis* semióticos diferentes, reconhecível em razão da homologação possível das redes relacionais que os constituem. Assim, um isomorfismo pode ser reconhecido, por exemplo, entre as articulações do plano da expressão* e do conteúdo*, homologando:

femas : *semas* : : *fonemas* : *sememas* : :
sílabas : *enunciados semânticos.*

É evidente que tal isomorfismo não leva em consideração as dimensões* das unidades do plano dos signos*, no interior dos quais as estruturas da expressão e do conteúdo se realizam no momento da manifestação (o formante* de um semema* é, geralmente, constituído de vários fonemas*). A conformidade* dos dois planos da linguagem permite definir uma semiótica dada como monoplana*. O isomorfismo dos planos da expressão e do conteúdo é contestado pelos defensores da dupla articulação (A. Martinet).

→ **Homologação.**

ISOTOPIA **s. f.**

FR. ISOTOPIE; INGL. ISOTOPY

1. A. J. Greimas tomou ao domínio da físico-química o termo **isotopia** e o transferiu para a análise semântica, conferindo-lhe uma significação específica, levando em consideração seu novo campo de aplicação. De caráter operatório, o conceito de isotopia designou, inicialmente, a iteratividade*, no decorrer de uma cadeia

sintagmática*, de classemas* que garantem ao discurso-enunciado a homogeneidade. Segundo essa acepção, é evidente que o sintagma* que reúne ao menos duas figuras* sêmicas pode ser considerado como o contexto* mínimo que permite estabelecer uma isotopia. Assim acontece com a categoria* sêmica que subsume os dois termos contrários*: levando-se em consideração os percursos aos quais podem dar origem, os quatro termos do quadrado* semiótico serão denominados **isotópicos**.

2. Considerando-se o percurso gerativo* do discurso e a distribuição de seus componentes, distinguir-se-ão a **isotopia gramatical** (ou sintática, no sentido semiótico), com a recorrência* de categorias concernentes a ela, e a **isotopia semântica**, que torna possível a leitura* uniforme do discurso, tal como resulta das leituras parciais dos enunciados que o constituem, e da resolução de suas ambiguidades* que é orientada pela busca de uma leitura única. Na junção de dois componentes – sintático e semântico –, o plano dos atores* dará lugar a uma isotopia particular, chamada **isotopia actorial**, tal como se manifesta graças à anaforização*. De outro ponto de vista, considerando-se as dimensões da isotopia, opor-se-ão as **isotopias parciais** (as "isossemias" de B. Pottier), suscetíveis de desaparecerem no momento da condensação* de um texto, às **isotopias globais**, que se mantêm qualquer que seja a extensão do discurso, tendo em vista a sua elasticidade*.

3. Num segundo momento, o conceito de isotopia foi ampliado: em lugar de designar unicamente a iteratividade de classemas, ele se define como a recorrência de categorias sêmicas*, quer sejam essas temáticas* (ou abstratas) ou figurativas* (o que, na antiga terminologia, dava lugar à oposição entre **isotopia semântica** * – no sentido restrito – e **isotopia semiológica***). Desse ponto de vista, baseando-se na oposição reconhecida – no quadro da semântica* discursiva – entre o componente figurativo e o componente temático, distinguir-se-ão correlativamente **isotopias figurativas**, que sustentam as configurações* discursivas, e **isotopias temáticas**, situadas em um nível mais profundo, conforme o percurso gerativo*.

a) Em certos casos, a isotopia figurativa não tem nenhum correspondente no nível temático: assim, uma receita culinária, situada no plano figurativo e que remete à isotopia muito geral do culinário, não se liga a nenhum termo preciso.

b) Em outros casos, ao contrário, ocorre que a uma isotopia figurativa corresponde uma isotopia temática: assim, a isotopia *fornecedor/consumidor* é ilustrada por um conjunto de comportamentos somáticos do Ogro e do Pequeno Polegar; trata-se aí do caso mais frequente, o qual atesta o processo normal da geração* do discurso (como passagem do abstrato ao figurativo): pode-se estabelecer, com efeito, que uma isotopia mais profunda pressupõe uma de superfície, e não o contrário.

c) Acontece, contudo, que a diversas isotopias figurativas corresponde apenas uma única isotopia temática: as parábolas evangélicas, relativas a um mesmo tema, são uma boa ilustração disso, como, aliás, certas obras obsessivas de temática recorrente.

d) No caso da pluri-isotopia* (que emprega conectores*), várias isotopias figurativas coocorrentes corresponderão, por exemplo, à mesma quantidade de isotopias temáticas: em *Salut* de Mallarmé, as isotopias figurativas (banquete, navegação, escritura) descritas por F. Rastier ligam-se facilmente a isotopias temáticas correspondentes (amizade, solidão/evasão, criação).

4. Na comparação, tem-se uma comanifestação de isotopias, geralmente uma **bi-isotopia**: assim, em "Este homem é um leão", aparece uma categoria classemática (do tipo "e humano e animal") de que um e outro termo são suscetíveis de se manifestarem ao longo da cadeia sintagmática. Trata-se, aqui, de uma isotopia complexa que se exprimirá diferentemente:

a) os termos podem estar em equilíbrio*: por exemplo, se o enunciado "Este homem é um leão" é emitido em uma sociedade arcaica de homens-leões;

b) em outros casos, o termo positivo* prevalece: quando, em nosso universo cultural, dizemos de alguém "Este homem é um leão", nós assumimos totalmente o termo *humano* e parcialmente o termo *animal*;

c) em outras situações, será eventualmente o termo negativo* que dominará (os qualificativos "positivo" e "negativo" indicam apenas posições formais no quadrado* semiótico, que não implicam nenhum juízo de valor). Em razão de estar inscrita no discurso, a isotopia complexa, ainda que de caráter paradigmático sob certos aspectos, está ligada ao problema da linearidade* do texto, já que o desenvolvimento das duas isotopias se efetua apenas sobre o eixo sintagmático.

5. Enquanto enunciado* que rege um outro enunciado (de fazer ou de estado), a modalidade* define um plano isotópico que enquadra unidades de ordem hierarquicamente inferior sobre as quais ela incide (cf. o fenômeno de integração, assinalado por R. Barthes). Assim, por exemplo, no caso das modalidades veridictórias*, o jogo do ser* e do parecer*, como as posições cognitivas* às quais ele dá lugar, determinam um plano isotópico, interno ao discurso. Como as categorias de *verdadeiro*, de *falso*, de *secreto* e de *mentira* apenas constituem um sistema de relações, os "valores de verdade" são relativos ao universo que elas modalizam (o mundo do "senso comum" e o do "maravilhoso", que jogam ambos com a veridicção*, são muito diferentes quanto à sua determinação do "verdadeiro", por exemplo): cruza-se aqui com a "lógica dos mundos possíveis" (podendo um mesmo texto ser lido em isotopias diferentes), como o problema do "fantástico" ou das "utopias", com toda a dificuldade da indecidibilidade entre duas ou várias leituras possíveis.

6. Do ponto de vista do enunciatário*, a isotopia constitui um crivo de leitura* que torna homogênea a superfície do texto, uma vez que ela permite elidir ambiguidades. Pode, entretanto, acontecer que a desambiguização* se faça, por assim dizer, às avessas, por exemplo, no caso de uma leitura "intertextual" (M. Arrivé) em que um texto se encontra encaixado em um discurso mais amplo. Pode ocorrer, por outro lado, que diferentes leituras sejam possíveis, sem, contudo, serem compatíveis entre si. Acrescentemos, enfim, que, para um texto dado, não parece que o número de leituras possíveis seja infinito: ele está simplesmente ligado ao caráter polissemêmico* dos lexemas, cujas virtualidades de exploração são em número finito.

7. Teoricamente – como outros (M. Arrivé, F. Rastier) o assinalaram depois de nós –, nada impede que se transfira o conceito de isotopia, elaborado e mantido até aqui no nível do conteúdo*, para o plano da expressão*: assim, o discurso poético* poderia ser concebido, do ponto de vista do significante* sob a forma de uma projeção de feixes fêmicos* isotópicos, em que se reconheceriam simetrias e alternâncias, consonâncias e dissonâncias, e, finalmente, transformações significativas de conjuntos sonoros. É nessa perspectiva que convém situar o ponto de vista de F. Rastier, que propôs definir a isotopia como a iteratividade de unidades linguísticas (manifestadas ou não) que pertencem quer ao plano da expressão, quer ao do conteúdo, ou, mais amplamente, como a recorrência de unidades linguísticas (formulação que corre o risco de trazer muitas confusões).

➔ **Pluri-isotopia, Conector de isotopias, Metáfora, Leitura, Semântica.**

ITERATIVIDADE s. f.

FR. ITÉRATIVITÉ; INGL. ITERATIVENESS

1. **Iteratividade** é a reprodução, no eixo sintagmático*, de grandezas* idênticas ou comparáveis, situadas no mesmo nível* de análise. Ela se diferencia, então, da recursividade, caracterizada pela repetição das mesmas grandezas, situadas, estas, em níveis diferentes de uma mesma hierarquia*.

2. A repetição das mesmas grandezas situadas no interior de um intervalo temporal pode ser apreendida como uma característica particular da duração: a iteratividade apresenta-se, então, como um dos termos da categoria aspectual, opondo-se à duratividade. Seria, talvez, preferível falar, nesse sentido, de **duratividade descontínua**, por oposição à duratividade contínua.

➔ **Redundância, Recorrência, Recursividade, Duratividade.**

Junção s. f.
FR. Jonction; INGL. Junction

1. Denomina-se **junção** a relação que une o sujeito* ao objeto*, isto é, a função constitutiva dos enunciados* de estado*. Tomada como eixo* semântico, essa categoria* se desenvolve, de acordo com o quadrado* semiótico, em:

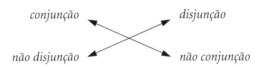

A posição do objeto*-valor no percurso sintático permite distinguir, por exemplo, entre disjunção* (o objeto que jamais foi possuído) e não conjunção (que pressupõe, sintagmaticamente, que o objeto já tenha sido possuído).

2. Dar-se-á o nome de **junção sintagmática** a uma sequência de dois enunciados juntivos (conjunção e disjunção, ou inversamente) que têm o mesmo sujeito e são ligados por uma relação de pressuposição* simples. Por **junção paradigmática**, entender-se-á a concomitância* logicamente necessária de dois enunciados de conjunção e de disjunção, afetando dois sujeitos distintos, interessados em um mesmo objeto.

→ Função, Conjunção, Disjunção.

Justiça s. f.
FR. Justice; INGL. Justice

1. **Justiça** pode designar a competência* do Destinador* social, dotado da modalidade do *poder-fazer* absoluto: encarregado de exercer a sanção, tal Destinador será chamado então julgador.

2. Entende-se igualmente por justiça uma forma da retribuição* negativa (ou punição), exercida, na dimensão pragmática, pelo Destinador social, por oposição à vingança* que é realizada por um Destinador individual.

→ **Sanção, Punição.**

Leitor s. m.
FR. Lecteur; INGL. Reader

Leitor designa a instância da recepção da mensagem ou do discurso. Ainda que prático, esse termo não é suficientemente geral: ele concorre com o de ouvinte* e se presta a metaforizações suscetíveis de desvios (por exemplo, "leitor de um quadro"). É então preferível recorrer ao conceito de **enunciatário**.

→ **Enunciatário, Leitura.**

Leitura s. f.
FR. Lecture; INGL. Reading

1. Numa primeira abordagem, entende-se por leitura o processo de reconhecimento* dos grafemas (ou letras) e de sua concatenação que resulta na transformação de uma folha ornada de figuras desenhadas numa ordem manifesta* de um texto*. Por extensão, o termo leitura é empregado quando se fala de outras substâncias* da expressão além do grafismo: a **leitura táctil** é praticada por cegos que se servem de livros impressos em relevo; a **leitura óptica** designa o deciframento dos caracteres escritos por computador, etc.

2. Em se perguntando se a leitura assim compreendida, isto é, a reconstituição do significante* textual sem que se recorra a seu significado*, é possível, deve-se reconhecer que ela é inicialmente – e essencialmente – uma semiose*, uma atividade primordial cujo resultado é correlacionar um conteúdo* a uma expressão dada e transformar uma cadeia* de expressão em uma sintagmática de signos*. Vê-se imediatamente que tal *performance** pressupõe uma competência* do leitor, comparável, ainda que não necessariamente idêntica, à do produtor do texto.

3. Se, no momento da leitura normal, o fazer receptivo* e interpretativo* do leitor-enunciatário* continua implícito, sua explicitação, sob forma de

procedimentos de análise estabelecidos tendo em vista a reconstrução do sentido* (informado e mediatizado pelo significante), constitui tarefa da semiótica textual (narrativa e discursiva). Nessa perspectiva, entende-se por leitura a construção*, ao mesmo tempo sintática e semântica, do objeto semiótico que explica o texto-signo.

4. A questão, frequentemente levantada a propósito da leitura, é saber se um texto dado é suscetível de uma única leitura, de leituras múltiplas ou de uma **leitura plural** (R. Barthes). Ela se coloca, sobretudo, em semiótica literária*, pois os textos "práticos" (como as "receitas" culinárias) ou os textos ditos monoisotópicos (textos jurídicos, por exemplo), mesmo comportando, inevitavelmente, ambiguidades* no nível dos enunciados, oferecem, quase sempre, meios de remediá-las propondo o contextodiscurso como o lugar de sua desambiguização*. Também é necessário excluir dessas considerações as condições psicofisiológicas variáveis dos leitores (às quais se faz referência às vezes quando se fala, por exemplo, do "senso poético" ou do "senso musical" deste ou daquele indivíduo): o enunciatário* é por definição um actante* conforme ao texto, e não uma classe inesgotável de atores* individuais. Isto posto, admite-se que um mesmo texto pode conter diversas isotopias* de leitura; em compensação, afirmar que existe uma leitura plural dos textos, isto é, que um texto dado oferece um número ilimitado de leituras, nos parece uma hipótese gratuita, tanto mais que é inverificável. A impressão da "abertura" infinita do texto é frequentemente causada por leituras parciais: esta ou aquela sequência do discurso, tomada separadamente, pode conter, com efeito, um grande número de isotopias que ficam, contudo, suspensas devido à sua incompatibilidade com as sequências que seguem e que têm por função, entre outras, desambiguizar a sequência poliisotópica, deixando subsistir para o conjunto do texto apenas um número restrito de leituras possíveis. Às coerções inscritas no próprio texto, acrescentam-se as do meio sociocultural circundante: a competência textual do leitor encontra-se inscrita e condicionada pela episteme* que recobre um estado semiocultural dado.

➔ Isotopia.

Lexema s. m.

FR. Lexème; INGL. Lexeme

1. Entre os signos* mínimos – ou morfemas* (monemas*, para A. Martinet) – de uma semiótica manifestada, distinguem-se comumente morfemas lexicais e morfemas

gramaticais: os morfemas lexicais são frequentemente denominados **lexemas**, por oposição aos morfemas propriamente ditos (ou gramemas*, para B. Pottier).

2. A crítica de tal concepção do lexema é fácil de fazer-se: se o lexema, enquanto signo, possui um formante* que o delimita no plano da expressão*, o conteúdo do lexema (ou da palavra, em sentido corrente) não é autônomo, porque o enunciado* constitui um todo de significação que não se reduz à soma de suas partes-lexemas.

3. Assim sendo, é preferível, num primeiro momento, considerar o lexema como dependendo unicamente do plano do conteúdo, continuando a denominar morfemas (ou monemas) as unidades mínimas do plano dos signos. Nesse caso, o lexema seria uma unidade do conteúdo (uma figura*, no sentido de L. Hjelmslev) que, em razão* da sua cobertura por um formante único, pode dar lugar – uma vez inscrita no enunciado – a uma ou diversas unidades do conteúdo denominadas sememas*.

4. Duas representações diferentes do lexema são possíveis, conforme seja tomado no momento de sua realização* ou em seu estado virtual*. O lexema realiza-se no momento da semiose*, isto é, da conjunção do formante e do núcleo* sêmico que ele recobre; mas sua realização sintagmática é também sua inscrição no enunciado cujos semas contextuais* ele recolhe, os quais lhe permitem constituir-se em semema, selecionando para ele o percurso único (ou vários percursos no caso de pluri-isotopia*) da manifestação da significação. Vê-se que, considerado como virtualidade – portanto anteriormente à enunciação* no *hic et nunc* –, o lexema aparece como um conjunto de percursos discursivos possíveis, os quais, partindo de um núcleo comum, culminam sempre, em razão do encontro de semas contextuais diferentes, em outras tantas realizações em forma de sememas. A realização do lexema, na forma de um único semema particular, define assim seu funcionamento linguístico. Mas cada realização puntual deixa em suspenso um conjunto, quase sempre vasto, de virtualidades semânticas inexploradas, prontas para se atualizarem ao menor obstáculo que a realização linear da significação possa encontrar. E a presença dessas virtualidades subjacentes que causa, como efeito* de sentido, a "espessura" ou a "explosão" das palavras.

5. O lexema não é, por conseguinte, nem uma unidade delimitável do nível dos signos, nem uma unidade do plano do conteúdo propriamente dito. Enquanto configuração que reúne, de modo mais ou menos acidental, diferentes sememas, o lexema apresenta-se, antes, como o produto da história ou do uso*, do que como o da estrutura*.

→ **Semema.**

Lexia s. f.

FR. Lexie; INGL. Lexia (NEOL.)

1. L. Hjelmslev propôs que se designe por **lexia** a unidade* que, por primeiro, admite uma análise* por seleção*: assim acontece no caso de uma frase* decomponível em principal (ou selecionada) e subordinada (selecionante).

2. R. Barthes introduziu o termo lexia para denominar "unidades de leitura", de dimensões variáveis, que constituem, intuitivamente, um todo: trata-se aí de um conceito pré-operatório, que cria uma segmentação* provisória do texto com vistas à sua análise.

3. B. Pottier escolheu o termo lexia para designar as unidades do conteúdo* que têm dimensões variáveis, indo de simples lexemas ("cão") aos sintagmas fixos ("pé de moleque"), e para tentar assim substituir o termo palavra*, ao qual parece impossível se dar uma definição suficientemente geral. Tais unidades – recobertas pela lexia – poderiam ser definidas, paradigmaticamente, por sua possibilidade de substituição* no interior de uma classe de lexemas dados ("ipê", "pinheiro", "pé de mandioca", por exemplo) – daí o nome paralexemas* que nós propusemos anteriormente – e, sintagmaticamente, por uma espécie de recursividade* léxica, podendo as unidades de nível hierarquicamente superior ser reproduzidas no nível lexemático: apenas o cruzamento desses dois critérios poderia explicar lexias que ultrapassam as dimensões de um lexema. B. Pottier propõe a distinção de três tipos de lexias: **lexias simples** (lexemas e lexemas afixados, como "cavalo", "anticonstitucional"), **lexias compostas** ("couve-flor", "guarda-roupa") e **lexias complexas** ("pé de moleque", "Maria vai com as outras").

4. A pertinência dos estudos lexicais, utilizando a lexia como unidade de cálculo e de descrição, depende, em última análise, da definição do lexema (do qual a lexia não é, finalmente, senão o prolongamento) e de seu lugar na teoria semântica.

➔ **Lexema, Palavra.**

Lexicalização s. f.

FR. Lexicalisation; INGL. Lexicalization

1. Sendo toda linguagem* uma rede relacional, pode-se designar pelo nome de **lexicalização** a atribuição de rótulos lexicais a esses pontos de intersecção das relações*, que são os termos.

2. Sendo o plano do conteúdo* da linguagem constituído de unidades semânticas denominadas sememas* – que são suscetíveis de aparecer em um número mais ou menos elevado de lexemas –, a lexicalização consiste na passagem do nível semêmico ao nível lexemático do discurso e, mais particularmente, para cada semema, consiste na escolha do lexema (ligado a seu contexto) no qual ele será levado a investir-se.

3. Em sentido mais restrito, a lexicalização é o processo durativo* ao qual se encontra submetida uma língua* natural, e que tem como efeito transformar um sintagma constituído de morfemas* livres num sintagma fixo (ou lexia), comutável, do ponto de vista paradigmático, no interior de uma classe lexemática.

→ **Termo, Lexema, Lexia.**

LÉXICO s. m.

FR. LEXIQUE; INGL. LEXICON

1. **Léxico** é a lista exaustiva de todas as lexias de um estado de língua natural. O valor desse conceito, de caráter operatório, deve ser apreciado em função do de lexia, de sua capacidade, principalmente, de ser tomada como unidade de base para a análise semântica.

2. Léxico quase sempre se opõe a vocabulário, como um inventário de unidades virtuais para o conjunto de unidades realizadas em um *corpus** (ou, o que vem a dar na mesma, em um texto).

3. Em gramática gerativa*, o léxico é considerado como um dos dois subcomponentes, conjuntamente com o subcomponente categorial, da base* do componente sintático. No quadro dessa conceitualização, o léxico afasta-se radicalmente de sua definição tradicional (sentido 1): ele faz parte da gramática* e, por outro lado, as unidades que o compõem não são consideradas como unidades que dependem unicamente do plano do conteúdo*, mas são caracterizadas por traços ao mesmo tempo semânticos, fonológicos e sintáticos. Nesse, como nos outros casos, é a definição da própria unidade lexical que constitui problema.

→ **Lexia, Lexema, Vocabulário.**

Lexicografia s. f.

FR. Lexicographie; INGL. Lexicography

1. **Lexicografia** é um domínio da linguística aplicada que visa à elaboração de dicionários*.

2. Enquanto técnica, ela pressupõe uma certa competência que consiste, de um lado, em um saber-fazer prático e intuitivo que cruza com o conceito lévi-straussiano de "bricolagem" (classificação alfabética das "palavras", reagrupamentos dos "sentidos", ilustração dos "sentidos" inventariados, etc.), exige, ao mesmo tempo, um saber teórico (definição de unidades lexicais, tipologia das definições, e, na maioria dos casos, uma opção a favor desta ou daquela teoria semântica) que depende de uma semântica lexical (ou de uma lexicologia* semântica).

Lexicologia s. f.

FR. Lexicologie; INGL. Lexicology

1. A **lexicologia** é definida tradicionalmente como o estudo científico do léxico*, mas também como a reflexão teórica sobre suas aplicações em lexicografia*.

2. Antes que a semântica* fosse reconhecida como componente autônomo da gramática* (ou da semiótica*), a lexicologia foi a única a se ocupar dos problemas da significação em linguística. As pesquisas lexicológicas desenvolveram-se então em duas direções: a lexicologia estatística ocupou-se da introdução em linguística dos métodos da estatística; a lexicologia semântica* inaugurou a descrição dos campos* semânticos, aplicando alternativamente as abordagens semasiológica* e onomasiológica*. A elaboração dos métodos de análise sêmica* (na França) ou componencial (Estados Unidos) tende a transformar a lexicologia em uma semântica lexical, com preocupações essencialmente taxionômicas*.

→ Conteúdo.

Linearidade s. f.

FR. Linéarité; INGL. Linearity

1. **Linearidade**, para Saussure, é uma das características da manifestação* sintagmática das línguas* naturais, segundo a qual os signos*, uma vez produzidos,

seguem-se uns após os outros em sucessão quer temporal (língua falada), quer espacial (língua escrita).

2. Hipostasiou-se esse fenômeno da manifestação dos signos de certas semióticas até ser considerado, por certas teorias, como um universal* da linguagem. A confusão mais frequente consiste em considerar a linearidade como uma propriedade de todo processo semiótico ou de toda sintagmática. Ora, como Hjelmslev o demonstrou, a oposição entre os eixos* paradigmático e sintagmático repousa unicamente em uma distinção formal: a relação "ou... ou" é constitutiva do eixo paradigmático, a relação "e... e", do eixo sintagmático. Nessa perspectiva, vê-se, por exemplo, que a semiótica planar* possui uma sintagmática dotada de uma manifestação espacial que não é necessariamente linear.

3. Como o conceito de linearidade é assim limitado – ele apenas se refere ao plano dos signos e não afeta senão certas semióticas –, as principais dificuldades a ele relativas (por exemplo, a existência de constituintes* descontínuos, os fonemas suprassegmentais, as ambiguidades sintáticas e semânticas, etc.) desaparecem: os dois planos da linguagem – expressão* e conteúdo – que devem ser analisados separadamente não estão sujeitos às imposições da linearidade: questionar, por exemplo, se os fonemas* ou os sememas* (combinações de femas* ou de semas*) são ou não lineares, não tem sentido: femas e semas não têm organização linear, mas são manifestados por feixes; da mesma forma, a existência de textos pluri-isotópicos* contradiz, no nível do conteúdo, a linearidade da significação.

4. Situando sua descrição no plano dos signos, foi a análise distribucional* que manteve o princípio da linearidade como propriedade fundamental do enunciado*, permitindo o exame da ambiência dos elementos e de sua distribuição linear. Nisso, ela distingue-se da glossemática*: enquanto para a linguística distribucional a decomposição da frase em sintagma nominal e sintagma verbal repousa na pura sucessão linear, a glossemática reconhece a existência de uma relação lógica de pressuposição* (cuja manifestação linear é apenas uma variável, própria de certas línguas). A gramática gerativa* e transformacional retoma o princípio da linearidade da frase, que ela considera como uma das regras* da formação de árvores*.

5. Como imposição local, e diferentemente localizável conforme a língua estudada (por exemplo, a contiguidade com ou sem ordem de sucessão do determinante e do substantivo), a linearidade diferencia-se da ordem* de sucessão obrigatória que corresponde a um morfema gramatical (equivalente, por exemplo, da oposição casual): assim, em "Pedro machuca Paulo", a ordem das palavras funciona como uma categoria da expressão, permitindo distinguir-se o sujeito e o objeto.

6. Sendo a linearidade propriedade do texto quando este visa à manifestação, a **linearização** é um procedimento necessário cada vez que se está obrigado a manifestar este ou aquele nível de análise, esta ou aquela semiótica. Essa operação, que no quadro do percurso gerativo* global é tarefa da textualização*, consiste em reescrever em contiguidades temporais ou espaciais (conforme a natureza do significante* que será ulteriormente utilizado) as organizações hierárquicas, os segmentos substituíveis*, as estrutururas concomitantes, etc. É assim que, quando se trata de textualizar os elementos da gramática narrativa, vem a obrigatoriedade de se colocar em sucessão linear, por exemplo, dois programas* narrativos considerados como se desenvolvendo ao mesmo tempo, a intercalar um programa narrativo cognitivo no interior de um programa narrativo pragmático, a instituir uma pluri-isotopia* que permite falar de várias coisas ao mesmo tempo, etc. Desse ponto de vista, a linearização aparece como uma coerção que condiciona a organização textual e que determina, de modo negativo, a competência* discursiva do enunciador*.

➜ Sintagmática, Distribuição, Árvore, Textualização.

LÍNGUA s. f.

FR. LANGUE; INGL. NATURAL LANGUAGE OU SEMIOTIC SYSTEM (SAUSSU-RIAN TERM)

1. Denomina-se **língua** ou **língua natural** um tipo de macrossemiótica*, cuja especificidade, embora parecendo evidente, não se deixa facilmente definir. Qualificada de "natural", presume-se que a língua se opõe às linguagens "artificiais" na medida em que caracteriza a "natureza humana", embora transcendendo os indivíduos que a utilizam: ela apresenta-se como uma organização estrutural imanente*, dominando os sujeitos falantes que são incapazes de mudá-la, ainda que esteja em seu poder construir e manipular as linguagens artificiais.

As línguas naturais distinguem-se das outras semióticas pelo poder de sua combinatória*, devido ao que se denomina dupla articulação*, e aos procedimentos de debreagem*: daí resulta uma possibilidade quase ilimitada de formação de signos* e das regras relativamente flexíveis que regem a construção de unidades sintagmáticas – como os discursos* – de grande extensão (L. Hjelmslev). Disso resulta uma dupla superioridade: todas as outras semióticas podem ser traduzidas, bem ou mal, em língua natural, enquanto o contrário não é verdadeiro;

por outro lado, as línguas naturais podem servir de base, tanto por seu significante* quanto por seu significado*, à construção de outras semióticas (como as linguagens artificiais). Essa traduzibilidade não deveria, no entanto, servir de pretexto para se estabelecer que somente há significados na medida em que são nomeáveis e verbalizáveis: tal tomada de posição reduziria as outras semióticas ao estado de derivados de línguas naturais e transformaria, por exemplo, a semiótica pictural em uma análise dos discursos efetuados sobre a pintura.

2. Na tradição saussuriana, a **língua**, oposta à **fala***, pode ser identificada como sistema* semiótico, com exclusão do processo* semiótico. Essa distinção, estabelecida por Saussure para dar uma definição formal autossuficiente do objeto da linguística – separando-o das contingências individuais, materiais e, em geral, não estruturais –, constitui certamente uma contribuição positiva e decisiva. Contudo, ela infelizmente permitiu, junto a numerosos linguistas, aceitar uma concepção demasiadamente paradigmática da língua (que se reduz então a uma pura taxionomia*). A aproximação – que não deixa de se impor hoje entre os conceitos de língua e de competência* – parece exigir a integração explícita das estruturas sintáticas na definição da língua.

3. Conservando as propriedades que lhe são conferidas pelas definições (1) e (2), a língua apresenta-se igualmente como conceito sociolinguístico*. Os critérios intrínsecos que permitem distinguir uma língua de um dialeto frequentemente não têm coerência e variam de um para outro caso: uma língua natural (cuja definição se aplica também aos "dialetos") não é elevada à dignidade de "língua" a não ser em consequência de um "sentimento linguístico" próprio à comunidade. Também se é levado a considerar a hierarquia das "línguas", "dialetos", "gírias", etc. como uma taxionomia não científica, que depende de um sistema de conotações* sociais, subjacentes ao funcionamento das línguas naturais.

→ **Linguagem, Semiótica, Sistema, Mundo natural.**

LINGUAGEM s. f.

FR. LANGAGE; INGL. SEMIOTICS (SEMIOTIC SYSTEM AND PROCESS)

1. Termo da língua natural que é o português, **linguagem** somente no século XIX desvencilhou-se definitivamente de sua quase sinonímia com língua*, permitindo assim uma oposição entre linguagem "semiótica" (ou linguagem no sentido geral) e "língua natural". Essa distinção, que seria muito útil, é novamente questionada quando colocada no contexto internacional em que numerosas línguas possuem

apenas uma única palavra para os dois termos portugueses: então ela é quer neutralizada (diz-se indiferentemente "metalinguagem" e "metalíngua"), quer reafirmada pleonasticamente (quando se opõe "linguagem" a "língua natural").

2. Pode-se dizer que a linguagem é objeto do saber, visado pela semiótica* geral (ou semiologia): não sendo tal objeto definível em si, mas apenas em função dos métodos e dos procedimentos que permitem sua análise e/ou sua construção, qualquer tentativa de definição da linguagem (como faculdade humana, como função social, como meio de comunicação, etc.) reflete uma atitude teórica que ordena, a seu modo, o conjunto dos "fatos semióticos". O menos comprometedor é talvez substituir o termo **linguagem** pela expressão **conjunto* significante**. Partindo do conceito intuitivo de universo* semântico, considerado como o mundo apreensível na sua significação, anteriormente a qualquer análise, tem-se o direito de estabelecer a articulação* desse universo em conjuntos significantes ou linguagens, que se justapõem ou se superpõem uns aos outros. Pode-se igualmente tentar indicar algumas características que parecem se aplicar ao conjunto das linguagens. Assim, todas são biplanas, o que quer dizer que o modo pelo qual elas se manifestam não se confunde com o manifestado: a língua falada é feita de sons, mas seu propósito não é falar de sons; os assobios do golfinho significam algo diferente dos ruídos que ele emite. Além disso, toda linguagem é articulada: projeção do descontínuo* sobre o contínuo*, ela é feita de diferenças* e de oposições*.

3. Se o estudo da linguagem é tarefa da teoria semiótica, o estudo das linguagens particulares pertence às diversas semióticas. Entretanto, a tipologia dessas linguagens está longe de ser feita e os primeiros ensaios repousam sobre critérios pouco seguros e pouco rentáveis (como as classificações segundo a "natureza" dos signos* em função de sua relação com o referente*, segundo a substância* de seu significante* ou, o que vem a dar no mesmo, segundo os canais* de transmissão, ou, enfim, segundo o número de planos da linguagem, que entram na composição de uma semiótica dada). Deter-nos-emos aqui apenas em algumas distinções tradicionais.

4. Opõem-se assim as linguagens **humanas** às linguagens **animais**, constituindo estas últimas (ao redor de 600) o objeto da zoossemiótica*. A linguagem foi por muito tempo considerada como uma das características fundamentais da espécie humana, sendo o limite entre a comunicação animal e a comunicação humana constituído por certas propriedades das línguas naturais, tais como a dupla articulação*, a elasticidade* do discurso ou a debreagem* (que permite ao homem falar de outra coisa que não seja dele próprio). Os progressos da psicologia animal e da zoossemiótica questionam, até certo ponto, as antigas certezas, substituindo o conceito de limite pelo de gradação.

5. Distinguem-se igualmente as linguagens **naturais** das linguagens **artificiais**, evidenciando-se então que as estruturas semióticas que presidem à organização das primeiras são imanentes* e que o sujeito humano apenas participa como usuário e paciente, enquanto as segundas são, ao contrário, construídas e manipuláveis pelo homem. Enquadram-se na primeira categoria não somente as línguas naturais, mas também o que nós entendemos por semiótica do mundo* natural. Entretanto, a dicotomia, assim estabelecida, não é tão nítida quanto se desejaria: se a música erudita é verdadeiramente uma linguagem artificial e construída, o que dizer do canto popular, que, possuindo os mesmos princípios fundamentais de organização semiótica, parece, contudo, "natural"? O mesmo acontece com a invenção da escrita* que, sendo uma construção artificial, nem por isso é obra consciente. As linguagens artificiais são numerosas e variadas. Tenta-se classificá-las de acordo com o critério de "transposição" ou de transcodificação* segundo o qual elas teriam por origem quer as línguas naturais, quer as semióticas do mundo natural, subdividindo-as em seguida em "transposições" do significante (escrita, morse, braile, fotografia, música) ou do significado (ideografia, "poesia" romântica da natureza, etc.), ou dos dois simultaneamente (linguagens documentárias, por exemplo). Atualmente, não parece existirem trabalhos de conjunto sobre a taxionomia geral das linguagens.

6. A distinção entre **linguagens** e **metalinguagens*** é igualmente delicada. Toda predicação* – ou, ao menos, a predicação atributiva – pode ser considerada, no máximo, uma operação metalinguística. A paráfrase* nada mais é que o discurso sobre a linguagem: a fronteira entre o que é linguístico e metalinguístico é praticamente impossível de se traçar. Por outro lado, todo discurso científico, toda ciência pode igualmente ser considerada de natureza metalinguística.

→ **Semiótica, Língua.**

LINGUÍSTICA **s. f.**

FR. LINGUISTIQUE; INGL. LINGUISTICS

1. A **linguística** pode ser definida como um estado científico da linguagem* e das línguas* naturais, estando a reflexão teórica sobre a linguagem (que se integra na teoria semiótica, mais geral) concentrada na natureza, funcionamento e procedimentos de descrição das línguas naturais e alimentando-se, ao mesmo tempo, dos resultados da análise dessas línguas.

2. A linguística atual é o resultado de um longo percurso histórico, e seu algoritmo* científico é caracterizado por duas revoluções:

a) a primeira corresponde à invenção da escrita* (implicando, ao menos para um certo número de línguas, uma análise fonemática implícita), que abriu um período histórico que se poderia designar, generalizando, como o da filosofia da linguagem;

b) a segunda deu lugar à constituição da gramática comparada (pressupondo a análise prévia da palavra* em morfemas*) a partir do início do século XIX: o período que ela recobre poderia ser caracterizado como o da elaboração do cálculo linguístico. É F. de Saussure que, formulando a síntese da **linguística comparativa*** (desenvolvida no decorrer do século XIX e designada outrora pelo nome de gramática comparada e histórica) e lançando as bases teóricas da **linguística estrutural**, marca o advento da linguística como disciplina científica, dotada, ao mesmo tempo, de uma teoria* e de uma prática operatória*, disciplina que é a única, entre as ciências sociais, a poder reivindicar o nome da ciência (C. Lévi-Strauss).

3. A partir de um pequeno número de postulados gerais, formulados por Saussure, a linguística estrutural pôde constituir-se afirmando a autonomia e o caráter formal de seu objeto, e mobilizando procedimentos* formais capazes de explicá-lo. Entretanto, ela diferencia-se da lógica pelo fato de que a metalinguagem* que ela elabora não constitui um fim em si, mas serve à descrição* dos objetos formais (ou formas linguísticas significantes), que são as línguas naturais. A linguística estrutural desenvolveu-se paralelamente na Europa (Escolas de Praga e de Copenhague) e nos Estados Unidos (o distribucionalismo de L. Bloomfield e de Z. S. Harris). A gramática gerativa* e transformacional (que se afirmou localmente por oposição ao estruturalismo* norte-americano) inscreve-se normalmente como uma tendência ou uma atitude teórica particular no prolongamento da linguística (que não mais tem necessidade de qualificar-se de estrutural, porque ela o é por definição). O mesmo acontece com a linguística discursiva que, opondo-se à **linguística frasal***, nem por isso renega a herança estrutural.

4. Se, num primeiro momento, as tarefas da reflexão epistemológica e metodológica podiam ser confiadas à **linguística geral,** isso se torna cada vez mais difícil em razão do desenvolvimento desses campos de atividades amplos e autônomos, que são a **psicolinguística***, a **sociolinguística***, sem falar da **linguística aplicada** ou das aplicações da linguística a domínios cada vez mais numerosos. Assim, a reflexão sobre a linguagem desemboca na semiologia*, "teoria geral dos signos", pela qual Saussure fez ardentes votos.

Literária (semiótica~) adj.

fr. Littéraire (sémiotique ~); ingl. Literary semiotics

1. A **semiótica literária** (ou, caso seja considerada um processo semiótico, o discurso literário) é um domínio de pesquisas cujos limites parecem ter sido estabelecidos mais pela tradição do que por critérios objetivos, formais. Assim, ela não poderia ser caracterizada por um conteúdo* próprio, como é o caso de outras semióticas (discursos jurídicos ou religiosos, por exemplo): ela é indiferente ao conteúdo que manifesta ou, antes, seu plano de conteúdo é coextensivo ao universo* semântico recoberto por uma língua* natural dada. Quanto ao plano da expressão, as "formas literárias" que presidem à sua organização identificam-se, de modo geral, com as articulações linguísticas discursivas, de modo que o discurso literário parece ser a melhor ilustração da metalinguagem* não científica, encarregada da organização sintática dos signos* transfrasais (dos textos): em lugar de definir a especificidade de seu discurso, as "formas literárias" aparecem antes como um vasto repertório de universais* discursivos.

2. Certa tradição quer definir o discurso literário como uma "ficção", opondo-o à "realidade" do discurso histórico, por exemplo, ou seja, especificando-o por uma relação com o que ele não é, isto é, com o referente* extralinguístico: o referente do discurso literário seria "imaginário", o do discurso histórico, "real". Numerosas pesquisas mostraram de modo decisivo que todo discurso cria, à medida de seu desenvolvimento, seu próprio referente interno, e que a problemática da realidade deve ser substituída pela da veridicção*, do dizer-verdadeiro, peculiar a cada discurso. É tentador, por exemplo, definir o discurso literário como o que apregoa o falso para obter o verdadeiro, como o que apregoa seu "parecer" para melhor comunicar e fazer assumir seu "ser". Entretanto, tal ponto de vista ainda se encontra impregnado de relativismo cultural: sabe-se, por exemplo, que para determinada comunidade africana o discurso verdadeiro é a narrativa mítica, enquanto a relação de acontecimentos cotidianos faz parte do gênero "histórias para rir". As variações ligadas às ilusões referenciais dependem, então, em última instância, de uma tipologia das conotações* sociais, e nada dizem sobre a natureza do discurso que elas conotam.

3. Um último critério, o da figuratividade*, pode ser sugerido: por oposição aos discursos não figurativos (ou abstratos*), como o discurso científico ou filosófico, o discurso literário pode ser enquadrado na ampla classe dos discursos figurativos* em que ele estará vizinho, então, entre outros, ao discurso histórico, duas formas discursivas que servem à transmissão da cultura. Tal dicotomia –

figurativo/não figurativo –, mesmo permanecendo teórica (sabe-se que não há realizações discursivas "perfeitas"), nos parece fecunda: questionando a especificidade do discurso literário (sua literariedade*), ela o abre para outros discursos (mitológicos, folclóricos, etc.) e a tira da solidão para fazê-lo participar de uma tipologia geral dos discursos.

4. A abertura da semiótica literária para os discursos "subliterários" ou "não-literários" cria novos problemas de delimitação. Servindo-nos de critérios extrínsecos, distinguiremos uma **semiótica etnoliterária**, que se encarrega dos discursos efetuados por microssociedades de tipo arcaico (ou por grupos sobreviventes), e uma **semiótica socioliterária**, que estuda os discursos sociais (que transcendem as diferenciações sociais) das macrossociedades industriais (como os policiais, *westerns*, correios sentimentais, horóscopos, anúncios íntimos, etc.).

➔ **Referente, Poética, Conotação, Discurso, Etnossemiótica, Sociossemiótica, Verossimilhança.**

LITERARIEDADE s. f.

FR. LITTÉRARITÉ; INGL. LITERARINESS

1. Admitindo-se – o que não é evidente – que o discurso literário* constitui uma classe autônoma no interior de uma tipologia geral dos discursos, sua especificidade pode ser considerada quer como fim último (que somente será atingido por etapas) de um metadiscurso de pesquisa, quer como um postulado *a priori* que permite circunscrever de antemão o objeto de conhecimento visado. Segundo R. Jakobson, que optou por esta segunda atitude, "o objeto da ciência literária não é a literatura, mas a literariedade", ou seja, aquilo que autoriza a distinção entre literário e não literário.

2. Ora, o olhar, ainda que superficial que o linguista dirige aos textos chamados literários, basta para persuadi-lo de que aquilo que se denomina "formas literárias" (figuras, procedimentos, organizações discursivas e/ou narrativas) nada tem de especificamente "literário", porque elas se encontram em outros tipos de discursos. A impossibilidade de reconhecer a existência de leis, ou mesmo de simples regularidades que seriam peculiares ao discurso literário, levou a considerar o conceito de **literariedade** – no quadro da estrutura intrínseca do texto – como desprovido de sentido, e a conferir-lhe, em troca, o estatuto de conotação* social (o qual, sabe-se, varia conforme as culturas e as épocas: um texto reconhecido como religioso na Idade Média – J. Lotman, entre outros, insistiu sobre esse ponto – é recebido hoje

como literário); vale dizer, a literariedade deve ser integrada na problemática das etnoteorias dos gêneros (ou dos discursos).

→ **Discurso.**

LOCALIZAÇÃO ESPAÇOTEMPORAL

FR. LOCALISATION SPATIO-TEMPORELLE; INGL. SPATIO-TEMPORAL LOCALIZATION

As **localizações** espacial e temporal, tomadas separadamente, consistem na inscrição dos programas* narrativos no interior de unidades espaciais ou temporais dadas, operação que se efetua graças aos procedimentos de debreagem*. Todavia, notar-se-á que as posições assim obtidas são estáticas e apenas representam enunciados de estado* das estruturas narrativas; quanto aos enunciados de fazer*, estes devem ser interpretados como **passagens** de um espaço* para outro, de um intervalo temporal para outro. Não é impossível propor uma representação diferente da espaço-temporalização dos programas narrativos, introduzindo o conceito de **movimento** que, paralelamente à organização locativa das coordenadas do espaço e do tempo, utilizaria a direcionalidade dos movimentos. A categoria *destinador/destinatário,* que somente é explorada para a determinação de um tipo de actante*, poderia assim servir para designar os espaços e os tempos de origem e de destinação, sendo o fazer* identificado, no nível figurativo*, com o "devir" dos seres e das coisas. Ainda é apenas uma possibilidade de análise: raras são as pesquisas realizadas nessa perspectiva.

A. Localização espacial

1. A **localização espacial**, um dos procedimentos da espacialização* (no sentido geral desse termo), pode ser definida como a construção, com o auxílio da debreagem* espacial e de um certo número de categorias* semânticas, de um sistema de referências que permite situar espacialmente, uns com relação a outros, os diferentes programas narrativos do discurso. A debreagem instala, no discurso-enunciado, um espaço **alhures** (ou espaço enuncivo) e um espaço **aqui** (espaço enunciativo), que podem manter entre si relações estabelecidas pelos procedimentos* de embreagem. O alhures e o aqui discursivos, considerados posições espaciais zero, são, então, pontos de partida para a instalação da categoria topológica tridimensional que depreende os eixos da **horizontalidade**, da **verticalidade** e da **prospectividade** (adiante/atrás). Isso constitui um modelo muito (talvez demasiado) simples da localização espacial dos programas narrativos e de seus actantes transformados em atores*, em razão de investimentos semânticos particulares.

2. Notar-se-á que a semiótica narrativa, que utiliza esse modelo de localização espacial, explora, essencialmente, o eixo da prospectividade, procurando criar uma distribuição espacial linear, homologável aos percursos narrativos* dos sujeitos e à circulação dos objetos*-valor. Isso explica, em parte, o fraco rendimento desse modelo quando se tenta extrapolá-lo, aplicando-o, por exemplo, às semióticas visuais (em que as tentativas de se estabelecer uma sintaxe visual, conforme o percurso do olhar do espectador, estão longe de ser convincentes).

3. Os espaços parciais, que se encontram justapostos sobre o eixo das prospectividades, são denominados então de acordo com a natureza dos actantes neles instalados e as *performances** que aí se realizam. Assim, na pura tradição proppiana, o espaço do conto maravilhoso é articulado em **espaço familiar/espaço estranho**: o primeiro é considerado como o lugar original em que se inscreve, ao mesmo tempo, o sujeito (narrativo) e o enunciador*. Trata-se, nesse caso, de um espaço **aqui** (ou enunciativo), começando a narrativa, em um certo sentido, com a passagem do herói para o espaço do **alhures**, que é o espaço estranho. Todavia, vê-se que tal dispositivo espacial, peculiar a um certo tipo de etnoliteratura, não pode ser generalizado.

4. Sem nos afastarmos muito do modelo proppiano, propusemos uma outra distribuição espacial que, aliás, não articula senão e unicamente o **espaço enuncivo** (o alhures). Paralelamente à localização temporal em que o tempo zero (= o "tempo da narrativa") é considerado como concomitante à realização do programa* narrativo de base (= a prova decisiva*, no esquema narrativo*), a localização espacial deve escolher inicialmente um espaço de referência – um espaço zero – a partir do qual os outros espaços parciais poderão ser dispostos sobre o eixo da prospectividade. Esse espaço de referência é denominado **espaço tópico**, sendo os espaços circundantes (os de "atrás" e de "adiante") qualificados de **heterotópicos**. Surge como frequentemente necessária uma subarticulação do espaço tópico, que distingue o espaço **utópico**, lugar em que o fazer do homem triunfa sobre a permanência do ser, lugar das *performances** (que, nas narrativas míticas, é frequentemente subterrâneo, subaquático ou celeste), e espaços **paratópicos**, em que se adquirem as competências*.

B. Localização temporal

1. A **localização temporal** é – com a programação* temporal e a aspectualização* – um dos procedimentos da temporalização*, isto é, da construção de um sistema de referências, que, inscrito no discurso, permite situar temporalmente os diferentes programas narrativos uns com relação aos outros.

2. O sistema de referências temporal é constituído, inicialmente, por uma dupla debreagem* temporal que institui, no discurso, duas posições temporais zero: o

tempo **então** (ou tempo enuncivo) e o tempo **agora** (ou tempo enunciativo). A categoria topológica, de ordem lógica e não temporal:

é em seguida aplicada aos dois tempos zero, instituindo, nos dois casos, uma rede de posições temporais. Os diversos programas narrativos do discurso são então suscetíveis de serem localizados com relação a esse sistema de referências. As diferentes lógicas temporais, que estão sendo elaboradas atualmente, exploram – com maior ou menor êxito e amplitude – tal concepção da temporalidade.

3. Quando se trata de temporalização do esquema narrativo (relativamente simples), o tempo de então, que constitui o ponto de referência temporal, identifica-se com a realização do programa narrativo de base (ou prova decisiva*) e pode ser considerado o "presente da narrativa": é a partir dessa posição que a narração que precede aparece como uma *anterioridade*; é por essas mesmas razões que a prova glorificante* da narrativa proppiana é apenas facultativa. Ao lado desse tipo de temporalização (em que o tempo então, enquanto presente narrativo, situa-se no "passado" do enunciador*), existem evidentemente narrativas proféticas ou premonitórias que se referem ao "futuro" do enunciador. Entretanto, o futuro, longe de ser uma posição temporal, depende antes de tudo das modalidades* do *querer-ser* ou do *dever-ser,* pelas quais o enunciador modaliza seu discurso; nesse sentido, optamos pela categoria topológica *anterioridade/posteridade,* e não pela articulação *passado/presente/futuro* que conta com a preferência dos lógicos. As narrativas que cobririam o "presente" do enunciador evidentemente são apenas uma armadilha, já que esse presente, móvel, não pode servir de ponto de referência. São então os procedimentos de embreagem* que servem para criar a ilusão de uma possível identificação do discurso com a instância da enunciação*.

4. Quando se trata não mais da temporalização do esquema narrativo, mas do estabelecimento das relações de consecução entre programas narrativos, a localização temporal consiste em interpretar qualquer programa narrativo pressuposto como anterior, e qualquer programa narrativo pressuponente como posterior. Tal disposição dos programas narrativos, em sequências temporais, já dependem de um outro componente da temporalização: a programação* temporal.

5. Os procedimentos de **encaixe**, baseados no conceito de cocomitância*, constituem o prolongamento e o complemento imediatos das localizações espacial e temporal.

→ Debreagem, Espaço, Espacialização, Temporalização, Encaixe.

LOCUÇÃO s. f.

FR. LOCUTION; INGL. LOCUTION

Por **locução**, pode-se entender o ato de linguagem pelo qual são produzidos enunciados* segundo as regras da gramática* e graças a um léxico* dado. Essa noção é interessante apenas na medida em que – na terminologia de J. L. Austin – se opõe à de ilocução* e perlocução*: essas diversas denominações devem ser aproximadas da pragmática* (no sentido norte-americano), visto que todas elas tratam das condições da comunicação linguística (que remetem à competência cognitiva dos sujeitos-locutores).

➔ **Ato de linguagem, Enunciação.**

LOCUTOR s. m.

FR. LOCUTEUR; INGL. SPEAKER

Ao termo **locutor**, empregado para designar os actantes do diálogo*, preferir-se-á o de interlocutor, que lembra muito mais a estrutura intersubjetiva da comunicação*.

➔ **Interlocutor.**

LOGRO s. m.

FR. TROMPERIE; INGL. DECEIPT

Diferentemente da camuflagem*, que visa a deslocar o destinatário* da posição cognitiva* do verdadeiro* para o secreto*, o **logro** tende a conduzi-lo do verdadeiro ao mentiroso*: corresponde, assim, à configuração* discursiva que é a prova deceptiva.

➔ **Decepção.**

MACROSSEMIÓTICA s. f.
FR. MACROSÉMIOTIQUE; INGL. MACRO-SEMIOTICS

Propomos denominar **macrossemiótica** cada um destes dois vastos conjuntos* significantes – recobertos por aquilo que chamamos de mundo* natural e de línguas* naturais – que constituem o domínio das semióticas naturais.

→ Semiótica.

MANIFESTAÇÃO s. f.
FR. MANIFESTATION; INGL. MANIFESTATION

1. Na tradição saussuriana, aperfeiçoada por Hjelmslev, o termo **manifestação**, integrado na dicotomia *manifestação/imanência*, servia primeiramente de contraste para destacar o de imanência. O princípio de imanência*, essencial para a linguística (e, por extensão, para a semiótica em seu conjunto), é, ao mesmo tempo, o postulado que afirma a especificidade do objeto linguístico que é a forma* e a exigência metodológica que exclui qualquer recurso aos fatos extralinguísticos. Nessa perspectiva, sendo a forma semiótica considerada como aquilo que é manifestado, a substância* é o manifestante dessa forma (ou a sua manifestação) na matéria* (ou no sentido).

2. A consideração unicamente da anterioridade lógica da imanência em relação à manifestação autorizou, em seguida, a homologação um pouco perigosa dessa dicotomia com as de *manifesto/latente* ou de *explícito/implícito*. A oposição do plano manifesto e do plano imanente da linguagem pôde assim aparecer como uma formulação hjelmsleviana, comparável à distinção ulterior, estabelecida pelos gerativistas, entre as estruturas de superfície e as estruturas profundas.

3. Entretanto, não é nada disso, pois a manifestação, concebida como presentificação da forma* na substância*, pressupõe, como condição, a semiose* (ou o ato semiótico) que conjugue a forma da expressão* e a do conteúdo* antes mesmo, por

assim dizer, de sua realização material. A manifestação é então – e antes de tudo – a formação do nível dos signos*, ou então, se se preferir numa formulação trivial, a postulação do plano da expressão no momento da produção do enunciado* e, inversamente, a atribuição do plano do conteúdo no momento de sua leitura. A análise imanente de uma semiótica é, então, o estudo de cada um dos dois planos da linguagem, tomados separadamente.

4. Em decorrência disso, os dois pares oposicionais *imanência/manifestação* e *profundidade/superfície* não são homologáveis entre si, nem superponíveis. Os diferentes níveis* de profundidade que se podem distinguir são articulações* da estrutura imanente de cada um dos dois planos da linguagem (expressão e conteúdo) tomados separadamente; esses níveis balizam seu percurso gerativo*; a manifestação é, ao contrário, uma incidência, uma interrupção e um desvio, que obriga uma instância qualquer desse percurso a se constituir em um plano de signos. Usando uma metáfora pouco feliz, seria algo como uma interrupção voluntária da gravidez. Ao analisar as estruturas profundas e querer explicá-las com a ajuda de um sistema de representação* qualquer, o linguista detém, fixa, em um dado momento, o percurso gerativo, e manifesta então as estruturas imanentes monoplanas com o auxilio de um encadeamento de signos biplanos (ou de símbolos interpretáveis). Assim também a distinção entre o discurso abstrato e o discurso figurativo pode ser estabelecida, considerada a interrupção, seguida de manifestação, do percurso gerativo em dois momentos distintos do processo de produção.

5. No quadro das modalidades veridictórias*, o **esquema da manifestação** é o do *parecer/não parecer,* por oposição (e complementaridade) ao esquema de imanência *(ser/não ser),* aliás, sem que tais denominações impliquem, por isso, uma tomada de posição ontológica.

→ **Imanência, Profunda (estrutura ~), Superfície (estrutura de ~), Veridictórias (modalidades ~).**

Manipulação s. f.

FR. Manipulation; INGL. Manipulation

1. Ao contrário da operação* (enquanto ação do homem sobre as coisas), a **manipulação** caracteriza-se como uma ação do homem sobre outros homens, visando a fazê-los executar um programa dado: no primeiro caso, trata-se de um "fazer-ser", no segundo, de um "fazer-fazer"; essas duas formas de atividade, das quais uma se inscreve, em grande parte, na dimensão pragmática* e a outra, na

dimensão cognitiva*, correspondem assim a estruturas modais de tipo factitivo*. Projetada no quadrado* semiótico, a manipulação, enquanto fazer-fazer, dá lugar a quatro possibilidades:

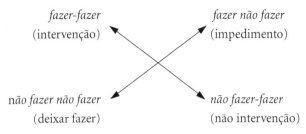

2. Enquanto configuração* discursiva, a manipulação é sustentada por uma estrutura* contratual e ao mesmo tempo por uma estrutura modal. Trata-se, com efeito, de uma comunicação* (destinada a fazer-saber) na qual o destinador-manipulador impele o destinatário-manipulado a uma posição de falta de liberdade *(não poder não fazer)*, a ponto de ser este obrigado a aceitar o contrato proposto. Assim, o que está em jogo, à primeira vista, é a transformação da competência* modal do destinatário-sujeito: se este, por exemplo, conjugue ao *não poder não fazer* um *dever-fazer*, tem-se a provocação ou a intimidação; se ele lhe conjugue um *querer-fazer*, ter-se-á então sedução ou tentação.

3. Situada sintagmaticamente entre o querer do destinador* e a realização efetiva, pelo destinatário-sujeito, do programa* narrativo (proposto pelo manipulador), a manipulação joga com a persuasão, articulando assim o fazer persuasivo* do destinador e o fazer interpretativo* do destinatário.

a) O manipulador pode exercer seu fazer persuasivo apoiando-se na modalidade do poder*: na dimensão pragmática, ele proporá então ao manipulado objetos positivos (valores culturais) ou negativos (ameaças); em outros casos, ele persuadirá o destinatário graças ao saber*. na dimensão cognitiva*, fará então com que ele saiba o que pensa de sua competência modal sob forma de juízos positivos ou negativos. Vê-se, assim, que a persuasão segundo o poder caracteriza a tentação (em que é proposto um objeto-valor positivo) e a intimidação (em que é proposta uma doação negativa), enquanto a persuasão, segundo o saber, é própria da provocação (com um juízo negativo: "Tu és incapaz de...") e da sedução (que manifesta um juízo positivo).

b) Quando se trata de uma manipulação segundo o saber, o manipulado é levado a exercer correlativamente um fazer interpretativo e a escolher, necessariamente, entre duas imagens de sua competência: positiva no caso da sedução, negativa na provocação. Quando se trata da manipulação segundo o poder, o manipulado é levado a optar entre dois objetos-valor: positivo, na tentação, negativo, na intimidação. (Bem entendido, tal tipologia elementar das formas da manipulação é ainda apenas provisória: ela delineia ao menos um eixo de pesquisa.)

4. No nível da competência modal do destinatário, e levando em consideração apenas a modalidade do poder-fazer, quatro posições são previsíveis:

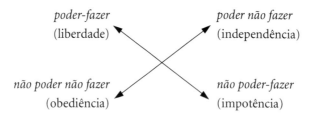

A partir dessa lexicalização (indicada entre parênteses) aproximada de estruturas modais, pode-se propor nomear (em nosso universo sociocultural) espécies de subcódigos de honra que a manipulação assim coloca em jogo (do ponto de vista do destinatário-sujeito): códigos da "soberania" (liberdade + independência), da "submissão" (obediência + impotência), da "altivez" (liberdade + obediência) e da "humildade" (independência + impotência). A ação que o destinatário-manipulado realizará, após a manipulação pelo destinador, torna-se, então, para ele um simples programa* narrativo de uso, sendo seu programa narrativo de base a conjunção com a honra (no caso de uma manipulação no plano do saber) ou com o objeto-valor dado (se a manipulação se apoia no poder).

5. Enquanto fazer-fazer, a manipulação parece dever inscrever-se como um dos componentes essenciais do esquema narrativo* canônico. O sistema de troca*, ou, mais exatamente, o contrato* que aí se registra, é subsumido, por assim dizer, em um nível hierarquicamente superior, pela estrutura da manipulação: nesse caso, com efeito, a relação entre o Destinador e o Destinatário não é de igualdade (como na simples operação de troca que exige dois sujeitos de competências comparáveis), mas de superior a inferior; aliás, a manipulação realizada pelo Destinador exigirá a sanção* do Destinador-julgador, situando-se ambas as operações na dimensão cognitiva (por oposição à *performance** do destinatário-sujeito realizada no plano pragmático).

6. Mesmo que, como se observou, a análise da manipulação esteja apenas se iniciando, pode-se prever ainda assim, transportando-a do plano das narrativas ao das práticas* semióticas, a elaboração de uma verdadeira **semiótica da manipulação** (correlativa a uma semiótica da sanção e a uma semiótica da ação), da qual se

conhece pelo menos o lugar importante que ocupa nas relações humanas. Tal semiótica deveria poder constituir-se a partir do percurso narrativo do Destinador* inicial, e levar em consideração, não somente a manipulação do sujeito – da qual acabamos de evocar algumas formas possíveis –, mas também a do antissujeito (com a estratégia da astúcia que permite, por exemplo, operações de "recuperação", de "subversão", etc.).

→ Modalidade, Factitividade, Persuasivo (fazer ~), Narrativo (esquema ~), Narrativo (percurso ~).

MARCA s. f.

FR. MARQUE; INGL. MARK

1. No sentido mais amplo, a **marca** é a inscrição de um elemento* suplementar heterogêneo sobre (ou em) uma unidade ou um conjunto e serve de signo de reconhecimento*. Nessa acepção, falar-se-á, por exemplo, das marcas da enunciação* no enunciado*.

2. Em linguística, a oposição *marcado/não marcado* é amplamente explorada. A fonologia emprega assim o conceito de marca para distinguir as unidades, conforme elas se caracterizam pela presença* ou ausência* de um traço distintivo* (sendo *b* sonoro e *p* não sonoro, dir-se-á, desse ponto de vista, que *b* é marcado e *p*, não marcado); a **marca de correlação** será a que permitir a distinção de vários pares de fonemas* (a série sonora *b, d, g, v, z*) opõe-se à série não sonora *p, t, k, f, s*). Em sintaxe frásica, a marca é também amplamente utilizada para o estudo de certas categorias* gramaticais como o gênero ("bonito": não marcado; "bonita": marcado) ou o número (o singular é não marcado, o plural é marcado).

3. Na trilha de V. Propp, entender-se-á por marca – na análise narrativa dos discursos – um signo material – como objeto, ferimento, etc. – que atesta aos olhos do Destinador que a prova decisiva*, cumprida em segredo*, foi mesmo realizada pelo herói*: desse ponto de vista, o reconhecimento* pressupõe, no esquema narrativo*, a atribuição de uma marca que permite passar do secreto à revelação do verdadeiro*. Enquanto signo de reconhecimento, a marca inscreve-se, por isso, na dimensão cognitiva*, e coloca em jogo as modalidades veridictórias*: com efeito, a marca é "aquilo que parece" na posição veridictória de secreto (ser + não parecer) e constitui condição necessária para a transformação do secreto em verdade.

→ Reconhecimento.

MATÉRIA s. f.
FR. MATIÈRE; INGL. PURPORT

Para designar a matéria prima graças à qual uma semiótica, enquanto forma* imanente, se encontra manifestada, L. Hjelmslev emprega indiferentemente os termos **matéria** ou sentido (em inglês: *purport),* aplicando-os, ao mesmo tempo, aos "manifestantes" do plano da expressão* e do plano do conteúdo*. Sua preocupação de não engajamento metafísico é evidente aqui: os semioticistas podem, então, escolher uma semiótica "materialista" ou "idealista".

➜ Sentido, Substância.

MATRIZ s. f.
FR. MATRICE; INGL. MATRIX

Em forma de retângulo dividido em colunas e alinhadas, a **matriz** é um dos modos possíveis da representação* dos dados da análise do tipo taxionômico, comparável à árvore* ou aos parênteses*.

MENSAGEM s. f.
FR. MESSAGE; INGL. MESSAGE

1. Na teoria da informação*, a **mensagem**, transmitida de um emissor* a um receptor* através de um canal*, é uma sequência de sinais*, organizada conforme as regras de um código*: assim ela pressupõe operações de codificação* e de decodificação*. No domínio restrito da comunicação linguística, por exemplo, a mensagem corresponderá ao enunciado* considerado, unicamente, do ponto de vista do plano da expressão* (ou do significante*), com exclusão dos conteúdos* investidos.

2. No esquema da comunicação de seis funções, proposto por R. Jakobson, a dicotomia *código/mensagem* pode ser considerada como uma reinterpretação da oposição saussuriana *língua/fala*, aparecendo então a mensagem como o produto do código (sem que por isso seja levado em consideração o processo de produção).

3. A **situação da mensagem**, como *hic et nunc* do ato* de linguagem, pode ser reformulada em termos de enunciação*: nesse caso, mensagem torna-se sinônimo de enunciado, incluindo então o significante e o significado*.

➜ Comunicação.

Mentira s. f.

fr. Mensonge; ingl. Lie

No quadrado* semiótico das modalidades veridictórias, designa-se pelo nome de **mentira** o termo complementar* que subsume os termos *não ser* e *parecer* situados na dêixis* negativa.

→ Veridictórias (modalidades ~), Quadrado semiótico.

Metáfora s. f.

fr. Métaphore; ingl. Metaphor

1. Do âmbito da retórica*, a **metáfora** designava uma das figuras* (chamadas tropos) que "modificam o sentido das palavras". Atualmente, esse termo é empregado em semântica lexical ou frasal para denominar o resultado da substituição* – operada sobre um fundo de equivalência* semântica –, num contexto dado, de um lexema por outro. A literatura consagrada à problemática da metáfora pode constituir sozinha uma biblioteca; por isso, só é possível apresentar aqui uma visão sucinta dela: contentar-nos-emos, portanto, com algumas observações relativas a seu papel e a seu funcionamento no quadro da semiótica discursiva.

2. Considerada do ponto de vista das "estruturas de recepção", a metáfora aparece como um corpo estranho (como uma "anomalia" na perspectiva gerativa), cuja legibilidade permanece sempre equívoca ainda quando é garantida pelo percurso discursivo no qual se insere (os semas contextuais*, integrando-o, constituem-no como semema*): o lexema metafórico se apresenta como uma virtualidade de leituras* múltiplas, mas suspensas pela disciplina discursiva, provocando, entretanto, um efeito de sentido de "riqueza" ou de "espessura" semânticas. (A rosa, posta no lugar de "menina", será lida, evidentemente, como "menina", embora desperte por um instante as virtualidades de perfume, cor, forma, etc.)

3. Do ponto de vista de suas origens, a metáfora não é, evidentemente, uma metáfora, mas um lexema qualquer: desligada de seu contexto, ela deve ser considerada uma figura* (nuclear*) que talvez carregue consigo, quando de sua transferência, alguns semas pertencentes ao contexto de origem (mas não o sema contextual *vegetal,* por exemplo, no caso da transferência de "rosa", ainda que esse ponto possa ser discutido). Essa translação das figuras lexemáticas explica por que o discurso acolhido tende a desenvolver-se como um discurso figurativo*.

4. Da perspectiva do percurso gerativo* do discurso, é a **metaforização** (e não a metáfora), enquanto processo de produção discursiva, que nos interessa em primeiro lugar. R. Jakobson tem razão de chamar a atenção para o aspecto paradigmático* desse procedimento. Com efeito, a metaforização, enquanto substituição de um indivíduo semiótico por outro, pressupõe a existência de um paradigma de substituição. Nesse sentido, pode-se dizer que todos os sememas de uma língua, que possuem pelo menos um sema em comum (ou idêntico), constituem virtualmente um paradigma de termos substituíveis (o que permitiu a F. Rastier afirmar que esse sema iterativo é constitutivo de uma isotopia*). Entretanto – e é nesse ponto que a tese jakobsoniana se torna discutível –, as relações paradigmáticas só têm sentido na medida em que são justamente criadoras de sentido, ou seja, criadoras – por oposição entre o que é retido pelo discurso e o que é dele excluído no quadro de cada paradigma – de diferenças*, o que constitui a única maneira de conceber, desde F. de Saussure, a produção e/ou a apreensão da significação*. Vê-se, pelo contrário, que a "função poética" jakobsoniana consiste na exploração, através do procedimento de substituição, não dos paradigmas das diferenças, mas dos paradigmas das semelhanças*, isto é, consiste de fato na abolição do sentido (não é a essa totalização do sentido, não é a esse retorno da significação articulada ao sentido original que tendem as "correspondências" baudelairianas?). Pode ser que o discurso poético vise, por suas redundâncias, à abolição do sentido; ele não chega a isso, entretanto, graças ao (ou por causa do) eixo sintagmático* que assegura a significação mediante a elaboração de isotopias figurativas.

5. A interpretação da metaforização como uma substituição paradigmática das figuras, obtida, sobre uma base sêmica comum, pela suspensão de outros semas da mesma figura, permite explicar, ao mesmo tempo, outras "anomalias" do funcionamento semântico do enunciado*. O sema, sabe-se, não é um átomo de sentido, mas o termo* de uma categoria* sêmica: por isso o procedimento de substituição que, em lugar de retomar o mesmo sema, vise a impor o sema contrário (ou contraditório) pertencente à mesma categoria sêmica, terá por efeito a produção de uma antífrase* (diz-se "meu rapaz" dirigindo-se a uma criança ou pode-se referir a uma pessoa de porte avantajado chamando-a de "baixinho"). Da mesma forma, os semas participam das construções hipotáxicas* chamadas sememas: se, quando do procedimento de substituição, o sema escolhido como operador de substituição é substituído por um sema hipotáxico (ou hiperotáxico) pertencente ao mesmo semema, o resultado da operação poderá denominar-se metonímia* (espécie de metáfora desviante). Evidentemente, não se trata de definições "reais", mas de indicações quanto à maneira de formular as respostas que a semântica pode trazer à problemática das figuras* de retórica.

|306|

6. Do ponto de vista da semiótica discursiva, esses procedimentos de substituição semântica nos interessam, sobretudo, enquanto conectores* de isotopias. Se a metáfora funciona normalmente no quadro da frase e pode ser apreendida e descrita nesse contexto, ela não se torna um fato discursivo a não ser quando é prolongada ou "esticada", em outras palavras, quando ela constitui uma isotopia figurativa transfrasal. Nessas condições, os procedimentos de substituição paradigmática que acabamos de passar em revista se apresentam como interligadores de isotopias e, depois, em intervalos regulares, como mantenedores ou conectores de isotopias que as ligam umas às outras; as isotopias figurativas remetem quer a outras isotopias figurativas, quer a isotopias temáticas mais abstratas. Falando-se de uma isotopia semântica, considerada como isotopia de base, pode-se, de acordo com a natureza da conexão – metáfora, antífrase, metonímia, etc. –, designar as outras isotopias do discurso como metafóricas, antifrásicas, metonímicas, etc.

→ **Figura, Analogia, Poética, Antífrase, Isotopia, Conector de isotopia.**

Metalinguagem s. f.

FR. Métalangage; INGL. Metalanguage

1. O termo **metalinguagem** foi introduzido pelos lógicos da Escola de Viena (Carnap) e, sobretudo, da Escola polonesa, que sentiram a necessidade "de distinguir claramente a língua de que falamos da língua que falamos" (Tarski). O conceito assim criado foi depois adaptado às necessidades da semiótica por L. Hjelmslev, e às da linguística por Z. S. Harris. O morfema "meta" serve assim para distinguir dois níveis* linguísticos, o de linguagem*-objeto e o de metalinguagem.

2. Basta observar o funcionamento das línguas* naturais para se perceber que elas têm a particularidade de poder falar não somente das "coisas", mas também delas mesmas, e que elas possuem, segundo R. Jakobson, uma **função* metalinguística**. A existência de um grande número de expressões metalinguísticas nas línguas naturais suscita ao menos duas espécies de problemas:

a) Por um lado, o conjunto dessas expressões, uma vez reunidas, constituiria uma metalinguagem? Ou seja, ele possuiria as características fundamentais que definem uma semiótica*?

b) A exclusão, por outro lado, de todas as frases metalinguísticas permitiria obter-se uma pura linguagem de denotação*?

São questões às quais é difícil responder positivamente. O que se pode afirmar com alguma certeza é o caráter extremamente complexo das línguas naturais, capaz de conter em seu seio numerosos microuniversos* que produzem discursos* quase autônomos.

3. Após ter reconhecido a riqueza e a importância dos elementos metalinguísticos nas línguas naturais, Z. S. Harris postulou a possibilidade, para uma língua dada, de ela mesma se descrever, a possibilidade também, para o linguista, de construir uma gramática* como uma **metalíngua**, com o auxílio de materiais situados na língua-objeto. Tal atitude, provavelmente, deixou traços na linguística norte-americana e explica, em alguma medida, uma certa indiferença da semântica gerativa*, por exemplo, por uma conceitualização rigorosa da linguagem de descrição* que ela utiliza.

4. Também E. Benveniste considera a metalíngua "a língua da gramática", mas as consequências que se podem tirar de tal constatação são completamente diferentes. Se, em lugar de construir *ex nihilo* novas teorias linguísticas, quer-se assumir plenamente a herança da gramática comparativa*, então a reflexão sobre as condições de comparabilidade das línguas obriga a se admitir que os conceitos gramaticais, utilizados para esse fim, devem transcender, necessariamente, as línguas naturais que se cotejam; a possibilidade da comparação coloca, por seu lado, o problema da existência dos universais* da linguagem. Nesse caso, a metalinguagem não pode ser senão exterior à língua-objeto, ela deve ser concebida como uma linguagem artificial, que contém suas próprias regras de construção. É nesse sentido que é preciso interpretar o esforço teórico de L. Hjelmslev, para quem a metalinguagem é uma semiótica, isto é, uma hierarquia* não de palavras ou de frases, mas de definições*, capaz de tomar a forma quer do sistema*, quer do processo* semiótico. Com a construção hierárquica culminando no inventário dos conceitos últimos, não definíveis (que se podem considerar universais hipotéticos*), uma axiomática* pode, então, constituir-se, a partir da qual a dedução* estará capacitada a produzir a linguística* como uma linguagem formal*, como uma "pura álgebra".

5. Assim concebida, a metalinguagem apresenta-se então como uma linguagem de descrição (no sentido amplo e neutro desse termo). Como tal, ela pode ser representada, sob a forma de vários **níveis metalinguísticos** superpostos, podendo cada nível – na tradição da Escola polonesa – voltar a questionar e ao mesmo tempo fundamentar o nível imediatamente inferior. Propusemos, não faz muito, distinguir três níveis: descritivo*, metodológico* e epistemológico*, sendo que o último desses níveis controla a elaboração dos procedimentos* e a

construção dos modelos*, enquanto o nível metodológico supervisiona, por sua vez, o instrumento conceitual da descrição *strictu sensu*.

6. Convém igualmente manter uma distinção entre a metalinguagem e a **linguagem de representação*** que se usa para manifestá-la. Sabe-se que diversos modos de representação – como a parentetização*, a representação em árvore*, a reescrita*, etc. – são homologáveis entre si, que são apenas maneiras diferentes de representar o mesmo fenômeno, a mesma "realidade". Tudo se passa como se essas linguagens de representação se encontrassem, com relação à metalinguagem, numa relação comparável à dos alfabetos latino, grego ou árabe, com relação à língua natural escrita que traduzem.

7. A problemática da metalinguagem, da forma como foi resumida anteriormente, inscreve-se em um quadro limitado: ela diz respeito apenas às línguas naturais, consideradas como línguas-objeto, e a metalinguagem da qual se trata é mais ou menos coextensiva à gramática (ou à teoria gramatical). A semiótica*, enquanto teoria do conjunto dos "sistemas de significações", só pode ultrapassar esse quadro. É uma constatação banal, por exemplo, dizer que as línguas naturais são capazes de falar não apenas delas próprias, mas também de outras semióticas (pintura, música, etc.). Vê-se que, nesse caso, certas zonas, no interior das línguas naturais, devem ser consideradas como metalinguísticas, ou antes como metassemióticas, com relação às semióticas das quais elas falam. O problema das **metalinguagens não científicas** coloca-se então para a semiótica juntamente com a elaboração de uma **metalinguagem** (com vocação) **científica*** da qual ela necessita. O conjunto das relações entre a linguística e a semiótica geral (ou semiologia*) volta assim a ser questionado.

→ **Nível, Representação, Semiótica, Universais.**

METASSABER s. m.

FR. MÉTASAVOIR; INGL. META KNOWLEDGE

Diferentemente do saber que diz respeito ao fazer pragmático* de um sujeito dado, o **metassaber** é um saber que um sujeito tem do saber de um outro sujeito. O metassaber pode ser ou transitivo* (quando se trata do saber que S_1 pode ter do saber de S_2 sobre o fazer de S_2) ou reflexivo* (se se trata do saber de S_1 sobre o saber de S_2 relativo ao fazer pragmático de S_1).

→ **Saber.**

METASSEMEMA s. m.

FR. MÉTASÉMÈME; INGL. METASEMEME

Diferentemente dos sememas* que comportam uma figura* sêmica e uma base classemática, os **metassememas** manifestam somente combinações* de semas contextuais (cf. no nível lexical, e em português, as conjunções *e, ou,* os advérbios relacionais *mais, menos,* etc.).

→ Contexto.

METASSEMIÓTICA s. f.

FR. MÉTASÉMIOTIQUE; INGL. META-SEMIOTICS

Nas semióticas pluriplanas*, L. Hjelmslev distingue as semióticas conotativas* (não científicas) das **metassemióticas** (que são semióticas científicas); estas últimas são:

a) ou **científicas,** quando a semiótica-objeto de que elas tratam é uma semiótica científica (tais como a lógica, as matemáticas, a linguística, etc.): elas se referem, nesse caso, à problemática da metalinguagem;

b) ou **não científicas,** quando a semiótica-objeto não é científica; nesse caso, Hjelmslev fala de semiologias*; a metassemiótica não científica corresponde à nossa definição de semiótica.

→ Semiótica, Metalinguagem, Semiologia.

METATERMO s. m.

FR. MÉTATERME; INGL. METATERM

Qualquer relação*, tomada como eixo* semântico, é constitutiva de uma categoria* que comporta pelo menos dois termos*. Entretanto, a relação – considerada em si mesma – pode ser tomada como termo: contraindo então uma relação com um outro termo de mesma natureza, ela se constituirá em categoria de nível hierarquicamente superior, cujos termos-relações serão denominados, para distingui-los dos termos simples, **metatermos.** Assim, as relações de contrariedade, que caracterizam os eixos dos contrários e dos subcontrários*, são **metatermos contrários,** constitutivos de uma categoria de contraditórios*. Da mesma forma, as relações de complementaridade, pelas quais se definem as dêixis* positiva e negativa, são **metatermos complemen-tares**, constitutivos de uma categoria de contrários.

→ Quadrado semiótico, Contrariedade, Complementaridade.

Método s. m.
FR. Méthode; INGL. Method

1. Entende-se habitualmente por **método** uma sequência programada de operações* que visa à obtenção de um resultado conforme as exigências da teoria. Nesse sentido, o termo método é quase sinônimo de procedimento; métodos particulares, explicitados* e bem definidos, que têm um valor geral, são equiparáveis a procedimentos de descoberta*.

2. A **metodologia** – o **nível metodológico** da teoria – consiste, portanto, na análise dos conceitos* operatórios (tais como elemento, unidade, classe, categoria, etc.) e dos procedimentos* (como identificação, segmentação, substituição, generalização, etc.) que tenham servido para produzir a repre-sentação* semântica de uma semiótica-objeto, tendo em vista testar a sua coerência interna*. A metodologia deve ser diferenciada da epistemologia; esta se destina a testar a linguagem metodológica.

→ Teoria, Semiótica, Epistemologia.

Metonímia s. f.
FR. Métonymie; INGL. Metonymy

1. Tradicionalmente, a figura* retórica chamada **metonímia** (que inclui o caso mais particular da sinédoque) designa o fenômeno linguístico segundo o qual uma dada unidade frasal é substituída por outra unidade que a ela está "ligada" (numa relação de continente e conteúdo, de causa e efeito, de parte e todo, etc.).

2. Interpretada no quadro da semântica* discursiva, a metonímia é o resultado de um procedimento de substituição pelo qual substitui um dado sema* por um outro sema hipotáxico* (ou hiperotáxico), pertencentes ambos ao mesmo semema*. Desse ponto de vista, pode-se considerar a metonímia como uma metáfora "desviante": C. Lévi-Strauss não pôde deixar de assinalar que, no

pensamento mítico, "toda metáfora acaba em metonímia" e que toda metonímia é de natureza metafórica. Sua observação pode ser interpretada facilmente se se considera o fato de que, nessas duas figuras de retórica, se produz, com efeito, um fenômeno de substituição sobre um fundo de equivalência* semântica.

→ **Metáfora.**

MICROUNIVERSO s. m.

FR. MICRO-UNIVERS; INGL. MICRO-UNIVERSE

Dada a impossibilidade em que se encontra a semântica* de descrever o universo semântico na sua totalidade – ele seria, com efeito, coextensivo a toda a cultura de uma comunidade etnolinguística –, torna-se necessário introduzir o conceito operatório* de **microuniverso**, entendendo-se por isso um conjunto semântico, possível de ser articulado em sua base por uma categoria* semântica (a de *vida/morte,* por exemplo) e subarticulado por outras categorias que são hiponimicamente* ou hipotaxicamente* subordinadas à primeira. Tal microuniverso é gerador de discursos nos quais encontra sua expressão sintagmática. É o conceito de isotopia* – entendida como feixe de categorias comuns ao conjunto do discurso – que permite estabelecer a correspondência entre um microuniverso e o discurso que se encarrega dele: as categorias, constitutivas de isotopia, podem ser identificadas com as que articulam taxionomicamente* o microuniverso.

→ **Universo.**

MÍTICO (DISCURSO, NÍVEL ~) adj.

FR. MYTHIQUE (DISCOURS, NIVEAU ~); INGL. MYTHICAL (DISCOURSE, LEVEL ~)

1. Qualifica-se de **mítica** uma classe de discursos do domínio da etnoliteratura ou um nível discursivo subjacente e anagógico, reconhecível quando da leitura de seu nível prático (que se apresenta, por sua vez, como uma narrativa de ações com os atores nela implicados).

2. Na sua análise estrutural do mito de Édipo, C. Lévi-Strauss considera a leitura do nível prático (o termo não é dele) como horizontal (isto é, sintagmática), enquanto a interpretação do nível mítico seria vertical, de ordem paradigmática,

permitindo reconhecer, pela recorrência* no texto de superfície, uma organização dos conteúdos* que pode ser formulada como o correlacionamento de duas categorias* binárias de semas* contraditórios* ou contrários*. Tal interpretação permitiu o reconhecimento da existência, nas profundezas do discurso, de estruturas semióticas que comportam uma sintaxe* e uma semântica* fundamentais; e ao mesmo tempo, fez o discurso mítico perder sua especificidade: estruturas semióticas comparáveis regem os discursos poéticos, oníricos, etc. Logo, a dicotomia *prático/mítico* deixa de ser operatória: o nível prático identifica-se com o plano figurativo* do discurso, enquanto o nível mítico corresponde, no percurso gerativo*, às organizações semióticas profundas*.

3. O estado atual das pesquisas em tipologia dos discursos não permite determinar, com certeza, as características específicas do discurso mítico, considerado como "gênero*". Parece, intuitivamente, que tal discurso correlaciona, no nível profundo, duas categorias semânticas relativamente heterogêneas, tratadas como se fossem dois esquemas* de um único microuniverso* e que sua sintaxe fundamental consiste em asseverar alternativamente como verdadeiros os dois termos contrários* desse universo de discurso.

→ Prático, Profunda (estrutura ~).

MITOLOGIA s. f.

FR. MYTHOLOGIE; INGL. MYTHOLOGY

1. Por **mitologia**, entende-se quer o conjunto de mitos de uma dada comunidade linguística, quer uma disciplina que procure descrever, analisar e comparar os diferentes mitos.

2. Recentemente ainda, a mitologia, enquanto disciplina, viu-se colocada entre as ambições desmedidas e prematuras de uma mitologia universal (Frazer) e a afirmação da especificidade de cada mitologia – quando não de cada mito – em que as preocupações estéticas não eram estranhas. A constituição de uma mitologia com vocação científica está ligada à elaboração da **mitologia comparada** por G. Dumézil (domínio indo-europeu) e C. Lévi-Strauss (domínio ameríndio). O aproveitamento do instrumental metodológico, remanejado pela semiótica narrativa e pela discursiva, é complementar e está em débito com as pesquisas comparativas.

→ Comparada (mitologia ~), Comparatismo, Mítico (discurso, nível ~).

MODALIDADE s. f.

FR. MODALITÉ; INGL. MODALITY

1. A partir da definição tradicional de **modalidade**, entendida como "o que modifica o predicado" de um enunciado, pode-se conceber a **modalidade** como a produção de um enunciado dito modal que sobredetermina um enunciado descritivo*. O enfoque indutivo das modalidades parece pouco convincente: podendo os inventários de verbos modais (e eventualmente das locuções modais) serem sempre contestados e sendo variáveis de uma língua natural para outra, é razoável considerar – em uma primeira aproximação – que as duas formas de enunciados* elementares (declarados canônicos), que são os enunciados de fazer e os enunciados de estado*, são suscetíveis de se encontrarem ou na situação sintática de enunciados descritivos, ou na situação hiperotáxica, de enunciados modais. Por outras palavras, pode-se conceber: *a)* o fazer modalizando o ser (cf. a *performance**, o ato*); *b)* o ser modalizando o fazer (cf. a competência*); *c)* o ser modalizando o ser (cf. as modalidades veridictórias*) e *d)* o fazer modalizando o fazer (cf. as modalidades factitivas*). Nessa perspectiva, o predicado modal pode ser definido, primeiro, somente por sua função táxica, por seu alcance transitivo*, suscetível de atingir um outro enunciado como objeto.

2. Duas consequências resultam dessa tomada de posição. A primeira diz respeito à organização sintática do enunciado-discurso. Enquanto a gramática frasal considera, não sem razão, como essencial para a análise o reconhecimento de níveis* de pertinência interpretados como graus (ou instâncias) de derivação*, pensamos que a existência dos níveis discursivos (ou de tipos de discurso) pode ser afirmada no plano transfrasal devido à recorrência* das estruturas modais (sobredeterminando uma plataforma modal a uma plataforma descritiva). Uma nova hierarquia* sintagmática, devido não somente às estruturas hipotáxicas que ligam os enunciados modalizados, mas também a uma tipologia das modalizações, pode ser então postulada como um dos princípios de organização sintática dos enunciados-discursos.

3. A segunda consequência concerne justamente à tipologia das modalizações. Sendo o enfoque indutivo pouco seguro e de uma generalidade insuficiente, só um encaminhamento hipotético-dedutivo está de alguma forma em condições de pôr um pouco de ordem nos inventários confusos das modalidades das línguas naturais. As lógicas modais, é verdade, dão o exemplo de uma abordagem semelhante. Após haver reconhecido um campo modal problemático, elas selecionam certos "valores de verdade" – valores aléticos ou deônticos, por exemplo – e os tomam axiomati-

camente como ponto de partida de suas deduções e cálculos. O encaminhamento semiótico é um pouco diferente, devido ao fato de que se apoia, inicialmente, em um número bastante elevado de análises concretas, situadas, além disso, no plano narrativo que transcende as organizações discursivas das línguas naturais: esses estudos têm mostrado constantemente o papel excepcional que desempenham, na organização semiótica dos discursos, os valores modais **querer***, **dever***, **poder*** e **saber***, capazes de modalizar tanto o ser quanto o fazer. Por outro lado, a tradição saussuriana em linguística, que Chomsky, aliás, não desmentiu (e que, em filosofia, remonta muito longe), habituou-nos a refletir em termos de modos de existência* e de níveis de existência – existência virtual*, atual*, realizada* –, que constituem outras tantas instâncias que balizam um percurso – interpretável como uma tensão (G. Guillaume) – que vai de um ponto zero à sua realização. Observa-se que a semiótica, mesmo visando, à maneira da lógica, a instalar no cerne de sua teoria, mediante uma declaração axiomática, uma estrutura modal fundamental, mantém o caráter hipotético de sua busca, procurando apoio empírico e teórico a seu empreendimento.

4. A construção de um modelo que, por interdefinição sucessiva, permitiria dar conta, subsumindo as diferentes articulações, da estrutura modal fundamental está ainda no início. Os critérios de interdefinição de classificação das modalidades devem ser ao mesmo tempo sintagmáticos* e paradigmáticos*, definindo-se cada modalidade por um lado como uma estrutura modal hipotáxica, e por outro como uma categoria* capaz de ser representada no quadrado semiótico. Assim, tomando-se em consideração o percurso tensivo que leva à realização, podem-se agrupar as modalidades, até aqui reconhecidas, de acordo com o quadro seguinte:

Modalidades	virtualizantes	atualizantes	realizantes
exotáxicas	*dever*	*poder*	*fazer*
endotáxicas	*querer*	*saber*	*ser*

De acordo com a sugestão de M. Rengstorf, designam-se aqui como exotáxicas as modalidades capazes de entrar em relações translativas (de ligar enunciados que têm sujeitos distintos), e como endotáxicas as modalidades simples (que ligam sujeitos idênticos ou em sincretismo*).

5. Outro critério classificatório, isto é, a natureza do enunciado a modalizar, permite distinguir duas grandes classes de modalizações: a do fazer e a do ser. Assim, a estrutura modal do *dever-fazer,* denominada prescrição*, por exemplo, opõe-se à do *dever-ser*, denominada necessidade*, preservando uma afinidade semântica

incontestável: nota-se que, no primeiro caso, a modalização enquanto relação predicativa incide sobre o sujeito que "modaliza", e que, no segundo caso, é o objeto (isto é, o enunciado de estado) que é "modalizado". Dentro dessas duas classes de modalização, é provavelmente possível não somente prever processos de modalização, formuláveis como sequências ordenadas de enunciados (pressupondo uma modalidade atualizante a uma modalidade virtualizante, por exemplo), mas também calcular as compatibilidades e incompatibilidades no interior dessas sequências (o *dever-fazer* é compatível com o *não poder não fazer*, enquanto o *querer-fazer* não o é com o *não saber fazer)*. Nessas condições, seria perfeitamente concebível uma estratégia da modalização que permitisse a elaboração de uma tipologia dos sujeitos e dos objetos (enunciados) modalizados.

→ **Enunciado, Aléticas (modalidades ~), Deônticas (modalidades ~), Epistêmicas (modalidades ~), Veridictórias (modalidades ~), Factitividade, Poder, Saber, Dever, Querer, Sintaxe narrativa de superfície.**

MODELO s. m.
FR. MODÈLE; INGL. MODEL

1. No sentido herdado da tradição clássica, entende-se por **modelo** o que é capaz de servir de objeto de imitação. O modelo pode então ser considerado quer como uma forma ideal preexistente a toda realização mais ou menos perfeita, quer como um simulacro construído que permite representar um conjunto de fenômenos. É nessa última acepção que o termo modelo é utilizado em linguística e, de modo mais geral, em semiótica, em que designa uma construção abstrata e hipotética*, considerada como capaz de dar conta de um conjunto dado de fatos semióticos.

2. A construção dos modelos se realiza na distância que separa a linguagem-objeto da metalinguagem*. Com relação à semiótica-objeto, os modelos devem ser concebidos como representações* hipotéticas, suscetíveis de serem confirmadas, infirmadas ou falsificadas*. Por outro lado, eles dependem da teoria* semiótica geral, a partir da qual eles são deduzidos* e que controla sua homogeneidade* e sua coerência*. A elaboração e utilização dos modelos acham-se assim espremidas entre as exigências da teoria e a necessária adequação* ao objeto de conhecimento. É, portanto, nesse nível*, que qualificamos como metodológico, que se situa, em

princípio, o essencial do fazer científico*; é essa dupla conformidade dos modelos que lhes dá um caráter hipotético-dedutivo*.

3. O conceito de modelo corre o risco, entretanto, de perder a sua consistência devido ao uso muito amplo que se tem feito desse termo. Assim, quando N. Chomsky fala de três modelos principais em linguística (o modelo de Markov, o modelo sintagmático e o transformacional), o termo modelo é equivalente ao de gramática*; da mesma forma, quando os gerativistas comparam o modelo padrão, ou o ampliado, com o modelo da semântica gerativa, trata-se, antes de mais nada, de esquema que representa a economia* geral de uma teoria linguística, que designamos, de nossa parte, com a expressão percurso gerativo*. Ao propor que se considere como **modelo constitucional** (assim precisado com o auxílio de um determinante) a estrutura* elementar *a quo*, a partir da qual se pode deduzir e, progressivamente, elaborar os elementos de uma morfologia e de uma sintaxe* fundamental, procuramos sublinhar o caráter construído e dedutivo da teoria semiótica.

4. Se o termo modelo, empregado nesse sentido muito geral, corresponde, *grosso modo*, ao conceito hjelmsleviano de **descrição***, os modelos parciais são correlativamente homologáveis aos procedimentos*. A questão que se coloca então é a de seu "bom uso". É evidente que os modelos, considerados como hipótese, falsificáveis, desempenham um papel considerável na medida em que substituem, pouco a pouco, a intuição* do sujeito do fazer científico; podem igualmente prestar apreciáveis serviços se satisfizerem à exigência da generalização*, ou seja, se forem construídos de tal maneira que o fenômeno explorado não constitua senão uma variável de um modelo capaz de dar conta de todo um conjunto de fenômenos comparáveis ou opostos. Em contrapartida, a reprodução imitativa dos mesmos modelos corre o risco de transformar a busca do saber em uma tecnologia sem imaginação; o empréstimo e a aplicação a um mesmo objeto de conhecimento de modelos heterogêneos* – o que é, infelizmente, muito frequente hoje em dia – tiram toda coerência teórica e, ao mesmo tempo, toda significação ao projeto semiótico.

Monema s. m.

FR. Monème; INGL. Moneme

A. Martinet propôs o termo **monema** para designar o signo* linguístico mínimo ou morfema (no sentido norte-americano), isto é, a unidade mínima da primeira articulação (por oposição ao fonema*, unidade mínima segunda articulação).

→ **Morfema, Articulação.**

Monoplana (semiótica ~) adj.

FR. Monoplane (sémiotique ~); INGL. Monoplanar semiotics

Para L. Hjelmslev, as semióticas **monoplanas** – ou sistemas de símbolos* – são as que não comportam senão um plano* de linguagem, ou aquelas cujos dois planos estariam ligados por uma relação de conformidade.

➜ Semiótica, Conformidade.

Monossememia (ou monossemia) s. f.

FR. Monosémémie (ou Monosémie); INGL. Monosememia (neol.)

Monossememia é a característica dos lexemas* que comportam um único semema* e, eventualmente, dos discursos em que predominam tais lexemas. A monossememia é uma das condições de uma metalinguagem bem construída.

➜ Polissemia, Metalinguagem.

Moralização s. f.

FR. Moralisation; INGL. Moralization

1. Conotação* tímica* dos actantes-sujeitos da narração, a **moralização** tem por efeito homologar o termo *euforia* com o sujeito, e o termo *disforia* com o antissujeito (herói*/vilão*). Assim concebida, ela caracteriza um grande número de discursos etnoliterários. Todavia, a moralização pode deslocar-se da instância do texto para a do enunciatário* e consistir, então, na identificação* eufórica deste último com um dos sujeitos da narração. Esse tipo de moralização parece frequente nos discursos socioliterários (novelas policiais cor-de-rosa, corridas de bicicleta, etc.).

2. A mesma conotação tímica pode incidir não mais sobre as estruturas actanciais, e sim sobre os próprios conteúdos investidos e, nesse caso, ela aparece como um dos aspectos do fenômeno mais geral da axiologização (que concerne às categorias do bem e do mal e que atribui o termo euforia à dêixis positiva e o termo disforia à dêixis negativa).

➜ Tímica (categoria ~), Axiologia.

MORFEMA s. m.

FR. MORPHÈME; INGL. MORPHEME

1. No sentido tradicional, **morfema** é a parte de uma palavra (ou de um sintagma) que indica sua função* gramatical (ex.: desinência, afixo, preposição, caso, etc.), em oposição a semantema*, entendido como a base lexical (de uma palavra). Nesse sentido, A. Martinet reserva o termo morfema para os elementos gramaticais e o termo lexema* para a base lexical: constituindo morfemas e lexemas, para ele, a classe dos monemas*.

2. Na análise em constituintes* imediatos, praticada nos EUA, os morfemas são unidades mínimas da análise gramatical (unidades que compõem as palavras) ou, se preferirmos, signos mínimos (= monemas, na terminologia de Martinet), portadores de significação, ultrapassados os quais, entra-se na análise fonológica. Nessa perspectiva, podem ser distinguidos **morfemas lexicais** (frequentemente denominados lexemas) e **morfemas gramaticais** (algumas vezes denominados gramemas*).

MORFOLOGIA s. f.

FR. MORPHOLOGIE; INGL. MORPHOLOGY

1. Para a linguística do século XIX, a **morfologia** e a sintaxe* eram os dois componentes da gramática*, encarregando-se a morfologia do estudo das "partes do discurso", isto é, das unidades com as dimensões das palavras*, e a sintaxe ocupando-se da organização delas naquelas unidades maiores, que são as proposições* e as frases*. Tal divisão das tarefas pareceu satisfatória enquanto se tratava, sobretudo, do estudo das línguas indo-europeias como sistemas flexionais desenvolvidos e em que eram frequentes as homologações entre funções* sintáticas e características morfológicas (predicado e verbo, sujeito e nominativo, etc.). Foi o questionamento do conceito de palavra e também o deslocamento do interesse para as línguas modernas ou exóticas que levaram a linguística mais recente a eliminar a morfologia, enquanto componente autônomo, do campo de suas preocupações.

2. Entretanto, se o termo morfologia, fora de moda, desapareceu pouco a pouco da literatura linguística, o campo de problemas que cobria continua atual. Primeiramente há a questão das categorias* gramaticais, de natureza paradigmática, que se manifestam sintagmaticamente, seja em morfemas* gramaticais flexionais, seja sob a forma de classes formadas de morfemas (preposições, conjunções, etc.);

em seguida há a questão das **classes morfológicas** (certos sintagmas combinam, por exemplo, morfemas lexicais e morfemas gramaticais, deixando prever sintagmas de raiz zero e sintagmas de flexão zero), questão esta que se coloca na construção das gramáticas categoriais.

3. Basta comparar, superficialmente, algumas línguas europeias (o russo e o inglês, ou, diacronicamente, o latim e o francês) para reconhecer a existência de línguas de caráter predominantemente morfológico e de línguas de caráter predominantemente sintagmático, para perceber que as mesmas categorias gramaticais são suscetíveis de se apresentarem ora sob a forma de flexões casuais, ora como morfemas gramaticais independentes ou, ainda, de se realizarem "prosodicamente" por uma ordem* obrigatória de palavras: todos esses modos de presença sintagmática são fenômenos de superfície que explicitam as categorias gramaticais que, por sua vez, manifestam a face paradigmática da linguagem. É interessante constatar, a esse respeito, que as linguagens artificiais (documentárias, por exemplo) podem ser divididas, do ponto de vista de sua construção, em duas grandes classes: as que comportam uma "morfologia" desenvolvida necessitam apenas de um pequeno número de relações sintáticas e, inversamente, aquelas cuja rede relacional é particularmente densa se satisfazem com uma base morfológica (ou taxionômica) reduzida: como se houvesse um fenômeno de compensação.

4. Por isso, ao propor para as estruturas* semióticas *a quo* (ponto de partida do percurso gerativo*) a forma de uma sintaxe* fundamental, distinguimos aí uma "morfologia" (representada pelo quadrado* semiótico) e uma "sintaxe" elementares, a primeira constituída em rede taxionômica, autorizando as operações da segunda como outras tantas convocações efetuadas sobre os termos das categorias de base. O emprego – arcaizante – do termo morfologia, em lugar de significar um retorno às concepções tradicionais, destina-se a sublinhar a "realidade morfológica" que certos sintagmaticistas querem ignorar (falando, por exemplo, de alfabetos, e não de taxionomias).

5. É preciso, quem sabe, assinalar que o termo "morfologia", qualquer que seja a sua utilidade, é empregado por V. Propp em sentido botânico, e não linguístico: sua descrição do conto maravilhoso russo comporta, em matéria de "morfologia", apenas uma batelada de *dramatis personae* (que articulamos, interpretando-o, em estrutura actancial).

➔ **Categoria, Sintaxe.**

MORTE s. f.

FR. MORT; INGL. DEATH

Morte é o termo negativo* da categoria* *vida/morte*, considerada como hipotético-universal* e suscetível, por isso mesmo, de ser utilizada como uma primeira articulação de universo* semântico individual. Assim como a categoria *cultura/natureza*, chamada a assumir o mesmo papel no universo coletivo, a categoria *vida/morte* é desprovida de qualquer outro investimento semântico.

→ Vida, Universo, Estrutura.

MOTIVAÇÃO s. f.

FR. MOTIVATION; INGL. MOTIVATION

1. Na teoria saussuriana, o caráter arbitrário* do signo (isto é, da relação entre o significante* e o significado*) é afirmado, ao mesmo tempo em que se nega seu caráter **motivado**. A oposição assim formulada remonta, em última instância, ao problema da origem das línguas* naturais, cuja elaboração seria explicada, segundo certos filósofos, pela "imitação dos sons da natureza", de que as onomatopeias seriam testemunho, no estado atual de desenvolvimento delas. A existência das onomatopeias levanta, com efeito, o problema da analogia* entre a substância* sonora da língua e os ruídos ou gritos "naturais". As interpretações dadas ao fato situam a imitação ora no nível da percepção (cf. "cocoricó"), ora no da produção sonora ("suspirar"). Todavia, a analogia, que se situa no nível da substância, é transcendida no momento da elaboração da forma* linguística: assim, o canto do galo, assumido por tal ou tal sistema fonológico, é representado por formantes*, diferentes de uma língua para outra; da mesma forma, os morfemas "motivados", integrados no sistema da expressão*, obedecem às injunções gerais das transformações diacrônicas* e perdem seu caráter de onomatopeias. Mais interessante é a abordagem de P. Guiraud, por exemplo, que mostra existirem, por trás das imitações que servem para produzir morfemas isolados (onomatopeias), estruturas morfofonológicas, uma espécie de núcleos figurativos de lexemas (do tipo "tic"/"tac"), suscetíveis de produzir famílias inteiras de palavras e de as articularem, ao mesmo tempo, no nível semântico, consideradas as oposições fonológicas (/i/ *vs.** /a/). Não importa ao semioticista resolver o problema da origem das línguas naturais, mas sim determinar, com a maior precisão possível, os papéis respectivos da analogia e da forma semiótica na economia dos sistemas semióticos.

2. As observações precedentes referiam-se às relações extrínsecas entre os signos e a realidade extralinguística. Completamente diferente é o problema da motivação considerada como uma relação intrínseca entre o signo e os outros elementos de uma mesma semiótica. Alguns semanticistas (Ullmann) chegam até a classificar esse gênero de motivações em: *a)* motivações fônicas (em que indevidamente se colocam as onomatopeias, mas onde poderiam estar situadas, por exemplo, as relações entre os homófonos, as rimas ricas); *b)* motivações morfológicas (as famílias de derivados); e *c)* motivações semânticas (relações entre "sentido próprio" e "sentido figurado"). Confundem-se, nesse caso, duas coisas diferentes: as relações assim classificadas são relações estruturais "normais", constitutivas da semiótica linguística e devem ser distinguidas do saber que incide sobre a existência desta ou daquela relação e que o sujeito falante (ou a comunidade linguística) pode possuir num dado momento. Trata-se, nesse caso, de um fenômeno metassemiótico, de uma atitude que uma sociedade adota no que concerne a seus próprios signos, fenômeno que diz respeito, então, a uma tipologia das culturas* (cf. Lotman). A motivação, distinta da analogia* (tratada em 1), deve ser incorporada à problemática das conotações* sociais: segundo as culturas, é possível reconhecer ora a tendência a "naturalizar" o arbitrário, motivando-o, ora a "culturalizar" o motivado, intelectualizando-o (R. Barthes).

➔ **Arbitrariedade.**

Motivo s. m.

FR. **Motif**; INGL. **Motif**

1. Empregado em diversas disciplinas (por exemplo, em história da arte, por Panofsky), o conceito de **motivo** desenvolveu-se particularmente com os estudos de etnoliteratura, em que a tradição o opõe, geralmente, a tipo (de conto), sem que jamais se tenha podido dar uma definição precisa destas duas noções. Se tipo é concebido como uma sucessão de motivos que obedece a uma organização narrativa e discursiva particular, motivo é um elemento constitutivo daquele; S. Thompson (conhecido, entre outros, por seu *Motif Index of Folk-Literature)* considera-o como "o menor elemento do conto, suscetível de ser reencontrado tal qual na tradição popular": no nível da manifestação, seus limites permanecem, pelo menos, imprecisos, pois essa "unidade" pode, em último caso, como reconhecem os próprios folcloristas, constituir uma micronarrativa perfeitamente autônoma e entrar, assim, na classe dos tipos.

2. Apesar dessas dificuldades, podemos nos perguntar se o reconhecimento, a descrição e a tipologia dos motivos não constituem um campo de pesquisa no quadro mais geral da semântica* discursiva. A questão seria, então, proceder à delimitação e à análise dessas unidades figurativas transfrasais, constituídas em blocos estereotipados: espécies de invariantes suscetíveis de emigrarem quer para narrativas diferentes de um dado universo cultural, quer até mesmo para fora dos limites de uma área cultural, embora persistam, não obstante, as mudanças de contextos e das significações funcionais segundas que os diferentes contextos narrativos possam conferir-lhes. Assim, no conto popular francês, o motivo "casamento" ocupa posições e desempenha funções diferentes (podendo, por exemplo, constituir o objeto da busca de um programa* narrativo de base ou, ao contrário, servir de programa narrativo de uso).

3. O motivo surge como uma unidade de tipo figurativo*, que possui, portanto, um sentido independente de sua significação funcional em relação ao conjunto da narrativa em que se encontra. Se a estrutura da narrativa – com seus percursos narrativos* – é considerada como uma invariante*, os motivos se apresentam, então, como variáveis e vice-versa: daí a possibilidade de estudá-los em si mesmos, considerando-os como um nível estrutural autônomo e paralelo às articulações narrativas. Nessa perspectiva, podem-se assimilar os motivos às configurações* discursivas, tanto no que se refere à sua organização interna própria (no plano semântico e também no sintático), quanto no que concerne à sua integração em uma unidade discursiva maior.

4. Os folcloristas não deixaram de observar o caráter migratório dos motivos, não apenas de uma literatura étnica para outra ou de um de seus textos para outro, mas também, algumas vezes, no interior de um mesmo conto: no caso, por exemplo, em que sujeito e antissujeito são sucessivamente submetidos a uma mesma prova* ou, também, quando o mesmo motivo é utilizado em vários programas narrativos de uso, situados em níveis de derivação* diferentes. Daí, quem sabe, em certos casos a possibilidade de interpretar a existência dos motivos pela recursividade*: trata-se, evidentemente, de uma simples sugestão numa problemática particularmente difícil (e ainda inexplorada), e de importância não menos decisiva para uma análise metódica do nível discursivo da teoria semiótica*.

→ **Configuração.**

Movimento s. m.

FR. Mouvement; INGL. Movement

Uma análise da localização espaçotemporal, efetuada em função não apenas dos enunciados de estado*, mas também dos de fazer*, poderia permitir a introdução do conceito de **movimento**: interpretável como passagem de um espaço a outro, de um intervalo temporal a outro, o movimento poderia ser articulado em função da direcionalidade (movimentos que, de um espaço ou de um tempo de origem, conduzem a um espaço ou a um tempo de destino).

→ Localização espaçotemporal.

Mundo natural s. m.

FR. Monde naturel; INGL. Natural world

1. Entendemos por **mundo natural** o parecer segundo o qual o universo se apresenta ao homem como um conjunto de qualidades sensíveis, dotado de certa organização que faz com que o designemos por vezes como "mundo do senso comum". Com relação à estrutura "profunda" do universo, que é de ordem física, química, biológica, etc., o mundo natural corresponde, por assim dizer, à sua estrutura "de superfície"; é, por outro lado, uma estrutura "discursiva", pois se apresenta no quadro da relação sujeito/objeto: é o "enunciado" construído pelo sujeito humano e decifrável por ele. Observa-se, assim, que o conceito de mundo natural, que estamos propondo, não visa a nada mais do que dar uma interpretação semiótica mais geral às noções de referente* ou de contexto* extralinguístico, que apareceram nas teorias linguísticas no sentido estrito.

2. O qualificativo **natural** que expressamente empregamos para sublinhar o paralelismo do mundo natural com as línguas* naturais serve para indicar a sua anterioridade com relação ao indivíduo: este se inscreve desde o nascimento – e nele se integra progressivamente – pela aprendizagem – em um mundo significante feito ao mesmo tempo de "natureza" e de "cultura". A natureza* não é, portanto, um referente neutro, mas fortemente culturalizado ("Tendo crescido sozinho, saberia o homem fazer amor?" constitui o tema de um famoso debate em que as respostas do antropologo e do psicanalista foram negativas) e, ao mesmo tempo, relativizado (as etnotaxionomias dão "visões do mundo" diferentes). Isso equivale a dizer que o mundo natural é o lugar de elaboração de uma vasta semiótica das culturas*.

3. É evidente que as relações entre mundos naturais e línguas naturais são estreitas: as línguas naturais basicamente enformam e categorizam* o mundo exterior procedendo a seu recorte. Não seria correto, porém, adotar a atitude extrema que consiste em afirmar que o mundo natural é um "mundo falado" que só existiria, enquanto significação, pela aplicação sobre ele das categorias linguísticas: a zoossemiótica* pode fornecer facilmente numerosos contraexemplos. Bastará notar que, ao contrário das línguas naturais, únicas capazes de explicitar as categorias semânticas abstratas (ou os universais), as organizações semióticas, reconhecidas no interior do mundo natural, são determinadas pelo caráter implícito* dessas categorias. Por outro lado, e sobretudo, o mundo natural é uma linguagem figurativa, cujas figuras* – que encontramos no plano do conteúdo das línguas naturais – são feitas das "qualidades sensíveis" do mundo e agem diretamente – sem mediação linguística – sobre o homem.

4. O mundo natural, da mesma forma que as línguas naturais, não deve ser considerado como uma semiótica particular, mas antes como um lugar de elaboração e de exercício de múltiplas semióticas. Quando muito, supondo-se a existência de um certo número de propriedades comuns a todas essas semióticas, poder-se-ia tratá-las como uma macrossemiótica. Seria pretensioso querer esquematizar uma classificação ou mesmo um simples levantamento das diferentes semióticas do mundo natural. Entretanto, pode-se sugerir já uma primeira distinção entre as "visões significativas" e as "práticas significantes", entre as significações que falam do mundo tal como ele aparece e as significações que se referem ao homem tal como se comporta e se significa para si mesmo e para os outros. Ao primeiro grupo pertenceriam as etnotaxionomias, as "semióticas dos objetos", a dos processos "naturais" (a nuvem anuncia chuva, o mau cheiro indica a presença do diabo, etc.) e, finalmente, mas em parte somente, a semiótica do espaço* que está ainda à procura do caminho. O segundo grupo seria constituído pelo menos pelos vastos campos semióticos que são a gestualidade*, a proxêmica*, etc. e, de modo geral, pelas práticas* semióticas que são os comportamentos mais ou menos programados, orientados para um fim determinado (*a priori* ou *a posteriori*), e estereotipados dos homens, analisáveis como "discursos" do mundo natural.

→ **Semiótica, Referente, Categorização, Cultura, Universo.**

Não científica (semiótica ~) adj.
FR. Non scientifique (sémiotique ~); INGL. Non scientific semiotics

Segundo L. Hjelmslev, uma semiótica é **não científica** quando não obedece ao princípio do empirismo*.

→ Semiótica.

Não conformidade s. f.
FR. Non-conformité; INGL. Non-conformity

Denomina-se **não conformidade** a relação existente entre os dois planos (expressão* e conteúdo*) de um objeto semiótico, quando possuem articulações* paradigmáticas e/ou divisões sintagmáticas diferentes. Ela permite, então, que esse objeto seja considerado como uma semiótica biplana* (ou semiótica, simplesmente, segundo L. Hjelmslev).

→ Conformidade, Semiótica.

Não linguística (semiótica ~) adj.
FR. Non linguistique (sémiotique ~); INGL. Non linguistic semiotics

Qualifica-se, às vezes, de **não linguísticas** – por oposição às línguas* naturais (assim privilegiadas) – as semióticas* do mundo natural (tais como a "semiótica dos objetos", a gestualidade*, a proxêmica*, etc.).

→ Mundo natural.

Narrador/Narratário s. m.
FR. Narrateur/Narrataire; INGL. Narrator/Narratee

Quando o destinador e o destinatário do discurso estão explicitamente instalados no enunciado* (é o caso do "eu" e do "tu"), podem ser chamados, segundo a terminologia de G. Genette, **narrador** e **narratário**. Actantes da enunciação* enunciada, são eles sujeitos diretamente delegados do enunciador e do enunciatário, e podem encontrar-se em sincretismo com um dos actantes do enunciado (ou da narração), tal como o sujeito do fazer pragmático* ou o sujeito cognitivo*, por exemplo.

→ Destinador/Destinatário, Actante, Debreagem.

Narrativa s. f.
FR. Récit; INGL. Narrative

1. O termo **narrativa** é utilizado para designar o discurso narrativo de caráter figurativo* (que comporta personagens* que realizam ações*). Como se trata aí do esquema narrativo* (ou de qualquer de seus segmentos) já colocado em discurso e, por isso, inscrito em coordenadas espaçotemporais, alguns semioticistas definem a narrativa – na esteira de V. Propp – como uma sucessão temporal de funções* (no sentido de ações). Assim concebida de maneira muito restritiva (como figurativa e temporal), a narratividade* não concerne senão a uma classe de discursos.

2. Diante da diversidade das formas narrativas, foi possível perguntar-se quanto à possibilidade de definir a **narrativa simples**. A rigor, esta se reduz a uma frase tal como "Adão comeu uma maçã", analisável como a passagem de um estado* anterior (que precede a absorção) a um estado ulterior (que se segue à absorção), operado com a ajuda de um fazer (ou de um processo*). Nessa perspectiva, a narrativa simples se aproxima do conceito de programa narrativo.

3. No nível das estruturas* discursivas, o termo narrativa designa a unidade discursiva, situada na dimensão pragmática*, de caráter figurativo, obtida pelo procedimento de debreagem* enunciva.

→ Figurativização, Narratividade, Programa narrativo,
   Unidade (discursiva), Diegese.

Narratividade s. f.

FR. Narrativité; INGL. Narrativity

1. À primeira vista, pode-se denominar **narratividade** uma dada propriedade que caracteriza certo tipo de discurso* e a partir da qual serão distinguidos os **discursos narrativos** dos discursos não narrativos. Esta é, por exemplo, a atitude de E. Benveniste, que opõe história a discurso (em sentido restrito), tomando como critério a categoria da pessoa (a não pessoa caracteriza a história, enquanto a pessoa – o "eu" e o "tu" – é própria do discurso) e, em segundo lugar, a distribuição particular dos tempos verbais.

2. Sem retomar aqui o debate teórico – que concerne à problemática da enunciação* –, bastará observar, simplesmente, que essas duas formas de discursos quase nunca existem em estado puro, que uma conversa, quase automaticamente, se prolonga em narrativa de alguma coisa, e que a narrativa, a todo momento, tem a possibilidade de desenvolver um diálogo. Pode-se, por isso, adotar de bom grado o ponto de vista de G. Genette, que, em lugar de distinguir duas classes independentes de discursos, vê, nesses dois tipos de organização, dois níveis discursivos autônomos: à "narrativa", considerada como o narrado, ele opõe o "discurso" (em sentido restrito), que define como o modo de contar a narrativa. Apoiando-se nas distinções propostas por Benveniste e Genette, adotamos uma organização relativamente próxima: o nível discursivo é, para nós, do domínio da enunciação*, enquanto o **nível narrativo** corresponde ao que se pode denominar enunciado*.

3. Quando se examina superficialmente o componente narrado do discurso, percebe-se que comporta, geralmente, narrativas de acontecimentos, de ações heroicas ou de vilanias e que há nele muito "barulho e furor": as narrativas, consideradas como descrições de ações encadeadas – narrativas folclóricas, míticas, literárias –, estiveram, não o esqueçamos, na origem das análises narrativas (Propp, Dumézil, Lévi-Strauss). Essas diferentes abordagens já revelaram, sob a aparência de um narrado figurativo*, a existência de organizações mais abstratas e mais profundas, que comportam uma significação implícita e regem a produção e a leitura desse gênero de discurso. A narratividade apareceu, assim, progressivamente, como o princípio mesmo da organização de qualquer discurso narrativo (identificado, num primeiro momento, com o figurativo) e não narrativo. Pois, das duas uma: ou o discurso é uma simples concatenação de frases* e, assim, o sentido que veicula é devido somente a encadeamentos mais ou menos ocasionais, que ultrapassam a competência da linguística (e, de modo mais geral, da semiótica), ou então constitui um todo de significação, um ato de linguagem com sentido, que comporta

sua própria organização, estando seu caráter mais ou menos abstrato ou figurativo ligado a investimentos semânticos cada vez mais fortes e a articulações sintáticas cada vez mais finas.

4. O reconhecimento de uma organização discursiva imanente (ou da narratividade, em sentido amplo) coloca o problema da competência discursiva (narrativa). Os estudos folclóricos nos revelaram, há muito tempo já, a existência de formas narrativas quase universais, que transcendem, em todo caso, e de muito, as fronteiras das comunidades linguísticas. Mesmo sendo no geral intuitiva, a abordagem das formas literárias, das narrativas históricas ou dos discursos religiosos nos mostra que há "gêneros" ou "tipos de discurso". Tudo isso quer dizer que a atividade discursiva repousa sobre um saberfazer discursivo, que nada perde para o saber-fazer de um sapateiro, por exemplo, ou melhor, que se deve pressupor uma **competência***
narrativa se se quiser dar conta da produção e da leitura dos discursos-ocorrências, competência essa que pode ser considerada – um pouco metaforicamente – como uma espécie de inteligência sintagmática (cujo modo de existência, à maneira da "língua" saussuriana, seria virtual*).

5. O reconhecimento da competência narrativa permite colocar mais claramente a questão fundamental de que dependerá a forma geral da teoria semiótica*, a da relação de dependência entre os dois níveis precedentemente evocados – o das **estruturas narrativas** (ou melhor, semionarrativas) e o das **estruturas discursivas** –, cuja conjunção define o discurso em sua totalidade. Se considerarmos que as estruturas discursivas concernem à instância da enunciação e que essa instância suprema é dominada pelo enunciador*, produtor dos enunciados narrativos, as estruturas semionarrativas aparecerão, nesse caso, subordinadas às estruturas discursivas, como o produto ao processo produtor. Mas se pode muito bem pensar o contrário – e é a atitude que adotaremos – vendo nas estruturas narrativas profundas a instância suscetível de dar conta do aparecimento e da elaboração de qualquer significação (e não apenas da verbal), suscetível também de assumir não só as *performances* narrativas, como também de articular as diferentes formas da competência discursiva. Essas estruturas semióticas – que continuamos a denominar narrativas ou semionarrativas, na falta de um termo melhor, são, para nós, o depósito das formas significantes fundamentais; possuindo existência virtual, correspondem, com um inventário ampliado, à "língua" de Saussure e de Benveniste, língua essa que é pressuposta por qualquer manifestação discursiva e que, ao mesmo tempo, predetermina as condições da "colocação em discurso" (isto é, as condições do funcionamento da enunciação). As estruturas semióticas, ditas narrativas, regem, para nós, as estruturas discursivas. Muita coisa está em jogo nessa escolha: no

quadro de uma teoria unificada, importa conciliar a opção gerativa (que, na sua formulação chomskyana, é uma teoria do enunciado) com a teoria da enunciação (incluída aí a chamada pragmática* norte-americana). A gramática gerativa, com efeito, deixa fora de suas preocupações a problemática da enunciação (considerada como "extralinguística"). As análises de numerosos discursos, a que procede a semiótica, levantam, sem cessar, no interior dos textos manipulados, a questão do ato* – em particular do ato de linguagem – e da competência pressuposta pela realização do ato. O problema da competência e da *performance* discursivas (em sentido restrito) depende, para nós, da competência narrativa (ou semiótica) geral: em lugar de se submeterem a um tratamento "pragmático", os modelos da competência podem e devem ser, primeiramente, construídos a partir das competências "descritas" nos discursos, admitida a possibilidade de serem, em seguida, extrapoladas, com vistas a uma semiótica da ação* e da manipulação*, mais geral.

6. No projeto semiótico, que é o nosso, a narratividade generalizada – liberada do sentido restritivo que a ligava às formas figurativas das narrativas-ocorrências – é considerada como o princípio organizador de qualquer discurso. Como toda semiótica pode ser tratada seja como sistema*, seja como processo*, as estruturas narrativas podem ser definidas como constitutivas do nível profundo* do processo semiótico.

→ Diegese, Enunciação, Gerativo (percurso ~), Sintaxe fundamental, Sintaxe narrativa de superfície.

NARRATIVO (ESQUEMA ~) adj.

FR. NARRATIF (SCHÉMA ~); INGL. NARRATIVE SCHEMA

1. A reflexão sobre a organização narrativa dos discursos tem sua origem nas análises que V. Propp efetuou de um *corpus* de contos maravilhosos russos. Enquanto a semiótica soviética dos anos 1960 se dedicou, sobretudo, a aprofundar o conhecimento dos mecanismos internos do funcionamento dos contos (E. Meletinsky e sua equipe) e os etnólogos americanos (A. Dundes) e franceses (D. Paulme) procuravam interpretar o esquema proppiano com vistas à sua aplicação a narrativas orais de outras etnias (ameríndias e africanas), a semiótica francesa pretendeu ver aí, desde o início, um modelo, perfectível, capaz de servir de ponto de partida para a compreensão dos princípios de organização de todos os discursos narrativos. A hipótese de que existem formas universais de organização narrativa colocou as pesquisas de Propp no coração mesmo dos problemas da semiótica nascente.

2. Mais que a sucessão das trinta e uma funções*, pela qual Propp defendia a narrativa oral e cujos princípios lógicos de organização são dificilmente percebidos, foi a iteração das três provas* – qualificante*, decisiva* e glorificante* – que se apresentou como a regularidade, situada no eixo sintagmático, reveladora da existência de um **esquema narrativo canônico**: a prova podia ser, então, considerada um sintagma narrativo recorrente, formalmente reconhecível, de modo que só o investimento semântico – inscrito na consequência – permitia distingui-las entre si. As análises ulteriores e os progressos na construção da gramática narrativa levaram, a seguir, a reduzir a importância do papel da prova, chegando até a considerá-la apenas uma figura discursiva de superfície*: o que não impede que a própria sucessão das provas, interpretada como uma ordem de pressuposição lógica às avessas, pareça regida por uma intencionalidade reconhecível *a posteriori*, comparável à que serve para dar conta, em genética, do desenvolvimento do organismo. Se hoje as provas aparecem antes como ornamentações figurativas de operações lógicas mais profundas, a maneira como estão dispostas inscreve-as, no entanto, nos três percursos narrativos* que constituem a trama de um esquema sintagmático de grande generalidade. Com efeito, o esquema narrativo constitui como que um quadro formal em que vem se inscrever o "sentido da vida" com suas três instâncias essenciais: a qualificação* do sujeito, que o introduz na vida; sua "realização*" por algo que "faz"; enfim, a sanção – ao mesmo tempo retribuição e reconhecimento – que garante, sozinha, o sentido de seus atos e o instaura como sujeito segundo o ser. Esse esquema é suficientemente geral para autorizar todas as variações sobre o tema: considerado num nível mais abstrato e decomposto em percursos, ajuda a articular e a interpretar diferentes tipos de atividades, tanto cognitivas quanto pragmáticas.

3. Outras regularidades, não mais de ordem sintagmática, mas paradigmática, podem ser reconhecidas examinando-se o esquema proppiano. Enquanto projeção, sobre o eixo sintagmático, de categorias paradigmáticas, tais regularidades podem ser consideradas, numa primeira aproximação, sintagmas narrativos descontínuos. Enquanto as regularidades sintagmáticas jogam com a recorrência de elementos idênticos, as regularidades paradigmáticas são iterações de unidades com estruturas ou conteúdos invertidos. É o que acontece com a organização contratual do esquema narrativo. As três provas do sujeito são, por assim dizer, enquadradas num nível hierarquicamente superior, pela estrutura contratual: em seguida ao contrato* estabelecido entre o Destinador e o Destinatário-sujeito, este passa por uma série de provas para cumprir os compromissos assumidos e é, no fim, recompensado pelo Destinador, que traz, assim, também ele, sua contribuição

contratual. Entretanto, ao considerarmos mais atentamente tais fatos, notaremos que o estabelecimento do contrato ocorre após uma ruptura da ordem social estabelecida (isto é, de um contrato implícito): o esquema narrativo apresenta-se, então, como uma série de estabelecimentos, de rupturas, de restabelecimentos, etc., de obrigações contratuais.

4. Por outro lado, observou-se que o relato proppiano possuía forte articulação espacial e que os diferentes espaços correspondiam a formas narrativas distintas (o espaço em que se realizam as provas não é, por exemplo, o mesmo em que é instituído e sancionado o contrato), enquanto os actantes* mantinham, por sua vez, relações específicas com os espaços de que dependiam (o sujeito, por exemplo, só pode realizar-se num espaço utópico* e solitário). Essa articulação espacial do esquema narrativo – que pudemos, de início, considerar como tendo o estatuto de sintagma narrativo descontínuo – deu lugar a pesquisas que se desenvolvem em duas direções: de um lado, o exame mais aprofundado da organização espacial induz a considerar a espacialização como um subcomponente relativamente autônomo das estruturas discursivas; de outro, o reconhecimento de variações correlativas dos espaços e dos actantes leva a ver, nas disjunções* e conjunções* sucessivas, um novo princípio paradigmático de organização narrativa.

5. Uma última projeção paradigmática, quem sabe a mais visível, corresponde à relação que se pode reconhecer entre as duas funções proppianas de "falta*" e de "liquidação da falta", que permite interpretar a narrativa como uma sucessão de degradações e de melhoramentos (cf. trabalhos de C. Bremond). À primeira vista, nesse caso, toma-se em consideração não mais a atividade dos sujeitos, e sim a circulação dos objetos*-valor, aparecendo então os sujeitos de fazer* como simples operadores, destinados a executar um esquema preestabelecido de transferências de objetos. É somente ao definir os objetos como lugares de investimentos de valores, que são propriedades dos sujeitos de estado* e que os determinam no seu "ser*", que se pode reinterpretar o esquema de transferências de objetos como uma sintaxe de comunicação* entre sujeitos.

6. Nessa releitura do esquema proppiano, passo decisivo foi dado com o reconhecimento da estrutura polêmica* que lhe está subjacente: o conto maravilhoso não é apenas a história do herói e de sua busca, mas também, de forma mais ou menos oculta, a do vilão*: dois percursos narrativos, o do sujeito e o do antissujeito, desenrolam-se em duas direções opostas, mas caracterizadas pelo fato de que os dois sujeitos visam a um único e mesmo objeto-valor: surge assim um esquema narrativo elementar, fundado na estrutura polêmica. Considerada mais atentamente, essa estrutura conflituosa é, finalmente, apenas um dos polos extremos – sendo o outro

a estrutura contratual – da defrontação que caracteriza toda comunicação humana: a troca mais pacífica implica o confronto de dois quereres contrários, e o combate inscreve-se no quadro de uma rede de convenções tácitas. O discurso narrativo aparece, então, como lugar das representações figurativas das diferentes formas da comunicação humana, feita de tensões e de retornos ao equilíbrio.

7. O percurso narrativo do sujeito, que parece constituir o núcleo do esquema narrativo, está enquadrado, dos dois lados, por uma instância transcendente*, em que se encontra o Destinador*, encarregado de manipular e de sancionar o sujeito do nível imanente*, considerado como Destinatário. A relação entre Destinador e Destinatário é ambígua: obedece, por um lado, ao princípio da comunicação, que acabamos de evocar, e a estrutura contratual parece dominar o esquema narrativo todo: a *performance* do sujeito corresponde à execução das exigências contratuais aceitas, e por outro exige, em contrapartida, a sanção; todavia, as relações simétricas e igualitárias que se estabelecem assim entre Destinador e Destinatário – e que permitem tratá-los, no cálculo sintático, como sujeitos S_1 e S_2 – são em parte contraditas pela assimetria de seus estatutos respectivos: o Destinador – quer seja manipulador, encarregado de transformar, por sua conta, o Destinatário em um sujeito competente, quer seja julgador, que estabelece o poder justo e o saber verdadeiro – exerce um fazer factitivo* que o situa em uma posição hierarquicamente superior em relação ao Destinatário. Mas isso não é suficiente para defini-lo: a adulação, por exemplo, enquanto configuração* discursiva, põe em cena um sujeito S_1 que manipula S_2, o que não impede que S_2 seja, por definição, hierarquicamente superior a S_1. Mais que o poder em exercício, é o poder preestabelecido que caracteriza o estatuto hierárquico do Destinador: é provavelmente por meio dele que convém definir a instância transcendente em que o inscrevemos.

8. Oriundo de generalizações sucessivas a partir da descrição de Propp, o esquema narrativo surge, então, como um modelo ideológico de referência, que estimulará, por muito tempo ainda, qualquer reflexão sobre a narratividade*. Desde já, permite distinguir três segmentos autônomos da sintaxe narrativa, que são os percursos narrativos do sujeito-"performador", do Destinatário-manipulador e do Destinatário-julgador, e de encarar com confiança os projetos de uma semiótica da ação, de uma semiótica da manipulação e de uma semiótica da sanção. Entretanto, é um engano imaginar que a simples concatenação desses três percursos produza uma unidade sintática de maiores dimensões – mas de mesma natureza que seus constituintes – que seria o esquema narrativo. Há, guardadas as devidas proporções, entre o esquema narrativo, de um lado, e os percursos narrativos, ali encontrados, do outro, a mesma distância que entre as estruturas actanciais de um enunciado e as classes sintagmáticas que preenchem esta ou

aquela posição actancial: assim, a configuração discursiva, identificada como percurso da manipulação, pode corresponder à "função" do Destinadormanipulador, mas também se encontrará muito bem, no interior do percurso do sujeito-"performador" (as regras específicas desse gênero de recursividade* não foram, ainda, nem de longe, elaboradas). Poderíamos dizer que é a estratégia* narrativa que ordena os arranjos e as imbricações dos percursos narrativos, ao passo que o esquema narrativo é canônico enquanto modelo de referência, em relação ao qual os desvios, as expansões, as localizações estratégicas podem ser calculados.

→ Narrativo (percurso ~), Narratividade, Manipulação, Sanção, *Performance*, Competência, Contrato, Comunicação.

Narrativo (percurso ~) adj.

FR. Narratif (parcours ~); INGL. Narrative path

1. Um **percurso narrativo** é uma sequência hipotáxica* de programas* narrativos (abreviados em **PN**), simples ou complexos, isto é, um encadeamento lógico em que cada PN é pressuposto por um outro PN.

2. Os PN são unidades sintáticas simples, e os actantes* sintáticos (sujeitos de fazer ou de estado, objeto), que entram na formulação deles, são sujeitos ou objetos quaisquer: todo segmento narrativo que se pode reconhecer no interior de um discurso-enunciado é, consequentemente, analisável em PN. Entretanto, uma vez inscritos num percurso narrativo, os sujeitos sintáticos são suscetíveis de definição – em cada um dos PN integrados – pela posição que ocupam (ou que ocupa o PN de que fazem parte) no percurso e pela natureza dos objetos-valor* com os quais entram em junção*. Numa primeira aproximação, denominaremos papel actancial* essa dupla definição do actante sintático, por sua posição e por seu ser semiótico: a definição de seu "ser semiótico" corresponde a seu estatuto de sujeito de estado* (em junção com os valores modais* ou com os modos de existência*), enquanto a definição, por sua posição no percurso, significa que o papel actancial não é caracterizado apenas pelo último PN realizado e pelo último valor adquirido (ou perdido), mas subsume todo o percurso já efetuado e traz consigo o aumento (ou a diminuição) de seu ser; esse duplo caráter tem, assim, o efeito de "dinamizar" os actantes e oferece a possibilidade de medir, a cada instante, o **progresso narrativo** do discurso.

3. O percurso narrativo comporta, por consequência, tantos papéis actanciais quantos são os PN que o constituem: logo, o conjunto dos papéis actanciais de um

percurso narrativo pode ser denominado actante ou – para distingui-lo dos actantes sintáticos dos PN – actante funcional (ou sintagmático). Assim definido, o actante não é um conceito estabelecido de uma vez por todas, mas uma virtualidade que engloba todo um percurso narrativo.

4. Encontramo-nos, assim, na presença de uma hierarquia sintática, em que a cada unidade corresponde um tipo actancial definido: os actantes sintáticos *stricto sensu* são constituintes dos programas narrativos, os papéis actanciais são calculáveis no interior dos percursos narrativos, enquanto os actantes funcionais concernem ao esquema narrativo* no seu todo.

5. O percurso narrativo mais bem conhecido no momento é o do sujeito*. Pode-se definir esse percurso como um encadeamento lógico de dois tipos de programas: o PN modal (dito programa de competência*) é logicamente pressuposto pelo PN de realização (dito programa de *performance**), esteja ele situado na dimensão pragmática* ou na cognitiva*. O sujeito funcional, definido por tal percurso, será eventualmente decomposto em um conjunto de papéis actanciais, tais como o sujeito competente e o sujeito-"performador". Por sua vez, o sujeito competente será constituído por uma série cumulativa de papéis actanciais, denominados, segundo a última modalidade adquirida, sujeito do querer, do poder, sujeito segundo o segredo* (não revelado), sujeito segundo a mentira*, etc.; quanto ao sujeito-"performador", pode ser vitorioso (realizado*) ou derrotado, sujeito modalizado pelo *dever-querer* (com vistas à realização dos PN de uso), etc. O essencial – percebe-se facilmente – não é dotar todos os papéis actanciais de denominações apropriadas, mas dispor de um instrumento de análise que permita reconhecer os sujeitos móveis, em progressão narrativa, em lugar dos "caracteres" ou dos "heróis" da crítica literária tradicional, e conceber também, transpondo a problemática do sujeito dos discursos verbais para as práticas* semióticas sociais, a possibilidade de uma semiótica da ação*.

6. Atentando apenas para a competência modal dos sujeitos, teremos condições de imaginar facilmente, consideradas as quatro modalidades principais, uma tipologia dos sujeitos competentes, que repousaria, ao mesmo tempo, sobre a seleção das modalidades responsáveis por este ou por aquele percurso e sobre a ordem de aquisição delas. Tal tipologia (a contribuição de J.-C. Coquet, nesse domínio, é particularmente interessante) deveria em seguida ser tornada relativa, isto é, considerada como um conjunto de dispositivos, variável conforme as culturas* (cuja tipologia seria facilitada por esse critério suplementar).

7. O segmento *performance* desse percurso narrativo apresenta-se, por sua vez, de duas maneiras diferentes: ou dá lugar à circulação de objetos já existentes que

comportam valores* visados investidos (a aquisição de um carro, por exemplo, investido de valores tais como "evasão", "potência"), ou, de modo mais complexo, requer, a partir de um valor visado, a construção do objeto em que tal valor poderia ser investido (por exemplo, a preparação, a partir do valor gustativo previamente estabelecido, da "soupe au pistou").

8. Dois outros percursos narrativos, previsíveis, acham-se no momento em via de reconhecimento, sem que, todavia, uma formulação satisfatória deles possa ser dada aqui. Trata-se de duas instâncias, transcendentes* em relação ao percurso do sujeito, que têm por função enquadrá-lo: a primeira é a do Destinador inicial, fonte de todos os valores e, mais particularmente, dos valores modais (suscetíveis de dotar o Destinador-sujeito da competência necessária); a segunda é a do Destinador final, juiz das *performances* do sujeito, cujo "fazer" transforma em um "ser" reconhecido*, e ao mesmo tempo receptáculo de todos os valores a que esse sujeito está disposto a renunciar. O fato de esses dois Destinadores poderem encontrar-se em sincretismo* em numerosos discursos em nada altera a problemática. Transpostos para o nível das práticas* semióticas sociais, esses dois percursos narrativos autônomos – cuja apreensão é ainda intuitiva – poderiam dar lugar a uma semiótica da manipulação* e a uma semiótica da sanção*.

➔ **Actante, Programa narrativo, Narrativo (esquema ~).**

Natural (semiótica ~) adj.

FR. Naturelle (sémiotique ~); INGL. Natural semiotics

Por **semióticas naturais** entendemos os dois vastos conjuntos* significantes (ou macrossemióticas) que são o mundo* natural e as línguas* naturais.

➔ **Semiótica.**

Natureza s. f.

FR. Nature; INGL. Nature

1. **Natureza** designa, por oposição a artificial ou a construído, o dado que está aí ou o estado em que se situa o homem desde seu nascimento: é nesse sentido que se falará de línguas* naturais ou de mundo natural*.

2. No quadro da antropologia estrutural, mais particularmente do sistema lévi-straussiano, a oposição *natureza/cultura* é difícil de definir por se inscrever

em contextos socioculturais diferentes, nos quais designa uma relação entre o que é ali concebido como do domínio da cultura e o que é suposto pertencer à natureza. Nessa perspectiva, natureza não pode ser nunca uma espécie de dado primeiro, original, anterior ao homem, mas uma natureza já "culturalizada", enformada pela cultura. É nesse sentido que retomamos essa dicotomia*, postulando que ela pode articular o primeiro investimento elementar* do universo semântico coletivo*.

→ **Cultura, Universo semântico.**

Necessidade s. f.

FR. Nécessité; INGL. Necessity

1. Segundo L. Hjelmslev, **necessidade** é um conceito* não definível, mas, ao mesmo tempo, absolutamente indispensável para definir a relação de pressuposição*. Essa tomada de posição é totalmente compreensível do ponto de vista da lógica, para a qual a necessidade é um dos conceitos que podem ser postulados mediante declaração axiomática*.

2. Do ponto de vista semiótico, necessidade pode ser considerada como a denominação da estrutura modal do *dever-ser* (em que um enunciado modal rege um enunciado de estado). Está ela, portanto, em relação de contrariedade com impossibilidade*, concebida como o *dever não ser*. Enquanto conceito da lógica, necessidade é semioticamente ambígua, pois cobre também a estrutura do *não poder não ser*.

→ **Aléticas (modalidades ~), Dever.**

Negação s. f.

FR. Négation; INGL. Negation

1. Ao lado de asserção, **negação** é um dos dois termos da categoria de transformação* (considerada, por sua vez, como formulação abstrata da modalidade* factitiva). Definida, por outro lado, como uma das duas funções do enunciado de fazer*, negação rege os enunciados de estado*, operando disjunções* entre sujeitos* e objetos*.

2. Do ponto de vista paradigmático, a negação se apresenta como a operação que estabelece a relação de contradição* entre dois termos, de que o primeiro, objeto

da convocação negativa, torna-se ausente*, enquanto o segundo, seu contraditório, adquire uma existência* *in praesentia*.

3. Um grande número de discursos narrativos parece privilegiar a operação de negação, considerando-a como instauradora da narração (cf. a transgressão do proibido* e a instalação da falta* na narrativa proppiana). Não está excluída, evidentemente, a existência de discursos de destruição.

➡ **Asserção, Quadrado semiótico, Sintaxe fundamental.**

NEGATIVO (TERMO, DÊIXIS ~) adj.
FR. NÉGATIF (TERME, DEIXIS ~); INGL. NEGATIVE

Para distinguir, no uso corrente, os dois termos* do eixo dos contrários* – s_1 e s_2 –, empregam-se as expressões termo positivo* e **termo negativo**, sem nenhuma conotação tímica*. A dêixis* a que pertence o termo contrário negativo é, correlativamente, denominada **dêixis negativa**: inclui esta o termo subcontrário s_1 de que só se leva em consideração, neste caso, a dêixis a que pertence e não – pois é contraditório* de $\bar{s}_1$ – sua dêixis de origem.

➡ **Quadrado semiótico.**

NEUTRALIZAÇÃO s. f.
FR. NEUTRALISATION; INGL. NEUTRALIZATION

O nome **neutralização** designa a supressão da oposição distintiva* no interior de uma categoria* semântica, suscetível de se produzir em um dado contexto* sintagmático, desde que continue a existir um suporte categórico capaz de definir a unidade linguística a que concerne. Assim, por exemplo, em dinamarquês, a oposição *vozeado/não vozeado* é neutralizada, em final de palavra, pois a manutenção dos femas *oclusivo* e *dental*, comuns aos fonemas *d* e *t,* permite o reconhecimento, apesar da neutralização, de uma unidade-suporte denominada arquifonema. A neutralização é encontrada tanto no plano da expressão quanto no do conteúdo (cf. "eles" que engloba "Maria" e "João", após neutralização da categoria do gênero), e pode ser interpretada semanticamente, na maioria das vezes, como a manifestação do eixo semântico, em lugar de um de seus termos.

➡ **Sincretismo, Suspensão.**

Neutro (termo ~) adj.

fr. Neutre (terme); ingl. Neutral term

Derivado da estrutura* elementar da significação, o **termo neutro** define-se pela relação "e... e", contraída, em seguida a operações sintáticas prévias, pelos termos $\overline{s}_1$ e $\overline{s}_2$, situados no eixo dos subcontrários. Cabe a V. Brøndal o mérito de ter definido esse termo como pertencente à rede relacional constitutiva das categorias gramaticais (e não como termo particular da categoria do gênero, por exemplo).

→ **Quadrado semiótico, Complexo (termo ~), Termo.**

Nível s. m.

fr. Niveau; ingl. Level

1. Entende-se por **nível** um plano horizontal que pressupõe a existência de outro plano que lhe é paralelo. Trata-se de um semema* figurativo* abstrato* que serve de conceito operatório em linguística e que se identifica, em geral, no uso corrente, com outras denominações vizinhas, tais como plano, patamar, dimensão, instância, eixo, estrato, camada, etc. Os diferentes níveis podem ser enumerados ou avaliados a partir do plano horizontal no eixo da verticalidade, quer no sentido da altura, quer no da profundidade: no primeiro caso, falaremos de **níveis metalinguísticos** (metassemióticos, metalógicos), no segundo, distinguiremos o nível das estruturas profundas* e o das estruturas de superfície*. Qualquer conotação eufórica ou disfórica que aí se acrescentar será de ordem metafísica ou ideológica e, como tal, não pertinente em semiótica.

2. Na linguística dita estrutural, o conceito de nível é rigorosamente definido: considerando que uma língua natural é uma semiótica* e que toda semiótica pode ser descrita como uma hierarquia*, o nível (para Benveniste "niveau", para Hjelmslev "rang") é constituído de unidades de um mesmo grau, definidas pelas relações que mantêm entre si (relações distribucionais, segundo Benveniste) e com as unidades de nível superior (relações integrativas). O conceito de nível é, como se vê, fundamental para a instalação dos procedimentos de descrição e entra na definição da pertinência semiótica: dada a complexidade das relações estruturais de um objeto semiótico, nenhuma análise coerente seria possível, sem a distinção dos níveis de análise.

3. Na gramática gerativa*, mantida a necessidade de distinguir níveis, o conceito de nível de real torna-se operatório*: o espaço que separa o plano das

estruturas profundas do das estruturas de superfície é concebido como um percurso gerativo*, permeado de **níveis de representação**, cujo número não pode ser determinado de antemão.

4. A semiótica foi progressivamente levada a reconhecer, graças às suas análises de discursos narrativos, a existência de um tronco semiótico comum, invariante e independente de suas manifestações* nas línguas particulares (línguas naturais ou semióticas não linguísticas*): daí, no quadro do percurso gerativo* que propomos, a distinção entre **nível semiótico** (profundo) e **nível discursivo** (mais superficial). Esse tronco comum é suscetível, por sua vez, de comportar níveis de diferentes profundidades: dessa forma, no nível semiótico, distinguiremos o plano das estruturas semióticas profundas (sintaxe* e semântica* fundamentais) e o das estruturas semióticas de superfície (sintaxe e semântica narrativas). Tais distinções são, simultaneamente, hipotéticas* e operatórias*: refletem o estado e a economia geral da teoria semiótica em um dado momento de sua elaboração e, ao mesmo tempo que permitem construções mais refinadas e formulações mais precisas dos níveis de representação tomados separadamente, admitem a possibilidade de redução ou de multiplicação eventuais do número de níveis.

5. A teoria semiótica deve ser, por sua vez, considerada uma linguagem, uma semiótica particular: seu exame e elaboração não podem prescindir do reconhecimento dos níveis, que serão tratados separadamente. Distinguiremos, assim, o **nível da linguagem*-objeto** (um conjunto* significante, apreendido intuitivamente, a que se aplicarão procedimentos de análise), o **nível descritivo*** (em que, sob a forma de representação semântica, acha-se parafraseada a linguagem-objeto), o **nível metodológico*** (em que são elaborados os conceitos de procedimentos que permitem a construção do nível da representação) e o **nível epistemológico*** (em que é testada a coerência* do corpo de conceitos e são avaliados os procedimentos de descrição e de descoberta).

6. Na semântica, considerações sobre a natureza dos semas* constitutivos da forma do conteúdo* levaram-nos a distinguir, no universo significante (= sistema semiótico considerado como a paradigmática do conteúdo), o **nível semiológico*** e o **nível semântico*** (em sentido restrito), sendo o nível semiológico constituído de unidades mínimas de conteúdo que correspondem, na semiótica do mundo* natural, às unidades mínimas da expressão, distinguindo-as, assim, do nível semântico, em que as unidades de conteúdo são abstratas* e necessárias ao funcionamento e/ou à construção de qualquer semiótica. Como o uso tem reservado, cada vez mais, o termo nível ao eixo sintagmático das semióticas, poder-se-á substituí-lo pelo termo componente*: como, além disso,

|340|

a terminologia proposta não mais parece adequada, é aconselhável denominar o nível semiológico "componente figurativo" e o nível semântico "componente abstrato" da forma do conteúdo.

7. Na semiótica discursiva, será útil distinguir, algumas vezes, **níveis discursivos**, quer como níveis no sentido estrutural, já que estão ligados entre si de modo orgânico, quer, de modo autônomo, como discursos*. A ilustração mais simples nos é dada na organização dos discursos das ciências humanas: com efeito, muito frequentemente observa-se, nesse caso, a presença de três níveis discursivos: um nível objetivo, que descreve os objetos do saber e as manipulações que sofrem; um nível cognitivo, logicamente anterior ao nível objetivo e que lhe é hierarquicamente superior; enfim, um nível referencial que vem suportar e como que justificar o discurso objetivo; sendo cada um desses três níveis suscetível de articulação em dois planos hipotaxicamente ligados: um patamar constativo e um patamar modal*. O que aqui denominamos "nível discursivo" corresponderá em outras situações a um discurso completo, perfeitamente autônomo. Assim, o nível objetivo cobre, com frequência, um dado discurso científico; o nível referencial permite, por exemplo, no domínio literário, justificar a oposição entre o "real" e o "fictício" (segundo a veridicção* interna desse tipo de discurso); o nível cognitivo, enfim, pode tornar-se praticamente independente nos discursos cognitivos*.

8. Na sociolinguística, emprega-se a expressão **nível de língua** para designar as realizações de uma língua natural, que variam em função das classes ou das camadas sociais que a utilizam. Essa problemática concerne não a uma língua, enquanto semiótica, mas a um sistema de conotação* social: portanto, o termo nível introduz aí uma confusão suplementar e o termo registro* parece ser-lhe preferível.

9. Hjelmslev fala de níveis para designar os diferentes aspectos sob os quais uma substância* semiótica (substância da expressão ou do conteúdo) pode ser percebida, tendo em vista a descrição. A substância fônica, por exemplo, será apreendida, sucessivamente, no **nível fisiológico** (o da articulação), no **nível acústico** (físico) e no **nível da psicofisiologia** da percepção: o termo instância* parece-nos preferível, nesse sentido, ao de nível.

10. Os outros empregos do termo nível dependem, muito frequentemente, da utilização da língua natural.

NÓDULO s. m.

FR. NOEUD; INGL. NODE

1. Na gramática gerativa*, **nódulo** serve para designar todo ponto de ramificação da árvore em cada um dos níveis de derivação*. O nódulo é aí, portanto, a representação* da relação discriminatória* entre dois constituintes* imediatos, relação que se pode reconhecer graças à contiguidade linear.

2. L. Tesnière define nódulo como o conjunto relacional constituído pelo termo regente e por todos os seus subordinados. "Meu velho amigo", por exemplo, é um nódulo constituído, de um lado, por "amigo", que é o regente, e, de outro, por "meu" e "velho", que são os termos subordinados; este nódulo é, por sua vez, representado por um estema (ou árvore de um tipo diferente).

3. A diferença entre essas duas definições de nódulo está no fato de que, para N. Chomsky, nódulo representa uma relação binária, fundamentada na linearidade* do enunciado, reconhecível em cada nível tomado separadamente, enquanto para Tesnière é um conjunto de relações hipotáxicas*, de tipo lógico, que abrange todos os níveis de derivação. Assim, o **nódulo dos nódulos**, que é a frase para Tesnière, corresponde (mas analisada segundo critérios diferentes) à descrição* estrutural da frase.

➜ Árvore.

NOMENCLATURA s. f.

FR. NOMENCLATURE; INGL. NOMENCLATURE

Nomenclatura é o conjunto dos termos monossemêmicos* (ou biunívocos), artificialmente forjados ou reduzidos à monossememia, a qual serve para designar os objetos fabricados (ou as partes desses objetos) que constituem parte de um socioleto.

➜ Termo, Socioleto.

NOOLÓGICO adj.

FR. NOOLOGIQUE; INGL. NOOLOGICAL

1. O conjunto das categorias* sêmicas que articulam o universo* semântico pode ser dividido em dois subconjuntos, tomando-se como critério a categoria *exteroceptividade/interoceptividade*. Trata-se de uma classificação paradigmática* que permite distinguir as categorias figurativas* das categorias não figurativas (ou abstratas*).

2. Essa mesma categoria – *exteroceptividade/interoceptividade* – pode ser considerada, do ponto de vista sintagmático*, como uma categoria classemática* de caráter universal, que autoriza, por sua recorrência, uma distinção entre duas dimensões de um mesmo discurso (ou duas dimensões de um mesmo discurso manifestado): assim, um discurso será dito **noológico**, se caracterizado pelo classema *interoceptividade*, e cosmológico*, se dotado do classema *exteroceptividade*. Todavia, a dicotomia *noológico/cosmológico*, teoricamente satisfatória, parece, no estado atual das pesquisas semióticas, de rendimento operatório* bastante fraco, e a prática semiótica tende a substituí-la pela oposição entre as dimensões pragmática* e cognitiva* do discurso.

3. O exemplo que se segue ilustra a diferença entre os dois conceitos operatórios, o não figurativo (ou interoceptivo) e o cognitivo (ou noológico): o enunciado "Uma bolsa pesada" está situado na dimensão pragmática e comporta semas figurativos; o enunciado "Uma consciência pesada" inscreve-se na dimensão cognitiva: comporta, ao mesmo tempo, semas não figurativos ("consciência") e figurativos ("pesada"). Como se vê, a dimensão cognitiva é o lugar em que podem ser desenvolvidos tanto discursos figurativos quanto não figurativos.

→ **Interoceptividade, Cosmológico, Pragmático, Cognitivo.**

Norma s. f.

fr. Norme; ingl. Norm

1. Em sociolinguística*, entende-se por **norma** um modelo construído a partir da observação, mais ou menos rigorosa, dos usos sociais ou individuais de uma língua natural. A escolha deste ou daquele tipo de uso para a constituição da norma repousa sobre critérios extralinguísticos: língua sagrada, língua do poder político, prestígio literário, etc. Esse conjunto de usos está codificado sob a forma de regras* – prescrições e interdições – às quais se deve sujeitar a comunidade linguística e recebe o nome de gramática* (denominada gramática normativa pelos linguistas do século XIX, em oposição à gramática descritiva*, que procura dar conta do funcionamento da língua, sem nenhuma preocupação deôntica).

2. A necessidade de uniformização dos usos, própria das sociedades modernas (ensino, administração, etc.), leva, em geral, à escolha deliberada de uma norma para a constituição (ou afirmação) das línguas nacionais: aparece assim a noção de língua-padrão, que se tenta fundamentar em critérios estatísticos (sendo o normal

identificado com a "média") ou de probabilidade (correspondendo o normal ao esperado, em um dado contexto). A gramática normativa aparece de novo: evitando o emprego do qualificativo, que se tornou pejorativo, ela mantém a confusão entre estrutura* e norma linguística e contribui para a criação de uma estilística dos desvios*.

3. A confusão entre a norma sociolinguística (cuja origem e manutenção dizem respeito ao exercício do poder político e/ou cultural) e as coerções* semióticas (condição da participação nas práticas* semióticas de caráter social) leva a considerar as línguas naturais – o que é reforçado por certas ideologias – como "máquinas de castração" ou como instrumentos de um "poder fascista". Tais excessos metafóricos não devem ser levados a sério.

4. A gramática gerativa* reintroduz, de certa forma, a noção de norma, com os critérios de gramaticalidade* e de aceitabilidade*. Toda uma problemática, que L. Hjelmslev procurou elucidar ao analisar os conceitos de esquema*, de norma, de uso* e de ato linguístico, reaparece, assim, sob a cobertura de uma nova terminologia. As aparências normativas da gramática gerativa são também sublinhadas pela utilização de uma metalinguagem* que opera em termos de regras: é evidente, entretanto, que as regras se destinam, no caso da gramática normativa, ao usuário da língua, enquanto na gramática gerativa são dirigidas ao autômato* ou, eventualmente, à análise manual.

➔ **Coerção, Desvio, Gramaticalidade, Aceitabilidade, Retórica.**

Notação simbólica

FR. Notation symbolique; INGL. Symbolic notation

A **notação simbólica**, que utiliza, sob forma de um grafismo convencional (figuras geométricas, letras, abreviações, iniciais, etc.), um conjunto de símbolos, presta-se à representação visual de unidades constitutivas de uma metalinguagem*.

➔ **Símbolo.**

Núcleo s. f.

FR. Noyau ou Nucleus; INGL. Kernel, Nucleus

1. Denomina-se **núcleo**, frase ou proposição **nuclear**, a unidade linguística mínima constitutiva da frase* ou os elementos "primitivos" que a constituem.

Por tradição (que remonta a Aristóteles), tanto como por opinião preconcebida, considera-se, muito frequentemente, que a estrutura do enunciado é binária*, que ele é constituído por um sujeito* e por um predicado*, por um sintagma nominal e por um sintagma verbal, por um tópico e por um comentário, etc.

2. Em semântica, designamos como núcleo a parte invariável de um lexema*, que produz, pela adjunção de semas contextuais*, um ou mais sememas*. Os semas* constitutivos do núcleo são, geralmente, de ordem exteroceptiva*: daí sua denominação de **figura nuclear**.

→ **Enunciado, Figura.**

Numenal adj.

FR. Nouménal; INGL. Noumenal plane

Herdado da tradição escolástica (retomada por Kant), o termo **numenal** – oposto a fenomenal* – emprega-se, às vezes, como sinônimo de ser (no quadro da modalização veridictória* do ser e do parecer): identifica-se, assim, o **plano numenal** com o plano do ser.

→ **Ser, Imanência.**

Objetivo adj.
FR. Objectif; INGL. Objective

1. Opõem-se, às vezes, **valores objetivos** a valores subjetivos*, considerando-se os primeiros como propriedades "acidentais" que podem ser atribuídas ao sujeito* pela predicação*, enquanto os segundos lhe seriam "essenciais". Tal distinção, herdada da filosofia escolástica, corresponde, em certas línguas naturais, aos dois tipos de predicação: em português, com o auxílio do verbo "ter", no primeiro caso, e do copulativo "ser/estar", no segundo.

2. O **discurso objetivo** é produzido pelo aproveitamento máximo dos procedimentos de debreagem*: os da debreagem actancial, que consiste na supressão de qualquer marca de presença do sujeito enunciador* no enunciado* (tal como é obtida pelo emprego de sujeitos aparentes do tipo "é evidente..." e de conceitos abstratos em posição de sujeitos frasais), e também os da debreagem temporal que permite à predicação operar em um presente atemporal. Tal discurso possui, geralmente, caráter taxionômico* pronunciado.

3. Entende-se por **objetivação** do texto, num certo tipo de análise que visa à descrição apenas do enunciado, a eliminação das categorias* gramaticais (pessoa, tempo, espaço) que remetem à instância da enunciação*, marcando, assim, a presença indireta do enunciador no interior do enunciado.

Objeto s. m.
FR. Objet; INGL. Object

1. Denomina-se **objeto**, no quadro da reflexão epistemológica, o que é pensado ou percebido como distinto do ato de pensar (ou de perceber) e do sujeito que o pensa (ou o percebe). Essa definição – que nem mesmo o é – basta para dizer que só a relação* entre o sujeito e o objeto do conhecimento os institui como existentes e distintos um do outro: atitude que parece totalmente de acordo com a aborda-

gem estrutural da semiótica. É nesse sentido que se fala de linguagem-objeto ou de grandeza* semiótica, insistindo na ausência de qualquer determinação prévia do objeto, que não seja sua relação com o sujeito.

2. Apreendido nessa instância, objeto é apenas uma posição formal, que só pode ser conhecida por suas determinações, também elas de natureza relacional: constrói-se pelo estabelecimento das relações: *a)* entre ele e os outros objetos; *b)* entre ele, considerado um todo, e suas partes; *c)* entre as partes, de um lado, e o conjunto das relações já estabelecidas, de outro. Resultado da construção efetuada pelo sujeito do conhecimento, o **objeto semiótico** reduz-se, portanto, como diz L. Hjelmslev, a "pontos de intersecção desses feixes de relações".

3. O procedimento de debreagem* permite que se projetem para fora do sujeito do conhecimento (ou sujeito da enunciação*), e que se "objetivem" essas relações fundamentais do homem o mundo, e a semiótica* sente-se autorizada a dar-lhes representação* sob a forma de enunciados* constituídos de funções* (= relações) e de actantes* (sujeitos e objetos). Enquanto actantes, os objetos sintáticos devem ser considerados como posições actanciais suscetíveis de receberem investimentos, seja de projetos dos sujeitos (falaremos, então, dos **objetos de fazer**), seja de suas determinações (**objetos de estado**).

4. Os sujeitos debreados e instalados no discurso são posições vazias que só recebem suas determinações (ou seus investimentos* semânticos) após o fazer*, seja do próprio sujeito da enunciação (pela predicação*), seja do sujeito delegado inscrito no discurso: esses sujeitos são, portanto, tratados como objetos à espera de suas determinações, que podem ser tanto positivas quanto negativas (se definidos como desprovidos de atributos enunciados). Pode-se representar isso sob a forma de um enunciado de estado* que indique a junção* (conjunção* ou disjunção*) do sujeito com o objeto. O objeto – ou **objeto-valor** – define-se, então, como lugar de investimento dos valores* (ou das determinações) com as quais o sujeito está em conjunção ou em disjunção.

➜ Sujeito, Enunciado, Actante, Valor.

Observador s. m.

FR. Observateur; INGL. Observer

1. Será chamado de **observador** o sujeito cognitivo* delegado pelo enunciador* e por ele instalado, graças aos procedimentos de debreagem*, no discurso-enunciado, em que é encarregado de exercer o fazer receptivo* e, eventualmente,

o fazer interpretativo* (isto é, que recai sobre outros actantes e programas* narrativos, e não sobre ele mesmo ou sobre seu próprio programa).

2. Os modos de presença do observador no discurso são variados:

a) Pode permanecer implícito e só ser reconhecível, então, graças à análise semântica, que revela sua presença no interior de uma configuração* discursiva. Assim, por exemplo, o acontecimento* se define como ação* encarada do ponto de vista do observador. Da mesma forma, as categorias aspectuais* só se explicam pela presença do observador, que se pronuncia implicitamente sobre o fazer* do sujeito no momento de sua conversão em processo*;

b) O observador entrará, algumas vezes, em sincretismo com um outro actante da comunicação (o narrador* ou o narratário) ou da narração: a estrutura da provocação, por exemplo, é, muito frequentemente, considerada do ponto de vista do manipulado (que exerce, ao mesmo tempo, um fazer interpretativo sobre o programa do manipulador);

c) O fazer cognitivo do observador pode ser reconhecido pelo sujeito observado: um novo espaço cognitivo é, assim, constituído, suscetível de transformar (de desviar ou de anular) o programa primitivo do sujeito observado. Mestre Hauchecorne, quando percebe que é observado no momento em que apanha um pedaço de barbante (Maupassant), instaura um novo programa narrativo de simulação cognitiva, fingindo procurar e achar dinheiro. Uma dança folclórica, apresentada no palco como espetáculo, deixa de ser uma comunicação participativa ao actante coletivo e transforma-se num fazer-ver dirigido ao observador-público.

➔ Cognitivo, Teatral (semiótica ~), Comunicação.

Ocorrência s. f.

FR. Occurrence; INGL. Occurrence

1. **Ocorrência** é a manifestação* de uma grandeza* semiótica no interior de uma sintagmática*, ou a própria grandeza considerada na sua manifestação singular. Esse termo é de uso corrente na estatística linguística, em que serve de unidade para a enumeração de um *corpus**, enquanto as "palavras", classes de ocorrências, são as unidades utilizadas para contabilizar o vocabulário*. É preciso, ainda, observar que as "palavras" assim definidas são exatamente as palavras no sentido corrente, pois as formas verbais "ir", "vai", "iria", por exemplo, são outras tantas "palavras" no sentido estatístico.

2. Uma abordagem linguística (e, de modo mais geral, semiótica) que tome como ponto de partida o caráter ocorrencial do plano da expressão*, considerado na sua materialidade, e que pretenda construir unidades* linguísticas sem recorrer a uma metalinguagem, mostra aqui suas limitações. A redução* das ocorrências àquelas classes de ocorrências, que são as "palavras", necessita da instalação de procedimentos de identificação* ou de reconhecimento* desse nível mais elementar da análise*: duas ocorrências não são nunca idênticas, devido à singularidade da pronúncia ou do grafismo; partindo do plano da expressão, em que estão situadas as "palavras", é impossível, por mais que os distribucionalistas pensem que sim, passar ao plano dos signos* em que se encontram as palavras* (que são signos biplanos*): assim, a construção da palavra "ir", a partir do conjunto de suas variantes-palavras, precisa da contribuição de toda a morfologia do português.

3. O termo ocorrência deve ser conservado para designar, por exemplo, como **discurso-ocorrência**, o discurso considerado na singularidade e na unicidade de sua manifestação, quando se trata de distingui-lo do discurso como classe ou modo de enunciação.

→ **Recorrência.**

OCULTAÇÃO **s. f.**

FR. OCCULTATION; INGL. OCCULTATION

1. Em semiótica narrativa, designa-se como **ocultação** a expulsão, para fora do texto*, de qualquer marca de presença do programa* narrativo do sujeito S_1, enquanto o programa correlato de S_2 é amplamente manifestado, ou vice-versa. Essa operação depende, por um lado, das coerções impostas pela textualização* linear das estruturas narrativas, que impede a colocação em discurso de dois programas concomitantes. Deve-se, todavia, distinguir a ocultação do fenômeno mais geral que é a perspectivização. Enquanto esta não exclui a manifestação parcial dos programas correlatos de S_2 (que aparece como o oponente* ou o antissujeito dos programas de S_1), a ocultação, ao apagar toda manifestação de superfície*, só permite a leitura do programa correlato como programa contraditório* (ou contrário*), que pode ser deduzido do programa manifestado, isto é, como implicitamente presente em um nível estrutural mais profundo*. Um exemplo claro de ocultação é o dos *Dois Amigos* (Maupassant), que permanecem silenciosos, diante do desenrolar ostentatório do programa do oficial prussiano.

2. A ocultação, que permite a leitura do programa implícito como o contraditório do programa correlato explícito*, não deve ser confundida com a simples implicitação que autoriza a reconstituição dos programas anteriores não explicitados, graças à relação de pressuposição* lógica que os liga ao programa manifestado.

➔ **Perspectiva, Implícito.**

ONOMASIOLOGIA s. f.

FR. ONOMASIOLOGIE; INGL. ONOMASIOLOGY (NEOL.)

Denomina-se **onomasiologia** o procedimento que, na semântica lexical, consiste em partir do significado* ("conceito" ou "noção") para estudar-lhe as manifestações no plano dos signos*; opõe-se, geralmente, à **semasiologia**.

➔ **Semântica, Semasiologia.**

ONOMÁSTICA s. f.

FR. ONOMASTIQUE; INGL. ONOMASTICS

Do ponto de vista da organização interna do discurso*, pode-se considerar a **onomástica** – com seus antropônimos*, seus topônimos* e seus cronônimos – como um dos subcomponentes da figurativização. Presumido capaz de conferir ao texto* o grau desejável de reprodução do real, o componente onomástico permite uma ancoragem* histórica que visa a constituir o simulacro de um referente* externo e a produzir o efeito de sentido "realidade".

➔ **Figurativização.**

OPERAÇÃO s. f.

FR. OPÉRATION; INGL. OPERATION

1. Em sentido geral, dá-se o nome de **operação** à descrição* que satisfaz às condições da cientificidade* (que L. Hjelmslev denomina princípio de empirismo*). Uma série ordenada de operações é denominada procedimento.

2. Em sentido mais restrito, entendemos por operação, no nível da sintaxe fundamental, a passagem de um termo* da categoria semântica de um estado a

outro (ou de uma posição no quadrado* semiótico a outra), efetuada com o auxílio de uma transformação* (asserção ou negação).

3. Operação opõe-se também a manipulação*, entendendo-se por operação a transformação lógico-semântica da ação do homem sobre as coisas, enquanto manipulação corresponde à ação do homem sobre os outros homens.

→ Procedimento, Sintaxe fundamental.

OPERATÓRIO (OU OPERACIONAL) adj.

FR. OPÉRATOIRE (OU OPÉRATIONNEL); INGL. INSTRUMENTAL

O adjetivo **operatório** é empregado em três acepções diferentes, mas não contraditórias:

a) Um conceito* ou uma regra* são ditos operatórios quando, embora insuficientemente definidos e ainda não integrados no corpo dos conceitos e/ou no conjunto das regras, permitem, no entanto, que se exerça um fazer científico aparentemente eficaz; aplicados aos conceitos, **operatório** ou **instrumental** são, nessa acepção, quase sinônimos;

b) No nível de uma teoria já formalizada*, uma regra é dita operatória quando é explícita*, bem definida, e quando um autômato* é capaz de executá-la;

c) Uma teoria* – teoria semiótica, por exemplo – em seu conjunto é considerada como operatória se previu os procedimentos de aplicabilidade.

→ Eficácia, Adequação.

OPONENTE s. m.

FR. OPPOSANT; INGL. OPPONENT

O papel de auxiliar negativo, quando assumido por um ator* diferente do sujeito de fazer*, é denominado **oponente** e corresponde, então, do ponto de vista do sujeito do fazer –, a um *não poder fazer* individualizado que, sob a forma de ator* autônomo, entrava a realização do programa* narrativo em questão.

→ Auxiliar, Adjuvante.

Oposição s. f.

FR. Opposition; INGL. Opposition

1. Em sentido muito geral, o termo **oposição** é um conceito operatório* que designa a existência, entre duas grandezas*, de uma relação qualquer, suficiente para permitir a aproximação delas, sem serem possíveis, todavia, nesse estágio, pronunciamentos sobre sua natureza. O símbolo **vs*** (abreviação do latim *versus*) ou a barra oblíqua (/) representam geralmente tal relação.

2. Em sentido mais preciso, o termo oposição aplica-se à relação do tipo "ou... ou", que se estabelece, no eixo paradigmático*, entre unidades de mesmo nível compatíveis entre si. O eixo paradigmático é, então, dito **eixo das oposições** (ou eixo das seleções*, para R. Jakobson) e distingue-se, assim, do eixo sintagmático*, denominado eixo dos contrastes (ou eixo das combinações*).

3. Para evitar confusão, é preciso mencionar a terminologia de L. Hjelmslev, que reserva o termo relação para o contraste e dá o nome de correlação à relação de oposição: como esta é unicamente discriminatória, o linguista dinamarquês previu uma tipologia das relações específicas que as unidades paradigmáticas mantêm entre si.

→ Contraste, Correlação.

Ordem s. f.

FR. Ordre; INGL. Order

O conceito epistemológico de **ordem**, cujo sentido mais geral é o de uma sequência regular de termos*, só pode ser precisado após interdefinições sucessivas. Interessa à semiótica em duas de suas acepções.

1. Ordem designa, de um lado, a regularidade de presença ou de manifestação de um fenômeno (de uma grandeza*), no interior de uma cadeia de fenômenos não definidos. Se reconhecida, essa regularidade torna-se significativa e pode servir de ponto de partida para uma interpretação lógico-semântica do fenômeno recorrente. A ordem aparece, assim, como princípio explicativo da organização sintática e semântica de qualquer discurso.

2. Entretanto, para que uma regularidade possa ser identificada na cadeia discursiva, o fenômeno recorrente deve apresentar-se, de certa forma, como descontínuo*, e manifestar, em relação aos termos que o rodeiam, uma relação

assimétrica e transitiva. Assim, por exemplo, a apreensão do ritmo* pressupõe não só a regularidade de manifestação de um mesmo fenômeno, mas também a presença de ao menos dois termos distintos, situados numa "ordem" de sucessão não reversível. É nesse sentido que se fala da **ordem das palavras** (na frase), considerando-a pertinente e significativa (em "Pedro machuca Paulo", a ordem funciona como uma categoria da expressão* que permite distinguir o sujeito do objeto). Tomado nessa acepção, o conceito de ordem é um dos postulados fundamentais da análise distribucional*: a crítica principal que lhe pode ser dirigida é a confusão que alimenta entre a orientação lógica e a ordem do significante*.

→ Transitividade, Orientação, Linearidade.

ORIENTAÇÃO s. f.
FR. ORIENTATION; INGL. ORIENTATION

1. Conceito intuitivo, provavelmente não definível, mas necessário para fundamentar a metalógica ou a teoria semiótica*, **orientação** cobre, mais ou menos, as noções linguísticas de transitividade e de regência, e corresponde, parcialmente, à de intencionalidade* em epistemologia.

2. Para precisar esse conceito, pode-se partir da expressão metafórica de L. Hjelmslev, que vê nele "um movimento lógico" de um termo regente para o termo regido; esse "movimento" pode ser definido pelo caráter assimétrico e irreversível da relação* entre dois termos* (a transitividade, por exemplo, vai do sujeito "para" o objeto, e não inversamente). Tal interpretação determina as condições necessárias ao reconhecimento* da orientação, enquanto a explicação que a lógica tenta dar do fato (pela "intensidade" psicológica do primeiro termo ou pelo impacto de sua "impressão" no cérebro – B. Russell) é mais vaga e não tem maior valor que a metáfora de Hjelmslev.

3. Um exemplo ajudará a tornar um pouco mais clara essa noção: duas grandezas x e y, situadas no eixo da verticalidade, são definidas pela relação topológica que as reúne, e que é uma relação simétrica, já que as grandezas podem trocar de posição sem em nada modificarem a natureza da relação. Entretanto, se for dito, ao falar dessas duas grandezas, que "x está acima de y", a relação reconhecível entre os dois termos é assimétrica, tendo-se tornado a grandeza y o ponto de partida de uma **relação orientada** para x (enquanto a ordem discursiva vai de x a y). Pode-se dizer, por consequência, que a orientação constitui um investimento suplementar e restritivo, que se acrescenta à relação topológica existente. Nesse mesmo sentido, distinguir-

se-á a **transformação não orientada** (uma correlação* entre duas unidades de dois sistemas* ou de dois processos* diferentes) da **transformação orientada** (genética ou histórica), que é irreversível.

→ Transitividade, Ordem, Transformação.

ORIGINALIDADE SEMÂNTICA

FR. ORIGINALITÉ SÉMANTIQUE; INGL. SEMANTIC ORIGINALITY

1. A noção de **originalidade**, que só aparece, no contexto cultural francês, na primeira metade do século XVIII, é de difícil delimitação. Os esforços da estilística*, que procurou defini-la como um desvio* em relação à norma*, não são concludentes, por falta de uma distinção clara dos níveis* da linguagem. A sugestão de Merleau-Ponty de que se considere o estilo como uma "deformação coerente" do universo* semântico – e de que se procure reconhecer não mais desvios de fatos atomistas, considerados isoladamente em si mesmos, e sim desvios de estruturas –, por mais esclarecedora que seja, não teve desenvolvimentos práticos.

2. Na perspectiva assim entreaberta, pode-se tentar um primeiro passo, definindo originalidade, no nível das estruturas semânticas profundas*, como a resposta específica que um indivíduo ou uma sociedade dão às interrogações fundamentais, tais como podem ser formuladas com o auxílio das categorias* *vida/morte* e *natureza/cultura*. Somos assim levados a distinguir uma **originalidade socioletal***, que relativiza e particulariza uma cultura*.

3. Ao lado das duas axiologias* temáticas – a individual e a coletiva – acima mencionadas, no interior das quais poderia ser calculado o desvio estrutural constitutivo da originalidade, uma terceira axiologia, figurativa, que articula as quatro figuras* dos elementos "primeiros" da "natureza" (água, fogo, ar, terra), deve ser considerada e homologada às duas primeiras. Com efeito, a utilização por um indivíduo ou por uma sociedade desses elementos figurativos e a disposição particularizante deles sobre o quadrado* semiótico (o termo *morte* é homologado, por exemplo, por Bernanos, com *água*, e por Maupassant, com *terra*) constituem, sem dúvida, um importante critério para o reconhecimento da "deformação coerente".

→ Universo semântico, Estrutura, Idioleto, Socioleto, Desvio.

OTIMIZAÇÃO s. f.

FR. OPTIMISATION; INGL. OPTIMIZATION

1. **Otimização** é a aplicação, aos procedimentos sintagmáticos*, do princípio de simplicidade*. Ela pode manifestar-se em diferentes níveis de análise: consistirá, por exemplo, na redução do número de operações* exigidas por um procedimento de análise (implicando algumas vezes, por isso mesmo, a escolha deste ou daquele modelo*); aparecerá também no momento da seleção do sistema de representação* metassemiótica (árvore*, parentetização*, etc.), considerado como o mais apropriado ao objeto da análise, e assim por diante.

2. Pode-se designar pela expressão **otimização funcional** a aplicação do princípio de simplicidade à programação temporal de um programa* narrativo complexo, tal como é encontrada na pesquisa operacional, na linguística aplicada, na semiótica do espaço*, etc.

3. Fala-se, às vezes, de **otimização estética** a propósito de fatos discursivos, tais como a reorganização, conforme à linearidade* do texto, da programação cronológica do esquema narrativo*. Nesse sentido a otimização deveria ser interpretada como a busca de uma conformidade entre as disposições textuais e as estruturas idioletais* e/ou socioletais*, de que depende o ator da enunciação*.

→ **Programação espaçotemporal, Estratégia.**

OUVINTE s. m.

FR. AUDITEUR; INGL. LISTENER

Da mesma forma que leitor*, **ouvinte** designa a instância de recepção da mensagem ou do discurso: um e outro se diferenciam somente em função da substância* (gráfica ou fônica) do significante* empregado. Em semiótica, seria preferível empregar o termo mais geral de enunciatário.

→ **Enunciatário.**

Palavra s. f.
fr. Mot; ingl. Word

1. Para o semioticista, o termo **palavra** é um engodo particularmente ativo da linguística. Não conseguindo defini-la, os linguistas tentaram inúmeras vezes expulsá-la de sua terminologia, de suas preocupações: a cada vez, ela soube voltar, com outros disfarces, para recolocar os mesmos problemas.

2. Na linguística comparada*, nascida dos estudos efetuados sobre as línguas indo-europeias, a palavra se apresentava como um dado evidente das línguas naturais. Por essa razão, era objeto de um dos componentes da gramática*, a morfologia*, que a apreendia como parte desta ou daquela classe* morfológica (ou parte do discurso), como portadora de marcas das categorias gramaticais, como elemento de base das combinações sintáticas, etc.

3. As dificuldades só começaram, por assim dizer, no momento em que a linguística foi levada a se encarregar de línguas muito diferentes, não mais do tipo indoeuropeu, nas quais a palavra, tomada como unidade, só com muita dificuldade encontrava correspondentes mais ou menos equivalentes: assim, nas línguas ditas "aglutinantes" não existe fronteira entre palavra e enunciado e são aí encontradas as chamadas "palavras-frases"; ao contrário, nas línguas "isolantes", a palavra se apresenta como uma raiz. O paradoxo é que, para mostrar que a palavra não é uma unidade linguística pertinente e universal, tais línguas são exatamente definidas como tendo "palavras" de um outro tipo. Resulta daí, de qualquer forma, que a palavra, mesmo sendo uma unidade sintagmática, só pode ser apreendida como tal no interior de uma língua ou de um grupo de línguas particulares.

4. Hoje, alguns linguistas procuram se desembaraçar do conceito de palavra propondo, mais ou menos em seu lugar, uma nova unidade sintagmática, a lexia*: esse novo conceito, operatório*, parece aceitável, o que não impede que a definição de lexia apresente como condição a possibilidade de sua substituição no interior de uma classe de lexemas* (o que, de novo, nos aproxima da palavra como classe morfológica).

5. Uma outra forma de prescindir do conceito de palavra consiste em construir a sintaxe frasal não mais a partir das classes morfológicas, mas a partir das classes sintagmáticas, obtidas pela análise distribucional* (ou pelas divisões sucessivas do texto em suas partes, como na glossemática*). Tal análise, que começa por estabelecer os sintagmas (nominal, verbal), na sua fase terminal acaba por instalar "classes lexicais" (substantivo, verbo, adjetivo, etc.), sem querer (ou poder) dar conta de como foi realizada a passagem das unidades de um tipo para as de outro (J. Lyons). Assim, na gramática gerativa*, o conceito de palavra reaparece sem ter sido convidado.

6. O hiato, encontrado entre os dois tipos de organização frasal – "sintático" e "morfológico" –, que L. Hjelmslev tentou preencher dando uma nova definição de categoria*, manifesta-se, com maior evidência ainda, entre as estruturas semânticas e as estruturas lexicais (estas últimas ainda muito mal conhecidas). A passagem de umas às outras, a que demos o nome de lexicalização*, poderia bem oferecer um lugar privilegiado para novos procedimentos de geração e de transformação, suscetíveis de trazerem soluções para esse enigma que é a "palavra".

→ **Morfologia, Ocorrência, Classe, Categoria, Lexicalização, Tipologia.**

Papel s. m.

FR. Rôle; INGL. Role

1. O conceito de **papel** é tanto mais difícil de ser precisado quanto admite múltiplas acepções, de acordo com seus domínios de emprego. Deve ser mostrado aqui, a título de comparação, somente o ponto de vista psicossociológico, que se utiliza desse termo para designar um modelo organizado de comportamento, ligado a uma posição determinada na sociedade, cujas manifestações são amplamente previsíveis. Pode-se, bem entendido, ligar a essa concepção três "papéis narrativos", tais como são efetivamente propostos por C. Bremond (ainda que a definição inicial que ele apresenta seja muito mais ampla).

2. Em semiótica narrativa e discursiva, papel tem um caráter muito mais formal e vem a ser sinônimo de "função" (no sentido corrente do termo): parcialmente dessemantizado, ele não é jamais empregado a não ser com um determinante. Sendo assim, os **papéis actanciais** constituem o paradigma das posições sintáticas modais, que os actantes* podem assumir ao longo do percurso narrativo*. Paralelamente, os **papéis temáticos** vêm a ser a formulação actancial de temas ou de percursos temáticos.

→ **Actancial (papel, estatuto ~), Temático.**

Paradigma s. m.

FR. Paradigme; INGL. Paradigm

1. **Paradigma** é uma classe* de elementos que podem ocupar um mesmo lugar na cadeia sintagmática* ou, o que vem a dar no mesmo, um conjunto de elementos que podem substituir-se uns aos outros num mesmo contexto*. Os elementos, assim reconhecidos pelo teste de comutação*, mantêm entre si relações de oposição* que a análise ulterior pode formular em termos de traços distintivos*, permitindo às operações distintivas, por sua vez, que se constituam subclasses no interior de um paradigma.

2. Tradicionalmente, o termo paradigma servia para designar os esquemas de flexão ou de acentuação das palavras (declinação, conjugação, etc.). Esse conceito, ampliado e redefinido, é utilizado para a constituição não apenas das classes gramaticais, mas também das classes fonológicas e semânticas.

Paradigmático adj.

FR. Paradigmatique; INGL. Paradigmatic

1. Os termos da dicotomia sistema*/processo*, de caráter universal, quando esta é aplicada à semiótica, são denominados por Hjelmslev **paradigmático** e sintagmático*. Essa dicotomia está essencial e unicamente fundamentada no tipo de relação que caracteriza cada um de seus eixos: as funções entre as grandezas situadas no **eixo paradigmático** são "correlações" (disjunções lógicas do tipo "ou... ou"), enquanto aquelas que têm seu lugar no eixo sintagmático são "relações" (conjunções lógicas do tipo "e... e"). A paradigmática define-se, assim, como o sistema semiótico, constituído por um conjunto de paradigmas* articulados entre si por relações disjuntivas: isso lhe confere, numa primeira aproximação, a forma de uma hierarquia de caráter taxionômico.

2. A paradigmática pode ser considerada como a reformulação do conceito saussuriano de língua*, feita a ressalva, todavia, de que o sistema hjelmsleviano não é constituído de simples correlações entre paradigmas e termos de cada paradigma, mas de correlações entre categorias* (definidas também por seu modo de comportamento sintagmático). Enquanto para Saussure "a reunião das palavras em frases" é do domínio da fala*, a definição, ao mesmo tempo paradigmática e sintagmática, da categoria aproxima a paradigmática hjelmsleviana da competência* chomskyana (que contém as regras de formação das frases).

3. A semiótica literária* tem em grande conta a **projeção do eixo paradigmático** sobre o eixo sintagmático, procedimento que, segundo R. Jakobson, caracterizaria o modo de existência de um grande número de discursos poéticos. É fato que termos em disjunção paradigmática podem aparecer em conjunção (copresença) no eixo sintagmático (uma antífrase*, por exemplo, pode manifestar-se sob a forma de antítese*). A generalização e uma formulação mais rigorosa dessa intuição jakobsoniana puseram em evidência o papel das projeções paradigmáticas na organização dos discursos narrativos e, particularmente, no esquema narrativo*.

→ Paradigma.

Paráfrase s. f.

FR. **Paraphrase**; INGL. **Paraphrasing**

1. A **paráfrase** é uma operação metalinguística* que consiste em produzir, no interior de um mesmo discurso, uma unidade discursiva que seja semanticamente equivalente a uma outra unidade produzida anteriormente. Nesse sentido, um parassinônimo*, uma definição* discursiva, uma sequência, podem ser considerados como paráfrases de um lexema*, de um enunciado* ou de qualquer outro segmento discursivo. Essa operação é, ao mesmo tempo, uma tradução* intralinguística e uma expansão* (que depende da elasticidade* do discurso).

2. A paráfrase apresenta-se como uma atividade "natural" (isto é, não científica) de substituição* (que é uma das bases do cálculo lógico e linguístico) e, como tal, diz respeito à dimensão paradigmática* da linguagem: um conjunto de paráfrases constitui, de certa forma, uma classe paradigmática de "frases". Entretanto, ao contrário do que ocorre no momento da constituição das classes* morfológicas, sintáticas ou sintagmáticas – em que os critérios de possibilidade de substituição escolhidos são a distribuição ou as categorias* gramaticais previamente reconhecidas –, uma classe de paráfrases tem como denominador comum uma equivalência semântica mais ou menos intuitivamente postulada. Percebe-se como, nessa perspectiva, ao visar explicar a semântica por meio da sintaxe, a gramática gerativa pode conceber uma **gramática de paráfrases**: uma classe de paráfrases, caracterizada por uma estrutura* profunda única, permitiria a geração de um conjunto de paráfrases correspondentes, como outras tantas estruturas de superfície*, que resultam do jogo das diferentes transformações. Numa perspectiva propriamente semântica, seria possível obter resultado análogo, postulando uma representação lógico-semântica comum a todas as paráfrases.

3. Não seria inútil distinguir dois tipos de paráfrases:

a) **paráfrases substitutivas** (ou denotativas*), que visam à equivalência direta com o enunciado parafraseado;

b) **paráfrases oblíquas** (parcialmente conotativas*), cujo conteúdo torna não ambíguo o enunciado primeiro (por referência seja ao contexto do enunciado, seja à instância da enunciação*).

4. De forma mais geral, a paráfrase deve ser concebida como um dos dois modos de produção e de reconhecimento da significação e, mais precisamente, como o modo paradigmático, em oposição ao modo sintagmático, que consistiria na sua apreensão enquanto intencionalidade*.

➔ **Elasticidade do discurso, Definição.**

PARALEXEMA s. m.

FR. PARALEXÈME; INGL. PARALEXEME

Podem-se denominar **paralexema** as unidades do plano do conteúdo* cujas dimensões sintagmáticas*, no plano da expressão*, são maiores que as dos lexemas, mas que, paradigmaticamente, são substituíveis no interior de uma classe de lexemas apropriados ("porta-bandeira", "pé de moleque"); este termo concorre com o de lexia, proposto por B. Pottier.

➔ **Lexia.**

PARALINGUÍSTICO adj.

FR. PARALINGUISTIQUE; INGL. PARALINGUISTIC

Consideram-se **paralinguísticas** grandezas* do domínio de semióticas não linguísticas*, produzidas em concomitância com as mensagens orais ou gráficas das línguas* naturais. Agrupam-se, sob essa etiqueta, de um lado, os fenômenos de entonação*, de gestualidade*, de atitudes somáticas, etc., e, do outro, a escolha dos tipos, a paginação, etc. O termo paralinguístico (ou mesmo **paralinguagem**) representa um ponto de vista estritamente linguístico que, ao mesmo tempo que reconhece a existência de outras práticas semióticas, considera-as secundárias ou acessórias.

➔ **Sincretismo, Semiótica.**

PARASSINONÍMIA s. f.

FR. PARASYNONYMIE; INGL. PARASYNONYMY

A **parassinonímia** (ou quase sinonímia) é a identidade parcial de dois ou mais lexemas*, que se reconhecem pela possibilidade que têm de se substituírem apenas em certos contextos*. A sinonímia total só pode ser postulada no nível dos sememas*.

→ Sinonímia.

PARATÓPICO adj.

FR. PARATOPIQUE; INGL. PARATOPIC SPACE

Subcomponente do espaço tópico* e oposto ao espaço utópico* (em que se realizam as *performances**), o espaço **paratópico** é aquele em que se desenrolam as provas preparatórias ou qualificantes*, em que se adquirem as competências* (tanto na dimensão pragmática* quanto na dimensão cognitiva*).

→ Localização espaçotemporal.

PARECER s. m.

FR. PARAÎTRE; INGL. APPEARING

Denomina-se **parecer** o termo positivo do esquema* da manifestação*, pertencente ao quadrado* semiótico em que se encontra projetada a categoria modal da veridicção. O termo *parecer* está em relação de contrariedade com o termo *ser* (entendido, nesse sentido, como termo positivo do esquema da imanência*). A dupla operação que tem como efeito a asserção dos termos *parecer* e *ser* produz o termo veridictório complexo denominado *verdade** (caracterizando um estado do qual se diz que "parece" e que "é", ao mesmo tempo).

→ Veridictórias (modalidades ~).

PARENTETIZAÇÃO s. f.

FR. PARENTHÉTISATION; INGL. PARENTHETIZATION

A **parentetização**, utilização de parênteses, é uma forma particular de representação da análise* em linguística (e, de modo geral, em semiótica), equivalente (homologável e traduzível) à da representação em árvore. Nesse sentido, constitui uma "escrita" homogênea, que não deve ser confundida com a utilização acidental ou específica de parênteses num outro sistema de representação (na gramática gerativa*, por exemplo, os parênteses servem de símbolo* para assinalar o caráter facultativo de um constituinte*).

→ Representação, Árvore.

Percurso s. m.
FR. Parcours; INGL. Path ou Process

Pouco utilizado, até aqui, na semiótica, o termo **percurso** deveria impor-se progressivamente, na medida em que implica não somente uma disposição linear e ordenada dos elementos entre os quais se efetua, mas também uma progressão de um ponto a outro, graças a instâncias intermediárias. É assim que falamos, por exemplo, em **percurso narrativo** do sujeito ou do Destinador, em **percurso gerativo** do discurso (que se estabelece entre as estruturas *a quo* e as estruturas *ad quem*), em **percursos temático e figurativo**.

→ Gerativo (percurso ~), Narrativo (percurso ~), Temático, Figurativo.

Perfectividade s. f.
FR. Perfectivité; INGL. Perfectiveness

Perfectividade é o sema* aspectual que corresponde ao aspecto terminativo* do processo* e que atualiza*, ao mesmo tempo, o termo – pressuposto – durativo. A oposição perfectividade/imperfectividade é totalmente homologável à dicotomia realizado/irrealizado.

→ Aspectualização.

Performance s. f.
FR. Performance; INGL. Performance

1. Na teoria chomskyana, o conceito de *performance* contrabalança-se com o de competência* para constituir uma dicotomia comparável à da língua/fala em Saussure.

Presume-se que o termo *performance* cubra a instância da realização* da competência, na sua dupla tarefa de produção* e de interpretação* dos enunciados. À semelhança da fala* saussuriana, que, definida negativamente como tudo que não pertence à língua, único objeto da linguística, deixava o campo livre a todas as interpretações e a todas as especulações, a *performance* é igualmente equívoca e permanece um lugar de perplexidades. Encarado do ponto de vista estritamente linguístico, o estudo da *performance* pressupõe o conhecimento prévio da competência (nesse caso, da gramática acabada de uma língua): isso equivale a dizer que é apenas um projeto para o futuro. Considerada produção de enunciados "nas condições reais da comunicação", isto é, como conjunto de realizações ocorrenciais, a *performance* não se deixa formular em modelos linguísticos: ao contrário, exige a introdução de fatores e parâmetros de natureza extralinguística, de ordem psicológica e sociológica, por exemplo, o que destrói, assim, a unidade do objeto linguístico. Compreende-se, portanto, que o campo de problemas da *performance* seja cada vez mais invadido por conceitualizações que têm por objeto o ato* de linguagem ou a enunciação*, completamente estranhas à gramática gerativa* (que é uma teoria só do enunciado).

2. Para a semiótica, a *performance* linguística inscreve-se, primeiramente, como um caso particular da problemática geral da compreensão e da formulação das atividades humanas, que encontra descritas em inúmeros exemplares e sob formas diversas nos discursos que tem de analisar. Assim concebida, a *performance* identifica-se, numa primeira abordagem, com o ato* humano, que interpretamos (em português comum) como um "fazer-ser" e a que damos a formulação canônica de uma estrutura modal*, constituída por um enunciado de fazer* que rege um enunciado de estado*. A *performance* surge, então, independentemente de qualquer consideração de conteúdo (ou de domínio de aplicação), como uma transformação que produz um novo "estado de coisas": está, todavia, condicionada, isto é, sobre-modalizada, de um lado, pelo tipo de competência de que se acha dotado o sujeito performador e, de outro, pelo crivo modal do *dever-ser* (de necessidade* ou de impossibilidade*), convocada a filtrar os valores destinados a entrar na composição desses novos "estados de coisas" (cf. conceito de aceitabilidade*).

3. De modo geral, serão distinguidos dois tipos de *performances*, considerando-se a natureza dos valores* de que se ocupam (e que estão inscritos nos enunciados de estado): as que visam à aquisição dos valores modais (isto é, as *performances* cujo objetivo é a aquisição da competência de um saber-fazer, por exemplo, quando se trata da aprendizagem de uma língua estrangeira) e as que são caracterizadas pela aquisição ou pela produção de valores descritivos* (a preparação da "soupe au pistou", por exemplo).

4. Restringindo mais o sentido, o termo *performance* será reservado para designar um dos dois componentes do percurso narrativo* do sujeito: a *performance* entendida como aquisição e/ou produção de valores descritos, opõe-se (e a pressupõe) à competência considerada uma sequência programada de aquisições modais. Nesse caso, a restrição imposta é dupla: *a)* só falaremos de *performance* se o fazer do sujeito disser respeito a valores descritos e *b)* se o sujeito de fazer e o sujeito de estado estiverem inscritos, em sincretismo*, num só ator*. Observaremos, então, que a **performance narrativa** se apresenta como um caso particular do programa* narrativo: o sincretismo dos sujeitos, característica da *performance*, está longe de ser um fenômeno geral: a configuração da doação*, por exemplo, distingue o destinador enquanto sujeito de fazer e o destinatário, sujeito de estado.

5. A *performance*, considerada um programa narrativo do sujeito competente e em ação (por si mesmo), pode servir de ponto de partida para uma teoria semiótica da ação*: sabe-se que todo programa narrativo é suscetível de expansão sob a forma de programas narrativos de uso, que se pressupõem uns aos outros no quadro de um programa de base. Interpretada, por outro lado, como estrutura modal do fazer, a *performance* – denominada **decisão**, quando situada na dimensão cognitiva* e **execução**, na dimensão pragmática* – permite entrever desenvolvimentos teóricos ulteriores.

→ Psicossemiótica, Ato, Narrativo (percurso ~), Programa narrativo, Sintaxe narrativa de superfície.

Performativo (verbo ~) adj.
fr. Performatif (verbe ~); ingl. Performative (verb)

1. Na terminologia de J. L. Austin, e em oposição aos verbos constativos (que, segundo ele, têm por função somente descrever uma situação, uma ação, etc.), os verbos **performativos** seriam aqueles que não apenas descreveriam a ação de quem os utiliza, mas que também, e ao mesmo tempo, implicariam a própria ação. Assim, as fórmulas "Eu te aconselho...", "Eu juro que...", "Eu te ordeno que..." realizariam a ação que exprimem, no momento mesmo da enunciação*. E. Benveniste retomou essa tese.

2. Austin reconhece que essa definição, dada aos verbos performativos, também se aplica, muito bem, a expressões não performativas, por exemplo, no caso de uma ordem ("Lave a louça") ou de uma pergunta: aqui, a forma imperativa ou interrogativa constituiria um ato* de fala. É por isso que, mesmo permanecendo no quadro restrito

da comunicação verbal e de suas condições de exercício, Austin foi levado a ampliar sua problemática, introduzindo os conceitos de ilocução* e de perlocução*.

3. Notaremos, todavia, que o aspecto performativo – sob qualquer das formas em que Austin tenha acreditado reconhecê-lo – não está ligado, de fato, a uma forma linguística particular: depende, essencialmente, de certas condições relativas à natureza do contrato* enunciativo e à competência* modal dos sujeitos implicados na comunicação.

→ Enunciado, Função.

PERIODIZAÇÃO s. f.

FR. PÉRIODISATION; INGL. PERIODIZATION

1. **Periodização** é a segmentação* da duração, efetuada com o auxílio de critérios extrínsecos e arbitrários. O recorte em "reinados" ou em "séculos" constitui, assim, temporalidades lineares, por oposição às temporalidades cíclicas que são, por exemplo, os "anos" ou os "dias".

2. A periodização designa também a conversão*, por ocasião da programação temporal, dos fazeres* em processos* durativos* e a disposição* linear deles, em função do programa* narrativo de base. A execução de um programa completo (a montagem de um automóvel, por exemplo) exige a atribuição, a cada programa narrativo de uso, de um período, calculado em função do resultado final.

→ Temporalização, Programação espaçotemporal.

PERLOCUÇÃO s. f.

FR. PERLOCUTION; INGL. PERLOCUTION

Oposta, na terminologia de J. L. Austin, à locução* e à ilocução*, a **perlocução** não está diretamente ligada nem ao conteúdo* próprio do enunciado*, nem à sua forma linguística: trata-se de um efeito segundo, como o que produz um discurso eleitoral ao suscitar entusiasmo, convicção ou enfado; o mesmo acontece quando se faz uma pergunta a alguém, seja para embaraçá-lo, seja, ao contrário, para ajudá-lo. Diferentemente da ilocução, em que se produz um efeito dizendo, a perlocução produz um efeito (sobre o interlocutor ou o interlocutário) pelo fato de dizer. Para nós, a noção de perlocução é, em parte, da alçada de uma semiótica cognitiva* e de uma semiótica das paixões; sob certos aspectos, deve ser aproximada da pragmática (no sentido norte-americano), na medida em que está ligada às condições da comunicação linguística.

→ Ato de linguagem.

PERMISSIVIDADE s. f.
FR. PERMISSIVITÉ; INGL. PERMISSIVENESS

1. **Permissividade** é a denominação de um dos termos da categoria* modal deôntica, cuja definição sintática é a estrutura modal *não dever não fazer*; pressupõe a existência da interdição*, de que é o termo contraditório*.

2. Quando existir, no interior da competência* modal do sujeito, uma compatibilidade entre seu *querer-fazer* e o *não dever não fazer* ou o *não dever fazer* sugeridos pelo Destinador*, a estrutura que relaciona o Destinador ao Destinatário-sujeito poderá ser denominada **contrato*** **permissivo** (nome um tanto impróprio, pois cobre também a modalidade facultativa*), por oposição a contrato injuntivo*.

→ Deônticas (modalidades ~).

PERMUTAÇÃO (OU PERMUTA) s. f.
FR. PERMUTATION; INGL. PERMUTATION

Permutação é um procedimento* comparável ao da comutação, salvo pelo fato de que a relação constatada entre as modificações que intervêm nos dois planos da linguagem diz respeito não mais a substituições entre termos paradigmáticos, e sim a transposições no interior dos sintagmas*.

→ Comutação.

PERSONAGEM s. f., s. m.
FR. PERSONNAGE; INGL. PERSONAGE

Empregado, entre outras coisas, em literatura e reservado às pessoas humanas, o termo **personagem** foi progressivamente substituído pelos conceitos – mais rigorosamente definidos em semiótica – de actante e de ator.

→ Actante, Ator.

Personificação s. f.

FR. Personnification; INGL. Personification

Personificação é um procedimento narrativo que consiste em atribuir a um objeto (coisa, entidade abstrata ou ser não humano) propriedades que permitam considera-lo como um sujeito, ou melhor, que consiste em dotá-lo de um programa* narrativo no qual possa exercer um fazer*. A personificação parece caracterizar um certo tipo de discurso etnoliterário (o conto maravilhoso, por exemplo, em que são encontrados objetos mágicos, animais que prestam auxílio, etc.).

→ Reificação.

Perspectiva s. f.

FR. Perspective; INGL. Perspective

1. Diferentemente do ponto de vista, que necessita da mediação de um observador*, a **perspectiva** vale-se da relação enunciador*/enunciatário e depende dos procedimentos de textualização*.

2. Fundada na estrutura polêmica* do discurso narrativo, a **colocação em perspectiva** consiste, para o enunciador, na escolha que é levado a fazer quando da organização sintagmática dos programas* narrativos, tendo em conta as coerções da linearização* das estruturas narrativas. Assim, por exemplo, a narração de um assalto pode pôr em relevo o programa narrativo do assaltante ou o do assaltado; do mesmo modo, a narrativa proppiana privilegia o programa do herói, em detrimento do programa do vilão.

3. Enquanto a ocultação tem por efeito a eliminação total da manifestação* do programa narrativo do sujeito em proveito do programa do antissujeito (ou vice-versa), a perspectiva conserva os dois programas opostos, privilegiando – em relação à instância receptora do enunciatário – um dos programas que é, então, amplamente explicitado, em detrimento do outro, só fragmentariamente manifestado.

→ Ponto de vista, Focalização, Ocultação.

Persuasivo (fazer ~) adj.

fr. Persuasif (faire ~); ingl. Persuasive doing

1. Sendo uma das formas do fazer cognitivo*, o **fazer persuasivo** está ligado à instância da enunciação* e consiste na convocação, pelo enunciador*, de todo tipo de modalidades* com vistas a fazer aceitar, pelo enunciatário, o contrato* enunciativo proposto e a tornar, assim, eficaz a comunicação*.

2. Nessa perspectiva, o fazer persuasivo pode ser considerado uma expansão suscetível de produzir programas – narrativos modais cada vez mais complexos – da modalidade dita factitiva. Podendo a factitividade* visar ora ao ser do sujeito a modalizar, ora a seu fazer eventual, o fazer persuasivo será concebido sob esses dois aspectos.

3. No primeiro caso, o fazer persuasivo interpreta-se como um fazer cognitivo que visa a levar o enunciatário a atribuir ao processo semiótico ou a qualquer um de seus segmentos – que só pode ser por ele recebido como uma manifestação* – o estatuto da imanência*, a fazê-lo inferir do fenomenal* o numenal*. A partir do esquema da manifestação (*parecer/não parecer*), podem-se prever, numa primeira aproximação, quatro percursos suscetíveis de conduzir ao esquema da imanência (*ser/não ser*): partindo do *parecer*, pode-se "demonstrar" seja o *ser* seja o *não ser*; partindo do *não parecer*, pode-se "demonstrar" ora o *ser*, ora o *não ser*. Trata-se, como se vê, de percursos que visam a transformar o semiótico em ontológico. É no interior desses percursos que se constroem os programas modais, mais ou menos complexos, de persuasão.

4. No segundo caso, o da persuasão que procura provocar o fazer do outro, o fazer persuasivo inscreve seus programas modais no quadro das estruturas da manipulação*. Os dois tipos de fazer persuasivo têm, contudo, algo em comum: a persuasão manipuladora só pode montar seus procedimentos e seus simulacros como estruturas de manifestação, destinadas a afetar o enunciatário no seu ser, isto é, na sua imanência.

5. A análise discursiva deveria chegar, sem muita dificuldade, a distinguir diferentes formas de **discurso persuasivo**: tanto os que se apresentam como tal (discursos de convicção ou de manipulação) quanto aqueles que alardeiam outras formalidades (a busca ou a comunicação do saber, por exemplo), mas que comportam, inscritos de modo mais ou menos explícito, programas* narrativos de persuasão com modelos de crer* e de agir (discursos científicos ou didáticos), ou aqueles que incluem, sob a forma de enunciações* enunciadas, sequências persuasivas mais ou menos autônomas.

➔ Factitividade, Manipulação, Veridicção, Verossimilhança, Retórica.

Pertinência s. f.

FR. Pertinence; INGL. Relevance

1. O conceito de **pertinência** impôs-se na linguística graças à Escola de Praga, ligado como está aos desenvolvimentos da fonologia. Designa, de início, a propriedade de um elemento linguístico (o fonema*), a qual o distingue dos outros elementos comparáveis e o torna apto, por isso mesmo, a servir à comunicação (A. Martinet). Essa característica é, então, denominada **traço pertinente** (= fema*).

2. O reconhecimento do princípio de pertinência introduz uma diferença de natureza entre a substância* fônica, em que se realiza uma língua, e a forma* fônica que depende da apreensão da diferença* entre duas ou mais realizações: daí a distinção entre fonética* e fonologia. Doravante liberado de seus vínculos com a substância, o conceito de pertinência vê seu campo de aplicação ampliar-se a toda a semiótica.

3. Nesse sentido geral, pode-se definir a pertinência como uma regra da descrição* científica (ou como uma condição a que deve satisfazer um objeto semiótico construído), segundo a qual só devem ser tomadas em consideração, entre as numerosas determinações (ou traços distintivos*) possíveis de um objeto, as que são necessárias e suficientes para esgotar sua definição*: dessa forma, esse objeto não poderá ser confundido com outro de mesmo nível, nem sobrecarregado de determinações que, para serem discriminatórias, devem ser retomadas somente em um plano hierarquicamente inferior. A definição que propomos, assim, de pertinência está intimamente ligada, como se vê, à concepção dos níveis* de linguagem (Benveniste) e também à da semiótica* considerada como uma hierarquia* (Hjelmslev).

4. Num sentido menos rigoroso, mas didaticamente aceitável, entende-se por pertinência a regra deôntica, que o semioticista adota, de descrever o objeto escolhido de um só ponto de vista (R. Barthes), retendo, por consequência, com vistas à descrição, apenas os traços que interessam a esse ponto de vista (que, para o semioticista, é o da significação). É de acordo com esse princípio que se fará, por exemplo, numa primeira abordagem, quer a extração* (a partir de um *corpus** determinado) de elementos* considerados pertinentes para a análise, quer, ao contrário, a eliminação* do que é julgado não pertinente.

→ **Isotopia.**

Pivô narrativo

FR. Pivot narratif; INGL. Narrative pivot point

1. Na organização sintagmática* de uma narrativa* ou de uma sequência*, pode-se designar como **pivô narrativo**, entre os diferentes programas* narrativos sucessivos, aquele que ocupa um lugar central pelo fato de acarretar outros como consequência. Assim, por exemplo, a aquisição de um saber* (que diz respeito a um programa pragmático* precedente) pode desencadear, pela competência* cognitiva que instaura, um novo programa narrativo (que será desenvolvido na dimensão pragmática ou cognitiva*). Igualmente, no quadro da prova*, a defrontação* polêmica pode ser considerada como pivô narrativo, uma vez que é suscetível de ocasionar a dominação* de um dos protagonistas (conduzindo a dominação, por sua vez, à atribuição do objeto*-valor).

2. Em qualquer dos casos, o pivô narrativo só pode ser revelado por uma leitura às avessas que reconstitua, a partir do eixo das consecuções (estabelecido pela programação* temporal), o eixo das pressuposições*. O conceito de pivô narrativo, como se vê, visa a isolar, com apoio numa base lógica, uma hierarquia* dos programas narrativos na análise de uma dada narrativa ou de um segmento narrativo.

Planar (semiótica ~) adj.

FR. Planaire (sémiotique ~); INGL. Planar semiotics

No quadro da reorganização conceitual a que procede, atualmente, a semiótica* geral, começa-se a distinguir, entre as semióticas visuais, uma **semiótica planar**, que se caracteriza pelo emprego de um significante* bidimensional (diferentemente da semiótica do espaço, por exemplo, que conta com um significante tridimensional). Tentando guardar distância, ao menos por certo tempo, das semiologias* que se fundamentam essencialmente na analogia* e na iconicidade* da imagem (da qual dão afinal apenas uma transcrição linguística), a semiótica planar – que trata da fotografia, do cartaz, do quadro, da história em quadrinhos, da planta de arquiteto, da escrita caligráfica, etc. – tenta estabelecer categorias* visuais específicas do nível da expressão*, antes de considerar sua relação com a forma do conteúdo*. Nessa perspectiva, a análise da imagem fixa, por exemplo, não se reduz nem a um problema de denominação (tradução verbal dos objetos "representados", que recorre com frequência à dicotomia *denotação/conotação*), nem a uma simples apreensão dos percursos possíveis, ligados à dimensão prospectiva (as tentativas para estabelecer uma "sintaxe visual" de acordo com o percurso do olhar do observador estão longe de ser probantes). O interesse de semelhante abordagem é mostrar as coerções gerais que a natureza de tal plano de expressão impõe à manifestação da significação, e, também, depreender as formas semióticas mínimas (relações, unidades), comuns aos diferentes domínios visuais (parcialmente evocados acima), anteriormente aos postulados já prontos (relativos à iconicidade ou à natureza dos signos visuais, por exemplo), que as teorias estéticas ou a tradição de cada um dos "gêneros" em questão estão sempre dispostas a antepor.

➔ **Iconicidade, Imagem.**

Plano s. m.

FR. **Plan;** INGL. **Plane**

Termo figurativo* espacial, **plano** serve – desde F. de Saussure e L. Hjelmslev – para designar separadamente os dois termos da dicotomia *significante/significado* ou *expressão/conteúdo* que a função* semiótica reúne. O reconhecimento dos planos da linguagem é um dos postulados para uma definição semiótica* (para Hjelmslev, só as semióticas biplanas* são "verdadeiras" semióticas).

➔ **Planar (semiótica ~).**

Pluri-isotopia s. f.

FR. **Pluri-isotopie;** INGL. **Pluri-isotopy**

Entende-se por **pluri-isotopia** a superposição, num mesmo discurso, de isotopias* diferentes. Introduzida por conectores* de isotopias, está ela ligada aos fenômenos de polissememia*: uma figura plurissemêmica, que propõe virtualmente vários percursos figurativos*, pode dar lugar – contanto que as unidades figurativas no nível da manifestação não sejam contraditórias* – a leituras* diferentes e simultâneas.

➔ **Isotopia, Leitura, Semântica discursiva.**

Pluriplana (semiótica ~) adj.
FR. Pluriplane (sémiotique ~); INGL. Pluri-planar semiotics

Por **semióticas pluriplanas** L. Hjelmslev entende as semióticas biplanas* em que ao menos um dos planos* é uma semiótica (dita semiótica-objeto): é o caso das semióticas conotativas* (que não são científicas) e das metassemióticas* (de caráter científico).

→ Semiótica.

Poder s. m.
FR. Pouvoir; INGL. Being able (to do or to be)

1. **Poder** pode ser considerado, no quadro de uma teoria das modalidades, como a denominação de um dos predicados possíveis do enunciado modal*, que rege um enunciado descritivo* (de fazer* ou de estado*). Conceito indefinível, é ele, contudo, suscetível de ser interdefinido em um sistema de valores modais escolhido e postulado axiomaticamente.

2. Estando os enunciados modais por definição destinados a reger outros enunciados, duas estruturas* modais do poder devem ser consideradas: a que comporta um enunciado de estado e que é denominada, por comodidade, *poder-ser*, a que tem por objeto um enunciado de fazer: o *poder-fazer*. Por sua vez, estas duas estruturas podem ser projetadas sobre o quadrado* semiótico e produzir categorias modais correspondentes:

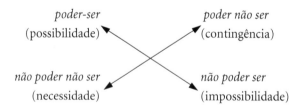

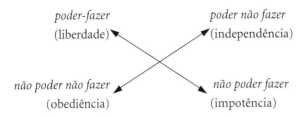

As denominações atribuídas aos termos de cada uma das categorias modais, se bem que intuitivamente motivadas no plano semântico, são, todavia, arbitrárias por definição e podem ser substituídas, sem dificuldades, por outras, julgadas mais apropriadas.

3. Mesmo repousando apenas na intuição semântica, essas denominações podem pôr em evidência as unidades que existem entre as estruturas modais do poder e as do dever*. Assim, a confrontação dos quadrados semióticos de *dever-ser* e de *poder-ser*

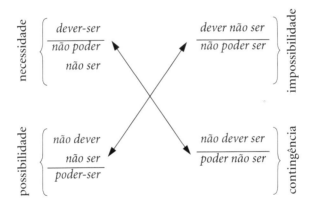

mostra que uma mesma denominação, que remete ao sistema das modalidades aléticas, subsume duas estruturas modais, as de *dever-ser* e de *poder-ser*, estando os dois termos, a cada vez, em relação de complementaridade* (isto é, um pressupondo o outro). Dois tipos de interpretação são, então, possíveis: ou as modalidades aléticas são termos complexos* que subsumem as modalidades do dever e do poder em relação de complementaridade (a necessidade, por exemplo, seria um *não poder não ser* que pressupõe um *dever-ser*), ou cabe distinguir duas categorias modais autônomas e construir duas lógicas aléticas, interdependentes.

4. Paralelamente, pode-se examinar o confronto das estruturas modais de *dever-fazer* e de *poder-fazer*. A ausência de denominações comuns não é menos sugestiva:

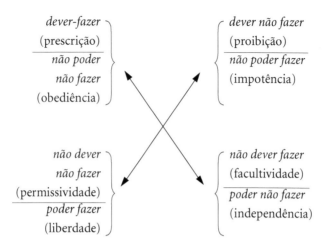

Apesar da diferença de denominações – e, quem sabe, graças a ela –, o caráter complementar dos termos pertencentes às duas categorias modais salta à vista: é como se a obediência, por exemplo, valor modal que define certa competência do sujeito, pressupusesse esse outro valor modal que é a prescrição. Mais ainda: parece até que a definição das relações hierárquicas* de dominante/dominado necessitaria levar em conta essa complementaridade modal.

5. Isso nos leva a considerar as modalidades do dever e do poder como duas instâncias autônomas e complementares – chamada uma virtualizante; a outra, atualizante – da modalização.

→ Modalidade, Dever.

Poética s. f.

fr. Poétique; ingl. Poetics

1. Em sentido corrente, **poética** designa quer o estudo da poesia, quer, integrando também a prosa, a "teoria geral das obras literárias". Esta última acepção, que remonta a Aristóteles, foi retomada recentemente pelos teóricos da "ciência da literatura" (*Literaturwissenschaft*) que procuram generalizar o que, durante muito tempo, foi somente uma "etnoteoria", inscrita no quadro da tradição greco-romana, e, ao mesmo tempo, pôr em evidência a especificidade dessa forma de atividade linguística. É assim que R. Jakobson – com o formalismo* russo, de que é o herdeiro e o representante – serve de mediador entre a literatura

e a linguística, ao distinguir, entre as principais funções* da linguagem, a **função poética**, que ele define como "a ênfase... posta na mensagem, por si mesma". Tal integração da poética na linguística veio tranquilizar as investigações poéticas, comprometidas pelo romantismo; a imprecisão desse conceito permitiu, por sua vez, a alguns reintroduzir, sob nome rejuvenescido, preocupações estéticas que não ousam ainda – por questão de moda – apresentar-se de rosto descoberto.

2. Do ponto de vista semiótico, os textos literários são ocorrências do discurso literário* que, por sua vez, depende de uma tipologia geral dos discursos. Estabelecer como postulado de partida a literariedade* ou a **poeticidade** de uma classe particular de discursos é pôr o carro diante dos bois: há um fundo comum de propriedades, de articulações e de formas de organização do discurso que é preciso explorar, antes de procurar reconhecer e determinar a especificidade de um tipo particular. Sendo assim, a posição da poética, considerada como disciplina apriorística, segura quanto às características de seu objeto, não é sustentável no quadro da teoria semiótica.

3. Não será a mesma coisa quando se tratar do **fato poético** em sentido restrito, isto é, de um domínio semiótico autônomo, fundamentado no reconhecimento de articulações paralelas e correlativas que envolvem os dois planos (a expressão* e o conteúdo*) do discurso ao mesmo tempo. Essa "dupla articulação" (não no sentido de Martinet) – cuja forma relaxada, distensa, é reconhecível graças às regularidades prosódicas da versificação, e que atinge um grau de condensação exacerbada na poesia dita simbolista (ou em certos textos sagrados) – não é, entretanto, suficiente para definir o discurso poético. A célebre intuição de Jakobson, segundo a qual o discurso poético corresponderia à projeção do eixo paradigmático* sobre o eixo sintagmático, deu um novo impulso às investigações poéticas *(Les Chats* de Baudelaire, na análise de R. Jakobson e C. Lévi-Strauss, marcam época): a suspensão, no momento da leitura, das relações hipotáxicas* que regem o discurso, em favor das relações taxionômicas enfaticamente sublinhadas, permitiu conceber possíveis definições de unidades* e de isotopias* poéticas, situadas sobre os dois planos da linguagem. Ao mesmo tempo, outras pesquisas puseram em evidência a existência de uma narratividade* poética e de transformações que articulam o discurso poético no seu nível mais profundo*. Precisa-se, assim, o estatuto paradoxal do discurso poético: sintaticamente, é um discurso abstrato*, comparável por isso aos discursos praticados na lógica e nas matemáticas; semanticamente, é um discurso figurativo* e, como tal, garantia de uma forte eficiência comunicativa. Não surpreende, pois, que o efeito* de sentido que dele se depreende seja, como no caso do discurso sagrado, o da verdade.

→ Literária (semiótica ~), Metáfora, Unidade (poética ~).

POLÊMICO adj.
FR. POLÉMIQUE; INGL. POLEMIC

1. No nível do enunciado*, a multiplicação de análises concretas de discursos narrativos pôs em destaque a existência de um verdadeiro princípio **polêmico** em que repousa a organização narrativa: a atividade humana, concebida sob a forma de defrontações*, caracteriza, em larga medida, o imaginário humano. Mesmo nos casos em que a narratividade* não está organizada como um face a face de dois programas* narrativos contrários* (ou contraditórios*) que põem frente a frente um sujeito* e um antissujeito, a figura do oponente* (animado ou inanimado) surge sempre como uma manifestação metonímica do antissujeito. Nesse sentido, pode-se falar da **estrutura polêmica**, peculiar a bom número de discursos tanto figurativos quanto abstratos.

2. No nível da enunciação*, a estrutura da comunicação* intersubjetiva, que repousa num contrato implícito entre os participantes, revela a existência de uma tipologia virtual das "atitudes", isto é, das competências* modais enunciativas, que vai das estruturas contratuais "benevolentes" (tais como o acordo mútuo, a obediência, etc.) às estruturas polêmicas "coercitivas" (em caso de provocação ou de chantagem, por exemplo).

3. O reconhecimento, na semiótica, desse tipo de estruturas, permite-nos articular e formular, com maior precisão, a problemática mais geral – peculiar ao conjunto das ciências sociais – no interior da qual se opõem duas concepções quase inconciliáveis da sociabilidade: a vida social, enquanto luta (de classes) e competição, e a sociedade fundada na troca e na coesão social.

→ **Coerção, Contrato.**

POLISSEMEMIA (OU, TRADICIONALMENTE, POLISSEMIA) s. f.
FR. POLYSÉMÉMIE OU POLYSÉMIE; INGL. POLYSEMEMIA

1. A **polissememia** corresponde à presença de mais de um semema no interior de um lexema. Os lexemas polissemêmicos opõem-se, assim, aos lexemas monossemêmicos*, que comportam um único semema (e que caracterizam, sobretudo, os léxicos especializados: técnicos, científicos, etc.). A polissememia, entretanto – afora o caso de pluri-isotopia* –, existe somente em estado virtual

("em dicionário"), pois a manifestação de um lexema dessa espécie, inscrevendo-o no enunciado, elimina sua ambiguidade, realizando apenas um de seus sememas.

2. A lexicografia opõe tradicionalmente a polissemia à homonímia, considerando homônimos os morfemas* ou as palavras distintas quanto ao significado* e idênticas quanto ao significante*. De acordo com a substância do significante, são denominados homófonos ("sela", "cela") ou homógrafos ("banco" de sentar, "banco" estabelecimento bancário). Na prática, essa distinção entre um lexema polissêmico e dois ou mais lexemas homônimos é difícil de ser mantida, provindo sua justificação, em geral, do uso. Do ponto de vista teórico, pode-se, contudo, considerar que dois ou mais lexemas são distintos, mas homônimos, quando seus sememas não (ou não mais) possuírem figura nuclear* comum.

➔ **Semema, Lexema, Homonímia.**

PONTO DE VISTA
FR. POINT DE VUE; INGL. POINT OF VIEW

Designa-se, geralmente, pela expressão **ponto de vista** um conjunto de procedimentos utilizados pelo enunciador* para fazer variar o foco narrativo, isto é, para diversificar a leitura que o enunciatário fará da narrativa, no seu todo, ou de algumas de suas partes. Esta noção é intuitiva e demasiadamente complexa: esforços teóricos sucessivos tentaram extrair daí articulações definíveis, tais como a colocação em perspectiva e a focalização; um melhor conhecimento da dimensão cognitiva* dos discursos narrativos levou-nos, igualmente, a prever a instalação, no interior do discurso, do sujeito cognitivo dito observador.

➔ **Perspectiva, Focalização, Observador.**

POSIÇÃO s. f.
FR. POSITION; INGL. POSITION

1. Em linguística, **posição** designa o lugar que um elemento ocupa na cadeia sintagmática* e que lhe confere certas propriedades suplementares. Como se vê, erigido em procedimento geral, o estudo das posições dos elementos linguísticos corresponde ao das distribuições*, que caracteriza a escola de Bloomfield. Procurando conciliar os pontos de vista paradigmático

e sintagmático (a morfologia e a sintaxe), L. Hjelmslev introduz a noção de posição em sua definição da categoria* linguística.

2. Em semiótica poética, a **análise posicional**, preconizada por J. Geninasca, pôs em evidência a possibilidade de um estudo semântico dos textos, fundado no reconhecimento de articulações posicionais (rima*, ritmo*) do significante*.

3. A semiótica narrativa define o papel actancial* por um investimento modal e, ao mesmo tempo, por sua posição no percurso narrativo* do sujeito. Com isso, as personagens, em lugar de serem imutáveis e definidas de uma vez por todas, tornam-se relativas: só há herói* ou vilão* numa posição narrativa determinada.

→ Ordem, Sintagmática.

Positivo (termo, dêixis ~) adj.
FR. Positif (terme, deixis ~); INGL. Positive

Os dois termos* do eixo dos contrários* – s_1 e s_2 – são, respectivamente, ditos **positivo** e negativo, sem que esses adjetivos, contudo, comportem uma conotação tímica*, euforizante ou disforizante. Do mesmo modo, as duas dêixis a que eles pertencem são designadas, de forma simplesmente discriminatória*, **dêixis positiva** e dêixis negativa. Em consequência disso, os subcontrários*, que pertencem cada qual a uma dêixis diferente, serão denominados positivo ($\overline{s}_2$) e negativo ($\overline{s}_1$) de acordo com a dêixis de que dependem (e não, pelo fato de serem contraditórios*, segundo a dêixis de origem).

→ Quadrado semiótico.

Possibilidade s. f.
FR. Possibilité; INGL. Possibility

Enquanto denominação, **possibilidade** designa a estrutura modal que corresponde, do ponto de vista de sua definição sintática, ao predicado modal *não dever* que rege o enunciado de estado *não ser*. No quadro das modalidades aléticas, ela pressupõe, no quadrado* semiótico, a existência da impossibilidade*, da qual é a negação. Como termo da lógica, possibilidade denomina também a estrutura modal *poder-ser*, o que a torna semioticamente ambígua.

→ Aléticas (modalidades ~), Dever.

POSTERIORIDADE s. f.

FR. POSTÉRIORITÉ; INGL. POSTERIORITY

Posterioridade é um dos dois termos* da categoria* lógico-temporal *anterioridade/posterioridade*, que permite a construção do quadro de localização temporal dos programas* narrativos, por ocasião do procedimento de temporalização* do discurso.

→ **Localização espaçotemporal.**

PRAGMÁTICO(A) adj., s. f.

FR. PRAGMATIQUE; INGL. PRAGMATIC(S)

1. O exame dos discursos narrativos levou-nos a distinguir, em um nível superficial, a dimensão cognitiva* e a **dimensão pragmática**, servindo esta, por assim dizer, de referente* interno àquela. A dimensão pragmática, reconhecida nas narrativas, corresponde, *grosso modo*, às descrições, que ali são feitas, dos comportamentos somáticos* significantes, organizados em programas e recebidos pelo enunciatário* como "acontecimentos", independentemente de sua eventual utilização no nível do saber*: os **objetos pragmáticos** são reconhecíveis como valores descritivos* (como os objetos que podem ser entesourados ou consumidos), em oposição aos valores modais*. Nesse sentido, a pragmática poderia ser homologada à terceira função* de G. Dumézil. É nessa acepção que distinguiremos, correlativamente, **fazer*** **pragmático** e fazer cognitivo*, **sujeito pragmático** e sujeito cognitivo, *performances* e **competências pragmáticas** e **cognitivas**.

2. Percebe-se a distância que separa nossa concepção – que considera o conjunto das atividades humanas, tais como são descritas nos discursos, articulando-as segundo a dicotomia pragmático/cognitivo – da que se desenvolveu, ultramar, particularmente a partir dos trabalhos de Ch. W. Morris. A **pragmática**, no sentido norte-americano, visa essencialmente a depreender as condições da comunicação* (linguística), como, por exemplo, a maneira de dois interlocutores agirem um sobre o outro. Para nós, essa "pragmática" da linguagem que se reporta às características de sua utilização constitui um dos aspectos da dimensão cognitiva*, pois concerne, na realidade, à competência* cognitiva dos sujeitos em comunicação, tal como se pode reconhecê-la (e reconstruir seu simulacro) no interior dos discursos-enunciados: assim, o fazer persuasivo* e o fazer interpretativo* não constituem parâmetros

"extralinguísticos", como poderia dar a entender certa concepção mecanicista da comunicação, mas entram de corpo inteiro no processo da comunicação – tal como é concebido pela semiótica em que o destinador* e o destinatário, por exemplo, não são instâncias vazias (é o caso do emissor* ou do receptor), mas sujeitos competentes. É evidente que, na própria linha da "pragmática" norte-americana, uma semiótica da comunicação "real" (enquanto objeto descritível) pode ser elaborada, extrapolando-se em particular os modelos da semiótica cognitiva, nascidos da análise dos discursos narrativos.

➜ **Cognitivo, Saber, Comunicação, Discurso, Fazer.**

Práticas semióticas

FR. **Pratiques sémiotiques**; INGL. **Semiotic practices**

1. Partindo da definição do sentido* como intencionalidade* orientada e tendo em conta que as organizações semióticas se constroem no interior destas duas macrossemióticas* que são as línguas naturais e os mundos naturais, denominaremos **práticas semióticas** os processos semióticos reconhecíveis no interior do mundo natural e definíveis de modo comparável aos discursos* (que são "práticas verbais", isto é, processos semióticos situados no interior das línguas naturais).

2. As práticas semióticas (que se podem igualmente qualificar de sociais) apresentamse como sequências significantes de comportamentos somáticos organizados, cujas realizações vão dos simples estereótipos sociais até as programações de forma algorítmica* (que permitem, eventualmente, recorrer a um autômato*). Os modos de organização desses comportamentos podem ser analisados como programas* (narrativos) cuja finalidade só se reconhece *a posteriori*: em seguida, serão utilizados, uma vez que se prestam a isso, os métodos e procedimentos da análise discursiva. Nesse sentido, certas descrições de rituais e de cerimoniais são bastante concludentes. O conceito de prática semiótica cobre, entre outras coisas, os discursos gestuais* e as estratégias proxêmicas*, ainda muito pouco explorados. O estudo das práticas semióticas não constitui senão, provavelmente, apenas os prolegômenos de uma semiótica da ação*.

➜ **Mundo natural, Discurso.**

Prático adj.

FR. **Pratique**; INGL. **Practical**

Qualifica-se de **prático**, por ocasião da leitura de uma narrativa mítica, o nível discursivo de superfície* que se apresenta como uma narração simples de ações relativas aos atores ali instalados, em oposição ao nível mítico*, mais profundo, subjacente ao primeiro e que, uma vez explicitado*, surge como portador de significações abstratas* (que articulam as preocupações fundamentais do homem e da cultura* em que vive). Este termo, que pode se prestar a confusão, foi progressivamente substituído pelo termo figurativo*.

→ **Cosmológica (dimensão ~), Mítico (discurso, nível ~), Figura.**

Predicado s. m.

FR. **Prédicat**; INGL. **Predicate**

1. Tradicionalmente considera-se **predicado** uma das funções* sintáticas constitutivas do enunciado*. Enquanto classe* sintática, predicado corresponde mais ou menos (sem com ele se confundir) a verbo (definido como classe morfológica) ou a sintagma verbal (considerado como classe sintagmática). A superposição desses três tipos de unidades linguísticas constitui um dos problemas mais árduos de qualquer teoria gramatical.

2. A definição de predicado e o lugar que lhe é reconhecido na economia do enunciado dependem da concepção da estrutura do enunciado elementar, que esta ou aquela teoria linguística declara, axiomaticamente, como verdadeira. A concepção binária, a mais persistente, remonta à Antiguidade e, apesar das variações terminológicas (sujeito/predicado, tema/rema, tema/assunto, etc.), repousa globalmente sobre uma oposição semântica entre "aquilo de que se fala" e "o que se diz daquilo". Resulta daí que, para todas as gramáticas do enunciado (que não levam em conta a enunciação), a **predicação** surge como um dos elementos essenciais do ato de linguagem.

3. A escolha apriorística da natureza binária do enunciado se faz acompanhar, geralmente, de uma outra hipótese, mais ou menos implícita, a respeito da unicidade do enunciado elementar, isto é, da convicção de que todos os enunciados, quaisquer que sejam eles, são redutíveis a uma forma elementar única. Assim, a lógica clássica

reduziu o conjunto dos enunciados a uma única forma atributiva ("Pedro é dormidor"). As teorias linguísticas mais recentes – o distribucionalismo* (seguido neste aspecto pela gramática gerativa*), assim como a glossemática* – procuraram afastar o problema, seja construindo uma sintaxe fundamentada nas classes sintagmáticas, seja dessemantizando – ou retendo somente a relação abstrata de pressuposição – o vínculo que liga o predicado ao sujeito.

4. Situando-nos na linha de pensamento de L. Tesnière e de H. Reichenbach, concebemos o predicado como a relação constitutiva do enunciado, isto é, como uma função, cujos termos-resultantes são os actantes*: pela mesma razão, distinguimos dois tipos de enunciados elementares (e duas espécies de relações-predicados constitutivas desses enunciados): enunciados de fazer* e enunciados de estado*.

→ **Classe, Enunciado.**

PRESCRIÇÃO s. f.

FR. PRESCRIPTION; INGL. PRESCRIPTION

Denominação do termo positivo da categoria* modal deôntica, **prescrição** comporta, como definição sintática, a estrutura modal *dever-fazer*; constitui, com seu termo contrário, interdição*, o eixo da injunção*. Em lógica deôntica, o termo prescrição é, em geral, substituído pelo termo obrigação; trata-se de uma inconsequência semântica: a obrigação, que subsume tanto a proibição quanto a prescrição, deveria ser considerada como parassinônimo de injunção*.

→ **Deônticas (modalidades ~), Dever.**

PRESENÇA s. f.

FR. PRÉSENCE; INGL. PRESENCE

1. O conceito de **presença** é do domínio da teoria do conhecimento e comporta, por isso, fortes implicações metafísicas (presença "na" percepção ou "revelada" pela percepção, presença "no espírito", etc.): sua definição ontológica deve ser excluída da teoria semiótica.

2. Na perspectiva semiótica, a presença (o "estar aí") será considerada como uma determinação atribuída a uma grandeza*, que a transforma em objeto de saber* do sujeito cognitivo. Tal acepção, essencialmente operatória*, estabelecida no

quadro teórico da relação transitiva* entre o sujeito do conhecimento e o objeto cognoscível, é muito ampla: estão presentes, neste caso, todos os objetos de saber possíveis e a presença identifica-se, em parte, com a noção de existência* semiótica.

3. A oposição categoria *presença/ausência* surge, então, como uma possibilidade de distinguir dois modos de existência semiótica. Assim, o reconhecimento de um paradigma, por exemplo, implica – ao lado de um termo presente (*in praesentia*) na cadeia sintagmática – uma existência ausente (*in absentia*) dos outros termos constitutivos do paradigma. A existência *in absentia*, que caracteriza o eixo paradigmático*, corresponde a uma existência virtual*, ao passo que a existência *in praesentia*, de ordem sintagmática*, é uma existência atual* (trata-se, evidentemente, dos modos de existência das unidades e das classes sintagmáticas, e não dos modos de existência de uma palavra-ocorrência "real", por exemplo, que não manifesta, sob a forma de uma grafia, senão a substância de seu significante).

→ **Existência semiótica, Pressuposição.**

PRESSUPOSIÇÃO s. f.

FR. PRÉSUPPOSITION; INGL. PRESUPPOSITION

1. Na fala corrente, o termo **pressuposição** é ambíguo, pois designa ora o ato de pressupor, ora certo tipo de relação entre termos, ora um dos termos (o pressuposto) a que vai ter a relação. Empregado, além disso, em lógica e em linguística, esse conceito deu lugar, recentemente, a desenvolvimentos amplos e profundos que é impossível delinear aqui. Vamos limitar-nos a precisar a contribuição desse conceito para uma tipologia das relações fundamentais.

2. Reservando a denominação de pressuposição apenas para a relação*, diremos que ela designa a relação que o termo* **pressuponente** contrai com o termo **pressuposto**. Por termo pressuposto entender-se-á aquele cuja presença* é condição necessária da presença do termo pressuponente, enquanto a presença do termo pressuponente não é condição necessária da presença do termo pressuposto. O exemplo, já clássico, dado por L. Hjelmslev, é o da relação de pressuposição reconhecida entre (em latim) "ab" (pressuponente) e o ablativo (pressuposto): a presença do ablativo não torna necessária a de "ab".

3. Esse exemplo pode ajudar a distinguir a pressuposição da implicação* (que é uma relação do tipo "se... então"): o latim "ab" implica o ablativo, entendendo-se com isso que, sendo logicamente anterior, condiciona a presença do ablativo. Em compensação, o ablativo pressupõe "ab", pois, enquanto termo pressuposto, é

logicamente anterior a "ab", termo pressuponente. Pode-se, então, dizer que os dois tipos de relação são orientados*, mas em direções opostas. Observa-se, por outro lado, que a relação de implicação pressupõe a relação de pressuposição que lhe é anterior: desde que o ablativo é o termo pressuposto e como tal necessário, a implicação "se... então" pode ser exercida de pleno direito; caso contrário, a implicação será aleatória.

4. Ao lado da **pressuposição simples**, que acabamos de evocar, pode ser reconhecida uma **dupla pressuposição** (dita também **pressuposição recíproca**) em que os dois termos são, ao mesmo tempo, pressuponentes e pressupostos. A ausência de pressuposição entre dois termos restitui-lhes a autonomia*: a relação que contrairão será, então, a de combinação*, no eixo sintagmático, ou a de oposição, no eixo paradigmático.

5. Na semiótica narrativa, a leitura às avessas da narrativa* permite, por exemplo, em conformidade com o esquema narrativo*, revelar uma ordem lógica de pressuposição entre as diferentes provas*: a prova glorificante* pressupõe a prova decisiva* que, por sua vez, pressupõe a prova qualificante*. Em outras palavras, a lógica da narrativa é orientada e vai de jusante a montante, e não inversamente, como alguns estariam tentados a acreditar. Nessa perspectiva, e do ponto de vista da produção* do discurso narrativo, a conversão* do **eixo das pressuposições** em eixo das consecuções, que caracteriza a programação* temporal, é um dos componentes da *performance* do enunciador*.

→ **Presença, Quadrado semiótico.**

PRIVAÇÃO s. f.

FR. PRIVATION; INGL. DEPRIVATION

Situada no nível figurativo*, a **privação** – que se opõe paradigmaticamente à aquisição* – representa a transformação* que estabelece a disjunção* entre o sujeito* e o objeto*, a partir de sua conjunção* anterior; será efetuada de modo transitivo* (despossessão*) ou reflexivo* (renúncia*). Inscrita no esquema narrativo*, a privação é a forma negativa da consequência e pode por isso ser considerada como um dos componentes possíveis da figura discursiva que é a prova.

→ **Comunicação, Consequência, Prova.**

Probabilidade s. f.

FR. Probabilité; INGL. Probability

Enquanto denominação da estrutura modal *não crer não ser*, **probabilidade** é um dos termos da categoria modal epistêmica, que tem a improbabilidade* como termo contraditório e a incerteza* como termo subcontrário.

→ Epistêmicas (modalidades ~).

Procedimento s. m.

FR. Procédure; INGL. Procedure

1. Na tradição hjelmsleviana, entende-se por **procedimento** uma sequência de operações* ordenada, que visa a esgotar a descrição* de um objeto semiótico, segundo o nível de pertinência* escolhido. Tal definição, teoricamente irrepreensível, é demasiado geral para ser aproveitada. Por isso, aplica-se geralmente o termo procedimento a sequências de operações limitadas e/ou localizadas, que correspondem a uma instância, a um segmento ou a um microuniverso* determinados, que se procura submeter à descrição.

2. Serão distinguidos dois grandes tipos de procedimentos: os **procedimentos analíticos*** (ou descendentes) partem de um objeto semiótico considerado como um todo e visam a estabelecer relações entre suas partes e o todo; os **procedimentos sintéticos** (ou ascendentes) partem, geralmente, dos elementos considerados como indecomponíveis, reconhecendo que fazem parte de unidades maiores.

3. Na tradição norte-americana, procura-se distinguir **procedimentos de descrição*** e **procedimentos de descoberta***. Podem-se ver aí duas espécies de problemáticas – muitas vezes confundidas – de ordem epistemológica: os procedimentos de descrição dizem respeito à reflexão sobre a construção das metalinguagens* e dos sistemas de representação* do fazer científico, ao passo que os procedimentos de descoberta colocam problemas relativos ao valor das teorias" e à eficácia* das metodologias*.

4. Nessa última perspectiva, a linguística chomskyana opõe aos procedimentos de descoberta, considerados como não pertinentes para fundamentar e justificar as teorias gramaticais, os **procedimentos de avaliação**, suscetíveis de apreciá-las segundo o princípio da simplicidade.

→ Descrição, Descoberta, Metalinguagem, Representação, Simplicidade.

Procedimento estilístico

FR. Procédé stylistique; INGL. Stylistic device

Termo da estilística que designa a "maneira de operar" do enunciador* no momento da produção do discurso, o **procedimento estilístico** é reconhecível – ao menos intuitivamente – num determinado nível de superfície* do texto. Essa noção retoma, por sua conta, as antigas figuras* de retórica, ao mesmo tempo que as liga à instância da enunciação*. A ausência de procedimentos de reconhecimento* dessas maneiras de operar, assim como a de qualquer descrição estrutural que permita o estabelecimento de uma taxionomia, tem sido até agora a razão principal do fracasso da estilística.

→ Estilística.

Processo s. m.

FR. Procès; INGL. Process

1. Procurando precisar a dicotomia saussuriana língua/fala, L. Hjelmslev interpretou-a como um caso particular de uma abordagem mais geral, pela qual o sujeito do reconhecimento se aproxima do objeto a ser conhecido, encarando-o quer como sistema*, quer como processo. O **processo semiótico**, que só retoma uma parte das determinações do conceito vago de fala*, designa então, na terminologia hjelmsleviana, o eixo* sintagmático da linguagem e opõe-se ao sistema semiótico, que representa seu eixo paradigmático.

2. Na semiótica discursiva, o termo processo serve para designar o resultado da conversão* da função narrativa de fazer*, conversão que se efetua graças aos investimentos complementares das categorias temporais e, sobretudo, aspectuais. Tal processo pode ser, então, lexicalizado, ou sob uma forma condensada* (um simples verbo, por exemplo), ou em expansão* (frase, parágrafo, capítulo, etc.).

→ Sintagmática, Aspectualização, Temporalização.

Produção s. f.

FR. Production; INGL. Production

1. No quadro das atividades humanas, pode-se opor **produção** – concebida como operação pela qual o homem transforma a natureza ou as coisas – a comu-

nicação*, que diz respeito às relações intersubjetivas e, por isso mesmo, decorre da manipulação* (enquanto implica um fazer-crer e um fazer-fazer).

2. Em semiótica, produção é a atividade semiótica considerada como um todo e que, situada na instância da enunciação*, resulta na formação do enunciado* (frase ou discurso). O uso tem tendência a confundir os termos produção e geração (ou engendramento). Segundo a gramática gerativa*, a geração depende da competência* do falante (que é, ao mesmo tempo e indistintamente, emissor* e receptor*), enquanto a produção, característica da *performance**, é obra unicamente do enunciador*.

3. Opõem-se, em geral, as **gramáticas de produção** às gramáticas de reconhecimento: enquanto estas se situam idealmente no lugar do enunciatário e operam a análise de um *corpus** de enunciados, aquelas adotam o ponto de vista do enunciador e procedem por síntese*, visando à construção de frases gramaticais a partir dos elementos.

→ **Operação, Comunicação, Geração, Enunciação, Ato de linguagem, Reconhecimento.**

PROFUNDA (ESTRUTURA ~) **adj.**
FR. PROFONDE (STRUCTURE ~); INGL. DEEP STRUCTURE

1. As **estruturas*** **profundas** são habitualmente opostas, em semiótica, às estruturas de superfície* (ou superficiais): enquanto estas pertencem, por assim dizer, ao domínio do observável, aquelas são consideradas subjacentes ao enunciado. Nota-se, todavia, que o termo **profundidade** está maculado de conotações ideológicas, por sua alusão à psicologia profunda, e que seu sentido é, em geral, aproximado do de autenticidade.

2. A profundidade está, ao mesmo tempo, implicitamente ligada à semântica e sugere uma certa "qualidade" da significação e/ou a dificuldade de sua decifração. Mesmo admitindo, de bom grado, que existem diferentes níveis de significação (ou diferentes isotopias*), não parece que se possa reduzir a problemática das estruturas profundas à dimensão semântica, nem, tampouco, vincular a interpretação* semântica – como fazia a gramática narrativa* padrão – apenas às estruturas profundas.

3. Em linguística, a distinção entre esses dois tipos de estruturas, devido à gramática gerativa e transformacional, faz evidentemente abstração dos sentidos (1) e (2), acima evocados. Ela concerne apenas à dimensão sintática* da língua e está fundamentada na relação de transformação* – ou de uma sequência de transformações –

reconhecível (e explicitável sob a forma de regras*) entre duas análises de uma mesma frase, das quais a mais simples e a mais abstrata está situada no nível profundo. Não se trata, como se vê, no caso das estruturas de superfície, de frases "reais" ou realizadas*, enquanto as estruturas profundas seriam as únicas virtuais*. Umas e outras dependem do modelo da competência* (ou da língua*) e são tributárias da teoria linguística que as formulou e do sistema formal* que as explicitou.

4. Isso nos leva a dizer que esses dois tipos de estruturas são construções metalinguísticas* ("profundo" e "superfície" são duas metáforas espaciais, relativas ao eixo da verticalidade): elas servem para designar, uma, a posição de partida, outra, o ponto de chegada de uma cadeia de transformações, que se apresenta como um processo de geração*, como um percurso gerativo* de conjunto, no interior do qual se podem distinguir tantas etapas e marcos quantos forem necessários para a clareza da explicação. Além disso, o caráter puramente operatório* desses patamares estruturais justifica e autoriza os remanejamentos e os questionamentos que a teoria é levada a introduzir.

5. Em semiótica, a utilização dessa dicotomia inscreve-se, necessariamente, na teoria geral da geração da significação e leva em consideração, essencialmente, e, ao mesmo tempo, o princípio gerativo, segundo o qual as estruturas complexas são produzidas a partir de estruturas mais simples (cf. combinatória*), e o princípio de "acréscimo do sentido", segundo o qual qualquer complexificação das estruturas traz sempre um complemento de significação. É por isso que cada instância do percurso gerativo deve comportar os dois componentes, sintático e semântico (o que a teoria gerativa expandida está a ponto de admitir). Sendo relativa a noção de profundidade, cada instância de geração do discurso remete a uma instância "mais profunda" e assim por diante, até a estrutura profunda por excelência, que é a estrutura* elementar da significação, ponto *a quo* do percurso gerativo.

➔ **Superfície, Nível, Estrutura.**

Programa narrativo

FR. **Programme narratif;** INGL. **Narrative program**

1. O **programa narrativo** (abreviado como PN) é um sintagma* elementar da sintaxe* narrativa de superfície, constituído de um enunciado de fazer* que rege um enunciado de estado*. Pode ser representado* sob as duas formas seguintes:

$$PN = F\ [S_1 \rightarrow (S_2 \cap O_v)\,]$$
$$PN = F\ [S_1 \rightarrow (S_2 \cup O_v)]$$

onde:

F = função

S_1 = sujeito de fazer

S_2 = sujeito de estado

O = objeto (suscetível de receber um investimento semântico sob a forma de *v:* valor)

[ ] = enunciado de fazer

( ) = enunciado de estado

→ = função fazer (resultante da conversão* da transformação*)

∩ ∪ = junção (conjunção ou disjunção) que indica o estado final, a consequência do fazer.

Observação: Para maior clareza, a função "fazer" é representada pleonasticamente pelos dois símbolos: F e →.

O programa narrativo deve ser interpretado como uma mudança de estado efetuada por um sujeito (S_1) qualquer, que afeta um sujeito (S_2) qualquer: a partir do enunciado de estado do PN, considerado como consequência, podem-se, no nível discursivo, reconstituir figuras* tais como a prova*, a doação*, etc.

2. Uma tipologia dos PN deveria ser estabelecida a partir da consideração sucessiva dos seguintes critérios:

a) a natureza da junção*: conjunção ou disjunção (correspondentes à aquisição* ou à privação* de valores);

b) o valor investido: valores modais* ou descritivos* (e, entre estes, valores pragmáticos* ou cognitivos*);

c) a natureza dos sujeitos presentes: são eles ora distintos (assumidos por dois atores* autônomos), ora sincretizados* num único ator: neste caso, o PN é chamado *performance**.

3. O programa narrativo será, algumas vezes, tornado mais complexo com fins de ênfase*, isto é, para produzir o efeito de sentido "dificuldade", "caráter extremo" da tarefa. Dois procedimentos de ênfase são relativamente frequentes, especialmente na etnoliteratura: a duplicação* (quando o PN é desdobrado, sendo o fracasso do primeiro seguido do êxito do segundo), notada simbolicamente PN (x2), e a triplicação (em que três PN sucessivos só se diferenciam pela "dificuldade" crescente da tarefa), indicada por PN (x3).

4. Um PN simples se transformará em PN complexo sempre que exigir a realização prévia de um outro PN: é o caso, por exemplo, do macaco que, para alcançar a banana, deve primeiro procurar uma vara. O PN geral será, então, denominado **PN de base**, enquanto os PN pressupostos* e necessários serão ditos **PN de uso**: estes são

em número indefinido, ligado à complexidade da tarefa a cumprir; serão notados como PN (PNu 1, 2, ...), sendo que os parênteses indicam, como em (3), o caráter facultativo da expansão.

5. O PN de uso pode ser realizado seja pelo próprio sujeito, seja por um outro sujeito, delegado do primeiro: nesse caso, falaremos de **PN anexo**, simbolizado por PN (PNa) e reconhecido como pertencente a um nível de derivação* inferior (a instalação do sujeito de fazer delegado* – ser humano, animal ou autômato – suscita o problema de sua competência*).

6. É do PN de base escolhido, isto é, essencialmente do valor último visado, que depende a forma atualizada* do PN global, chamado a ser colocado em discurso, isto é, a ser, em primeiro lugar, temporalizado, com vistas à realização*. Vê-se assim como um PN se transforma, pela instalação de alguns procedimentos de complexificação (formuláveis em regras*), em programação operatória. Notar-se-á que, no nível discursivo, os PN podem estar explícitos* ou permanecer implícitos*: sua explicitação é uma exigência da sintaxe narrativa de superfície.

7. Trate-se de um PN simples ou de uma sequência ordenada de PN (que inclui alguns PN de uso e, eventualmente, PN anexos), o conjunto sintagmático, assim reconhecido, corresponde à *performance do sujeito*, desde que os sujeitos de fazer e de estado estejam em sincretismo num ator determinado e que os sujeitos dos PN anexos sejam idênticos ao sujeito do fazer principal ou, pelo menos, delegados e regidos por ele. O PN, dito *performance*, pressupõe um outro, o da competência* (devendo o sujeito do "fazer-ser", previamente, modalizado, por exemplo, como sujeito do *querer-fazer* ou do *dever-fazer*). Nessa perspectiva, a competência surge como um programa de uso, caracterizado, todavia, pelo fato de os valores visados por ele serem de natureza modal*. Como a *performance* pressupõe a competência, depreende-se uma nova unidade sintática resultante do encadeamento lógico delas e hierarquicamente superior a elas: damos-lhe o nome de **percurso narrativo**.

→ **Sintaxe narrativa de superfície, Narrativo (esquema ~), Narrativo (percurso ~).**

Programação espaçotemporal

FR. PROGRAMMATION SPATIO-TEMPORELLE; INGL. SPATIAL AND TEMPORAL PROGRAMMING

Do ponto de vista da produção do discurso e no quadro do percurso gerativo* global, a **programação espacial** e a **temporal** surgem como subcomponentes dos procedimentos de espacialização* e de temporalização* (integrados, por sua vez, na discursivização*), graças aos quais – entre outras coisas – se efetua a conversão* das estruturas narrativas em estruturas discursivas.

A. Programação espacial

1. Em semiótica discursiva, entende-se por **programação espacial** o procedimento que consiste em organizar, após a localização* espacial dos programas* narrativos, o encadeamento sintagmático* dos espaços parciais.

2. Em semiótica do espaço*, a programação espacial efetua-se pelo correlacionamento dos comportamentos programados dos sujeitos (de seus programas narrativos) com os espaços segmentados que exploram (cf. quarto + sala + cozinha + banheiro). Tal programação é dita funcional quando visa à otimização* da organização espacial, em função de programas narrativos estereotipados.

B. Programação temporal

1. A principal característica da **programação temporal** é a conversão do eixo das pressuposições*, que representa a ordem lógica do encadeamento dos programas narrativos, em eixo das consecuções, dando lugar assim à exposição temporal pseudocausal das ações narradas. Assim, dado um programa narrativo (abreviado com PN) complexo (por exemplo, a preparação da "soupe au pistou"), a ordem narrativa consiste em, partindo do PN de base (atribuição da sopa aos convidados), subir, mediante uma cadeia de pressuposições lógicas, de um PN de uso a outro, até o estado inicial (caracterizado pela não existência da sopa e pelo projeto de sua preparação). A programação temporal tem como efeito inverter essa ordem e substituí-la por uma ordem "cronológica" que dispõe os PN de uso em consecução temporal.

2. Todavia, a programação temporal não se reduz apenas à disposição dos diversos PN na linha do tempo, segundo a categoria *anterioridade/posterioridade*. Ela implica, além disso, uma medida do tempo em durações (introduzindo, assim, a aspectualização*, que transforma os fazeres* em processos*): todos os PN de uso são avaliados enquanto processos durativos* para serem inscritos no programa temporal, de tal forma que o aspecto terminativo* de cada processo corresponde ao momento da integração de cada subprograma no programa de conjunto. Trata-se, no caso, do procedimento de periodização* dos PN de uso, em função da realização do PN de base.

3. Tendo em vista que a temporalização põe em jogo não só a categoria relacional *anterioridade/posteridade*, que liga os PN situados numa única linha, mas também a da *concomitância*, que identifica temporalmente dois PN paralelos, a programação temporal considera a possibilidade de programar em concomitância* dois ou mais PN. O procedimento então utilizado é o do encaixe* temporal, que permite inscrever,

numa duração mais longa, uma duração mais curta ou uma puntualidade*. Um PN instalado na duração, ou deixa um lapso de tempo de "espera", isto é, de não fazer que permite executar um PN_2, ou permite instalar, paralelamente, um sujeito delegado* (um ajudante de cozinha, por exemplo) que executa simultaneamente o PN_2.

4. A programação temporal, assim executada, oferece uma representação cronológica da organização narrativa. Ora, a cronologia não é necessariamente racional, ela comporta muitas vezes sintagmas programados estereotipados, que se conservam tais quais, apesar da mudança do PN de base. Nessas condições, é possível conceber procedimentos de otimização* funcional das programações temporais, tais como são praticados na pesquisa operacional, mas também, ainda imperfeitamente, na linguística aplicada, procedimentos esses que explicitam o conceito de simplicidade* em sintagmática.

5. A programação temporal, que resulta no estabelecimento de uma cronologia, não deve ser confundida com a programação textual (no quadro da textualização*), que o enunciador* efetua obedecendo às coerções e aproveitando as liberdades devido à natureza linear (temporal ou espacial) do texto*. Se ele está, por exemplo, coagido a programar concomitâncias como sucessões, dispõe, em compensação, de uma margem de liberdade para reorganizar a cronologia a seu talante (produzindo anacronismos e criando suspenses, por exemplo). Com muita reserva, quem sabe se poderia falar aqui, por analogia, de uma otimização estética (idioletal ou socioletal).

→ **Espacialização, Temporalização, Localização espaçotemporal.**

PROPOSIÇÃO s. f.

FR. **PROPOSITION**; INGL. **PROPOSITION**

1. Em gramática tradicional, o termo **proposição** é utilizado quer para designar uma unidade sintática autossuficiente, e então a proposição chamada independente é identificada com a frase simples, quer para designar uma unidade que tem a mesma estrutura, mas está integrada na frase complexa (em que a proposição principal rege as proposições subordinadas). Desde L. Tesnière e N. Chomsky, a problemática da frase complexa foi absorvida por um mecanismo de produção frasal único (cf. imbricamento*). No plano terminológico, enunciado substitui com vantagem tanto o termo frase como o termo preposição.

2. Em lógica, entende-se por proposição um enunciado suscetível de ser chamado verdadeiro ou falso: tal definição é restritiva (ela exclui, por exemplo, as frases

|392|

interrogativas e as imperativas) e não permite a utilização do termo proposição como sinônimo de enunciado.

→ **Frase, Enunciado.**

PROPRIOCEPTIVIDADE s. f.
FR. PROPRIOCEPTIVITÉ; INGL. PROPRIOCEPTIVENESS (NEOL.)

Termo complexo* (ou neutro*?) da categoria* classemática *exteroceptividade/ interoceptividade*, **proprioceptividade** serve para classificar o conjunto das categorias sêmicas que denota o semantismo* resultante da percepção que o homem possui de seu próprio corpo. De inspiração psicológica, esse termo deve ser substituído pelo termo timia (portador de conotações psicofisiológicas).

→ **Tímica (categoria ~), Exteroceptividade.**

PROSÓDIA s. f.
FR. PROSODIE; INGL. PROSODY

1. Subcomponente da fonologia e/ou da fonética* (uma e outra são chamadas então suprassegmentais), a **prosódia** se consagra ao estudo das unidades do plano da expressão* que vão além das dimensões dos fonemas*. Essas unidades supras-segmentais são chamadas, geralmente, **prosodemas.** O inventário das categorias* prosódicas está longe de se considerar acabado (nele se incluem todas as espécies de fenômenos, tais como a acentuação, a entonação*, o ruído, as pausas, o ataque, o ritmo* etc.); esse campo de pesquisa, ainda insuficientemente explorado, poderia ser um dos lugares de aproximação entre a semiótica poética e a semiótica musical.

2. O estatuto dos prosodemas não é evidente, mas fica claro que eles não se satisfazem somente com a função discriminatória* que caracteriza os fonemas. Alguns dentre eles aparecem como categorias sintáticas (a entonação, por exemplo, pode ser considerada como constituinte* de frase), morfossintáticas (o acento, de acordo com as línguas, é capaz de ter uma função demarcatória* de palavras ou de sintagmas), ou morfológicas (a acentuação da primeira ou da segunda sílaba do inglês "insult" o determina respectivamente como substantivo ou como verbo).

3. O seu estatuto propriamente semiótico causa igualmente dificuldade porque os prosodemas não parecem ser figuras*, no sentido hjelmsleviano da palavra, isto

é, unidades do plano da expressão*, mas, antes, signos* biplanos semimotivados: assim, se se distingue, por exemplo, na entonação, uma oposição do tipo *curva ascendente/curva descendente* no plano da expressão, essa oposição está em correlação com uma outra, situada no plano do conteúdo, a qual pode ser designada como *suspensão/conclusão*. As categorias prosódicas devem ser aproximadas assim das categorias gestuais ou picturais, por exemplo.

➔ **Fonologia.**

PROTOACTANTE s. m.
FR. PROTOACTANT; INGL. PROTO-ACTANT

Como a estrutura* é o modo de existência semiótica elementar, todo actante é suscetível de ser projetado no quadrado semiótico e de ser articulado assim em pelo menos quatro posições actanciais (actante, antiactante, negactante, neganti-actante): em relação à categoria* actancial que assim se constitui, ele será chamado **proto-actante**. Dir-se-á, por exemplo, que o sujeito* ou o destinador* são protoactantes quando manifestam, no discurso, algumas de suas posições actanciais, tais como sujeito e antissujeito, destinador e antidestinador.

➔ **Actante, Quadrado semiótico.**

PROVA s. f.
FR. ÉPREUVE; INGL. TEST

1. O exame das funções* proppianas permitiu destacar a recorrência, no conto maravilhoso, desse sintagma narrativo a que corresponde a **prova** em suas três formas: qualificante, decisiva e glorificante. Recorrência que, ao permitir a comparação, garante a sua identificação formal.

2. Enquanto a doação implica, simultaneamente, uma conjunção* transitiva* (ou atribuição*) e uma disjunção* reflexiva* (ou renúncia*) e se inscreve entre um destinador* e um destinatário, a prova é uma figura* discursiva da transferência* de objetos*-valor, que supõe, concomitantemente, uma conjunção reflexiva (ou apropriação*) e uma disjunção transitiva (ou despossessão*), e que caracteriza o fazer do sujeito-herói em busca* do objeto-valor.

3. Na qualidade de conjunção reflexiva, a prova corresponde, no nível da sintaxe* narrativa* de superfície, a um programa narrativo no qual o sujeito de fazer* e o

sujeito de estado* são investidos num único e mesmo ator*. Enquanto disjunção transitiva, implica, pelo menos de forma implícita, a existência, e mesmo a ação contrária, de um antissujeito que visa à realização de um programa narrativo inverso: assim a prova põe em relevo a estrutura polêmica* da narrativa.

4. Do ponto de vista de sua organização interna, a prova é constituída pela concatenação de três enunciados que, no nível discursivo, podem exprimir-se como defrontação*, dominação* e consequência* (aquisição* ou privação*): esse eixo de consecuções pode ser substituído pelo de pressuposições*, o que faz aparecer uma espécie de lógica "às avessas" (a consequência pressupõe a dominação que, por sua vez, pressupõe a defrontação), de tal forma que, se numa narrativa-ocorrência só se apresenta manifestada a consequência, esta autoriza catalisar* a prova no seu conjunto.

5. Se as três provas – qualificante, decisiva e glorificante – têm a mesma organização sintática, elas se distinguem, entretanto – no esquema narrativo* canônico –, pelo investimento semântico, manifestado na consequência: assim, a prova qualificante corresponde à aquisição da competência* (ou das modalidades* do fazer), a prova decisiva, à *performance*, a prova glorificante, ao reconhecimento*. Essa consecução de três provas (as duas primeiras situadas na dimensão pragmática*, a última, na dimensão cognitiva*) constitui de fato um encadeamento às avessas, conforme o qual o reconhecimento pressupõe a *performance* e, esta, a competência correspondente: só pode haver prova glorificante para sancionar a prova decisiva pressuposta e, por sua vez, a prova decisiva não poderia realizar-se sem a presença (implícita ou explícita) da prova qualificante.

→ **Narrativo (esquema ~).**

Proxêmica s. f.
fr. Proxémique; ingl. Proxemics

1. A **proxêmica** é uma disciplina – ou melhor, um projeto de disciplina semiótica que visa a analisar a disposição dos sujeitos* e dos objetos* no espaço* e, mais particularmente, o uso que os sujeitos fazem do espaço para fins de significação. Assim definida, ela aparece como um domínio problemático da teoria semiótica*, que cobre, em parte, a semiótica do espaço, mas também a semiótica natural*, a semiótica teatral*, a semiótica discursiva*, etc.

2. Os contornos desse campo de problemas permanecem ainda muito incertos. Numa primeira aproximação, a proxêmica parece interessar-se pelas relações

espaciais (de proximidade, de distanciamento, etc.) que os sujeitos mantêm entre si, e pelas significações não verbalizadas que eles daí tiram. Todavia, quando não se trata mais de semióticas naturais (isto é, dos comportamentos "reais" no mundo), mas de semióticas artificiais ou construídas (teatro, liturgia, ritual, urbanismo, etc.), e quando se é levado a prever uma instância da enunciaçiação*, a disposição dos objetos, tanto quanto a dos sujeitos, torna-se portadora de sentido.

3. A proxêmica não poderia satisfazer-se apenas com a descrição dos dispositivos espaciais formulados em termos de enunciados de estado*; ela deve ter em mira igualmente os movimentos* dos sujeitos e os "deslocamentos" de objeto, que não são menos significativos, porque são representações espaçotemporais das transformações* (entre os estados). Sendo assim, a proxêmica vai além dos limites a que se propôs e se vê obrigada a integrar em seu campo de análise também as linguagens gestuais tanto quanto as linguagens espaciais.

4. Independentemente dos limites que a proxêmica fixará para si mesma, os procedimentos de **proxemização** devem ser integrados, desde já, no componente da semiótica discursiva que é a espacialização.

→ **Espacialização, Gestualidade.**

PSICOSSEMIÓTICA s. f.

FR. PSYCHOSÉMIOTIQUE; INGL. PSYCHO-SEMIOTICS

1. Deve-se prevenir desde já que o termo **psicossemiótica** aqui proposto, bem como o domínio que, segundo se julga, ele cobre, não existe e nada mais constitui do que um desejo piedoso por parte do semioticista. Uma única semiótica particular, a linguística, encontra-se, há algum tempo, acoplada à psicologia e constitui a **psicolinguística**, considerada, desde os anos 1950, como uma disciplina autônoma.

2. Essa aproximação de duas disciplinas que se elaboraram de maneira independente, visando à produção de um novo campo científico autônomo, repousa numa ilusão, a da interdisciplinaridade. De fato, por pouco que se admita que uma ciência se define por seus métodos de abordagem, e não pelo objeto ou pelo domínio de aplicação, é preciso ser muito ingênuo para pretender que duas metodologias, construídas separadamente, possam ser consideradas compatíveis e homologáveis entre si, ao passo que duas teorias linguísticas e, com mais forte razão, duas teorias psicológicas não o são entre si por falta de poderem ser traduzidas em uma linguagem formal*, coerente e única. Sabe-se que um estudo empreendido por

J. P. Boons e que visa à homologação entre si de uma dezena de relatórios fornecidos por outras tantas ciências humanas sobre uma única e mesma vila bretã revelou a convergência máxima das disciplinas em questão sobre uma palavra que lhes é comum, o qualificativo "importante", sinal infalível de um alto grau de não cientificidade desses discursos. É evidente que uma aliança entre a psicologia e a linguística não pode ter por efeito senão a dominação de uma disciplina sobre a outra, o que dá lugar a pesquisas que se referem quer à psicologia da linguagem, quer à linguística psicológica.

3. Numa primeira fase, a psicolinguística apareceu como a aliança bastante feliz entre a psicologia dos comportamentos (o behaviorismo) e o estruturalismo norte-americano, já que os dois têm em comum pelo menos o seu assemantismo. O segundo período, que se prolonga até nossos dias, começa com o surgimento da gramática gerativa* que toma como parceira uma psicologia muito mais clássica e tolerante (a que trata da percepção, da memória, da personalidade, etc.). A linguística gerativa tinha, com efeito, alguma coisa a oferecer à psicologia: reservando-se o domínio da competência* linguística (cuja descrição constitui a gramática de uma língua), ela cedeu sem dificuldade à psicolinguística o domínio da *performance**, convidando-a a definir um duplo modelo, o da produção e o da percepção da linguagem, modelo que explicaria a utilização, por parte do sujeito falante, do modelo da competência. Dessa forma, como F. de Saussure, que, depois de ter definido a língua* como o único objeto da linguística, abandonou a fala* à sanha dos psicólogos e sociólogos, N. Chomsky apropria-se da competência, ainda que com o risco de oferecer a sua *performance* às interpretações mais heterogêneas.

4. Duas outras teorias psicológicas – a psicologia genética de Piaget e a psicanálise freudiana – não parecem ter sido suficientemente utilizadas pela psicolinguística: a importância – que nos parece excessiva – dada aos problemas do "ineísmo" não deixou lugar, e se o fez foi muito pouco, para um confronto, metodologicamente fundamental, entre a abordagem genética que caracteriza essas duas formas de psicologia e a gerativa (que é a da linguística dominante).

5. Quanto às relações entre a psicologia e a semiótica, parecem caracterizadas, dos dois lados, por certezas epistemológicas e metodológicas que admitem apenas a integração, parcial ou total, do domínio vizinho no seu, sem conceber a possibilidade de uma colaboração duradoura. Isso fica particularmente claro no caso da psicanálise: se bem que a *Traumdeutung* de Freud seja um trabalho notável de análise semiótica *avant la lettre*, se bem que os empréstimos feitos por Lacan à linguística (e à semiótica) não sejam de se negligenciar, a psicanálise se considera como um campo de saber totalizante, suscetível de interpretar e de absorver os dados e as problemá-

ticas que encontra em seu caminho. Ela não perde em nada, neste domínio, para a semiótica, que, fortalecida em seu "antipsicologismo" herdado de Saussure, está pronta para distribuir seus "conselhos" e a oferecer seus serviços metodológicos a quem quer que chegue. A situação assim criada é, afinal de contas, talvez mais sadia e mais clara do que a de uma falsa interdisciplinaridade, dado que a "psicologia da linguagem" e a "semiótica psicológica", distintas entre si, permanecem cada qual em suas posições.

6. A semiótica é constantemente levada a avançar no terreno tradicionalmente reservado à psicologia. Desse modo, no plano semântico, ao ter que precisar o universo* semântico como um dado anterior a qualquer análise, ela não pode deixar de distinguir o universo individual*, opondo-o ao universo coletivo*, de prever também, a título de hipótese, estruturas* axiológicas elementares (tais como as categorias *vida/morte* e *natureza/cultura)*, que permitem empreender a sua descrição. Tais universos, considerados como objetos, podem ser assumidos e interpretados por sujeitos* individuais ou coletivos, que dão lugar a articulações particularizantes que são o universo idioletal* e o socioletal*. O individual e o social, o psicológico e o sociológico, acham-se assim organizados, para as necessidades da semiótica, em conceitos operatórios.

7. No plano sintático, por outro lado, os recentes desenvolvimentos da gramática actancial – que põem em relevo o dinamismo dos papéis actanciais* e a variedade das modalizações* do sujeito – conduziram a semiótica a conceber a "vida interior" do ator chamado "pessoa" como um campo de exercícios sintáticos em que um número bastante elevado de sujeitos (sintáticos) coexistem, se defrontam, executam percursos e participam de manobras táticas e estratégicas – visão que pode ser aproximada do espetáculo que (com o "ego", o "superego" e o "id") a psicanálise oferece-se.

8. Resta, por fim, um domínio semiótico ainda inexplorado – que só foi sugerido por Hjelmslev –, o das conotações* individuais, isto é, de um sistema de conotação (que dá lugar, provavelmente, a processos conotativos) que, paralelamente às conotações sociais, se encontram subjacentes a nossos discursos, constituindo, um pouco à maneira das caracterologias de outrora, uma tipologia imanente de personalidades, de maneiras de ser, de registros, de vozes e de timbres. É aí que uma **psicossemiótica**, que assuma tais semióticas, cujo modo de manifestação é sincrético*, poderia encontrar um campo de experimentação disponível.

Punição s. f.

FR. PUNITION; INGL. PUNISHMENT

Inscrita no esquema narrativo* canônico, a **punição** é a forma negativa da retribuição (que, na dimensão pragmática*, faz parte do contrato*, explícito ou implícito, firmado entre o Destinador e o Destinatário-sujeito), por oposição a sua forma positiva que é a recompensa*. Conforme seja a sanção pragmática negativa exercida por um Destinador social ou individual, poder-se-ão distinguir dois modos de punição, que são a justiça* e a vingança*.

→ **Retribuição, Sanção.**

Puntualidade s. f.

FR. PONCTUALITÉ; INGL. PUNCTUALITY

1. **Puntualidade** é o sema* aspectual que se opõe, paradigmaticamente, ao de duratividade*; caracteriza o processo* pela ausência* de duração. *Puntualidade/duratividade* constituem, assim, uma categoria* aspectual.

2. Do ponto de vista sintagmático, a puntualidade pode marcar quer o início do processo (é, então, dita incoatividade*), quer seu fim (será, então, denominada terminatividade*); com a duratividade, constitui uma configuração* aspectual. A ausência de duração de um processo neutraliza a oposição entre o incoativo e o terminativo.

→ Aspectualização, Duratividade.

Quadrado semiótico s. m.
FR. Carré sémiotique; INGL. Semiotic square

1. Compreende-se por **quadrado semiótico** a representação* visual da articulação lógica de uma categoria* semântica qualquer. A estrutura* elementar da signíficação, quando definida – num primeiro momento – como uma relação* entre ao menos dois termos*, repousa apenas sobre uma distinção de oposição* que caracteriza o eixo paradigmático da linguagem: ela é, portanto, suficiente para constituir um paradigma* composto de n termos, mas não permite por isso mesmo distinguir, no interior desse paradigma, categorias semânticas baseadas na isotopia* (o "parentesco") dos traços distintivos* que nele podem ser reconhecidos. Faz-se necessária uma tipologia das relações, por meio da qual se possam distinguir os traços intrínsecos, constitutivos da categoria, dos traços que lhe são alheios.

2. A tradição linguística de entreguerras impôs a concepção binária* da categoria. Raros foram os linguistas que, como V. Brøndal, por exemplo, sustentaram – a partir de pesquisas comparativas sobre as categorias morfológicas – a existência de estruturas multipolares, comportando até seis termos ligados entre si. R. Jakobson, um dos defensores do binarismo, foi, todavia, levado a reconhecer a existência de dois tipos de relações binárias, umas do tipo A/$\bar{A}$ caracterizadas pela oposição resultante da presença* e da ausência de um traço definido, outras do tipo A/não A, que manifestam de algum modo o mesmo traço, duas vezes presente sob formas diferentes. Foi a partir dessa aquisição, resultado do fazer linguístico, que se pôde estabelecer uma tipologia das relações intercategoriais.

3. **Primeira geração dos termos categoriais** – Basta partir da oposição A / não A e, levando em conta que a natureza lógica dessa relação permanece indeterminada, denominá-la **eixo semântico**, para se perceber que cada um dos dois termos desse eixo é suscetível de contrair separadamente uma nova relação de tipo A/$\bar{A}$. A representação desse conjunto de relações assumirá, então, a forma de um quadrado:

Resta-nos, agora identificar uma a uma essas diferentes relações:

a) A primeira – A/Ā –, definida pela impossibilidade que têm os dois termos de se apresentarem juntos, será denominada relação de **contradição***: é a sua definição estética. Do ponto de vista dinâmico, pode-se dizer que é a operação de negação*, efetuada sobre o termo A (ou não A) que gera seu contraditório Ā (ou $\overline{\text{não A}}$). Assim, a partir dos dois termos primitivos, é possível gerar-se dois novos termos contraditórios (termos de primeira geração).

b) A segunda operação é a de **asserção***: efetuada sobre os termos contraditórios (Ā, $\overline{\text{não A}}$), ela pode se apresentar como uma **implicação*** e fazer aparecer os dois termos primitivos como pressupostos dos termos asseverados (Ā ⊃ não A; $\overline{\text{não A}}$ ⊃ A). Se, e somente se, essa dupla asserção tem por efeito produzir essas duas implicações paralelas, temos o direito de dizer que os dois termos primitivos pressupostos são os termos de uma só e mesma categoria e que o eixo semântico escolhido é constitutivo de uma categoria semântica. Ao contrário, se Ā não implica não A e se $\overline{\text{não A}}$ não implica A, os termos primitivos – A e não A –, com seus contraditórios, se inscrevem em duas categorias semânticas diferentes. No primeiro caso, dir-se-á que a operação de implicação estabelecida entre os termos (Ā e não A) e ($\overline{\text{não A}}$ e A) é uma relação de **complementaridade***.

c) Os dois termos primitivos são termos pressupostos; caracterizados, além disso, pelo fato de serem suscetíveis de se apresentarem de modo concomitante (ou, em termos lógicos, de serem conjuntamente falsos ou verdadeiros: critério que é de difícil aplicação em semiótica), dizemos que eles contraem uma relação de **pressuposição*** recíproca ou, o que dá no mesmo, uma relação de **contrariedade***.

É possível dar-se, agora, uma representação definitiva do que chamamos de quadrado semiótico:

onde:

    ↔: relação de contradição
    ↔: relação de contrariedade
    →: relação de complementaridade

$s_1 - s_2$: eixo dos contrários
$\overline{s}_1 - \overline{s}_1$: eixo dos subcontrários
$s_1 - \overline{s}_1$: esquema positivo
$s_2 - \overline{s}_2$: esquema negativo
$s_2 - \overline{s}_2$: dêixis positiva
$s_1 - \overline{s}_1$: dêixis negativa

Um último ponto permanece obscuro, o da existência das categorias semânticas binárias *strictu sensu* (cuja relação constitutiva não é a contrariedade, mas a contradição), tais como, por exemplo, *asserção/negação*. Nada obsta a que se dê uma representação em quadrado de tais categorias:

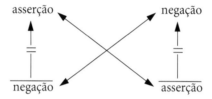

Vê-se bem aqui que a negação da negação equivale à asserção. Generalizando, pode-se dizer que uma categoria semântica pode ser chamada de contraditória quando a negação de seus termos primitivos produz implicações tautológicas. Tal definição, de ordem taxionômica*, satisfaz a lógica tradicional que pode operar substituições* nos dois sentidos (não orientadas), substituindo *asserção* por $\overline{negação}$ ou inversamente. Na linguística, as coisas se sucedem de outro modo: aí o discurso conserva os traços das operações sintáticas anteriormente efetuadas:

O termo "si" é, naturalmente, o equivalente de "oui", mas comporta, ao mesmo tempo, sob a forma de pressuposição implícita, uma operação de negação anterior. Por isso é preferível, nas descrições semióticas, utilizar – mesmo para as categorias contraditórias – a representação canônica em quadrado.

4. **Segunda geração dos termos categoriais** – Viu-se como duas operações paralelas de negação, efetuadas sobre os termos primitivos, permitiram gerar dois termos contraditórios e como, em seguida, duas implicações estabeleceram relações de complementaridade, determinando, ao mesmo tempo, a relação de contrariedade que se tornou reconhecível, desse modo, entre os dois termos primitivos. (Não vamos nos deter para refazer, aqui, a partir da rede assim constituída, as mesmas operações que, mediante a negação dos subcontrários, estabelecem entre eles a pressuposição recíproca.) É importante que se extraiam agora as primeiras consequências do modelo* relacional desse modo construído.

a) É claro que nenhum dos quatro termos da categoria é definido de maneira substancial, mas unicamente como pontos de intersecção, como terminais de relações: tal coisa satisfaz ao princípio estrutural enunciado por F. de Saussure, segundo o qual "na língua não há senão diferenças".

b) Notar-se-á, outrossim, que a partir da projeção dos contraditórios foram reconhecidas quatro novas relações no interior do quadrado: duas relações de contrariedade (o eixo dos contrários e dos subcontrários) e duas relações de complementaridade (as dêixis positiva e negativa).

c) Dado que qualquer sistema semiótico é uma hierarquia*, confirma-se que as relações contraídas entre termos podem servir, por sua vez, de termos que estabeleçam entre si relações hierarquicamente superiores (funções* desempenhando o papel de funtivos, de acordo com a terminologia de L. Hjelmslev). Dir-se-á, nesse caso, que duas relações de contrariedade contraem entre si a relação de contradição, e que duas relações de complementaridade estabelecem entre si a relação de contrariedade. O exemplo que segue ilustra essa constatação:

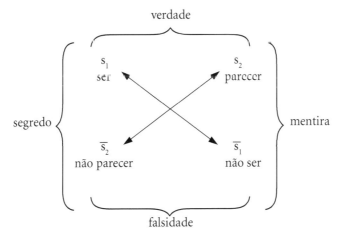

Poder-se-á, assim, reconhecer que *verdade* e *falsidade* são **metatermos contra-ditórios**, ao passo que *segredo* e *mentira* são **metatermos contrários**. Os metatermos e as categorias que constituem serão considerados como termos e categorias de segunda geração.

5. **Terceira geração dos termos categoriais** – Permanece em aberto a questão da terceira geração dos termos. Com efeito, as pesquisas comparativas de V. Brøndal evidenciaram a existência, no interior da rede que articula as categorias gramaticais, dos **termos complexo e neutro** resultantes do estabelecimento da relação "e... e" entre termos contrários: o termo complexo resultaria da reunião dos termos do eixo dos contrários $(s_1 + s_2)$, ao passo que o termo neutro resultaria da combinação dos termos do eixo dos subcontrários $(\overline{s_1} + \overline{s_2})$. Certas línguas naturais estariam aptas a produzir até mesmo **termos complexos positivos** e **termos complexos negativos**, dependendo da dominância de um ou de outro dos dois termos que entram em composição.

Para explicar a formação de tais termos, diferentes soluções foram propostas. Pouco propensos a acrescentar uma hipótese a mais, consideramos que a problemática envolvida continua em aberto, à espera de descrições mais precisas e mais abundantes. Nem por isso nos é dado desconhecer a importância do problema: sabe-se que os discursos sagrados, míticos*, poéticos*, etc. manifestam predileção particular pela utilização de termos categoriais complexos. É uma questão cuja solução se tornou difícil, por implicar o reconhecimento de percursos sintáticos assaz complexos e provavelmente contraditórios, os quais redundam nesse gênero de formações.

6. O quadrado semiótico pode ser comparado, com proveito, ao hexágono de R. Blanché, aos grupos de Klein e de Piaget. Inscreve-se, contudo, na problemática epistemológica concernente às condições de existência e de produção da significação e, ao mesmo tempo, no domínio do fazer metodológico aplicado aos objetos linguísticos concretos: nesse particular, distingue-se das construções lógicas ou matemáticas, independentes, na qualidade de formulações de "sintaxe pura", do componente semântico. Nessas condições, qualquer identificação apressada dos modelos semióticos com os lógico-matemáticos só pode ser perigosa.

→ **Estrutura.**

Qualificação s. f.

FR. Qualification; INGL. Qualification

1. Num primeiro momento da pesquisa, tínhamos proposto que se distinguissem dois tipos de predicados*: as **qualificações**, correspondentes aos estados* e determinações dos actantes*, e as funções*, entendidas como processos*; essa oposição estava fundamentada na categoria* *estatismo/dinamismo*. Nessa perspectiva, a análise efetuava-se em duas direções e permitia depreender, paralela e complementarmente, um **modelo* qualificativo** (de tipo taxionômico*) e um modelo funcional (de caráter narrativo), eventualmente conversíveis um no outro.

2. Todavia, os elementos qualificativos assim reconhecidos se apresentavam como enunciados* com um único actante (à diferença dos enunciados funcionais, que estabeleciam uma relação entre actantes), contradizendo assim o postulado geral segundo o qual qualquer relação* só pode existir entre pelo menos dois termos*. O reexame, que se tornou necessário, do conceito de enunciado elementar permitiu-nos assimilar os enunciados qualificativos aos enunciados de estado (especificados pela junção* do sujeito* com o objeto*), sendo que a qualificação será então considerada como o valor* investido no actante objeto.

3. No quadro do esquema narrativo*, a qualificação é a consequência* da prova qualificante* e identifica-se com a aquisição da competência* modal (ou, mais precisamente, com as modalidades* atualizantes* que são o saber-fazer e/ou o poder-fazer).

→ Função, Enunciado, Prova.

Qualificante (prova ~) adj.

FR. Qualifiante (épreuve ~); INGL. Qualifying test

Figura discursiva, ligada ao esquema narrativo, a **prova qualificante** – situada na dimensão pragmática* – corresponde à aquisição* da competência (ou, mais precisamente, das modalidades* atualizantes do *saber-fazer* e/ou do *poder-fazer*): ela é logicamente pressuposta pela prova decisiva*. Do ponto de vista da sintaxe* narrativa de superfície, a prova qualificante pode ser considerada como um programa* narrativo de uso, em relação ao programa narrativo de base (correspondente à *performance**).

→ Prova, Competência, Narrativo (esquema ~).

Querer s. m.
fr. Vouloir; ingl. Wanting

1. *Querer* é a denominação escolhida para designar um dos predicados do enunciado modal que rege quer um enunciado de fazer*, quer um enunciado de estado*. A definição desse investimento do predicado é impossível; por isso, seu estatuto semântico não pode ser determinado a não ser no interior de uma taxonomia de predicados modais e em função das organizações sintáticas nas quais pode aparecer. O querer, da mesma forma que o dever*, parece constituir uma condição prévia virtual da produção de enunciados de fazer ou de estado.

2. De acordo com o tipo de enunciado que rege, o enunciado modal de *querer* é constitutivo de duas estruturas modais que podemos designar, por comodidade, como *querer-fazer* e *querer-ser*. A categorização* dessas estruturas, obtida pela sua projeção no quadrado* semiótico, permite produzir duas **categorias modais volitivas:**

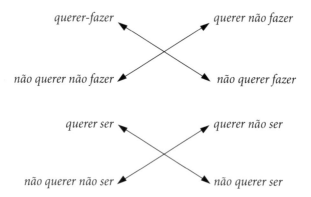

Entretanto, enquanto as lógicas que manipulam a modalidade do dever – a deôntica* e a alética* – se valem de denominações já estabelecidas pelo uso, correspondentes em semiótica às diferentes posições ocupadas no mesmo quadro pelas estruturas modais de mesma natureza, uma **lógica volitiva** (ou boulêutica), se bem que previsível, ainda não está em condições de fornecer sua terminologia às denominações semióticas. Por outro lado, a psicanálise, cujas preocupações seriam as que melhor corresponderiam a esse projeto semiótico, é bem conhecida por sua resistência à elaboração de uma metalinguagem* de vocação científica. Seria de se desejar que a teoria semiótica assumisse a articulação lógico-semântica desse campo de problemas.

→ Modalidade, Dever, Desejo.

Realização s. f.
FR. Réalisation; INGL. Realization

Do ponto de vista dos modos de existência*, a semiótica foi levada a substituir a categoria* *virtual/atual* pela articulação ternária *virtual/atual/realizado*, de maneira a poder melhor esclarecer a organização narrativa. Anteriormente à sua junção*, sujeitos e objetos estão em posição virtual*. Com a função* juntiva – e no quadro dos enunciados de estado* –, dois tipos de relações se instauram: ou há disjunção* entre sujeitos e objetos, e, nesse caso, dir-se-á que estes estão atualizados, ou então há conjunção*, e eles se encontram realizados. Entender-se-á, pois, por **realização** a transformação* que, a partir de uma disjunção anterior, estabelece a conjunção entre o sujeito e o objeto. Conforme seja o sujeito do fazer diferente ou não do beneficiário no nível actorial, ter-se-á quer uma realização transitiva* (figurativizada pela atribuição*), quer uma realização reflexiva* (a apropriação*). Chamar-se-á valor realizado o valor investido no objeto no momento (isto é, na posição* sintática) em que este está em conjunção com o sujeito.

→ Existência semiótica, Atualização, Valor, Narrativo (esquema ~).

Receptivo (fazer ~) adj.
FR. Réceptif (faire ~); INGL. Receptive doing

Na transmissão do saber*, o fazer informativo **receptivo** caracteriza a atividade do destinatário* (ou do enunciatário*), por oposição ao fazer emissivo* exercido pelo destinador* (ou pelo enunciador*). O fazer receptivo – que é quer **ativo**, quer **passivo** (cf. em português as oposições do tipo "escutar"/"ouvir" e "ver"/"olhar") – opõe-se, do ponto de vista modal*, ao fazer interpretativo * que põe em jogo as modalidades epistêmicas* e veridictórias*.

→ Informativo (fazer ~).

Receptor s. m.

FR. Récepteur; INGL. Receiver

1. Na teoria da informação*, **receptor**, oposto a emissor, designa, no processo da comunicação*, a instância em que é recebida a mensagem*; nesse sentido, receptor não é necessariamente aquele a quem a mensagem deve ser transmitida.

2. Em semiótica, e para qualquer gênero de comunicação (verbal ou não), emprega-se, numa acepção comparável, o termo destinatário*, tomado de R. Jakobson; no caso particular da comunicação verbal*, o receptor (ao qual se podem ligar os conceitos de leitor* e ouvinte*) será chamado enunciatário*.

3. Além de uma simples questão de terminologia, a diferença entre a teoria da comunicação e o ponto de vista semiótico reside em que, no primeiro caso, o receptor representa uma posição vazia (o que está conforme a uma perspectiva mecanicista), ao passo que, no segundo, o destinatário corresponde a um sujeito dotado de uma competência* e apreendido, num momento dado do seu devir, numa ótica mais "dinâmica" (o que sublinha o ponto de vista mais "humanizante" adotado pela semiótica).

Recíproca (pressuposição ~) adj.

FR. Réciproque (présupposition ~); INGL. Reciprocal
PRESUPPOSITION

A pressuposição é chamada **recíproca** quando a presença* de cada um dos dois termos* é necessária à do outro. Na terminologia de L. Hjelmslev é denominada solidariedade*.

➔ Pressuposição.

Recompensa s. f.

FR. Récompense; INGL. Recompense

No esquema narrativo* canônico, **recompensa** é a forma positiva da retribuição (que na dimensão pragmática* faz parte do contrato – implícito ou explícito – firmado entre o Destinador e o Destinatário-sujeito), por oposição à sua forma negativa que é a punição*.

➔ Retribuição, Sanção.

Reconhecimento s. m.

FR. **Reconnaissance**; INGL. **Recognition**

1. No sentido mais geral, **reconhecimento** é uma operação cognitiva pela qual um sujeito estabelece uma relação de identidade* entre dois elementos, dos quais um está presente* e o outro ausente* (alhures ou passado), operação que implica procedimentos de identificação capazes de permitir discernir as identidades e as alteridades*. É o que acontece, por exemplo, quando a identificação se efetua pela memória.

2. J. Lyons distingue as gramáticas de produção* (como a gramática gerativa), de tipo sintético (que vai da gramática ao léxico), das **gramáticas de reconhecimento** (ou gramáticas descritivas), as quais, fundamentadas na análise de um *corpus* de enunciados, procuram destacar as propriedades formais que estes manifestam: esses dois tipos de aproximação que operam de alto a baixo, ou inversamente, são julgados por ele complementares.

3. Situada na dimensão cognitiva* dos discursos narrativos, o reconhecimento é uma figura* discursiva que tem sido muitas vezes definida, desde Aristóteles, como um enunciado informativo* que se prende à transformação* do não saber em saber*. Todavia, olhando-se mais de perto, percebe-se que o que era designado como ignorância não é de fato, numa narrativa dada, uma ausência de saber sobre os acontecimentos ou coisas, mas um saber que não é "correto" (um desconhecimento), um saber que consistirá, por exemplo, em considerar como existentes (na ordem do ser*) coisas que não fazem senão parecer* (tal como uma miragem), e inversamente. O pivô* narrativo, de ordem cognitiva, chamado reconhecimento não é a passagem da ignorância ao saber, mas a de um certo saber (errôneo) a um outro saber (verdadeiro). No esquema narrativo* canônico, o reconhecimento – operado graças a uma marca* previamente atribuída ao herói – corresponde à sanção* cognitiva do Destinador: trata-se aqui de uma identificação entre o programa* narrativo executado pelo sujeito-herói e o sistema axiológico* do Destinador (que julga quanto à conformidade da ação do Destinatário-sujeito). Do ponto de vista do herói, esse reconhecimento corresponde à prova glorificante*.

➔ Saber.

Recorrência s. f.

FR. Récurrence; INGL. Recurrence

Recorrência é a iteração de ocorrências (identificáveis entre si) no interior de um processo* sintagmático, que manifesta, de maneira significativa, regularidades capazes de servir para a organização do discurso-enunciado. A recorrência de um certo número de categorias* sêmicas, por exemplo, institui uma isotopia*; a recorrência, no discurso, de enunciados modais que regem sempre, nas condições dadas, enunciados descritivos (ou declarativos), autoriza a construção de um nível* discursivo modal autônomo; e assim por diante. O termo recorrência deve ser distinguido ao mesmo tempo do termo redundância (que remete indiretamente a uma falta de informação*) e do termo recursividade (que especifica a recorrência enquanto algo que se efetua, no interior de uma hierarquia*, em níveis de derivação* diferentes).

➜ Ocorrência, Ordem, Redundância, Recursividade.

Recorte s. m.

FR. Découpage; INGL. Segmentation

1. Recorte designa o procedimento* de segmentação do texto manifestado em sequências textuais, operação esta que se efetua no eixo* sintagmático.

2. Entende-se às vezes por recorte a categorização do mundo e/ou da experiência, realizada diferentemente de uma língua natural para a outra: C. Lévi-Strauss emprega nesse sentido a expressão "recorte conceitual", que remete a uma organização de tipo paradigmático.

➜ Categorização, Segmentação.

Recursividade s. f.

FR. Récursivité; INGL. Recursiveness

Recursividade é uma propriedade das línguas naturais (se é que não é também de outras semióticas), segundo a qual uma unidade* sintagmática dada pode encontrar-se tal e qual, no interior de uma mesma hierarquia*, em níveis de derivação* diferentes (exemplo: "a cor das folhas das árvores do jardim dos vizinhos"). De acordo com a gramática gerativa*, a recursividade é teoricamente infinita no nível da competência*, mas acha-se limitada – em decorrência de uma maior ou menor aceitabilidade* – no plano da *performance**. O conceito de recursividade é ainda pouco explorado pela semiótica discursiva: é, entretanto, no seu quadro que se pode tentar interpretar, por exemplo, os motivos*.

→ **Elasticidade do discurso.**

REDUÇÃO s. f.

FR.**RÉDUCTION;** INGL. **REDUCTION**

Redução é uma das operações de análise semântica que fazem parte do procedimento mais geral que é a estruturação. Consiste em transformar um inventário de ocorrências* semêmicas, de natureza parassinonímica*, em uma classe constituída e dotada, no nível da linguagem de descrição, de uma denominação arbitrária* (ou semimotivada). A redução não pode ser operada a não ser paralelamente à homologação que controla o fato de que cada uma das ocorrências visadas pertence à classe a ser construída, ao mesmo tempo em que a categoriza, isto é, ao mesmo tempo em que busca reconhecer os termos contraditórios e contrários chamados a fazer parte de uma mesma estrutura que se procura descrever.

→ **Estruturação, Homologação.**

REDUCIONISMO s. m.

FR. **RÉDUCTIONISME;** INGL. **REDUCTIONISM**

1. Numa perspectiva propriamente científica, a abordagem semiótica sustenta a necessidade de operar, na manipulação dos materiais estudados, reduções que permitam estabelecer – de acordo com o princípio de pertinência* – níveis* de análise homogêneos*; produz-se com isso uma perda de substância semântica (a qual poderá, aliás, ser recuperada no momento das análises complementares): a exemplo do botânico, a quem ninguém poderia reprovar pelo fato de pôr entre parênteses, em seu trabalho, o aspecto estético ou econômico das flores que estuda.

2. Vê-se assim que a acusação de reducionismo, tantas vezes dirigida à semiótica sob o pretexto de que ela é incapaz de esgotar, durante as suas análises, a totalidade do vivido ou do real, não é absolutamente pertinente no plano científico, porque pressupõe, ontologicamente, o conhecimento daquilo que é "vivido" ou "real". Os

que fazem tal objeção não sentem nenhum pejo, aliás, em operar, eles próprios, reduções que de outro modo seriam inadmissíveis, como é o caso daquele crítico de *Masques*, de C. Lévi-Strauss, que termina seu artigo assim: "O que Lévi-Strauss procura é sua própria mãe".

3. A semiótica se recusa a dar conta de todo o material estudado, de todos os seus componentes, porque só retém aquilo que é pertinente ao objeto que ela se propõe a si mesma; quanto à "percepção totalizante", à "plenitude", não poderiam elas depender de uma pesquisa científica (por natureza analítica), situadas como estão do lado das sínteses interpretativas, cuja necessidade – reconhecemo-lo sem dificuldades – se faz paralelamente sentir.

➜ **Redução.**

REDUNDÂNCIA s. f.

FR. REDONDANCE; INGL. REDUNDANCE

1. Termo da teoria da informação, **redundância** designa, para uma quantidade de informação dada, a distância entre o número mínimo de sinais* (ou de operações de codificação* e de decodificação*) necessários à sua transmissão, e o número, geralmente muito superior, de sinais (ou de operações) efetivamente utilizados. São considerados como redundantes os sinais supérfluos porque repetidos. Todavia, a redundância se justifica pelo fato de que facilita a recepção das mensagens*, não obstante a interferência de ruídos.

2. Do ponto de vista semiótico, a iteração de elementos dados num mesmo discurso parece significativa, porque manifesta regularidades que servem para a organização interna: dessa forma, o termo recorrência, mais neutro, parece preferível ao termo redundância.

➜ **Informação, Ruído, Recorrência.**

REESCRITA (SISTEMA DE ~) s. f.

FR. RÉÉCRITURE (SYSTÈME DE ~); INGL. REWRITING SYSTEM

Em gramática gerativa*, o sistema de **reescrita**, que põe em jogo axiomas e regras de construção de expressões bem formadas, é um modo de representação do processo de derivação*, que termina numa descrição* estrutural da frase. Desse modo, a regra de reescrita "P → SN + SV" deve, por exemplo, ser lida como uma operação de substituição* pela qual se troca o símbolo P pela sequência "SN + SV".

→ **Regra.**

REFERÊNCIA s. f.
FR. RÉFÉRENCE; INGL. REFERENCE

1. Em sentido geral, **referência** designa a relação orientada, no mais das vezes não determinada, que se estabelece (ou é reconhecida) entre duas grandezas* quaisquer.

2. Tradicionalmente, o termo referência denomina a relação que vai de uma grandeza semiótica a uma outra não semiótica (= referente), a qual depende, por exemplo, do contexto* extralinguístico. Nessa perspectiva, a referência, que une o signo* da língua natural ao seu "referente" (objeto do "mundo"), é chamada arbitrária* no quadro da teoria saussuriana, e motivada* (pela semelhança, pela contiguidade, etc.) na concepção de Ch. S. Peirce. Se se define o mundo do senso comum como uma semiótica natural*, a referência toma a forma de uma correlação* entre elementos previamente definidos de duas semióticas.

3. Só no quadro da semiótica linguística, as referências se estabelecem tanto no interior do enunciado* (graças, em particular, aos procedimentos de anaforização*) quanto entre o enunciado e a enunciação* (os dêiticos*, por exemplo, não remontam a elementos fixos do mundo natural, não têm sentido senão em relação às circunstâncias da enunciação). Quando a referência se instaura entre discursos diferentes, falar-se-á então de intertextualidade*.

→ **Referente, Mundo natural.**

REFERENTE s. m.
FR. RÉFÉRENT; INGL. REFERENT

1. Tradicionalmente, entendem-se por **referente** os objetos do mundo "real", que as palavras das línguas* naturais designam. O termo objeto mostrou-se notoriamente insuficiente, por isso referente foi chamado a cobrir também as qualidades, as ações, os acontecimentos reais; além disso, como o mundo "real" parece ainda por demais estreito, referente deve englobar também o mundo "imaginário". A

correspondência termo a termo entre o universo linguístico e o universo referencial, que é assim metafisicamente pressuposta, não é menos incompleta: por um lado, certas categorias* gramaticais – e, principalmente, as relações* lógicas – não possuem referente aceitável; por outro lado, os dêiticos* (pronomes pessoais, por exemplo) não possuem referente fixo, e remetem de cada vez a objetos diferentes. Isso equivale a dizer que, partindo de pressupostos positivistas, considerados evidências, é impossível elaborar uma teoria do referente que seja satisfatória, suscetível de explicar o conjunto dos fenômenos considerados.

2. É no quadro de uma concepção dessa natureza, entretanto, que se inscrevem duas tentativas que procuraram integrar o referente: a primeira tentou fazê-lo na teoria saussuriana do signo*; a segunda, na teoria da comunicação*.

a) Ogden e Richards propõem assim um modelo triangular, que visa a explicar a estrutura do signo: o símbolo* (ou significante*) está ligado ao referente não diretamente, mas por intermédio da **referência** (ou significado*). Em tal interpretação, a referência, em lugar de ser concebida como uma relação*, é reificada e transforma-se em um conceito – ser híbrido, que não é nem linguístico nem referencial –, cuja expansão cobre uma classe de referentes.

b) R. Jakobson, por seu lado, analisando a estrutura da comunicação, introduz o referente, identificando-o com o contexto*: este, necessário à explicitação da mensagem e compreensível por parte do destinatário*, é de natureza quer verbal*, quer suscetível de verbalização (isto é, pode ser linguisticamente explicitado*). R. Jakobson reconhece, então, a existência de uma **função*** **referencial** (que retoma o conceito de representação, de K. Bühler) da linguagem: uma vez debreado (posto na terceira pessoa), o enunciado-discurso servirá para a descrição do mundo, isto é, do referente.

3. O contexto linguístico – verbal ou verbalizável – torna-se assim lugar de referência do texto, e os elementos particulares desse contexto são então chamados referentes: empregado nesse sentido, o termo referente é então sinônimo de anafórico*. É aqui e desse modo que se instaura a problemática da referência*, que visa a descrever a rede das referências não somente no interior do enunciado*, mas também entre este e a instância de enunciação*.

4. Para estabelecer um compromisso entre a autonomia da linguagem proclamada por F. de Saussure e a evidência do mundo "real", cara aos positivistas, admite-se por vezes definir o referente como sendo constituído "pelas coisas enquanto objetos nomeados ou significados pelas palavras" (J. Lyons), isto é, não pelas coisas "em si", mas pelas coisas nomeadas ou nomeáveis. Tal atitude não está isenta de contradições: porque, se admitimos o princípio da categorização* do mundo pela linguagem (cf. E.

|414|

Benveniste e, principalmente, Sapir-Whorf), isto é, o fato de que as línguas naturais enformam o mundo e o constituem em "objetos" distintos, como se poderá, então, para definir os signos de que são constituídas essas línguas, referir-se a esse mundo que é, em parte o resultado da atividade linguística?

5. Uma outra solução nos parece possível: consiste em dizer que o mundo extralinguístico, o mundo do "senso comum", é enformado pelo homem e instituído por ele em significação*, e que tal mundo, longe de ser o referente (isto é, o significado denotativo* das línguas naturais), é, pelo contrário, ele próprio uma linguagem* biplana*, uma semiótica natural* (ou semiótica do mundo* natural). O problema do referente nada mais é então do que uma questão de cooperação entre duas semióticas (línguas naturais e semióticas naturais, semiótica pictural e semiótica natural, por exemplo), um problema de intersemioticidade (cf. intertextualidade*). Concebido desse modo como semiótica natural, o referente perde, assim, sua razão de existir enquanto conceito linguístico.

6. Essa tomada de posição permite situar a questão do referente dos discursos literários que se procura muitas vezes definir pela ausência de referente ou pela correspondência com um referente fictício ou imaginário, dado que é a ficção que especifica esse gênero de texto. Por um lado, a impossibilidade de definir o discurso "real" (cujos signos corresponderiam aos objetos do mundo) exclui a definição do discurso de ficção, já que esses dois tipos de discurso não podem ser caracterizados a não ser pela veridicção*, que é uma propriedade intrínseca do dizer e do dito. Por outro lado, todo discurso (não apenas o literário, mas também o discurso jurídico ou científico, por exemplo) constrói seu próprio **referente interno** e se oferece assim um **nível*** **discursivo referencial** que serve de suporte para outros níveis discursivos que desenvolve.

7. O problema que se coloca quando se quer abordar o discurso do ponto de vista gerativo, não é, portanto, o do referente dado *a priori*, mas o da **referencialização** do enunciado que implica o exame dos procedimentos pelos quais a ilusão referencial – o efeito de sentido "realidade" ou "verdade" –, proposta por R. Barthes, se acha constituída. Entre esses procedimentos, cujo estudo global ainda não foi empreendido, é de se notar, por exemplo, a ancoragem* espaçotemporal (o emprego de topônimos* e/ou cronônimos* que dão a ilusão da "realidade") ou a debreagem* interna (que referencializa o segmento discursivo a partir do qual a debreagem é efetuada: cf. a passagem do diálogo* para a narrativa*, ou inversamente).

→ **Língua, Mundo natural, Contexto, Iconicidade, Debreagem, Embreagem, Veridicção.**

Reflexividade s. f.

FR. Réflexivité; INGL. Reflexivity

Oposta à transitividade, **reflexividade** é um conceito de semiótica discursiva, empregado para designar o sincretismo* de vários papéis actanciais*, quando eles são assumidos por um único ator*.

→ Transitividade.

Registro s. m.

FR. Registre; INGL. Register

Por questão de clareza e para evitar uma confusão suplementar no conceito de nível, reservar-se-á o termo **registro** (que no século XVIII correspondia, na tipologia dos discursos, a estilo*) para designar o que os sociolinguistas chamam geralmente **nível de língua**, isto é, as realizações de uma língua* natural, que variam em função das classes sociais. A questão dos registros não está diretamente ligada à língua enquanto sistema semiótico: ela remete antes ao problema das conotações* sociais.

→ Nível, Sociossemiótica.

Regra s. f.

FR. Règle; INGL. Rule

1. A **regra** é a expressão metalinguística* de uma estrutura modal deôntica* (enquanto *fazer-dever-fazer)* que pressupõe um sujeito qualquer (ou neutro) que dá instruções a um outro sujeito (humano ou máquina) para que este execute certas operações cognitivas que consistem geralmente na passagem de um estado a um outro.

2. Seja, por exemplo, o caso do fazer taxionômico* que opera a segmentação* de uma unidade sintagmática, tal como a frase, em seus constituintes* imediatos. Os resultados desse fazer podem receber, no nível metalinguístico, uma dupla representação*:

a) podem ser considerados como um estado* que resulta da análise*, e ser representados como uma descrição* estrutural de tipo taxionômico (P = SN + SV);

b) mas a metalinguagem empregada pode, de maneira equivalente, visar a construir o simulacro desse fazer taxionômico, representando-o como um processo de derivação*: nesse caso, a representação assumirá, então, por exemplo, a forma de uma **regra de reescrita*** (P → SN + SV). À relação de inclusão, simbolizada por (=), corresponde a operação de dicotomização com seu símbolo (→).

Os dois modos de representação são, portanto, comparáveis: correspondem a duas acepções da palavra descrição que designa ora o fazer descritivo, ora o resultado.

3. A formulação da regra subentende, implicitamente, uma estrutura* actancial da manipulação*, que comporta dois sujeitos (ligados entre si por uma relação do tipo "mestre"/"aluno"). O problema epistemológico é de saber que condições de cientificidade* devem ser satisfeitas para que os dois sujeitos dessa estrutura modal possam ser erigidos em conceitos, isto é, instalados como actantes* ao mesmo tempo abstratos e competentes. Supõe-se que o primeiro – o sujeito científico – representa um saber*-fazer certo, e está aí o lugar onde se encontram as problemáticas resumidas por L. Hjelmslev sob o nome de princípio de empirismo*; o segundo deve ser um sujeito qualquer (homem ou máquina), capaz de executar corretamente e de reproduzir até o infinito as instruções recebidas: é o caso do autômato*.

4. O fazer taxionômico, representável sob a forma de regras, é dominado pelo fazer programático que organiza sintagmaticamente o primeiro em sequências ordenadas por regras chamadas algoritmos*.

→ **Norma.**

Reificação s. f.

FR. **Réification**; INGL. **Reification**

Reificação é um procedimento narrativo que consiste em transformar um sujeito humano em objeto, inscrevendo-o na posição sintática de objeto* no interior do programa* narrativo de um outro sujeito. Esse programa pode estar em estado de atualização* apenas (cf. a problemática da "mulher-objeto") ou completamente realizado* (cf. a captura dos dois amigos, no conto de Maupassant); neste último caso, ele priva o sujeito, tornado objeto, do seu fazer e o transforma de agente em paciente (quer na dimensão pragmática*, quer na dimensão cognitiva*, quer nas duas ao mesmo tempo).

→ **Personificação.**

RELAÇÃO s. f.

FR. RELATION; INGL. RELATION

1. Pode-se conceber **relação** como uma atividade cognitiva que estabelece, de maneira concomitante, tanto a identidade* quanto a alteridade* de duas ou várias grandezas* (ou objetos de saber) – ou então como o resultado desse ato. Tal acepção não é, todavia, senão uma interdefinição que articula entre si universais* semióticos, porque os termos identidade e alteridade reclamam, por sua própria definição, a presença do conceito, não definível, de relação. Esse último tem igualmente fundamental importância para a teoria semiótica: é o estabelecimento (a produção* e/ou o reconhecimento*) das relações e das redes relacionais, que servem de fundamento aos objetos e aos universos semióticos. A organização e a construção de tais objetos ou de tais universos dependerão então da tipologia* das relações, que a teoria semiótica escolherá e assumirá como condição prévia de sua prática.

2. Dessa forma, os dois eixos* fundamentais da linguagem – o eixo paradigmático* e o eixo sintagmático* – são definidos pelo tipo de relação que os caracteriza: a relação "ou... ou" (chamada oposição*, ou correlação* por L. Hjelmslev, ou seleção* por R. Jakobson), para o paradigmático; e a relação "e... e" (chamada combinação*, ou relação, no sentido estrito, por Hjelmslev, ou contraste*, por A. Martinet), para o sintagmático.

3. Uma outra tipologia das relações constitutivas da categoria* semântica (considerada como unidade semiótica mínima) se superpõe à precedente: são as relações de contrariedade*, de contradição* e de complementaridade* que, representadas no quadrado semiótico, permitem lançar os alicerces de uma sintaxe* e de uma semântica* fundamentais. Elas estão presentes nos dois eixos da linguagem: dessa forma, a antífrase*, por exemplo, figura paradigmática articulada segundo a contradição, aparece como antítese*, figura sintagmática de mesma natureza, cujos dois termos, em lugar de se excluírem, estão presentes um ao lado do outro.

→ Estrutura, Quadrado semiótico, Sintaxe fundamental.

RENÚNCIA s. f.

FR. RENONCIATION; INGL. RENUNCIATION

Situada no nível figurativo*, a **renúncia** caracteriza a posição do sujeito* de um enunciado de estado*, quando se priva a si próprio do objeto*-valor: corresponde, pois, à disjunção reflexiva* do objeto-valor, efetuada num momento do percurso narrativo*. Juntamente com a despossessão*, a renúncia é uma das duas formas da privação, as quais podem ser consideradas, a título de consequência*, como subcomponentes da prova*.

→ **Atualização, Privação.**

Representação s. f.

FR. Représentation; INGL. Representation

1. **Representação** é um conceito da filosofia clássica que, utilizado em semiótica, insinua – de maneira mais ou menos explícita – que a linguaguem* teria por função estar no lugar de outra coisa, de representar uma "realidade" diferente. Está aí, como se vê, a origem da concepção das línguas enquanto denotação: as palavras não são então nada mais do que signos, representações das coisas do mundo*. A função* denotativa ou referencial* da linguagem não é, na terminologia de R. Jakobson, senão uma roupagem mais moderna da **função de representação** de K. Bühler.

2. As teorias linguísticas e, mais genericamente, as semióticas, servem-se do termo representação, dando-lhe um sentido técnico mais preciso. Sendo assim, por **representação semântica** ou **lógico-semântica** entender-se-á a construção de uma linguagem de descrição* de uma semiótica-objeto, construção que consiste, *grosso modo*, em juntar investimentos* semânticos a conceitos interdefinidos e controlados pela teoria* (ou a interpretar* os símbolos* de uma linguagem formal*). A instância que deve receber uma representação lógico-semântica – estruturas profundas* ou estruturas de superfície*, por exemplo – depende da maneira pela qual cada teoria concebe o percurso gerativo* global.

3. Percebe-se, entretanto, que um mesmo nível metalinguístico* é suscetível de ser representado de diferentes maneiras (árvore*, matriz*, parentetização*, regras* de reescrita, etc.), e que esses diversos **sistemas de representação** são homologáveis entre si, traduzíveis uns nos outros: será então conveniente manter uma distinção entre a metalinguagem e suas diferentes representações possíveis.

→ Referente, Metalinguagem.

Representatividade s. f.

FR. Représentativité; INGL. Representativity

A **representatividade,** como critério de escolha de um *corpus*, permite ao descritor satisfazer, da melhor maneira possível, ao princípio de adequação, sem que tenha de submeter-se à exigência de exaustividade*. A representatividade é obtida quer por amostragem estatística, quer por saturação do modelo*.

➔ *Corpus.*

Ressemantização s. f.

FR. Resémantisation; INGL. Resemantization

Ao contrário da dessemantização, a **ressemantização** é a operação pela qual certos conteúdos* parciais, anteriormente perdidos muitas vezes em proveito de um significado* global de uma unidade discursiva mais ampla, reencontram seu valor semântico primitivo. Dessa forma, em *Deux Amis* (de Maupassant), o tratamento "monsieur" que os situa no início do conto em seu estatuto social ordinário (que está, portanto, dessemantizado) é empregado, no fim, tanto pelo oficial prussiano (para reconhecer, sem querer ou saber, suas altas qualidades humanas) quanto por Sauvage e Morissot, ao dirigirem-se um ao outro em sinal de reconhecimento mútuo de seu próprio valor.

➔ Dessemantização.

Restrição s. f.

FR. Restriction; INGL. Restriction

Diferentemente da generalização*, a **restrição** consiste em limitar o alcance ou a extensão de uma regra, de um procedimento, etc., por um certo número de condições particulares de emprego; esse termo deve ser aproximado do termo coerção, mais abrangente.

➔ Coerção.

Retórica s. f.

fr. **Rhétorique**; ingl. **Rhetoric**

Ligada à tradição greco-romana (Aristóteles, Quintiliano), consagrada por sua integração, juntamente com a gramática e a dialética, ao trívio medieval, e retomada no ensino oficial até o século XIX, a **retórica** apresenta-se como uma espécie de teoria do discurso pré-científico, marcada por um contexto cultural no interior do qual se desenvolveu. O interesse atual pela retórica explica-se pelo reaparecimento, sob o impulso da semiótica, da problemática do discurso*. Se bem que não possam, por razões evidentes, ser integrados tais quais na semiótica discursiva, certos campos teóricos da antiga retórica correspondem às preocupações atuais e merecem ser explorados.

1. A tomada em consideração do discurso como um todo, o reconhecimento das "partes do discurso" e de sua organização sintagmática ("dispositio") correspondem a nossas preocupações com a segmentação e com a definição de unidades* discursivas (mais amplas do que a frase*). Todavia, definida desde a origem como uma "arte de bem falar", como uma "arte de persuadir", não concerne à retórica senão uma classe de discursos, a dos discursos persuasivos*. Por outro lado, dado que ela se deu por tarefa elaborar "regras de arte", comporta um caráter normativo* pronunciado (cf. gramática normativa, que lhe é paralela).

2. Uma parte da retórica, chamada "inventio", negligenciada até agora, mereceria um estudo aprofundado. Depreciada como coletânea de "lugares comuns", ela poderia ser reexaminada como um depósito "em língua" tanto dos principais temas* discursivos, quanto das figurações* discursivas mais genéricas, isto é, como um "tópico", como uma taxionomia semântica fundamental.

3. Quanto à "elocutio", ela é como que o lugar de uma taxionomia possível das figuras* de retórica, de dimensões não mais do discurso, mas da frase ou da palavra. É essa parte que se busca atualmente rejuvenescer em primeiro lugar, integrando-a, como componente estilístico*, na semiótica discursiva e textual. Apesar do interesse do empreendimento, seus perigos são evidentes: resultado de acumulações seculares, o inventário das figuras não pode pretender dar-se o estatuto de uma taxionomia coerente, e somente uma reavaliação completa, fundamentada na linguística, permitirá sua integração na teoria do discurso. Tal reexame está sendo tentado, em nossos dias, pelo Grupo μ de Liège, que, apoiando-se na teoria linguística de Hjelmslev, visa a constituir uma nova **retórica geral**.

→ Figura, Discurso.

RETRIBUIÇÃO s. f.

FR. RÉTRIBUTION; INGL. RETRIBUTION

Retribuição é uma figura* discursiva que, estando situada na dimensão pragmática*, faz parte – a título de componente – da estrutura contratual que caracteriza o esquema narrativo*: é a contrapartida oferecida pelo Destinador ao Destinatário-sujeito, uma vez realizada por este a *performance* * convencionada (explícita ou implicitamente) no quadro do contrato* inicial. Se é positiva, falar-se-á de recompensa*, se é negativa, de punição: tanto num como noutro caso, trata-se de restabelecer o equilíbrio* narrativo.

→ Sanção.

RETROLEITURA s. f.

FR. RÉTROLECTURE; INGL. BACK-READING

Se no curso da análise sintagmática, que opera sequência* após sequência, certos elementos são provisoriamente postos entre parênteses porque não parecem encontrar, juntos, seu lugar na organização do discurso examinado, a **retroleitura**, efetuada em função do fim e graças principalmente aos conectores de isotopias subsequentes, pode permitir tomar em consideração – com vista aos resultados obtidos – os elementos por um momento abandonados: essa "volta atrás" pode ser reconhecida como uma das formas possíveis da leitura (entendida, no sentido semiótico, como construção, ao mesmo tempo sintática e semântica, do enunciado-discurso).

→ Conector de isotopias, Leitura.

REVALORIZAÇÃO s. f.

FR. REVALORISATION; INGL. REVALORIZATION

Após a realização* (entendida como conjunção* entre o sujeito* e o objeto* da busca*), o objeto é suscetível de adquirir um novo valor*, graças à modalidade do saber*, como por exemplo, no caso em que alguém se prepara para guardar por todos os meios possíveis aquilo que um outro pensa em lhe tomar: a **revalorização**, provocada então pelo fazer cognitivo*, está assim ligada a um novo *querer* e pode engendrar um novo programa* narrativo.

Rima s. f.

FR. Rime; INGL. Rhyme

Em semiótica poética, **rima** corresponde à recorrência*, a intervalos regulares, de um segmento da expressão* (idêntico ou comparável), segmento que faz parte de dois formantes*, os quais cobrem duas unidades de conteúdo* (lexemas) distintas: por essa razão, a diferença semântica é posta em evidência. A rima não é, pois, uma articulação* particular do plano da expressão, mas um fenômeno ligado à prosódia que envolve os dois planos da linguagem: é um prosodema que não dá ênfase à identidade dos significantes* a não ser para melhor sublinhar a alteridade* dos significados*. Ao estabelecer assim, graças a essas "posições fortes", uma organização rítmica do discurso poético, a rima permite entrever a construção de uma espécie de sintaxe posicional (J. Geninasca).

→ Prosódia, Posição.

Ritmo s. m.

FR. Rythme; INGL. Rhythm

Ritmo pode ser definido como uma espera* (C. Zilberberg, na esteira de P. Valéry), ou seja, como a temporalização*, conseguida mediante a aspectualidade incoativa*, da modalidade* do *querer-ser*, aplicada no intervalo recorrente entre agrupamentos de elementos assimétricos, que reproduzem a mesma formação. Contrariando a acepção corrente dessa palavra, a qual vê nela um arranjo particular do plano da expressão*, optamos por uma definição de ritmo que o considera como uma forma significante, e, por conseguinte, da mesma natureza que os outros fenômenos de prosódia*. Tal concepção libera o ritmo dos laços com o significante* sonoro (o que permite falar de ritmo em semiótica visual, por exemplo) e mesmo com o significante *tout court* (o que oferece a possibilidade de reconhecer um ritmo no nível do conteúdo*, por exemplo).

→ Prosódia.

Ruído s. m.

FR. BRUIT; INGL. NOISE

Termo da teoria da informação, **ruído** designa tudo o que provoca uma perda de informação no processo da comunicação*: a partir do momento em que a mensagem* deixa sua fonte (emissor*) e até que ela seja recebida pelo receptor* (ou o destinatário), o ruído pode intervir a qualquer instante, tanto na própria transmissão quanto nas operações de codificação* e de decodificação*. Para compensar o efeito negativo do ruído, considerado imprevisível e parcialmente inevitável, recorre-se à inserção da redundância*, que visa a garantir a eficácia da comunicação.

→ **Informação.**

Saber s. m.
FR. Savoir; INGL. Knowing

1. A comunicação* pode ser considerada, de certo ponto de vista, como transmissão do **saber** de uma instância da enunciação à outra. O saber assim transferido – do qual nada se pode dizer, mas que pode ser aproximado intuitivamente do conceito de significação* – apresenta-se inicialmente como uma estrutura transitiva*: é sempre o saber sobre alguma coisa, pois é inconcebível o saber sem o **objeto do saber**. Isso permite reconhecer, já no próprio desenvolvimento do discurso, uma dimensão particular, na qual se dispõem os objetos do saber, formuláveis em termos de enunciados descritivos* e constituindo as camadas daquilo que se pode chamar dimensão pragmática*. Por outro lado, o saber apresenta-se igualmente como um objeto em circulação*: falar-se-á, pois, da produção, da aquisição do saber, de sua presença e de sua ausência (o não saber), e, mesmo, de seus graus. Enquanto objeto, o saber remete à instância da enunciação em que se encontram situados os sujeitos do saber que exercem atividades cognitivas*: a dimensão cognitiva do discurso superpõe-se, dessa forma, à dimensão pragmática.

2. Esse retorno à instância da enunciação* permite então conceber o discurso enquanto tal, quer como um fazer, isto é, como uma atividade cognitiva, quer como um ser, como um estado de saber. Sendo assim, o **saber-fazer** aparece como aquilo que torna possível essa atividade, como uma competência cognitiva (que se pode interpretar como uma "inteligência sintagmática", como uma habilidade para organizar as programações narrativas), e o **saber-ser** como aquilo que sanciona o saber sobre os objetos e garante a qualidade modal desse saber, por outras palavras, como uma competência epistêmica*. De acordo com a definição que apresentamos da modalização, o saber aparece como uma modalidade* de alcance muito geral.

3. Se o saber cobre, como se vê, a instância da enunciação em seu conjunto, o procedimento de debreagem*, que dá conta da instalação, no interior do discurso-enunciado, das estruturas da "enunciação enunciada", explica a profusão que aí se encontra de diferentes tipos de simulacros e de dispositivos cognitivos: instalados

por delegação*, diversos sujeitos cognitivos aí se juntam, tais como narrador* e narratário, informador* e observador*, suscetíveis de assumir posições de atores* autônomos, de entrar em sincretismo* actorial com diferentes actantes* da narração, ou de se identificarem unicamente com posições implícitas. Uma vez postos em seu lugar no discurso, os sujeitos cognitivos exercem atividades diversas: seja, por exemplo, um fazer emissivo* ou receptivo* simples, seja, mais frequentemente, fazeres cognitivos – persuasivos* e interpretativos* – mais complexos, capazes de desenvolver programas inteiros e até mesmo de esgotar dimensões discursivas em seu conjunto; por fim, os sujeitos cognitivos podem manipular os objetos de saber (os enunciados de fazer* e de estado*), emprestando-lhes diversos estatutos veridictórios*, etc.

→ **Cognitivo, Metassaber, Reconhecimento, Ponto de vista.**

Sanção s. f.

FR. Sanction; INGL. Sanction

1. **Sanção** é uma figura discursiva correlata à manipulação*, a qual, uma vez inscrita no esquema narrativo*, se localiza nas duas dimensões, na pragmática* e na cognitiva*. Enquanto exercida pelo Destinador* final, pressupõe nele um absoluto de competência*.

2. A **sanção pragmática** é um juízo epistêmico, proferido pelo Destinador-julgador sobre a conformidade dos comportamentos e, mais precisamente, do programa* narrativo do sujeito* "performante" em relação ao sistema axiológico* (de justiça, de "boas maneiras", de estética, etc.), implícito ou explícito, pelo menos tal como foi atualizado no contrato* inicial. Do ponto de vista do Destinatário*-sujeito, a sanção pragmática corresponde à retribuição*: enquanto resultado, esta é a contrapartida, na estrutura da troca*, exigida pela *performance** que o sujeito realizou de acordo com suas obrigações contratuais; pode ser positiva (recompensa*) ou negativa (punição*); neste último caso, conforme seja a punição aplicada por um Destinador individual ou social, a retribuição negativa se chamará vingança* ou justiça*. Essas diversas espécies de retribuição permitem restabelecer o equilíbrio* narrativo.

3. Enquanto juízo sobre o fazer*, a sanção pragmática opõe-se à **sanção cognitiva**, que é um juízo epistêmico sobre o ser* do sujeito e, mais genericamente, sobre os enunciados de estado* que ele sobredetermina, graças às modalidades veridictórias* epistêmicas* e (poder-se-ia situar aqui o conceito de aceitabilidade*, empregado

em gramática gerativa, o qual se apresenta como um juízo epistêmico, comparável à sanção cognitiva). Do ponto de vista do Destinatário-sujeito, a sanção cognitiva equivale ao reconhecimento* do herói* e, negativamente, à confusão do vilão*. O reconhecimento pelo Destinador é a contrapartida da prova glorificante*, assumida pelo Destinatário-sujeito.

4. Transpondo para o nível das práticas* semióticas sociais o percurso narrativo* constituído pela sanção, deve-se poder prever a elaboração de uma **semiótica da sanção** (correlativa de uma semiótica da manipulação* e de uma semiótica da ação*).

→ **Narrativo (esquema ~), Narrativo (percurso ~).**

Segmentação s. f.

FR. Segmentation; INGL. Segmentation

1. Entende-se por **segmentação** o conjunto dos procedimentos de divisão do texto em segmentos, isto é, em unidades sintagmáticas provisórias que, mesmo se combinando entre si (por relações do tipo "e... e"), se distinguem umas das outras por um ou vários critérios de recorte*, sem que se saiba a que nível de pertinência* estes remetem. Isso equivale a dizer que a segmentação, de natureza sintagmática, não permite, sozinha, o reconhecimento* de unidades linguísticas ou, de modo mais genérico, semióticas. Sendo assim, também os procedimentos de ordem paradigmática, tais como a comutação* ou a substituição*, são convocados em linguística frasal (e, mais particularmente, em fonologia*): essa dupla abordagem garante a definição de unidades próprias de cada nível da linguagem. Notar-se-á, todavia, que as unidades obtidas por segmentação não são as únicas unidades linguísticas possíveis: existem unidades descontínuas (tais como a negação francesa "ne... pas"); pode-se até mesmo notar a esse respeito que a fonologia se divide em fonologia **segmental** (que trata dos fonemas*) e fonologia suprassegmental" (ou prosódia*).

2. Em linguística discursiva, a segmentação deve ser considerada como um primeiro encaminhamento empírico, com vistas a decompor provisoriamente o texto* em grandezas* mais fáceis de serem manejadas: as sequências assim obtidas não são, nem por isso, unidades* discursivas estabelecidas, mas apenas unidades textuais. A segmentação pode proceder pela busca de demarcadores* (a conjunção disjuntiva "mas", por exemplo), espécies de sinais que indicam a existência de uma fronteira entre duas sequências. Mas o procedimento, que é de longe o mais eficaz, parece ser o reconhecimento de disjunções* categoriais em que um dos termos da categoria* visada caracteriza a sequência que precede, e a outro, a sequência que

se segue. Dessa forma, se reconhecerão disjunções espaciais (aqui/lá), temporais (antes/depois), tímicas* (euforia/disforia), tópicas (mesmo/outro), actoriais (eu/ele), etc. O inventário dos critérios de segmentação está longe de ser exaustivo e o grau de certeza da operação em si mesma aumenta com o número de disjunções concomitantes. Todavia, estas não se situam necessariamente no mesmo lugar, e duas sequências, assim disjuntas, podem frequentemente aparecer como áreas de isoglossas*, comparáveis a zonas dialetais no interior de uma língua.

3. Se, na perspectiva da leitura* ou da análise*, a segmentação é uma operação que põe assim em evidência unidades textuais, ela poderá ser considerada, do ponto de vista do percurso gerativo*, como um dos procedimentos de textualização*, que recorta o discurso em partes, estabelece e dispõe em sucessão as unidades textuais (frases, parágrafos, capítulos, etc.), procede à anaforização*, entre outras coisas, levando em conta evidentemente a elasticidade* do discurso.

→ Sequência, Textualização.

SEGREDO s. m.

FR. SECRET; INGL. SECRET

No quadrado semiótico das modalidades veridictórias, designa-se com o nome de **segredo** o termo complementar* que subsume os termos *ser* e *não parecer* situados na dêixis* positiva.

→ Veridictórias (modalidades ~), Suspensão, Quadrado semiótico, Marca.

SELEÇÃO s. f.

FR. SÉLECTION; INGL. SELECTION

Seleção é o termo que L. Hjelmslev dá à pressuposição unilateral, quando esta é reconhecida na cadeia sintagmática*. O uso tem tendência a generalizar esse termo, aplicando-o igualmente às relações paradigmáticas*.

→ Unilateral (pressuposição ~).

Sema s. m.

FR. Sème; INGL. Seme

1. **Sema** designa comumente a "unidade mínima" (comparável ao traço pertinente* ou apenas distintivo* da Escola de Praga) da significação: situado no plano do conteúdo*, corresponde ao fema*, unidade do plano da expressão*. Mantendo o paralelismo entre os dois planos da linguagem, pode-se dizer que os semas são elementos constitutivos dos sememas*, da mesma forma que os femas o são dos fonemas*, e que um sistema semântico pode ser postulado – a título de hipótese* – para explicitar o plano do conteúdo de uma semiótica*, comparável ao sistema fonológico, cujas articulações constituem o plano da expressão.

2. Sema não é um elemento atômico e autônomo. Ele tira sua existência apenas do desvio diferencial que o opõe a outros semas. Por outras palavras, a natureza dos semas é unicamente relacional e não substancial, sendo que o sema não pode ser definido senão como termo* de chegada da relação* que se instaura e/ou que se apreende com pelo menos um outro termo de uma mesma rede relacional. O que consiste em reconhecer assim que a **categoria sêmica** (= categoria* semântica que serve para a constituição do plano do conteúdo) é logicamente anterior aos semas que a constituem e que os semas não podem ser apreendidos a não ser no interior da estrutura* elementar da significação. É oferecendo um estatuto lógico preciso às relações constitutivas de uma tal estrutura (contradição*, contrariedade*, implicação*) que determinamos o conceito de sema e o tornamos operatório*.

3. Como os semas não são mais do que termos, isto é, pontos de intersecção e de encontro de relações significantes (que não correspondem, a não ser raramente, a realizações lexicais em língua natural), devem ser denominados, no momento do procedimento de análise, de maneira arbitrária*; *verticalidade/horizontalidade*, por exemplo, são denominações de caráter metalinguístico*, às quais convém dar uma organização coerente: não se trata aqui de simples paráfrase* em língua natural. Trata-se de uma posição teórica que opõe os semioticistas (tais como nós próprios) aos semanticistas gerativistas, e mesmo a B. Pottier: a análise sêmica* é, para nós, uma construção metalinguística.

4. A definição aproximativa do sema como "unidade mínima" do conteúdo deve ser rediscutida não apenas em seu estatuto de unidade*, mas também de unidade "mínima".

a) Teoricamente, é fácil imaginar que a combinatória* de cerca de vinte categorias sêmicas (número comparável ao das categorias fêmicas de que se vale uma língua natural qualquer) possa produzir uma quantidade de sememas tal que satisfaça inteiramente às necessidades de uma língua natural ou de qualquer outra semiótica. As categorias sêmicas, assim inventariadas, conteriam sem nenhuma dúvida o conjunto dos universais* da linguagem. É nesse sentido que se pode falar em semas enquanto unidades mínimas da significação. Vê-se, no entanto, que, por falta de um inventário completo dos semas "primitivos", qualquer análise sêmica seria inoperante.

b) Dessa forma, o caráter "mínimo" do sema deve ser entendido num sentido muito relativo, como mínimo em relação ao campo de exploração escolhido. Sendo assim, em presença de uma terminologia de parentesco dada ou de uma classe sintagmática de determinativos constituídos em paradigma fechado, a análise sêmica só convocará o número mínimo de traços diferenciais (ou de categorias sêmicas) necessários para esgotar todas as oposições entre os morfemas examinados. O mesmo ocorrerá quando da análise do componente semântico de um discurso ou de uma coleção de discursos. O caráter mínimo do sema (que, não o esqueçamos, é uma entidade construída) é, pois, relativo e repousa sobre o critério da pertinência* da descrição.

5. O exame das diferentes categorias sêmicas permite distinguir várias classes:

a) os **semas figurativos*** (ou exteroceptivos*) são grandezas* do plano do conteúdo das línguas* naturais, que correspondem aos elementos do plano da expressão* da semiótica do mundo* natural, isto é, às articulações das ordens sensoriais, às qualidades sensíveis do mundo;

b) os **semas abstratos*** (ou interoceptivos*) são grandezas do conteúdo que não se referem a nenhuma exterioridade, mas que, pelo contrário, servem para categorizar* o mundo e para instaurá-lo como significação: tais são, por exemplo, as categorias *relação/termo, objeto/processo*;

c) os **semas tímicos*** (ou proprioceptivos*) conotam os microssistemas sêmicos de acordo com a categoria *euforia/disforia*, erigindo-as, assim, em sistemas axiológicos*.

6. Podem-se distinguir dois modos de organização dos conjuntos sêmicos:

a) as estruturas **taxionômicas*** (ou sistemáticas) que representam a organização das categorias sêmicas homogêneas em hierarquias* (fundamentadas nas relações hiponímicas*);

b) as estruturas **morfemáticas** que resultam das articulações integrativas de semas que provêm de diferentes microssistemas e categorias sêmicas, e que aparecem como figuras* (cujos elementos diversos mantêm relações hipotáxicas* entre si). É à concepção taxionômica e à organização sêmica que a distinção estabelecida por B. Pottier entre **semas genéricos** e **semas específicos** remete;

é à organização morfemática que se refere nossa própria concepção de **figuras sêmicas** (constitutivas dos núcleos* semêmicos).

7. A mobilização da combinatória sêmica produz grande número de sememas que não são, por isso, simples coleções de semas, mas construções hipotáxicas, que obedecem a um conjunto de regras de formação. No interior de um semema, podem-se distinguir **semas contextuais*** (que o semema possui em comum com os outros elementos do enunciado semântico) e **semas nucleares*** que caracterizam o semema (e, eventualmente, o lexema de que depende) na sua especificidade.

→ **Sêmica (análise ~), Estrutura, Quadrado semiótico, Semema.**

SEMANTEMA s. m.

FR. SÉMANTÈME; INGL. SEMANTEME

1. O termo **semantema** pertence a uma terminologia atualmente abandonada, em que designava a base lexical de uma palavra, por oposição morfema* (que comporta informações gramaticais). É hoje substituído, nessa acepção, por morfema lexical (ou lexema*). Quando se quer falar do investimento* semântico de um morfema ou de um enunciado*, previamente à sua análise*, é preferível utilizar o termo **semantismo.**

2. O termo semantema foi recentemente retomado por B. Pottier para denominar, em seu sistema, o subconjunto de semas* específicos que, juntamente com classema* (subconjunto de semas genéricos) e virtuema* (subconjunto de semas conotativos*), constitui o semema*.

SEMÂNTICA s. f.

FR. SÉMANTIQUE; INGL. SEMANTICS

1. Oposta ora ao par fonética-fonologia, ora à sintaxe (mais particularmente em lógica), a **semântica** é um dos componentes* da teoria da linguagem (ou da gramática*).

2. No século XIX, a linguística ocupou-se principalmente da elaboração da fonética* e da morfologia*; no século XX, como que em consequência de uma inversão de tendências, ela se encarregou de desenvolver antes de tudo a sintaxe* e a semântica.

De fato, foi somente no fim do século passado que M. Bréal, por primeiro, formulou os princípios de uma semântica diacrônica, chamada a estudar a mudança do sentido das palavras, adaptando à dimensão social das línguas naturais o aparato da antiga retórica (mais especialmente, da tropologia) e da estilística do século XIX.

3. Abandonando a dimensão diacrônica das pesquisas em benefício de uma descrição sincrônica dos fatos de significação, a semântica se reserva como tarefa – na primeira metade do século XX – o reconhecimento e a análise dos campos* semânticos (ou nocionais, ou conceituais). Partindo dos trabalhos de J. Trier, que praticava paralelamente a abordagem semasiológica* e a onomasiológica*, ela toma o nome de lexicologia (G. Matoré). Tal **semântica lexical** conserva, não obstante, a palavra* como unidade de base de suas análises, e bate assim com a hipótese de Sapir-Whorf, relativa à categorização do mundo com a ajuda do dispositivo lexical das línguas naturais.

Essa abordagem, cujo objetivo é taxionômico*, deu apenas – por falta dos critérios ligados à estrutura imanente da linguagem – resultados parciais e limitados.

4. Foi nos anos 1960 que a utilização do modelo fonológico* – que repousa no postulado mais ou menos explícito do paralelismo dos dois planos* da linguagem – abriu caminho para aquilo que se chama comumente **semântica estrutural**. Considerando que o plano da expressão* de uma língua é constituído de desvios diferenciais e que a esses desvios do significante* devem corresponder desvios do significado* (interpretáveis como traços distintivos* da significação), essa nova abordagem encontra aí um meio de analisar as unidades lexicais manifestas (morfemas ou similares), decompondo-as em unidades subjacentes, menores (chamadas por vezes mínimas), que são os traços semânticos ou semas*. Sejam quais forem os pressupostos teóricos dos linguistas interessados nessa pesquisa (citemos, sem preocupação de ordem, os nomes de U. Weinrich, B. Pottier, A. J. Greimas, Apresjan, Katz e Fodor), e sem considerar os resultados – mais ou menos satisfatórios – obtidos individualmente por cada um deles, não se pode negar que a semântica estrutural constitui uma etapa decisiva: sua experiência metodológica tornou possível nova reflexão sobre a teoria da significação e abriu caminho à semiótica.

5. Tal como está, a semântica hoje parece ter afastado as apreensões de bom número de linguistas, cristalizadas na famosa fórmula de Bloomfield, segundo a qual o sentido certamente existe, mas nem por isso se pode dizer dele nada que seja dotado de sentido. De fato, se uma certa "materialidade" do significante* serve de garantia para uma descrição científica, o plano do significado* – que se podia apenas pressupor – escapava a uma abordagem positiva. Foi preciso que se produzisse uma revolução dos espíritos – que se substituíssem as certezas de uma

|432|

descrição dos "fatos" da linguagem pela ideia de que a linguística nada mais é do que construção teórica, com vista a esclarecer fenômenos que de outro modo (diretamente) seriam incompreensíveis – para que a semântica pudesse ser admitida e reconhecida como uma linguagem construída, capaz de falar das línguas-objeto. Será ainda necessário precisar que o estatuto da semântica, enquanto metalinguagem*, divide, de maneira mais ou menos consciente, os semanticistas: ao lado do projeto, ao qual nos filiamos, que exige uma metalinguagem científica, a linguagem semântica é muitas vezes considerada como uma simples paráfrase em língua natural.

6. Entre os problemas que continuam em suspenso e que a semântica é chamada a resolver, assinalamos de início o da produção sêmica. Pode-se imaginar, do ponto de vista teórico, que cerca de vinte categorias* sêmicas binárias, consideradas como base taxionômica de uma combinatória*, são suscetíveis de produzir alguns milhões de combinações semêmicas, número amplamente suficiente, à primeira vista, para cobrir o universo semântico coextensivo a uma língua natural dada. Sem falar das dificuldades práticas para se estabelecer tal base de universais* semânticos, outro problema – não menos árduo – se levanta quando se trata de precisar as regras de compatibilidade e incompatibilidade* semânticas que presidem não apenas à construção dos sememas*, mas também das unidades sintagmáticas mais amplas (enunciado, discurso). Vê-se assim que a análise sêmica* (ou componencial) só obtém resultados satisfatórios ao praticar descrições taxionômicas limitadas (suscetíveis de serem estendidas à estruturação* de campos semânticos mais abertos), e que a ideia de poder dispor, para a interpretação semântica, de matrizes comparáveis às que a fonologia é capaz de fornecer para sua própria interpretação deve ser abandonada; por fim, a **semântica linguística** (gerativa ou lógica, à maneira de O. Ducrot) fica reduzida a explicitar unicamente eventuais universais. Sendo assim, a grande ilusão dos anos 1960 – que acreditava ser possível dotar a linguística de meios necessários para a análise exaustiva do plano do conteúdo das línguas naturais – teve de ser abandonada, porque a linguística se empenhara assim, sem nem mesmo percebê-lo, no projeto extraordinário de uma descrição completa do conjunto das culturas, com as dimensões da própria humanidade.

7. Para poder ultrapassar a fase de seu desenvolvimento (aqui brevemente traçado), a semântica – tal como nós tentamos elaborar no quadro do Groupe de Recherches Sémiolinguistiques – deve satisfazer, ao que parece, pelo menos a três condições principais:

a) Deve ser **gerativa**, vale dizer, concebida sob forma de investimentos de conteúdo progressivos, dispostos em patamares sucessivos, que vão dos investimentos mais abstratos* aos mais concretos* e figurativos*, de tal maneira que cada patamar possa receber uma representação metalinguística explícita*.

b) Deve ser **sintagmática**, e não mais apenas taxionômica, procurando assim dar conta não de unidades lexicais particulares, mas da produção e da apreensão dos discursos. Sob esse ponto de vista, a importância atribuída aos semas contextuais* na construção dos sememas permite-nos postular a hipótese* seguinte: os investimentos semânticos mais profundos correspondem a unidades sintagmáticas cujas direções são as mais amplas e servem de base para o estabelecimento das isotopias* discursivas; dessa forma, novas camadas de investimentos darão lugar então a especificações de conteúdos que decompõem o discurso em unidades sintagmáticas menores, para chegar finalmente a combinações semêmicas.

c) A semântica deve ser **geral:** sendo as línguas* naturais, tanto quanto os mundos* naturais, lugares de aparecimento e de produção de semióticas múltiplas, deve-se postular a unicidade do sentido e reconhecer que ele pode ser manifestado por diferentes semióticas ou por várias semióticas ao mesmo tempo (no caso do espetáculo, por exemplo): é por isso que a semântica depende de uma teoria geral da significação*.

8. No quadro da gramática* semiótica, tal como a concebemos, distinguir-se-ão dois componentes complementares – sintático e semântico –, articuláveis em dois níveis de profundidade. O percurso gerativo* do discurso comportará, assim, duas instâncias semânticas, no nível semiótico ou narrativo: a de uma **semântica fundamental**, dotada de uma representação lógica abstrata, e a de uma **semântica narrativa**, cujos investimentos se inscrevem nos moldes da sintaxe* narrativa de superfície. A representação semântico-sintática, que daí resulta, é a das estruturas semióticas, suscetíveis de serem assumidas pela instância da enunciação*, tendo em vista a produção do discurso.

➔ Conteúdo, Gerativo (percurso ~), Semântica fundamental, Semântica narrativa, Semântica discursiva, Semântica gerativa.

SEMÂNTICA DISCURSIVA

FR. SÉMANTIQUE DISCURSIVE; INGL. DISCOURSE SEMANTICS

1. A colocação em discurso (ou discursivização*) das estruturas semióticas e narrativas pode ser definida, do ponto de vista sintático, como um conjunto de pro-

cedimentos de actorialização*, de temporalização* e de espacialização*; pelo lado da semântica, e paralelamente, novos investimentos – que se procurarão dispor em vários patamares – acompanham essa reorganização sintagmática. Um exemplo muito simples ajudará a precisar nosso pensamento. Suponhamos que exista, no nível das estruturas narrativas, um programa* narrativo cujo actante objeto esteja investido do valor* "liberdade" (valor que está ligado à estrutura modal do poder); estando esse objeto inscrito como objeto disjunto do sujeito, o valor "liberdade" constituirá a meta do percurso narrativo* do sujeito. Sendo assim, a inscrição desse percurso no discurso pode dar lugar, por exemplo, à sua espacialização, e o percurso "liberdade" poderá ser tematizado, com isso, como um percurso "evasão". Entretanto, a evasão continua ainda sendo um percurso abstrato*: novos investimentos são suscetíveis de o figurativizar, representando-o por exemplo, como um embarque para mares distantes. Dir-se-á, então, que um percurso narrativo dado pode ser convertido, no momento da discursivização, quer em um percurso temático*, quer, numa etapa ulterior, num percurso figurativo*, e distinguir-se-ão assim – levados em conta os dois procedimentos que são o da tematização* e o da figurativização* – duas grandes classes de discursos: discursos não figurativos (ou abstratos) e discursos figurativos.

2. A distância que separa os dois níveis discursivos é, pois, o lugar de conversões* semânticas cuja complexidade é variável. Desse modo, tal discurso é suscetível de explorar um percurso temático, convertendo-o sucessivamente em diversos percursos figurativos: é o caso, bem frequente, das parábolas do Evangelho. Um outro discurso, em vez de dispor os percursos figurativos em sucessão, os superporá em simultaneidade, uns sobre os outros: é o que acontece nos casos de pluri-isotopia*, que dão margem a leituras* múltiplas de um único discurso. É igualmente nesse nível que ocorre a assunção pelo discurso de numerosas figuras* e configurações* discursivas (de caráter muitas vezes iterativo e migratório); trata-se, no caso, de um vasto domínio de pesquisas, ainda muito pouco explorado, que se prende à **semântica discursiva.**

3. No interior do nível figurativo do discurso, convém que se distingam dois patamares, o da figuração e o da iconização*. Enquanto a figuração consiste na disposição, ao longo do discurso, de um conjunto de figuras* (cf. as figuras nucleares*, os esquemas de G. Bachelard, os desenhos infantis, etc.), a iconização procura, num estágio mais avançado, "vestir" essas figuras, torná-las semelhantes à "realidade", criando assim a ilusão referencial*. É igualmente nesse nível que tomam lugar os procedimentos onomásticos* que correspondem, no plano semântico, juntamente com a antroponímia*, a crononímia* e a toponímia*, aos três principais procedimentos sintáticos da discursivização (actorialização, temporalização, espacialização).

4. No estado atual das pesquisas semióticas, é evidentemente impossível determinar, com algum grau de certeza, a economia geral da semântica discursiva. É por isso que não se podem indicar aqui senão as grandes linhas de um projeto que repousa num certo número de postulados: ao percurso gerativo* do discurso, que vai do abstrato ao concreto e figurativo, convém, do ponto de vista metodológico, decompô-lo em outras tantas instâncias semiautônomas necessárias, de maneira a melhor apreender, em cada etapa, seus modos de produção particulares; por outro lado, o processo de generalização em seu conjunto – com os investimentos semânticos que se reconhecem em cada patamar – constitui outras tantas restrições* e especificações do discurso que se está tentando gerar; o conjunto das opções sucessivas e das seleções que dele decorrerão poderão então servir de base para uma tipologia dos discursos.

→ **Semântica narrativa, Tematização, Figurativização, Configuração, Gerativo (percurso ~).**

SEMÂNTICA FUNDAMENTAL

FR. SÉMANTIQUE FONDAMENTALE; INGL. FUNDAMENTAL SEMANTICS

1. Complementar da semântica narrativa e, juntamente com ela, constitutiva do componente* semântico da gramática semiótica (no nível das estruturas semióticas), a **semântica fundamental** define-se por seu caráter abstrato*, pelo fato de que corresponde – junto com a sintaxe* fundamental – à instância *a quo* do percurso gerativo* do discurso. As unidades que o instituem são estruturas* elementares da significação e podem ser formuladas como categorias* semânticas, suscetíveis de serem articuladas no quadrado* semiótico (o que lhes confere um estatuto lógico-semântico e as torna operatórias).

2. Em princípio, considera-se que uma única categoria semântica é suficiente para ordenar e produzir, em consequência de investimentos* sucessivos em cada instância gerativa, um único microuniverso* de discurso. Todavia, duas categorias semânticas distintas, tomadas como esquemas* do quadrado semiótico, podem igualmente gerar um discurso inovador (analítico ou sintético-mítico). A existência de discursos não fechados ou de discursos incoerentes não contradiz tal concepção: da mesma forma que um discurso a duas vozes (diálogo*) ou um discurso a várias vozes (debate em grupo) pode não constituir senão um único universo de discurso e dever sua organização fundamental a uma única categoria

(ou a um par de categorias cruzadas), um único discurso manifestado pode ser incoerente e depender de vários universos de discurso. Sob certas condições determinadas, pode-se igualmente prever o caso em que uma única categoria (ou dois esquemas cruzados), que rege um microuniverso, domine outras categorias que lhes são subordinadas ou, até mesmo, apenas coordenadas: tal dispositivo, de forma hierárquica, que assume um universo cultural, será chamado episteme*.

3. Dado que um universo* semântico pode articular-se de duas maneiras: quer como universo individual* (uma "pessoa"), quer como universo social (uma "cultura"), é possível sugerir – a título de hipótese* – a existência de duas espécies de universais* semânticos – a categoria *vida/morte* e a categoria *natureza/cultura* –, cuja eficácia operatória parece incontestável.

4. A semântica fundamental aparece, nesse nível, como um inventário (ou uma taxionomia?) de categorias sêmicas, suscetíveis de serem exploradas pelo sujeito da enunciação*, como outros tantos sistemas axiológicos* virtuais*, cujos valores só se atualizam no nível narrativo, no momento de sua junção com os sujeitos. Tal estrutura axiológica elementar, que é de ordem paradigmática*, pode ser sintagmatizada graças às operações sintáticas que fazem com que seus termos efetuem percursos previsíveis no quadrado semiótico: a estrutura semântica está, pois, apta a receber, nesse plano, uma representação sintagmática.

→ **Gerativo (percurso ~), Semântica, Estrutura (elementar da significação), Episteme, Universo semântico.**

Semântica gerativa

FR. Sémantique générative; INGL. Generative semantics

1. No momento em que a gramática gerativa* tentava situar o componente semântico não mais no nível das estruturas profundas, mas ao longo do percurso transformacional, e, portanto, reconciliar a sintaxe com a semântica (de início, totalmente separadas), a **semântica gerativa** inverteu os dados do problema, ao postular que a instância *a quo* do percurso gerativo* é constituída de formas lógico-semânticas a partir das quais, por um jogo de transformações*, são geradas as formas de superfície (o componente fonológico permite, a seguir, dar uma representação fonética do enunciado): fica assim resolvida, num só golpe, a questão – espinhosa em gramática gerativa – da interpretação* semântica.

2. A exclusão de uma abordagem puramente formal em benefício de uma opção realmente semântica aproxima a semântica gerativa da semiótica francesa. Mesmo

que o modelo apresentado não seja ainda senão aproximativo, ele pode ser comparado, por exemplo, à nossa concepção do percurso gerativo, e sua organização das estruturas profundas pode corresponder, em parte, ao nível profundo de nossa gramática* semiótica.

3. Todavia, mesmo que a semântica gerativa dê testemunho de interesse positivo para com os universais*, suas investigações parecem, no momento atual, muito localizadas e carecem principalmente de uma teoria geral da significação. Por outro lado, diferentemente de nosso projeto científico, a semântica gerativa parece recusar a metalinguagem descritiva (ou, pelo menos, marcar a sua indiferença para com ela).

→ Gerativo (percurso ~), Gerativa (gramática ~).

SEMÂNTICA NARRATIVA

FR. SÉMANTIQUE NARRATIVE; INGL. NARRATIVE SEMANTICS

1. Na economia do percurso gerativo*, a **semântica narrativa** deve ser considerada como a instância de atualização* dos valores. De fato, se o nível fundamental, em que se inscrevem a sintaxe* e a semântica* fundamentais, está destinado a articular e a dar forma categórica ao microuniverso* suscetível de produzir as significações discursivas, esse universo organizado continua ainda sendo o dos valores virtuais*, enquanto não for assumido por um sujeito. A passagem da semântica fundamental para a semântica narrativa consiste, pois, essencialmente, na seleção dos valores disponíveis – e dispostos no (ou nos) quadrado(s)* semiótico(s) – e em sua atualização pela junção* com os sujeitos da sintaxe narrativa de superfície. Enquanto o nível fundamental se apresenta como um dispositivo axiológico suscetível de servir de base à geração de um leque tipológico de discursos possíveis, o nível narrativo da semântica é o lugar das restrições impostas à combinatória, em que se decide em parte o tipo de discurso a ser produzido.

2. O molde sintático em que se efetua o investimento dos valores selecionados é o enunciado de estado*. Independentemente da natureza do valor – que pode ser modal*, cultural, subjetivo* ou objetivo* –, sua inscrição no actante objeto em junção com o sujeito define este último em seu "ser" móvel, mobilizável com vistas ao programa* narrativo que o transformará. Se a atualização dos valores erige assim os programas narrativos em significação, o percurso narrativo* constitui o quadro sintático da acumulação (não apenas adicional, mas também "memo-

rial", como testemunhará, no nível da semântica discursiva, o papel temático*) dos valores.

→ **Semântica fundamental, Sintaxe narrativa de superfície, Atualização, Gerativo (percurso ~).**

SEMANTICIDADE s. f.

FR. SÉMANTICITÉ; INGL. SEMANTICITY

Diferentemente da linguística gerativa* e transformacional, para a qual a **semanticidade** de um enunciado* corresponde à possibilidade que tem de receber uma interpretação semântica (o que põe em jogo uma apreciação epistêmica* do enunciatário), entender-se-á por semanticidade – de um ponto de vista operatório* – a relação de compatibilidade que mantêm dois elementos* do nível semântico (tais como dois semas* ou dois sememas*), e graças à qual estes podem estar simultaneamente presentes em uma unidade hierárquica superior: é um dos critérios não somente da aceitabilidade*, mas também da interpretação semântica.

→ **Compatibilidade, Aceitabilidade, Interpretação.**

SEMÂNTICO (INVENTÁRIO, NÍVEL ~) adj.

FR. SÉMANTIQUE (INVENTAIRE, NIVEAU ~); INGL. SEMANTIC LEVEL

Por oposição ao inventário semiológico* das categorias* sêmicas que, por dependerem do plano do conteúdo* das línguas naturais, correspondem a figuras* da expressão* da semiótica natural*, o **inventário semântico** (no sentido estrito do termo) é constituído de categorias que não têm nenhuma relação com o mundo exterior tal como é percebido, e que são pressupostas até mesmo pela categorização* do mundo. Para evitar qualquer confusão terminológica, propomos empregar o qualificativo figurativo* para substituir semiológico, e **não figurativo** (ou **abstrato**) no lugar de semântico.

→ **Interoceptividade.**

SEMANTISMO s. m.

FR. SÉMANTISME; INGL. SEMANTICISM

Designa-se com o nome de **semantismo** o investimento semântico de um morfema* ou de um enunciado*, anteriormente a qualquer análise.

➔ Investimento semântico.

SEMASIOLOGIA s. f.

FR. SÉMASIOLOGIE; INGL. SEMASIOLOGY

O termo **semasiologia** designa, em semântica lexical, a abordagem que visa, a partir dos signos* mínimos (ou dos lexemas*), à descrição das significações*. Semasiologia é habitualmente oposto a onomasiologia.

➔ Onomasiologia, Semântica.

SEMELHANÇA s. f.

FR. RESSEMBLANCE; INGL. RESEMBLANCE

1. **Semelhança** é a apreensão intuitiva* de certa afinidade entre duas ou mais grandezas*, a qual permite reconhecer entre elas, sob certas condições e com a ajuda de procedimentos apropriados, uma relação de identidade*. Todavia, esta (bem como a operação de identificação que ela subentende) pressupõe uma alteridade* preexistente (que é apenas a formulação categorial da diferença). A apreensão complexa e concomitante da semelhança e da diferença constitui assim o pressuposto epistemológico da aparição do sentido.

2. No plano intuitivo, a busca e o registro das semelhanças e diferenças definem o primeiro passo de toda e qualquer abordagem comparativa*.

➔ Diferença, Identidade.

Semema s. m.

FR. Sémème; INGL. Sememe

1. Na terminologia proposta por B. Pottier, **semema** define-se como conjunto de semas* reconhecíveis no interior do signo* mínimo (ou morfema*). A unidade de significação, assim delimitada, é composta de três subconjuntos sêmicos: o classema* (os semas genéricos), o semantema* (os semas específicos) e o virtuema* (os semas conotativos*).

2. Relativamente a essa definição, nossa própria concepção de semema distingue-se em vários aspectos fundamentais:

a) Enquanto Pottier atribui ao semema a totalidade dos investimentos* do significado* de um morfema, o semema – para nós – corresponde àquilo que a linguagem ordinária entende por "acepção", "sentido particular" de uma palavra. O semema de Pottier corresponde, pois, ao nosso lexema*, sendo que este é constituído por um conjunto de sememas (conjunto que pode ser, em última instância, monossemêmico*) reunidos por um núcleo* sêmico comum. Dessa forma, o lexema francês "table" ("mesa") comporta, além do semema designado pelos dicionários franceses como "superfície plana tendo por suporte um ou mais pés", outros sememas reconhecíveis em expressões tais como "présider la table" ("presidir a mesa"), "table d'écoute" ("instalação que permite controlar as conversas telefônicas"), "tables de la loi" ("tábuas da lei"), "table de multiplication" ("tabuada de multiplicação"), etc. O lexema – enquanto reunião de sememas – é, como se vê, o resultado do desenvolvimento histórico de uma língua natural, enquanto o semema é um fato estrutural, uma unidade do plano do conteúdo.

b) O semantismo*, comum a diversos sememas cobertos por um mesmo formante*, mas distinto dos investimentos sêmicos dos sememas contíguos da mesma cadeia*, constitui o núcleo do semema e assegura a sua especificidade semântica (cf. os semas específicos de B. Pottier, ou semantema). Esse núcleo – ou figura sêmica – é aquilo que o semema possui de próprio, sendo que o resto lhe vem do contexto* (no mais das vezes, da unidade contextual mínima, constituída de pelo menos dois sememas) e constitui sua base classemática*. Em outras palavras, semema não é uma unidade de significação delimitada pelas dimensões do signo mínimo; em imanência, ou "em língua", como se diz, ele não é mais do que uma figura sêmica: é apenas no momento de sua manifestação no discurso que essa figura alcança sua base classemática (constituída de semas contextuais) e seleciona assim um **percurso semêmico** que a realiza como semema, com exclusão de outros percursos possíveis, os quais, tendo permanecido virtuais, são suscetíveis de produzir, em outros contextos discursivos, outros sememas de um mesmo lexema. Nossa análise sugere que se substitua a decomposição do semema em:

semema = semantema + classema

proposta por Pottier, por uma outra partição:

semema = figura sêmica + base classemática,

duas formulações cujos fundamentos teóricos são diferentes. (Deixamos aberto o problema do virtuema.)

c) A distinção feita dessa forma entre o lexema (ligado a seu formante) e o semema (unidade que resulta da articulação apenas do plano do conteúdo), libera a análise semântica das coerções do signo* e permite encontrar, sob revestimentos lexemáticos diferentes, conteúdos semânticos similares ou comparáveis. Precisando de antemão o nível de análise que se considera pertinente e operando a suspensão* das oposições sêmicas julgadas não pertinentes, chegar-se-á a passar da parassinonímia* dos sememas ao reconhecimento de sua sinonímia*, e a constituir, assim, classes de sememas (ou de **sememas construídos**) que reúnem bom número de sememas-ocorrências dispersos no discurso e pertencentes a lexemas diferentes.

d) Por fim, o semema não pode ser considerado uma coleção de semas, produto de uma pura combinatória. Apresenta-se ele como uma organização sintática* de semas, sendo que as figuras sêmicas contêm, muitas vezes, de maneira implícita, estruturas actanciais (por exemplo, "dar" implica a presença de pelo menos duas posições actanciais) e/ou configurações* temáticas ("râler", por exemplo, quer dizer "emitir um ruído rouco, falando de um moribundo") mais ou menos complexas.

➔ Sema, Sêmica (análise ~).

SÊMICA (ANÁLISE ~) adj.

FR. SÉMIQUE (ANALYSE ~); INGL. SEMIC ANALYSIS

1. A **análise sêmica** e a **análise componencial** são, no mais das vezes, reunidas, não obstante suas origens distintas (uma é europeia, a outra norte-americana), seu desenvolvimento autônomo e seus projetos divergentes (a primeira visa a explicar a organização semântica de um campo lexical, a segunda, a descrever o mais economicamente possível a terminologia do parentesco). Têm em comum serem procedimentos taxionômicos* que buscam esclarecer a organização paradigmática* dos fatos linguísticos no plano semântico*, estabelecendo distinções com a ajuda de traços pertinentes* (oposições de **semas*** num caso, de "componentes" ou elementos constituintes, no outro).

2. A **análise sêmica** pode ser considerada, com justa razão, como prolongamento da análise distribucional*, mas com o acréscimo do instrumental semântico: a classe dos determinantes do substantivo, por exemplo, uma vez estabelecida graças às distribuições*, será tratada como um paradigma* fechado, constituído por aquelas subclasses chamadas artigos, demonstrativos, possessivos, etc. e que só podem ser definidas por oposições sêmicas; a análise ulterior dessas subclasses, tomadas uma a uma, permite articulá-las em categorias* gramaticais, e assim adiante.

3. A complexidade aumenta quando se quer tratar da mesma maneira as classes abertas (radicais nominais ou verbais): os critérios escolhidos para delimitar uma subclasse formada de lexemas são pouco seguros e muitas vezes intuitivos (é assim que B. Pottier, que inaugura esse gênero de análise com a taxionomia dos "assentos", se refere ao conceito vago de "campo de experiência", de que ele reconhece a fragilidade), e a natureza dos semas ("para se sentar", "com braços", "com encosto", e assim por adiante), que estabelecem as distinções necessárias, causa problemas. O risco de tal abordagem – seus prolongamentos na classificação dos meios de transporte, por exemplo, o mostram bem – consiste em deslizar imperceptivelmente da análise de um campo semântico à de um campo de experiência (psicológica), para chegar enfim à descrição de um campo de "realidade" (física).

4. A **análise componencial** escolhe como objeto, no ponto de partida, um microssistema constituído, no interior das línguas naturais, pela terminologia do parentesco. O caráter estranho, único, desse microssistema – cujo funcionamento só pode ser comparado ao da categoria da pessoa – apresenta para a análise tantas vantagens quanto inconvenientes. As principais vantagens, que garantem à análise componencial homogeneidade* e rigor, são a natureza puramente paradigmática desse código* e seu caráter puramente semântico e arbitrário* (o ego, que serve de ponto de referência para todo o sistema, não pode ser identificado a nenhum ser humano referencial). Não utilizando senão um pequeno número de categorias sêmicas – *consanguineidade/afinidade, lateralidade/verticalidade, aproximação/afastamento* (cálculo dos graus de parentesco), etc. –, a análise componencial consegue construir um modelo taxionômico quase perfeito. Mas o inconveniente maior está no caráter restrito de seu campo de aplicabilidade: as tentativas de extrapolação para fora desse microssistema imanente – para o estudo das etnotaxionomias botânica, zoológica, etc., em etnolinguística – encontram dificuldades comparáveis às da análise sêmica.

5. A análise sêmica e componencial, na medida em que se define como explicitação das relações paradigmáticas e estabelecimento de taxonomias consideradas como resultados apenas da combinatória*, aparece como uma disciplina autônoma, com sua própria especificidade, e, em contrapartida, com um domínio de

aplicação limitado. O alargamento desse campo de pesquisa depende, em grande parte, dos progressos da semântica* em si mesma, que estão demorando a chegar: de fato, esta, elaborada a partir do modelo fonológico*, encontra dificuldades para introduzir em suas análises os princípios de organização sintagmática e sintática do universo* semântico.

→ Sema, Taxionomia, Classificação, Combinatória, Etnossemiótica, Semântica.

SEMIOLOGIA s. f.

FR. SÉMIOLOGIE; INGL. SEMIOLOGY

1. O termo **semiologia**, que se mantém, em concorrência com semiótica*, para designar a teoria da linguagem e suas aplicações a diferentes conjuntos* significantes, remonta a F. de Saussure, que fazia ardentes votos pela constituição, sob esse rótulo, do estudo geral dos "sistemas de signos". Quanto ao domínio do saber (ou do querer-saber) que esses dois termos cobrem, constituiu-se ele inicialmente na França, nos anos 1960, no quadro do que se chama estruturalismo* francês (em torno dos nomes de Merleau-Ponty, Lévi-Strauss, Dumézil, Lacan, etc.), influenciado, no plano linguístico, pelos herdeiros de Saussure: L. Hjelmslev e, um pouco menos, R. Jakobson. Dos dois termos, empregados por muito tempo indiferentemente, semiótica foi, a um dado momento, favorecido: fundou-se dessa forma a 'Association Internacionale de Sémiotique'; apesar dessa institucionalização, o termo semiologia, solidamente implantado na França (entre os discípulos de R. Barthes e, em parte, entre os de A. Martinet) e nos países latinos, continua a ser amplamente utilizado, e foi somente nos anos 1970 que o conteúdo metodológico da semiologia e da semiótica se diferenciou progressivamente, tornando-se significativa a oposição entre as duas designações.

2. O projeto semiológico, na medida em que se procurou desenvolvê-lo no quadro restrito da definição saussuriana (e fora de qualquer contato com a epistemologia das ciências humanas da época) – levando o "sistema" a excluir o processo semiótico e, por isso mesmo, as práticas significantes mais diversas; fazendo o estudo dos "signos", inscritos na teoria da comunicação*, consistir na aplicação quase mecânica do modelo do "signo linguístico", etc. –, reduziu-se logo a muito pouca coisa: à análise de alguns códigos artificiais suplementares (cf. as análises de Prieto e de Mounin), o que fez a semiologia aparecer como sendo uma disciplina anexa à linguística.

3. Não é nessa formulação acanhada, mas na teoria da linguagem, considerada em seu conjunto, da qual traçou as dimensões fundamentais, que se deve buscar as

razões do impacto decisivo de F. de Saussure sobre o desenvolvimento dos estudos semiológicos. Dessa forma, foi em sua formulação hjelmsleviana (cf. *Elementos de Semiologia* de R. Barthes, *Semântica Estrutural* de A. J. Greimas) que o saussurismo se exprimiu definitivamente na semiologia francesa. Ora, Hjelmslev, mesmo mantendo o termo de Saussure, dota-o de uma definição precisa: entende por semiologia a metassemiótica* científica, cuja semiótica-objeto não é científica: sendo assim, exclui do domínio da semiologia, por um lado, as semióticas conotativas, isto é, as linguagens de conotação*, e, por outro, as metassemióticas, que têm por semiótica-objeto semióticas científicas (as linguagens lógicas, por exemplo).

4. Essas sutilezas terminológicas, aparentemente fúteis, parecem-nos, entretanto, necessárias para servir de ponto de referência, porque permitem situar as opções fundamentais que presidiram à diferenciação progressiva entre a semiologia e a semiótica. Desse modo, relativamente à definição hjelmsleviana da semiologia, a "infidelidade" primeira cometida por R. Barthes, anterior aos *Elementos*, foi seu interesse pela dimensão conotativa da linguagem (cf. *Mitologias*), domínio excluído por Hjelmslev da definição da semiologia e que nós remetemos, por um lado, à sociossemiótica* (quanto às conotações sociais) e, por outro, à psicossemiótica* (pelo que é das conotações individuais). Não foi, evidentemente, uma infidelidade, mas uma atitude fundamental relativamente aos signos e à linguagem, e que não se pode esquecer o efeito de choque produzido pela originalidade desse encaminhamento, e o resultado quase imediato: o reconhecimento do direito de cidadania a uma semiologia assim apresentada. Todavia essa abordagem oblíqua da linguagem deixava a melhor parte à intuição do descritor (ou do *scriptor):* o significante* das linguagens de conotação estava disseminado ao longo do discurso, inacessível a qualquer estruturação direta, por isso não podia ser abordado a não ser pela postulação arbitrária e prévia do significado*. Na medida em que não estava mais sustentada por uma imaginação submetida a uma disciplina conceitual rigorosa, a análise semiológica, de inspiração conotativa, só podia acabar numa redundância de lugares comuns, a não ser que fosse buscar em outro lugar os seus fundamentos: quer numa certa forma de psicologia – e vê-se então a semiótica-objeto, não analisada, tornar-se o "significante" para o psicanalista –, quer numa certa sociologia – e o que se vê é então a semiologia tornar-se justificação *a posteriori* para uma teoria das ideologias. Desde que se deixem os significados escolherem livremente seus próprios significantes – não se vê como uma abordagem conotativa consequente poderia fazer de outra forma –, abandona-se o postulado fundamental da semiótica, o da pressuposição recíproca do significante e do significado, que constitui a sua força e especificidade.

5. A "infidelidade" inversa – relativamente, sempre, à definição hjelmsleviana da semiologia – consistiu em interessar-se pela metassemiótica, cujas semióticas-objeto eram já semióticas científicas (isto é, o discurso científico e as linguagens formais), domínio abandonado por Hjelmslev aos lógicos e matemáticos. Não se tratava, evidentemente, de ocupar o lugar deles – se bem que a diferença entre o ponto de vista semiótico e o lógico poderia, eventualmente, revelar a complementaridade que existe entre eles –, mas de procurar ver como é que eles tratam o problema particularmente difícil que é o das metalinguagens* de descrição. Esse encontro com a Escola vienense de lógica e seus prolongamentos anglo-saxônicos (que define a semiótica como reunião dos dois componentes: a sintaxe e a semântica), bem como com a Escola polonesa de matemática (que desenvolve a problemática da hierarquia das metalinguagens), só confirma a exigência hjelmsleviana de uma descrição metalinguística "científica". Desse ponto de vista, é preciso dizer que a semiologia (no sentido restrito que começamos a dar a esse termo) nunca se interessou por problemas de semântica, uma vez que trata a descrição dos significados como uma simples questão de paráfrase*. Ora, para escapar a uma subjetividade incontrolada, a paráfrase deve ser regulamentada, e a descrição parafrásica do plano do significado (de uma semiótica) submetida à análise: se ela se reconhece como sendo construção, esta tem obrigação de ser coerente e adequada. Não se trata, no caso, como pretendem alguns, de uma dominação indevida da linguística em relação à semiologia, mas das condições gerais em que se exerce qualquer prática com vocação científica. O fosso se aprofunda, assim, entre a semiologia, para a qual as línguas naturais servem de instrumentos de paráfrase na descrição dos objetos semióticos, e a semiótica*, que tem por tarefa primordial a construção de uma metalinguagem apropriada.

6. O último ponto de litígio reside, por fim, na avaliação das relações entre a linguística e a semiologia/semiótica. Aparentemente, a semiologia recusa o primado da linguística, ao insistir na especificidade dos signos e das organizações que se podem reconhecer no interior das semióticas não linguísticas, ao passo que a semiótica é considerada estreitamente ligada aos métodos da linguística. Na realidade – e isso é particularmente nítido no domínio das semióticas visuais (v. semiótica planar*) –, a semiologia postula, de maneira mais ou menos explícita, a mediação das línguas naturais no processo de leitura dos significados pertencentes às semióticas não linguísticas (imagem, pintura, arquitetura, etc.), ao passo que a semiótica a recusa. A partir do *Sistema da Moda*, que é a mais hjelmsleviana das obras de Barthes, e também da que, para descrever a semiótica vestimentar, ele se serve da mediação da "moda escrita" (sem esquecer, porém, que aí se trata de uma questão de comodidade,

e não de diretiva metodológica), chega-se a conceber a semiologia da pintura como sendo a análise do discurso sobre a pintura. O mal-entendido remonta à época em que os teóricos da linguística, como Jakobson, lutando contra o psicologismo do "pensamento", expresso por essa espécie de "ferramenta" que é a linguagem, afirmavam em alto e bom som o caráter indissolúvel dessas duas "entidades". Reconhecer que não existe linguagem sem pensamento, nem pensamento sem linguagem, não implica que se devam considerar as línguas naturais como o único receptáculo do "pensamento": as outras semióticas, não linguísticas, são igualmente linguagens, isto é, formas significantes. Sendo assim, o "sentido" (particípio do verbo *sentir),* o "vivido", termos com os quais designamos, por exemplo, o alcance que as formas arquiteturais têm sobre nós, nada mais são do que os significados dessas formas, explicados, conforme acreditamos, por uma metalinguagem construída, mais ou menos adequada, mas arbitrária.

→ **Semiótica, Signo, Iconicidade, Conteúdo.**

Semiológico (nível ~) adj.

FR. Sémiologique (niveau ~); INGL. Semiological level

Numa primeira formulação, o **nível semiológico**, por oposição ao nível semântico, era considerado como sendo constituído por semas* formadores de figuras* nucleares, enquanto o **nível semântico** fornecia aos discursos os semas contextuais*: os dois níveis compunham juntos o universo significante. Foi a bivalência, inútil, do termo "semântico" – já que o universo* semântico era identificado com o universo significante tomado na sua totalidade e que o nível semântico não levava em conta a não ser as categorias interoceptivas* desse universo – que nos levou a operar uma retificação terminológica: o "componente **figurativo***" do universo semântico substitui, de maneira mais clara, o antigo "nível semiológico".

Semiose s. f.

FR. Sémiosis; INGL. Semiosis

1. **Semiose** é a operação que, ao instaurar uma relação de pressuposição* recíproca entre a forma* da expressão* e a do conteúdo* (na terminologia de L. Hjelmslev) – ou entre o significante* e o significado* (F. de Saussure) –, produz signos: nesse sentido,

qualquer ato* de linguagem, por exemplo, implica uma semiose. Esse termo é sinônimo de função semiótica.

2. Por semiose, pode-se igualmente entender a categoria* sêmica da qual os dois termos constitutivos são a forma da expressão e a forma do conteúdo (do significante e do significado).

→ **Signo, Função.**

Semiótica s. f.

FR. Sémiotique; INGL. Semiotics

O termo **semiótica** é empregado em sentido diferente, conforme designe (A) uma grandeza* manifestada qualquer, que se propõe conhecer; (B) um objeto de conhecimento, tal qual aparece no decorrer e em seguida à sua descrição; e (C) o conjunto dos meios que tornam possível seu conhecimento.

A. Semiótica-objeto

1. É claro que a definição corrente de semiótica como "sistema de signos" não convém ao sentido (A), porque pressupõe já o reconhecimento* dos signos*: substituindo-a por "sistema de significações", introduzir-se-ia já o conceito menos comprometido "significação"; substituindo, por fim, "sistema" – que é uma noção teórica, precisa e limitativa – conjunto*, pode-se propor definir, num primeiro momento, semiótica como um conjunto significante que se suspeita, a título de hipótese*, possua uma organização, uma articulação* interna autônoma*. Dir-se-á, também, que todo conjunto significante, desde o instante em que se pensa em submetê-lo à análise*, pode ser designado como uma **semiótica-objeto**; essa definição é totalmente provisória, porque só é válida no quadro de um projeto de descrição e pressupõe, por isso, uma metassemiótica* que, supõe-se, a assume. Os conceitos de conjunto significante e de semiótica-objeto não são, aliás, coextensivos um ao outro: os resultados da análise mostrarão, por vezes, que só uma parte do conjunto significante está coberta pela semiótica construída ou que, pelo contrário, esta explica mais grandezas do que as inicialmente previstas como parte do conjunto significante (v. campo semântico).

2. Essas observações preliminares, aparentemente fúteis, cobram todo seu peso quando se trata de se pronunciar sobre o estatuto das semióticas chamadas naturais* e sobre a pertinência da dicotomia entre o que é "natural" e o que é "construído"; esse problema envolve, por outro lado, a teoria semiótica em seu conjunto. Entende-se

por **semióticas naturais** dois vastos conjuntos significantes: de um lado, as línguas* naturais e, do outro, os "contextos* extralinguísticos" que consideramos como sendo semióticas do mundo* natural. Elas são chamadas "naturais" porque são anteriores ao homem – ele mergulha na sua língua materna, é projetado, desde seu nascimento no mundo do senso comum – que a elas submete, mas não as constrói. Não obstante, a fronteira entre aquilo que é "naturalmente" dado e aquilo que é construído é fluida: o discurso literário se serve dessa ou daquela língua natural, as lógicas partem das línguas naturais, mas essas são, indiscutivelmente, verdadeiras construções. A semiótica do espaço* experimenta a mesma dificuldade em distinguir o espaço "edificado" do espaço "natural": a paisagem "natural" é, evidentemente, um conceito cultural e não tem sentido a não ser em relação ao espaço enformado pelo homem. Ao contrário, pois, de F. de Saussure e de L. Hjelmslev, para quem as línguas naturais são semióticas entre outras, as línguas naturais e o mundo natural nos parecem como vastos reservatórios de signos, lugares de manifestação de numerosas semióticas. Por outro lado, o conceito de construção* deve igualmente ser revisado e revalorizado nessa perspectiva: na medida em que a construção implica a existência de um sujeito construtor, um lugar deve ser preparado – ao lado dos sujeitos individuais – para sujeitos coletivos* (os discursos etnoliterários ou etnomusicais, por exemplo, são discursos construídos, seja qual for o estatuto que a antropologia genética possa atribuir aos sujeitos produtores de tais discursos). Parece-nos, assim, de se desejar que a oposição *natural/construído* (ou "artificial") seja substituída pela oposição *semióticas científicas/semióticas não científicas*: entenderse-á assim por semiótica científica – no sentido amplo desse qualificativo – uma semiótica-objeto tratada no quadro de uma teoria semiótica, explícita* ou implícita* (a construção de uma linguagem documentária, por exemplo, repousa numa teoria, ainda que esta seja muito fracamente científica).

3. Torna-se assim indispensável precisar o estatuto dessas **macrossemióticas** que são as línguas naturais e os mundos naturais (estes no sentido de "natureza" enformada pela "cultura", o que as relativiza e permite o emprego do plural), no interior das quais se organizam semióticas particulares. Em primeiro lugar, é preciso registrar as correlações* que existem entre os dois conjuntos: dessa forma, a afirmação de que o mundo natural é traduzível em língua natural deve ser interpretada como a correspondência que se pode estabelecer entre unidades ligadas aos dois tipos de semióticas (os femas* do mundo natural correspondem, no plano figurativo*, aos semas* das línguas naturais; os comportamentos somáticos são "descritos" como processos* linguísticos, etc.). Disso resulta uma certa interpenetração de segmentos ligados às duas semióticas, o que se pode reconhecer no plano sintagmático: os dêi-

ticos* linguísticos remetem ao contexto natural, os segmentos gestuais substituem sintagmas verbais, e assim por diante. Em segundo lugar, a afirmação segundo a qual as línguas naturais são as línguas nas quais as outras semióticas são traduzíveis (ao passo que o inverso é impossível) explica-se por duas espécies de razões: inicialmente pelo fato de que as figuras do mundo natural são semanticamente codificadas nas línguas naturais; mas principalmente pelo fato de que essas últimas são as únicas capazes de lexicalizar e manifestar as categorias* semânticas abstratas (ou universais*) que ficam geralmente implícitas em outras semióticas.

4. As macrossemióticas – línguas e mundos naturais – são assim, para nós, lugares de exercício do conjunto das semióticas.

→ **Língua, Mundo natural.**

B. Tipologia semiótica

1. Se, no sentido (A), o termo semiótica serve para designar um conjunto significante anteriormente à sua descrição, numa nova acepção, ele é empregado para denominar um objeto de conhecimento em via de constituição ou já constituído: tratar-se-á, então, de uma semiótica-objeto considerada quer como projeto de descrição, quer como já submetida à análise, quer, enfim, como objeto construído. Por outras palavras, não se pode falar de semiótica, a não ser quando existe encontro entre a semiótica-objeto e a teoria semiótica que a apreende, enforma e articula.

2. Pondo-nos do lado da tradição de L. Hjelmslev, que foi o primeiro a propor uma teoria semiótica coerente, podemos aceitar a definição que ele oferece da semiótica: ele a considera uma hierarquia* (isto é, como uma rede de relações, hierarquicamente organizada) dotada de um duplo modo de existência, a paradigmática e a sintagmática (apreensível, portanto, como sistema* ou como processo* semiótico), e provida de pelo menos dois planos* de articulação – expressão* e conteúdo* –, cuja reunião constitui a semiose*. O fato de que as investigações atuais favorecem mais, sob a forma de análise de discursos* e de práticas* semióticas, o eixo sintagmático e os processos semióticos em nada modifica essa definição: pode-se muito bem imaginar que uma fase ulterior da pesquisa seja consagrada à sistematização dos resultados adquiridos.

3. A essas características comuns, tentemos acrescentar alguns traços mais específicos, para abrir caminho a uma **tipologia das semióticas.** No momento atual, duas espécies de classificações são implícita ou tacitamente aceitas: uma distribuição das semióticas, fundamentada nos canais* da comunicação*, e outra, baseada na natureza dos signos reconhecidos. Nenhuma das duas corresponde, porém, à nossa definição da semiótica. A classificação segundo os canais de transmissão dos signos (ou segundo as ordens de sensações) repousa na tomada em consideração da

substância* da expressão: ora, esta não é pertinente para uma definição da semiótica (que é, em primeiro lugar, uma forma*). A distribuição segundo a natureza dos signos, por outro lado, apoia-se nas relações que esses signos (símbolos*, ícones*, índices*, etc.) mantêm com o referente*: infringindo o princípio de autonomia* (o de imanência*) das organizações semióticas, estabelecido já por F. de Saussure, tal critério não pode ser mantido, porque também ele deixa de ser pertinente. De qualquer modo, pode-se perguntar se, no estado de desenvolvimento atual das pesquisas semióticas, qualquer classificação desse gênero não é prematura.

4. A tipologia das semióticas, proposta por L. Hjelmslev em seus *Prolegômenos*, é de natureza muito diferente. Para evitar qualquer confusão, vamos expô-la inicialmente de maneira sucinta, fazendo-a acompanhar em seguida de nossas próprias observações. Essa **tipologia** está fundamentada em dois critérios classificatórios:

a) a cientificidade* (uma semiótica é chamada científica quando é uma descrição conforme o princípio de empirismo*);

b) o número de planos* (de linguagem) de que uma semiótica é constituída. Distinguir-se-ão, assim, **semióticas monoplanas** (ou sistemas de símbolos*, na terminologia de Hjelmslev), as quais são quer científicas (exemplo: a álgebra), quer não científicas (exemplo: os jogos), as **semióticas biplanas** (ou semióticas propriamente ditas, para Hjelmslev), as quais serão, também, científicas ou não, e **semióticas pluriplanas**, que são semióticas biplanas em que pelo menos um dos planos é uma semiótica (chamada semiótica-objeto): o caso em que um só dos dois planos é uma semiótica-objeto é de longe o mais frequente. As semióticas pluriplanas subdividem-se:

a) conforme sejam, elas próprias, científicas ou não, e

b) conforme sua semiótica-objeto seja científica ou não. O esquema seguinte representa essa última distribuição:

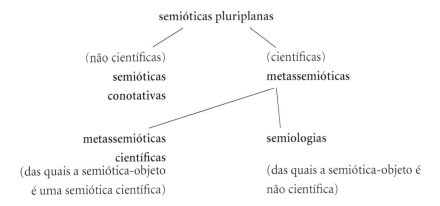

A essa classificação acham-se acrescentadas duas outras semióticas: uma **metassemiologia** e uma **metassemiótica das semióticas conotativas**, que têm por tarefa, respectivamente, examinar as semiologias e as semióticas conotativas.

5. Para compreender, interpretar e avaliar tal tipologia, diversas observações são necessárias:

a) Em relação às classificações assinaladas anteriormente, a de Hjelmslev se distingue primeiro pela introdução do critério de cientificidade, isto é, pela necessidade absoluta de dispor, querendo falar de semiótica, de uma teoria* explícita, chamada a explicá-la – além disso – pela utilização, como critério, dos planos da linguagem (significante* e significado* tomados globalmente), critério já inscrito na definição da semiótica e, por isso, homogêneo (ao passo que a substância ou referente introduzem variáveis suplementares e heterogêneas). Isso nos obriga a considerar a tipologia proposta algo que faz parte de uma teoria de conjuntos: pode-se rejeitar a teoria em bloco, mas não a classificação sozinha.

b) Para estabelecer a homologação entre as terminologias, notar-se-á que nossa definição de semiótica corresponde, na tipologia de Hjelmslev, à **metassemiótica** chamada **semiologia**: todo conjunto significante, tratado pela teoria semiótica, torna-se uma semiótica.

c) As metassemióticas científicas prendem-se à problemática das metalinguagens*, comum à lógica, à matemática, à linguística e à teoria semiótica.

d) O fato de se pôr de lado as **semióticas monoplanas**, que Hjelmslev considerava sistemas de símbolos, recusando-lhes a dignidade de "semióticas", não deixa de trazer dificuldade. A definição que ele lhes dá – elas seriam reconhecíveis por causa da conformidade*, do isomorfismo*, da isotopia* entre os dois planos e da correspondência termo a termo entre suas unidades – não quer necessariamente dizer que elas não comportam senão um único plano da linguagem, mas que elas se apresentam como uma forma* significante (no sentido saussuriano, e não hjelmsleviano). Uma distinção poderia, aliás, estabelecer-se entre tais semióticas monoplanas, de acordo com o tipo de conformidade reconhecido: as linguagens formais* (ou sistemas de signos) seriam, nesse sentido, "elementares", sendo que cada elemento tomado separadamente é reconhecível quer no plano da expressão, quer no do conteúdo (será chamado então "interpretável"), pois a distinção entre elementos repousa apenas na simples discriminação* (o que permite identificar essas linguagens com o plano da expressão apenas); às linguagens formais se oporiam, então, as linguagens "molares" ou semissimbólicas, caracterizadas não mais pela conformidade entre os elementos isolados, mas pela conformidade entre categorias*: as categorias prosódicas* e gestuais, por exemplo, são formas significantes – o "sim" e o "não" correspondem, em nosso contexto cultural, à oposição *verticalidade/ horizontalidade* – da mesma forma que as categorias reconhecidas na pintura abstrata ou em certas formas musicais. O que está em jogo numa distinção entre as semióticas monoplanas interpretáveis e as que são significantes é algo, como se vê, considerável.

e) O problema (ligado, aliás, ao da denotação*) das **semióticas conotativas**, deixadas fora do campo da cientificidade, é igualmente complicado. Adivinha-se muito bem que a dificuldade de uma descrição rigorosa dessas linguagens de conotação* reside no fato de que, quando se procede a partir do seu plano da expressão, fica impossível prever conotações (cujo significante será ora um traço de pronúncia, ora a escolha de um lexema, de um torneio sintático, etc.) e, mais ainda, propor para elas uma distribuição hierárquica (isto é, uma semiótica conotativa). Dessa forma, as *Mitologias*, de R. Barthes, por engenhosas e refinadas que sejam, nada mais são do que fiapos conotativos e não chegam sequer a sugerir um sistema subjacente. Isso nos leva a dizer que uma abordagem inversa das linguagens de conotação deve ser tentada, a qual começaria por elaborar uma teoria da conotação, a partir da qual se empreenderia a descrição de sistemas conotativos, apoiando-se no plano do conteúdo. Nós apenas a esboçamos ao tratar das conotações sociais que se apresentam sob forma de taxionomias conotativas (línguas "profana" e "sagrada", "interna" e "externa", "masculina" e "feminina", etc.) em etnossemiótica*, ou ao tratar de sintaxes conotativas (correspondentes a uma tipologia dos discursos) em sociossemiótica*. As pesquisas nesse domínio estão apenas começadas: ao lado das conotações sociais, existem, segundo a sugestão de Hjelmslev, conotações individuais (correspondentes mais ou menos à caracterologia antiga e moderna) de que temos apenas uma vaga ideia.

f) O uso atual tende a estabelecer uma distinção entre **semióticas linguísticas** e **semióticas não linguísticas**, referindo-se àqueles dois lugares privilegiados da manifestação das semióticas, que designamos – talvez impropriamente – como **macrossemióticas**: as línguas naturais e os mundos naturais. Só se pode fazê-lo postulando – contrariamente a Hjelmslev, para quem uma língua natural é uma semiótica como outra qualquer (ainda que dotada de um caráter privilegiado) – um estatuto à parte, específico, para as macrossemióticas, considerando que elas são suscetíveis de conter e desenvolver semióticas autônomas (conforme o testemunho, por exemplo, de bom número de análises recentes, feitas sobre discursos jurídicos, religiosos, etc.). Imediatamente, levanta-se, porém, o problema da transgressão da fronteira que acabamos de estabelecer, e isso sob a forma de **semióticas sincréticas*** – que constituem seu plano de expressão com elementos ligados a várias semióticas heterogêneas, cuja existência é evidente de imediato. Se a ópera ou o filme se apresentam logo como exemplos peremptórios de discursos sincréticos, pode-se perguntar se as línguas naturais – e mais particularmente os discursos orais – não constituem um elemento apenas, sem dúvida essencial, ao lado de outros dados paralinguísticos* ou proxêmicos*, de uma comunicação, que é também sincrética.

g) Outras distinções podem ser por fim propostas, levando em conta o percurso gerativo* do discurso. É assim que se oporão os discursos figurativos* aos discursos não figurativos (ou abstratos), e, ao mesmo tempo, **semióticas figurativas** a **semióticas não figurativas** (dado que o discurso nada mais é do que a apreensão de uma semiótica enquanto processo), de acordo com o nível de profundidade que se acha textualizado* e manifestado*. Todas essas distinções e reorganizações, mesmo que introduzam por vezes alguma confusão no campo semiótico, devem ser consideradas um sinal de saúde e de vitalidade de uma semiótica que pretende ser um projeto de pesquisa e uma pesquisa que se está fazendo.

→ **Psicossemiótica, Sociossemiótica, Etnossemiótica, Literária (semiótica ~), Teatral (semiótica ~), Planar (semiótica ~).**

C. Teoria semiótica

1. Ao passo que no sentido (B) se tinha de conceber a semiótica como a superposição adequada* de uma semiótica-objeto a uma linguagem de descrição, pode-se agora encará-la, ao mesmo tempo, como lugar de elaboração de procedimentos*, de construção* de modelos* e da escolha dos sistemas de representação*, que regem o nível descritivo* (isto é, o nível metalinguístico metodológico*), mas também como lugar de controle da homogeneidade* e da coerência* desses procedimentos e modelos, ao mesmo tempo que de explicitação – sob forma de uma axiomática* – dos indefiníveis e do fundamento de toda essa armação teórica (é o nível epistemológico* propriamente dito). Nessa perspectiva, a semiótica será entendida quer como **semiótica geral** (insistindo, assim, na exigência que lhe é imposta de explicar a existência e o funcionamento de todas as semióticas particulares), quer como **teoria semiótica**, na medida em que é chamada a satisfazer às condições de cientificidade próprias de qualquer teoria*, e em que ela se define, por isso, como uma metalinguagem* (ao mesmo tempo metassemiótica científica e metassemiologia, na terminologia de Hjelmslev).

2. Em princípio, diversas teorias semióticas – da mesma forma que diversas gramáticas gerativas, por exemplo – podem ser elaboradas: só a sua formalização* permitiria eventualmente compará-las e avaliá-las umas em relação às outras. Tal encaminhamento comparativo é, no momento atual, absolutamente impossível, porque não existe ainda teoria semiótica digna desse nome: encontram-se, por um lado, teorias intuitivas sem procedimentos operatórios* (em que alguém se contenta muitas vezes com "profissões de fé" peremptórias), e, por outro, procedimentos por vezes formalizados, mas que não repousam sobre nenhuma teoria explícita. Isso nos autoriza a limitar-nos, assim, a uma breve exposição do que consideramos condições gerais de uma teoria semiótica, referindo-nos ao mesmo tempo ao nosso próprio projeto teórico.

3. A teoria semiótica deve apresentar-se inicialmente como o que ela é, ou seja, como uma **teoria da significação.** Sua primeira preocupação será, pois, explicitar, sob forma de construção conceitual, as condições da apreensão e da produção do sentido. Dessa forma, situando-se na tradição saussuriana e hjelmsleviana, segundo a qual a significação é a criação e/ou a apreensão das "diferenças", ela terá que reunir todos os conceitos que, mesmo sendo eles próprios indefiníveis, são necessários para estabelecer a definição da estrutura* elementar da significação. Essa explicitação conceitual a conduz, então, a dar uma **expressão formal** dos conceitos retidos: considerando a estrutura uma rede relacional, ela terá que formular uma axiomática semiótica que se apresentará, no essencial, como uma tipologia das relações (pressuposição, contradição, etc.), axiomática que lhe permitirá constituir um estoque de definições formais, tais como a da categoria* semântica (unidade mínima) e a da própria semiótica (unidade máxima), sendo que essa última inclui, à maneira de Hjelmslev, as definições lógicas de sistema (relação "ou... ou") e de processo (relação "e... e") de conteúdo e de expressão, de forma e de substância, etc. A etapa seguinte consistirá na organização de uma **linguagem formal mínima:** a distinção entre as relações-estados (a contradição, por exemplo) e as relações-operações (a negação, por exemplo) lhe permite postular os termos-símbolos e os termos-operadores, abrindo assim caminho para um cálculo de enunciados*. É somente então que ela poderá ocupar-se da escolha – ou da livre escolha – dos **sistemas de representação,** nos quais ela terá de formular os procedimentos e modelos (o quadrado* semiótico ou enunciado* elementar, por exemplo). Essas poucas indicações não são destinadas senão a dar uma ideia geral do encaminhamento que nos parece impor-se no momento da construção de uma teoria semiótica: é evidente que os elementos de nosso projeto semiótico acham-se esparsos ao longo desta obra.

4. A esses traços gerais de uma teoria semiótica, acrescentam-se, necessariamente, outras opções, mais específicas, de que dependerá, não obstante, a articulação de sua economia global. A primeira dentre elas é a **forma gerativa** que convém dar, a nosso ver, ao seu desenvolvimento, entendendo com isso, num sentido muito amplo, a busca da definição do objeto semiótico, encarado conforme seu modo de produção. Esse encaminhamento, que conduz do mais simples ao mais complexo e do mais abstrato ao mais concreto, tem a vantagem de permitir introduzir, nos momentos apropriados, um certo número de aquisições da teoria linguística, tais como as problemáticas relativas à "língua"(Benveniste) e à "competência" (Chomsky), mas também a articulação das estruturas em níveis, de acordo com seus modos de existência*, a virtual, a atual ou a realizada. Assim, a geração semiótica de um discurso será representada sob forma de um **percurso gerativo*** que comporta bom número de níveis e de componentes, distinções que nada mais são do que algo provisório, operacional, mas que permitem situar, uns em relação aos outros, os diferentes campos de exercício da atividade semiótica.

5. A segunda de nossas opções consiste em introduzir, na teoria semiótica, a questão da **enunciação***, da colocação em discurso da língua (Benveniste) e das condições específicas, explicitáveis – de que se ocupa, de uma maneira diferente, a pragmática* norte-americana – que a rodeiam. Às estruturas semióticas profundas, situadas "em língua" e de que se nutre a "competência", fomos levados a acrescentar estruturas menos profundas, discursivas, tais como se constroem ao passarem pelo filtro que é a instância da enunciação. A teoria semiótica deve ser mais do que uma teoria do enunciado – como é o caso da gramática gerativa – e mais do que uma semiótica da enunciação. Deve conciliar o que parece à primeira vista inconciliável, integrando-a numa teoria semiótica geral.

➔ Cientificidade, Teoria, Gerativo (percurso ~),
Enunciação, Discurso, Semiologia.

Sentido s. m.

FR. Sens; INGL. Meaning

1. Propriedade comum a todas as semióticas*, o conceito de **sentido** é indefinível. Intuitivamente ou ingenuamente, duas abordagens do sentido são possíveis: pode ser considerado quer como aquilo que permite as operações de paráfrase* ou de transcodificação*, quer como aquilo que fundamenta

a atividade humana enquanto intencionalidade*. Anteriormente à sua manifestação sob forma de significação* articulada, nada poderia ser dito do sentido, a não ser que se façam intervir pressupostos metafísicos carregados de consequências.

2. L. Hjelmslev propõe uma definição operatória* de sentido, identificando-o com o "material" primeiro, ou com o "suporte" graças ao qual qualquer semiótica, enquanto forma*, se acha manifestada. Sentido torna-se, assim, sinônimo de "matéria" (o inglês "purport" subsume as duas palavras): uma e outra são empregadas indiferentemente, falando-se de dois "manifestantes": o do plano da expressão* e o do plano do conteúdo*. O termo substância é em seguida utilizado para designar o sentido enquanto algo que é assumido por uma semiótica, o que permite distinguir então a substância do conteúdo da substância da expressão.

→ **Matéria, Substância, Significação, Paráfrase, Intenção.**

Sequência s. f.

FR. Séquence; INGL. Sequence

1. Em semiótica narrativa, é desejável que se reserve o nome **sequência** para designar uma unidade textual, obtida pelo procedimento da segmentação, distinguindo-a assim dos sintagmas, unidades narrativas situadas num nível mais profundo*.

2. A discrição de uma sequência é assegurada pela presença de demarcadores* que servem para delimitar-lhe as fronteiras. A comparação com as sequências que a precedem e que a ela se seguem permite estabelecer disjunções* contrastivas e reconhecer, assim, quer suas propriedades formais, quer suas características semânticas denomináveis (distinguindo, no primeiro caso, sequências descritivas, dialogadas, narrativas, etc. e, no segundo, sequências "passeio", "dança", "caça", "sonho", etc.). As denominações do primeiro gênero visam a constituir uma tipologia de unidades discursivas, as do segundo se oferecem como resumos aproximativos, de ordem temática, que ajudam a fazer uma ideia da economia geral do discurso examinado.

3. Uma sequência pode ser subdividida em unidades* textuais menores, ou segmentos, que revelam, assim, a existência de uma organização interna. A finalidade de tal divisão* é o reconhecimento de unidades discursivas, cujas dimensões não correspondem, necessariamente, ao recorte em frases ou parágrafos, mas permiti-

rão o esclarecimento de enunciados ou sintagmas narrativos subjacentes. Conceito puramente operatório*, sequência não é, pois, coextensivo de sintagma narrativo.

→ Segmentação, Unidade (textual, discursiva), Sintagma, Sobreposição.

SER s. m.

FR. ÊTRE; INGL. BEING

Afora o uso corrente, o lexema português **ser** é empregado em semiótica em pelo menos três acepções diferentes:

a) Serve de cópula nos enunciados de estado*, acrescentando assim ao sujeito, por predicação*, propriedades consideradas "essenciais"; no nível da representação* semântica, tais propriedades são interpretadas como valores* subjetivos em junção com o sujeito de estado.

b) É utilizado igualmente para denominar a categoria modal da veridicção*: *ser/parecer.*

c) Designa, enfim, o termo positivo do esquema* da imanência*: está, então, em relação de contrariedade* com o parecer*.

→ Valor, Ter, Veridictórias (modalidades ~).

SHIFTER s. m.

FR. SHIFTER; INGL. SHIFTER

Shifter é uma palavra inglesa introduzida por R. Jakobson, traduzida em francês por "embrayeur" (N. Ruwet) (e em português por embreante). Uma análise mais aprofundada desse conceito, com referência à enunciação*, levou-nos a distinguir dois procedimentos diferentes, a debreagem e a embreagem.

→ Debreagem, Embreagem.

SIGNIFICAÇÃO s. f.

FR. SIGNIFICATION; INGL. SIGNIFICATION

1. Como **significação** é o conceito-chave em redor do qual se organiza toda a teoria semiótica, não é de admirar vê-lo instalado nas diferentes posições do

campo de problemas que a teoria se propõe a tratar. É só progressivamente, com a introdução das definições e das denominações que o cobrem, que o termo significação pode ser expulso de suas posições iniciais, mesmo guardando seus empregos parassinonímicos no uso cotidiano. Vamos arrolar alguns.

2. Como todos os substantivos dessa subclasse (cf. descrição, operação, etc.), a significação é suscetível de designar ora o fazer (a significação como processo), ora o estado (aquilo que é significado), e revela, assim, uma concepção dinâmica ou estática da teoria subjacente. Desse ponto de vista, significação pode ser parafraseada quer como "produção do sentido", quer como "sentido produzido".

3. Obtém-se uma primeira delimitação do campo semântico coberto por "significação" opondo-o a "sentido", isto é, reservando esse último termo para aquilo que é anterior à produção semiótica: definir-se-á, assim, a significação como sentido articulado*. Isso quer dizer que o termo significação é por vezes empregado para designar "matéria" no sentido hjelmsleviano, mas essa acepção poderia ser excluída da metalinguagem semiótica.

4. Conjuntamente com sentido, o termo significação é ainda utilizado para denominar a substância* do conteúdo*: como esta já está selecionada com vistas à significação e pressupõe a existência da forma do conteúdo, o uso do termo significação não é incorreto, é supérfluo. Diga-se o mesmo quando significação é empregado como sinônimo de significado* do signo ou do plano de conteúdo em geral.

5. Significação é também utilizado como sinônimo de semiose* (ou ato de significar) e se interpreta, então, quer como reunião do significante* com o significado* (constitutiva do signo*), quer como relação de pressuposição* recíproca que define o signo constituído.

6. Todos esses empregos já são dotados de rótulos semânticos particularizantes, por isso, reservamos o termo significação para aquilo que nos parece essencial, ou seja, para a "diferença" – para a produção e para a apreensão dos desvios – que define, segundo Saussure, a própria natureza da linguagem. Assim entendida como utilização das relações – ou como a apreensão delas –, a significação inscreve-se como "sentido articulado" na dicotomia *sentido/significação* e subsume, ao mesmo tempo, como conceito geral, todas as acepções aqui apresentadas.

7. A essa definição axiomatizante de significação, é preciso acrescentar uma outra, de caráter empírico, que diz respeito não mais à "natureza", mas aos meios de apreendê-la como objeto cognoscível. Percebe-se, então, que a significação não é apreensível senão no momento da sua manipulação, no momento em que, ao interrogar-se sobre ela em uma linguagem e num texto dados, o enunciador é levado a operar transposições, traduções* de um texto para outro texto, de um nível de

linguagem para outro, de uma linguagem, enfim, para outra linguagem. Esse fazer parafrásico* pode ser considerado como representação da significação enquanto ato produtor, que reúne numa única instância o enunciatário-intérprete (já que significação não é uma produção *ex nihilo*) e o enunciador-produtor. Enquanto atividade cognitiva programada, a significação se acha, então, suportada e sustentada pela intencionalidade*, o que é uma outra maneira de parafrasear a significação.

➔ Sentido, Conteúdo, Estrutura (elementar da significação).

SIGNIFICADO s. m.
FR. SIGNIFIÉ; INGL. SIGNIFIED

1. Na tradição saussuriana, designa-se com o nome de **significado** um dos dois planos* da linguagem (sendo que o outro é o significante*), cuja reunião (ou semiose*) no ato* de linguagem constitui signos* portadores de significação*. O significante e o significado se definem pela relação de pressuposição* recíproca: essa acepção, de caráter operatório*, satisfaz à semiótica que está proibida de proferir qualquer julgamento ontológico sobre a natureza do "significado".

2. A leitura do *Curso de Linguística Geral,* de F. de Saussure, ensejou interpretações diversas do signo. Procedendo de maneira didática, o linguista genebrino começa por representar o signo como sendo constituído de uma imagem acústica (= significante) e de um conceito (= significado). Interrompida nesse ponto, a leitura tem por efeito identificar o signo com o morfema* e o significado com o lexema*: isso é reduzir a pouca coisa a inovação saussuriana. O prosseguimento da leitura conduz a uma representação totalmente diferente da linguagem, desenvolvida sob forma metafórica como uma folha de papel de que a frente seria o significante e o verso, o significado, sendo que os arabescos que nela se acham traçados dão uma ideia da maneira pela qual se deve conceber a forma* linguística. Foi a partir dessa segunda formulação que, insistindo no caráter indissolúvel do laço entre o significante e o significado e baseada no fato de que eles cobrem a totalidade do texto (e não somente as palavras tomadas isoladamente), permite penetrar no coração da teoria saussuriana, que L. Hjelmslev adotou a dicotomia significante/significado, mas em termos de planos* da linguagem, dando ao significante a denominação de plano da expressão e ao significado a de plano do conteúdo.

➔ Conteúdo, Signo, Significante.

SIGNIFICANTE s. m.

FR. SIGNIFIANT; INGL. SIGNIFIER

1. Por **significante** entende-se um dos dois termos constitutivos da categoria da semiose* em que duas grandezas* são necessárias, no ato de linguagem, para produzir uma manifestação semiótica. Tal definição é formal: só a relação de pressuposição* recíproca (ou solidariedade*) define respectivamente os dois termos em jogo – significante e significado* – com exclusão de qualquer outro investimento semântico.

2. Historicamente, e dependendo da maneira pela qual se lê F. de Saussure, entende-se por significante ora uma das grandezas constitutivas do signo* mínimo (ou morfema*), correspondente, na primeira aproximação do próprio Saussure, à "imagem acústica", ora um plano* da linguagem, considerado em seu conjunto e cobrindo com suas articulações* a totalidade dos significados. É partindo dessa segunda concepção do significante saussuriano que L. Hjelmslev – denominando-o plano da expressão* – o definiu como um dos dois planos constitutivos de toda e qualquer semiótica (ou de toda e qualquer linguagem).

3. Pode-se seguir Hjelmslev quando mostra que os conceitos de significante e significado, em razão da relação formal que os constitui, são intercambiáveis, principalmente quando se trata de semióticas pluriplanas*. Nem por isso, no caso das semióticas biplanas (tais como línguas naturais, por exemplo), o significante deixa de ser sentido, relativamente ao significado, como plano externo da linguagem, como exterior ao homem e dependendo do universo natural, que se manifesta por suas qualidades sensíveis. Dessa forma, seja no nível da percepção (audição, leitura, visão), seja no da emissão pelo sujeito que constrói seu enunciado, o significante se acha referencializado e aparece como um dado do mundo. Somente uma análise mais aprofundada do plano da expressão chega a mostrar que o significante é, também ele, resultado de uma construção de natureza semântica.

4. Esse aspecto "material" do significante só pode sugerir uma classificação das semióticas* conforme a natureza da substância* do significante, ou seja, conforme as ordens sensoriais (ou canais* de comunicação), segundo as quais são dispostas as qualidades sensíveis do mundo. Falar-se-á, nesse sentido, de semióticas visuais, olfativas ou tácteis, por exemplo. Essa classificação não nos informa, porém, quanto ao modo de existência e de organização do significante: as línguas naturais, a semiótica musical e a linguagem dos ruídos não se definem suficientemente pelo significado sonoro que têm em comum, e sua especificidade, mesmo quanto a esse único plano, deve ser buscada em outro lugar, no modo de articulação* da forma* do significante.

5. O termo significante é utilizado por não linguistas (nos textos de inspiração psicanalítica, o mais das vezes) para designar a "língua cotidiana" (noção confusa a mais não poder). Como tal, esse emprego não é homologável à definição semiótica do significante: quando muito, poder-se-ia considerar então o significante como uma espécie de "metassignificante", na medida em que a língua cotidiana, tomada em seu conjunto, poderia servir de significante a um novo plano de significado: isso, porém, não seria possível a não ser que as línguas naturais fossem verdadeiramente denotativas*, e não desenvolvessem em seu seio semióticas segundas (religião, direito, moral, etc.).

→ **Significação, Expressão, Signo.**

SIGNO s. m.

FR. SIGNE; INGL. SIGN

1. **Signo** é uma unidade* do plano da manifestação*, constituída pela função* semiótica*, isto é, pela relação de pressuposição* recíproca (ou solidariedade*), que se estabelece entre grandezas* do plano da expressão* (do significante*) e do plano do conteúdo* (do significado*), no momento do ato de linguagem.

2. Para F. de Saussure, que instaurou a problemática do **signo linguístico**, este resulta da reunião do significante e do significado (que ele identifica, num primeiro encaminhamento, com a imagem acústica e com o conceito). Se bem que, em seguida, ao desenvolver sua teoria, ele tenha sido levado a depurar essas duas noções, não considerando o significante e o significado senão enquanto algo que serve de constituinte para a forma* linguística (como frente e verso de uma folha de papel). O termo signo foi comumente identificado durante muito tempo – e ainda hoje – com o **signo mínimo**, isto é, com a "palavra" ou, com mais rigor, com o morfema* (ou monema* para A. Martinet). É nesse sentido que é utilizada a definição vale-tudo da língua como "sistema de signos".

3. A contribuição de L. Hjelmslev à teoria dos signos é dupla:

a) apresentando o signo como resultado da semiose* que se efetua no momento do ato de linguagem, mostra ele que a dimensão das unidades de manifestação não é pertinente para a definição do signo, por outras palavras, que, ao lado dos signos mínimos, as "palavras", pode-se também falar de signos-enunciados ou de signos-discursos;

b) postulando para cada um dos dois planos da linguagem – expressão e conteúdo – a distinção entre forma* e substância*, foi ele levado a precisar a natureza do signo como reunião entre a forma da expressão e a forma do conteúdo (desse modo, no plano da expressão, é a estrutura fonológica*, e não fonética*, que entra na constituição dos signos).

4. O exercício da linguagem produz, assim, a manifestação semiótica sob forma de encadeamentos de signos. A análise dos signos, produzidos pela articulação da forma da expressão e do conteúdo, só é possível quando os dois planos da linguagem são antes dissociados para serem estudados e descritos, cada um separadamente. Por outras palavras, se a análise da manifestação, ao visar ao reconhecimento e ao estabelecimento dos signos mínimos, constitui uma premissa necessária, a exploração semiótica não começa verdadeiramente a não ser aquém do signo mínimo e deve ser prosseguida em cada um dos planos da linguagem separadamente, nos quais as unidades constitutivas não são mais signos, e sim figuras*.

5. O sentido extra ou parassemiótico da palavra signo não deixa de existir com isso e se introduz por vezes na literatura semiótica ou linguística. Signo designa comumente, nesse caso, "alguma coisa que aí está para representar outra coisa". Empregado em semiótica, denomina, então, uma forma da expressão qualquer, encarregada de traduzir uma "ideia" ou uma "coisa": o que corresponde ao conceito de formante*. Tal utilização pressupõe uma concepção particular da língua* constituída como uma reserva de "rótulos" destinados a serem colados aos objetos preexistentes, como uma nomenclatura pura e simples (Hjelmslev).

6. A linguística anglo-americana ou se interessou muito pouco pela problemática do signo, influenciada como estava pelo behaviorismo, ou então procurou, sob influência do positivismo, introduzir a noção de referente* na definição do signo, construindo um modelo triangular da sua interpretação (Ogden e Richards, na esteira de Ch. S. Peirce): os três ângulos são constituídos por: *a)* o símbolo (= o significante, ou o representante para Peirce), *b)* a referência (= o significado, ou interpretante de Peirce) e *c)* o referente (a "realidade" denotada, ou objeto segundo Peirce). A linguística de inspiração saussuriana, sabe-se, considera a exclusão do referente como condição necessária do seu exercício.

7. O problema do referente amplia ainda mais o fosso que continua a separar as duas concepções da linguística e, sobretudo, da semiótica. Enquanto a análise dos signos não é para a semiótica europeia senão uma etapa a ser vencida rumo à descrição das redes de articulação das formas, a semiótica norte-americana (T. Sebeok) tende a marcar uma parada no nível dos signos e a proceder à sua classificação, que está baseada, então, em grande parte, no tipo de relação que o signo mantém com o referente (o ícone*, por exemplo, define-se por uma relação de semelhança; o índice*, por uma relação de contiguidade "natural"; o sinal*, por uma relação artificial, e assim por diante).

8. Uma outra distribuição dos signos, de caráter intrínseco, parece possível: ela os especificaria conforme pertençam a este ou àquele tipo de semiótica* (monoplana, biplana, pluriplana).

→ **Significante, Significado, Articulação, Referente, Semiologia, Sociossemiótica.**

SÍMBOLO s. m.

FR. SYMBOLE; INGL. SYMBOL

1. Para L. Hjelmslev, **símbolo** é uma grandeza* de semiótica monoplana*, suscetível de uma ou várias interpretações*. Por oposição às semióticas biplanas*, o linguista dinamarquês reserva assim o nome de **sistema de símbolos** para a semióticas monoplanas. Enquanto não signo, o símbolo se diferencia do signo, grandeza das semióticas bi ou pluriplanas*.

2. Pode-se conservar a expressão **símbolo molar** (também chamado por Hjelmslev de **símbolo isomorfo**, mas de maneira imprópria, parece-nos) para denominar, no sentido que F. de Saussure dá a símbolo, uma grandeza – eventualmente inscrita num texto de semiótica biplana, onde possui, contudo, um estatuto autônomo – que não admite, num contexto sociocultural dado, senão uma única interpretação, e que, contrariamente ao que acontece com o signo, não admite uma análise ulterior em figuras* (exemplo: balança, símbolo da justiça). Tais símbolos podem ser inventariados, mas não constituem, a rigor, sistemas de símbolos.

3. É num sentido semelhante que Ch. S. Peirce define o símbolo como fundamentado numa convenção social, por oposição ao ícone* (caracterizado, segundo ele, por uma relação de semelhança com o referente*) e ao índice* (baseado numa relação de contiguidade "natural"). Ogden e Richards, por sua vez, tentam uma síntese desajeitada da concepção saussuriana do signo* com a definição tradicional do símbolo: em seu modelo triangular, símbolo corresponde ao significante* saussuriano, referência ao significado*, enquanto referente* denota a "realidade".

4. Nos usos não línguísticos e não semióticos, o termo símbolo admite definições múltiplas e variadas, tais como "aquilo que representa outra coisa em virtude de uma correspondência analógica" ou "ausência feita presença", etc. Em todos esses casos, não se questiona a sua natureza de signo, sendo que as determinações complementares que lhe são acrescentadas remetem ora ao caráter pluri-isotópico* do discurso, ora aos mecanismos ainda mal explorados da conotação*, etc. O emprego desse termo sincrético e ambíguo deve, por enquanto, ser evitado em semiótica.

5. Em metassemiótica científica, símbolo é um grafismo convencional (que se vale de figuras geométricas, de letras, etc.), cujo papel é denominar de maneira unívoca* uma classe de grandezas*, um tipo de relação* e/ou de operação*. A **notação simbólica** deve ser considerada como um dispositivo visual de representação* das unidades constitutivas de uma metalinguagem*. Em sentido restrito, o termo símbolo aplica-se, em primeiro lugar, aos representantes das classes de grandezas: diz-se, assim, que um conjunto finito de símbolos (de *a* a *z*, por exemplo) constitui o alfabeto* (que corresponde mais ou menos à "morfologia" tradicional). A notação algébrica e lógica habituou-nos a empregar letras como símbolos de classes, reservando as figuras (signos de igualdade, de multiplicação, etc.) à representação das relações e das operações; estes últimos são chamados, às vezes, de símbolos operatórios. Nos casos de representação por meio de árvore*, os **símbolos não terminais** servem para rotular os nódulos* de todos os níveis, com exceção do último, cujos símbolos, ditos **terminais**, podem ser substituídos por elementos lexicais graças à aplicação das regras de inserção lexical. As ramificações da árvore, por seu lado, são assimiláveis aos símbolos operatórios, encarregados de representar as operações de concatenação e de derivação*. Vê-se, assim, que a definição hjelmsleviana de símbolo enquanto grandeza semiótica monoplana (em 1) cruza com a das grandezas da metassemiótica científica.

→ **Signo, Representação.**

SIMPLICIDADE s. f.

FR. SIMPLICITÉ; INGL. SIMPLICITY

1. L. Hjelmslev considera a **simplicidade** como um dos três critérios – os outros dois são a coerência* e a exaustividade* – da cientificidade de uma teoria*. A partir do postulado de simplicidade, ele deduz, a seguir, os dois outros princípios – o de redução* e o de economia* –, os quais devem obedecer ao fazer científico.

2. Na prática semiótica, a aplicação do princípio de simplicidade se traduz pela "simplificação", isto é, pela otimização dos procedimentos sintagmáticos, que pode manifestar-se ora pela redução do número de operações que um procedimento de análise exige, ora pela escolha deste ou daquele sistema de representação metalinguística, etc.

→ **Empirismo, Cientificidade, Otimização, Programação espaçotemporal.**

Simulada (prova ~) adj.

FR. Simulée (épreuve ~); INGL. Simulated test

Quando a camuflagem* – a qual consiste em negar, a partir do verdadeiro*, o termo *parecer* e em produzir, assim, um estado de segredo* – é seguida de uma *performance**, a unidade sintagmática que se constitui dessa maneira é chamada **prova simulada**: tal é, por exemplo, o caso quando o papel do antissujeito é assumido pelo destinador* ou seu delegado (exemplo: o combate do Anjo na Bíblia, ilustrado por Delacroix, em que Jacó se defronta com Deus).

A prova simulada parece afetar principalmente a prova qualificante*.

→ **Camuflagem, Veridictórias (modalidades ~), Prova.**

Sinal s. m.

FR. Signal; INGL. Signal

1. Na teoria da informação*, entende-se por **sinal** qualquer unidade que, obedecendo às regras de um código*, entra na composição das mensagens*; no caso mais particular da comunicação linguística, vê-se que sinal poderia equivaler, por exemplo, àquelas unidades do plano de expressão*, que são os fonemas*.

2. L. Hjelmslev chama sinais às unidades mínimas de manifestação das semióticas monoplanas* (quer sejam científicas – exemplo: álgebra – ou não científicas: jogos).

3. Para alguns (L. Prieto), sinal entra na categoria mais genérica dos índices*: especificar-se-ia, então, pelo fato de ser produzido para servir de índice (e não por acaso) e de que aquele a quem a indicação é destinada possa reconhecê-la como tal. Entre os exemplos muitas vezes invocados, citamos os sinais de trânsito ou os da marinha.

4. Se admitimos, com a linguística de inspiração saussuriana, que a exclusão do referente* é uma premissa necessária ao exercício de qualquer semiótica, devemos também reconhecer que o sinal, tal como acontece com o índice, entra na categoria dos não signos.

→ **Mensagem, Índice, Signo.**

Sincretismo s. m.

FR. Syncrétisme; INGL. Syncretism

1. Pode-se considerar o **sincretismo** como o procedimento (ou seu resultado) que consiste em estabelecer, por superposição, uma relação entre dois (ou vários) termos ou categorias heterogêneas, cobrindo-os com o auxílio de uma grandeza* semiótica (ou linguística) que os reúne. Assim, quando o sujeito de um enunciado de fazer* é o mesmo que o do enunciado de estado* (é o que se dá com o programa* narrativo da aquisição* por oposição à atribuição*, em que os dois sujeitos correspondem a dois atores* distintos), o papel actancial que os reúne é o resultado de um sincretismo. Na frase "Eva dá uma maçã a Adão", o sujeito frasal "Eva" representa o sincretismo dos actantes* sujeito e destinador. O sincretismo assim conseguido acha-se ligado à utilização de uma unidade linguística (sujeito frasal) que pertence a um nível de geração* mais superficial que os dos actantes: trata-se, pois, de um **sincretismo** *a posteriori*. Ao contrário, quando se define, por exemplo, a instância da enunciação como o lugar de uma indistinção original do "eu-aqui-agora", a enunciação deve ser considerada como um **sincretismo** *a priori*.

2. Num sentido mais amplo, serão consideradas como **sincréticas** as semióticas* que – como a ópera ou o cinema – acionam várias linguagens de manifestação; da mesma forma, a comunicação verbal não é somente de tipo linguístico: inclui igualmente elementos paralinguísticos* (como a gestualidade ou a proxêmica), sociolinguísticos, etc.

→ **Neutralização, Suspensão, Semiótica, Implícito.**

Sincronia s. f.

FR. Synchronie; INGL. Synchrony

1. O termo **sincronia** foi proposto por F. de Saussure, em oposição a diacronia, para denominar a simultaneidade como critério de reunião – com vistas a estudos sistemáticos – de um conjunto de fatos linguísticos que constituem assim um estado* de língua.

2. Sincronia foi um conceito operatório*, na medida em que permitiu fundamentar o conceito de sistema* linguístico (concebido como uma hierarquia* relacional, cujo funcionamento é assegurado por sua própria organização interna). Se foi útil para pensar o conceito de sistema, o conceito de sincronia não o é mais para analisá-lo. Essa noção,

com efeito, tem sido tão imprecisa quanto à de presente, por exemplo. Uma metáfora inventada pelo sujeito falante no próprio momento em que fala é um fenômeno de ordem sincrônica ou diacrônica? Um estado de língua – uma sincronia, portanto – dura várias centenas de anos e comporta transformações* internas (denominadas conversões* por L. Hjelmslev) numerosas e variadas. A linguística de hoje opera em acronia, já que o conceito de sincronia não é mais operatório.

➜ **Diacronia, Acronia.**

Sinonímia s. f.

FR. Synonymie; INGL. Synonymy

1. Entende-se geralmente por **sinonímia** a relação de identidade* que duas ou mais grandezas* (nesse caso chamadas de sinônimos) do plano do conteúdo* seriam suscetíveis de contrair entre si. Tal relação, entre dois lexemas* por exemplo, seria verificável pelo teste de substituição*: nesse caso, os dois lexemas seriam substituíveis em todos os contextos, mostrando assim que os semas contextuais – que entram na composição de seus sememas – são idênticos. Ora, verificações numerosas e generalizáveis, até prova em contrário, atestam somente a existência de uma **sinonímia parcial**: dois verbos ("temer" e "recear", por exemplo) são substituíveis em certos contextos, mas não em outros. Ao nível dos lexemas, não se poderá, portanto, falar senão de parassinonímia*, o que corrobora, aliás, a afirmação de F. de Saussure, segundo a qual na língua não há senão diferenças.

2. O problema da sinonímia se coloca diferentemente ao nível dessas unidades semânticas que são os sememas*: considerando-se que um lexema pode ter tantos sememas quantos sejam os percursos contextuais possíveis (ou os semas contextuais diferentes), tem-se então o direito de sustentar, retomando nosso exemplo, que, se os lexemas "recear" e "temer" não são sinônimos, existe pelo menos um semema de "recear" idêntico a pelo menos um semema de "temer" (pelo fato de esses dois lexemas serem substituíveis numa classe de contextos). Mesmo permanecendo fiel ao princípio saussuriano, a semântica pode, então, libertar-se das coerções que lhe são impostas pela diversidade dos formantes* (que cobrem os lexemas) e conceber a construção dos sememas como unidades de conteúdo suscetíveis de serem manifestadas em diferentes lexemas. Se não se encontra senão uma parassinonímia lexemática, existe pelo menos uma **sinonímia semêmica**.

➜ **Semema, Lexema, Parassinonímia.**

SINTAGMA s. m.
FR. SYNTAGME; INGL. SYNTAGM

1. Designa-se pelo nome de **sintagma** uma combinação* de elementos copresentes em um enunciado* (frase ou discurso), definíveis, não apenas pela relação de tipo "e... e" que permite reconhecê-los, mas também por relações de seleção* ou de solidariedade* que mantêm entre si, bem como pela relação hipotáxica que os liga à unidade superior que constituem. Os sintagmas são obtidos pela segmentação* da cadeia sintagmática, sendo que o estabelecimento das relações entre as partes e a totalidade tem o efeito de transformar essa cadeia numa hierarquia* sintagmática. Acha-se terminada a análise sintagmática quando os elementos últimos, constitutivos de um sintagma, não são mais segmentáveis e não podem mais ser considerados como sintagmas: a descrição sintagmática cede a vez à análise paradigmática.

2. O conceito de sintagma, uma vez dotado de uma definição puramente relacional, é aplicável a todos os planos da linguagem e a unidades de diferentes dimensões. Assim, a sílaba, por exemplo, é um sintagma do plano da expressão em que o núcleo silábico é considerado como o elemento pressuposto em relação com os elementos periféricos, que são os pressuponentes. Do mesmo modo, falar-se-á de **sintagmas narrativos**, constituídos de vários enunciados* narrativos que se pressupõem uns aos outros (a prova*, por exemplo). Entretanto, o uso mais difundido tende a limitar o emprego desse termo unicamente ao domínio da sintaxe: no quadro da análise distribucional*, sintagma serve para designar os constituintes* imediatos da frase que são denominados sintagma nominal (SN) e sintagma verbal (SV).

→ **Sintagmático.**

SINTAGMÁTICO adj.
FR. SYNTAGMATIQUE; INGL. SYNTAGMATIC

1. Podendo todo objeto cognoscível ser apreendido sob dois aspectos fundamentais – como sistema* ou como processo* –, o termo **sintagmático** serve para designar o processo quando o objeto em questão é de natureza semiótica. Por oposição ao eixo paradigmático* que se define por relações do tipo "ou... ou" contraídas pelas grandezas que podem ser aí reconhecidas, o **eixo sintagmático** é caracterizado, numa primeira abordagem, como uma rede de relações do tipo "e... e".

2. Temos de insistir na natureza puramente relacional da sintagmática, a fim de descaracterizar a ambiguidade desse conceito que padece de confusões lamentáveis. Identificada, às vezes, com a fala* saussuriana, a sintagmática é considerada como a realização* da língua*, vale dizer, como dotada de um modo de existência* diferente, mais "real" que o paradigmático: esse não é certamente o caso. Por outro lado, a sintagmática é frequentemente definida pela linearidade*, que não é senão um modo de manifestação, temporal ou espacial, da estrutura lógico-relacional – por isso mesmo atemporal e a-espacial –, que é a sintagmática. A relação "e... e" é finalmente confundida com a noção de contiguidade "material", ao passo que não deve ser interpretada senão como a copresença de grandezas no interior de um enunciado (frase ou discurso); por sua vez, a contiguidade (ordem* das palavras) corresponde a coerções regulamentadas concernentes ao plano da expressão (da fonologia suprassegmental*). É conhecido o papel incomum que o sincretismo das noções de linearidade e de contiguidade desempenham na análise distribucional*.

3. É sobre esse fundo constituído pela rede relacional de copresença (ou de combinações*) que se elaboram relações sintagmáticas mais precisas e coercitivas. Nesse sentido, Hjelmslev distingue três tipos de relações possíveis, reconhecendo, ao lado da simples combinação, relações de seleção* (segundo a qual, a presença de um termo pressupõe a de outro, mas não inversamente) e de solidariedade* (segundo a qual dois termos se pressupõem um ao outro). Tal tipologia elementar conduz, então, ao reconhecimento e à formulação de unidades* sintagmáticas (ou sintagmas*), definíveis pelas relações que os elementos constituintes mantêm entre si e com a unidade que os subsume. A sintagmática surge, a partir daí, como uma hierarquia* relacional disposta em níveis de derivação* sucessivos.

Como todo processo pressupõe a existência de um sistema semiótico, não é possível falar em semióticas que seriam puras sintagmáticas, quando mais não seja porque o discurso, seja ele qual for, possuindo sempre uma organização sintagmática, inscreve-se numa intertextualidade* e se acha, portanto, em correlação com outros discursos. A dificuldade de estabelecer, na fase atual, uma tipologia* dos discursos advém da insuficiência de nossos conhecimentos: mas nem por isso se deveria inferir dessa lacuna a ausência de redes paradigmáticas.

→ **Sintagma, Paradigmático, Linearidade, Eixo.**

Sintaxe s. f.

FR. Syntaxe; INGL. Syntax

1. Em lógica, a **sintaxe** se opõe à semântica (e a complementa). Em semiótica, sintaxe e semântica* são os dois componentes* da gramática* semiótica.

2. Do ponto de vista linguístico, a sintaxe é tradicionalmente considerada uma das duas partes – sendo a outra a morfologia* – constitutivas da gramática: nessa perspectiva, a morfologia é o estudo das unidades que compõem a frase, enquanto a sintaxe se dedica a descrever-lhes as relações e/ou a estabelecer-lhes as regras de construção.

3. Essa concepção da sintaxe foi subvertida pelo questionamento do estatuto da morfologia* na economia de uma gramática. Nas línguas indo-europeias, de que se ocupou principalmente a linguística do século passado, por serem do tipo flexional, as classes morfológicas (substantivos, verbos, adjetivos, etc.) ocupavam lugar primordial e podiam ser consideradas, sem inconveniente, unidades de base para as descrições sintáticas. O alargamento do campo de estudos a outros tipos de línguas naturais revelou a existência de três tipos de classes suscetíveis de serem tomadas como unidades do cálculo sintático: ao lado das classes morfológicas, existem, com efeito, classes "sintáticas" (ou funções* sintáticas, tais como sujeito, predicado, epíteto, etc.) e classes "sintagmáticas" (grupos nominal e verbal, determinante/determinado, etc.). Daí se oferecerem duas soluções aos teóricos: a primeira consistia num esforço de síntese para tentar construir unidades sintáticas, dotadas de determinações que satisfaçam às exigências apresentadas pela existência de tipos de classes (essencialmente, foi L. Hjelmslev que se dedicou a isso); a segunda consiste em adotar, no momento da construção da teoria gramatical, uma opção fundamental a favor deste ou daquele tipo de unidades, correndo o risco de tentar resolver os problemas que apresentem as demais classes num nível hierarquicamente inferior: é assim que se encontram gramáticas (e sintaxes) sintagmáticas (a gramática gerativa*, por exemplo, que optou por classes distribucionais* sintagmáticas), gramáticas categoriais (que operam com classes morfológicas), elaboradas por lógicos* como Ajdukiewicz, BarHillel e outros, e gramáticas propriamente sintáticas (cf. a sintaxe estrutural de Tesnière, bem como nossa sintaxe actancial).

4. O estatuto de uma sintaxe não pode ser determinado senão em relação à semântica, com a qual constitui uma semiótica (ou uma gramática). Uma observação superficial permite distinguir, no âmbito de uma mesma frase, as relações semânticas das relações sintáticas: assim, no sintagma "o encosto da cadeira", "encosto" rege

sintaticamente "cadeira", ao passo que, semanticamente, é o contrário por assim dizer. Por outras palavras, as relações sintáticas (hipotáxicas) se estabelecem entre as classes sintáticas, independentemente de seus investimentos semânticos, e constituem, assim, uma organização (uma estrutura sintática) autônoma.

Apresenta-se, então, um outro problema, o de saber se as relações sintáticas são de natureza semântica (se elas são significantes) ou se são desprovidas de sentido. Duas atitudes opostas observam-se aqui. As **sintaxes formais** são elaboradas sem nenhuma referência à significação: os símbolos* *a*, *b*, *c* de uma linguagem formal* distinguem-se uns dos outros apenas de maneira discriminatória*, e seu caráter discreto* repousa sobre um "sentido negativo" *(a* não é *b)*. Tal como acontece com a organização dos fonemas* de uma língua natural, uma sintaxe formal pode ser considerada, guardadas as devidas proporções, como sendo do âmbito do plano da expressão (no sentido hjelmsleviano). As **sintaxes conceituais**, pelo contrário, reconhecem as relações sintáticas como significantes (como pertencentes à forma do conteúdo), mesmo se são abstratas e assimiláveis às relações lógicas. Para a teoria semiótica, trata-se aqui de uma opção fundamental: enquanto as unidades-símbolos de uma sintaxe formal constituem um alfabeto* (isto é, um inventário qualquer, às vezes, impropriamente, chamado de "estrutura") regido, a seguir, por um conjunto de regras* operatórias, as unidades da sintaxe conceitual são organizadas em taxionomia* (uma espécie de morfologia elementar), em cujo interior se efetuam as operações sintáticas. A sintaxe semiótica que estamos propondo é ao mesmo tempo actancial (portanto sintática no sentido restrito) e conceitual.

5. A sintaxe, tanto a tradicional como a recente (com seus prolongamentos gerativo e transformacional), é essencialmente uma sintaxe da frase, limitando-se a estudar as combinações, as substituições e as equivalências situadas no interior dessa unidade sintagmática de dimensões restritas. Contudo, as pesquisas sobre a narratividade* têm mostrado não apenas a existência de organizações sintagmáticas mais vastas, transfrasais, mas também a sua universalidade, revelando-se essas organizações como características do conjunto das comunidades etnolinguísticas. Por outro lado, a gramática transformacional mostrou bem – sem tirar daí, entretanto, todas as consequências – que a uma frase de superfície, por exemplo, podem corresponder duas ou mais frases de nível profundo: isso significa que as dimensões da frase não constituem limites intransponíveis na exploração de organizações sintagmáticas. Finalmente, a abordagem gerativa permite conceber a sintaxe como uma arquitetura de andares, cada um dos quais pode ser dotado de uma formulação sintática própria, ficando a cargo das regras de conversão (forma particular de homologação) permitir a passagem de um andar a outro. Tudo isso

constitui condições favoráveis a investigações – múltiplas e variadas – que visam à elaboração de uma **sintaxe**, não já frasal, mas **discursiva**.

6. O estágio das pesquisas em semiótica – análises particulares e reflexões teóricas – permite-nos conceber a gramática semiótica como um projeto em vias de realização: mesmo se os diferentes componentes desse projeto se acham ainda desigualmente desenvolvidos, a economia de conjunto e os contornos de tal teoria são suficientemente precisos. Assim, distinguem-se aí um **componente sintático** e um componente semântico*, sendo cada um deles suscetível de formulação em dois níveis de profundidade. A sintaxe semionarrativa comporta, pois, um nível profundo, o da **sintaxe fundamental**, e um nível de superfície em que tem lugar a **sintaxe narrativa** (em sentido restrito).

→ Morfologia, Função, Gramática, Gerativo (percurso ~), Sintaxe fundamental, Sintaxe narrativa de superfície, Sintaxe discursiva, Sintaxe textual.

SINTAXE DISCURSIVA

FR. SYNTAXE DISCURSIVE; INGL. DISCOURSE SYNTAX

Achando-se a **sintaxe discursiva**, por enquanto, em vias de elaboração, é impossível fixar, de maneira definitiva, o estatuto das unidades e das operações que ela comporta. Sendo assim, preferimos propor-lhe apenas as linhas gerais sob a forma de procedimentos que entram em jogo, no nível da instância da enunciação*, no momento da produção do discurso: esses procedimentos, a que demos o nome de **discursivização**, conduzem, graças aos mecanismos de debreagem* e de embreagem*, à constituição de unidades* discursivas, cujas tipologias e relações mútuas deverão constituir objeto de pesquisas aprofundadas. Distinguimos três subcomponentes na discursivização: a actorialização*, a temporalização* e a espacialização*, os quais, enquanto procedimentos, permitem inscrever as estruturas narrativas (de natureza lógica) em coordenadas espaçotemporais e investir os actantes em atores discursivos. Tal articulação da sintaxe discursiva – mesmo sendo apenas provisória – tem a vantagem de traçar, de antemão, a localização das problemáticas e das pesquisas a serem realizadas: assim, por exemplo, pode-se tirar proveito da experiência (e, talvez, de certas conquistas) dos construtores de lógicas temporais para formular, de maneira mais precisa, o componente temporal desta sintaxe (e evitar, assim, o assombro dos pesquisadores que veem as categorias temporais empregadas a torto e a direito); o mesmo se pode dizer do subcomponente espacial, que constitui um lugar de encontro para diferentes abordagens relativas à espacialidade, abordagens essas espalhadas pelo conjunto do campo semiótico (por exemplo: linguagens espaciais, proxêmica, gestualidade, semiótica do espaço, etc.).

➔ **Discursivização, Gerativo (percurso ~).**

Sintaxe fundamental

FR. Syntaxe fondamentale; INGL. Fundamental syntax

1. A **sintaxe fundamental** constitui, com a semântica* fundamental, o nível profundo da gramática* semiótica e narrativa. Presume-se que ela dê conta da produção, do funcionamento e da apreensão das organizações sintagmáticas chamadas discursos, tanto os pertencentes à semiótica linguística como à não linguística. Ela representa, pois, a instância *a quo* do percurso gerativo* desses discursos.

2. Tal sintaxe comporta um subcomponente taxionômico* (que corresponde ao alfabeto* das linguagens formais*) e um subcomponente operatório (ou sintático em sentido restrito). Esses dois aspectos de uma sintaxe que procura dar conta, ao mesmo tempo, do modo de existência e do modo de funcionamento da significação podem ser ilustrados por um exemplo ingênuo: o termo "contradição" designa, ao mesmo tempo, uma relação entre dois termos e a negação de um termo que provoca o aparecimento do outro.

3. O modelo taxionômico corresponde às condições epistemológicas necessárias ao reconhecimento da estrutura* elementar da significação; é, ao mesmo tempo, formulado em termos de lógica qualitativa (ou de lógica da compreensão*) e recebe sua representação* sob a forma de quadrado* semiótico (outros modos de representação são igualmente possíveis); constitui, assim, uma espécie de espaço organizado que comporta termos interdefinidos sobre os quais poderão efetuar-se as operações sintáticas que dão lugar ou a combinações sintáticas novas (termos derivados e complexos) ou a sequências sintáticas ordenadas.

4. As **operações sintáticas** fundamentais, chamadas de transformações, são de duas espécies: a negação* e a asserção*. Se a negação serve essencialmente para produzir termos contraditórios*, a asserção é capaz de reunir os termos situados no eixo dos contrários* e no dos subcontrários*. Enquanto o modelo taxionômico, na qualidade de esquema relacional preexistente, permite circunscrever o campo

de exercício das operações (de produção e/ou de apreensão do sentido), estas se constituem em sequências, não apenas no sentido de sua orientação*, mas também em decorrência de sua capacidade "memorial" (a denegação*, por exemplo, não é uma simples negação, mas a negação de uma asserção anterior): eis aí um traço essencial que distingue a sintaxe semiótica da sintaxe lógica.

5. A sintaxe fundamental assim concebida é puramente relacional, simultaneamente conceitual e lógica: os termos-símbolos de sua taxionomia se definem como intersecões de relações, ao passo que as operações são apenas atos* que estabelecem relações. Ela é, por conseguinte, logicamente anterior à sintaxe* narrativa de superfície, que é formulada em termos de actantes* e de funções*.

→ **Quadrado semiótico, Asserção, Negação, Sintaxe narrativa de superfície, Gerativo (percurso ~).**

SINTAXE NARRATIVA DE SUPERFÍCIE

FR. SYNTAXE NARRATIVE DE SURFACE; INGL. NARRATIVE SYNTAX

1. A **sintaxe narrativa de superfície** (ou sintaxe narrativa propriamente dita) é uma instância do percurso gerativo* obtida, com o auxílio de um conjunto de procedimentos (formuláveis em regras), a partir da sintaxe* fundamental. O problema da construção deste nível é duplo: trata-se, ao mesmo tempo, de prever a forma geral desta instância e de levar em conta sua homologação com a sintaxe fundamental, homologação essa que é a única a permitir a explicitação das regras de conversão* de uma em outra.

2. Ao contrário do que sucede no nível da sintaxe fundamental, que descreve um conjunto de operações efetuadas sobre termos, a forma geral da sintaxe de superfície é a de uma manipulação de enunciados*. Recorrendo a uma imagem analógica que é apenas parcialmente adequada, poder-se-ia dizer que a passagem do nível da sintaxe profunda ao da sintaxe de superfície corresponde, *grosso modo*, à passagem da lógica de classes à lógica das proposições.

3. A construção de um modelo sintático implica certo número de opções teóricas (epistemológicas e metodológicas), das quais depende, em definitivo, a forma que será impressa ao mesmo. A primeira dessas opções consiste na escolha das unidades que a sintaxe será levada a manipular: enquanto as gramáticas categoriais optam pelas classes* morfológicas, enquanto as gramáticas transformacionais escolhem as classes sintagmáticas (tomadas, aliás, à análise distribucional), nós optamos pelas classes sintáticas (tradicionalmente chamadas de funções* sintáticas), que consideramos

hierarquicamente superiores às precedentes, deixando a cargo dos níveis sintáticos mais superficiais – como o da discursivização* e o da textualização* – a tarefa de prever a integração das classes morfológicas e sintagmáticas.

4. A segunda opção não é menos decisiva: trata-se de conceber a estrutura sintática mais simples e de definir, assim, a forma a ser dada ao enunciado* elementar. Ao contrário da tradição que remonta a Aristóteles e que postula a binaridade* da estrutura elementar (sujeito/predicado, sintagma nominal/sintagma verbal), nossa concepção de enunciado é relacional: assumindo a herança hjelmsleviana, mas fazendo referência igualmente a Tesnière e a Reichenbach, entre outros, consideramos o enunciado como uma expansão relacional do predicado*: enquanto função*, este projeta, como termos resultantes da relação, os "funtivos" que designamos como actantes*. Para nós, o enunciado narrativo elementar se definirá, portanto, como uma relação-função entre pelo menos dois actantes.

5. Essa concepção de enunciado elementar permite formular o princípio sobre que repousam os procedimentos de conversão da sintaxe fundamental em sintaxe narrativa: às relações (que constituem a base taxionômica da estrutura sintática profunda) e às operações-transformações (que se efetuam sobre essa base) correspondem, no nível mais superficial, "estados" e "fazeres", formulados em **enunciados de estado*** e **enunciados de fazer***, sendo que os enunciados de fazer regem os enunciados de estado do mesmo modo como as transformações operam sobre as relações.

6. A estrutura constituída por um enunciado de fazer regendo um enunciado de estado é chamada programa* narrativo (abreviado PN): é considerada como unidade elementar* operatória* da sintaxe narrativa. O PN pode ser interpretado, em português comum, como um "fazer-ser" do sujeito, como o chamamento à existência semiótica de um novo "estado de coisas", como a geração (apreensível tanto no nível da produção quanto no da leitura) de um novo "ser semiótico". A distinção, que se estabelecerá a seguir, entre fazer* pragmático e fazer cognitivo, possibilitará desdobrar os PN, situando-os ora na dimensão* pragmática, ora na dimensão cognitiva da narratividade.

7. Os programas narrativos, que podem ser simples ou complexos (podendo estes integrar, eventualmente, um número indefinido de PN de uso), caso em que são chamados de PN de base, são complexificados pelo reconhecimento dos enunciados modais que regem os enunciados de fazer. Tendo-se de considerar o programa narrativo, enquanto "fazer-ser" do sujeito, como a *performance** deste, as modalidades – tais como a do *querer-fazer* ou a do *poder-fazer* – surgem como condições necessárias à realização dessa *performance* e constituem assim o que se poderia designar competência* modal do sujeito. Vê-se, então, que todo PN de fazer

pressupõe logicamente um PN modal, do mesmo modo como toda *performance* pressupõe a competência. Tal programa ampliado – suscetível de integrar outros elementos facultativos – será chamado então de percurso narrativo* do sujeito.

8. O reconhecimento da estrutura polarizada – polêmica ou contratual – do discurso narrativo impõe à sintaxe narrativa a necessidade de levar em consideração e explicar a presença e as relações mútuas de pelo menos dois sujeitos, com programas e percursos narrativos próprios. Tal sintaxe surge, então, como uma **sintaxe de comunicação*** entre sujeitos (como uma sintaxe de transferência de objetos, caso em que as aquisições pragmáticas, cognitivas ou modais de um dos sujeitos podem ser consideradas como outras tantas perdas para o antissujeito).

9. Estas são, evidentemente, apenas formas elementares da sintaxe narrativa, tal qual a concebemos no estado atual das investigações semióticas. As formas de organização narrativa do discurso certamente são mais complexas, embora mal conhecidas ainda. Está claro que a sintaxe narrativa terá de desenvolver as bases teóricas de uma estratégia* dos programas e dos percursos narrativos, estratégia essa que será a única a possibilitar a manipulação de "massas narrativas" mais amplas e de maior complexidade. O objetivo a atingir, bastante curiosamente, parece consistir em preencher, com o auxilio de uma tipologia de programas estratégicos, a distância que separa as formas elementares, já reconhecidas, do esquema narrativo*, elaborado – mediante generalizações sucessivas – como uma espécie de cânone, a partir das descobertas de V. Propp.

10. Não faz muito tempo, insistimos no caráter antropomorfo* da sintaxe narrativa, que a diferencia da sintaxe fundamental, lógica e abstrata*. Com efeito, quer se considere a concepção do enunciado elementar (que não é senão a formulação sintática da relação fundamental do homem-sujeito com o mundo-objeto), quer se considere a concepção dos programas narrativos que se interpretam como transformações das coisas pelo homem (que, com isso, se transforma a si mesmo), quer se pense na dimensão comunicativa* da narratividade que corresponde ao conceito geral de troca intersubjetiva, tudo parece mostrar que, geneticamente, a sintaxe narrativa de superfície é a fonte que dá origem a todo processo semiótico. É a observância estrita do princípio gerativo, que é o oposto do princípio genético, que nos obriga a considerar esta instância como mais superficial em relação à sintaxe fundamental.

→ **Enunciado, Actante, Função, Programa narrativo, *Performance*, Competência, Narrativo (percurso ~), Narrativo (esquema ~), Sintaxe fundamental, Gerativo (percurso ~).**

SINTAXE TEXTUAL

FR. SYNTAXE TEXTUELLE; INGL. TEXTUAL SYNTAX

Pode-se reunir sob o nome de **sintaxe textual** o conjunto dos procedimentos de **textualização** (vale dizer, da colocação do discurso em texto), que é suscetível de intervir em qualquer momento do percurso gerativo* (nível profundo ou de superfície, discurso não figurativo ou figurativo, etc.). Como a textualização consiste na reunião do discurso (situado no plano do conteúdo*) com o plano de expressão* que lhe é atribuído (reunião essa chamada de semiose*), o discurso deve submeter-se às coerções que lhe são impostas pela natureza – espacial ou temporal – do significante empregado. Entre os procedimentos que decorrem dessas coerções, mencionamos a linearização*, a segmentação* (constitutiva das unidades* textuais que são os parágrafos, as frases), a anaforização*, etc.

➜ Textualização, Gerativo (percurso ~).

SÍNTESE s. f.

FR. SYNTHÈSE; INGL. SYNTHESIS

Por oposição a análise, que parte do objeto semiótico a ser descrito, considerado como um todo de significação*, entendem-se por **síntese** – na tradição hjelmsleviana – os procedimentos que o consideram de início como parte constitutiva de uma unidade hierarquicamente* superior ou como indivíduo pertencente a uma classe* e que procuram, de maneira recorrente, atingir progressivamente a totalidade do conjunto em que ele se inscreve. Assim, os procedimentos que estabelecem, de início, os elementos discretos* para obter, em seguida, as suas combinações* são chamados de **sintéticos** (ou, às vezes, de ascendentes), por oposição aos procedimentos analíticos (ou descendentes).

➜ Análise.

SISTEMA s. m.

FR. SYSTÈME; INGL. SYSTEM

1. O **sistema** é um dos dois modos de existência – complementar ao de processo* – dos universos estruturados ou estruturáveis. Para L. Hjelmslev, este conceito é de alcance universal e ultrapassa não apenas o domínio da linguís-

tica como também o da semiótica; ele designa pelo nome de paradigmática* o sistema semiótico.

2. Para F. de Saussure, o termo sistema permite definir o conceito de língua* (= "sistema de signos"), já que, tradicionalmente, esse termo denomina um todo coerente, cujos elementos dependem uns dos outros. Saussure enriqueceu o conceito de língua-sistema ao considerá-lo, em primeiro lugar, como um conjunto de campos associativos (reformulados atualmente em termos de paradigma*), cujos termos mantêm entre si "relações associativas" que colocam em destaque as semelhanças que os unem e as diferenças que os opõem. Cada termo de um paradigma define-se, assim, negativamente por tudo aquilo que ele não é, opondo-se ao conjunto dos demais termos, enquanto o suporte das semelhanças, aquilo que reúne todos os termos de um paradigma, não é senão um traço diferencial pelo qual o paradigma se opõe como um todo a outro paradigma. O conceito de sistema é assim depurado: a língua cessa de ser um conjunto de elementos interdependentes para se tornar um **sistema de relações** (diferenciais e opositivas). Entreveem-se, diga-se de passagem, duas leituras possíveis de Saussure: a primeira consiste em registrar e organizar os conceitos que servem de ponto de partida para sua reflexão (por exemplo, "a língua é um sistema de signos"; o significante e o significado são as duas faces de uma palavra-signo); a segunda consiste em tirar todas as consequências, por vezes implícitas, dessa reflexão.

3. Como a língua, enquanto sistema, constitui um conjunto estratificado, como ela comporta dois planos* (expressão* e conteúdo*) e como cada um destes faz surgir, por sua vez, níveis de articulação* (nível dos fonemas* e dos femas*, dos sememas* e dos semas*), podem-se reconhecer aí subsistemas relativamente autônomos que serão chamados de sistemas fonológico e fêmico, semêmico e sêmico. Vê-se que a definição inicial de Saussure da língua como sistema de signos refere-se apenas ao estrato mais aparente, o dos signos-morfemas*.

Sobreposição s. f.

FR. Chevauchement; INGL. Overlapping

Diferentemente da intercalação que designa, no nível discursivo, a inserção de uma narrativa* em uma narrativa mais ampla, a **sobreposição** corresponde ao encavalgamento de duas sequências* narrativas: a primeira se prolonga (no plano dos conteúdos investidos, por exemplo) sobre uma parte da segunda (cuja articulação sintática, por exemplo, nem por isso é menos manifesta e é relativamente autônoma).

➔ Inserção.

Socioleto s. m.

FR. Sociolecte; INGL. Sociolect

1. Por oposição tanto a idioleto*, que designa as atividades semióticas de um ator individual, quanto a dialeto*, que remete à diferenciação (devido a uma repartição geográfica dos grupos humanos) dessas mesmas atividades consideradas do ponto de vista social, **socioleto** caracteriza o fazer semiótico em suas relações com a estratificação social. Se se visa às organizações de uma sociedade dada como fenômenos extrassemióticos, as configurações semióticas – que lhes correspondem – constituem a face significante dessas organizações, porque elas dizem aquilo pelo qual a sociedade, as classes, as camadas ou agrupamentos sociais se distinguem uns dos outros. Os socioletos são assim espécies de sublinguagens reconhecíveis pelas variações semióticas que os opõem uns aos outros (é seu plano de expressão) e pelas conotações* sociais que os acompanham (é seu plano do conteúdo); eles se constituem em taxionomias* sociais, subjacentes aos discursos sociais. O estudo dos socioletos é tarefa de uma disciplina particular, a sociossemiótica*.

2. As variações socioletais são encontradas tanto no nível da superfície lexical (cf. as nomenclaturas*, as terminologias*, etc.) quanto no das organizações discursivas (a escritura* é assimilável a um fato socioletal por oposição ao estilo*, de ordem idioletal). No nível das estruturas* semânticas profundas*, o **universo socioletal** se caracteriza ao mesmo tempo por seu emprego particular da categoria *natureza/cultura* (dotando o universo* semântico coletivo* de investimentos hipotáxicos específicos) e por sua articulação da categoria *vida/morte*, que lhe permite interpretar a seu modo o universo semântico individual*: trata-se, em definitivo, no caso, de explicar a atitude que uma comunidade sociocultural adota a respeito das interrogações fundamentais que lhe são feitas.

→ Universo semântico, Sociossemiótica, Idioleto, Psicossemiótica.

Sociossemiótica s. f.

FR. Sociosémiotique; INGL. Socio-semiotics

1. No domínio que seria, eventualmente, coberto pelo termo **sociossemiótica**, é só a **sociolinguística** que pode ter pretensão a um estatuto de disciplina mais ou menos institucionalizada. A tentativa de aproximação entre duas disciplinas – sociologia e

linguística – heterogêneas quanto a suas metodologias, deu lugar a investigações que podem ser sumariamente agrupadas sob dois aspectos principais: *a)* as pesquisas que dizem respeito às covariâncias das estruturas linguísticas e das estruturas sociais, e *b)* aquelas que concernem à contextura social da comunicação linguística.

2. O estudo das covariâncias, intocável em si, não deixa de causar problemas quando se examina, um pouco mais de perto, a natureza das variáveis retidas. Enquanto se põem em relação classes sociais tradicionais (aristocracia, burguesia, povo), por um lado, e os registros* de língua pelo outro, a aproximação é geralmente aceita como uma evidência. Mas os critérios utilizados para estabelecer a estratificação social de nossas sociedades industriais (tais como os "modos de vida": comportamentos vestimentares, culinários, de habitação, etc.) parecem estar ligados, para o semioticista, a práticas* significantes que pertencem àquilo que ele considera como sendo o vasto domínio das semióticas chamadas não linguísticas*: o correlacionamento delas com as práticas linguísticas é então, para ele, uma questão de intertextualidade* semiótica, e não de interdisciplinaridade sociolinguística. Por outro lado, as estruturas linguísticas, que constituem a segunda variável da correlação, nada têm que permita considerá-las "estruturas": as marcas graças às quais se reconhecem o falar dos "white collars" ou o dialeto nova-iorquino são heterogêneas, pois dependem de todos os planos e níveis da linguagem: como elas não são estruturáveis, são antes índices dispersos que remetem a outra coisa que não a língua considerada: a uma linguagem de conotação* social.

3. Observações análogas podem ser formuladas a propósito da colocação em relação do contexto social e da comunicação linguística. A semiótica não pode se satisfazer com o conceito de comunicação, elaborado no quadro da teoria da informação, em que as duas instâncias, a da emissão e a da recepção, seriam consideradas autômatos* encarregados da transmissão de informações neutras. A comunicação põe em jogo sincretismos* semióticos complexos, nos quais as atitudes somáticas, a gestualidade, a proximidade espacial representam um papel considerável. Seus participantes não são autômatos, mas sujeitos competentes*: as pressuposições e as implicações lógicas que se podem tirar da análise das mensagens trocadas no-los mostram dotados de saber-fazer múltiplos, de posse de códigos culturais numerosos. Sendo assim, pode-se perguntar se as informações – insuficientes sem dúvida, mas seguras – que a análise do enunciado nos oferece não nos esclarecem mais sobre a natureza da enunciação* do que os parâmetros sociológicos, tirados meio ao acaso e em número indefinido como que do chapéu de um prestidigitador. Em um e em outro caso – quer se trate de correlações estruturais, quer do estatuto da comunicação – a coerência metodológica nos parece preferível às ambições interdisciplinares,

tanto mais que essa coerência será melhor salvaguardada inscrevendo os problemas linguísticos num quadro semiótico mais geral.

4. Obrigada, para assegurar seus primeiros encaminhamentos, a postular a existência de um universo* semântico, considerado totalidade das significações anteriormente a qualquer análise, a semiótica invade imediatamente o domínio do "sociológico", distinguindo, arbitrariamente, o universo coletivo* do universo individual*; propondo a seguir, a título de hipótese, as categorias* elementares *cultura/natureza* e *vida/morte,* como suscetíveis de articular, numa primeira abordagem, esses dois universos, ela pode visar a definir o socioleto* como a maneira específica, própria de cada sociedade, de interpretar e assumir tanto o universo coletivo quanto o universo individual (ou seja, de explicitar, para ela, aquilo que entende por cultura e natureza, por vida e morte). Essa conceitualização apriorística é destinada, vê-se, a dar uma representação da cultura* identificada com "a sociedade enquanto significação" e a explicar, ao mesmo tempo, uma eventual tipologia das culturas, bem como o relativismo cultural ambiente.

5. A universalidade da cultura e as especificidades culturais constituem uma das metas da teoria semiótica que busca atingi-las e analisá-las sistematicamente através da diversidade das semióticas apreensíveis como axiologias* ou como ideologias*, e definíveis como modelos de ação* e de manipulação*. À sociossemiótica – na medida em que tal distinção terminológica possa ter alguma utilidade – seria reservado o vasto domínio das conotações* sociais, das quais se indicarão rapidamente algumas dimensões.

6. Um primeiro nível de conotação corresponde àquilo que se poderia considerar uma "epistemologia mítica", feita das atitudes que uma sociedade dada adota em relação a seus próprios signos (J. Lotman, M. Foucault) e que se percebe tanto nos discursos que falam dos signos quanto naqueles que os analisam ou interpretam, desde os mitos de origem da linguagem até as filosofias da linguagem mais recentes. Sabe-se, por exemplo, que os signos medievais são metonímicos e remetem a uma totalidade de sentido, que os signos do século XVIII são "naturais", que o signo saussuriano é chamado "burguês" por R. Barthes. Podem-se pôr em dúvida algumas dessas interpretações, outras podem enriquecer a teoria semiótica. Como quer que seja, é preciso constatar que existe, no domínio linguístico, uma relativa independência do fazer científico propriamente dito em relação às teorias do signo às quais ele está não obstante ligado: tudo ocorre como se a atividade com vocação científica, depois de ter atingido o limiar de maturação, se livrasse progressivamente das variações gnoseológicas que, julga-se, a fundamentam.

7. Um outro nível de conotação, bastante ligado ao primeiro, parece estar subjacente aos discursos e estabelecer o modo e o grau de veridicção* que uma sociedade lhes atribui: aquilo que é "realidade" e aquilo que não é senão "ficção", aquilo que é uma "história verdadeira" e aquilo que não é senão uma "história para rir" (critérios para uma classificação dos "gêneros" literários e para uma tipologia dos "mundos possíveis") dependem de uma ontologia cultural de ordem conotativa.

8. A isso é fácil acrescentar, em se tratando de sociedades arcaicas ou tradicionais, uma taxionomia de linguagens sociais, fundamentada em cerca de dez categorias discriminatórias (tais como "sagrado"/"profano", "externo"/"interno", "masculino"/ "feminino", "superior"/"inferior", etc.), que cobre uma morfologia social estável. O surgimento das macrossociedades faz explodir os quadros rígidos em um grande número de discursos sociais (sendo que a língua sagrada, por exemplo, se dilui em discurso religioso, discurso filosófico, discurso poético, e assim adiante), os quais correspondem aos "clubes de usuários" com entrada paga, mas transformam também morfologias de conotações fechadas (em que os sujeitos falantes estão ligados a suas linguagens) em sintaxes conotativas flexíveis (sendo que cada qual está relativamente livre para escolher sua linguagem conforme as circunstâncias) e, mais ainda, em verdadeiras estratégias de comunicação em que as cargas conotativas levam a melhor muitas vezes sobre os conteúdos denotativos. O que aparece frequentemente, à superfície, como uma democratização da sociedade pela linguagem nada mais é de fato do que a construção de uma nova torre de Babel, tanto mais perigosa porquanto deixa às pessoas a ilusão de falarem uma única e mesma língua.

9. Como para preencher o vazio deixado pelo desmoronamento das linguagens, pelo desaparecimento, também, de toda uma literatura étnica, novas formas semióticas se desenvolvem, as quais tendem a reforçar a coesão social abalada. Elas se manifestam sob a forma de uma **socioliteratura**, cuja teoria dos gêneros (policiais, *westerns*, correio elegante, horóscopo, etc.) está por ser elaborada, mas também pelo viés de semióticas socioespetaculares variadas (competições esportivas, corridas, circuitos, etc.) que se aproximam dos objetos sincréticos complexos de outrora (tal como a poesia cantada e dançada ao mesmo tempo). Aí está um vasto domínio que a sociossemiótica, interessada ao mesmo tempo tanto pelos meios (os *mídia*) quanto por sua finalidade social, poderia encarregar-se de reconhecer e organizar.

→ **Semiótica, Conotação, Etnossemiótica.**

SOLIDARIEDADE s. f.

FR. SOLIDARITÉ; INGL. SOLIDARITY

L. Hjelmslev introduziu o termo **solidariedade** para denominar a pressuposição recíproca reconhecida na cadeia* sintagmática. O uso tende a aplicar igualmente esse conceito às relações paradigmáticas*.

→ **Pressuposição.**

SOMÁTICO adj.

FR. SOMATIQUE; INGL. SOMATIC

1. **Somático** qualifica geralmente o ator figurativo* (ou personagem) situado e agindo na dimensão pragmática* do discurso. O **fazer* somático** é quer pragmático (se remeter a uma atividade corporal programada), quer comunicativo (o corpo humano enquanto suscetível de significar por gestos, atitudes, mímicas, etc.). Será, pois, útil distinguir, nesse último caso, a comunicação* somática da comunicação verbal*.

2. Sob certas condições, que estão por ser determinadas (quando uma narrativa pragmática – uma narrativa de milagre no Evangelho, por exemplo – está inserida numa outra narrativa, mais ampla), o fazer somático é relatado (ou efetuado) não apenas em função de um fim consignado (uma cura, por exemplo), mas também em relação a um actante observador* (o mais das vezes implícito) que lê e interpreta essa narrativa (ou esse comportamento) erigida em significação. Tal fazer somático, ao mesmo tempo pragmático e comunicativo, provoca o efeito de sentido "irrealidade" e se lê na dimensão cognitiva* do discurso.

→ **Pragmática, Gestualidade.**

SUBCONTRARIEDADE s. f.

FR. SUBCONTRARIÉTÉ; INGL. SUBCONTRARIETY

Subcontrariedade designa a relação de contrariedade* que contraem os termos contraditórios* – $\bar{s}_1$ e $\bar{s}_2$ – dos dois termos contrários primitivos – s_1 e s_2 – no quadro do modelo constitucional*. Do ponto de vista do **eixo dos subcontrários** assim constituído, os termos contraditórios são chamados então de **subcontrários**, um em relação ao outro.

→ **Quadrado semiótico.**

Subjetivo (valor ~) adj.

FR. Subjective (valeur ~); INGL. Subjective value

Chamam-se **valores subjetivos** as propriedades "substanciais" do sujeito* que lhe são atribuídas pela predicação* com o auxílio do copulativo "ser*", por oposição aos valores objetivos, "acidentais", que podem ser atribuídos, em numerosas línguas naturais, por meio do verbo "ter" e seus parassinônimos.

→ Objetivo.

Substância s. f.

FR. Substance; INGL. Substance

1. Na terminologia de L. Hjelmslev, entende-se por **substância** a "matéria" ou "sentido", na medida em que são assumidos pela forma* semiótica com vistas à significação*. Com efeito, matéria* e sentido*, que são sinônimos para o linguista dinamarquês, não são explorados senão em um de seus aspectos, enquanto "suportes" de significação, para servirem de substância semiótica.

2. O "sentido" eleva-se a significação em decorrência de sua articulação* em duas formas distintas que correspondem aos dois planos* da linguagem: o plano da expressão* comporta, assim, uma forma e uma **substância da expressão*** e o plano do conteúdo*, uma forma e uma **substância do conteúdo.**

3. Relativamente à forma semiótica, que é uma invariante*, a substância semiótica deve ser considerada uma variável*: isso equivale a dizer que uma forma pode ser manifestada por várias substâncias (fônica ou gráfica, por exemplo), ao passo que o inverso não é verdadeiro. Para evitar qualquer mal-entendido, diremos que uma única "matéria" fônica, por exemplo, é suscetível de servir de substância semiótica a diversas formas (linguagens verbal e musical, por exemplo), o que exclui a possibilidade de uma substância se prevalecer de várias formas ao mesmo tempo.

4. Uma única e mesma substância, enquanto objeto cognoscível, comporta várias instâncias* de apreensão e de análise: é assim que a substância da expressão será apreendida seja no nível da articulação fisiológica, seja no nível acústico, seja no nível da audição psicofisiológica. O mesmo é válido para a substância do conteúdo, a qual, para comodidade de abordagem, pode ser considerada como situada no nível do enunciador* ou ao nível do enunciatário.

5. Se para Hjelmslev a forma é constitutiva do esquema* semiótico, a substância, vista como "o conjunto dos hábitos de uma sociedade", é coberta pelo conceito de

uso* semiótico (ou linguístico). Levando-se às últimas consequências a concepção hjelmsleviana das linguagens de conotação*, poder-se-ia dizer que as conotações sociais não são senão articulações semióticas de uma substância dada. Nessa perspectiva, estar-se-iam explicando assim as "interpretações" da substância da expressão quando se fala do "simbolismo das vogais" ou da "textura" e da "enfibratura" como categorias da pintura dita concreta.

6. É preciso sublinhar, entretanto – o próprio Hjelmslev insiste neste ponto –, que a distinção entre forma e substância é relativa e depende, em última instância, do nível de pertinência adotado com vistas à análise. Essa oposição, indiscutivelmente fecunda, não poderia ser hipostasiada, pois levaria à distinção entre duas semânticas – formal e substancial – inconciliáveis.

➔ **Forma, Sentido, Matéria, Instância.**

Substituição s. f.

FR. Substitution; INGL. Substitution

1. Se a comutação* repousa sobre o princípio segundo o qual a toda mudança da expressão deve corresponder uma mudança do conteúdo e vice-versa, a **substituição** pode definir-se como seu contrário: a troca entre os membros do paradigma de um dos dois planos da linguagem não acarreta uma troca paralela no outro plano. A substituição permite, assim, reconhecer as variáveis* no quadro de uma estrutura de invariâncias; é graças a ela igualmente que pode ser colocado corretamente, no plano do conteúdo, o problema da sinonímia* e da parassinonínia*.

2. O cálculo lógico pode ser dito tautológico precisamente por repousar no princípio de substituição, tal como é empregado, por exemplo, por N. Chomsky no procedimento de derivação* para a descrição* estrutural da frase.

3. Em semiótica narrativa, encontram-se fenômenos de substituição, quer se trate, por exemplo, da **substituição de sujeitos** (seja no interior do actante coletivo* sintagmático, em que vários sujeitos se revezam na execução de um programa* narrativo único, seja entre dois programas narrativos correlatos e inversos, o que permite explicar uma "reviravolta de situação"), quer se trate da substituição de objetos.

➔ **Comutação, Substitutiva (prova ~).**

Substitutiva (prova ~) adj.

FR. Substituée (épreuve ~); INGL. Substituted test

Por prova **substitutiva** entende-se aquela em que um confronto violento, por exemplo, é substituído, de comum acordo, por um combate mais reduzido (a luta entre Davi e Golias que substitui seus respectivos exércitos) ou simplesmente simbólico (uma partida de xadrez em substituição à verdadeira batalha, no Mahâbhârata); ou o contrário. A substituição realizada não muda em nada a organização narrativa.

➔ **Substituição, Prova.**

Sujeito s. m.

FR. Sujet; INGL. Subject

1. Situado na confluência de diversas tradições – fisiológica, lógica e linguística –, o conceito de **sujeito** é difícil de manejar e acarreta múltiplas ambiguidades. Por isso, nos ateremos aqui a apenas dois pontos de vista principais sob os quais ele é mais frequentemente enfocado.

a) Fala-se frequentemente do sujeito como aquilo que é "submetido" (etimologicamente) à reflexão ou à observação, como aquilo de que se está tratando, por oposição àquilo que dele se diz (predicado*). Tal é a acepção usual em lógica clássica: aí, o sujeito é situado no interior de um enunciado objetivado e tratado como uma grandeza* observável, suscetível de receber as determinações que o discurso lhe atribui. A extrapolação e a aplicação desse **sujeito lógico** à linguística produzem resultados mais ou menos satisfatórios: com efeito, a linguística vê-se coagida a introduzir, ao lado do sujeito lógico, um **sujeito aparente** (cf. francês "Il est vrai que...") ("É verdade que..."), um **sujeito gramatical** (em "Nada é belo senão a verdade", sendo "a verdade" o sujeito lógico, impõe-se postular para "Nada" o estatuto de sujeito gramatical), etc.

b) Para uma outra tradição, mais filosófica, o termo sujeito remete a um "ser", a um "princípio ativo" suscetível não apenas de possuir qualidades, mas igualmente de efetuar atos. E o sentido que é conferido a sujeito em psicologia ou em sociologia, ao qual se podem associar as noções de **sujeito falante** em linguística e de **sujeito cognoscente** (ou **epistêmico**) em epistemologia. Todavia, ao excluir as particularidades individuais capazes de caracterizar o sujeito no *hic et nunc*, a epistemologia procura definir o sujeito como um lugar abstrato* onde se acham reunidas as condições necessárias à garantia da unidade do objeto* que ele é capaz de constituir. Tal concepção encontra-se na base da ideia que a linguística faz do sujeito da enunciação* (ou de seu simulacro instalado no discurso).

2. Certos linguistas (Tesnière) e lógicos (Reichenbach) tentaram ultrapassar esses dois pontos de vista (incompatíveis entre si), invertendo a problemática: em vez de partir do sujeito para, a seguir, dotá-lo de determinações e de atividades, postularam a prioridade da relação* ("verbo" ou "função") da qual o sujeito não seria senão um dos termos resultantes. Nessa perspectiva, torna-se inútil definir o sujeito "em si", já que o seu valor é determinado pela natureza da função* constitutiva do enunciado*. Foi-se assim afirmando uma gramática actancial capaz de ultrapassar as definições substanciais do sujeito, cujo estatuto ela relativiza.

3. No âmbito do enunciado elementar, o sujeito surge, assim, como um actante* cuja natureza depende da função na qual se inscreve. O surgimento da linguística discursiva obriga-nos, entretanto, a postular a existência, ao lado desse **sujeito frasal**, de um **sujeito discursivo** que, mesmo sendo capaz de ocupar, no interior dos enunciados-frases, posições actanciais diversas (vale dizer, mesmo as de não sujeito), consegue manter, graças, sobretudo, aos procedimentos de anaforização*, sua identidade* ao longo do discurso (ou de uma sequência discursiva).

4. Essa inadequação entre sujeitos frasais e discursivos (e, de um modo mais geral, entre os actantes das duas espécies) é uma das razões, entre outras, que leva o semioticista a construir uma representação* lógico-semântica do funcionamento do discurso, capaz de explicar – sob forma de enunciados elementares canônicos – fenômenos, ao mesmo tempo, frasais e discursivos. Aos dois tipos de enunciados elementares – enunciado de estado* e enunciado de fazer* – correspondem, por conseguinte, duas espécies de sujeitos: **sujeitos de estado**, caracterizados pela relação de junção* com os objetos*-valor (que devem ser aproximados da definição substancial formulada em 1.a), e os **sujeitos de fazer**, definidos pela relação de transformação* (mais próximos da noção de sujeito evocada em 1.b).

5. O reconhecimento de duas dimensões* distintas dos discursos leva, por outro lado, a estabelecer uma distinção entre **sujeitos pragmáticos*** e **sujeitos cognitivos***: especificam-se pela natureza dos valores* que os definem enquanto sujeitos de estado, e pelo modo de fazer de cada um, somático e pragmático de um lado, cognitivo de outro. Essa oposição parece a tal ponto operatória* que pode explicar a existência de uma categoria particular de actantes – chamados, na falta de melhor termo, de sujeitos cognitivos – que o enunciador* delega e instala frequentemente

|488|

no discurso pragmático (representados pelos "se" que designam a opinião pública, por exemplo, ou em sincretismo com certos actantes da narração, dotados, por isso mesmo, de um saber* particular).

6. A sintaxe* dita narrativa, à qual pertencem os **sujeitos sintáticos** (assim definidos e provisoriamente classificados enquanto se espera que os progressos da semiótica discursiva introduzam distinções mais elaboradas), permite o reconhecimento daquelas unidades sintáticas mais amplas que são os programas* narrativos e as configurações* narrativas; ela não deve ser confundida com o esquema narrativo*, modelo hipotético de uma organização geral da narratividade* que procura explicar as formas mediante as quais o sujeito concebe sua vida enquanto projeto, realização e destino. Tal sujeito – a que chamaremos de **sujeito semiótico** – só pode explodir paradigmaticamente, como todo protoactante*, em pelo menos quatro posições previsíveis no quadrado* semiótico: com efeito, o esquema narrativo se define, em primeiro lugar, como uma estrutura polêmica* e/ou contratual*, que implica o surgimento, ao lado, ou melhor, em face do **sujeito**, de um **antissujeito** a que ele tem de enfrentar. Por outro lado, o esquema narrativo prevê, para todo **sujeito-"performador"***, uma instância de aquisição da competência*, que é de natureza modal*: pode-se entrever uma tipologia dos **sujeitos competentes** com base na natureza da competência de que são dotados os sujeitos. J. C. Coquet, por exemplo, propõe a seguinte notação simbólica para os quatro sujeitos correspondentes às quatro posições do quadrado semiótico: "je +", "je –", "on" e "ça"; tal tipologia dos sujeitos, que está apenas começando, parece particularmente promissora.

➔ Actante, Objeto, Valor.

SUPERFÍCIE (ESTRUTURA DE ~) s. f.
FR. SURFACE (STRUCTURE DE ~); INGL. SURFACE STRUCTURE

1. Intuitivamente escolhida em função do enunciado que se apresenta, de início, como um dado que oferece apenas sua "superfície" – sob a qual se encontra uma organização subjacente mais profunda* (suscetível de explicar articulações superficiais aparentes) –, a noção de **superfície** não é um achado muito feliz, pois a definição precisa que a gramática gerativa* dá das **estruturas de superfície** está muito distante dessa primeira intuição. Trata-se de um excelente exemplo de denominação* mal motivada* que, a despeito de se reconhecer o caráter arbitrário

de qualquer denominação, não deixa de introduzir um pouco mais de confusão, sobretudo nos meios paralinguísticos que dela se servem.

2. Estrutura de superfície não se define senão em relação a estrutura profunda; nesse sentido, uma frase de superfície é a forma que resulta de uma transformação* – ou de uma cadeia de transformações – operada sobre uma organização profunda. Vê-se que com relação às duas frases "A polícia prendeu o ladrão" e "O ladrão foi preso pela polícia" – entre as quais se situa uma transformação passiva – a primeira é da alçada da estrutura profunda, a segunda, da de superfície, enquanto no sentido (1) ambas se situam "na superfície". Por outro lado, dizer que essas frases "são da alçada" desta ou daquela estrutura significa simplesmente que suas organizações sintáticas* – e não as próprias frases realizadas* – pertencem a tipos estruturais denominados "profundo" e "superficial", e isso anteriormente à interpretação fonológica que tornará possível a semiose*. Superfície não deve ser confundida com manifestação*.

3. O conceito de superfície é correlato ao de profundidade: quando, por exemplo, a semântica gerativa* exclui o nível das estruturas profundas e postula, em seu lugar, a existência de formas lógico-semânticas geradoras de enunciados, o conceito de estrutura de superfície dilui-se.

4. Em semiótica, utilizam-se os termos superfície e profundidade no seu sentido relativo para designar simplesmente o avanço do percurso gerativo*, que vai das estruturas* elementares da significação até a produção do enunciado-discurso. Assim, o nível da sintaxe antropomorfa* é mais superficial que o das estruturas lógico-semânticas subjacentes, o nível temático* é mais profundo que o nível figurativo*.

➔ **Nível, Profunda (estrutura ~), Gerativo (percurso ~).**

SUPRASSEGMENTAL adj.

FR. SUPRASEGMENTAL; INGL. SUPRASEGMENTAL

Dá-se o nome de fonologia* e/ou fonética* **suprassegmentais** à parte dessas disciplinas que se consagra ao estudo dos fatos pertencentes ao plano da expressão* que ultrapassam os limites das unidades desse plano obtidas por segmentação (fonemas* e eventualmente sílabas): é o caso de fenômenos como a entonação* ou a acentuação. A fonologia e/ou a fonética suprassegmentais são, geralmente, chamadas de prosódia.

➔ **Prosódia.**

Suspensão s. f.

FR. Suspension; INGL. Suspension

1. Enquanto figura da antiga retórica, a **suspensão** consiste na criação de um desvio entre o tópico do enunciado, remetido para o fim deste, e o anúncio do mesmo, de maneira alusiva, situado no começo.

2. Para a semiótica, a suspensão surge como um dos "propulsores dramáticos" do discurso narrativo. Se bem que sua teoria se ache longe de estar elaborada, parece que ela se manifesta inicialmente como a projeção de categorias* paradigmáticas sobre o eixo sintagmático do discurso. Assim, por exemplo, o surgimento, na narrativa, da função* proppiana "instauração da falta" produz um suspense, uma expectativa da função "liquidação da falta". O procedimento parece mais elaborado e mais complexo ainda quando, por exemplo, a suspensão da modalização epistê-mica faz surgir, num momento dado, um fazer informativo* neutro, provocando assim uma "inquietação" no enunciatário*, abandonado na ignorância do estatuto veridictório do saber recebido. Em outros casos – o da isotopia do secreto*, por exemplo, a dificuldade reside no reconhecimento das marcas* do secreto, vale dizer, da alusão que insinua que o *não parecer* esconde pelo menos um *ser*: é evidente que sem essas marcas o secreto não existiria.

→ **Sincretismo, Neutralização.**

Taxionomia s. f.
fr. Taxinomie; ingl. Taxonomy

1. Concebida tradicionalmente como "teoria das classificações", a **taxionomia** aplica-se atualmente à própria classificação*, vale dizer, aos procedimentos de organização sistemática dos dados observados e descritos.

2. Ao identificar, algo apressadamente, a abordagem taxionômica com uma concepção envelhecida da ciência (cujo objetivo último seria a observação e a classificação dos fatos, como na botânica ou na zoologia tradicionais), N. Chomsky levantou-se contra a linguística distribucional*, acusando-a de ser unicamente taxionômica e de visar, por esses procedimentos, apenas à classificação hierárquica das unidades linguísticas. Essa crítica que teve, na ocasião, certa repercussão, sem ser falsa, alicerça-se, ao mesmo tempo, numa concepção restritiva, estreita, do fazer taxionômico e na falta de envergadura – no quadro de seu projeto científico – da própria análise distribucional, fechada em suas certezas formalistas.

3. A análise do discurso com vocação científica (nas ciências sociais) revelou que a atividade cognitiva aí desenvolvida consiste, em grande parte, no **fazer taxionômico**: trata-se, aí, de uma construção, com o auxílio das identidades* e das alteridades* reconhecidas, de objetos semióticos (elementos*, unidades*, hierarquias*), a qual constitui autênticas preliminares à elaboração de uma metalinguagem* científica; o exame desse tipo de discurso mostrou também que o grau de adiantamento desta ou daquela disciplina está em função dos progressos taxionômicos que a mesma realizou. Nesse sentido, a própria crítica se inverte e se volta contra a gramática gerativa*, da qual se cobrarão as insuficiências taxionômicas, sua falta de interesse pela análise semântica prévia dos conceitos que utiliza, bem como o seu pouco rigor em matéria de metalinguagem: essa carência é igualmente observada tanto na semântica gerativa quanto na lógica filosófica. Além disso, se as críticas gerativistas endereçadas à análise distribucional são pertinentes, cometem, entretanto, um erro ao considerá-la como um dos picos das realizações da linguística:

a construção de modelos hipotéticos de caráter explicativo, aos quais competiria substituir os procedimentos taxionômicos, foi amplamente praticada, e com êxito, pela linguística comparativa*.

4. Os procedimentos taxionômicos, tais como foram examinados e criticados por Chomsky, eram de fato aplicados, no quadro da análise distribucional, preponderantemente, ao eixo sintagmático* da linguagem: a classificação hierárquica repousava na distribuição*, vale dizer, na ordem posicional das unidades linguísticas. Ora, a taxionomia é, antes de tudo, um princípio de organização paradigmática*, negligenciada pelos distribucionalistas. Isso explica por que a análise sêmica* – ou, na terminologia norte-americana, a análise componencial* – ou os estudos das etnotaxionomias que receberam um impulso seguro em antropologia cultural desenvolveram-se sem qualquer contato com a gramática gerativa e transformacional. Existe aí todo um conjunto de domínios – juntamente com os procedimentos neles utilizados – que constitui o campo das **investigações taxionômicas** propriamente dito.

5. Em etnolinguística, alguns antropologos norte-americanos (H. C. Conklin) empregam o termo taxionomia em sentido restrito para designar uma hierarquia* paradigmática, cujos nódulos* são constituídos por lexemas* efetivamente realizados na língua natural submetida à descrição, sendo que as únicas relações levadas em conta são as oposições* puramente discriminatórias* entre lexemas de mesmo nível e as inclusões que se observam entre lexemas de níveis diferentes. Tal taxionomia é, portanto, uma classificação que visa à descrição de um *corpus** de lexemas e que não aceita utilizar como etiquetas* da árvore* (que serve para representá-la) senão lexemas desse *corpus:* trata-se, no caso, de uma **taxionomia lexical.**

6. Diferentemente das taxionomias lexicais, as **taxionomias sêmicas** são hierarquias elaboradas não mais se levando em conta a categorização* lexemática do mundo, mas uma rede de oposições sêmicas* (ou de traços distintivos*) subjacentes à manifestação linguística. Uma taxionomia sêmica apresenta-se como uma combinatória* da qual apenas algumas expressões* (ou alguns nódulos, na representação em árvore) são manifestadas no nível dos signos linguísticos: o que proporciona a vantagem – sem dúvida preciosa – de poder servir de modelo* para um estudo comparativo de várias etnotaxionomias.

→ **Classificação, Etnossemiótica, Sema, Sêmica (análise ~).**

Teatral (semiótica ~) adj.

fr. Théâtrale (sémiotique ~); ingl. Semiotics of the theater

1. Em sentido restritivo – o que é adotado presentemente pela "semiologia do teatro" –, o discurso teatral é, em primeiro lugar, o texto*, espécie de partitura oferecida a execuções variadas; é igualmente um discurso a diversas vozes, uma sucessão de diálogos*, erigida em gênero literário. Nessa perspectiva, a **semiótica teatral** faz parte da semiótica literária* da qual partilha as preocupações. A organização narrativa subjacente à forma dialogada obedece aos mesmos princípios; somente a estrutura discursiva de superfície constituiria a especificidade do texto teatral.

2. No lado oposto, há uma outra concepção, igualmente exclusiva, da teatralidade, conforme a qual é da alçada da semiótica teatral tudo aquilo que se passa em cena no momento do espetáculo, vale dizer, todas as linguagens de manifestação que concorrem para a produção do sentido, com exceção do próprio texto verbal; essa abordagem parece mais promissora; entretanto, não se alcança bem a razão que justificaria a colocação de lado de uma das linguagens de manifestação, a língua natural.

3. A dificuldade que está sendo levantada é ao mesmo tempo teórica e prática: trata-se de conciliar a presença de significantes* múltiplos com a presença de um significado* único. Por outras palavras, seria o caso, por exemplo, de analisar separadamente cada uma das linguagens de manifestação: gestualidade oral (entonação), gestualidade visual (mímicas, atitudes, gesticulações), proxêmica (*mise en scène* dos atores, dos objetos, dos cenários), programação cromática (jogos de luzes, por exemplo) e, finalmente, o discurso verbal a diversas vozes – e proceder, a seguir, à reunião dos resultados obtidos pelas análises parciais, ou, ao contrário, seria o caso de efetuar uma segmentação* simultânea do discurso teatral complexo? Possui cada linguagem de manifestação um significado autônomo ou cada linguagem não faz senão concorrer, mediante contribuição parcial, para a articulação de uma significação comum e global? O exemplo da semiótica cinematográfica, que hipostasia a manifestação visual em detrimento das linguagens que se articulam paralelamente, mostra o que se arrisca com essas escolhas prévias. A hipótese seguida por algumas pesquisas atuais é a da possibilidade de uma construção do objeto teatral que, situada no nível das estruturas* semióticas subjacentes, seria capaz de dar conta de e/ou gerar o espetáculo manifestado por todas as linguagens.

4. O termo espetáculo que estamos empregando para designar o discurso teatral cobre, entretanto, um campo semiótico muito mais vasto: ao lado do

teatro propriamente dito, abrange igualmente a ópera e o balé, o circo, as corridas, as competições esportivas, os "espetáculos" de rua, etc. Assim entendida, a definição de espetáculo compreende, do ponto de vista interno, características tais como presença de um espaço* tridimensional fechado, distribuição proxêmica, etc., ao passo que, do ponto de vista externo, ela implica a presença de um actante observador* (com o que se excluem dessa definição as cerimônias, os rituais míticos, por exemplo, em que a presença de espectadores não é necessária). Vê-se que, na reorganização atual que a semiótica geral, libertando-se progressivamente de convenções e hábitos antigos, está empreendendo de seu campo conceitual, já se acha completamente indicado o lugar a ser ocupado por uma **semiótica espetacular**.

→ Proxêmica, Gestualidade, Comunicação.

TEMA s. m.

FR. THÈME; INGL. THEME

1. Em semântica* discursiva, pode-se definir **tema** como a disseminação, ao longo dos programas e percursos narrativos, dos valores já atualizados (vale dizer, em junção* com os sujeitos*) pela semântica narrativa.

2. Do ponto de vista da análise, o tema pode ser reconhecido sob a forma de um **percurso temático**, que é uma distribuição sintagmática de investimentos temáticos parciais que se referem aos diferentes actantes e circunstantes desse percurso (cujas dimensões correspondem às dos programas narrativos): a tematização operada pode concentrar-se seja nos sujeitos, seja nos objetos, seja nas funções, ou repartir-se mais ou menos igualmente entre os elementos da estrutura narrativa.

3. Conseguindo-se reunir o semantismo* disseminado ao longo do percurso temático e condensando-o, com o auxílio de uma denominação adequada, como o conjunto das propriedades do sujeito que efetua esse percurso (exemplo: o percurso "pescar" resumido em "pescador"), obtém-se um papel temático* que nada mais é que a tematização do sujeito do fazer, senhor do programa narrativo.

→ Tematização, Temático.

TEMÁTICO adj.

FR. THÉMATIQUE; INGL. THEMATIC

1. No quadro da semântica* discursiva, o **percurso temático** é a manifestação isotópica*, mas disseminada de um tema*, redutível a um papel temático.

2. Entende-se por **papel temático** a representação, sob forma actancial, de um tema* ou de um percurso temático (o percurso "pescar", por exemplo, pode ser condensado ou resumido pelo papel "pescador"). O papel temático é obtido simultaneamente por: *a)* redução de uma configuração* discursiva a um único percurso figurativo* (realizado ou realizável no discurso) e, além disso, a um agente competente que virtualmente o subsume; e *b)* determinação de sua posição* no percurso do ator, posição que permite fixar para o papel temático uma isotopia precisa (entre todas aquelas em que ele pode virtualmente se inscrever). A conjunção de papéis actanciais* com papéis temáticos define o ator*.

3. O conceito de **recategorização temática**, proposto por L. Panier (em suas pesquisas de semiótica bíblica), pode servir para designar as transformações de conteúdo* que sofrem os papéis temáticos (de caráter sociotaxionômico) de um discurso narrativo quando se dá o seu desdobramento. Assim, por exemplo, ao contrário do que acontece no conto proppiano, em que os percursos temáticos dos atores são conformes, até o final, a seus papéis (pelos quais são frequentemente denominados: "pai", "filho", "rei", etc.), os textos evangélicos instauram, como ponto de partida, papéis sociais, religiosos ou familiares, destinados a sofrer, com a progressão narrativa, uma "recategorização" temática que manifesta seu ser verdadeiro às expensas de seu parecer inicial.

→ **Tema, Tematização, Semântica discursiva, Papel, Ator.**

TEMATIZAÇÃO s. f.

FR. THÉMATISATION; INGL. THEMATIZATION

1. Em semântica* discursiva, a **tematização** é um procedimento – ainda pouco explorado – que, tomando valores* (da semântica fundamental) já atualizados (em junção* com os sujeitos*) pela semântica narrativa, os dissemina, de maneira mais ou menos difusa ou concentrada, sob a forma de temas*, pelos programas* e percursos narrativos*, abrindo assim caminho à sua eventual figurativização*. A tematização pode concentrar-se quer nos sujeitos, quer nos objetos, quer nas

funções, ou, pelo contrário, repartir-se igualmente pelos diferentes elementos da estrutura narrativa em questão.

2. Procedimento de conversão* semântica, a tematização permite também formular diferentemente, mas de maneira ainda abstrata*, um mesmo valor. Assim, por exemplo, o valor "liberdade" pode ser tematizado – levando-se em conta os procedimentos de espacialização* e de temporalização* da sintaxe* discursiva – seja como "evasão espacial" (e figurativizada, numa etapa posterior, como embarque para mares distantes), seja como "evasão temporal" (com as figuras* do passado, da infância, etc.).

→ **Tema, Temático, Semântica discursiva.**

TEMPORALIZAÇÃO s. f.

FR. TEMPORALISATION; INGL. TEMPORALIZATION

1. Como a espacialização* e a actorialização*, a **temporalização** é um dos sub-componentes da discursivização (ou sintaxe discursiva) e depende, como aquelas, da mobilização dos mecanismos de debreagem* e de embreagem* (que remetem à instância da enunciação*).

2. A temporalização consiste num conjunto de procedimentos que podem ser agrupados em vários subcomponentes. Distinguir-se-á, em primeiro lugar, a **programação temporal**, cuja característica principal é a conversão* do eixo das pressuposições* (ordem lógica de encadeamento dos programas* narrativos) em eixo de consecuções (ordem temporal e pseudocausal dos acontecimentos). A seguir, a **localização temporal** (ou temporalização em sentido estrito), valendo-se dos procedimentos de debreagem e embreagem temporais, segmenta e organiza as sucessões temporais, estabelecendo assim o quadro em cujo interior se inscrevem as estruturas* narrativas. Enfim, a **aspectualização** transforma as funções narrativas (de tipo lógico) em processos* que o olhar de um actante observador* instalado no discurso-enunciado avalia.

3. A temporalização consiste, como seu nome indica, em produzir o efeito de sentido "temporalidade" e em transformar, assim, uma organização narrativa em "história".

→ **Debreagem, Discursivização, Programação espaçotemporal, Localização espaçotemporal, Aspectualização.**

Teoria s. f.

FR. Théorie; INGL. Theory

1. Entende-se comumente por **teoria** um conjunto coerente de hipóteses suscetíveis de serem submetidas à verificação: hipótese*, coerência* e verificação* são termos-chave para uma definição do conceito de teoria e servem de critério de reconhecimento para distinguir o que é realmente teoria daquilo que se proclama como tal.

2. Uma teoria, segundo se pensa, explica um objeto de conhecimento. Fazemos nossa, aqui, a observação de C. Bernard, que opõe teoria a sistema*: enquanto este está submetido apenas à coerência lógica, a teoria exige ainda que seja submetida à verificação (que corresponde, para C. Bernard, à experimentação). Não padece dúvida de que a noção de verificação pode variar de uma teoria para outra: pode-se substituí-la, por exemplo, pelos procedimentos de falsificação* ou pelas exigências de adequação*; também não há dúvida de que o confronto entre o "formulado" e o "dado" é uma condição *sine qua non* de qualquer teoria.

3. O fato de ser a teoria um conjunto de hipóteses não justifica que estas sejam espalhadas em conceitualizações diferentes. Muito pelo contrário, a teoria procura reuni-las num corpo de hipóteses gerais subindo tão alto (ou descendo tão baixo) quanto possível, mediante pressuposições* sucessivas, de tal modo que seus postulados levem em conta ao mesmo tempo considerações gnoseológicas (da teoria do conhecimento, no sentido filosófico do termo: assim, a teoria semiótica* refere-se à relação fundamental entre o sujeito e o objeto do conhecimento e tenta precisar as condições gerais da apreensão e da produção do sentido) e exigências da epistemologia* científica que a ajuda a formular essas hipóteses últimas numa axiomática* simples (sob forma de estruturas* elementares da significação, por exemplo, no caso da teoria semiótica).

4. É entre esse conjunto de hipóteses não demonstráveis e declaradas demonstradas (ou, o que vem a dar quase no mesmo, o corpo de conceitos fundamentais não definíveis), de um lado, e o lugar de confronto da teoria com o dado (ou de sua adequação no momento da aplicação), de outro, que se situa o vasto canteiro da construção de uma teoria. O primeiro encaminhamento, largamente intuitivo, consiste – partindo-se de um objeto assumido como cognoscível (a linguagem-objeto, em semiótica) – em elaborar, em primeiro lugar, uma linguagem de descrição* e, a seguir, justificá-la com o auxílio de uma linguagem metodológica* para encontrar, finalmente, o nível epistemológico* no qual os conceitos, indefiníveis, e as hipóteses, não demonstráveis, deverão ser organizados em uma axiomática. Tais operações explicitam a teoria

e lhe dão a forma de uma **hierarquia de metalinguagens***. Só então terá início a segunda fase da elaboração da teoria, a da formalização*, ou seja, a transcrição em uma linguagem formal*: a partir da axiomática já formulada, esta efetuará, por dedução, um percurso em sentido inverso, garantindo, assim, a coerência da teoria e testando-lhe a adequação. Este segundo encaminhamento dá à teoria um estatuto **hipotético-dedutivo**.

5. Mesmo parecendo um bom meio para testar a coerência de uma teoria, a formalização só intervém, em princípio, *a posteriori*, quando a teoria já se acha conceitualizada. Impõe-se, pois, distinguir a prova de coerência da construção coerente da própria teoria, construção essa que se realiza mediante os procedimentos de interdefinições de conceitos e mediante a superposição de níveis metalinguísticos que se interrogam, se analisam e se testam uns aos outros. A construção das diferentes lógicas, principalmente, caracteriza-se pelo apriorismo axiomático, o que as torna, com frequência, inadequadas para um emprego em semiótica.

6. O que ressalta de tudo isso é que uma teoria é uma linguagem construída de tipo particular, suscetível de constituir objeto de uma análise semiótica: pode-se pensar, por exemplo, numa tipologia das teorias com base em seu modo de construção. Considerando-se a teoria como uma hierarquia de conceitos e de definições desses conceitos, é possível reconhecer que elas assumem quer a forma de sistemas*, quer a forma de processos* semióticos: no primeiro caso, a teoria terá a aparência taxionômica* (e os conceitos serão interdefinidos mediante especificações e inclusões); no segundo, ela assumirá a forma sintática (ou sintagmática), dependendo da pressuposição* as relações interconceituais. Pode-se empreender, sob certas condições, a passagem de uma formulação para outra: a retomada que a gramática gerativa* fez da análise distribucional é um bom exemplo disso.

7. Apresentamos em (4) a construção de uma teoria como um encaminhamento em dois tempos em que a construção conceitual e metalinguística é pressuposta pela formalização. Na prática – e mais precisamente no domínio da linguística –, as coisas são bem menos claras. numerosos esforços de teorização ficam, na maioria dos casos, no estágio intuitivo* de preconceitualização; outros se detêm na preformalização; outros, enfim, colocando o carro diante dos bois, se lançam à construção de uma teoria formalizada, dando pouca atenção à elaboração e à explicitação dos conceitos. A construção de uma teoria é um trabalho de longo fôlego: a linguística comparativa* investiu uma centena de anos, de Bopp a Saussure, para constituir-se em teoria coerente.

→ Metalinguagem, Formalização, Hipótese.

Temor s. m.

FR. CRAINTE; INGL. FEAR

Oposto a desejo, **temor** não é, do ponto de vista semântico, um não querer, mas um querer* contrário, que só se interpreta no interior de uma estrutura sintática que postule a reciprocidade de sujeitos antogonistas (sujeito/antissujeito).

➔ Desejo.

Tensividade s. f.

FR. TENSIVITÉ; INGL. TENSIVENESS (NEOL.)

Tensividade é a relação que o sema durativo* de um processo* contrai com o sema terminativo*: isso produz o efeito de sentido "tensão", "progressão" (por exemplo: o advérbio "quase" ou a expressão aspectual "a ponto de"). Essa relação aspectual sobredetermina a configuração aspectual e a dinamiza de algum modo. Paradigmaticamente, tensividade opõe-se a distensividade*.

➔ Aspectualização.

Ter verbo

FR. AVOIR; INGL. TO HAVE

O verbo português **ter** serve para atribuir ao sujeito* propriedades "acidentais", propriedades que são interpretadas, no nível da representação* semântica, como valores* objetivos em junção* com o sujeito de estado*.

➔ Objetivo.

Terminal adj.

FR. TERMINAL; INGL. TERMINAL

1. Denominam-se símbolos **terminais** os que denotam, feita a análise sintagmática, as classes* morfológicas (ou "lexicais", como substantivo, verbo, adjetivo, etc.) que dependem do último nível de derivação*.

2. Às vezes são chamados de **terminais** os lexemas* situados no mais baixo nível de uma hierarquia* taxionômica* de ordem paradigmática e, efetivamente, realizados na língua natural que se está estudando.

→ **Símbolo, Termo.**

TERMINATIVIDADE s. f.

FR. TERMINATIVITÉ; INGL. TERMINATIVENESS

A **terminatividade** é um sema aspectual que assinala a conclusão de um processo*; faz parte da configuração aspectual *incoatividade/duratividade/terminatividade*, e seu reconhecimento permite pressupor a existência da configuração inteira. No nível da sintaxe semiótica de superfície*, o sema **terminatividade** pode assinalar a realização* de um fazer*.

→ **Aspectualização.**

TERMINOLOGIA s. f.

FR. TERMINOLOGIE; INGL. TERMINOLOGY

1. Denomina-se **terminologia** um conjunto de termos, mais ou menos definidos, que constituem, em parte, um socioleto. Uma terminologia, cujos termos são interdefinidos e cujas regras de construção são explícitas*, é suscetível de transformar-se em metalinguagem.

2. Em antropologia, emprega-se a expressão **terminologia das estruturas de parentesco** para distinguir a taxionomia* dos termos lexicalizados (= os lexemas*) que servem para designar o conjunto dos papéis que constituem a estrutura de parentesco numa dada comunidade linguística, da taxionomia que pode ser construída a partir da análise dos discursos sociais sustentados a respeito desses papéis (ou dos comportamentos somáticos observados). As duas taxionomias – a dos papéis explicitamente denominados e a dos papéis temáticos* implícitos – não são necessariamente homologáveis entre si, podendo a última haver sofrido uma recategorização histórica.

→ **Termo, Nomenclatura, Metalinguagem, Socioleto, Taxionomia.**

Termo s. m.

FR. Terme; INGL. Term

1. Considerando-se que toda semiótica não é senão uma rede de relações* (ou que uma língua natural, por exemplo, não é feita senão de diferenças), os **termos** só podem ser definidos como pontos de intersecção de diferentes relações. Assim, o exame da estrutura* elementar da significação mostra bem que todo termo do quadrado* semiótico é um ponto de intersecção das relações de contrariedade*, de contradição* e de complementaridade*. Por outro lado, a representação* de uma rede relacional em árvore* revela que os termos que correspondem aos pontos de encontro dos ramos são, ao mesmo tempo, "resultados" das relações e as próprias relações, as quais, consideradas num nível hierarquicamente superior, se apresentam como termos (desempenhando as funções de L. Hjelmslev o papel de funtivos): considerados sozinhos, os **terminais** de uma taxionomia* não passam de termos em sentido estrito.

2. Pontos de intersecção de relações, os termos podem ser lexicalizados (vale dizer, dotados de etiquetas* que os denominam) ou não: uma língua natural, enquanto semiótica, oferece imensas possibilidades de lexicalização, em decorrência de ser ela uma combinatória*. Uma segunda definição de **termo** revela-se, então, possível: termo é a denominação* (a etiqueta) de um ponto de intersecção de relações (ou de um cruzamento no interior de uma rede relacional), denominação que se efetua pelo procedimento da lexicalização*.

3. A lexicalização dos termos será dita "natural" (por exemplo, no caso das etnotaxionomias) ou "artificial": neste caso, os termos-rótulos constituirão ou uma terminologia* de caráter metalinguístico*, ou uma nomenclatura*.

➜ **Relação, Quadrado semiótico, Árvore, Lexicalização.**

Texto s. m.

FR. Texte; INGL. Text

1. Considerado enunciado*, texto opõe-se a discurso*, conforme a substância* de expressão* – gráfica ou fônica – utilizada para a manifestação do processo linguístico. Segundo alguns linguistas (R. Jakobson), a expressão oral e, por conseguinte, o discurso, é anterior à escrita*: esta seria apenas um derivado, uma tradução da manifestação oral. Para outros (L. Hjelmslev), pelo contrário, o ponto de vista genético não é pertinente, já que uma forma semiótica pode ser manifestada por diferentes substâncias.

2. Com frequência, o termo texto é tomado como sinônimo de discurso, o que acontece, sobretudo, em decorrência da interpenetração terminológica com aquelas línguas naturais que não dispõem de equivalente para o termo francês. Nesse caso, semiótica textual não se diferencia, em princípio, de semiótica discursiva. Os dois termos – texto e discurso – podem ser empregados indiferentemente para designar o eixo* sintagmático das semióticas não linguísticas*: um ritual, um balé podem ser considerados textos ou discursos.

3. L. Hjelmslev utiliza o termo texto para designar a totalidade de uma cadeia linguística, ilimitada em decorrência da produtividade do sistema. É o reconhecimento e a escolha das unidades* de dimensões máximas, recorrentes no texto, que permitem empreender a análise* e determinam, por exemplo, o tipo de linguística (ou de gramática) que poderá ser construído: se a unidade recorrente que se adota é a frase*, a linguística elaborada para explicá-la será dita frasal; a escolha do discurso* como unidade máxima recorrente do texto ensejará a construção de uma linguística discursiva.

4. Por vezes, emprega-se o termo texto em sentido restrito: isso se dá quando a natureza do objeto escolhido (a obra de um escritor, um conjunto de documentos conhecidos ou de depoimentos recolhidos) marca-lhe os limites; nesse sentido, texto se torna sinônimo de *corpus**.

5. Nos sentidos (3) e (4), texto designa uma grandeza* considerada anteriormente à sua análise*. Ora, é sabido que a análise pressupõe sempre a escolha de um nível de pertinência* e não procura reconhecer senão determinado tipo de relações*, excluídas outras que são igualmente possíveis de serem determinadas (substância* ou forma*, sintaxe* ou semântica*, etc.). Daí resulta uma nova definição segundo a qual o texto se constitui apenas de elementos semióticos conformes ao projeto teórico da descrição*. É nessa acepção que se falará, por exemplo, de texto enuncivo (que se obtém uma vez eliminadas* as marcas* da enunciação*). É igualmente nesse sentido que é possível interpretar "o texto como produtividade" (J. Kristeva), conceito que subsume o conjunto das operações da produção* e das transformações do texto, e que procura levar em conta, ao mesmo tempo, propriedades semióticas da enunciação e do enunciado.

6. Sempre que o percurso gerativo* é interrompido, ele dá lugar à textualização* (linearização* e junção com o plano da expressão*): o texto obtido mediante esse procedimento equivale à representação* semântica do discurso e pode – na perspectiva da gramática gerativa* – servir de nível profundo* às estruturas linguísticas que geram, por sua vez, estruturas linguísticas de superfície*.

→ **Discurso, Unidade (textual), Textualização.**

TEXTUALIZAÇÃO s. f.

FR. TEXTUALISATION; INGL. TEXTUALIZATION

1. **Textualização** é o conjunto dos procedimentos – chamados a se organizarem numa sintaxe* textual – que visam à constituição de um contínuo discursivo, anteriormente à manifestação do discurso nesta ou naquela semiótica (e, mais precisamente, nesta ou naquela língua natural). O texto* assim obtido, uma vez manifestado como tal, assumirá a forma de uma representação* semântica do discurso.

2. Enquanto representação semântica, esse texto é indiferente aos modos de manifestação* semiótica que lhe são logicamente anteriores. Assim, por exemplo, o texto de uma história em quadrinhos assumirá a forma ou de "legendas" ou de "vinhetas". De igual forma, o texto de um *corpus* etnoliterário será homogêneo apesar do caráter plurilíngue de sua manifestação, evidentemente na medida em que recobre uma área cultural reconhecida. Por seu lado, o texto teatral subsume o conjunto das linguagens de manifestação (entonação, gestualidade, proxêmica, jogos de luzes, etc.) às quais recorre.

3. O texto define-se, assim, em relação à manifestação a que precede e unicamente em relação a ela; ele não é o ponto de chegada do percurso gerativo* total, considerado como passagem do simples ao complexo, do abstrato* ao figurativo*. A textualização constitui, pelo contrário, uma parada desse percurso num momento qualquer do processo e um desvio em direção à manifestação. Assim, quando se quer dar uma representação deste ou daquele nível do percurso gerativo (da gramática profunda, da gramática de superfície, da instância figurativa, etc.), procede-se, necessariamente, à textualização desse nível (vale dizer, dos dados fornecidos pela análise desse patamar).

4. No momento em que se efetua, a textualização reencontra certo número de coerções ao mesmo tempo em que se beneficia das vantagens que lhe são conferidas pelas propriedades características do próprio texto. A principal coerção parece ser a linearidade* do discurso, mas esta é, de algum modo, compensada pela sua elasticidade*. A linearidade do texto é determinada pela natureza do significante* que ele terá de encontrar no momento da manifestação: ela será temporal (para as línguas orais, por exemplo) ou espacial (escrita, pintura, etc.). A elasticidade do texto, por seu lado, define-se pela aptidão que tem o discurso de achatar as hierarquias semióticas, isto é, de dispor sucessivamente segmentos pertencentes a níveis bastante diferentes de uma dada semiótica (por exemplo, um debate pode inscrever-se no discurso sob a forma do lexema "discussão", mas também sob a forma de uma frase complexa ou de uma sequência dialogada). Em tal caso, quer

se trate de tirar o melhor partido da linearidade, quer se trate de explorar as possibilidades oferecidas pela elasticidade do discurso, tem-se textualização no sentido estrito do termo.

5. Deve-se distinguir a linearização do texto de sua temporalização*. É sabido, por exemplo, que o cálculo algébrico, que não é de natureza temporal, exige ser linearizado com vistas à sua representação manifestada. Mas não é preciso ir tão longe: pode-se distinguir uma **programação textual** propriamente dita (é assim que dois programas* narrativos serão necessariamente dispostos em sucessão linear) da programação* temporal (disposição dos diversos programas em ordem cronológica): esses dois tipos de programação deixam, entretanto, uma margem estratégica à organização dos discursos e dependem da competência* discursiva do enunciador*. O mesmo se dá, aliás, com a exploração da elasticidade do discurso, a qual remete ao mesmo tipo de competência. Essas duas formas de intervenção do enunciador constituem, pois, os procedimentos de textualização (no sentido amplo do termo), procedimentos aos quais se pode ligar, por exemplo, a anaforização*, e que, sob certo aspecto, parecem mais ou menos coextensivos às preocupações da antiga retórica*.

➜ Gerativo (percurso ~), Linearidade, Elasticidade do discurso.

Tímica (categoria ~) adj.
FR. Thymique (catégorie ~); INGL. Thymic category

1. Categoria* classemática*, cuja denominação é motivada pelo sentido da palavra *timia* (cf. grego *thymós,* "disposição afetiva fundamental"), a **categoria tímica** serve para articular o semantismo* diretamente ligado à percepção que o homem tem de seu próprio corpo. Ela entra, como termo complexo* (ou neutro*?), na articulação da categoria que lhe é hierarquicamente superior, a da *exteroceptividade/interoceptividade*, empregada para classificar o conjunto das categorias sêmicas de um universo* semântico.

2. A categoria tímica articula-se, por sua vez, em *euforia/disforia* (tendo *aforia* como termo neutro) e desempenha um papel fundamental na transformação dos microuniversos* em axiologias: conotando como eufórica uma dêixis* do quadrado* semiótico e como disfórica a dêixis oposta, ela provoca a valorização positiva e/ou negativa de cada um dos termos da estrutura* elementar da significação.

➜ Proprioceptividade, Exteroceptividade, Axiologia.

Tipologia s. f.

FR. Typologie; INGL. Typology

1. Entende-se por **tipologia** um conjunto de procedimentos que permite reconhecer e estabelecer correlações* entre dois ou vários objetos semióticos ou reconhecer e estabelecer o resultado delas (o qual assumirá então a forma de um sistema correlacional constuído). Esse conceito pode ser aproximado do de classificação*, ressalvada, porém, uma diferença: enquanto a classificação visa à construção de uma hierarquia*, a tipologia procura confrontar as hierarquias entre si.

2. As tipologias podem ser **parciais** – quando repousam na escolha de um pequeno número de critérios de comparação (correlações entre tipos de unidades situadas num dado nível de análise) – ou **gerais** – quando dois ou mais objetos semióticos são correlacionados entre si, em seguimento a análises homogêneas, levando-se em conta todas as unidades, todos os níveis ou planos semióticos. Neste último caso, o **modelo tipológico**, ao subsumir todos os objetos correlacionados, fornece, ao mesmo tempo, a definição de cada um deles e permite considerar um como a transformação do outro, e vice-versa.

3. A linguística preocupou-se, desde o século XIX, em elaborar uma tipologia das línguas naturais. Diversas tentativas foram feitas, baseadas em critérios de comparabilidade diferentes. O mais conhecido é a tipologia baseada na diversidade das formulações da unidade morfossintática chamada "palavra": as línguas em que a unidade "palavra*" se identifica apenas com o radical são chamadas de isolantes; aquelas em que a "palavra" é constituída mediante justaposição de um radical a um ou vários afixos são qualificadas de aglutinantes; então, aquelas em que a "palavra" só pode ser definida como a combinação do radical com flexões são chamadas flexionantes. A crítica dessa tipologia já foi feita: a definição de palavra, sobre a qual se apoia, é imprecisa e incoerente: assim, diferentes tipos de "palavras" podem encontrar-se na mesma língua natural. Entretanto, essa tipologia é cômoda e tem sido de uso corrente até hoje.

4. Tais tipologias podem ser chamadas de **estruturais** na medida em que repousam apenas sobre critérios intrínsecos e formais e não levam em conta o caráter fechado dos inventários das unidades comparadas: distinguem-se, portanto, das tipologias **genéticas** que, elaboradas pela linguística comparativa*, contêm restrições particulares.

5. Em semiótica, o problema do estabelecimento de tipologias coloca-se em particular no nível das culturas*, tal como pode ser assumido pela sociossemiótica*; coloca-se igualmente no nível dos discursos* e dos gêneros*, em que as classificações

atualmente em uso repousam sobre o reconhecimento das conotações* sociais, e não sobre critérios internos, de ordem estritamente semiótica.

➜ Classificação, Sociossemiótica, Discurso.

Tópico (espaço ~) adj.

FR. Topique (espace ~); INGL. Topic space

Tendo-se em conta que um dado programa* narrativo se define como uma transformação* situada entre dois estados* narrativos estáveis, pode-se considerar como espaço **tópico** o lugar onde se manifesta sintaticamente essa transformação e como espaço heterotópico os lugares que o englobam, precedendo-o ou seguindo-o. Uma subarticulação do espaço tópico distinguirá eventualmente espaço utópico (lugar em que se efetuam as *performances**) e espaço paratópico (lugar reservado à aquisição das competências*): ao "aqui" (espaço tópico) e "lá" (espaço paratópico) opõe-se o "alhures" (espaço heterotópico).

➜ Localização espaçotemporal.

Topônimo s. m.

FR. Toponyme; INGL. Toponym

Os **topônimos**, na qualidade de designações dos espaços por meio de nomes próprios, fazem parte da onomástica, subcomponente da figurativização. Juntamente com os antropônimos* e os cronônimos*, permite uma ancoragem histórica que visa a constituir o simulacro de um referente externo e a produzir o efeito de sentido "realidade".

➜ Onomástica, Figurativização, Referente.

Totalidade s. f.

FR. Totalité; INGL. Totality

1. Em filosofia, **totalidade** é considerado um dos conceitos fundamentais do pensamento: é assim que Kant a classifica, sob a rubrica da quantidade, entre as doze categorias do entendimento.

2. Em semiótica, totalidade pode ser visto como um conceito não definível, pertencente ao inventário epistemológico* dos universais*. Serve, por exemplo, para definir o universo* como a totalidade daquilo que existe; serve para definir também, numa primeira aproximação, o sistema como um todo de significação, e assim por diante.

3. Considerada como integrante da articutação semântica geral da quantidade*, a totalidade pode ser tratada seja como uma categoria* que se articula, segundo V. Brøndal, nos dois termos contrários que são o integral (*totus*) e o universal (*omnis*), seja como subarticulação do primeiro desses termos, que pode ser formulado como o termo complexo* que permite apreender a totalidade sob dois aspectos ao mesmo tempo: como grandeza discreta, distinta de tudo aquilo que ela não é (*unus*) e como grandeza inteira, apreendida em sua indivisibilidade (*totus*). Entretanto, é preciso reconhecer que a reflexão semântica sobre os universais quantitativos necessita ainda ser aprofundada.

Tradução s. f.

fr. Traduction; ingl. Translation

1. Entende-se por **tradução** a atividade cognitiva que opera a passagem de um enunciado* dado em outro enunciado considerado como equivalente.

2. A traduzibilidade surge como uma das propriedades fundamentais dos sistemas semióticos e como o próprio fundamento da abordagem semântica: entre o juízo existencial "há sentido" e a possibilidade de dizer alguma coisa a seu respeito intercalase, com efeito, a tradução; "falar do sentido" é ao mesmo tempo traduzir e produzir significação*.

3. Em geral se reconhece às línguas* naturais um estatuto privilegiado em relação às demais semióticas, pelo fato de somente elas serem suscetíveis de servir como línguas de chegada, no processamento da tradução, a todas as outras semióticas, ao passo que o contrário só raramente é possível. Assim, dir-se-á que as línguas naturais são macrossemióticas*, nas quais se traduzem essas outras macrossemióticas que são os mundos* naturais, bem como, aliás, as semióticas construídas a partir dos mundos naturais (como a pintura, a música, etc.). Por outro lado, as línguas naturais, além de se traduzirem entre si, fornecem igualmente o material necessário às construções metalinguísticas* que permitem falar delas mesmas (cf. paráfrase*).

4. Mesmo sendo válidas quanto a seu princípio, tais considerações levaram, entretanto, a hipostasiar as línguas naturais e a afirmar, por vezes, de maneira mais

ou menos explícita, que, se eram as línguas naturais que forneciam os significados, estes eram, de fato, significados de outras semióticas, as quais não eram senão puros significantes (o mundo, a pintura, por exemplo, só significariam enquanto verbalizáveis). O reconhecimento do estatuto privilegiado das línguas naturais não autoriza sua reificação como lugares do "sentido construído": a significação é, primeiramente, uma atividade (ou uma operação de tradução) antes de ser seu resultado.

5. É na qualidade de atividade semiótica que a tradução pode ser decomposta em um fazer interpretativo* do texto *a quo*, de um lado, e em um fazer produtor do texto *ad quem,* de outro. A distinção dessas duas fases permite assim compreender como a interpretação do texto *a quo* (ou a análise implícita ou explícita desse texto) pode desembocar seja na construção de uma metalinguagem* que procura explicá-lo, seja na produção (no sentido forte do termo) do texto *ad quem,* mais ou menos equivalente – uma decorrência da não adequação dos dois universos figurativos* – ao primeiro.

Transcendência s. f.

FR. Transcendance; INGL. Transcendance

Do ponto de vista do Destinatário (-sujeito), o estado de **transcendência** corresponde à sua participação do próprio ser do Destinador. Com efeito, no quadro das narrativas populares assume-se que o Destinador se acha estabelecido num **universo transcendente** (onde se supõe que as doações nunca diminuam, já que se postula como inesgotável a quantidade dos bens), por oposição ao Destinatário-sujeito que pertence ao universo imanente. Pela mesma razão, dada a assimetria da relação destinador/destinatário, a transmissão, entre eles, de objetos*-valor não mais obedece ao princípio dos sistemas fechados de valores (em que aquilo que é adquirido por um o é às custas de outro), mas ao princípio da comunicação* participativa.

→ **Imanência.**

Transcodificação s. f.

FR. Transcodage; INGL. Transcoding

Pode-se definir **transcodificação** como a operação (ou o conjunto de operações) pela qual um elemento ou um cojunto* significante é transposto de um código para outro, de uma linguagem* para outra. Se a transcodificação obedecer a certas regras de construção determinadas, conforme um modelo científico, poderá equivaler, então, a uma metalinguagem.

→ Tradução, Metalinguagem.

TRANSFERÊNCIA s. f.

FR. TRANSFERT; INGL. TRANSFER

Situadas no nível figurativo*, as **transferências de objetos** correspondem, no plano da sintaxe narrativa de superfície, às operações de conjunção* e disjunção*; dado que exigem a intervenção de sujeitos do fazer* e que ensejam, com isso, aquisições* e, correlativamente, privações (pois, num sistema fechado de valores, o que é dado a um o é às expensas do outro, o que é tomado a um o é em benefício do outro), as transferências de objetos podem ser interpretadas como uma sintaxe da comunicação entre sujeitos.

→ Comunicação.

TRANSFORMAÇÃO s. f.

FR. TRANSFORMATION; INGL. TRANSFORMATION

1. De maneira muito geral, pode-se entender por **transformação** a correlação* (ou o seu estabelecimento) entre dois ou vários objetos semióticos: frases, segmentos textuais, discursos, sistemas semióticos, etc. Quanto às suas origens, o termo transformação remete, na tradição europeia, ao comparatismo* linguístico, ao passo que, no contexto norte-americano, refere-se aos procedimentos elaborados nas matemáticas: daí as confusões e mal-entendidos frequentes, sobretudo em semiótica.

2. Do ponto de vista do domínio sobre o qual elas se exercem, distinguir-se-ão, independentemente de sua natureza intrínseca, **transformações intertextuais** (as que se estabelecem entre dois ou vários objetos semióticos autônomos*, de ordem paradigmática ou sintagmática) e **transformações intratextuais**. Estas podem ser de duas espécies: *a)* transformações situadas no nível das estruturas* semióticas profundas, e *b)* as que se estabelecem ou se reconhecem entre os níveis profundos* e os de superfície* de um objeto semiótico. Por medida de simplificação e seguindo o exemplo de T. Pavel, chamaremos as transformações intertextuais de

L-transformações (formuladas e praticadas por Lévi-Strauss e seus discípulos); as transformações intratextuais horizontais de **G-transformações** (que nos compete definir: cf. 5) e as transformações intratextuais verticais de **C-transformações** (chomskyanas e pós-chomskyanas).

3. Entre as transformações intertextuais, a primeira coisa a fazer é colocar de lado as transformações proppianas. Após haver descrito a "morfologia" do conto maravilhoso russo, V. Propp procurou recolocar seu modelo narrativo na dimensão histórica, buscando reconhecer as transformações que ele pode sofrer ao longo de sua evolução. Além do caráter bastante discutível dos parâmetros de evolução histórica que ele propõe para fazê-lo (o maravilhoso é anterior ao racional; o heroico, ao humorístico; o coerente, ao incoerente) e que fazem dela **transformações orientadas***, as transformações descritas por Propp são locais (elas não afetam senão uma classe de equivalências correspondentes a um subsegmento de sua "função"), isoladas (a transformação que se produz num lugar do texto não afeta outras posições sintagmáticas) e superficiais (situam-se no nível das variantes de superfície). Um exemplo (a casa do doador, representada, na superfície, por uma choupana na floresta que se sustenta sobre patas de galinha e que gira, "transforma-se" em choupana que não gira, continuando o resto igual) é suficiente para nos darmos conta da imprecisão e da ineficácia de tais "transformações": mesmo numa perspectiva atomista, não poderiam ser aproximadas das mudanças históricas descritas, no século XIX, sob a forma de "leis fonéticas".

4. Já o conceito de transformação, progressivamente elaborado e aplicado por C. Lévi-Strauss, possui um valor heurístico* certo. Cobrindo fenômenos linguísticos muito complexos e diversos, tal conceito não pretende, segundo confessa o próprio autor, uma formulação precisa e homogênea. Sendo assim, só poderemos dar as suas principais características. A transformação lévi-straussiana inscreve-se no quadro do comparatismo* linguístico, donde tira as últimas consequências:

a) Assim, o mito, por exemplo, não se define, segundo ele, nem como uma forma ideal, nem como um protótipo histórica ou logicamente anterior a todas as variantes, mas como uma **estrutura de transformações** (ou de correlações formais) que todas as variantes conhecidas ou desconhecidas, realizadas ou não realizadas desse mito mantêm entre si: a interpretação freudiana do mito de Édipo não é senão uma das variantes desse mito, em relação de transformações com as outras variantes.

b) Assim definidos, os mitos mantêm relações de transformação – num nível superior – com outros mitos (os mitos da origem do fogo "transformam-se" em mitos da origem da água; os mitos do fogo de cozinha, em mitos da origem da carne consumível, etc.) para constituir finalmente "sistemas míticos" fechados e circulares (a leitura contínua das transformações míticas reconduz o leitor ao ponto de partida).

c) As transformações não são nem locais, nem isoladas como em Propp, mas concomitantes: a que afeta um segmento do texto (pertencente a uma classe paradigmática de equivalências*) acarreta, em condições que estão ainda por precisar, a transformação concomitante de um outro segmento textual (pertencente a outra classe de equivalências); a concomitância registrada permite, conforme se vê, encarar a possibilidade de uma definição formal do sintagma* narrativo.

5. As transformações que reconhecemos, de nossa parte, no quadro da semiótica narrativa são intratextuais e sintagmáticas: elas completam, sem contradizer, as transformações lévi-straussianas que são intertextuais, mas paradigmáticas. Situadas no nível das estruturas* semióticas profundas, são consideradas como operações* lógicas. No plano lógico-semântico, definem-se como a passagem de um termo a outro do quadrado* semiótico, tal como esta se efetua graças às operações de negação* e de asserção*; no plano narrativo, mais superficial, correspondem a operações de conjunção* e de disjunção* entre sujeitos de estado* e objetos*-valor: trata-se, no caso, de transformações elementares. Se se concebe o discurso narrativo – e talvez o discurso em geral – como "algo que acontece", vale dizer, como um percurso que leva de um estado inicial a um estado final, um **algoritmo* de transformação** deve poder dar conta desse percurso: o discurso surgirá, então, como uma sequência de transformações. Para evitar toda e qualquer ambiguidade, mesmo reservando o termo transformação para essas operações lógicas **horizontais**, designamos pelo nome conversões* (que se aproximam, sem se identificarem, das transformações de tipo chomskyano) as reformulações **verticais** das estruturas, que ensejam a passagem de um nível de profundidade semiótica a outro.

6. Pode-se tentar situar as transformações da gramática gerativa* no quadro tipológico assim constituído: abstraindo-se de seu caráter mais ou menos formal* e considerando-as apenas do ponto de vista da teoria* conceitual, pode-se dizer delas que são intratextuais, verticais, orientadas. (indo das estruturas profundas* às estruturas de superfície*) e paradigmáticas (com efeito, elas se situam no interior dessa classe paradigmática que é a frase). Enquanto conversão de estruturas profundas em estruturas de superfície (ou passagem de um indicador* sintagmático a outro indicador derivado), as transformações apresentam-se aqui sob a forma de regras* de reescrita que só intervêm após as regras sintagmáticas e que se efetuam

sobre sequências produzidas por estas (na medida, evidentemente, em que, de acordo com sua análise estrutural, elas admitam transformações). Distinguem-se tradicionalmente transformações **facultativas** e **obrigatórias,** bem como transformações **singulares** e **binárias** (generalizadas, no caso de imbricamento* e de coordenação), segundo digam respeito a uma ou a duas sequências engendradas pela base*. As transformações chomskyanas têm um estatuto difícil de precisar, e isso por várias razões:

a) são regras "suplementares" em relação às regras sintagmáticas;

b) são muitas vezes de natureza heterogênea (uma regra em si mesma sintagmática pode tornar-se "transformacional" em decorrência de sua posição na gramática);

c) a própria ordem das regras (ou sua formulação em algoritmo) é, às vezes, problemática, como destaca J. Lyons, sendo-se coagido a revirar as estruturas profundas para preservar o sistema transformacional.

➜ **Sintaxe fundamental, Asserção, Negação, Fazer.**

Transfrasal **adj.**

FR. Transphrastique; INGL. Transphrastic

Um enunciado* é dito **transfrasal** quando ultrapassa os limites de uma frase*.

Transitividade s. f.

FR. Transitivité; INGL. Transitivity

1. Na gramática tradicional, um verbo é chamado de transitivo sempre que, na qualidade de predicado, é suscetível de ter um objeto, por outras palavras, sempre que o verbo é apenas o lugar de transição do sujeito ao objeto. Seja lá qual foi a dificuldade que se tenha em interpretar e denominar esse conceito de "processo" – ele pode ser utilmente comparado à orientação* em lógica e à intencionalidade* em filosofia –, deve-se necessariamente postular, anteriormente a qualquer construção de sintaxe actancial, a existência de uma relação "dinâmica" que comporte uma quantidade estritamente mínima de investimento semântico, constitutiva de todo enunciado*. É colocando-se, em primeiro lugar, a **relação de transitividade** que se pode, a seguir, proceder à distinção entre predicados de transformação* e predi-

cados de junção*, bem como à colocação de duas formas canônicas de enunciados elementares: enunciados de fazer* e enunciados de estado*.

2. No plano discursivo* que vê surgirem as estruturas actoriais, o termo **transitivo**, contrariamente a reflexivo*, serve para distinguir a autonomia actancial dos atores* de seus sincretismos* actanciais. Assim, na frase "Pedro desloca uma pedra", têm-se dois actantes*, sujeito e objeto, investidos em dois atores distintos: nesse caso a relação entre os actantes é chamada de transitiva. Em compensação, no enunciado "O deslocamento de Pedro", os dois actantes, sujeito e objeto, acham-se em sincretismo no interior de um único ator (Pedro desloca-se a si próprio): aqui a relação será qualificada como reflexiva. O mesmo acontece com a relação de saber*, que será dita transitiva ou reflexiva conforme os sujeitos entre os quais se estabelece a comunicação sejam ou não atores distintos (distinguir-se-á, assim, o saber sobre os outros do saber sobre si mesmo).

→ Orientação, Intenção.

TRIPLICAÇÃO s. f.

FR. TRIPLICATION; INGL. TRIPLICATION

A **triplicação**, no interior do esquema narrativo* de um mesmo programa* narrativo, é um procedimento frequente em etnoliteratura. O programa assim triplicado é frequentemente submetido a variações* figurativas*, mas comporta, em princípio, uma graduação de dificuldades que permite interpretá-la como uma expressão enfática da globalidade. A triplicação intervém normalmente no momento da aquisição* da competência* pelo sujeito*: não sendo senão um procedimento mecânico, não deve ser confundida com a sucessão dos três programas narrativos que visam à obtenção de modalidades* distintas (as do *querer-fazer*, do *saber-fazer* e do *poder-fazer*).

→ Duplicação.

TROCA s. f.

FR. ÉCHANGE; INGL. EXCHANGE

1. A **troca** é um fazer "performador" que, situado no interior de uma estrutura binária de sujeitos* (numa relação de doação recíproca), constitui uma das formas da comunicação* ou da transferência* de objetos*-valor.

2. Enquanto operação recíproca que implica os fazeres de S_1 e de S_2, a troca é uma *performance* dupla, subsequente à conclusão, explícita ou implícita, de um contrato*: recorre, portanto, à dupla destinador/destinatário*. Desse ponto de vista, o esquema narrativo* canônico é dominado pela estrutura de troca: o fazer de S_1 - Destinatário constitui o componente *performance**, o fazer de S_2 - Destinador, o componente retribuição* ou sanção* (positiva: recompensa*, ou negativa: punição*).

3. Essa operação recíproca pressupõe a instauração de actantes competentes, cada um dos quais representa uma posição modal* no momento desse pivô* narrativo que é a troca.

4. Dessa forma, as sequências ordenadas de trocas podem constituir sistemas de coerções e injunções, tais como os descreveram M. Mauss e C. Lévi-Strauss, entre outros (troca restrita/troca generalizada).

→ **Comunicação, Contrato, Narrativo (esquema ~).**

TROPO s. m.
FR. TROPE; INGL. TROPE

Em retórica*, entendem-se tradicionalmente por **tropos** as figuras que se situam no nível lexemático, tais como a metáfora ou a metonímia*: a essas "figuras de palavras" opõem-se, entre outras, as "figuras de pensamento" (litote, antífrase*, etc.), as "figuras de dicção" (diérese, sinérese) ou as "figuras de construção" (parataxe, elipse, etc.).

→ **Figura, Metáfora.**

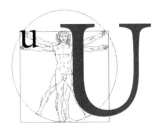

Unidade s. f.
FR. Unité; INGL. Unit

1. Entende-se por **unidade** semiótica (ou linguística) uma classe* de grandezas* situada no eixo* sintagmático* da linguagem, construída com o auxílio dos procedimentos de segmentação* e característica de cada plano, nível ou grau de derivação dessa linguagem. As grandezas, reconhecidas intuitivamente como ocorrências* pertencentes a um mesmo texto, devem ser identificadas umas com as outras pelo teste de substituição para serem declaradas como variantes* de uma única e mesma classe. As unidades – enquanto classes – são unidades semióticas construídas* e não pertencem mais à semiótica-objeto (como é o caso das ocorrências), mas à metalinguagem descritiva. Enquanto as ocorrências de um texto são, teoricamente, em número infinito, as unidades-classes são em número finito e podem ser utilizadas como elementos* para novas operações metalinguísticas: O procedimento muito complexo que acabamos de evocar sumariamente, pode parecer ocioso àqueles pesquisadores em ciências sociais, cujas disciplinas não se colocam a questão da metalinguagem* científica, ou àqueles linguistas práticos que vivem confortavelmente com as aquisições metodológicas das gerações que os precederam. Com efeito, se existem hoje várias teorias gramaticais e se o debate que prossegue é possível, isso se dá porque, mesmo repousando umas e outras, em parte, sobre opções que privilegiam este ou aquele tipo de unidades, todas reconhecem como pertinente a questão da construção das unidades.

2. As unidades são próprias a cada um dos planos da linguagem: assim, os morfemas*, por exemplo, são unidades do plano dos signos*, os fonemas, do plano da expressão*, os semas, do plano do conteúdo. Os signos ou "unidades significantes" podem ser, então, diferenciados dos fonemas e dos semas que, como articulações de um mesmo plano da linguagem, têm de ser considerados como "unidades não significantes" (ou figuras*, na terminologia de Hjelmslev). Além disso, as unidades de cada plano possuem organização hierárquica* e dimensões desiguais: o morfema, signo mínimo, faz parte de signos mais amplos como a frase

ou o discurso; o fonema entra na composição das sílabas, e assim por diante. A dependência hierárquica das unidades umas em relação com as outras faz parte, portanto, da definição da unidade.

3. O caráter construído das unidades semióticas autoriza-nos a defini-las como unidades discretas*, ou seja, como distintas umas das outras no interior de suas combinações sintagmáticas e como oponíveis umas às outras no eixo paradigmático. Esta última característica torna possível o reconhecimento dessas "unidades" paradigmáticas, ao mesmo tempo menores e de natureza diferente, que são as categorias* (fêmicas e sêmicas). Com efeito, a oposição entre "bata" e "pata" mostra que as duas grandezas não são substituíveis uma pela outra e não pertencem, enquanto variantes* livres, a uma única e mesma unidade-classe; mas essa oposição, criadora de uma diferença de sentido, pode interpretar-se como devido à presença da categoria fêmica *vozeado/não vozeado*: as unidades *b* e *p*, enquanto fonemas, são, portanto, decomponíveis (não mais sintagmaticamente, porém) em femas. Assim, o caráter discreto da unidade semiótica não implica sua integridade. Vê-se, por outro lado, que as categorias são logicamente anteriores às unidades e que o postulado de Saussure, segundo o qual a língua nao é feita senão de diferenças, verifica-se de outra maneira.

4. Entretanto, mesmo que as disputas entre escolas faça surgir como inconciliáveis as abordagens sintagmática e paradigmática no que diz respeito à definição das unidades semióticas, não é impossível demonstrar a correlação que existe entre as oposições paradigmáticas e as distribuições* complementares que se encontram no eixo sintagmático. Para retomar o exemplo já utilizado, vê-se que a oposição *vozeado/não vozeado,* que define a oposição entre os fonemas *b* e *p*, está ligada à posição contextual desses fonemas (em posição inicial, seguidos de vogal, eventualmente de *a*) e que uma posição contextual diferente (em posição final, em certas línguas naturais, por exemplo) é capaz de "neutralizar*", como se diz, essa oposição. Por outras palavras, uma subclasse de ocorrências-variantes de uma unidade, chamada variante* combinatória, pode ser dotada de uma definição paradigmática que a especifica, ou, o que vem a dar no mesmo, uma categoria paradigmática aparece, na cadeia sintagmática, em distribuição complementar. Podendo essa constatação ser generalizada e estendida aos outros planos da linguagem, compreende-se a preocupação de Hjelmslev em dotar sua definição de categoria de determinações sintagmáticas complementares. Mais ainda: tal abordagem convergente – ao mesmo tempo paradigmática e sintagmática – revela-se fecunda nas pesquisas comparativas* (não apenas linguísticas, mas, sobretudo, mitológicas e folclóricas, em que o estabelecimento de **unidades narrativas** é particularmente penoso): com frequência,

um segmento narrativo não pode ser reconhecido como a transformação* de outro segmento, a não ser que sua substituição provoque a transformação paralela de outro segmento que está contextualmente ligado a ele.

5. É partindo do mesmo princípio da complementaridade das articulações paradigmáticas e sintagmáticas que se pode tentar dar uma definição mais rigorosa de unidade poética, reconhecendo que se trata, no caso, de uma unidade sintagmática cujas relações hipotáxicas* (as que instituem hierarquias no interior da cadeia sintagmática) seriam colocadas entre parênteses em proveito unicamente das relações paradigmáticas (de tipo taxionômico), as únicas retidas no momento da leitura. A unidade poética seria, portanto, uma espécie de ênfase* paradigmática que tem por efeito ocultar as relações sintagmáticas; isso daria conta da intuição de R. Jakobson, para quem o poético residiria na projeção do eixo paradigmático sobre o sintagmático.

6. O problema das unidades de base aparece como capital no momento da construção do componente sintático da gramática* (ou da semiótica). Três espécies de unidades-classes – as classes morfológicas, sintáticas (ou funções*) e sintagmáticas (em sentido estrito) – podem ser escolhidas como elementos com vistas à descrição sintática e ensejam três tipos distintos de gramática. Sem tomar aqui partido por uma delas, é suficiente notar que o princípio de análise distribucional* não se acha necessariamente ligado à forma sintagmática (que toma como unidades as classes de distribuição) da sintaxe: as classes morfológicas (substantivo, verbo, etc.) e sintáticas (sujeito, predicado, etc.) comportam, igualmente, suas próprias distribuições e devem ser interpretadas como variantes combinatórias.

7. A semiótica discursiva tem de se defrontar, numa etapa de seu desenvolvimento, com o problema do estabelecimento das **unidades discursivas**. Enquanto a segmentação do texto visa ao estabelecimento de sequências*, vale dizer, de **unidades textuais** provisórias, que permitem empreender a análise e tentar reconhecer aí os diferentes modos e formas de organização (que podem depender tanto das estruturas* narrativas como das discursivas), as **unidades discursivas** (cujos limites, no plano da manifestação, corresponderão ou não aos das sequências) devem ser consideradas como unidades semióticas, suscetíveis de serem dotadas de uma definição formal, com base nas articulações do texto estabelecidas pela discursivização* (ou colocação em discurso) das estruturas semióticas (de caráter narrativo). Desse ponto de vista, as unidades discursivas são unidades enunciadas, reconhecíveis e definíveis por modos particulares da enunciação discursiva.

8. Há muito a crítica literária reconheceu intuitivamente a existência dessas unidades discursivas, distinguindo, por exemplo, o diálogo*, a descrição*, a nar-

rativa*, o discurso indireto livre, etc. Que seja de nosso conhecimento, nenhum esforço teórico foi até agora empreendido para dotar essas unidades de definições apropriadas e para situá-las no quadro geral de uma descrição dos discursos. Ora, o exame mais atento dos procedimentos de debreagem* e de embreagem* – um dos mecanismos essenciais da enunciação* e, por conseguinte, da discursivização – pôs em evidência a possibilidade de estabelecer uma tipologia rigorosa de unidades discursivas, tomando como critério, de um lado, os modos ou as formas de debreagem e de embreagem e, de outro, os principais tipos de discursos já reconhecidos. Assim, as unidades discursivas enunciadas serão diferenciadas segundo seu modo de produção, tal como ela se efetua, seja por debreagem simples seguida de embreagem, seja por debreagem enunciativa enunciva, seja enfim por debreagem e/ou embreagem actancial e/ou temporal e/ou espacial. Além disso, as unidades serão reconhecidas levando-se em conta que esses diferentes procedimentos podem incidir seja sobre a dimensão pragmática* ou cognitiva* do discurso, seja – no caso da dimensão cognitiva – sobre o discurso persuasivo* ou interpretativo*, seja, enfim, do ponto de vista dos investimentos semânticos, sobre o discurso figurativo* ou não figurativo.

9. Este breve inventário de classificação e de definição de unidades discursivas não tem a pretensão de ser exaustivo: pretende apenas sugerir a possibilidade de uma nova dimensão para estudos discursivos (no sentido restrito deste termo). Sendo assim, contentamo-nos em dar, neste dicionário, apenas algumas definições de unidades bem conhecidas, tais como narrativa, diálogo, comentário (para exemplos mais numerosos, ver *Maupassant* de A. J. Greimas). O interesse das investigações nesse domínio não se resume na possibilidade de proceder a um novo recorte do discurso tomado em seu conjunto: assim, as unidades discursivas não constituem um dispositivo linear, produzido em sucessão, mas podem ser consideradas como transformações umas das outras (o "diálogo" tornando-se "discussão narrada", o "discurso direto" se transformando em "indireto livre", e assim por diante); em alguns casos, reconhecer-se-lhe-á uma função de referencialização (a "narrativa" que se desdobra em "diálogo" constitui o referente* interno desse diálogo e vice-versa, o "diálogo", a partir do qual se desencadeia a "narrativa", surge como uma situação de comunicação referencial); do mesmo modo, talvez não seja impossível procurar estabelecer as relações entre unidades discursivas e unidades narrativas (a "descrição" com que se abre *La Ficelle* de Maupassant, por exemplo, corresponde, no nível narrativo, à construção do actante* coletivo). Finalmente, vê-se que tal tipologia, levada a bom termo, desembocaria eventualmente numa tipologia dos discursos.

→ **Debreagem, Embreagem.**

Unilateral (pressuposição ~) adj.

FR. Unilatérale (présupposition ~); INGL. Unilateral presupposition

A pressuposição é chamada de **unilateral** (ou simples) se a presença* de um termo é necessária à presença de outro, mas não reciprocamente. Na terminologia de L. Hjelmslev, é denominada seleção*.

→ **Pressuposição.**

Universais s. m. pl.

FR. Universaux; INGL. Universals

1. Em linguística, entende-se geralmente por **universais** os conceitos, categorias ou traços considerados comuns a todas as línguas naturais existentes. Tal definição repousa numa interpretação errônea do princípio de exaustividade*, não sendo, pois, satisfatória: as cerca de três mil línguas hoje conhecidas não foram todas descritas nem o foram segundo os mesmos métodos; além disso, esse *corpus* não compreende as línguas desaparecidas nem as que se constituirão no futuro. Entretanto, as pesquisas relacionadas com as características comuns às línguas naturais não são inúteis; elas visam, porém, apenas à generalização, sem poderem afirmar a universalidade deste ou daquele elemento.

2. O problema dos universais já é colocado de modo diferente com o advento da semiótica: esta estabelece uma distinção entre **universais de linguagem** – comuns a todas as semióticas, sejam linguísticas ou não linguísticas – e **universais das línguas naturais** que, além das propriedades comuns, têm características próprias (tais como a dupla articulação*, a linearidade* da cadeia sintagmática, etc.).

3. Mesmo procurando sempre ir além da problemática relativa ao caráter imanente* ou construído* das estruturas semióticas – a saber, se os universais são "descobertos" ou "inventados" pelo semioticista –, não se pode deixar de perceber um liame estreito entre, de um lado, as condições necessárias e suficientes à existência de uma semiótica (as quais imaginamos descobrir "observando" o objeto de conhecimento) e, de outro, os conceitos que são utilizados no momento da construção da teoria semiótica (ou linguística). Assim, os gerativistas foram levados, na prática, à constatação de que só se pode falar de universais no nível das estruturas profundas*, ao passo que a análise das estruturas de superfície convida a reconhecer

especificações cada vez mais numerosas e diferenças cada vez mais apreciáveis entre as línguas (mesmo tão próximas sintaticamente uma da outra como o inglês e o francês). O aparecimento da semântica* gerativa é, desse ponto de vista, duplamente significativo: no plano teórico, essa nova abordagem postula um nível profundo, de natureza lógicosemântica (garantia de sua universalidade) e, no plano prático, organiza a atividade linguística como uma espécie de busca dos universais.

4. A questão dos universais apresenta-se, portanto, como uma questão de metalinguagem*: responder às questões como, com que material, com que hierarquias e com que certezas se constrói uma metalinguagem?, é já esboçar a configuração geral dos universais semióticos. Nesse sentido, quando N. Chomsky propõe que se distingam **universais formais** (que dizem respeito aos tipos de relações e de regras) e **universais substantivos** (concernentes aos elementos e às categorias), faz duas coisas ao mesmo tempo: situa bem o problema dos universais como um problema específico da metalinguagem formal* e coloca implicitamente a necessidade de uma "metametalinguagem", capaz de analisar a metalinguagem: o critério que o autoriza a reconhecer duas classes de universais (que identificamos com a categoria *relação/termo*, por nós considerada universal) é hierarquicamente superior ao nível metalinguístico em que situa os universais.

5. Tudo se passa como se a metalinguagem, lugar de permanência dos universais utilizados por esta ou aquela teoria semiótica (por esta ou aquela linguagem formal, lógica ou matemática), fosse dominada por uma "metametalinguagem" (ou metalógica) apta a examiná-las, a reduzi-las eventualmente a categorias mais simples, a testar sua coerência*. Entretanto, os lógicos poloneses mostraram bem que tal arquitetura de "metametalinguagens" pode ser prosseguida – teoricamente – até ao infinito. Por conseguinte, é forçoso detê-la num dado momento por uma abordagem axiomática*. É curioso notar que L. Hjelmslev, cujo construtivismo era temperado por seu apego ao princípio de empirismo*, pôde dizer que "uma operação com um resultado é chamada universal e seus resultados, universais, se se afirma que essa operação pode ser efetuada sobre qualquer objeto" (*Prolegômenos*, Definição 32). Vê-se, pois, que no interior de uma teoria – e Chomsky não iria contradizer isso – os universais são estabelecidos por declaração axiomatizante, o que deixa em suspenso o problema de "metauniversais" tais como *asserção/negação*, implicados no ato axiomático.

6. A tarefa da semiótica geral é dupla: deve construir a teoria semiótica e, para fazê-lo, deve interromper num momento dado – o mais abstrato e profundo possível – o andaime metalinguístico; além disso, ela não pode faltar a uma de suas obrigações que é a busca dos "metauniversais". Assim se explica o aparente

paradoxo segundo o qual os universais, na qualidade de "objetos" sobre os quais se exerce a observação semiótica, são de natureza semântica (e, como tais, suscetíveis de serem submetidos à análise semântica) e que, ao mesmo tempo, eles possam ser considerados como formais (dessemantizados) e servir assim de material para as construções sintáticas e lógicas.

7. Seguindo nisso a Hjelmslev, pode-se considerar que a análise semântica de uma metalinguagem consiste, para cada conceito, em estabelecer sua definição e em decompô-lo, a seguir, num certo número de conceitos constitutivos mais abstratos: a definição de cada um desses novos conceitos, seguida de decomposições mais profundas e mais abstratas, constitui assim uma hierarquia conceitual que desemboca necessariamente, num dado momento, no reconhecimento dos conceitos últimos, não definíveis. O inventário epistemológico* dos indefiníveis (tais como "relação", "operação") equivale assim a uma primeira lista de universais semânticos. Notar-se-á, a título de exemplo, que é o procedimento que utilizamos para estabelecer o quadro da estrutura* elementar da significação; é somente num segundo tempo, por uma abordagem nova, que, tendo depreendido uma tipologia de relações elementares (relações "e... e" e "ou... ou", contrariedade, contradição, complementaridade), declaramos tais relações e operações (asserção/negação) como universais, abrindo, assim, caminho para uma formalização ulterior.

8. Seguindo o desenvolvimento deste ou daquele componente da teoria semiótica, o semioticista pode ser levado a declarar (com maior ou menor certeza* – pois esta é graduável, e não categorial) como universais esta ou aquela categoria, esta ou aquela operação, próprias do componente em questão. Assim, R. Jakobson pôde propor que se considerem como **universais fonológicos*** uma dúzia de categorias fêmicas binárias. No mesmo sentido, para estimular a operatividade do componente semântico, consideramos como universais *ad hoc* as categorias *vida/morte* e *natureza/cultura*, julgando sejam aptas a servir de ponto de partida para a análise de universos* semânticos.

Universo s. m.

FR. Univers; INGL. Universe

1. Em sentido geral, **universo** designa "o conjunto de tudo aquilo que existe". Nessa acepção, o conceito de universo inclui o de mundo, que comporta um mínimo de propriedades enunciadas (cf. mundo* natural): o conjunto dos mundos possíveis constitui o universo.

2. Em semiótica, chamar-se-á de **universo semântico** a totalidade* das significações, postulada como tal anteriormente à sua articulação* (cf. a "nebulosa" de Saussure). Tal universo é dotado de uma existência* semiótica, o que exclui todo juízo ontológico e implica, pelo contrário, sua inscrição, enquanto objeto visado, na estrutura que liga o sujeito cognoscente ao objeto de conhecimento. Desse ponto de vista, distinguir-se-ão **universo individual** e **universo coletivo**.

3. Num sentido mais restrito, universo semântico pode ser definido como conjunto dos sistemas de valores*. Não podendo ser apreendido como significante, a não ser graças a articulações diferenciadoras, o universo semântico nos obriga a postular, a título de hipótese, estruturas* axiológicas elementares que, na qualidade de universais*, permitem empreender a descrição*: dir-se-á que o universo individual é articulável, na sua instância *a quo*, segundo a categoria *vida/morte*, ao passo que o universo coletivo o é segundo a categoria *natureza/cultura*. Esses dois tipos de universo permanecem abstratos* nesse nível: são suscetíveis de serem figurativizados* homologando-se uma ou outra de suas categorias fundamentais com a estrutura figurativa elementar (que definimos como a projeção, no quadrado* semiótico, dos quatro "elementos" da natureza: fogo, ar, água, terra).

4. Os dois universos, individual e coletivo, figurativizados ou não, são suscetíveis de serem assumidos, interpretados e articulados de maneira particular, seja por um indivíduo, seja por uma sociedade. O resultado de tais produções seletivas e restritivas será chamado, no primeiro caso, de **universo idioletal*** (e corresponderá ao que se entende geralmente por "personalidade") e, no segundo, de **universo socioletal*** (que corresponde a esta ou aquela "cultura"). Essas definições situam-se no nível semântico profundo e podem servir de ponto de partida para análises semânticas ulteriores que utilizarão, por exemplo, o conceito operatório de episteme* (definida como uma hierarquia axiológica fechada).

5. Sendo impossível empreender, em sua totalidade, a análise do universo semântico enquanto coberto por uma língua natural dada (e, por isso mesmo, coextensivo ao conceito de cultura*), o conceito de universo foi substituído, na prática semiótica, pelo de **microuniverso*** semântico, considerado como um conceito que engloba e produz uma classe particular de discurso. A noção de microuniverso é comparável à de **universo de discurso** (de origem lógica) sem, contudo, identificar-se com ela: supõe-se que o microuniverso dê conta da organização semântica do discurso, enquanto o universo de discurso representa a preocupação legítima de constituir a contextualidade global (tanto paradigmática quanto sintagmática) de um enunciado (cujas dimensões são as da frase*). O microuniverso é o lugar de exercício unicamente do componente semântico, ao passo que o universo

de discurso contém ao mesmo tempo as implicações e as pressuposições sintáticas. Finalmente, o universo de discurso comporta as referências ao mundo "exterior", enquanto o microuniverso é autossuficiente e admite apenas intertextualidades e sincretismos semióticos.

→ **Totalidade, Estrutura (elementar), Idioleto, Socioleto, Microuniverso, Psicossemiótica.**

Univocidade s. f.

FR. Univocité; INGL. Unequivicalness

1. Opondo-se a equivocidade ou a ambiguidade, **univocidade** é, de acordo com o sentido corrente, a característica de uma denominação* quando esta só tem uma acepção, seja qual for o contexto* em que figure. Em semiótica, levando-se em conta a dicotomia significante/significado*, falar-se-á assim de **biunivocidade**, própria dos termos monossemêmicos*, que é uma das condições indispensáveis para a boa construção de uma metalinguagem* e, mais geralmente, de todo discurso científico.

2. Na medida em que, face a uma dada linguagem, se reconhece que seus dois planos* (expressão e conteúdo) têm a mesma estrutura e apresentam uma **relação unívoca** (conforme a qual, no sentido usual do termo, um elemento acarreta sempre o mesmo correlativo) entre as funções* e os termos de um plano e as funções* e os termos de outro plano, pode-se afirmar então que esses dois planos são conformes* e que se está na presença de uma semiótica monoplana* (xadrez, álgebra); em caso contrário, trata-se de uma semiótica biplana* (língua natural, por exemplo) ou pluriplana*.

→ **Monossememia, Semiótica.**

Uso s. m.

FR. Usage; INGL. Use

1. Numa tentativa de precisar a dicotomia saussuriana língua/fala, L. Hjelmslev propôs denominar esquema linguístico à língua e designar como **usos linguísticos** certos aspectos essenciais do conceito de **fala*** (na qual os herdeiros de Saussure viram ora o eixo sintagmático da linguagem, ora as manifestações estilísticas indi-

viduais). O uso linguístico, considerado como conjunto dos hábitos linguísticos de uma dada sociedade, vê-se, então, definido como a substância* (da expressão* e do conteúdo* ao mesmo tempo) que manifesta o esquema linguístico (ou a língua).

2. Se um universo* semântico qualquer é articulável com o auxílio das regras de uma combinatória*, o conjunto das expressões* virtuais que esta é capaz de produzir pode ser considerado como o esquema desse universo, enquanto as expressões efetivamente realizadas e manifestadas corresponderão a seu uso: o esquema será chamado então aberto, por oposição ao uso que é o seu fechamento.

→ Esquema, Fala.

Utópico (espaço ~) adj.
FR. Utopique (espace ~); INGL. Utopic space

Subcomponente do espaço tópico e oposto ao espaço paratópico* (onde se adquirem as competências*), o espaço **utópico** é o lugar em que o herói* chega à vitória: é o lugar onde se realizam as *performances** (lugar que, nas narrativas míticas, é muitas vezes subterrâneo, celeste ou subaquático).

→ Tópico (espaço ~), Localização espaçotemporal.

VALIDAÇÃO s. f.
FR. VALIDATION; INGL. VALIDATION

Entende-se por **validação** o resultado positivo dos procedimentos de verificação*, vale dizer, quando a hipótese* de trabalho ou o modelo elaborado se revela conforme aos dados da experiência; nesse sentido, esse termo é sinônimo de adequação*. Para L. Hjelmslev, que privilegia o enfoque dedutivo*, não poderia haver validação no nível da teoria*, pois esta não depende da experiência: o "dado" não confirma (ou informa) senão a aplicabilidade da teoria.

→ Verificação, Adequação.

VALOR s. m.
FR. VALEUR; INGL. VALUE

1. O termo **valor** é empregado com acepções bastante diferentes em diversas disciplinas: em linguística, em lógica, em economia política, em axiologia, em estética, etc. A teoria semiótica gostaria de aproximar as diferentes definições e conciliá-las, atribuindo-lhes posições adequadas em sua economia geral.

2. É a F. de Saussure que cabe o mérito de haver introduzido o conceito de **valor linguístico**: constatando que o sentido não reside senão nas diferenças apreendidas entre as palavras, ele coloca o problema da significação* em termos de valores relativos, ou seja, que se determinam uns em relação aos outros; isso permitiu a elaboração do conceito de forma* do conteúdo* (L. Hjelmslev) e sua interpretação como um conjunto de articulações* sêmicas. Em linguística, valor pode, nessa perspectiva, ser identificado ao sema* apreendido no interior de uma categoria* semântica (e representável com o auxílio do quadrado* semiótico). É num sentido relativamente próximo da acepção linguística que o termo valor é empregado em estética (crítica da pintura).

A expressão **valor-verdade**, utilizada em lógica para designar o caráter que um enunciado possui de ser verdadeiro ou falso, deve ser interpretada, no mesmo sentido, como uma organização de valores modais* sob a forma de categoria semântica; entretanto, ela é mais restritiva porque não se aplica senão às modalidades veridictórias* e não leva em conta o desenvolvimento das lógicas modais com efeito, toda lógica é determinada pela escolha apriorística de uma categoria modal (deôntica*, alética*, etc.) que lhe serve de morfologia* de base.

3. Uma categoria semântica, representada com o auxilio do quadrado semiótico, responde ao estado neutro, descritivo, dos valores investidos: levando-se em conta modo de existência*, dir-se-á que se trata, nesse nível, de **valores virtuais***. Sua axiologização* só aparece com o investimento complementar da categoria tímica* que canota como eufórica a dêixis* positiva e como disfórica a dêixis negativa. Sendo categoria de ordem proprioceptiva*, o investimento tímico só é concebível na medida em que este ou aquele valor – articulado pelo quadrado – seja posto em relação com o sujeito*. Isso equivale a dizer que os valores só são axiologizados – e de virtuais passam a **valores atualizados*** – quando são lançados nos quadros que lhes estão previstos no interior das estruturas narrativas de superfície* e, mais precisamente quando são investidos nos actantes-objetos* dos enunciados de estado*. Na instância, os valores permanecem atuais enquanto se acham disjuntos dos sujeitos que são, por enquanto, apenas sujeitos segundo o querer*: a conjunção* com o valor, efetuada em benefício do sujeito, transforma o valor atual em **valor realizado***.

4. Podem-se também distinguir duas grandes classes de valores: **valores descritivos** (objetos consumíveis e entesouráveis, prazeres e "estados de alma", etc.) e **valores modais*** (querer, poder, dever, saber-ser/fazer): enquanto os primeiros se relacionam com a terceira função* de G. Dumézil, os segundos reportam-se à problemática das duas grandes funções de soberania. Os valores descritivos podem ser divididos, por sua vez, em **valores subjetivos*** (ou "essenciais", frequentemente conjungidos ao sujeito nas línguas naturais pelo copulativo "ser") e **valores objetivos*** (ou "acidentais", frequentemente atribuídos ao sujeito com o auxílio do verbo "ter" ou de seus parassinônimos).

5. O reconhecimento de programas* narrativos complexos levou a semiótica narrativa a distinguir **valores de uso** e **valores de base**: a banana que o macaco tenta alcançar é um valor de base, ao passo que o pedaço de pau que ele irá procurar para executar esse programa será para ele apenas um valor de uso.

6. O discurso narrativo apresenta-se, muitas vezes, sob a forma de uma circulação de objetos-valor: sua organização pode então ser descrita como uma sequência de **transferências*** de valores. Um modo complexo e particular de transferência é o de

troca* de valores: tal operação implica, no caso de os valores não serem idênticos, sua avaliação prévia; estabelece-se assim um contrato fiduciário* entre os sujeitos que participam da troca, contrato que fixa o valor dos valores em jogo.

VARIÁVEL adj.

FR. VARIABLE; INGL. VARIABLE

Um termo* é chamado de **variável** se sua presença* não é condição necessária à presença de outro termo com o qual o primeiro está em relação*, e que é chamado de invariante (ou constante). Nesse sentido, pode-se reconhecer que o termo variável é o termo pressuponente, enquanto o termo invariante é o pressuposto.

➔ Invariante, Pressuposição.

VARIANTE s. f.

FR. VARIANTE; INGL. VARIANT

1. De modo geral, são chamadas **variantes** as grandezas* que aparecem num mesmo texto e que se julgam idênticas umas às outras (dizendo-se intuitivamente que se trata, no caso, de uma "mesma" palavra ou de uma "mesma" frase). A identificação* das variantes depende, assim, do procedimento de redução* que permite construir, a partir das ocorrências, unidades linguísticas (ou, mais geralmente, semióticas) enquanto classes*. Em princípio, as variantes são reconhecíveis devido ao fato de que sua substituição* num dos planos* da linguagem não provoca mudança no outro plano.

2. Distinguem-se duas espécies de variantes: as **variantes combinatórias** (ou "contextuais", ou "vinculadas") – a que Hjelmslev propõe chamar de **variedades** – são grandezas que contraem uma relação de pressuposição* recíproca com grandezas situadas na mesma cadeia sintagmática; as **variantes livres** (chamadas também de "estilísticas"), por Hjelmslev denominadas **variações**, não são nem vinculadas ao contexto, nem pressuponentes ou pressupostas.

3. Essas distinções – e os procedimentos que as sustentam – foram elaboradas, inicialmente, em fonologia (na qual provocaram, entre outros, um debate sobre a neutralização*); introduzidas, a seguir, em gramática (na qual as variantes combinatórias são ditas em distribuição* complementar), foram generalizadas por

Hjelmslev, que insistiu na sua aplicabilidade à análise das figuras* do conteúdo*: os sememas de um lexema, por exemplo, poderiam ser considerados variantes combinatórias. Numa perspectiva gerativa, as unidades linguísticas que tendem à manifestação* procederiam, de início, a uma dispersão em variantes combinatórias para se realizarem em **variantes livres**.

→ **Classe, Unidade.**

Verbal adj.

FR. Verbal; INGL. Verbal

1. Complementar e oposto ao fazer pragmático* que diz respeito às relações do homem com os objetos do mundo, o fazer* comunicativo refere-se às relações intersubjetivas e põe em jogo quer objetos pragmáticos*, quer objetos cognitivos*. No último caso, assumirá a forma verbal ou somática (gestos, mímicas, atitudes, etc.). Por sua vez, o fazer comunicativo subdivide-se de acordo com o significante (fônico ou gráfico) empregado, em oral e escrito.

2. Nos discursos narrativos, o **plano verbal**, que adquire forma no diálogo, por exemplo, poderá ser considerado como uma expressão figurativa* da dimensão cognitiva*.

→ **Somático, Fazer.**

Verdade s. f.

FR. Vérité; INGL. Truth

Verdade designa o termo complexo* que subsume os termos *ser* e *parecer* situados no eixo dos contrários* no interior do quadrado semiótico das modalidades veridictórias. Não é de todo inútil sublinhar que o "verdadeiro" está situado no interior do discurso, pois ele é o fruto das operações de veridicção: isso exclui qualquer relação (ou qualquer homologação) com um referente* externo.

→ **Veridictórias (modalidades ~), Veridicção, Quadrado semiótico.**

VERIDICÇÃO s. f.

FR. VÉRIDICTION; INGL. VERIDICTION

1. A teoria clássica da comunicação* sempre se interessou pela transmissão "correta" das mensagens*, pela conformidade da mensagem recebida em relação à mensagem emitida, resumindo-se o problema da verdade dessas mensagens ao de sua adequação em relação àquilo que elas não são, ou seja, ao seu referente*. Ao postular a autonomia, o caráter imanente* de qualquer linguagem e, pela mesma razão, a impossibilidade de recorrer a um referente externo, a teoria saussuriana forçou a semiótica a inscrever entre suas preocupações não o problema da verdade, mas o do dizer-verdadeiro, da **veridicção**.

2. A integração da problemática da verdade no interior do discurso enunciado pode ser interpretada, em primeiro lugar, como a inscrição (e a leitura) das marcas da veridicção, graças às quais o discurso* enunciado se ostenta como verdadeiro ou falso, mentiroso ou secreto. Mesmo assegurando, nesse plano, uma certa coerência discursiva, esse dispositivo veridictório não garante de modo algum a transmissão da verdade, que depende exclusivamente de mecanismos epistêmicos* montados nas duas extremidades da cadeia de comunicação, nas instâncias do enunciador* e do enunciatário, ou melhor, depende da coordenação conveniente desses mecanismos. O *crer-verdadeiro* do enunciador não basta, supomos, à transmissão da verdade: o enunciador pode dizer quanto quiser, a respeito do objeto de saber que está comunicando, que "sabe", que está "seguro", que é "evidente"; nem por isso pode ele assegurar-se de ser acreditado pelo enunciatário: um *crer-verdadeiro* deve ser instalado nas duas extremidades do canal da comunicação, e é esse equilíbrio, mais ou menos estável, esse entendimento tácito entre dois cúmplices mais ou menos conscientes que nós denominamos **contrato* de veridicção** (ou contrato enuncivo).

3. Vê-se, entretanto, que o bom funcionamento desse contrato depende, em definitivo, da instância do enunciatário, para quem toda mensagem recebida, seja qual for seu modo veridictório, apresenta-se como uma manifestação* a partir da qual ele é chamado a atribuir este ou aquele estatuto ao nível da imanência* (a decidir sobre o seu *ser* ou o seu *não ser*). É aqui que aparecem diversas atitudes epistêmicas coletivas, culturalmente relativizadas, concernentes à interpretação veridictória dos discursos-signos. É assim que certas sociedades exploram, por exemplo, a materialidade do significante* para assinalar o caráter anagógico e verdadeiro do significado* (a recitação *rect tono* de textos sagrados, a distorção rítmica dos esquemas de acentuação, por exemplo, insinuam a existência subjacente de uma voz outra e de um discurso "verdadeiro" por ela sustentado). Por

outro lado, a reificação do significado (por exemplo, a constituição, no discurso jurídico, do referente* interno implícito que produz a impressão de que as normas jurídicas são fundamentadas numa "realidade") apresenta-se como um meio para valorizar o dizer-verdadeiro do discurso. Outros procedimentos discursivos contribuem, igualmente, para produzir o mesmo efeito: assim, o diálogo*, inserido num dado discurso narrativo, referencializa este último, enquanto a narrativa "fictícia", debreada* a partir desse diálogo, torna "real" a situação do diálogo. A criação das ilusões referenciais, percebe-se, serve sempre para produzir efeitos* de sentido "verdade".

O que é verdadeiro para o significante e para o significado, tomados separadamente, o é também quando se trata da interpretação metassemiótica da verdade dos próprios signos*. Assim, a abordagem denotativa (N. Chomsky) ou conotativa (R. Barthes) da linguagem repousam sobre duas "mitologias" e duas interpretações diferentes da relação reconhecida entre a linguagem enquanto manifestação (ou, eventualmente, "representação") e a imanência (o referente "verdadeiro") que ela manifesta: no primeiro caso, imagina-se que a linguagem cole inocentemente às coisas; no segundo, ela constitui uma tela mentirosa destinada a ocultar uma realidade e uma verdade subjacentes,

4. Face a esse relativismo cultural que engendra diversos sistemas de **conotações* veridictórias**, delineia-se uma reformulação da problemática da "verdade": em decorrência de não ser mais considerado como a representação de uma verdade que lhe seria exterior, o discurso não pode mais contentar-se com a simples inscrição das marcas da veridicção. A "verdade", para ser dita e assumida, tem de deslocar-se em direção às instâncias do enunciador e do enunciatário. Não mais se imagina que o enunciador produza discursos verdadeiros, mas discursos que produzem um efeito de sentido "verdade": desse ponto de vista, a produção da verdade corresponde ao exercício de um fazer cognitivo particular, de um *fazer parecer verdadeiro* que se pode chamar, sem nenhuma nuance pejorativa, de fazer persuasivo*.

5. Exercido pelo enunciador, o fazer persuasivo só tem uma finalidade: conseguir a adesão do enunciatário, o que está condicionado pelo fazer interpretativo* que este exerce, por sua vez: pelo mesmo motivo, a construção do simulacro de verdade, tarefa essencial do enunciador, está igualmente ligada tanto a seu próprio universo axiológico quanto ao do enunciatário e, sobretudo, à representação que o enunciador se faz deste último universo. Compreende-se, então, por que, em condições como essas, o conceito de verdade esteja sendo cada vez mais substituído pelo de eficácia* na reflexão epistemológica.

6. Seria errado, porém, vincular o problema da veridicção à estrutura da comunicação intersubjetiva. O enunciador e o enunciatário são para nós actantes*

sintáticos que podem ser – e frequentemente o são – subsumidos sincreticamente por um único ator, o sujeito da enunciação (ou sujeito falante). A persuasão e a interpretação, o *fazer-crer* e o *crer-verdadeiro* não são, assim, senão procedimentos sintáticos, capazes de dar conta de uma "busca interior da verdade", de uma "reflexão dialética", chamada ou não à manifestação sob forma de discursos com vocação científica, filosófica ou poética.

→ Veridictórias (modalidades ~), Epistêmicas (modalidades ~), Persuasivo (fazer ~), Interpretativo (fazer ~), Comunicação, Sociossemiótica.

Veridictórias (modalidades ~) adj.
FR. Véridictoires (modalités ~); INGL. Veridictory (neol.) modalities

1. Sempre que um enunciado de estado* é suscetível de sobredeterminar e de modificar outro enunciado de estado, o primeiro corresponde a um enunciado modal: seu predicado existencial não incide sobre o "estado de coisas" descrito pelo segundo enunciado, mas unicamente sobre a validade de seu predicado, que é a relação de junção*. No plano actancial, é necessário distinguir, para cada enunciado, dois sujeitos independentes: um sujeito modal e um sujeito de estado (em que o sujeito produtor do enunciado de estado o submete à sanção de outro sujeito). No plano actorial, um único sujeito da enunciação*, considerado um ator* que sincretiza e subsume os actantes enunciador* e enunciatário, desempenha, de modo intermitente, os dois atos produtores.

2. O predicado modal – o ser do ser –, que pode ser considerado a forma debreada* do *saber-ser*, é suscetível de ser tratado como uma categoria* modal e projetado no quadrado* semiótico:

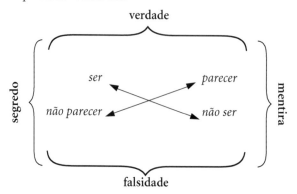

A **categoria da veridicção** é constituída, percebe-se, pela colocação em relação de dois esquemas*: o esquema *parecer/não parecer* é chamado de manifestação*, o do *ser/não ser*, de imanência*. É entre essas duas dimensões da existência que atua o "jogo da verdade": estabelecer, a partir da manifestação, a existência da imanência, é decidir sobre o ser do ser.

3. A categoria da veridicção apresenta-se, assim, como o quadro em cujo interior se exerce a atividade cognitiva de natureza epistêmica* que, com o auxílio de diferentes programas modais, visa a atingir uma posição veridictória, suscetível de ser sancionada por um juízo epistêmico definitivo.

→ Modalidade, Veridicção.

VERIFICAÇÃO s. f.

FR. VÉRIFICATION; INGL. VERIFICATION

1. Condição *sine qua non* de toda teoria* (de tipo hipotético-dedutivo), a **verificação** é o conjunto dos procedimentos pelos quais as hipóteses* de trabalho são confrontadas com os dados da experiência: assim, no âmbito das ciências da natureza, a experimentação, a que frequentemente se recorre para observar a conformidade ou a não conformidade entre a teoria e o "dado", permite confirmar, informar ou corrigir os modelos* estabelecidos.

2. Nas ciências ditas humanas, a verificação se revela frequentemente problemática, tanto mais que certos modelos são dificilmente verificáveis: daí por vezes uma superabundância – nos discursos com vocação científica – de modalizações epistêmicas*. Na melhor das hipóteses, é-se obrigado a contentar-se com o princípio de adequação* que rege a relação da teoria com sua aplicação; na pior, tem-se de limitar-se aos procedimentos de falsificação (cf. os contraexemplos que coalham o discurso dos gerativistas).

3. Em semiótica, pode-se, adotando-se um ponto de vista operatório, efetuar a verificação, quer por saturação do modelo (enquanto uma parte do *corpus** serviu para a elaboração do modelo, a outra serve para sua confirmação), quer por sondagens (neste caso, aproveitam-se da segunda parte do *corpus* apenas alguns segmentos intuitivamente* julgados representativos).

4. A verificação pode incidir não só sobre a relação do "construído" com o "dado", mas igualmente sobre a organização interna de uma teoria já elaborada: é assim que a verificação da coerência* poderá efetuar-se no nível epistemológico*.

→ Adequação, Falsificação, Validação.

Verossimilhança s. f.

FR. VRAISEMBLABLE; INGL. VERISIMILITUDE

1. Empregada em semiótica literária*, a noção de **verossimilhança** prende-se à problemática mais geral da veridicção* (do dizer-verdadeiro) discursiva e faz parte do aparato conceitual da teoria da literatura não científica, à qual se atribui o papel de explicar as produções literárias europeias da idade moderna. Desse ponto de vista, sua utilização na análise de discursos literários que saem do contexto cultural assim delimitado deve ser excluída, já que é a expressão de um eurocentrismo inadmissível; seu emprego no interior desse contexto cultural só pode ser entrevisto depois de uma redefinição que situe a verossimilhança como uma variável tipológica no quadro do modelo geral da veridicção discursiva.

2. Enquanto conceito intracultural, a verossimilhança está ligada à concepção de discurso – e, de modo mais genérico, da linguagem em seu conjunto – como representação mais ou menos conforme a "realidade" socio-cultural. Trata-se, aí, da atitude que uma cultura adota em relação a seus próprios signos, atitude metassemiótica de ordem conotativa*, que alguns consideram um dos principais parâmetros capazes de prever a elaboração de uma tipologia das culturas*. A verossimilhança concerne, então, mais especialmente, à organização sintagmática dos discursos, na medida em que esta "representa" os encadeamentos estereotipados – e esperados pelo enunciatário* – dos acontecimentos e das ações, de seus fins e de seus meios. No interior de tal concepção, a verossimilhança serve de critério veridictório para avaliar os discursos narrativos de caráter figurativo (e não unicamente os discursos literários), com exclusão dos discursos normativos (jurídico, estético, etc.), dos discursos científicos e, mais geralmente, dos discursos com predominância não figurativa e abstrata* (discurso filosófico, econômico, etc.). Vê-se, por outro lado, que, nessa perspectiva, o discurso verossímil não é apenas uma representação "correta" da realidade sociocultural, mas também um simulacro montado para *fazer parecer verdadeiro* e que ele se prende, por isso, à classe dos discursos persuasivos*.

➔ **Veridicção.**

Vida s. f.

FR. **Vie**; INGL. **Life**

1. **Vida** é o termo positivo da categoria* *vida/morte* que propomos considerar como hipotético-universal, julgando que ela é suscetível de fornecer uma primeira articulação do universo semântico individual, e que faz contraponto com a categoria *cultura/natureza*, na qual se baseia a articulação do universo semântico social. Nesse sentido, *vida/morte*, cujo eixo* semântico pode ser denominado "existência", tem de ser considerado como uma estrutura* elementar temática.

2. A categoria *vida/morte* é suscetível de ser conotada pela categoria tímica*. Sua homologação canônica consiste em casar os termos positivos *vida + euforia* e negativos *morte + disforia*; entretanto, o acionamento idioletal* dessas categorias permite entrever uma combinatória de possíveis homologações *(vida + disforia* ou *vida + aforia*, por exemplo) que determinará a originalidade* semântica.

→ **Universo, Estrutura, Universais, Tímica (categoria ~), Originalidade semântica.**

Vilão s. m.

FR. **Traître**; INGL. **Traitor**

O exame do conto maravilhoso proppiano revelou que este não é um todo homogêneo, que ele é, na realidade, uma narrativa* dupla, organizada segundo uma estrutura polêmica*: paralelamente às provas* realizadas pelo herói*, esboça-se uma outra história, a do antissujeito, a do **vilão**. Do ponto de vista propriamente sintático, a narrativa introduz, assim, dois percursos narrativos*, opostos e complementares (como num sistema fechado de valores em que o que é dado a um o é às custas do outro, o que é arrebatado a um o é em benefício do outro) – o do herói e o do vilão – que só se distinguem, na realidade, pela sua conotação eufórica* ou disfórica moralizante: assim, o vilão proppiano, sobredeterminado negativamente, é inteiramente comparável ao Pequeno Polegar, qualificado de herói e que joga com provas deceptivas*.

→ **Sujeito, Herói, Narrativo (esquema ~), Moralização.**

Vingança s. f.

FR. **Vengeance**; INGL. **Vengeance**

Como a justiça*, a **vingança** é uma forma de retribuição* negativa (ou punição), exercida na dimensão pragmática*, por um Destinador* dotado de um *poder-fazer* absoluto: entretanto, elas não se confundem, pelo fato de recorrerem, a primeira, a um Destinador social, a segunda, a um Destinador individual.

➔ **Punição, Sanção.**

VIRTUALIZAÇÃO s. f.

FR. VIRTUALISATION; INGL. VIRTUALIZATION

1. No quadro dos modos de existência* semiótica, a categoria *virtual/atual* permite caracterizar a relação do sistema* com o processo*, da língua* com a fala*. Contrariamente à existência atual, própria do eixo sintagmático da linguagem, a **existência virtual** caracteriza o eixo paradigmático: trata-se de uma existência *in absentia.*

2. Do ponto de vista da semiótica narrativa – que é conduzida a substituir o par *virtualização/atualização* pela articulação ternária *virtualização/atualização/ realização* –, **virtualização** corresponde ao estabelecimento de sujeitos* e objetos*, anteriormente a qualquer junção* (ou, inversamente, à supressão pura e simples dessa relação): caberá à função* – apenas no quadro dos enunciados de estado* – operar por disjunção* sua atualização e, por conjunção*, sua realização*.

➔ **Atualização, Existência semiótica, Valor.**

VIRTUEMA s. m.

FR. VIRTUÈME; INGL. VIRTUEME

Na terminologia de B. Pottier, semema* – equivalente a nosso lexema* – comporta:

a) no plano denotativo, semas* específicos (ou semantemas*) e semas genéricos (ou classemas*);

b) no plano conotativo, o **virtuema**, definido como conjunto de semas conotativos, próprios de um indivíduo, de um grupo social, ou de uma sociedade.

Tal distribuição parece-nos particularmente problemática, na medida em que pressupõe que se ache resolvida a questão da denotação e da conotação, e correlativamente que já estejam estabelecidos os procedimentos de análise para o reconhecimento* (não apenas intuitivo) desses dois níveis da linguagem.

→ **Sema, Semema, Denotação, Conotação.**

Vocabulário s. m.

FR. Vocabulaire; INGL. Vocabulary

Vocabulário é a lista exaustiva das palavras* de um *corpus** (ou de um texto), por oposição a léxico, entendido como inventário de todas as lexias* de um estado de língua natural. Todavia, o termo "palavra" – que é por vezes substituído por vocábulo – permanece ainda ambíguo, independentemente das dificuldades que sua definição suscita. É por isso que vocabulário pode ser quer a soma de todas as palavras-ocorrências de um texto, quer a soma das classes de ocorrências* (a qual reúne todas as ocorrências identificáveis), quer, enfim, o conjunto das palavras-rótulos, que substituem todas as formas gramaticais (por exemplo, "ir", "irei", "vai").

→ **Léxico, Lexia, Palavra.**

Vs.

Abreviação do latim *versus* (= contra), **vs.** é um símbolo* convencional, utilizado para designar a relação de oposição* quando ainda não está determinada. Emprega-se igualmente no mesmo sentido e mais frequentemente a barra oblíqua: (/).

Zoossemiótica s. f.
FR. Zoo-sémiotique; INGL. Zoo-semiotics

As linguagens animais (cerca de 600), caracterizadas – em suas formas primitivas – por uma comunicação à base de sinais*, mas capazes de atingir certo grau de complexidade, tanto na sua articulação sintagmática (entre os pássaros, por exemplo) quanto paradigmática (entre as abelhas), constituem o campo das investigações da **zoossemiótica**. Na medida em que integre os estudos sobre a organização das sociedades animais, bem como os estudos sobre o aprendizado do simbolismo entre os primatas, a zoossemiótica está destinada a formar um verdadeiro domínio semiótico, autônomo e promissor.

→ **Linguagem.**

LISTA DOS VERBETES

A

Abertura 17
Abstrato 17
Acabado 17
Ação 18
Aceitabilidade 18
Acronia 19
Actancial 20
Actante 20
Actorialização 22
Adequação 23
Adjuvante 23
Afirmação 24
Aforia 24
Agramaticalidade 25
Agressor 25
Aléticas 25
Alfabeto 26
Algoritmo 26
Alteridade 27
Ambiguidade 28
Anáfora 28
Análise 29
Analogia 29
Ancoragem 30
Anterioridade 31
Antidestinador 31
Antidoador 31
Antífrase 32
Antítese 32
Antonímia 32
Antropomorfa 33
Antropônimo 33
Apagamento 34
Apropriação 34
Aquisição 34
Arbitrariedade 34
Arcabouço 36
Arquilexema 36

Articulação 36
Árvore ou grafo
  arborescente 37
Assemanticidade 38
Aspectualização 39
Asserção 40
Ato 42
Ato de linguagem 43
Ator 44
Atribuição 46
Atualização 46
Ausência 47
Autômato 47
Autonomia 47
Auxiliar 48
Axiologia 48
Axiomática 49

B

Base 50
Binaridade 50
Biplana 51
Busca 51

C

Cadeia 52
Campo semântico 52
Camuflagem 52
Canal 53
Carga semântica 53
Catáfora 54
Catalisar 54
Catálise 54
Categoria 55
Categorização 56
Certeza 57
Científica 57
Cientificidade 58

Classe 59
Classema 60
Classificação 60
Codificação 61
Código 61
Coerção 62
Coerência 64
Cognitivo 64
Coletivo 67
Combinação 68
Combinatória 68
Comentário 70
Comparada 70
Comparatismo 71
Comparativa
  ou comparada 72
Compatibilidade 73
Competência 74
Complementaridade 77
Complexo 78
Componencial 78
Componente 79
Compreensão 79
Comunicação 79
Comutação 83
Conativa 84
Conceito 84
Concomitância 85
Concreto 85
Condensação 86
Condição 86
Conector de isotopias 86
Configuração 87
Conformidade 89
Conjunção 90
Conjunto 91
Conotação 91
Consequência 93

|539|

Constante 93
Constitucional 94
Constituinte 94
Construção 95
Conteúdo 95
Contexto 97
Contingência 97
Contínuo 98
Contradição 98
Contrariedade 99
Contraste 99
Contrato 99
Conversão 102
Coocorrência 103
Correferência 103
Corpus 104
Correlação 106
Cosmológico 106
Crer 107
Criatividade 108
Cronônimo 108
Cultura 109

D

Debreagem 111
Decepção 115
Deceptor 115
Decisão 116
Decisiva 116
Decodificação 116
Dedução 117
Definição 118
Defrontação 119
Dêitico 119
Dêixis 120
Delegação 120
Demarcador 121
Denegação 121
Denominação 121
Denotação 122
Densidade sêmica 123
Deônticas 124
Deontologia 125
Derivação 125
Desambiguização 126
Descoberta 126
Descontínuo 127
Descrição 128
Descritivo 129
Desejo 129
Desequilíbrio 130
Designação 130
Despossessão 130
Desqualificação 131

Dessemantização 131
Destinador/Destinátario 132
Desvio 133
Dever 134
Diacronia 136
Diálogo 138
Dicionário 138
Dicotomia 139
Diegese 139
Diferença 140
Dimensão 140
Dimensionalidade 141
Discreto 142
Discriminatório 142
Discursivização 143
Discurso 144
Disforia 149
Disjunção 149
Distensividade 150
Distinção 150
Distintivo 150
Distribuição 151
Divisão 152
Doação 152
Doador 152
Dominação 153
Dominância 153
Duplicação 154
Durabilidade 154

E

Economia 155
Efeito de sentido 155
Eficácia 156
Eixo 156
Elasticidade do discurso 157
Elementar 158
Elemento 158
Eliminação 159
Elipse 159
Embreagem 159
Emissivo 162
Emissor 163
Empirismo 163
Encaixe 164
Ênfase 164
Engendramento 164
Entidade linguística 165
Entonação 165
Enunciação 166
Enunciado 168
Enunciador/
    Enunciatário 171
Episteme 171

Epistêmicas 172
Epistemologia 173
Equilíbrio 174
Equivalência 175
Escrita 175
Escritura 176
Espacialização 176
Espaço 177
Esquema 179
Estado 180
Estilo 180
Estilística 181
Estratégia 182
Estrutura 183
Estruturação 189
Estruturalismo 189
Etiqueta 190
Etnossemiótica 191
Euforia 192
Evento 193
Evidência 193
Exaustividade 194
Execução 194
Existência semiótica 194
Expansão 196
Expectativa 196
Explícito 197
Expressão 197
Expressiva 198
Extensão 198
Exteroceptividade 199
Extração 199

F

Factitividade 201
Facultatividade 202
Fazer 202
Fala 203
Falsidade 204
Falsificação 205
Falta 205
Fática 206
Fechamento 206
Fema 207
Fenomenal 208
Fiduciário 208
Figura 209
Figurativização 210
Figurativo 212
Filologia 213
Focalização 214
Fonema 214
Fonética 216
Fonologia 217

Forma 217
Formal 219
Formalismo 220
Formalização 220
Formante 221
Frase 222
Função 223

G

Generalização 227
Gênero 228
Geração 228
Gerativa 230
Gerativo 232
Gestualidade 236
Glorificante 238
Glossemática 238
Gramática 238
Gramaticalidade 240
Gramema 240
Grandeza 241

H

Hermenêutica 242
Herói 242
Heterogeneidade 243
Heterotópico 243
Heurístico 243
Hierarquia 244
Hiponímico /
 Hiperonímico 244
Hipotáxico/
 Hiperotáxico 245
Hipótese 245
História 246
Histórica 247
Homogeneidade 247
Homologação 248
Homonímia 249

I

Iconicidade 250
Identidade 251
Ideologia 252
Idioleto 253
Ilocução 254
Imagem 254
Imanência 255
Imbricamento 256
Imperfectividade 256
Implicação 256
Implícito 257
Impossibilidade 259
Improbabilidade 259

Inacabado 259
Incerteza 260
Incoatividade 260
Incompatibilidade 260
Indicador (ou marcador)
 sintagmático 261
Índice 261
Individuação 262
Individual 263
Indução 263
Informação 264
Informante 265
Informativo 265
Injunção 266
Instância 266
Intenção 267
Intercalação 267
Interdição 268
Interlocutor/
 Interlocutário 268
Interoceptividade 269
Interpretação 269
Interpretativo 271
Intertextualidade 272
Intuição 272
Invariante 273
Inventário 273
Investimento semântico 274
Isoglóssico 274
Isomorfismo 275
Isotopia 275
Iteratividade 278

J

Junção 279
Justiça 279

L

Leitor 281
Leitura 281
Lexema 282
Lexia 284
Lexicalização 284
Léxico 285
Lexicografia 286
Lexicologia 286
Linearidade 286
Língua 288
Linguagem 289
Linguística 291
Literária 293
Literariedade 294
Localização
 espaçotemporal 295

Locução 298
Locutor 298
Logro 298

M

Macrossemiótica 299
Manifestação 299
Manipulação 300
Marca 303
Matéria 304
Matriz 304
Mensagem 304
Mentira 305
Metáfora 305
Metalinguagem 307
Metassaber 309
Metassemema 310
Metassemiótica 310
Metatermo 310
Método 311
Metonímia 311
Microuniverso 312
Mítico 312
Mitologia 313
Modalidade 314
Modelo 316
Monema 317
Monoplana 318
Monossememia 318
Moralização 318
Morfema 319
Morfologia 319
Morte 321
Motivação 321
Motivo 322
Movimento 324
Mundo natural 324

N

Não científica 326
Não conformidade 326
Não linguística 326
Narrador/Narratário 327
Narrativa 327
Narratividade 328
Narrativo (esquema) 330
Narrativo (percurso) 334
Natural 336
Natureza 336
Necessidade 337
Negação 337
Negativo 338
Neutralização 338
Neutro 339

|541|

Nível 339
Nódulo 342
Nomenclatura 342
Noológico 342
Norma 343
Notação simbólica 344
Núcleo 344
Numenal 345

O

Objetivo 346
Objeto 346
Observador 347
Ocorrência 348
Ocultação 349
Onomasiologia 350
Onomástica 350
Operação 350
Operatório
 (ou operacional) 351
Oponente 351
Oposição 352
Ordem 352
Orientação 353
Originalidade semântica 354
Otimização 355
Ouvinte 355

P

Palavra 356
Papel 357
Paradigma 358
Paradigmático 358
Paráfrase 359
Paralexema 360
Paralinguístico 360
Parassinonímia 361
Paratópico 361
Parecer 361
Parentetização 361
Percurso 362
Perfectividade 362
Performance 362
Performativo 364
Periodização 365
Perlocução 365
Permissividade 366
Permutação 366
Personagem 366
Personificação 367
Perspectiva 367
Persuasivo 368
Pertinência 369
Pivô narrativo 370

Planar 370
Plano 371
Pluri-isotopia 371
Pluriplana 372
Poder 372
Poética 374
Polêmico 376
Polissememia 376
Ponto de vista 377
Posição 377
Positivo 378
Possibilidade 378
Posterioridade 379
Pragmático(a) 379
Práticas semióticas 380
Prático 381
Predicado 381
Prescrição 382
Presença 382
Pressuposição 383
Privação 384
Probabilidade 385
Procedimento 385
Procedimento estilístico 386
Processo 386
Produção 386
Profunda 387
Programa narrativo 388
Programação
 espaçotemporal 390
Proposição 392
Proprioceptividade 393
Prosódia 393
Protoactante 394
Prova 394
Proxêmica 395
Psicossemiótica 396
Punição 399
Puntualidade 399

Q

Quadrado semiótico 400
Qualificação 405
Qualificante 405
Querer 406

R

Realização 407
Receptivo 407
Receptor 408
Recíproca 408
Recompensa 408
Reconhecimento 409
Recorrência 410

Recorte 410
Recursividade 410
Redução 411
Reducionismo 411
Redundância 412
Reescrita 412
Referência 413
Referente 413
Reflexividade 416
Registro 416
Regra 416
Reificação 417
Relação 418
Renúncia 418
Representação 419
Representatividade 420
Ressemantização 420
Restrição 420
Retórica 421
Retribuição 422
Retroleitura 422
Revalorização 422
Rima 423
Ritmo 423
Ruído 424

S

Saber 425
Sanção 426
Segmentação 427
Segredo 428
Seleção 428
Sema 429
Semantema 431
Semântica 431
Semântica discursiva 434
Semântica fundamental 436
Semântica gerativa 437
Semântica narrativa 438
Semanticidade 439
Semântico 439
Semantismo 440
Semasiologia 440
Semelhança 440
Semema 441
Sêmica 442
Semiologia 444
Semiológico 447
Semiose 447
Semiótica 448
Sentido 456
Sequência 457
Ser 458
Shifter 458

Significação 458
Significado 460
Significante 461
Signo 462
Símbolo 464
Simplicidade 465
Simulada 466
Sinal 466
Sincretismo 467
Sincronia 467
Sinonímia 468
Sintagma 469
Sintagmático 469
Sintaxe 471
Sintaxe discursiva 473
Sintaxe fundamental 474
Sintaxe narrativa
 de superfície 475
Sintaxe textual 478
Síntese 478
Sistema 478
Sobreposição 479
Socioleto 480
Sociossemiótica 480
Solidariedade 484
Somático 484
Subcontrariedade 484
Subjetivo 485
Substância 485
Substituição 486
Substitutiva 487
Sujeito 487
Superfície 489

Suprassegmental 490
Suspensão 491

T

Taxionomia 492
Teatral 494
Tema 495
Temático 496
Tematização 496
Temporalização 497
Teoria 498
Temor 500
Tensividade 500
Terminal 500
Ter 500
Terminatividade 501
Terminologia 501
Termo 502
Texto 502
Textualização 504
Tímica 505
Tipologia 506
Tópico 507
Topônimo 507
Totalidade 507
Tradução 508
Transcendência 509
Transcodificação 509
Transferência 510
Transformação 510
Transfrasal 513
Transitividade 513
Triplicação 514

Troca 514
Tropo 515

U

Unidade 516
Unilateral 520
Universais 520
Universo 522
Univocidade 524
Uso 524
Utópico 525

V

Validação 526
Valor 526
Variável 528
Variante 528
Verbal 529
Verdade 529
Veridicção 530
Veridictórias 532
Verificação 533
Verossimilhança 534
Vida 535
Vilão 535
Vingança 536
Virtualização 536
Virtuema 536
Vocabulário 537
Vs. 537

Z

Zoossemiótica 538